新曲线 New Curves | 用心雕刻每一本……
http://site.douban.com/110283/
http://weibo.com/nccpub

用心字里行间　雕刻名著经典

新曲綫 | 用心雕刻每一本……
New Curves
http://site.douban.com/110283/
http://weibo.com/nccpub

用心字里行间　雕刻名著经典

商务印书馆(成都)有限责任公司出品

研究方法、设计与分析

第 11 版

［美］拉里·克里斯滕森 伯克·约翰逊 莉萨·特纳 著

赵迎春 译

商务印书馆
2023年·北京

Larry B. Christensen   *R. Burke Johnson*   *Lisa A. Turner*

Research Methods, Design, and Analysis, 11th Edition

Authorized translation from the English language edition, entitled RESEARCH METHODS, DESIGN, AND ANALYSIS, 11th Edition, 978-0-205-70165-0 by CHRISTENSEN, LARRY B.; JOHNSON, R. BURKE; TURNER, LISA A., published by Pearson Education, Inc., Copyright © 2011 by Pearson Education, Inc.

All rights reserved.

No part of this book may be reproduced or transmitted in any form or by any means, electronic or mechanical, including photocopying, recording or by any information storage retrieval system, without permission from Pearson Education, Inc.

CHINESE SIMPLIFIED language edition published by PEARSON EDUCATION ASIA LTD., and THE COMMERCIAL PRESS LTD Copyright © 2018.

中文简体字本由 Pearson Education 公司授权出版

■ 作者简介

拉里·克里斯滕森（Larry B. Christensen）

现任美国 南阿拉巴马大学（University of South Alabama）心理学系主任。曾经在德克萨斯 A&M 大学（Texas A&M University）担任研究生院主任，研究兴趣是食物与情绪的关系，尤其侧重于注意对抑郁的影响，最近还研究饮食冲动。克里斯滕森博士目前已发表 70 多篇学术论文，多为食物与情绪关系的主题。曾经撰写多本关于研究方法和心理统计的图书。此外，克里斯滕森还担任过美国西南心理学分会的主席，获得过 2001 年 Phi Kappa 杰出学者奖，还是美国科学院特聘研究员。

伯克·约翰逊（R. Burke Johnson）

现任美国 南阿拉巴马大学专业研究所教授。约翰逊教授是方法论专家，曾获得三个硕士学位（心理学、社会学和公共政策），曾获乔治亚大学（University of Georgia）社会学博士学位。目前担任《混合法研究学刊》（*Journal of Mixed Methods Research*）的副主编。还与 Pau Vogot 共同编辑 Sage 出版公司的《统计学与方法学辞典》。

莉萨·特纳（Lisa A. Turner）

特纳是美国 南阿拉巴马大学心理学系教授。她曾获阿拉巴马大学（University of Alabama）实验心理学博士学位。研究兴趣主要是残疾儿童及其家庭的发展和认知过程。

推荐序

作为一名多年讲授"实验心理学"和"心理学研究方法"课程的教师,我特别向心理学及相关专业的本科生、研究生和心理学爱好者推荐《研究方法、设计与分析》一书。

本书是按照基础入门水平编写的,是目前不多见的适合本科生水平的方法论课程教材。

本书的三位作者都是心理学教授和方法学专家,有着数十年讲授研究方法的教学经验和研究实践经历,所以本书能够持续更新,不断改进,成为一本公认的优秀研究方法教科书。我特别欣赏三位作者撰写本书的两个目标:第一,他们致力于编写一本探究人类思想和行为基本研究方法的书籍。第二,一定要以学生能够理解的方式来呈现信息。特别是第二点,是一本好教材的必备条件。更为可贵的是,他们坚持并很好地完成了这两个目标。

《研究方法、设计与分析》译自英文第 11 版,在这一版中,一个重大的变化是,全书不仅详细阐述了实验方法,而且还涵盖了非实验方法以及数据分析的内容。第 11 版和以往的版本一样,作者力求保证内容的时效性,因此,一些新的研究方法和实验手段也都有介绍。这一变化是和心理学科的发展趋势相一致的。虽然心理学是一门实验性科学,但是越来越多的研究将实验法和非实验法结合起来使用,研究者更为强调从多角度、多因素的水平上探讨心理的现象和机制,因此,实验法和非实验方法的结合也是学生在心理学学习中应该掌握的一项技能。此外,本书还详细介绍了研究的伦理和论文的写作方法,这些都是青年学生在学习研究方法时必须要掌握的重要原则和技能。

本书的每一章都以一张内容概览图解开始,使学生可以一目了然地了解本章的框架,从而快速、清晰地明了本章的内容和要点。然后举一个现实中发生的实际案例作为具体内容的开篇,案例大多来自媒体报道的真实事件和社会热点问题,这样可以将下面要介绍的内容与真实生活情境紧密联系起来,使得学生不仅能掌握知识要点,还能进一步了解具体知识点在现实生活中的应用,体现了心理学在生活中的价值。

《研究方法、设计与分析》的表述精确而明晰，内容的呈现重点突出，特别是用页边注的形式再次复述重要概念，提请学生注意。看到这种写作方式，我感到很亲切，记得大学时我们就是这么记笔记的，现在每年讲授研究方法课程的时候，还要和同学们回忆我们做学生时的这种记笔记的方式。不论教学方式和手段如何改革，我始终认为，这才是最符合心理学认知规律的学习方式，也是我们在研究方法教学中一直强调的。书中每一节的后面都配有思考题，每章最后还对本章的内容进行了总结，列出了重要的术语和概念，提供了章节测验和提高练习，并配有相应的答案。本书内容的编排和设计，处处体现了作者的用心和对心理学知识和理论运用的高超水平，也正是这些细节，决定了一本教材的品质，决定了一本教材能够连续修订出版11个高质量的版本。

另外值得一提的是，一本好的译著不仅需要原著的专业水准高，中译本的翻译和编校也必须精而又精，才能保证出精品。令人欣慰的是，《研究方法、设计与分析》从翻译到编校都层层把关，反复修改和编辑，真正保证中译本最大限度地忠实于原文，文字表述精炼而明晰。译者赵迎春女士是北京大学心理学专业毕业的硕士生，翻译认真负责。责任编辑王伟平和刘雅分别是北京大学和北京理工大学心理学专业毕业的研究生，专业功底扎实，保证了本书在编校上的专业水准。尤为难能可贵的是，本书的三审人之一谢呈秋女士是我大学时的系友，曾获英国曼彻斯特大学心理学博士学位，并在该校从事心理学研究工作多年。得知她和刘力两人分工合作，先后花了半年多的时间，对照原文，又对这本书的全部译稿进行了一遍仔细的审校。而且据我所知，书稿最后还要送出版社终审。新曲线策划和编辑制作的图书能得到读者越来越多的认可，应该是与这么多专业人士"用心雕刻"、一遍一遍地打磨分不开的。

故此，我相信这是一部高质量的心理学研究方法教材。我很喜欢这本书，会将其列为心理学研究方法教学的辅助教材，并诚挚地向大家推荐本书。

吴艳红 教授、博导
北京大学心理与认知科学学院副院长
普通心理和实验心理专业委员会主任
中国心理学会常务理事
全国应用心理专业学位研究生教育指导委员会主任委员

■ 简要目录

推荐序 vi
前言 xvi

第一编 导论 1

第1章 科学研究简介 1
第2章 研究取向与数据收集方法 25

第二编 研究设计 59

第3章 确定问题与形成假设 59
第4章 伦 理 82

第三编 研究基础 123

第5章 变量测量与抽样 123
第6章 研究效度 149

第四编 实验方法 175

第7章 实验研究中的控制技术 175
第8章 实验研究设计 203
第9章 开展实验的程序 228
第10章 准实验设计 245
第11章 单被试研究设计 265

第五编 探索和描述性方法 285

第12章 调查研究 285
第13章 定性和混合研究 312

第六编　分析和解释数据　337

第 14 章　描述统计　337

第 15 章　推论统计　367

第七编　撰写研究报告　403

第 16 章　研究报告的展示和发表　403

附录：章节测验答案　433

参考文献　434

■ 详细目录

推荐序	vi
前言	xvi

第一编 导论 ... 1

第1章 科学研究简介 ... 1

引言 ... 2
获取知识的途径 ... 3
    直 觉 ... 4
    权 威 ... 4
    理性主义 ... 5
    经验主义 ... 5
科 学 ... 7
    归纳和演绎 ... 7
    假设检验 ... 8
    自然主义 ... 9
    科学到底是什么 ... 11
科学研究中的基本假定 ... 12
    自然的统一性或规律性 ... 12
    自然的真实性 ... 12
    可发现性 ... 13
科学研究的特征 ... 13
    控 制 ... 13
    操作主义 ... 14
    可重复性 ... 15
理论在科学研究中的作用 ... 16
科学家在心理学研究中的作用 ... 17
    好奇心 ... 17
    耐 性 ... 18
    客观性 ... 18
    变 革 ... 18
心理学研究的目标 ... 19
    描 述 ... 19
    解 释 ... 19
    预 测 ... 20
    控制或影响 ... 20
伪科学 ... 21
本章小结 ... 21
重要术语和概念 ... 22
章节测验 ... 23
提高练习 ... 24

第2章 研究取向与数据收集方法 ... 25

引言 ... 26
定量研究中的变量 ... 27
实验研究 ... 29
因果性 ... 29
    原 因 ... 30
    效 应 ... 30
    得出因果性的必要条件 ... 30
心理学实验 ... 31
    实验及其逻辑的一个示例 ... 33
    实验方法的优点 ... 34
    实验方法的缺点 ... 35
实验研究的环境 ... 36
    现场实验 ... 37
    实验室实验 ... 38
    互联网实验 ... 38
非实验定量研究 ... 39
    相关研究 ... 40
    自然操纵研究 ... 43
横向研究与纵向研究 ... 45
定性研究 ... 47

数据收集的主要方法	48
测验法	49
问卷法	50
访谈法	51
小组讨论法	52
观察法	52
已有或二手数据	53
本章小结	55
重要术语和概念	57
章节测验	57
提高练习	58

第二编　研究设计　59

第3章　确定问题与形成假设　59

引　言	60
研究思路的来源	61
日常生活	61
实际问题	61
过往研究	62
理　论	63
研究思路中的偏见	63
不能进行科学研究的问题	65
文献综述	65
准备开始	66
确定目标	66
进行检索	66
获取资源	73
其他信息来源	74
研究的可行性	75
阐述研究问题	75
界定研究问题	76
问题的具体化	76
形成假设	77
本章小结	79
重要术语和概念	79
章节测验	80

提高练习	80

第4章　伦　理　82

引　言	83
研究伦理：它们是什么	84
社会与科学的关系	84
专业问题	85
对研究参与者的处理方式	87
伦理困境	88
伦理指导方针	92
尊重个体及其自主性	93
行善与不伤害	94
公　正	95
信　任	96
真实性和科学正直	96
APA伦理准则	96
开展研究时要考虑的伦理问题	100
机构批准	100
知情同意	100
欺　骗	104
事后解释	107
强制与拒绝参与的自由	108
保密性、匿名和隐私权的概念	109
电子化研究中的伦理问题	110
知情同意与互联网研究	111
隐私权与互联网研究	112
事后解释与互联网研究	112
准备研究报告时的伦理问题	113
署名权	113
撰写研究报告	113
动物（非人类）研究的伦理	114
动物使用中的保障措施	115
动物研究指导方针	115
I. 正当的研究理由	115
II. 人员	116
III. 动物的照料与圈养	116
IV. 动物的获取	116

V. 实验程序	117
VI. 野外研究	118
VII. 动物的教育用途	118
本章小结	118
重要术语和概念	120
章节测验	120
提高练习	121

第三编　研究基础　123

第 5 章　变量测量与抽样　123

引　言	124
测量的定义	124
测量量表	125
命名量表	125
顺序量表	125
等距量表	126
等比量表	126
良好的测量具备的心理测量学属性	126
信度和效度概述	126
信　度	127
效　度	128
运用信度和效度信息	132
测验相关信息的来源	132
抽样的方法	132
抽样中使用的术语	133
随机抽样法	134
简单随机抽样	136
分层随机抽样	137
整群随机抽样	140
系统抽样	140
非随机抽样法	141
随机选取与随机分配	142
随机抽样时的样本容量确定	143
定性研究中的抽样	145
本章小结	146
重要术语和概念	146
章节测验	147
提高练习	148

第 6 章　研究效度　149

引　言	150
四种效度概述	151
统计结论效度	151
建构效度	152
对建构效度的威胁	152
内部效度	157
内部效度威胁	158
外部效度	165
总体效度	166
生态学效度	168
时间效度	168
处理效度	169
结果效度	169
内部效度与外部效度的关系	170
本章小结	171
重要术语和概念	171
章节测验	172
提高练习	173

第四编　实验方法　175

第 7 章　实验研究中的控制技术　175

引　言	176
随机化	178
匹　配	182
通过保持变量恒定实现匹配	183
通过将额外变量纳入实验设计实现匹配	184
通过共轭控制实现匹配	185
通过使参与者相等实现匹配	186
实验过程中采取的控制技术	189
平衡法	189
随机化平衡法	190
被试内平衡法	191

完全平衡法 192
不完全平衡法 192
对参与者效应的控制 194
　双盲安慰剂法 195
　欺　骗 195
　对参与者解释的控制 196
对实验者效应的控制 197
　对记录误差的控制 197
　对实验者特征误差的控制 197
　对实验者期望误差的控制 199
实现控制的可能性 200
本章小结 200
重要术语和概念 201
章节测验 201
提高练习 202

第 8 章　实验研究设计　203

引　言 204
弱实验研究设计 205
　单组后测设计 205
　单组前后测设计 206
　不相等组后测设计 207
强实验研究设计 208
参与者间设计 209
　后测控制组设计 209
　后测控制组设计的优点和缺点 211
　前后测控制组设计 212
　设置前测的优点和缺点 212
参与者内设计 214
　参与者内设计的优点和缺点 215
因素设计 216
基于混合模型的因素设计 221
因素设计的优点和缺点 222
选择或构建合适的实验设计 224
本章小结 224
重要术语和概念 226
章节测验 226

提高练习 227

第 9 章　开展实验的程序　228

引　言 229
机构批准 229
研究参与者 230
　获取动物（大鼠） 231
　获取人类参与者 231
样本容量 233
　效　力 233
仪器与/或工具 235
程　序 237
安排研究参与者的实验时间 237
同意参与 238
指导语 239
数据收集 240
事后解释或事后访谈 240
　事后解释的功能 240
　如何进行事后解释 240
预实验 242
本章小结 243
重要术语和概念 244
章节测验 244
提高练习 244

第 10 章　准实验设计　245

引　言 246
不相等比较组设计 248
　带有竞争假设的结果 250
　排除威胁不相等比较组设计的因素 253
　从不相等比较组设计中进行因果推论 255
时间序列设计 255
　间断时间序列设计 256
回归间断点设计 259
本章小结 262
重要术语和概念 263

章节测验 263
提高练习 264

第 11 章　单被试研究设计 265

引　言 266
　单被试设计的历史 267
单被试设计 268
　ABA 和 ABAB 设计 269
　交互设计 272
　多基线设计 273
　变动标准设计 275
使用单被试设计时的方法学考虑 277
　基　线 277
　一次改变一个变量 278
　阶段长短 278
评估变化的标准 279
　实验标准 279
　疗效标准 281
竞争假设 281
本章小结 282
重要术语和概念 283
章节测验 283
提高练习 284

第五编　探索和描述性方法 285

第 12 章　调查研究 285

引　言 286
什么时候应该开展调查研究 289
调查研究的步骤 290
横向和纵向设计 290
选择调查数据收集方法 292
设计和完善调查工具 294
　原则 1：编写符合研究目标的条目 295
　原则 2：编写适合调查受访者的条目 295
　原则 3：编写简短的问题 296
　原则 4：避免带预设观点或有诱导性的问题 296

原则 5：避免双重提问 297
原则 6：避免双重否定 297
原则 7：确定需要开放式问题还是封闭式问题 297
原则 8：为封闭式问题设计互斥且穷尽的选项 298
原则 9：考虑不同类型的封闭答案选项 299
原则 10：使用多个条目测量复杂或抽象构念 302
原则 11：确保问卷从开头到结尾都易于使用 304
原则 12：对问卷进行预测，直到它变得完美 306
从总体中挑选你的调查样本 307
准备和分析调查数据 309
本章小结 309
重要术语和概念 309
章节测验 310
提高练习 311

第 13 章　定性和混合研究 312

引　言 313
定性研究的主要特征 314
定性研究的研究效度 314
四种主要的定性研究方法 318
　现象学 318
　人种学 321
　个案研究 324
　扎根理论 327
混合研究 330
混合设计 331
本章小结 332
重要术语和概念 333
章节测验 334
提高练习 335

第六编　分析和解释数据 337

第 14 章　描述统计 337

引　言 338
描述统计 339
频次分布表 341

统计图	342	方差分析的事后检验	384
条形图	342	协方差分析	386
直方图	342	双因素方差分析	387
线形图	343	单因素重复测量方差分析	390
散点图	345	回归系数 t 检验	392
集中趋势量度	346	列联表卡方检验	394
众 数	347	其他显著性检验	396
中 数	347	假设检验和研究设计	396
平均数	348	本章小结	398
离中趋势量度	348	重要术语和概念	399
全 距	349	章节测验	400
方差和标准差	349	提高练习	401
考察变量之间的关系	352		
组平均值之间的非标准化差异和标准化差异	353	**第七编 撰写研究报告**	**403**
相关系数	354	**第 16 章 研究报告的展示和发表**	**403**
回归分析	360	引 言	404
列联表	363	APA 格式	404
本章小结	364	研究报告的准备	406
重要术语和概念	365	书写风格	406
章节测验	365	语 言	419
提高练习	366	编辑文体	420
		提交拟发表的研究报告	427
第 15 章 推论统计	**367**	稿件的接受	428
引 言	368	在专业会议上展示研究结果	429
抽样分布	369	口头报告	429
估 计	371	海报展示	430
假设检验	373	本章小结	431
定向备择假设	378	重要术语和概念	432
假设检验的逻辑综述	379		
假设检验错误	379	**附录：章节测验答案**	**433**
假设检验的应用	381		
相关系数 t 检验	382	**参考文献**	**434**
单因素方差分析	383		

前　言

在本书的前十版中，笔者（Larry Christensen）独自为撰写一本研究方法类书籍而竭心尽力，以期此书可以涵盖心理学家所运用的主要研究方法。现在，我觉得是时候需要引入新作者了，这样才能使得这本书可以持续反映在研究过程中使用的研究方法的广泛性。为此，我特意邀请了两位优秀的研究者伯克·约翰逊（Burke Johnson）和莉萨·特纳（Lisa Turner）与我共同来撰写本书的第 11 版。他们都有着杰出的成就，我相信有了他们的参与，这本书会比以往的任何版本都要更加出色。考虑到伯克和莉萨对本书所做的修订，同时也为了将书中涉及的更广泛的内容展现出来，我们决定修改本书的书名。在本书第 1 版问世的那个年代，也正是实验方法备受关注的时期。那时大量的研究都采用实验方法，仅有一小部分研究中使用了非实验方法。因此，本书以前的版本中虽然也对非实验方法进行了描述和介绍，但这些内容仅仅出现在全书的一个章节中。而目前的这一版（第 11 版），既坚持了对实验方法的详细阐述，也更宽地涵盖了非实验方法以及数据分析的内容。

虽然第 11 版的书名、内容组成和参与作者都发生了变化，但本书最重要的目标并没有改变。第一，我们仍然致力于编写一本让人们对探究人类思想和行为的研究方法有所了解的书籍。研究方法的变化也许非常缓慢，但它们的的确确在变化。比如上一版所包含的信息显示，无论是将互联网作为征集被试的手段，还是将其作为研究实施过程中的工具，其应用比例都大大提高了。在这个版本里，相关信息会在"多元聚合方法"里呈现。这是新近出现的一个重要方法，可以帮助研究者解决一些用传统方法无法解决的问题。11 版做了很多努力以保证内容的时效性，而上述这个不过是说明这种改变的一个例子。

第二个目标在所有版本中均有强调，一定要以学生能够理解的方式来呈现信息。为了实现这个目标，我们尽可能地用简单、明确的方式呈现资料内容，同时附上摘自研究文献中的图解。我们相信，这些图解不仅能够有助于阐明我们所呈现的材料，还能将这些材料迁移到真实的研究情境中。这使学生们不仅能够学习到这些内容，还能看到它们是如何在研究中得以运用的。

教科书内容概览和结构

《研究方法、设计和分析》是按照大学本科的水平编写的，适合作为本科生的方法论课程教材。本书介绍了研究方法的各个方面，并假设使用者先前没有相应的知识基础。所有的章节分为七编，如下所示：

第一编：导论（第1章和第2章）

这部分从知识和科学的讨论入手，试图让学生理解科学的本质、目标和结果。我们相信，绝大多数学生对科学的理解是不完整的；为了领会和理解研究过程的本质，他们必须理解其目标和局限性。接着，讨论了探究思想和行为的主要研究类型，这是为了保证学生能够将各种研究方法与科学联系起来。我们还讨论了主要的数据收集方法，以帮助学生了解经验性数据是如何获得的。

第二编：制定研究计划（第3章和第4章）

在这部分，本书的重点转向了所有研究都会涉及的一般性主题。首先，我们解释了要如何提出研究思路、进行文献综述以及形成研究问题和假设。接着，我们说明了在规划和开展一项研究时，必须考虑的关键伦理问题。我们阐述了美国心理学协会（APA）所认可的伦理守则。

第三编：研究基础（第5章和第6章）

在第三编部分，我们谈到了在评论或开展一项研究之前研究者必须理解的一些概念。首先，我们对测量进行了讨论。我们定义了测量，并解释了测量信度和效度是如何获得的。接着，解释了研究者是如何从可接近的目标总体中获取研究被试样本的。我们阐述了随机抽样和非随机抽样中的不同方法，还解释了随机选取和随机分配之间的重要区别。我们也简短地说明了定性研究中的取样方法。然后，我们解释了研究效度（即有效结果）是如何获得的。这包括对主要的研究效度类型（内部、外部、统计结论、结构效度）的讨论；在经验性研究中，必须使这些效度都实现并达到最大化。

第四编：实验方法（第7章至第11章）

第四编关注的也许是心理学和相关学科中最卓越的研究方法（即实验研究）。这个部分包括：（1）说明获取有效研究结果所需的控制技术的一章；（2）说明如何选择并/或者构建强实验研究设计的一章；（3）说明开展实验研究的程序和细节问题的一章；（4）说明在需要时如何选择并/或者构建准实验研究设计的一章；（5）说明当需要开展单因素研究时，如何选择并/或者构建一项恰当的单因素实验设计的一章。

第五编：探索和描述性方法（第12章和第13章）

这一部分包含的章节涉及心理学和相关学科使用的其他主要研究方法。首先，我们向学生们介绍了调查研究的目标、设计和开展办法。学生还将学习到如何正确地设计一份用于调查研究的调查问卷和/或访谈提纲。其次，本书用了整整一章来介绍定性和混合法研究。我们讨论了定量研究、定性研究和混合法研究的相对优势和不足，讲解了不同的定性和混合法及设计，并提供了有关如何开展一项合理而严格的定性或混合法研究的信息。

第六编：分析和数据解释（第14章和第15章）

这部分以一种既兼顾了严谨性，又能让没有统计知识背景的学生理解的方式讲解了描述统计和推论统计。描述统计那一章讲解了数据的图示、集中趋势的测量、变异量的测量、变量关系的测量以及效应量指标。推论统计那一章讲解了研究者如何通过样本数据获得对总体参数的估计，以及研究者该如何开展统计假设检验。为了将设计和分析联系起来，先前章节中提过的适用于实验和准实验研究设计的统计检验又再次被讨论。另外，学生还将学习如何按照APA格式呈现显著性检验的结果。

第七编：书写研究报告（第16章）

在最后一编中，我们讲解了书写一份专业、信息量丰富、准确的拟投稿发表的研究稿件所需要的基本要素。同时还讲解了摘自最新一版《APA出版手册》的指南。

教学特征

第11版保留了第10版所包含的教学特征。书中每章都有一张概念地图，呈现了要讨论的主要概念和观点。然后有一个短文，由它引出该章要讨论的主题。短文是摘自报纸或杂志报道中的近期事件，不但能说明该章主题，还能向学生展示与该章学习内容相关联的真实事件。在每章页面的边缘部分，列出了重要的术语、概念及它们的定义，以作强调。突出这些术语和概念不但能向学生指出它们的重要性，同时也降低了学生学习这些术语和概念的难度。每章都穿插了学习思考，帮助学生在完成部分阅读后复习相关的内容；这种反馈系统将有利于学生学习，并评估他们对知识的理解程度。每章的结尾处都有一些学习小贴士。首先，我们提供了整章内容的总结、重要术语列表。接着，为了促进学生对本章知识的活学活用，我们在每章末都提供了章节测验。这些测验包括多个多选题，学生可以在这些题目中运用自己所掌握的本章知识。章节测验之后是一组提高练习，它们的设计目的是让学生感受并经历开展实验研究时会进行的活动。

第11版中的新内容

在第11版中，有许多重要的内容发生了变动。其中一些来自于外部评审家的建议，还有很多是为了扩展本书的知识覆盖范围而进行的。主要的内容变动如下所示：

1. 缩减了先前章节中的许多内容，难度上也做了适当降低。这样做并没有损害本书一贯的严谨性。
2. 新增一章用于讲解定性和混合法研究的内容。
3. 新增一章关于调查研究的内容。
4. 新增一章关于测量和抽样的内容。
5. 新增了两章关于统计的内容：一章侧重描述统计，另一章侧重推论统计。
6. 与书写研究报告相关的那一章吸收了最新的《APA 出版手册》（第 6 版）的内容。这一章还加入了一篇发表时间更近、内容更简短的研究文章作为样稿来演示 APA 格式指南。

致　谢

与之前所有的版本相同，我们向我们的编辑和所有评审者致以最诚挚的感谢。Jeff Marshall 是本书编辑，而这一版的评审员名单如下：

John Vessey，威顿学院

Daniel McElwreath，威廉帕特森大学

Judith Horowitz，曼达尔学院

Tammy Zacchilli，圣里奥大学

Nicholas Palomares，加利福尼亚大学，戴维斯分校

Trellis Jones，布伊州立大学

Sandra Trafalis，圣何塞州立大学

Eileen Anderson，弗吉尼亚理工学院

Melanie Deckert Pelton，西佛罗里达州大学

第一编 导论

第 1 章

科学研究简介

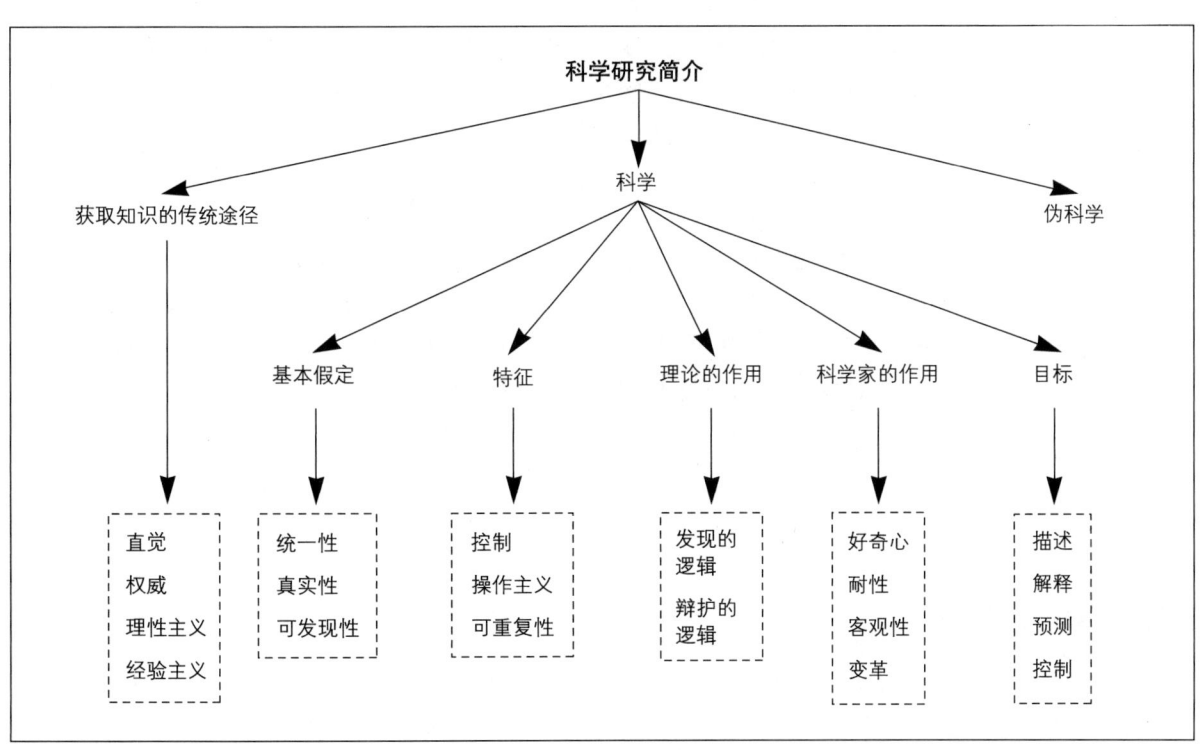

1998年7月5日,《洛杉矶日报》发表了一篇名为《笔迹分析师解读人类本性》的文章。文中介绍了一位有31年工作经验的笔迹分析师——希拉·洛瓦,她大力宣扬"字如其人"的观点。洛瓦认为笔迹总能告诉我们真相,因为笔迹是对个体一生全部经历的投射。洛瓦在媒体上就许多刑事和民事案件发表了评论,如辛普森杀人案、拉姆齐被杀案,因此获得了大家的高度关注。她甚至还参加了全美广播公司(NBC)的《未解之谜》节目。

> 她声称自己在分析笔迹时，不仅会关注细节，如字母 T 的交叉形状，也会重视全局，如页面的整体安排和平衡感以及是否有特别突出之处。在对美国前总统克林顿和猫王普雷斯利等人的笔迹进行分析后，她得出这样的结论："克林顿是力量与灵活性的结合。他立场坚定，又易与人达成共识。"而普雷斯利的笔迹则显示他存在健康问题，且有点抑郁。
>
> 笔迹分析科学吗？是否真如洛瓦所说的"字如其人"？如果仅仅分析某个人的笔迹，就能对其人做出判断，那可太妙了。但是，许多人对笔迹分析心存疑惑。科学家们往往把笔迹分析斥责为与算命、看手相一样的伪科学。尽管如此，许多个人和公司还是会求助于像洛瓦女士这样的人，希望他们能帮助自己挑选合适的员工，或者提出教养孩子的指导意见。当案件涉及桃色纠纷时，执法机构也会雇佣她协助对当事人进行背景调查。因为大众对此类服务的需求旺盛，洛瓦女士甚至在出售一款能进行笔迹分析的软件。
>
> 毫无疑问，人们确实对笔迹分析有兴趣。但关键问题是：笔迹分析是否真的能窥探个体的人格？显然，许多人都相信它可以，因为他们能够借用它来做出一些非常重要的决定。但我们如何确定这个结论的正确性呢？为了确定笔迹分析是否能对人格进行准确而可靠的评估，我们必须开展科学研究。也许你会很诧异，像笔迹分析这样主观性很强的事件竟也能进行科学研究。许多人都不理解科学研究的本质，或是不理解在这种情况下进行科学研究的必要性。他们不理解的原因可能是，人们通常把科学家想象成穿着白大褂，在实验室里埋头工作，用实验来检验那些普通人很难理解的复杂理论的一类人。而对笔迹分析这类事物的有效性进行研究的确显得非常神秘。这很可能是因为科学家揭示宇宙奥秘的真实过程并不为大部分人所知。研究过程就好像裹了一层神秘的外衣，只有科学家才能一窥堂奥。然而研究并不神秘！相反，它是极具逻辑性、创造性和严谨性的方法体系，可用于探察真相并进行可靠的推广。

引 言

在我们的日常生活中，我们总是不断地碰到与思想或行为有关的难题。比如，有人对考试深怀恐惧，有人存在着酗酒、药物滥用或婚姻问题。人们在遇到这些问题时，通常都会想办法解决它们，但往往又需要他人的帮助。因此，他们会求助于专业人士（如心理学家）来帮助他们应对这些困难。同样地，商务人士也可以从心理学家那里获得支持，以便能更好地解读他人的思想和行为。例如，销售人员在理解顾客心理和推销商品的能力上有很大的差异。同为汽车销售员，其中一位卖出汽车的数量可能是另一位的两倍。如果销售经理能够找到这种差异的原因，他就有可能制订出更好的培训计划或者更有效的销售人才筛选标准。

为了获得有关心理过程和行为的信息，人们开始将注意力转向心理学领域。正如你现在知道的那样，人们积累了大量有关信息加工的知识，以及各种类型的组织

表 1.1
学习研究方法课程的理由

- 学会如何开展心理学实验
- 为学习变态心理学、社会心理学、认知心理学、生物心理学和发展心理学等专业课程奠定基础
- 能够成为见多识广和更理性的信息消费者
- 有助于发展批判性思维
- 课程提供了有关如何带着批判性眼光阅读研究论文的重要信息
- 在申请心理学专业研究生时,完成该课程是必要的前提条件

行为知识。我们现在掌握的知识,能够帮助我们应对诸如考试焦虑和抑郁这类问题。同样地,我们也已经确定出哪些变量能够影响说服力和攻击性。虽然我们对心理过程和行为的了解日益深入,但仍有许多奥秘有待探索。为了更加了解此类心理学现象,我们必须进行科学研究。

你们现在学习的这门课程会为你们提供一些信息,教你们如何开展科学研究。也许有的学生会认为,了解研究(的相关知识)只对职业的科学家有意义。但是,正如表 1.1 提到的那样,有很多理由可以说明为什么学生必须学习研究方法课程。表 1.1 中的其中一条理由是:可以帮助学生成为一个见多识广和更理性的信息消费者。我们每个人都被科学或是伪科学研究得出的结论包围着,我们都需要工具来帮助我们对报道的信息作出甄选。例如,有研究指出,糖精会导致实验动物患上癌症,而现实中,有很多食用糖精的人,他们的身体并没有出现癌变。作为一个消费者,你必须解决这些歧义,从而决定自己是否可以食用含有糖精的食物。与此类似,电视广告商经常会强调与其产品有效性相关的"科学证明"。但首先,科学不能为一些普遍规律提供"证明",它只能提供证据,而且往往是强有力的证据。其次,在经过仔细审查后会发现,几乎所有由电视广告商所报道的"科学测试"都存在着这样或那样的缺陷。

获取知识的途径

我们可以从许多途径获得关于特定现象或情境的信息。在漫长的一生中,我们能够从自身人生经历中获取大量的信息。专家也可以为我们提供很多信息。接下来我们将简要说明以下四种获取知识的途径,然后再进一步论述获取知识的科学方法。你可以发现,越是近期的方法,越能代表这个获取知识的手段是人们所能接受的。你也可以发现,尽管早期的方法对科学知识的积累并没有系统贡献,但它们仍被用于科学过程中。科学方法是一种特殊的混合型方法,它能够发现并证明知识,也能让知识随着时间的推移不断得到积累。

直 觉

直觉：一种获取知识的途径，它的发生并不建立在已知的推理过程之上。

直觉（intuition）是我们审视的获取知识的第一种途径。《韦氏新国际英语词典》（第3版）中如此定义直觉："不经过推理和推断，就直接产生知识或确定性感觉的行为或过程。"像埃德加·凯斯这样的预言家，他们的知识似乎就是从直觉中产生的。这些预言家所作出的预测和描述，不基于任何已知的推理或推断过程。因此，这样的知识看起来就是直觉性的。直觉依靠这样的一些判断，比如"我觉得这是真的"，或"虽然我不能确切地告诉你为什么，但是我相信这一点"，等等。用直觉获取知识的方法存在的弊端是，它不能提供一种机制，有效地把正确与不正确的知识分开。

直觉的运用有时也出现在科学研究中（Polanyi & Sen, 2009），尤其是在形成研究假设的过程中最容易看到这一点。尽管绝大多数的研究假设都来自前期的研究结果，但仍然有一些研究是从预感或理解文献的新视角中产生的。举例来说，你也许认为女人比男人更善于评估一段关系的好坏。这种想法或许产生于别人告诉你的事实，或你自己的经验，或许许多多其他的因素。不知何故，你将这些前期经验与其他信息整合在一起，从而形成了这种观点。如果有人问你为何持有这种观点，你也许并不能够说清楚这里所包含的相关因素——你更有可能说这是你的直觉。从科学角度来看，这个由直觉产生的观点是可以形成一个假设并进而对其进行检验。可以设计一项科学研究，来考察女性是否真的比男性更擅长于评估各种关系的质量。

权 威

权威：直接接受某些信息，只因为这些信息来自于具有很高声望的其他人（或机构）。

权威（authority）也是获取知识的一种途径，它代表着对其他人（或机构）陈述的信息或事实的接受，因为此人（或机构）通常具有很高的声望。例如，在1936年7月4日，前苏联的共产党中央委员会颁布了一项"反对儿科学法令"（Woodworth & Sheehan, 1964），其中一项内容是取缔学校的标准化测试。因为没有人有权利质疑这样一项法令，所以取消标准化测试就只能被当做必须接受的事实。由权威发布的信息或事实也许并不准确，这也是通过权威获取知识所存在的问题。

如果通过权威获取知识的方法要求我们必须接受权威宣称的任何说法，那这种方法是如何运用在科学研究中的呢？在开展研究的初始阶段，也就是在发现问题并形成研究假设的阶段，科学家也许会向某个在此研究领域被视为权威的人请教，评估假设的可检验性，并确认这个假设阐述的是一个重要的研究问题。事实上，几乎有人关注的每个领域都会有一个主要的倡导者，他往往也被视作特定课题上的权威或专家，拥有最丰富的相关信息。

虽然权威能够参与形成假设的过程，但其弊端仍然存在。被视为权威的人有可能也会发生错误。例如，基（Key, 1980）作为"潜意识广告"的主要支持者，坚持认为潜意识广告能够影响公众的购买意愿，他个人也被视为此领域的权威人士。例如，他曾宣称广告中潜在的性暗示会强化受众的记忆。幸运的是，这样一种权威说法是可以作为科学研究对象的。沃基和里德（Vokey & Read, 1985）在他们有关潜意识信息的研究中考察了基（Key, 1980）的各种主张，结果发现他的那些观点并没有事实依据。

权威也可以被用于研究的设计阶段。如果你不确定如何设计一项研究来测量某个特定变量，也许你可以与此领域的某权威人士联系，以获得他的帮助。同样地，如果你已经搜集了某一方面的数据，但是不确定该如何解释这些数据或如何将这些数据与同领域的其他数据融合，你也可以向该领域的权威人士请教并得到相应的帮助。正如你看到的，在科学研究中是可以使用权威这条途径的。不过要记住，权威和专家所说的事实及提供的信息也必须用科学手段进行检验。

理性主义

理性主义：通过推理来获取知识。

第三种获取知识的途径就是**理性主义**（rationalism）。这种方法借助推理来得到知识，并且假定，只要推理过程正确，就能产生有效的结论。在 16 世纪，利用理性主义来获得知识被认为是发现真理的主要方式。事实上，人们相信由推理得到的知识与观察得到的知识同样有效，甚至前者优于后者。拥护理性主义的领袖人物是哲学家勒奈·笛卡尔（1596—1650）。他最广为人知的言论是"我思故我在"。他认为那些"清晰明确的观点"必定是真实的，而以这些观点为基础，个人必定能推断出所有其他信念。完全依赖理性来获取知识有一个问题，即两个充满善意并诚实的人通过同样的推理经常会得出不同的结论。

这并不意味着在科学研究中不使用推理或理性主义。实际上，推理是科学研究过程中至关重要的元素。科学家不仅使用推理来形成研究假设，还会利用推理对研究结果进行判断，找出那些能揭示真相或否定假设的证据。数学作为理性主义的一种类型，被广泛运用于许多科学领域，如物理学领域。数学心理学也得到了很好的发展。简而言之，理性主义对于科学而言非常重要，但仅此还不够。

经验主义

经验主义：通过经验获取知识。

第四种获取知识的途径是**经验主义**（empiricism）。最初，这种方法遵循的最基本的逻辑是："如果我已经经验过了某件事，那么它就是有效并真实的。"因此，那些与经验一致的事实就能被接受，而那些与经验不一致的就要被拒绝。这种方法被某些生活在 20 世纪 60 年代的人们所使用，他们宣称有关撒旦（魔鬼）的信息被记录在一些唱片上。这些人回放了这些唱片，并听到诸如"噢，撒旦，进入我们的声音吧"之类的信息。由于这些人确实播放了唱片并且听到了这些信息，这些信息的存在似乎就无可辩驳了。然而，朴素的经验主义肯定存在着问题，更务实的经验主义则会非常实用，而且正如你将看到的那样，它在科学研究方法中起着举足轻重的作用。

谈到经验主义发展成为一种系统的、完善的哲学，不得不提到约翰·洛克（1632—1704）和大卫·休谟（1711—1776）。这两位哲学家认为，所有的知识在本质上都是建立在经验的基础上的。洛克形象地用白板说来解释这个问题。他认为每个人出生时都是一块白板（即每个人的大脑都是空白的石板或写字板，环境或自然会在上面写写画画），所有知识的起点都是我们的感觉（视觉、听觉、触觉、嗅觉和味觉）。这些感觉在我们的大脑里刻上痕迹，接下来通过认知过程产生进一步的影响（整合、联系）。早期的心理学系统，即大家知道的联想主义心理学，正是起源于这种经验主义哲学，我们也可将其视为第一个"心理学学派"（Heidbreder, 1933）。虽然经验主义的方法非常吸引人，也得到了很多人的推崇，但如果单独使用这种方法，则存在着一些风险。我们的知觉会受到许多变量的影响。已有研究证实，在知觉过程中，诸如过往经验和个人动机等因素都会极大地改变我们所看到的现象。研究还发现，我们对事件的记忆并不是保持不变的。且不说我们要刻意忘记某件事情的时候，就是在正常情况下，记忆扭曲也时有发生。

经验在科学研究中的运用是显而易见的。科学是以观察为基础的，而经验指的就是对特定现象的观察。关于"回放某些唱片能够听到撒旦信息"这一说法，运用科学研究进行检验时，也会用到与非科学方法相同的经验观察法。例如，格林沃尔德（沃基等在1985年的研究中提及）在回放唱片时要求人们自己去发现唱片中的撒旦信息。在这种情况下，格林沃尔德利用经验主义让听众相信，恶魔的声音确实出现在了唱片中。而沃基和里德（Vokey & Read, 1985），还有索恩和西姆尔斯坦（Thorne & Himelstein, 1984）等人在其开展的研究中也使用了同种类型的数据。在他们的研究中，也同样要求人们描述他们在回放的唱片中听到了什么。但与格林沃尔德相比，这些科学研究者在系统性观察中持有的客观性程度不同。格林沃尔德明确告诉听者信息的来源是撒旦或者心怀不轨的制作人，因此使听者对可能存在于唱片中的信息产生了期望。而在科学研究中，除非研究目的就是为了检验这样一种期望，否则研究者是会极力避免造成这种期望的。例如，在沃基和里德（Vokey & Read, 1985）的研究中，他们将宗教片段和无意义片段进行回放，并要求参与者试着去解读这些信息。但是事前参与者不会被告知这些信息的可能来源。有趣的是，沃基和里德发现：无论是在宗教片段回放还是无意义片段回放时，被试都会捕捉到一些信息，并且发现其中的某些部分包含着撒旦的建议。

经验是科学研究中至关重要的元素。但是，在科学研究中，经验性的观察必须在可控的条件下进行，并且需要借助系统性方法以最大限度地降低研究者偏见，同时提高客观性。在本书后面的章节中，我们将详细地阐述如何开展科学的经验性研究，从而保证研究更加可信。

思考题 1.1 阐述获取知识的几种方法是什么，并说明这些方法是如何运用到科学研究中的。

科　学

科学：获取有关自然世界可信且有效知识的最可靠方法。

科学一词最初起源于拉丁语中的动词 *scire*，其最古老的含义是"知道、了解"。然而，具有当代含义的英语词汇"science"，直到 19 世纪才由威廉·惠威尔（William Whewell, 1794—1866）创造出来。在那之前，科学家们都被称作"自然哲学家"（Yeo, 2003）。**科学**（science）是获取知识的一种非常重要的方法。虽然它是我们前面讨论过的各种方法的混合体，但它是优于其他方法的，这是因为这种方法可用来系统性地产生关于自然世界的可信而有效的知识。也许有人会认为，只有一种方法能让我们获取科学性知识。然而这只是一种逻辑的想法，普罗克特和卡帕尔迪（Proctor & Capaldi, 2001）已经指出，不同的时代所流行的科学方法是不同的。因为科学总是在不断地发展与进步当中。现在让我们来简单回顾一下科学方法的发展历史。

归纳和演绎

归纳：由具体事实概括出一般原理的推理过程。

按照亚里士多德（公元前 384—前 322）的经典定义，**归纳**（induction）是指由具体事实概括出一般原理的推理过程。[1] 例如，假设你在参观一家日托中心时看见几个小孩正在踢打另一个小孩，你可能就会推测，该中心有许多孩子具有攻击性，甚至推测全国日托中心的小孩都具有暴力倾向。这个推理就是一个归纳的例子。因为你把由观察特定事件产生的结论迁移到了更广、更普遍的范围。在 17 世纪晚期到大约 19 世纪中期这段时期里，归纳是占主导地位的科学方法（Proctor & Capaldi, 2001）。在这段时期，科学的发展主要依靠对现象的细致观察，其主要意图是在此基础上得出正确的普遍化结论。弗朗西斯·培根（1561—1626）和艾萨克·牛顿（1642—1727）都是这种方法的拥护者。比如，牛顿就曾宣称："规律从现象中演绎，并通过归纳使其一般化，这代表了一个命题所能达到境界的最高例证……"（Thayer, 1953, p. 6）。

虽然归纳不是当今所用的最主要的科学研究方法，但科学中仍然经常使用这种方法。例如，拉塔纳（Latané, 1981）观察到，人们在与其他群体成员一起完成某项任务时，所付出的努力比独自完成时要少，由此他推断并构建出"社会性懈怠"（social loafing）这一概念。当拉塔纳从这种特定的现象——人们在群体活动时付出的努力更少——推断出存在社会性懈怠这一普遍规律时，就成功地运用了归纳推理。在心理学研究的数据分析中，也能看到归纳推理的运用。当研究者把从样本中得到的结论推广到整体时，他们就是在使用归纳推理。因此，归纳推理可视作科学的一个组成部分。然而，它并不是唯一在科学研究中运用的推理过程，因为我们还常使

---

1 在逻辑哲学领域，归纳和演绎的含义与此处陈述的有些不同。在逻辑哲学中，归纳推理涉及得出一个可能正确的结论；而演绎推理则涉及在前提正确的情况下推导出必然真理（Copi & Cohen, 2005）。

用演绎推理。

演绎（deduction），按照亚里士多德的经典定义，是指由一般原理推出具体事实的过程。例如，莱文（Levine, 2000）曾推断，一个非常看重团队任务且不指望其他人会对团队成绩有充分贡献的个体，会更加努力地工作。在这里，莱文从社会性懈怠的一般性命题出发，从逻辑上演绎出一种能降低社会性懈怠效应的具体情境。莱文明确地指出，将团队任务看得很重并且不指望其他团队成员会做出足够努力，会让一个人更努力地工作或克服社会性懈怠效应。如今，在研究者们形成研究假设时，他们通常使用演绎推理来得出一些可观察的结论。在收集完数据之后，一定会有结果来支持或否定他们的假设。正如先前提到的那样，演绎通常也被用于数学心理学研究中。

综上所述，科学需要归纳和演绎这两种思维。然而，两种方法中的任何一种都不能作为现代科学研究中唯一或最主要的研究方法。

演绎：由一般原理推出具体事实的推理过程。

假设检验

假设检验（hypothesis testing）是指研究者构想出一个假设来解释观察到的某些现象，并将假设与事实进行比较的过程。1850年前后，人们认为归纳不再满足构建完善科学理论的需要。于是科学家和哲学家们建议，将假设检验作为归纳的补充，正式纳入恰当的科学方法的行列（Proctor & Capaldi, 2001）。按照惠威尔（1847/1967）所说，"科学发现的过程是审慎而严谨的，这不是通过放弃假设，而是通过严格地对比假设和事实，坚决拒绝一切未在对比中被确定的内容来实现的"（Whewell, p. 468）。按照这种方法，科学活动包括对来源于理论或经验的假设进行检验。惠威尔指出，科学研究的关注点应该放在证实那些以理论和经验为基础的预测上面。

假设检验：通过观察，将假设或预测关系与观察事实进行对比，来验证一种预测关系或假设的过程。

普罗克特和卡帕尔迪（Proctor & Capaldi, 2001）指出，假设检验盛行的时代从1850年前后开始，并持续到1960年。然而一项有关心理学研究的文献调查显示，假设检验一直是也仍然是科学活动（心理学领域）中一个非常重要的组成部分。例如，富勒、勒克和麦克马洪等人（Fuller, Luck, MacMahon, & Gold, 2005）调查了精神分裂症患者的认知障碍情况。研究者事先假设精神分裂症患者的工作记忆表征能力会超乎寻常地弱，这导致他们很容易被分心刺激所干扰。在此假设基础上，研究者设计了一项研究，通过收集数据来检验这项假设是否正确。

假设检验作为一种科学的方法，曾与逻辑实证主义运动产生过联系。**逻辑实证主义**（logical positivism）是由一群兼具科学背景和哲学倾向的维也纳大学学者倡导形成的。这个群体则被称为维也纳学派，他们信奉逻辑实证的哲学立场（Miller, 1999）。维也纳学派的一个核心观点是：任何声明都必须经过观察或经验的证实才具有现实的意义。逻辑实证主义者坚信，科学最重要的部分是通过客观观察或经验对假设进行证实。逻辑实证主义者莫里茨·施利克（Moritz Schlick, 1882—1936）

逻辑实证主义：一种哲学立场，主张科学的核心标准是验证假设。

在 1934 年曾说过:"科学使预言被'经验'所检验。"(Ayer, 1959, p. 221)。对逻辑实证主义者来讲,假设检验是一种由经验性"事实"(即特质)推断出普遍性命题的归纳方法。他们的终极目标是希望揭示自然世界所遵循的科学定律。

虽然逻辑实证主义拥有众多的支持者,但它仍然免不了遭遇批评。其中一个最严厉的批评声来自科学哲学大师卡尔·波普尔(Karl Popper, 1902—1994)。波普尔指出,逻辑实证主义者使用的证实方法(归纳)建立在一个逻辑谬误(即肯定后件谬误)之上。为了修正这个"错误",波普尔认为科学应该依靠有效的演绎型推理形式(Popper, 1968)。如果数据不支持假设,研究者就可以用演绎推理的方式得出结论,证实某个一般原理是虚假的。这种有效的演绎法便是波普尔所倡导的。他坚持认为科学的重点应该是大胆假设,然后想方设法去证伪它们。波普尔主张的这种方法被称为**证伪主义**(falsificationism)。

证伪主义:一种主张科学的核心标准是对假设进行证伪的演绎法。

波普尔方法的主要优势在于,它能帮助研究者排除伪科学理论。然而,波普尔的方法也受到了批评,因为它仅仅关注证伪,而彻底摒弃了归纳法。波普尔曾声称:"这里没有归纳,除非使用反驳或'证伪',否则我们无法从事实中得到理论。"(Popper, 1974, p. 68)。但不幸的是,他也需要使用归纳法来总结哪些理论是应该得到支持的,哪些理论是我们应该相信的。波普尔的方法遭到批评的另一个原因是,即使数据看起来证伪了某个假设,研究者也不能断定这个理论必定虚假。因为在假设检验的过程中必须设定许多假定条件,在这些假定条件当中,有些可能比正在研究的这一假设更为虚假。这种认为一项研究假设不能被单独验证(即不设定其他假定条件)的观点被称作**迪昂—奎因原则**(Duhem-Quine principle)。当代的心理学家们不是单一地使用某种方法,而是将多种方法结合起来使用。如今的假设检验法包括了概率思维和证据优势法则,并将逻辑实证主义者的检验法和波普尔的证伪法结合使用。重要的是我们必须记住,假设检验法所生成的结果只是提供了与某个心理学理论相关的迹象,并不能作为支持或否定该心理学理论的可靠证据。

迪昂—奎因原则:任何一项研究假设都不可能脱离其他假定条件而单独得到验证。

自然主义

从 20 世纪 60 年代开始,我们进入科学方法论时代,这是由一场被称为自然主义的科学哲学运动演化而来的(Proctor & Capaldi, 2001)。自然主义不接受基本认识论,后者假设知识就是演绎推理的产物,且知识都像数学或几何学现象一样是完全确定的。相反,**自然主义**(naturalism)持有的立场是,应该对科学进行实证研究和评估,就像我们运用科学去研究其他实证现象一样。自然主义是一门主张实用的科学哲学,它认为科学家应该相信那些显示出来的现象。涉及对科学信念的判断时,自然主义主张我们应该以**经验充足性**(empirical adequacy)为基础来评估我们的理论。也就是说,经验性的数据是否支持理论?理论是否做出了正确的预测?理论是否能对你们正在研究的现象做出合理的因果说明?

自然主义:行为科学中盛行的一种立场,坚持认为科学应该通过对其理论原理的实际效果进行实证,而不是通过哲学辩论来证明其实用性。

经验充足性:表示理论和假设与经验性证据吻合的程度。

如果你认真审视科学的整个发展历史,就会发现科学的进步显示出一种超出寻

常规科学：科学发展的一种时期，此时科学活动由单一范式支配和指导。

范式：人们在解释现实时所参照的思想或信念框架。

科学革命：科学发展的一种时期，此时科学活动的特征就是用一种范式取代另一种范式。

研究纲领：拉卡托斯用来称呼范式的术语。它包括一系列"硬核"信念及外围辅助信念组成的"保护带"。

常的、不被假设检验或归纳法所控制的结构。科学中的许多方法已经有力地促进了人类获得有效和可靠的知识。自然主义从实用主义角度出发，发展出一系列研究方法和策略。接下来我们将简略地介绍几位于1960年前后开始对现代科学自然主义产生重大历史影响的先驱人物。

库恩与范式 托马斯·库恩（Thomas Kuhn, 1922—1996）对科学进行了历史性分析，并于1962年出版了其代表作《科学革命的结构》。他在研究中发现，科学反映了两种类型的活动：常规科学与革命性科学。**常规科学**（normal science）由一个单一范式或被某群体分享的一系列概念、价值观、感受和习惯所支配，而这些概念、价值观、感受和习惯等组成了该群体对现实的独特视角。因此，**范式**（paradigm）就是你在解释现实时所参照的思想或信念框架。成熟期的科学大多将时间花费在"常规科学"上。但是，随着反常现象的逐步暴露和批评的积累，就会发生**科学革命**（revolutionary science）。在这段相对短暂的时期（与常规科学时期相比），旧范式将被新范式取代。范式的更替是一件意义重大的事情，因为主导着目前世界观的信念体系会被一系列新的信念所代替。在经过革命期之后，科学的发展又进入了一个新的常规科学阶段。按照库恩的说法，这样的过程在整个科学发展史中会不停地反复出现。

拉卡托斯与研究纲领 另一位名叫伊姆雷·拉卡托斯（Imre Lakatos, 1922—1974）的科学哲学家采用了一种与库恩类似的方法，试图勾画出科学活动是如何在一个框架中发生的。库恩将这种框架标记为范式，而拉卡托斯用**研究纲领**（research program）来指代这个框架（Lakatos, 1970）。在拉卡托斯看来，研究纲领涉及一连串理论，它们与一系列"硬核"信念相联系。这一点与库恩完全不同，库恩认为每个范式都将被一个全新的范式完全取代。比如哥白尼学说的其中一个核心观点是，地球和其他行星都围绕着静止的太阳在转动。拉卡托斯的硬核信念或原则是研究纲领的定义性特征，但同时研究纲领还包括一条保护带，由起辅助作用的信念、原则、假设等组成。拉卡托斯坚称，科学家不能允许硬核原则像波普尔所假定的那样被证伪。他解释说，如果一个硬核假设不被支持，那么研究者只需要简单地修正保护带里的某些内容便可。这样必然使得一个理论很难被证伪或拒绝。

学习心理学领域的发展为库恩的范式和拉卡托斯的研究纲领提供了很好的例证。在20世纪30年代早期，一种"机械论"范式或研究纲领在学习心理学研究中兴起。这种机械论观点的基本概念和信念或者说基础原则是：学习是通过特定刺激-反应联结的条件形成和消退来实现的。有机体在学习中是被动的，学习仅仅是强化物等外部力量发生作用的结果。

在同一时期，还存在一种与机械论范式针锋相对的"有机论"范式或研究纲领。这种机体论观点的基本概念和信念或者说基础原则是：学习是通过对规则或假设的检验而发生的，而且有机体在学习时是主动而不是被动的。有机体内部的变化，如一些被格式塔理论、信息加工过程或认知心理学所认可的条件变化，都会引起学习和转变的发生（Gholson & Barker, 1985）。皮亚杰的儿童发展理论就是有机论观点的例证。心理学的其他范式、研究纲领或研究传统（Laudan, 1977）包括联想主义、行为主义、认知心理学和神经心理学。

费耶拉本德的无政府主义科学论　保罗·费耶拉本德（Paul Feyerabend, 1924—1994）是一位科学哲学大师，他仔细地研究了前人所倡导的多种科学方法，然后毫不意外地发现每种方法都遭遇过批评并在逐渐消失。例如，因为前面提到过的逻辑问题，逻辑实证主义者倡导的证实主义和波普尔主张的证伪主义都处于挣扎状态。由于没有办法确定出哪怕一条可以描述科学的典型特征，费耶拉本德（Feyerabend, 1975）辩称，根本没有科学方法这回事。根据他的说法，科学研究有很多方法。然而绝大多数的心理学家认为，当费耶拉本德宣称科学方法中唯一不变的一条原则是"怎么都行"（anything goes）时，他已经走向了一个极端。费耶拉本德还认为，科学包括了许多不合理现象，其中一部分是权力操纵的结果。他由此推断，科学知识并不完全如科学家们想让公众相信的那样可靠。正如你所见，费耶拉本德对常规科学提出了相对严苛的批判。或许能从他的批判中得出这样一个核心结论，科学也许并不像它有时看起来的那么简单和公式化。简言之，科学现象包含了很多复杂情况。尽管如此，在这本书中，我们仍然会尽力解释这些复杂情况，并清晰地解释当代心理学研究中最好的实践活动。

科学到底是什么

多年以来，哲学家们一直在努力探索如何明确地划分科学与非科学。逻辑实证主义者希望证实主义成为划分标准。同时他们希望能确定一种单一的、普遍适用的方法。波普尔则认为划分标准应该是证伪主义（即只有科学家才会试图对假设进行证伪）。而库恩认为，正是科学家的价值观、互动和行为界定了科学。一些科学哲学家找到一种相对可靠的科学实验标准，即被罗伯特·阿克曼（Ackermann, 1989）称之为"新实验主义"（the new experimentalism）的东西。按照这种理论的说法，实验具有自己的独立生命，而科学进展则可以被视作实验知识或从实验中获取的知识的稳定组合（Chalmers, 1999）。从各种角度看来，实验都是科学方法最强和最佳的代表。然而或许我们更应该说，大量训练有素的科学家能够运用多种方法与实践，对科学知识的发展做出补充和贡献。

如你所见，并没有一个完美的定义能适用于科学的每个领域和每个方面（如物理学、心理学或分子生物学）。科学似乎恰恰没有遵照一系列单一、固定且普遍的原则或活动在运行。确定一个单一原则或活动很有可能对科学不利，因为这样会忽略科学的复杂性特征，同时也会使科学的适应性降低，而变得更加教条。但是，我们仍然需要一个关于科学的工作定义。查尔姆斯（Chalmers, 1999, p. 168）给出的定义是："科学由以下几个方面构成：获得某类知识的具体目标、达到目标的方法和判断目标达成程度的标准,以及能代表关注对象现状直至目标实现的特定事实和理论。"这与我们的观点是一致的,即科学是获取有关自然世界及实用知识的可靠、有效的首选方法。但是为了成功实现这一目标,我们在科学实践中必须遵守研究伦理;必须对其实践与活动进行严格自查,以确定哪些起作用,哪些不起作用;必须致力于持续学习和改进。如果科学能做到这些,那么科学知识也会得到持续发展。

思考题 1.2

- 科学是什么?科学方法是如何随着时间的变化而变化的?
- 归纳和演绎的区别是什么?
- 什么是自然主义?
- 库恩和拉卡托斯的科学观点的相同点是什么?
- 为什么费耶拉本德认为根本没有科学方法这回事?

科学研究中的基本假定

科学家们为了在科学研究活动中有信心解决问题和疑惑,制定了一些工作前提假设,以保证他们能持续从事日常的科学实践。

自然的统一性或规律性

科学致力于寻找自然的规律。如果不存在统一性或规律性,那么科学就成为关于一些零散事实的历史性描述。斯金纳(1904—1990)在这一点上有很好的阐述,他认为科学是"对自然事件的秩序、统一性和规律关系的探索"(Skinner, 1953, p. 13)。如果自然不存在统一性,也就不可能存在关于自然的认识、解释和知识。没有规律,我们也不能创造出理论、规律或是一般原理。在统一性假设之中,暗含着一个形式更强的概念——**决定论**(determinism)。所谓决定论,即坚信心理过程和行为必定有其发生原因和决定因素。在努力揭示心理学规律的过程中,我们会试图辨别出所有有联系的变量。迄今为止,我们已经发现了**概率性原因**(probabilistic causes)(即通常会带来某种结果的原因),但仍在继续寻找更确定、更完整的因果关系。我们开展实验,期望能确定事件的决定因素。一旦我们确定了某个事件或条件,通常会伴随着产生某个特定的结果,那么我们就发现了概率性原因。

决定论:一种信念,即坚信心理过程和行为完全由之前的自然因素决定。

概率性原因:决定论的一种弱形式,可预示通常会发生但并不一定会发生的规律。

自然的真实性:一种假定,即认为我们看到的、听到的、感觉到的、闻到的和品尝到的内容都是真实的。

自然的真实性

有一个相关的假定:**自然的真实性**(reality in nature)是存在的。比如,在日常生活中,我们所看到的、听到的、感觉到的、闻到的、品尝到的事物是真实的,而这些经验也是真实的。我们假定其他的人、事物、或者诸如结婚或离婚等社会事件，都不仅仅是我们想象的产物，同时我们假定可以对许许多多不同类型的"事物"进行科学研究。在科学中，光靠我们说说是不能够决定什么东西是真实或实际存在的。研究者会使用多种手段来检验其真实性，并获得客观证据来证明我们所说的确实是真的。简言之，研究者们与自然世界（包括态度、信念、习俗等社会性事物）互动，必须有这样一个基本假设：现实和真相是真实的。而这也是我们收集数据的原因。再次强调，科学假定存在着这种潜在的真实，并试图揭晓这个真实。

可发现性

可发现性：一种假定，即认为自然中存在的规律是有可能被发现的。

科学家相信，自然不仅具有规律性和真实性，同时也具有**可发现性**（discoverability），即我们是有可能发现这些规律和真相的。这并不意味着发现这些规律的任务会很简单，因为自然并不情愿秘密被人们解开。几十年来，科学家们一直在努力探寻癌症发生的原因及治愈方法。虽然目前已经取得了显著进展，但人类仍然未能掌握所有癌症的确切病因及影响癌症发展的各种因素。同样地，彻底治愈癌症的方法也仍未问世。在攻克艾滋病（AIDS）方面，我们的科学团队也付出了大量的努力，然而到目前为止，科学家仍然没有完全揭开自然在这个领域留下的秘密。

持续、密切地探索癌症和艾滋病的病因，或者关注心理学领域中精神分裂症和抑郁症等产生的原因，无不显示了科学研究的一个基本过程。研究的过程类似于拼图，即便全部的拼图碎片都在你面前了，你还需要努力将它们拼成完整的画面。科学研究包含了很多有难度的任务，你需要先将此次拼图所需的碎片都找出来。关注特定问题的每个研究都有可能发现一张拼图碎片。只有找到所有拼图碎片，人们才有可能将它们拼在一起，让我们看到整幅画面。因此，可发现性包含两个组成部分：首先是发现拼图碎片，然后就是将碎片组合在一起，或者说是找到这张完整图片的本来面目。

科学研究的特征

我们已经讨论过，科学实验是获取关于自然世界的可靠及有效知识的首选方法。为了产生可靠和公正的知识，科学过程必须依靠几个重要特征。其中最重要的三个特征分别是：控制、操作主义和可重复。

控 制

控制：消除额外变量的影响。

控制（control）指的是通过保持恒定或消除额外变量的影响，来保证对原因和结果的清晰判断。对心理学研究者来讲，最重要的一个任务就是确定因果关系。如果没有对额外变量的控制，就不可能完成这个任务。切记以下这点，无论何时，只要你需要确定因果问题，就应当首选实验法。实验的目的是为了回答问题，比如为什么会发生遗忘，是什么缓解了精神分裂症患者的症状，或者什么样的治疗手段对抑郁症最有效。为了对此类问题作出明确的回答，研究者们必须依赖控制。

例如，在测试治疗抑郁症的一种新药的效果时，研究者必须控制好期望效应，否则参与者对该药的期望（认为药品能帮助他们缓解症状）会对真正的新药效果造成干扰。这是因为，在某些情况下，参与者会因为认为自己得到了有效治疗而出现症状减轻现象，即使治疗手段其实是无意义的（比如只是给颗糖丸）。这种现象被称为**安慰剂效应**（placebo effect）。因此在测试新药效果时，设计良好的实验常包含一组控制条件，即此组参与者在治疗时吃到的"药"看起来与真正的药相同，但实际上却不包含新药的真实成分。如果服用真药的参与者与服用安慰剂的参与者相比，其症状改善更多，研究者就可以自信地宣称新药起了作用。如果没有控制条件，研究者就无法知道症状改善到底是因为新药的作用还是因为安慰剂效应。

安慰剂效应：症状的改善是由于参与者产生了期望，而不是由真正的治疗产生。

操作主义

操作主义（operationalism）的原则最初由物理学家珀西·布里奇曼（Percy Bridgman, 1882—1961）提出。布里奇曼（Bridgman, 1927）认为，科学必须是具体而精确的，每个概念都必须由测量该概念的步骤或操作来定义。例如，长度最好定义为测量长度的一组操作，如果长度的测量是通过标注了英寸刻度的直尺或卷尺来完成的，那么长度就会被定义为一个具体的英寸数值；如果测量长度的直尺或卷尺是用厘米标注的，那么长度的定义就会是一个以厘米为单位的具体数值。这种类型的定义后来被称作**操作定义**（operational definition，也译作"操作性定义"）。操作定义最初受到了心理学研究者的追捧，因为它们似乎能够让具体性和精确性达到理想的水平。然而，在心理学概念中使用严格的操作定义并没有持续太长时间，因为此思路的局限性很快就凸现出来了。

操作主义：代表由一组具体的操作形成的概念。

操作定义：通过表征或测量某一概念的操作来定义此概念。

早期对操作定义的一个批评指出，它们的要求过于严苛。例如，当问题涉及事件之间的功能联系时，就几乎不可能明确地表达出这个问题。为了形成操作定义，我们不是直接描述饥饿与选择性知觉之间的关系，而是必须讨论食物剥夺的时长与呈现了500毫秒的模糊刺激之间的关系。

还有批评指出，一个单一的操作定义并不能完全说清楚一个术语的意义。一组操作中的任意变动都会导致新概念的形成，因此会产生大量的相似概念。操作定义是一个如此严格的概念，这意味着各种操作之间是不会重叠的，比如针对焦虑这个概念有三种不同的操作性测量方法（问卷调查、皮肤电反应[GSR]测试、心率变化测量），而这三种方法之间应该是没有联系的。

著名的研究方法学家唐纳德·坎贝尔（Donald Campbell, 1916—1996）也对操作定义提出了批评，因为他认为任何一组操作都是不完整的（Campbell, 1988）。例

图 1.1
对优秀的汽车销售员
进行操作化的例子

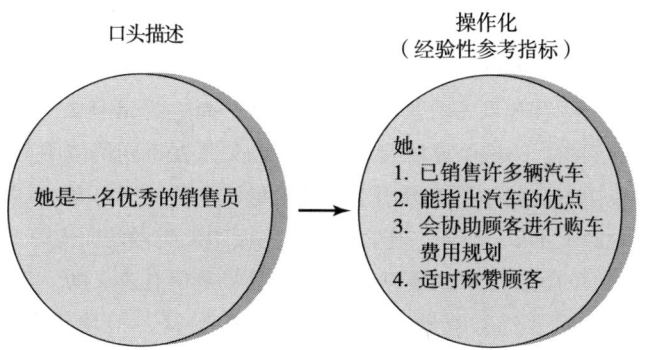

如，攻击性在不同的研究中被给予了不同的定义，如鸣喇叭、击打波波玩偶、向他人施加电击、击打护具的力量等。但是，任一上述定义都不能完整地代表攻击性的定义。坎贝尔建议，为了获得更精确的概念应该同时使用几种不同的方式。这种对概念进行多元测量的方法被称之为**多元操作主义**（multiple operationalism）。对一个概念进行几种不同操作的好处在于，如果不同操作条件下得到的结果是相似的，那么研究结果的可信度就提高了。坎贝尔（Campbell, 1988）还对操作定义这个术语提出了批评。他建议将"定义"二字从"操作定义"中拿掉，这样研究者仅仅需要关注那些被"操作化"的概念，而忽略那些在字面上由操作定义的概念。按照坎贝尔的说法，一个操作定义应该被称作**操作化**（operationalization）。

多元操作主义：使用多元测量来表征一个概念。

操作化：坎贝尔对操作定义的称呼。

尽管上面提到了各种批评，但这并不意味着操作主义不重要。通过一组具体的操作清晰而有效地表达出概念，在科学中是必不可少的。另外，研究者在发表他们的结果时，必须同时提供此类信息。想想"优秀的汽车销售员"这个概念。你会如何对优秀的汽车销售员进行操作化？你会参照哪些经验来描述这个概念？图 1.1 是我们建议的一些经验性参考指标，包括销售了许多汽车、能指出一辆车的优点、能协助顾客进行购车费用规划，以及称赞顾客做出了一个好的选择。一旦清楚地定义了这些指标，在进行信息沟通时就能保证将歧义降到最低，把精确性提到最高。

可重复性

可重复性：一项研究中得到的结果能在其他研究中再现。

通过重复，科学知识得到了极大发展。**可重复性**（replication）是指一项研究中得到的结果能在其他研究中再现。切记以下这个关键点，在你相信某个单一研究的结果之前，你必须先确定该结果是不是可靠。在解释某个独立于其他研究的单一研究的结果时，你最好一直保持谨慎。为了得出一个普遍的结论，你必须知道，重复这项研究是否能够得到相同的结果。如果研究中观察到的现象是不可重复的，说明这个现象要么是随机产生的，要么就是在不同情境中表现不同。如果感兴趣的变量在不同情境下会有不同的表现，那就必须在其他研究中系统考察情境因素的影响。

如果不能成功地重复先前的研究结果，那么可以从几方面对此进行解释，因为有多种可能原因会导致这种情况。首先，最显然的一个可能是，先前的研究结果完全是偶然出现的，这意味着之前确定的现象其实并不真的存在。如果这个现象不存在，显然它是不可能在重复研究中再现的。第二个可能的原因是，重复实验中可能改变了一些看起来无关紧要的实验元素，而这些元素又在一定程度上改变了实验参与者的反应。第三个原因是，调查中的关系在不同情境中可能会不同。在这种情况下，最初的发现并不能运用于新的人群、新的时期、新的环境等等。举例来说，在过去的四十年里，社会心理学对性别刻板印象所做的研究就产生了大量不同的结论。研究结果的这些变化（无法被成功重复）是很有意义的。

虽然重复性被当作科学研究的一个特征，但坎贝尔和杰克森（Campbell & Jackson, 1979）指出，研究者承认此特征并不等于他们会真正开展重复实验。很少有研究者会进行真正意义上的重复性实验，主要是因为这类研究很难发表。尽管如此，当多项研究都包含了关键变量时，还是能够产生部分重复实验的。这种类型的重复通常以**元分析**（meta-analysis）研究的形式进行报道。元分析是一种定量技术，用于整合和描述多项研究中的变量关系。之前我们提过，不要过于相信某项单一研究的结果，但是应该可以充分相信一项元分析研究的结果，因为你所看到的结论使用了大量相关的研究。无论何时，当你对某个话题感兴趣，并想要回顾相关文献时，你都应该查找那些元分析研究的文献！

元分析：一种定量技术，用于描述多项研究中的变量关系。

思考题 1.3 | 列出科学研究的特征并说明每个特征的含义。接着解释它们为什么能成为研究过程的特征。

理论在科学研究中的作用

积累高信度事实的基本方法是在研究过程中进行客观观察。但是即便积累了大量的事实，也不足以解答许多有关人类本质的谜题。例如研究发现，在从事相同工作的前提下，收入较少者与那些自认为受到公平对待者相比，更容易生气和难过。研究还发现，薪酬的增长会带来工作满意度的提高。一旦通过研究累积了此类事实，就必然会以某种形式对这些事实进行整合和总结，以便更充分地解释心理学现象。这就是理论在科学事业中扮演的一种作用。如公平理论归纳和总结了大量与公平公正相关的数据，以便为人际互动提供更充分的说明。**理论**（theory）有助于我们了解某种现象产生的原因及其运行的机制。

理论：对某些事物如何运行、为什么如此的一种解释。

然而，理论的产生并不只是用于总结和整合已存在的数据。一个好的理论也必须能提出新的假设，而这些新假设可被经验性检验。因此一个理论不但能总结先前研究的结果，还应该能引导新的研究。这意味着在经验性观察和理论之间存在着经常性的互动，就如图 1.2 中所显示的那样。你可以从这张图里看到，理论最开始起源于研究中的经验性观察，这被称作**发现的逻辑或情境**（logic or context of discovery），是科学的归纳部分。一旦理论已经产生，它就必须直接指导后期研究，

发现的逻辑：科学过程中归纳或发现的部分。

图 1.2
理论与研究的关系演示

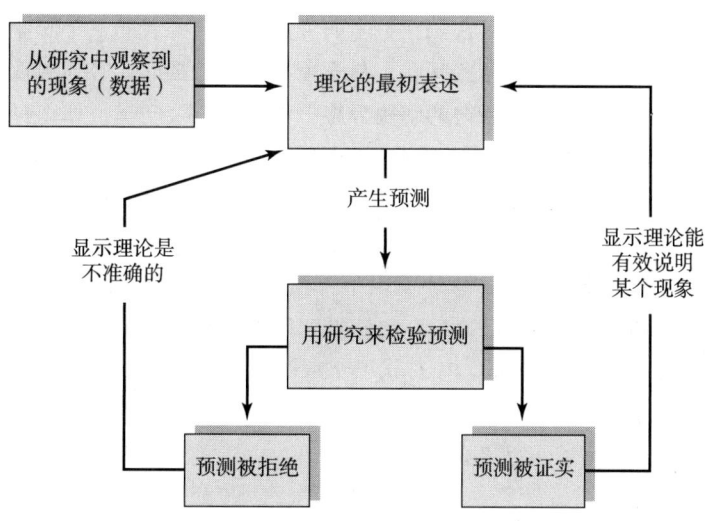

辩护的逻辑：科学过程中演绎或理论检验的部分。

这被称作**辩护的逻辑或情境**（logic or context of justification），是科学的演绎部分。此时会产生预测，并需要对该预测进行经验性检验。后期研究的结果会反馈回来，以检验理论的有效性。这个过程会周而复始。如果由理论产生的预测被后续的研究所证实，那么就有证据说明此理论对于解释某个特定的现象是有效的。如果该理论的预测被后续研究所否定，就证明此理论是不准确的，此时需要修正理论使之达到与实验数据吻合的程度，或者摒弃这一理论。总之，图 1.2 表明，理论的产生和理论的检验都是科学活动中的重要部分。

思考题 1.4
- 列出科学研究的基本假定，并说明为什么需要这些假定。
- 说明理论在科学研究中的作用。

科学家在心理学研究中的作用

科学研究中一个非常重要的成分是科学家——具体落实科学方法的那个人。科学家可以是任何一个为了追求知识而严格执行科学研究过程的个体。这是否意味着随便一个人都可以成为科学家，还是他必须拥有某些特定的品质？正如所料，某些品质尤其重要。因为自然的秘密很难被解开，科学家们必须积极地寻找和探索自然，才能发现有序的关系。此外，他还必须努力拥有好奇心、耐性、客观性和变革。

好奇心

科学家的目标是追求知识和发现自然的规律。他们试图解答下列问题：是什么？在什么时候？为什么？怎么样？在哪种条件下？有何种限制？这些问题是科学调查的起点，而且它们在整个研究过程和研究者的整个职业生涯中都要不断地给予回答。为了解决这些问题，科学家必须擅长提问，必须展现出好奇心，且不能认为自己已经找到了最终的解决方案。如果没有疑问了，那么科学过程也就终止了。

科学家必须保持开放的心态，永远不能在研究方向或研究方法上产生僵化的想法。因为这种僵化会让他变得盲目，以至于不能很好地把握不寻常事件，有时甚至看不到那些事件。好奇心和细致的观察能激活斯金纳所说的"科学实践的第五条非形式化原则……意外发现——在寻找另一样东西时无意地发现这件事情的艺术"（Skinner, 1956, p. 227）。此处提到的好奇心也让我们联想到一句话，据说这是路易斯·巴斯德（Louis Pasteur, 1822—1895）在1854年说过的话："机遇总是眷顾那些有准备的人。"如果科学家们不好问，不对各种新奇的现象保持开放的态度，那他们绝不可能在过去有那么多发现。

耐 性

从科学探索的缓慢进展可以看出自然是多么不愿意自己的秘密被揭开。人们在听到或看到某个科学领域取得巨大突破时，通常会惊叹于科学家的能力，并联想到伴随着这些发现而产生的兴奋和喜悦。虽然兴奋和喜悦的时刻确实存在，但科学研究通常是长年累月的沉闷艰苦工作。在成功之前常常要经历大量的失败，所以科学家必须要有耐性，对稀少而遥远的回报感到满意。例如，人们在癌症研究方面已努力了许多年，也获得了许多进展，但仍未得到一种有效的治疗方案。

客观性

客观性：研究中的一个目标，旨在消除或减少研究者的想法和偏见对研究过程的影响。

研究过程的目标之一是**客观性**（objectivity）。理论上，科学家个人的愿望和态度不应该影响到他的观察。而事实上，绝对的客观是做不到的，因为科学家也是人。虽然通常都无法达到绝对的客观，但有必要将其作为研究目标。这是为了最大限度地减少研究者对研究实施过程以及对研究结果的影响。然而为了做到客观性，一个人必须学会批评和反思，因为我们常常无法"看见"自己的偏见。我们会在整本书中不时地提供一些方法和策略，它们可以帮助你在开展科学研究时尽可能地客观和理解。

变 革

科学调查使得变革成为必然。科学家们总是在发明研究各种现象的新方法和新技术。这个过程通常都会带来变革。当解决问题的某种方法失败时，必须发明另一种新方法，这必然也会产生变革。变革并不需要抛弃以前的全部事实和方法，它只是意味着科学家必须恰当地审视过去，对新事实和新技术保持警觉，从而使科学知识获得发展。尽管科学家必须接受"变革是研究过程的一部分",但当新观点与旧知识不一致时,接受新观点似乎也并不容易。以波兰尼(Polanyi, 1963)的经历为例,他在1914年发表了关于固体对气体的吸附理论(吸附势理论),该理论被爱因斯坦指责为"完全不尊重"大家所熟知的物质结构。然而后来的研究证明,波兰尼是正确的。这里的意思就是科学家必须保持持续的自我反省,努力以开放心态和新方式看问题,不为某种信念所蒙蔽或所阻碍。

思考题 1.5 | 一个人要成为好的科学家,必须具备的品质是什么?为什么这些品质是必需的?

心理学研究的目标

从根本上看,科学研究的目标是为了理解我们所生活的世界。科学研究要求对某个现象进行详尽的考察。对于某个现象,只有能对其进行准确地描述和解释,进而能够对其进行预测,并在绝大多数情况下能够对其进行控制时,科学家才能声称对该现象有了真正的理解。所以科学认识需要四个具体的目标:描述、解释、预测和控制。

描 述

描述:对一种情境或现象的描绘。

第一个目标,**描述**(description),要求能准确地描绘现象。研究者必须确定现象的特征,然后确定这一现象是否存在。例如,皮亚杰的儿童发展理论来源于他对自己孩子的细致观察和描述。任何一个新领域的研究通常都始于描述,因为它可以识别存在哪些变量。只有当我们对存在的变量有所了解时,我们才能开始解释这些变量为何存在。比如,如果我们没有先发现分离焦虑这种行为(婴儿在照料者离开时出现哭泣和视觉搜索等行为)和孩子出现此行为的年龄,我们就不能对它的存在做出解释。科学知识通常始于描述。

解 释

解释:确定特定现象的原因。

第二个目标是对现象的**解释**(explanation)。这需要我们知道该现象存在的理由或其产生的原因。因此,我们必须要确认引起此种现象的先决条件是什么。如果我们假设,分离焦虑主要发生在由父母呵护的婴儿身上,而不会发生在除父母之外还有许多其他成年人照料的婴儿身上,那我们就可以推断,产生分离焦虑的其中一个先决条件是:婴儿由父母之外的成年人照料的频率。要注意频率只是其中一个先决条件。科学家们已经意识到,绝大多数的现象都是多重原因造成的,新的证据可能会要求用一个更好的解释来替代旧的解释,或者扩展先前的解释以纳入新的信息。在科学研究的过程中，我们会获得越来越多与产生各种现象的原因相关的知识。随着知识的增加，我们开始有能力预测甚至控制事件的发生。

预 测

预测：预见某个事件发生的能力。

预测（prediction）指的是在事件真正发生之前就有预见能力。比如，我们能非常准确地预测日食发生的时间。要做出这种准确的预测，需要掌握有关此现象先决条件的知识。我们需要知道月亮和地球的运行规律，并知道只有在地球、月亮和太阳满足某个特定条件时，才能出现日食。如果我们了解哪些变量影响学术成就，那我们就能准确地预测谁会在学术上取得成功。如果说我们还无法准确预测某种现象，那一定是因为我们对它的认识还没有到位。

控制或影响

控制：(1) 对照组 (2) 消除额外变量的影响 (3) 对先决条件的操纵，以产生心理过程或行为上的变化。

控制（control）指的是对决定某个现象的条件进行操纵。从这个意义上讲，控制需要掌握有关某个现象产生的原因和先决条件的知识。当先决条件已知时，就能操纵它们，以产生希望看到的现象。

一旦心理学家获悉产生某个后果的条件，只要通过创造或者消除这些条件，就可以实现对结果的控制。假设挫折会产生攻击性，然后请思考，如果我们知道这个假设是百分百正确的，那我们就可以通过让一个人受挫或不受挫来控制他是否产生攻击性。所以，控制指的是对能产生某个现象的条件进行操纵，而不是操纵现象本身。

此时，似乎刚好可以对控制这一概念提供一些别的见解。到目前为止，我们已经从两个稍有差别的角度讨论了控制。在讨论中，我们将控制作为科学研究特征，认为控制是指在实验中保持条件恒定或者消除额外变量的影响。而在本部分的讨论中，控制指的是决定一个行为的先决条件。实验心理学家和心理历史学家埃德温·博林（Edwin Boring, 1886—1968）曾指出（1954）：控制一词有三种含义。首先，控制指的是按照对照（例如在一项医学实验中给控制组使用安慰剂）标准进行检查或核实；第二，它指的是一种约束，如在实验中保持条件恒定或者消除额外变量对实验的影响；第三，控制指的是通过操纵条件以产生特定的变化或某个具体的态度或行为。目前，本书已经提到了博林认为的第二种和第三种含义。因为所有的这些含义都会被多次提及，所以最好能记住它们。

思考题 1.6 列举并定义科学研究的目标。然后，请说明为什么它们会成为科学过程的目标。

表 1.2

伪科学中使用的策略

- 为了解释不一样的结果而杜撰出新的（临时的）假设
- 大量使用证实性论断或重新解释不一样的结果以支持其主张
- 不对结论进行持续而严格的验证，因此也不会进行自我修正
- 倒置举证责任（如让批评者承担举证责任）
- 过度信赖支持结论的证词和作为证据的轶事
- 使用模糊性语言让结论听起来像是经过科学审查的
- 与其他学科在相关问题上的研究毫无联系

伪科学

我们已经在本章中向你介绍了什么是科学。此外我们提到，在心理学领域可以依靠科学方法来获取和确立可靠的知识。在我们的社会中，科学知识有着特殊的地位，因为它的形成建立在高信度和高效度的基础上。现在，我们将从另一个角度，通过检验什么不是科学，来看看科学。科学与伪科学是对立的。

伪科学：一系列本身并不科学、却宣称自己是科学的观点和实践活动。

伪科学（pseudoscience）是一种宣称自己是科学，但却建立在违背许多科学原则之上的方法和实践活动。伪科学的声明通常是为了获得合理性。例如，商业广告常常会宣传其产品的有效性是经过"科学证明"的，而这种宣传实际上并没有可信的证据支持。伪科学的例子还包括占星术、超感觉认知、算命、地平说、迷信等。在表 1.2 中，我们列举了一些伪科学通常会使用的策略。在你开展研究的时候，应该避免使用这些错误的策略，因为它们展示的是非科学的东西。

思考题 1.7
- 什么是伪科学？
- 在伪科学中使用的错误策略有哪些？

本章小结

本章对心理学研究和科学进行了介绍。人们获取知识的主要方法包括直觉（即以前意识过程为基础）、权威（即以权威观点为基础）、理性主义（即以推理为基础）和经验主义（即以经验为基础）。科学是上述方法的特殊结合，是获取关于现实世界的可信有效知识的最可靠方法。

在它的发展史中，科学强调了不同的调查方法。在 17 世纪到大约 19 世纪中叶的这段时期，最主要的科学方法是归纳。在 1850 年前后到 1960 年前后的这段时期里，最主要的科学方法是假设检验。在这段时期，逻辑实证主义者强调要对假设

进行证实。而波普尔，作为非逻辑实证主义者，强调要努力对假设和理论进行证伪。单独采用逻辑实证主义者的证实原则或波普尔的证伪原则都会出现一些问题。在当代，我们主张将证伪和证实结合起来使用。从1960年开始，我们进入了自然主义的方法学时代。自然主义强调我们应该用实证而不是哲学辩论来检验科学。在自然主义时期，科学的标志是对前期各种观点的混合，它是一种实用主义方法，关注假设和理论的经验适当性，关注那些在实践中真正起作用的发现。自然主义还受到托马斯·库恩（提出范式概念的人）和伊姆雷·拉卡托斯（关注研究纲领的人）的观点的影响。保罗·费耶拉本德采取了一种"极端的立场"，他认为科学使用了如此多不同的方法，所以可以视其为没有方法。

虽然确实没有一个单一的、简单的定义能将科学与非科学区分开来，我们仍然为科学提供了一个工作定义，科学是获取有关现实世界的可靠有效知识的首选方法，它包括获得科学知识的方法，判断获得的知识是否正确和合理的标准，以及一系列形成科学当前状态的事实和理论。科学的主要假定包括以下几方面：（1）自然中存在统一性或规律性；（2）自然以及我们与它互动的经验都是真实的；（3）可发现性（即自然中的规律是有可能被发现的）。

科学的主要特征是控制、操作主义和可重复性。控制是其中最重要的特征，因为它使科学能够确定因果关系；如果没有控制，是不可能确认某个特定事件的原因的。操作主义意味着研究者必须用他们在测量中使用的操作来清晰地表述概念。也许操作一个概念的最好办法是通过多元操作主义（即使用多种测量手段来表征一个概念）。可重复性发生在当某个研究结果在后来的研究中再现之时。元分析是归纳总结多个研究结果的最佳方式。

理论是科学的重要组成部分。依靠发现的逻辑，可以形成、发现和发展理论。依靠辩护的逻辑，可以用新的经验性数据对理论进行系统验证，确认理论的运用是否良好。如图1.2中展示的那样，科学在理论发现和理论检验之间（或者说在归纳与演绎之间）循环往复。

科学家必须保持好奇心，拥有耐性，尽力保持客观，还要对变革持有开放的态度。心理学研究的四个目标是：描述、解释、预测、控制或影响。伪科学是一系列宣称自己是科学但实际上并不科学的观点或实践活动。你应该避免采用表1.2中列出的那些策略，因为它们正是坏科学或伪科学的特征。

重要术语和概念

权威	决定论	经验主义
控制	可发现性	解释
演绎	迪昂—奎因原则	证伪主义
描述	经验充足性	假设检验

归纳
直觉
发现的逻辑
辩护的逻辑
逻辑实证主义
元分析
多元操作主义
自然主义
常规科学

客观性
操作定义
操作主义
操作化
范式
安慰剂效应
预测
概率性原因
伪科学

理性
自然的真实性
可重复性
研究纲领
科学革命
科学
理论

章节测验

问题答案见附录。

1. 经验主义是科学研究中的重要元素。经验主义指的是什么?
   a. 通过经验获取知识
   b. 对世上各种现象的个人观点
   c. 保持某一当前信念的坚定决心
   d. 因为某些信息来自于权威而接受它
2. 科学活动包括：
   a. 归纳
   b. 假设检验
   c. 范式
   d. 研究纲领
   e. 上述所有选项
3. 阿尔伯特教授曾经做过一个实验来调查个人"地位"对说服力的影响。在这项研究中，他通过呈现不同的穿衣风格来操纵地位这个变量。具体来讲，让地位高的人穿着非常昂贵的商务套装并拎着一个公文包，而让地位低的人穿着褪色的牛仔裤和破烂的衬衫。让地位高和地位低的人在穿衣风格上呈现这种差异是为了：
   a. 控制额外变量的影响
   b. 对地位这个概念进行操作化建构
   c. 让他能够重复其研究的结果
   d. 控制参与者的衣着类型
4. 如果你开展了一项研究来调查为什么人们不会帮助那些明显需要帮助的人，那下面哪个目标是你开展此项研究的目的？
   a. 描述
   b. 解释
   c. 预测
   d. 控制
5. 为了在科学研究过程中保持信心，科学家常常会设置几个假定。下列哪个不属于这些假定？
   a. 自然本身是真实的，包括我们看到的、听到的、感觉到的、触碰到的、品尝到的都是真实的
   b. 发现自然的规律是可能的
   c. 在自然中存在着统一性或规律性
   d. 心理学只研究心理学所构建的现实

提高练习

除了章节测验以外,每一章的结尾都附上提高练习。这些练习会激发你对本章讨论的概念进行深入思考,并提供机会让你运用所学的知识。

1. 心理学在解释心理过程和行为以及开展研究过程时,都会使用许多概念。思考下列概念,并为每个概念确定可以代表它们含义的一组操作。
   a. 抑郁
   b. 攻击性
   c. 虐待儿童
   d. 态度
   e. 领导力

2. 医学委员会已经多次表达了对美国人日益飙高的平均体重的关注。关注的重点在于肥胖人群存在的健康风险。仔细想想科学的四个主要目标,思考如何将这些目标运用到医学委员会关心的问题上来。

3. 如果科学的基本假定不存在,那心理科学会发生什么?如果这些假定不存在,我们的日常生活又会变成什么样?

4. 想想哪些领域可以被称为伪科学,如占星术、手纹解读和超感觉认知。从这些领域中找出被用来支持其主张具有科学性的证据,并说明为什么这些证据是伪科学。

5. 下述领域是科学还是伪科学?说出你的理由。
   a. 脊骨神经医学
   b. 信仰疗法
   c. 顺势疗法
   d. 针刺疗法(针灸)
   e. 通灵学

第 2 章

研究取向与数据收集方法

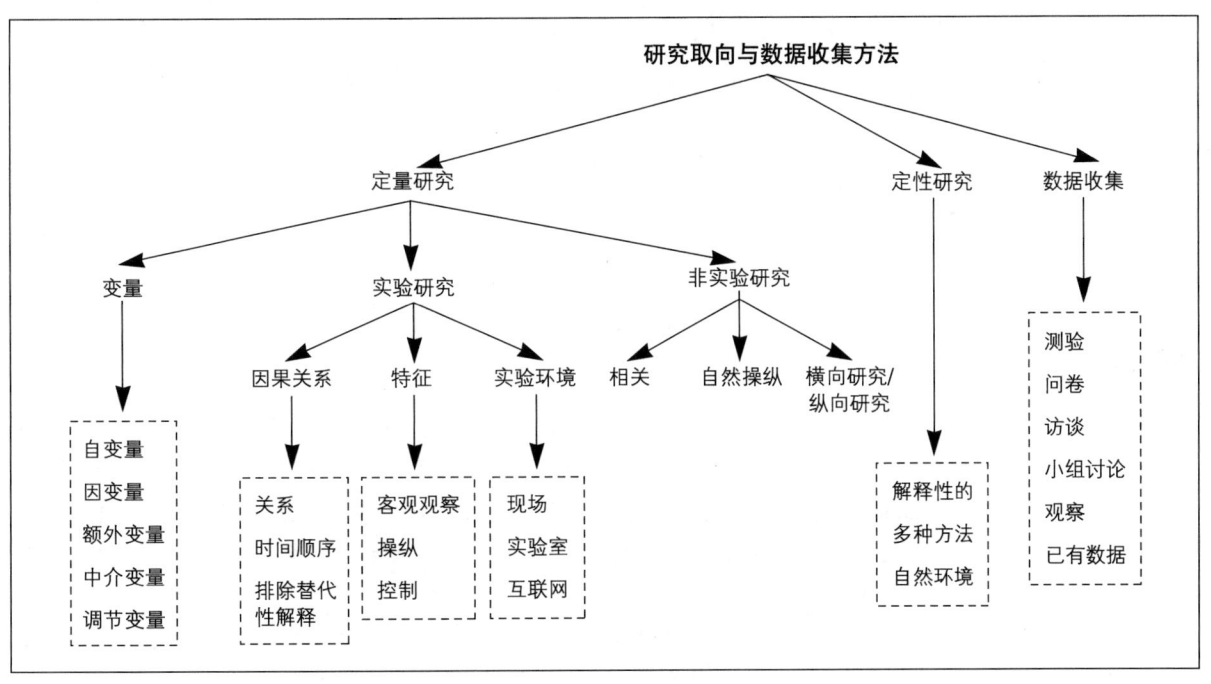

  2005 年 7 月 7 日早上，39 岁的银行家迈克尔·亨宁在上班途中，当时他在伦敦地铁上正阅读晨报。8:50 左右，一枚炸弹在他所在的车厢爆炸了，他的眼睛因为一道黄光而瞬间失明，他也被甩到了地板上。周围漆黑一片，当亨宁感觉到自己脸上有血时，他才意识到自己至少还活着。几秒钟以后，在大约两英里以外的另一列列车上也发生了爆炸。这列搭载了数百名乘客的火车掉进了一个位于伦敦中心地带、宽 12 英尺的隧道里。火车顿时陷入了黑暗，空气中满是刺鼻的烟。呼吸变得困难，乘客们开始呼喊、哭叫、猛击窗户。10~15分钟后，乘客们才意识到救援无法立刻到达，于是他们慢慢地从列车中爬出来，沿着黑暗的隧道向罗素广场站转移。在他们沿着隧道前进时，遇到了那些在爆炸中伤残的人。

在伦敦市中心，一辆双层公共汽车受第二次爆炸的影响被迫转移路线，这导致司机绕了几次弯路。车上的一名乘客对此显得很焦虑，他不断地将手伸进背包，摆弄着里面的什么东西。警方后来怀疑他当时是在重置背包里的炸弹计时器。上午9:47，差不多在伦敦地铁发生爆炸后一小时，这辆公共汽车爆炸了。金属、玻璃和人体残骸从汽车后部炸飞了出来。

许多疑问随着这些爆炸案接踵而至。为什么会发生爆炸？谁对此负责？在地铁和公共汽车上搞爆炸其动机是什么？为什么有人要这么做？爆炸发生的时间正好是世界最大工业国，即八国工业集团（G8）的领导人召开会议的时期，爆炸目的是为了破坏会议的进程。但是谁犯下了这样十恶不赦的罪行？这会对伦敦人民和英国经济造成什么影响？英国首相托尼·布莱尔发表声明称："我们绝不会被这种方式的恐怖行为恐吓住。"（Terror, 2005）后来他说，这样的恐怖主义行为不会改变英国人民的生活方式。然而事实上，这些事件会对个人生活产生影响。虽然不可能明确此类事件产生的所有影响，但还是能够对此进行一定的描述统计，并找出一些证据，说明它们是如何影响和改变个人生活的。

实验研究：通过操纵自变量来揭示因果关系的研究。

描述性研究：为了描述某种现象、事件或情境的研究。

引　言

传统上，我们将心理学研究取向分为两大类：实验研究和描述性研究。其依据在于不同的研究取向具有不同的研究目标。**实验研究**（experimental research）通过有控制的心理学实验来确定因果关系。**描述性研究**（descriptive research）侧重对现象、事件或情境的描述。因此实验性-描述性二分法是非常有用的一种方式，它能代表各种心理学研究方法。

最近，心理学文献中出现了另一种二分法，即定量-定性研究二分法，它依据的是研究中收集的数据类型。

定量研究：以数值数据为基础的研究。

数值数据：由数字（数值）组成的数据。

定性研究：以非数值数据为基础的研究。

非数值数据：由图片、话语、报告、服装、书面记录或档案、对情境或行为的描述等数据组成。

定量研究（quantitative research study）是指在研究中通过收集**数值数据**（numerical data）来解答给定研究问题的研究类型。例如，如果某个研究收集的信息类似于个体的吸引力等级评定、一个孩子撞击另一个孩子的次数、一只老鼠按压杠杆的次数或者个体在人格测验中获得的分数，那么这个研究就是定量研究。定量研究是目前心理学领域中最常用的研究类型。**定性研究**（qualitative research study，也译作"质性研究"）是指在研究中通过收集**非数值数据**（nonnumerical data）来解答给定研究问题的研究类型。非数值数据包括个人在访谈中报告的内容、书面记录、服装或观察到的行为等。许多研究者，如克雷斯威尔（Creswell, 1998）和巴顿（Patton, 1990），认为只靠收集定量数据无法对研究现象、事件或情境进行完整地分析和描绘，如果增加定性数据，就能提高对这些现象的理解水平。

我们将在本章对定量研究和定性研究进行综述，并介绍心理学研究中用到的主要数据收集方法。

思考题 2.1 | 区分实验研究与描述性研究；区分定量研究与定性研究。

定量研究中的变量

变量：在有机体、情境或环境之间或内部进行变化的特征或现象。

类别变量：在不同类别或种类间变化的变量。

量型变量：在程度或数量上变化的变量。

变量是定量研究的基本组成模块。**变量**（variable）是指具有不同值或类别的量。它与**常量**（constant）的含义相反，后者代表某个不能变化的量，如变量的某个单一值或一个变量的类别。例如，性别是变量，它具有男性和女性两个值；而男性是常量，因为它不能变化，女性也是常量。

表 2.1 中列出了定量研究中用到的许多重要变量，并附上了实例。我们可以通过判断变量是类别变量还是量型变量来对此进行有效区分。**类别变量**（categorical variable）是指在类别或种类上变化的变量。**量型变量**（quantitative variable）是指在程度或数量上变化的变量。例如性别变量是类别变量，因为它的不同水平代表不同类别（男性或女性）；而反应时是量型变量，因为它可能会被操纵为对特定刺激做出反应所需的毫秒数。类别变量还有宗教信仰、大学专业、政党身份、人格类型、记忆策略和治疗方法等等。量型变量还有身高、自尊水平、年龄、焦虑水平和认知过程的速度等等。虽然我们也会介绍按变量测量水平来区分变量的四级系统，但这种二级系统（即类别变量和量型变量）其实足以满足大多数的研究需要。

当需要描述和解释这个世界是如何运行或者需要设计定量研究时，许多研究者会用到表 2.1 中的另一组变量（在"变量角色"这个标题之下）。正如你在表 2.1 中看到的，**自变量**（independent variable）（用符号"IV"表示）被假定为是引起另一个变量变化的原因。**因变量**（dependent variable）（用符号"DV"表示）是假定的效应或结果。因变量受一个或多个自变量的影响。在吸烟与肺癌的关系中，自变量和因变量分别是什么？正如你所知，吸烟是自变量，肺癌是因变量，那是因为吸烟会引起肺癌。在实验研究中，自变量是被实验者操纵的变量。比如可以操纵自变量，使其某个水平为给予新的治疗手段，而其他水平即"不治疗"为控制条件。

自变量：被假定会引起另一个变量变化的变量。

因变量：被假定为受到一个或多个自变量影响的变量。

因果关系：一个变量的变化会引起另一个变量变化的关系。

额外变量：在解释结果时可能与自变量发生竞争的变量。

每当你想得出**因果关系**（cause-and-effect relationship）（即自变量的变化引起了因变量的变化）的结论时，都必须非常小心，尤其要警惕非实验研究中的额外变量。**额外变量**（extraneous variable）是指在解释研究结果时会与自变量发生竞争的变量（额外变量也被称为第三类变量或混淆变量）。在尝试确定某个额外变量时，你需要考虑以下问题："因变量的变化原因有没有可能不是缘于自变量而是缘于某个没有考虑到的额外变量？"例如，研究者已经发现，喝咖啡与心脏病发作之间存在着统计学关系（即咖啡喝得越多，心脏病发作率就越高；而咖啡喝得少，心脏病

表 2.1

以测量水平和变量角色区分的变量类型

变量类型	核心特征	实例
测量水平 *		
类别变量	在一个现象的类型、种类或类别上发生变化的变量	性别这个变量由女性和男性两种类别组成
量型变量	在一个现象的数量或程度上发生变化的变量	反应时这个变量常在毫秒级别上测量，并在几毫秒到几分钟或更长时间内变化
变量角色		
自变量（用符号"IV"表示）	被假定为引起另一个变量变化的变量，属于原因变量	焦虑的程度（IV）会影响记忆任务的成绩（DV）
因变量（用符号"DV"表示）	因另一个变量而产生变化的变量，属于效应或结果变量，是测量自变量效应的变量	记忆任务的成绩（DV）受焦虑程度（IV）的影响
中介变量	在两个其他变量之间起作用的变量，它描绘了一个变量影响另一个变量的干预过程	焦虑的程度（IV）会导致认知分散（中介变量），后者影响了记忆任务的成绩（DV）
调节变量	能够详细说明感兴趣的关系是如何在不同条件或情境中变化的变量	焦虑（IV）与记忆（DV）的关系也许会随着疲劳水平（调节变量）的变化而变化
额外变量	在解释结果时，会与自变量发生竞争的变量	我们看到的咖啡饮用（IV）与癌症（DV）之间的关系也许是由吸烟导致的

* 四级测量系统会在第 5 章中介绍。

发作率低）。这是一种因果关系吗？其他研究结果显示，这并不是因果关系，实际起作用的因素是额外变量——吸烟。相比较喝咖啡少的人，喝咖啡多的人更有可能吸烟，因此，是吸烟导致了心脏病而不是大量饮用咖啡导致心脏病。所以吸烟是一个混淆变量，这个变量影响了因变量——心脏病发作。在本书中的其他地方，你将学习如何"控制"这类额外变量。

有时我们想了解某过程或者说某变量是如何通过一个变量影响另一个变量的。于是我们关注到了另一类变量，即中介变量（也叫干预变量）。**中介变量**（mediating variable）是指在因果链的另两个变量间产生作用的变量。例如"组织损伤"就是吸烟与肺癌这组关系中的干预变量。我们可以用箭头（表示原因）描述这组关系：吸烟→组织损伤→肺癌。

有时两个变量之间所存在的某种关系并不适用于所有情况，所以你需要另一类变量来研究这种可能性。具体来讲，心理学家使用**调节变量**（moderator variable）来确定一组自变量与因变量之间的关系是如何在其他变量（称作调节变量，因为它"调节了关系"）的不同水平上发生变化的。例如，如果行为疗法对男性更有效，而认知疗法对女性更有效，那么性别就是一个调节变量。因为自变量（治疗类型）与因变量（当事人的心理健康）之间的关系在调节变量（性别）的不同水平上发生了

中介变量：在因果链中其他两个变量之间起作用的变量；它是一个干预变量。

调节变量：改变或"调节"其他变量之间关系的变量。

变化。在这个例子中，我们可以说疗法与心理健康之间的关系受性别调节。因为这个世界总是那么复杂，所以你们就可以想象，自然界中的因果世界里一定活跃着许多调节变量。

你必须牢记刚刚在表 2.1 中定义和总结的所有变量类型。因为变量语言是一门非常强大的语言，所以它也是定量研究中使用的"语言"。当你想要知道自己感兴趣的东西是如何与世界产生联系的时候，你可以设法将它们翻译成这种新语言，这样你就能为开展某项定性研究做好准备了。你会发现，这种语言也能帮助你让自己的思路变得更加清晰。

思考题 2.2
- 自变量与因变量的区别是什么？
- 量型变量与类别变量的区别是什么？
- 中介变量与调节变量的区别是什么？

实验研究

实验研究方法是一种定量的方法，其目的是为了发现先前假定的原因所产生的效应。实验研究方法的关键特征是：刻意改变某事物再观察其他事物会发生什么变化（即确定先前假定的原因所产生的效应）。这也是人们一直都在做的事情。例如，人们会尝试不同的饮食或运动方法以确定它们是否有助于减肥。其他人可能会先接受教育然后观察这能否为他们带来更好的工作。如你所见，科学家和普通人都在努力地用实验方法来确定因果性。但是科学实验与实践实验不同，科学家们在科学实验中会有意进行观察，不带偏见，并对额外变量进行控制。两种做法都是为了确定因果性。因此，我们首先探讨因果性的概念，然后再讨论科学实验以及在实验中被系统验证的因果性有何本质。

因果性

因果性：一个名词，哲学家们对其含义争论不休。如果用日常语言来描述，指对某个事件的操纵引发了另一事件。

因果性（causation）属于人们经常使用但很少仔细思考的那类词。人们常问"是什么引起了癌症"或"是什么让一个人杀害了另一个人"这样的问题。但是，这些问题的真正含义是什么？在人们的常识中，因果性是指在某种条件下某个事件（原因）引发了另一个事件（结果）。但实际上，因果性要复杂得多。

人们在讨论因果性时，会非常随意地在使用原因和结果这两个词。但若仔细思考，你会发现操纵通常隐含在因果性的概念中。如果我们进行操纵或做点事情，我们就会期待有其他事情发生。倘若真的发生了什么，我们就会把操纵的东西或事情称为原因，把发生的事情叫做结果。例如，如果有一个家长因为自己的孩子在墙上乱涂乱画而惩罚了他，然后他发现孩子不再往墙上涂画了，那么他就会认为惩罚让孩子停止了涂画。事件之间的这种暂时性关系，就像惩罚与某个行为（如在墙上涂画）消失之间的关系一样，让我们直观地感受了原因与结果的含义。如用变量语言来描述，那么原因变量就是自变量，而效应或结果变量就是因变量。

原　因

原因的直观定义太过于简单化了，这是因为绝大多数因果性都依赖于多种因素，包括情境因素。例如，抑郁可能在许多不同的情况下发生，比如吃了一些不含中枢神经递质血清素前体的食物、有了孩子、失业、离婚或许多其他事情，这些事都有可能导致抑郁的发生。但是单独这么一个事件并不足以引发抑郁症。对一些人来说，失业能导致抑郁；但对另一个人而言，这或许是一个机会，可以使其开始另一项充满激情的事业。问题的关键在于一个结果的产生需要许多因素，而我们很难知晓所有因素以及它们彼此间的联系。这意味着任何因果性都在一个包含许多因素的情境下产生，并且如果其中任何一个因素发生了变化，那么先前认定的因果性就可能改变，当然也可能不变。这也是为什么说，因果性不是完全确定而是概率性的原因（Shadish, Cook, & Campbell, 2002）。尽管确实很难确定某些事件发生的原因，但"把**原因**（cause）视作是可以引发其他事件的东西"的观点仍然受用。我们将在本书中一直强调，实验应该是研究因果性的首选。

原因：使得其他事情存在或改变的因素。

效　应

效应（effect）是指不操纵自变量时所发生的事情与操纵自变量时所发生的事情之间的差异。在一个实验中，效应是指某组个体接受某种处理方式以后发生的事情与同一组个体若未接受这种处理方式会发生的事情之间的差异。这里重点强调的是同一组个体。然而，要同一组人同时接受和不接受某种处理是不可能的，因此要完美地认定一个真效应也是不可能的。在实验情境下，我们能尽力做到的就是通过设置两组不同的参与者，使其中一组接受某种处理，另一组不接受处理，然后测量两组表现的差异，获得一个不甚完美的结果。用不接受处理的那组参与者的表现来估计接受了处理的那组参与者在不接受处理的情况下的表现。这里的重点是，永远不可能对一个效应进行真实、完美的测量，因为这要求参与者既要接受某事的影响，又要不受到这件事的影响，而这是不可能的。

效应：在接受某种处理方法时所发生的事情，与未接受时所发生的事情之间的差异。

得出因果性的必要条件

在本书中，每当需要做出一个有正当理由的因果关系（即自变量的变化引起了因变量的变化）声明时，我们都会提到三个必要条件。这些必要条件列在表 2.2 中。

表 2.2
声明因果关系存在所需的条件

研究者在声明变量 A 的变化会引起变量 B 的变化的合理性时，必须保证下列条件成立：

条件 1： 变量 A（假定的原因或自变量）和变量 B（假定的效应或因变量）必须是关联的或是相关的。这被称作关系条件。

条件 2： 变量 A 的变化必须发生在变量 B 的变化之前。这被称作时间顺序条件。

条件 3： 关于变量 A 与变量 B 的关系，不存在其他貌似合理的替代性解释。这被称作无替代解释条件。

首先，研究者必须要证明自变量与因变量是有关联的。第二，研究者必须证明自变量的变化先于因变量的变化而发生。第三，研究者必须证明自变量与因变量之间的关系并不是由其他变量的影响而引起的。例如，喝咖啡与心脏病发作率之间存在着相关性，由于这些变量是相关的，所以满足条件 1，又因为喝咖啡发生在心脏病发作之前，所以也满足条件 2。但要声明饮用咖啡会导致心脏病发作，还要满足条件 3。可这里却出现了问题，因为存在着其他貌似合理的替代性解释可用于说明观察到的这种关系。在推断喝咖啡会导致心脏病发作时，有一个不容忽视的问题——吸烟与这两个因素都相关（即我们在满足条件 3 时出现了问题）。那些平时喝少量咖啡的人通常比那些平时喝大量咖啡的人也更少吸烟。因此，咖啡饮用量与心脏病发作率之间的可见关系可能是由额外变量即吸烟所引起的。所以研究者必须要对吸烟这个条件进行"控制"，才能确定这个替代性解释是否是引起原始关系的真正原因。

思考题 2.3
- 什么是实验研究？
- 什么是因果性？
- 对因果关系下结论的三个必要条件是什么？
- 你为什么不能仅通过两个变量之间的关系对因果关系做出结论？

心理学实验

心理学实验：对严格控制的实验情境所制造出的现象进行客观观察。在控制条件下，一个或多个因素发生变化，而其余的因素都保持恒定。

因果关系成立的三个必要条件（如表 2.2 中所示）反映了心理学实验的内容。奇姆尼（Zimney, 1961, p. 18）对**心理学实验**（psychological experiment）给出了一个经典定义：对在严格控制的实验情境（只改变其中一个或多个因素，而使其余因素保持恒定）中所产生的现象进行的客观观察。这个定义看起来不错，因为它包含了几个关键组成部分，这些内容将在下面的章节中分别予以讨论。接下来对这个定义的分析将有助于你对实验这个概念及其组成部分有所理解。

1. **客观观察** 我们已在前面讨论过，研究者表现出的公平与不带偏差或者说客观性，是科学家必须努力具备的特征。为了能够从实验结果中确定出因果性，实验者必须避免做任何可能会影响结果之事。许多心理学家已经证明，实验者具有的偏差效应要比他预期的大很多。我们会在后面的章节中详细讨论这个问题。尽管我们也意识到完全的客观是不可能实现的，但研究者还是必须持续地与偏差作斗争。

为了最大限度地减少记录误差和观察误差，奇姆尼（Zimney, 1961）提出三条研究者应该遵循的原则。第一条，接受发生错误的可能性。我们和我们的知觉系统都不完美，所以我们的反应会受到动机、愿望和其他偏差因素的影响。当接受了这个事实，我们就有可能尝试着去找出错误可能发生的地方，这也就是第二条原则。为了识别潜在的错误，我们必须认真分析和检验整个实验的每个环节，这样才能够预计错误的潜在来源和导致错误的原因。一旦我们对情境进行了分析，就可以实践第三条原则了，即采取必要的措施以避免错误。开展实验时要竭尽全力才能记录到准确的观察数据。

2. **制造出的现象** 在心理学实验中，现象包括任何可公开观察的行为，比如动作、外表、口头陈述、问卷答案和生理记录。如果心理学要满足之前讨论过的科学所具备的特征，就必须关注这些可观察的行为。只有关注了这些现象，我们才能满足实验所要求的操作主义和可重复性这两个条件。

将可公开观察的行为作为现象的定义，看起来似乎是将个体内部或私下的过程和状态排除在现象的范围之外了。但在普通心理学课程中，我们讨论了许多类似过程，包括记忆、知觉、人格、情绪和智力。如果我们只研究可公开观察的行为，那还能继续保留这些过程吗？答案是肯定的。研究者在研究这些过程时先研究可公开观察的行为，然后从观察中推断出内部过程的存在。我们观察的正是这些能被推断的过程的行为表现。例如，智力水平可以从智力测验的结果推断出来，自尊水平则可以从参与者完成的量表（包含一系列设计好并用于测试自尊结构的问题）答案来推断。

操纵：研究者期望引起因变量变化而进行的积极干预。

在开展一项实验时，心理学家精确地操纵着一个或多个自变量，然后对这种**操纵**（manipulation）所产生的现象进行客观的观察。关于实验的这一部分定义指出了这样一个事实：实验者通过操纵条件来产生特定的效应。使用这种方法，实验者们可以通过观察他们在实验中的操纵是否产生效应或观察产生的效应是否明显来确定因果关系。

3. **严格的控制情境，只改变其中一个或多个因素，而使其余因素保持恒定** 研究者必须对实验情境进行控制，这样在实验中唯一能变化的就是实验条件了。除了由研究者操纵的实验条件可以不同以外，各个组必须在其他所有条件上完全相同。实验开始时，构建相等组（即各组在所有变量上都是相同的）的最佳方式是根据实验条件随机地分配参与者。接着，你在实验过程中实施各种条件，与此同时，还必须保证没有任何可能威胁此研究的额外变量进入。你必须控制情境，保证各组之间除了被给予的实验条件不同之外，再无任何不同。如果做到了这点，你就可以在实验结束时将各组的结果差异归因于实验条件的不同了。

实验及其逻辑的一个示例

现在，我们要向你展示什么是基本的实验设计。这个实验描述了如何检测一种新药的药效，研究者预期这种新药可以减轻广泛性焦虑症的症状：

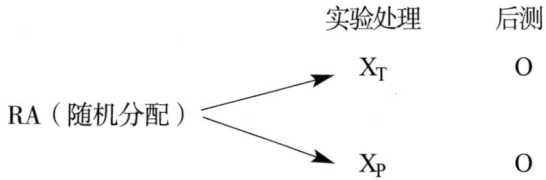

在上图中：

- O 表示对因变量的观察／测量
- X 表示自变量
- 下标 T 表示自变量的实验处理条件（即实验组，使用了含有活性成分的药物）
- 下标 P 表示自变量的安慰剂条件（即控制组，使用了不含活性成分的药物）
- RA 表示在这个实验设计中，参与者是被随机分配到两个组中的

因为随机分配是一个很好的方法，可以在实验开始时便使得两组在所有可能的变量上都达到相似（即组间不存在系统差异），所以我们在上述研究设计中使用了这种方法。（我们将在第 6 章学习如何进行随机分配。）现在，假设我们有一个方便样本（convenience sample），包含 100 位正在遭遇广泛性焦虑症困扰的人，我们将他们随机分配到两个组中，这样每个组都有 50 名参与者。

下面来看看这个实验的逻辑。首先，在研究开始时，我们使用随机分配法让两个组在所有变量上都几乎一样（即两个组是"等同"的）。如果你将参与者进行了随机分配，则两组在任何变量上都不应该存在系统差异，包括焦虑水平。第二，通过给实验条件下的参与者使用药物，以及给控制条件下的参与者使用安慰剂来操纵自变量。接下来（在留出药物发生作用的一段时间之后），你测量了参与者的焦虑水平。假设：实验组参与者在使用新药后，比只使用了安慰剂（即看起来与真药一样但并不包含活性成分的药片）的控制组参与者表现出更低的焦虑水平。据此，你能得到什么结论？新药起作用了吗？在这种情况下，你应该能够推断出自变量（药的类型：活性成分或安慰剂）与因变量（焦虑水平）之间存在着因果关系。我们能够做出这样的结论是因为：(1) 我们进行了客观观察（即我们使用了标准的、经过校准的测量工具来测量焦虑）；(2) 我们让关键现象发生（即我们实施了两种条件）；(3) 我们只让自变量发生变化（新药或安慰剂），而让其他所有变量保持恒定（通过在研究开始时随机安排参与者，并在实验中给予两组参与者除使用不同药片外，在其他方面完全相同的实验处理，保证了两组的等同）。再次强调，因为两组的唯一不同就在于药片的成分，所以我们能够推断：药物就是引起实验组参与者焦虑水平明显下降的原因。

现在假设，在上述实验中我们不能使用随机分配法来平衡实验组和对照组。假定其中的一些参与者虽然是自愿同意参加实验的，但他们对药物治疗有一种恐惧感。最后，假定大多数害怕药物治疗的参与者被划分到了实验组。（如果你没有使用随机分配，你就应该假定你的分组在除自变量以外的变量上也存在着差异。）在研究结束时，你可能会发现两组参与者在焦虑水平上不存在差异。由此你能得到什么结论？既然你没有意识到药物治疗带来的恐惧问题，你很有可能会推断这种药物是无效的。而这种药物实际上或许是有效的，只是实验组参与者对药物治疗的恐惧带来了负面影响，由此增加的焦虑抵消了药物对其焦虑水平的缓解作用。

一定要记住额外变量的定义，因为当一项研究宣称可显示因果关系时，额外变量能够破坏它的真实性。额外变量是指在解释研究结果时，可能会与自变量发生竞争的变量。记住，如果你意在揭示因果关系，你就必须不断确定研究中是否存在需要你担心的额外变量。如果造成结果的原因确实是额外变量（而不是自变量），那么有时研究者会将其称之为**混淆变量**（confounding variables），因为它已经搅乱或混淆了我们所感兴趣的关系。在我们之前的例子中，混淆变量就是对药物治疗的恐惧心理，它使得研究结果看起来似乎证明了药物是无效的，但实际上那种药物具有积极的治疗作用。

混淆变量：在未很好控制的情况下，额外变量会影响研究者做出自变量能引起因变量变化的结论，此时额外变量也被称为混淆变量。

实验方法的优点

1. **因果推论** 心理学实验是确定因果关系的最佳方法。但是，在看待这项优点时，能否区分因果描述和因果解释是很重要的，因为一个实验的绝大多数直接效应都用在证明因果描述上了（Shadish，2002）。**因果描述**（causal description）指的是对由刻意改变实验条件而产生的结果的描述。例如，许多研究已经证明百忧解（Prozac）一类的药物有助于缓解抑郁症症状。这样的研究就是因果描述，因为它描述了药物使用与抑郁症症状减轻这个结果之间的因果联系。但是，这项研究没有解释药物的作用机制。后者属于因果解释的范畴。

因果描述：对操纵自变量所产生的结果的描述。

因果解释（causal explanation）指的是阐明一段因果关系所包含的机制或过程。换句话说，因果解释涉及指明因果关系，并明确产生这段因果关系的中介变量和调节变量。（中介变量和调节变量的定义在之前的表 2.1 中已经介绍过了）例如，仅仅指出百忧解与抑郁症症状缓解之间存在因果关系是不够的。在确定这种因果描述性关系之后，我们还想知道这种现象发生的原因。比如，我们想知道百忧解是如何对抑郁症症状起到缓解作用的。目前我们已经知道百忧解会影响中枢神经递质血清素，而后者正好与抑郁症有关。但是，血清素与抑郁症是何种关系，百忧解在增加血清素的时候为何需要一定时间才能缓解抑郁症症状而不是立即起作用？仍然有太

因果解释：通过因果关系的运转情况来解释其机制。

多我们尚未解开的疑问存在，因此还无法对处理方法（百忧解）是如何对结果（抑郁症症状缓解）产生影响做出全面解释。当某个人服用了百忧解，但其抑郁症症状并未减轻时，我们就能看出因果解释的现实意义了。知道原因并决定下一步该做什么是非常重要的。这样的例子不仅强调了因果解释的重要性，同时说明了为什么很多科学研究的直接目的是为了解释事情发生的过程及原因。虽然因果描述相对容易，但科学研究的最终目标是追求因果解释。

2. 操纵变量的能力　　实验研究是唯一能够让研究者主动操纵一个或多个自变量并观察结果的研究方法。如果一个研究者的兴趣在于研究自变量"拥挤"对因变量"社会舒适度"的影响，那他可以对"拥挤"进行非常精确和系统的操纵，通过在固定的空间里安排不同数量的人（如：低、中、高拥挤条件）。如果研究者感兴趣的是"拥挤"和"群体同质性"两种因素对"社会舒适度"的影响，那他就可以设置如下的实验条件：拥挤—同质，拥挤—不同质，不拥挤—同质，不拥挤—不同质。按照这种方法，研究者能够精确地操纵两个自变量：拥挤程度与群体同质性水平。

3. 控制　　实验研究不但包括对自变量的主动操纵，它同时也可以让研究者实践对额外变量进行最大限度的控制（特别是让额外变量保持恒定）。可以通过在实验室中进行实验来实现控制，因为这样可以消除噪音和其他潜在的分心刺激。也可以通过使用随机分配和等组匹配等手段来控制，以保证各组参与者在除自变量之外的所有变量上都等同，这种方法可以有目的地改变自变量，产生不同的实验条件，以便进行比较。

实验方法的缺点

1. 无法检验非操纵变量的效应　　尽管实验方法是我们确定因果关系的最佳方式，但它仅局限于检验能被操纵的自变量的效应，比如抑郁症患者服用的药物量和采用的治疗方法。我们所生活的世界包括了许多不能被实验者控制的自变量，因此，这些自变量也不能被刻意地操纵。例如，我们不可能人为地操纵人们的年龄、原始遗传物质、性别、天气、过往经历，或者恐怖分子的活动。这并不意味着我们不能或者不应该去探索这些不能被操纵的事件会带来何种效应。事实上我们不但能够，也确实在考察着这些非操纵变量，只是，我们必须要使用非实验研究设计。

2. 人为性　　在对实验方法的各种批评中，最常被引用或许也是最尖锐的批评指出，实验室结果是在人为、贫乏的环境下获得的，因此很难被推广到现实生活中。班尼斯特（Bannister, 1966）的下述言论表达了对人为性的负面看法：

> 为了表现得像科学家，我们必须构建情境，使被试能被完全控制、操纵和测量。我们必须把被试数量降到一定程度。我们还必须构建情境，让被试的

行为尽可能不像人类，而这样做的目的居然是为了得到有关他们人性本质的结论。（p. 24）

对实验方法进行如此严厉的批判是否公平？在我们看来，班尼斯特夸大了问题。安德伍德（Underwood, 1959）对这个问题的看法则要积极得多：

> 也许有人认为，实验室研究是一种快速、高效的便捷方法，它能够确定现实生活情境中有哪些重要的变量或因素。因此，如果发现有四五个因素不仅能显著地影响人类学习，还能在更宽泛的条件下产生影响，那我们就有理由猜想这些因素在教室里也许有同样重要的影响。但是，任何人都不能想当然地做出这样的推论，相反，研究者应该在教室环境中进行现场试验，以推翻或证实这个推论，明确这些变量是否具有普遍重要性。（pp. 107—117）

只有在不经过初步验证就将实验结果进行推广的情况下，人为性才会成为一个问题。从理论上讲，称职的心理学家几乎不会在这个问题上犯错误，因为他们清醒地知道，实验室研究是人为情境下的研究。但实际上，心理学家似乎常常从他们的工作成果得出有风险的推论，尽管有时这些推论显得比较有保障。实验方法的其他困难包括：处理设计实验时出现的问题以及实施实验都可能非常耗时。对实验者来说，为了激发甚至偶尔去欺骗实验参与者，他们经常要花费非常多的时间进行研究准备。然后，当实验真正开始实施时，实验者或许还包含一两个实验助手，常常需要在每个参与者身上花费相当多的时间。

3. 不充分的科学调查　最后指向实验研究方法的批评是：如果有人将实验研究视为研究人类的唯一方法，则这种说法就是不合适的。加林和英格尔（Gadlin & Ingle, 1975）认为，实验方法是一种不适当的范式，因为它助长了"人类是可操纵的机械物"这一观点。通过在实验研究中加入定性研究方法并结合多种其他研究方法，这样的批评声逐渐消失了（Camic, Rhodes, & Yardley, 2003; Teddlie & Tashakkori, 2009）。

思考题 2.4
- 什么是心理学实验？
- 心理学实验的优点和缺点各是什么？

实验研究的环境

实验研究方法不仅用于实验室环境，也用于现场环境，而且越来越多地用在互联网环境。在上述三种情况下，实验者都会对自变量进行操纵，因为这是实验研究的一个定义性特征。但是，三者之间也存在着一些区别。

现场实验

现场实验：在现实生活环境开展的实验研究。

现场实验（field experiment）指的是在现实生活环境中展开的实验研究。实验者会主动对变量进行操纵，并仔细地控制环境中可能存在的所有额外变量带来的影响。例如，里根和利亚马斯（Regan & Llamas, 2002）想知道女性顾客的外表是否会影响商店售货员接近她和上前打招呼所需的时间。（注：下文中的"同伙"是与实验者一起工作的人，其真实身份并不为参与者所知。）他们使用的基本程序是：连续两个星期的周四下午3点到4点之间，让一位女性同伙以两种不同的外表打扮进入一家随机挑选的女装店，该女性同伙或者穿正装（裙子、女装衬衫、皮鞋、化妆、披肩长发），或者穿便装（紧身衣、T恤、网球鞋、不化妆、马尾辫）。踏入女装店大门后，该同伙按下秒表按钮，然后开始在第一个开放通道上闲逛，表现出要购买衣服的样子。一旦售货员走到她跟前并与她交谈，她就会停止计时。正如图2.1中显示的那样，售货员接近穿正装女性比接近穿便装女性要迅速得多。

上述例子就是一个现场研究，因为它是在商场这个真实环境中进行的，研究的内容也是日常活动。但它同时也是一个实验研究，因为其中实施了变量（服装类型）操纵。这种现场实验没有实验室研究中存在的人为性问题，因此现场实验是研究许多问题的绝佳方法。现场实验的主要缺点是，对额外变量的控制无法达到实验室实验的水平。比如，在真实环境中，研究者不能阻止不同组之间的参与者进行沟通交流，也不能阻止参与者参与其他可能会影响因变量的活动。

腾内尔（Tunnell, 1977）认为，现场实验必须保证所有变量按其在真实世界中一样的方式来运行。里根和利亚马斯（Regan & Llamas, 2002）的研究正好包含了腾内尔定义的三个自然性维度：自然行为、自然环境和自然处理方式。该研究所考察的自然行为是指售货员接近一位顾客。又因为研究是在一个商场中进行，所以环境也是自然的。该研究的自然处理方式则是指外表打扮。事实上，处理方式是由同

图 2.1
商店售货员接近并与顾客打招呼所需的时间

资料来源："Customer Service as a Function of Shopper's Attire" by P.C.Regan & V.Llamas (2002), *Psychological Reports*, 90, pp. 203–204.

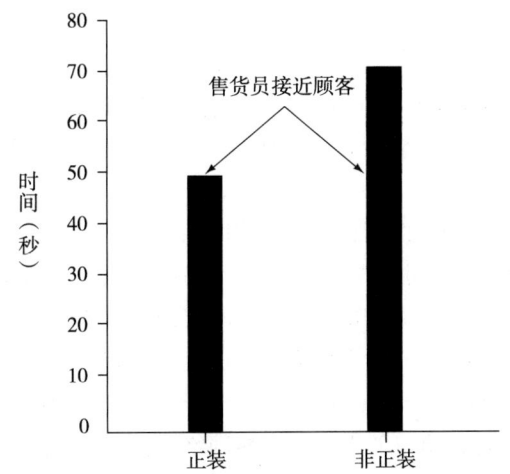

伙呈现的，但它确实反映了可能会自然发生的一种行为。这些正是腾内尔认为我们在开展现场实验时应严格遵循的。

实验室实验

实验室实验：在实验室的控制环境中展开的实验研究。

实验室实验（laboratory experiment）是指在实验室中开展的研究，研究者会精确地操纵一个或多个自变量，并控制所有或几乎所有额外变量的影响。例如，卡斯恩和基希勒（Kassin & Kiechel, 1996）在一些警察的报告中发现，有些个体会对自己并未实施的罪行认罪。他们意识到这种现象还没有科学证据，并对此产生了浓厚兴趣，他们想知道是否能通过实验证明：那些比较脆弱的人在特定的条件下会供认自己并未做过的行为并让这种想法内化，从而可能会虚构一些细节以保持这种供认在记忆上的连续性。为了调查这种现象，卡斯恩和基希勒构建了一个情境，他们可以操纵参与者的脆弱度和是否让恶意诬陷者出场这两个变量。此外，他们还控制了其他变量，比如目击者是否在场、其他人是否供认这些虚假的指控。为了精确地操纵脆弱度和证人的出场情况，并控制好额外变量的影响，卡斯恩和基希勒在实验室条件下创造了一种情境，他们让参与者以中速或高速来完成一项任务。高速完成任务会造成脆弱条件，因为参与者必须用很短的时间做出反应，犯错误的可能性就很大。这项研究的结果显示，在脆弱条件下，当主试同伙或目击者指出参与者犯错时，参与者更有可能承认那些他们并没有犯下的错误。更重要的是，这些脆弱的参与者很有可能将这些不真实的供认内化，而告诉其他人自己的确犯了这个错误。

与现场实验相反。实验室实验集中体现了控制或消除额外变量影响的能力。达成这一目标的手段是将问题带入一个与参与者正常生活轨迹不同的环境。在这个环境中，外部的影响（比如其他个体或噪音的存在）能被消除。但是，控制得以提高的代价就是所创造的环境具有人为性。虽然在实验室中能获得精确的结果，但这些结果在真实世界的推广必须不断被检验。

互联网实验

互联网实验：在互联网环境中展开的实验。

互联网实验（internet experiment）指的是在互联网上展开的实验研究。与所有类型的实验一样，研究者会精确地操纵一个或多个自变量，并尽可能多地控制额外的混淆变量。

在互联网上开展实验的先驱也许是那些将计算机自动化技术运用于心理学实验研究的团体。早在20世纪70年代，研究者就已经在心理学实验中运用计算机来呈现标准化、可控制的刺激和准确记录参与者反应这样的任务；这种做法非但仍在持续，且当前绝大多数心理学实验研究都会借助计算机自动化技术。

人类心理学实验能够转移到互联网上进行，得益于1990年的一项新协议以及http或者说超文本传输协议的发展。它使网络浏览器（如网景浏览器或IE浏览器）

能得到一个位于服务器的文件。这个文件或网页是用超文件标示语言或 HTML 编写的，这种语言可以实现文本、图表或其他信息在网页上的展示。由于网页可以显示文字、图片和声音等多种信息，所以网络开始以惊人的速度发展。1997 年，克兰茨、巴拉德和谢尔开展了一项互联网实验研究——决定女性魅力的因素，并将其成果发表在了一份科学期刊上（Musch & Reips, 2000）。这是最早发表的互联网实验研究之一。

从那时开始，互联网实验的数量就开始迅速增长；而且，这种增长速度有望一直持续，因为相比较其他类型的实验方法而言，互联网实验的优点明显胜过其存在的问题（Birnbaum, 2001）。由瑞珀斯（Reips, 2000, p. 89）归纳的优点包括以下几条："（1）轻松获得具有人口统计学和文化差异的参与者，包括那些独特且在之前不可获得的目标；（2）将实验送到参与者面前，而不是相反；（3）能获得大量样本，因此具有高统计效力；（4）直接评估动机这个混淆变量的影响，通过记录不同处理条件产生的退出率差异进行操纵，这是因为互联网上的参与者没有课程学分等原因迫使他必须完成实验（楷体部分是作者补充的）；（5）可节约实验场地、人员时间、设备和管理等成本。"瑞珀斯（Reips, 2000, p. 89）归纳的缺点则包括："比如，（1）多次提交；（2）缺乏实验控制；（3）自行选择，以及（4）中途退出。"缺乏实验控制是其中最突出的缺点。但是，正如我们将在后面的章节中强调的那样，将参与者随机分配到不同实验条件中是实验研究设计中最为重要的技术。瑞珀斯（Reips, 2000）指出，通过使用"所谓的公用网关界面（CGIs），即与网络服务器合作的小型计算机程序"，随机分配技术能被整合到互联网实验设计中。

思考题 2.5 | 开展实验研究有哪些不同的研究环境？每种环境的优点和缺点分别是什么？

非实验定量研究

非实验定量研究：定量研究的一种类型，在研究中研究者没有对自变量进行操纵。

非实验定量研究（nonexperimental quantitative research）的定义性特征是：没有自变量操纵。通常来讲，这是一种描述性研究，其目标是对特定的情境或现象进行准确描述或描绘，或者对变量间的关系大小和方向进行描述。更为高级和复杂的非实验方法试图确定变量之间的因果关系，这是通过建立自变量与因变量之间的时间顺序，并控制研究者已明确的额外变量来实现的。

在探索一个新领域的初期，科学家通常会使用非实验定量研究方法，来确定已有因素及它们之间的关系。研究者随后便可利用此类知识形成假设，用在开展如路径分析（在后面会说明）等更为高级的非实验定量研究中，或者实验研究中。

相关研究

相关研究：基于描述变量之间的关系并做出预测的非实验研究。

相关研究（correlational study）最简单的形式即测量两个变量，并确定存在于其间的关系强度。因此，一个简单的相关研究可以被合并到其他定量研究方法之中。康纳德和琼斯（Conrad & Jones, 1940）做了一个关于父母智商与其后代智商关系的研究，虽然这个研究的年代相对久远，但仍然很有意思，且被许多研究者引用在心理学导论和发展心理学教材中。为了实现研究目标，康纳德和琼斯测量了父母的智商，并与其后代的智商进行了相关分析。按照这种方法，他们得到了一个可以描述两变量关系的定量型指标。因为按照定义，相关研究是一种非实验研究方法，所以它缺少对自变量的操纵。研究者只能简单地测量变量的自然状态，并确定它们是否存在相关。

在实现描述和预测这两个研究目标方面，相关法是非常有效的。如果已知两个变量之间存在着可靠的关系，那么我们不仅能够描述这种关系，还能够用已知变量的信息来预测另一个变量。通常情况下，研究者们为了提高预测能力会在相关研究中使用多个变量。下面是心理学家在进行预测性研究时使用过的一些因变量：青少年中主要的情感障碍（Aebi, Metzke, & Steinhausen, 2009），屡次进行性犯罪（Hanson & Morton-Bourgon, 2009），抑郁症复发（Lethbridge & Allen, 2008），主管对雇员的评级（Hermelin, Lievens, & Robertson, 2007），小学生的社会性退缩（Booth-LaForce & Oxford, 2008），轻微性脑外伤损伤的康复（Stulemeijer, van der Werf, Borm, & Vos, 2008），精神分裂症的功能性结果（Wittorf, Wiedemann, Buchkremer, & Klingberg, 2008），青少年的自残和自杀行为（Larsson & Sund, 2008）。你可以从以上所列举的研究中看出，预测性研究在心理学研究中有着重要的地位。

相关研究方法的主要弱点体现在，有人会仅仅因为两个变量相关，就假定一个变量是另一个变量的原因。但是，正如我们先前所讨论的，要宣称两个变量之间有因果关系，必须满足三个必要条件，而两个变量相关只是其中一个条件。总之，除非两个变量也满足了表2.2中提到的另外两个条件，否则你不能得出它们之间存在因果关系的结论。但是，这一点在相关研究中非常难以实现。如果你愿意花点时间将表2.2中的三个确定因果关系的必要条件记住，你会更容易理解本书剩余部分的内容。

第三变量问题：当观察到的两个变量之间的关系实际是由另一个混淆额外变量引发时，第三变量问题就会出现。

仅从两个变量之间的相关关系是很难推断出因果关系的，其中一个例子就是西尔斯、怀特和劳里斯等人的一项研究（Sears, Whiting, Nowlis, & Sears, 1953）。研究者发现，断奶的痛苦程度和后来的心理调适问题之间存在着正相关关系。按照这个研究结果，有的人可能会认为断奶时的痛苦程度是引发后期心理调适问题的原因。但是，由于存在着所谓的第三变量问题，这样的推断是不合理的。**第三变量问题**（third variable problem）指的是这样一个事实：两个变量之所以相关，并不是因为它们之间有因果关系，而是因为有第三变量导致它们一起产生了变化。如图2.2中所示，一个孩子断奶时的痛苦程度和他后来的心理调适问题可能都受到其父母教养

图 2.2
相关研究中的第三变量问题

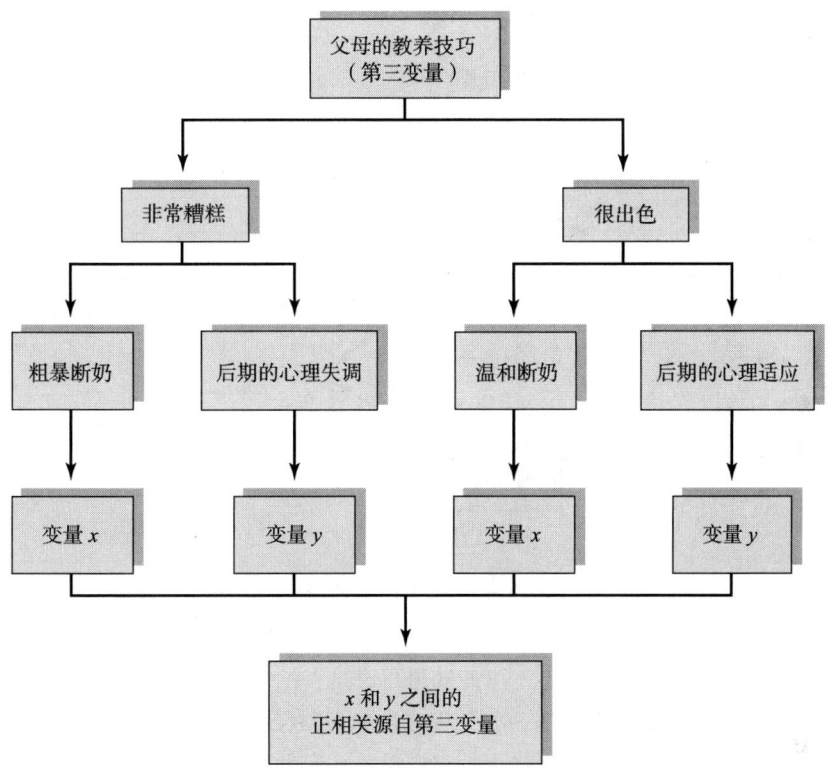

方式的影响。如果孩子的父母没有好的教养技巧，他们可能会以一种粗暴的方式给孩子断奶，造成孩子断奶时候的痛苦，同时又让孩子遭受言语或身体上的虐待，从而引起后来的调适问题。如果父母擅长于教养，孩子断奶时受到的伤害可能就会很小甚至没有，这样，孩子与父母之间就可能拥有一个健康的亲子关系，这也有助于孩子形成稳定的心理调适能力。重点在于，在这样一种情况下，虽然断奶的痛苦程度与后来的心理调适之间确实存在着相关，但这两个变量并没有因果关系，实际上，二者都源自潜在的第三变量：父母的教养技巧。

重要的是，你必须理解，在仅仅知道两个变量相关时，你不能直接得出它们存在因果关系的结论。再看看另一个有趣的例子。你知道吗？出警的消防车数量与火灾造成的损失之间存在着某种关系。这两变量之间是一种相关关系：当消防车的数量增加时，火灾带来的损失也会更大。那我们是否就能推断是消防车数量的增加导致了火灾损失的增加？当然不能。实际上有一个第三变量在起作用：火灾的规模。当火灾规模增大时，消防车的数量也会增加。实际上，是火灾规模决定了火灾的损失程度，而不是消防车的数量。这儿还有一个例子。喝茶与肺癌具有相关性，喝茶更多的人患肺癌的可能性更小。是因为茶能防癌？不是。喝茶者患肺癌的风险更小，是因为他们吸烟更少。一定要记住：你不能仅仅因为两变量相关或有联系就推论出它们存在因果关系。

无论何时谈到因果问题（即"变量 A 的变化是否导致了变量 B 的变化？"），

图 2.3
儿童掌控动机的"路径模型"。每一个单向箭头都表示一个假设的直接效应。一条因果链上的两个或多个箭头显示了假设的间接效应,即假设一个变量通过一个或多个中介变量的作用影响了后来的变量。

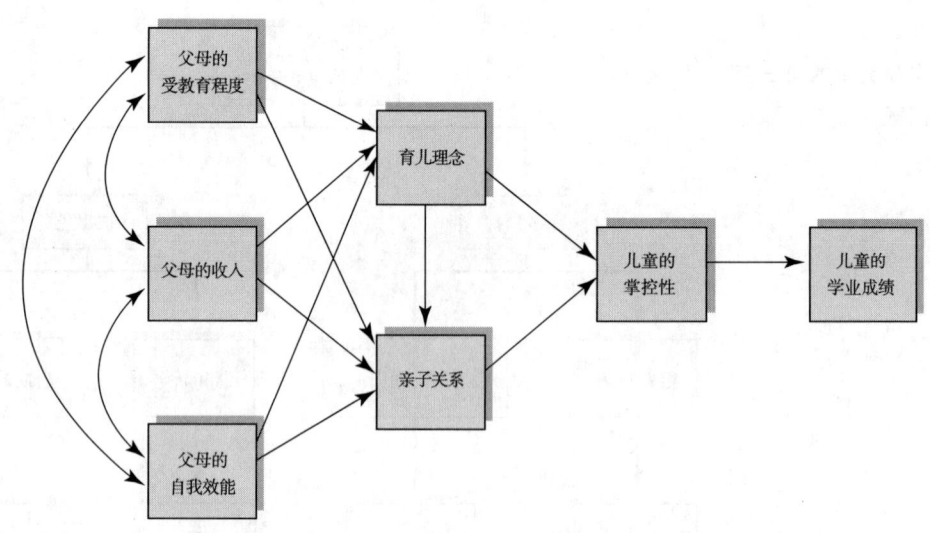

路径分析:一种研究类型,研究者先假设一个理论上的因果模型,然后用实践经验来检验这个模型。

直接效应:一个变量直接对另一个变量起作用;在路径模型中以一个单向箭头表示。

间接效应:通过中介变量产生的作用。

研究者们都必须考虑到之前列在表 2.2 中的三个必要条件。两个变量有关联并不是充分的证据。在第 15 章中,我们会对控制额外变量或第三变量的两个统计技术进行说明,但你不可能知道自己是否控制了所有可能产生影响的第三变量。另一种能获得因果证据的相关程序被称为**路径分析**(path analysis)。其基本观点是:建立一个理论模型来描述一组变量是如何发生关联的,然后用实践经验来检验这个理论模型。

例如,图纳和约翰逊(Turner & Johnson, 2003)提出了一个有关儿童动机的理论模型,如图 2.3 所示。从左往右看这个模型,你可以看到,我们假设父母的特征(如父母的受教育程度、收入和自我效能)会影响育儿理念和亲子关系。接着,假设育儿理念和亲子关系会影响儿童的掌控动机(我们给其贴一个掌控性的标签)。最后,假设儿童的动机会影响儿童的学业成绩。回忆一下表 2.1 的内容,中介变量是指在两个变量之间起作用的变量,按照这个定义,你可以发现,这张表中间的变量就起着中介变量的作用,因为它们被放在了左边的父母特征变量与右边的儿童掌控性和学业成绩之间。这个理论模型显示了几个假设的**直接效应**(direct effect),即一个箭头直接从一个变量引向另一个变量。它也显示了几个**间接效应**(indirect effect),即一个变量通过中介变量对另一个变量产生作用。

图纳和约翰逊收集了 169 位非裔美国儿童及其父母和老师的数据,来检验他们的理论模型。图 2.4 是他们得到的最终路径分析模型,图中只纳入了在统计上呈显著性的路径,而不被支持的路径都被移除了。在这个"修正模型"中,你可以看到哪些是被经验性数据支持的假设路径。最终的模型表明,父母的特征通过中介变量——亲子关系来影响儿童的掌控动机。换句话说,这个模型显示,父母特征会影响当前的亲子关系类型,而这些亲子关系会影响孩子的掌控动机。结果还表明,儿童的掌控动机在亲子关系与儿童学业成绩之间起着中介作用。即亲子关系影响儿童的掌控动机,而掌控动机又影响儿童的学业成绩。

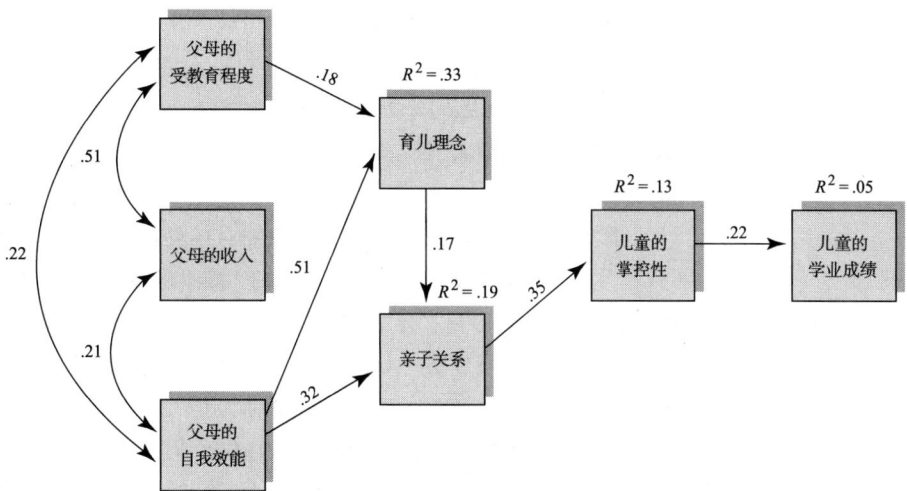

图 2.4

儿童掌控动机的修正模型。这是把理论路径模型中不显著的路径除去后得到的（即现在这个模型是受数据支持的）。线上的数叫做路径系数，它们表示的是关系的强弱和方向（即该数越接近 +1.00 或 -1.00，关系就越强；如果是正数，则一个变量随另一个变量的增加而增加，如果是负数，则一个变量随另一个变量的增加而减少）。

路径分析模型（当被正确使用时）的优点在于，研究者会认真地建立一个理论模型，然后用经验来检验这个模型。其主要缺点是，这些模型通常建立在非实验数据基础上，而不是以实验数据为基础。因此，不要过于相信这些模型。在探究两个变量间的关系时，相比单纯的相关研究来说，它们提供了更多的证据来说明因果关系；但是，如果你想得到有关因果关系的最强有力的证据，还是应该开展一项实验研究（如果可能的话）。

自然操纵研究

自然操纵研究:研究的一种类型，其中的自变量不由研究者操纵，而是受到一些自然发生的操纵。

自然操纵研究[1]（natural manipulation research）是非实验研究的另一种类型，其任务是研究那些通常不由研究者所操纵的可能原因变量，但是这些原因变量往往是那种"能描述那些自然发生的且能使实验组和对照组之间产生差异的"变量（Shadish et al., 2002, p. 12）。换句话说，你可以将这些自变量视作真实世界中发生的一种自然操纵。例如，2001 年 9 月 11 日，纽约世贸中心的崩塌事件对许多人的生活都有着重大的心理影响。你也许会假设，在大楼倒塌时，离世贸中心近的人受

---

[1] 这种类型的研究曾被正式命名为事后回溯研究，但此术语已逐渐被废弃。它还有个新点的名称叫自然实验，但是，我们认为自然操纵这个名称能更清晰地表达出此类研究的基本思想。另外，有一些作者更愿意将自然操纵研究归类到准实验研究，而不是非实验研究中。

到的影响要大于离得远的人。原因变量或者说自变量就应该是个体与袭击地的距离远近,这个变量的水平可分为"接近双子大厦"和"远离双子大厦"。你可以将自变量的两个水平操纵为 2 英里以内(接近条件)与 100 英里以外(远离条件)。显然,让一个实验者操纵出这样一个事件是不可能的,但是我们可以将其视为一个自然发生的实验。

事实上,相关研究和自然操纵研究对各种预言或自变量所进行的探索差异很小(仅是一个程度的问题)。其差异只在于"操纵的程度"。在相关研究中,不存在操纵;而在自然操纵研究中,会发生一件事情,可被视为接近操纵。一方面,人们也许会认为一项基于特质变量(如智力、外向性、焦虑、顺从)和特征变量(如身高、体重、种族、政治立场)的研究应该被称为相关研究,因为这些类型的变量不能被改变,在人的一生中,它们会保持相对稳定。另一方面,一项基于经验变量(如爱人的死亡、经历地震、彩票中奖、离婚、经历飓风)的研究可以被当做自然操纵研究,因为个体会因这些变量而发生变化。

如果你认为自变量近似于自然操纵变量,那么就将这项研究称作自然操纵研究;如果你觉得自变量不像是自然操纵变量,那么就称其为相关研究。另外,如果你的研究意图是预测,那么就把你的研究称作预测性研究。实际上,最好是把相关研究和自然操纵研究都称作"非实验研究",以强调在研究中研究者并没有操纵自变量,也没有控制与操纵各种相关的条件。记住,无论何时,当你想要得出一个有关因果关系的结论时,都必须要满足表 2.2 中的三个必要条件。在相关研究和自然操纵研究中,你会发现,要达成表 2.2 中的第三个条件都存在着困难。如果研究者已尝试着确定变量发生的正确时间顺序(条件 2),并系统地控制了额外变量(条件 3),那你就能升级对这项非实验研究结果的评价了。另外,一般来讲,当一项非实验研究是基于纵向数据而非横向数据(在下一部分会讨论)时,研究者比较容易建立时间顺序,因此你也就能升级对此项研究的评价了。

关于自然操纵研究,可以以理查兹、哈代和沃兹沃斯(Richards, Hardy, & Wadsworth, 1997)对离婚与成人心理功能之间的关系所做的研究为例。我们可以将离婚看做是自然操纵自变量,因为它代表着一个人的状态从已婚变为离婚,这是一种类别变化。研究者假设离异成年人比没有离异的成年人更容易出现焦虑和抑郁(通过控制几种额外变量,对两组进行了匹配)。研究纳入了参与者 13 岁和 43 岁时的数据。理查兹等人发现,43 岁的离异成年人相比没有离异的成年人,更焦虑也更抑郁。离婚与焦虑和抑郁之间的这种关系,是在对参与者 13 岁时的心理功能测量数据进行控制后呈现出来的。

思考题 2.6

- 什么是非实验定量研究?
- 相关研究和自然操纵研究之间的区别是什么?
- 相关研究和自然操纵研究在哪个方面是相似的?

横向研究与纵向研究

横向研究：在一个时间段开展的研究，其数据来源于多个群体，且数据的收集在一段短暂的时间内完成。

纵向研究：数据在两个或多个时间点上收集。

在**横向研究**（cross-sectional study，也译作横断研究）中，研究参与者的数据是在一段相对短暂的时间里收集的。这"一段"时间刚够从所有参与者那儿获得数据。在**纵向研究**（longitudinal study）中，数据会在两个或多个时间点上收集。横向和纵向研究常用于发展心理学领域，也可以用于研究那些随着时间变化的东西。其主要自变量可以是操纵的自变量，也可以不是。换句话说，这些研究有时是实验研究，但多数情况下则是非实验研究。年龄是非操纵变量，所以如果它是主要自变量，那这个研究就是非实验研究了。

一方面，在发展研究中，纵向研究会挑选一个参与者群体，按照定好的时间间隔反复对参与者进行测量，以记录特定特征随着时间所发生的变化。例如，盖瑟科尔和威利斯（Gathercole & Willis, 1992）测量了同一组孩子在4岁、5岁、6岁和8岁时的语音记忆和词汇知识，以确定这两者之间的关系是否随着孩子年龄的增长而发生变化。另一方面，在发展研究中，横向研究则会挑选参与者的代表性样本，使这些样本在年龄、性别、种族或宗教信仰等特征上存在着差异，然后在同一时间点测量这些不同样本个体在一个或多个相同变量上的情况。瓦格纳、托格森和拉斐等人（Wagner, Torgesen, Laughon, Simmons, & Rashotte, 1993）在研究儿童语音加工能力的本质和发展时，使用了横向研究法。他们随机挑选了95个幼儿园小朋友和89个来自三所小学的二年级学生，然后让两组参与者都完成一项语音任务，以确定这两个年龄组的参与者在语音加工能力上是否存在差异。

虽然纵向和横向研究都是发展研究中常用的方法，但此类研究的应用并不局限在这个领域。例如，莫斯科维茨和乌鲁贝尔（Moskowitz & Wrubel, 2005）为了更好地理解感染艾滋病对个体究竟意味着什么而采用了纵向研究方法。为了实现研究目标，莫斯科维茨和乌鲁贝尔找到了57位被确认为HIV阳性的男同性恋者，并在两年的时间里保持每两个月对他们进行一次访谈，以确定这些人是如何评估自己的病情变化的。安德森、弗兰克维卡和克里斯马斯等人（Andersen, Franckowiak, Christmas, Walston, & Crespo, 2001）以不同种族的老年美国人为调查对象，使用横向研究来评估老年人在休闲时间不参与运动与其体重之间的关系。为了实现研究目标，这些研究者调查了美国已满60岁的老年人代表性样本（如西班牙裔美国人、非洲裔美国人、美国白人等），并评估了这个样本中的老年人的体重与其在休闲时间的运动情况。

关于纵向研究和横向研究在发展研究中的相对优缺点，人们已经做过很多讨论。重要的是，这两种方法并不总是产生相似的结果。有关成人智力发展的研究就是这种分歧的一个经典例子。如图2.5所示，许多横向研究显示，成年人的智力在30岁左右开始下降，而纵向研究的结果则表明，就算到了50岁或者60岁，人的智力依然在增长或是没有变化（Baltes, Reese, & Nesselroade, 1977）。为什么会出现这种情况？这种差异可以归结为所谓的年龄群组效应。纵向研究始终只关注一个群

图 2.5
纵向和横向研究中智力表现的变化

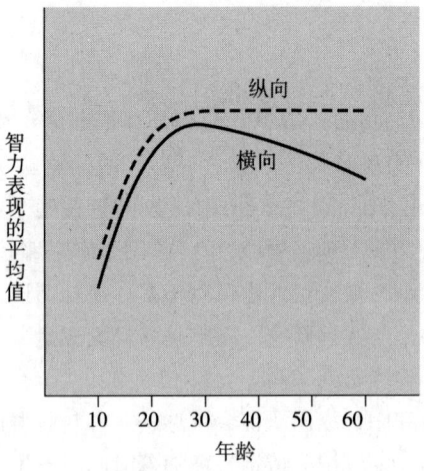

资料来源：*Life-Span Developmental Psychology: Introduction to Research Methods* by P.B.Baltes, W.H.Reese, & J.R.Nesselroade. Copyright © 1977 by Brooks/Cole Publishing Company, Pacific Grove, CA 93950, a division of International Thomson Publishing Inc. By permission of the publisher.

体或同龄组个体，因此在这个群组中的所有人都经历了类似的环境事件。但是，横向研究调查的是许多不同群体或不同年龄段的个体。因为他们所经历的环境事件不同，所以这些不同年龄段的人的经验也不尽相同。例如，50 岁群组的参与者在他们 10 岁时并没有接触过电子游戏或电脑，但是 11 岁群组的参与者在 10 岁时肯定接触过了。在横向研究中，当你在同一时间点对不同年龄的人进行比较时，此类差异就会与那些因年龄所产生的差异混淆在一起。

因为纵向研究在时间、参与者损耗（如参与者中途退出研究）和经济成本等方面存在诸多限制，所以群组序列设计成为研究者的一个替代性选择。这是一种结合了纵向研究和横向研究的混合研究方法。**群组序列设计**（cohort-sequential design）是一种对不同年龄组进行纵向测量的设计。例如，乔伊纳德和罗伊（Chouinard & Roy, 2008）对青春期学生的学习动机变化很感兴趣。他们招募了一组 7 年级和一组 9 年级的学生，对他们进行跟踪调查，直到他们各自完成 9 年级和 11 年级的学业。相比较完全按照纵向研究的方法，采用群组序列设计使得研究者在更短的时间里收集到了 7 年级到 11 年级的数据，因此也更经济、省时，参与者损耗也会更少。

群组序列设计：包含了横向和纵向元素的研究设计，会同时跟踪两组或多组不同年龄组的参与者。

思考题 2.7
- 什么是横向设计和纵向设计？
- 横向和纵向设计的不同之处有哪些？
- 群组序列设计是如何将横向和纵向设计的特征融合在一起的？

定性研究

定性研究：一种解释性的研究方法，主要基于多种类型的主观数据和对处于现实生活环境特定情境下的个体进行的调查。

定性研究（qualitative research，也译作质性研究）是一种解释性的研究方法，基于多种类型的主观数据和对处于自然环境中特定情境下的个体进行的调查（Denzin & Lincoln, 1994）。这个定义包含了三个主要元素，它们是理解定性研究的关键。第一个元素，定性研究是解释性的。定性数据是由言语、图片、服装、文件或其他非数值类信息组成。在数据收集过程中及数据收集完成后，研究者都在不断地努力试图从参与者的主观角度来理解这些数据。定性研究中最重要的任务是理解局内人的观点。然后研究者同时充当起"客观的局外人"角色，将这些解释性的主观数据与研究目的和研究问题联系起来。在定性研究中，允许在研究过程中进一步深化和改变问题，因为定性研究通常关注于探索现象；与之相反，一般定量研究是不允许出现这类变动的，因为定量研究的关注点通常是假设检验。定性研究在理解和描述此时此地的情形以及在形成理论时最有用；相反，定量研究则在进行假设检验时最有用。

让我们从解释性这一元素开始讨论定性研究的一个例子。在这个研究中，研究者斯考滕和麦克亚历山大（Schouten & McAlexander, 1995）成为哈雷-戴维森摩托车消费主义亚文化的参与观察者。以下是他们的原话："……带着兴奋和新手的惶恐，我们像幼稚的非参与观察者一样，小心翼翼地开始了我们的现场研究工作。在写下这些文字的前一年里，我们已经深深地融入哈雷-戴维森亚文化（HDSC）的生活方式中，像骑手一样'前进'……"（p. 44）重点是，研究者从局内人视角而不是从具有文化优越感的局外人视角来理解亚文化。研究者记录了哈雷-戴维森骑手们的普遍外形和着装。许多骑手都有巨大的肚子和强壮的肱二头肌，喜欢大声说话和带有攻击性的行为。他们用铬合金和皮革装饰他们的车，自己则穿着皮衣、重靴，戴着铁手套，身上配有钱包链、海螺壳号角、铬钉和其他类似的硬件。他们的座右铭是"活着就要骑行，骑行便是人生"。所有成员都是彼此的"兄弟"。他们的核心价值观包括完全的个人自由、从禁锢中解脱、爱国主义、美国传统以及男性气概。这意味着什么？在这儿，解释性要素起作用了。真正的哈雷-戴维森男人的含义似乎在这里弥散开来，帮助我们解释这些车手所经历的各个方面，包括从他们的穿着打扮到他们的日常行为及外形特征。成员们选择了这种亚文化，并将其社会化，然后通过奖励那些呈现了这种文化价值和行为的成员，使这种传统得以延续。最有价值的哈雷-戴维森机车都是最大、最重、最响的那种，因为它们最能代表男性气概，即使它们并不是跑得最快的。所有的这些都可以解释为要传达一种"强大、令人生畏、不可战胜"的感觉。

第二个元素——定性研究是多方法的。这意味着数据收集时可以使用许多方法。这些多样化的数据收集方法包括：自述个人经历，内省分析，讲述个人的生活故事，对个人进行访谈，对一个人或一群人进行观察，以及查阅书面文件、照片、历史信息。在许多定性研究中，研究者会同时使用几种数据收集方法，以尽力获得

三角测量：使用多种数据来源、多种研究方法、多个调查者以及多种理论或观点来交叉核对并确证研究数据和结论。

关于一个事件以及该事件对个体或群体有何意义的最佳描述。像这样同时使用几种方法的手法被称为"**三角测量**（triangulation）"，因为人们相信同时使用几种方法能为要研究的现象提供更好的理解。例如，斯考滕和麦克亚历山大（Schouten & McAlexander, 1995）在收集数据时，就用到了对哈雷-戴维森车手进行正式和非正式的访谈、观察、照片分析等方法。

定性研究的第三个元素——它是在现场或人们生活的自然环境和周边环境中展开的，比如：学校的教室、操场、董事会议现场或者治疗环境现场。为了满足在参与者的生活环境中开展研究这一条件，斯考滕和麦克亚历山大参加了哈雷车友会的多次聚会，以及车手旧货交换会和某些俱乐部会议。最后一步包括购买哈雷-戴维森摩托车和合适的服装（牛仔裤、黑皮靴和黑色皮夹克），接着穿上这些衣服，并把哈雷车变成自己主要的交通工具。研究者高度的个人参与增加了他们与其他"车手"接触的机会，并使得研究者对这些车手的身份、心理状态以及日常的社会交往活动产生了同理心。

从这个关于定性研究的描述中，你应该能够看到这是一种使用多种数据收集方法，并要求对非数值数据进行解释的研究手段。定性研究的优点在于对个体和由具有共同身份的个体所组成的群体的理解和解释。它的另一个优点是为研究者提供数据，以形成和发展对某个现象的理论性理解。这对在前一章定义的"发现的逻辑"是非常有用的。

与其他任何一种研究方法一样，定性研究也有局限性。首先，它的结论很难被推广，因为其数据都来源于一些局部的、特殊的数据。其次，不同的定性研究可能会对同一个研究现象给出截然不同的解释。此外，定性研究中不使用客观的假设检验程序。尽管如此，定性数据还是对定量数据起到了有效的补充，当研究目的是探索性的和描述性的，定性研究是非常有用的研究方法。

将定性数据加入到心理学研究中是有益的，这一观点已引起了很多人的关注，因为在过去十年里，我们看到越来越多的研究使用了这类数据。例如，组织管理、社会心理学、老龄化、教育和家庭等方面涌现出一大批新的研究文献，都很关注定性数据的收集和分析（Denzin & Lincoln, 1994; Gilgun, Daly, & Handel, 1992; Gubrium & Sankar, 1993; Silverman, 1993）。

思考题 2.8
- 什么是定性研究？解释这个定义所包含的每个元素的含义。
- 定性研究的优点和缺点各是什么？

数据收集的主要方法

数据收集方法：获得研究分析所用数据的实际技术。

在实证研究中，研究者要收集数据、分析数据，然后报告并解释结果。**数据收集方法**（method of data collection）这个术语是指研究者如何获得能用于解答其研究问题的经验数据。我们认为，主要的数据收集方法有六种，并且这些方法都包括了更多具体的数据收集技术。现在我们要介绍以下这些主要的数据收集方法：测验、问卷、访谈、小组讨论、观察和利用已有或二手数据。

测验法

测验：标准化的或研究者编制的数据收集工具，其设计目的是测量人格、能力、成就和业绩等。

测验（tests）是常用的数据收集工具或程序，其目的是为了测量人格、能力、成就和业绩等。许多测验都是标准化的，会同时附上信度、效度和用于比较的常模等信息。为了考察研究中的某些特定变量，实验研究者经常需要编制测验。有关测验法的优点和缺点见表 2.3。

一般情况下，如果已有可用测验，你就不需要再编制新的测验。出于心理学研究的不同目的，你需要用测验来解决你的研究问题，而获取相关信息的最佳来源是已经发表的心理学研究文献。你应该持续关注相关领域的顶尖研究，找出它们使用的测量方法。测验和测量的另一个有用信息来源是《未发表的实验心理测量目录》（The Directory of Unpublished Experimental Mental Measures, 2003），这本书是由高

表 2.3
测验法的优点和缺点

测验法的优点（尤其是标准化测验）
- 能够对人的多种特征进行测量
- 通常是标准化的（即所有参与者都接受同样的刺激）
- 能够对不同研究群体的测量结果进行比较
- 强有力的心理测量学属性（高信度和高效度）
- 可得到参照组的数据
- 许多测验可在团体中施测，可节省时间
- 可提供"确凿的"定量数据
- 测验通常是已经设计好的
- 有大量的测验可供选择
- 团体测验的回收率很高
- 方便进行数据分析，因为数据本身就是定量的

测验法的缺点（尤其是标准化测验）
- 如果需要为每位参与者购买一份测验，则成本会很高
- 可能会出现如社会赞许等负面的参与者效应
- 测验可能不适合某些地方或某些特殊的群体
- 不能询问开放性问题和进行探索性讨论
- 测验有时会对某些群体有偏见
- （参与者）选择性地对测验中的某些选项不予回答
- 一些测验缺乏心理测量学数据

德曼和米切尔（Goldman & Mitchell）编辑，并由美国心理学会出版。我们将在第5章详细讨论标准化测验，还会解释信度和效度在心理测量学中的属性并提供其他一些可用于查找测验与测验综述的资源。

除了将在第5章中讨论的那些测验以外，有时研究者也必须编制新的测验来测量要研究的特定知识、技能、行为或认知活动。例如，一个研究者也许需要使用一种机械设备来测量记忆任务中的反应时，或者研发一个测验来测量具体的心理或认知活动（显然这些都是不能被直接观察到的）。同样地，此类信息的最佳来源仍然是心理学研究文献。

问卷法

问卷：自我报告数据收集工具，数据由研究参与者完成。

数据收集的第二种方法是问卷法。**问卷**（questionnaire）是一个自我报告的数据收集工具，由研究参与者自己填写问卷上的内容。问卷可测量参与者的观点和感知，并提供自我报告的人口统计学信息。它们通常是纸笔工具（即参与者要进行填

表 2.4
问卷法的优点和缺点

问卷法的优点
- 在态度测量和引导参与者表达出新内容方面非常有用
- 费用低廉（尤其是邮件调查问卷和团体施测问卷）
- 能够提供关于参与者主观视角和思考方式的信息
- 能使用随机样本
- 团体施测的问卷能快速回收
- 如果经过仔细控制，能保证很高的匿名性
- 经合理设计和检验过的问卷具有较高的测量效度（即高信度和高效度）
- 封闭式项目可以为研究者提供需要的确切信息
- 开放式项目可以提供用参与者自己的语言描述的详细信息
- 封闭式项目便于进行数据分析
- 对探索性研究和假设检验研究很有用

问卷法的缺点
- 篇幅通常不能太长
- 可能出现负面效应（如参与者也许会想办法只表现出被社会赞许的那一面）
- （参与者）对测验中的某些选项不做答
- 人们在填写问卷时，也许没能回想起重要的信息，或者缺乏自我意识
- 邮件或电子邮件形式的问卷回收率可能很低
- 开放式项目可能会反映参与者语言能力的差异，从而干扰了研究者感兴趣的问题
- 开放式项目的数据分析会非常费时
- 测量需要效度

写），但是越来越多的问卷被放到了网上，需要参与者上网"填写"。问卷项目分为封闭式项目（填写问卷者必须从研究者所给的备选答案中选择答案）和开放式项目（填写问卷者需要用自己的语言组织答案）。我们将在第 12 章深入地讨论问卷调查在数据收集中的运用，我们还会说明如何设计一份问卷。表 2.4 中列出了问卷法的优点和缺点。

访谈法

数据收集的第三种方法是访谈法。**访谈**（interview）是一种情境，访谈者会向被访谈者提出一系列的问题让其回答。访谈可以面对面进行，也可以通过电话进行。访谈还可能以电子化的方式进行，比如在网络上。这些访谈可能是不同步的（互动发生在一段时间里），也可能是同步的（互动是实时发生的）。表 2.5 中列出了访谈作为一种数据收集法所具有优点和缺点。在第 12 章，你将学习如何拟定一份访谈提纲，它在很多方面与问卷是相同的。我们在第 12 章也会提供有关如何开展访谈的实用信息。

> **访谈**：一种数据收集方法，访谈者向被访谈者提出一系列问题，通常会激发被访谈者给出额外的信息。

表 2.5
访谈法的优点和缺点

访谈法的优点
- 有利于测量态度和其他绝大多数感兴趣的内容
- 允许访谈者进一步探讨和临时提出增补问题
- 能够提供深度信息
- 能够提供有关参与者主观视角和思考方式的信息
- 封闭式的访谈会提供研究者需要的确切信息
- 电话和电子邮件形式的访谈通常都能很快得到回应
- 经合理设计和检验过的访谈提纲具有较高的测量效度（即高信度和高效度）
- 能使用随机样本
- 通常能获得比较高的回收率
- 在探索性研究和假设检验研究中很实用

访谈法的缺点
- 个人访谈的费用通常比较高，也比较费时
- 负面效应（如访谈对象也许会尽力只表现被社会赞许的那一面）
- 可能出现调查者效应（如缺乏训练的访谈者可能因个人偏差或糟糕的访谈技巧，从而扭曲了访谈数据）
- 被访谈者也许没能回想起重要的信息，或者缺乏自我意识
- 访谈的匿名性比较低
- 开放式项目的数据分析会非常费时
- 测量需要效度

小组讨论法

小组讨论：在群体情境下的数据收集方法，主持人会引导这个小群体的人开展讨论。

数据收集的第四种方法涉及小组讨论的运用。**小组讨论**（focus group）是指这样一种情境，小组主持人让一小拨同类的人（6~12 人）在规定时间内对研究主题或题目进行集中讨论。小组讨论通常会持续 1~3 个小时，整个过程用录音或录像记录。小组讨论不能被视为一次群体访谈，因为其重点在于小组内部的互动，在于参与者一起对研究主题的深度讨论。小组讨论特别适合探索观念时使用，以及在想要获得有关人们对研究主题是如何思考的深度信息时使用。表 2.6 中列出了小组讨论作为一种数据收集法的优缺点。

观察法

观察：研究者观看和记录发生的事件或人们的行为模式。

自然观察：在现实生活环境中进行的观察。

实验室观察：在由研究者布置的实验室环境中开展的观察。

数据收集的第五种方法是观察法，即研究者观察人们在做什么。在很多情况下，收集观察数据（除态度性数据之外）很重要，因为人们说的与做的并不总是一致！研究者可以在真实的或结构化的环境中观察参与者。前者称为**自然观察**（naturalistic observation），因为它是在现实生活环境中发生的。后者称为**实验室观察**（laboratory observation），因为它发生在实验室或其他由研究者布置的控制环境中。

表 2.6
小组讨论法的优点和缺点

小组讨论法的优点
- 在进行观点和概念探讨时很实用
- 能够洞察参与者的思维
- 能够获得深度信息
- 能够调查参与者是如何互动的
- 允许问题探讨
- 绝大多数内容可被抽离出来
- 允许快速回应

小组讨论法的缺点
- 有时所需的费用比较高
- 找到一个有良好主持能力和氛围营造技巧的主持人可能比较难
- 如果参与者觉察到自己正在被观察或研究，可能会出现负面效应和调查者效应
- 可能会被一个或两个参与者所主导
- 如果使用的是少量的、不具代表性的参与者样本，就会很难得到普遍性结果
- 可能包括大量额外的或不需要的信息
- 测量效度可能较低
- 通常不能单独作为一项研究的数据收集方法
- 因为数据是开放性的，所以数据分析会很费时间

在定量研究中，研究者将流程标准化，并收集定量数据。具体来讲，研究者会对观察对象、观察内容、观察时间和地点以及如何进行观察进行标准化。在定量观察中经常会用到标准化的工具（如核查清单）。有时也会用到抽样程序，这样研究者就不必进行不间断观察了。例如，为了得到具有代表性的观察样本，研究者可能会采用时间间隔采样法。**时间间隔采样**（time-interval sampling）是指在预先选定的时间间隔内进行观察取样，比如将每半小时的前5分钟设为观察时间。与之相反，在**事件采样**（event sampling）中，研究者会在每次发生特定事件时进行观察（如每当某个参与者向另一个参与者发问时，研究者都要观察）。当你想要观察某个不经常发生的特定事件时，事件抽样是一种非常有效的抽样方法。

> **时间间隔采样**：记录事先选定的时间间隔内的观察情况。
>
> **事件采样**：每次特定事件发生时，都对相关情况进行观察记录。

在定性研究中，观察程序通常是探索性的和开放式的，研究者会进行大量的现场记录。有一个非常实用的观点将定性观察视为一个连续体，这一观点最早是由社会科学家雷蒙德·戈尔德（Gold, 1958）提出。以下就是位于最不定性观察（完全的观察者）和最定性观察（完全的参与者）之间的各种定性观察类型：

- **完全的观察者** 此时研究者从"外部"进行观察。如果是在公共场合，研究者不会告诉参与者他正在研究他们。
- **作为参与者的观察者** 此时研究者会花有限的时间进入到情境"内部"，在告知参与者实情并获得同意后，开始进行研究观察。
- **作为观察者的参与者** 此时研究者会花大量的时间进入群体或情境"内部"，并不断地告诉参与者他们正在被研究，然后获得知情同意。
- **完全的参与者** 此时研究者完全成为被观察群体的其中一员。在绝大多数情况下，必须让该群体知情并得到许可。

如果你需要收集观察数据，请记住以下内容：(1) 确保每个人都训练有素；(2) 对自己的表现以及观察对象对你的反应保持敏感；(3) 建立和谐关系，但不要承诺任何你不能实现的事情；(4) 随时保持自我反思、低调、具有同理心和警惕的状态；(5) 找到记录观察情况的有效方法（如笔录、磁带记录）；(6) 尽力去检验和证实你认为你所看到的东西；(7) 在多种环境下进行观察；(8) 花足够多的时间在"现场"，以获得充分的信息。表2.7中列出了观察法作为数据收集法的优点和缺点。

已有或二手数据

> **已有或二手数据**：指那些不是为了当前研究，而是先前被留下或被用于其他目的的数据。
>
> **文档**：遗留的个人或官方文档。
>
> **物理数据**：任何由人类制作或遗留的、也许能为某些事件或现象提供线索的材料。

数据收集的第六种方法、也是最后一种方法是收集**已有或二手数据**（existing or secondary data）。这指的是研究者收集或获得那些先前留下的、或原本用于其他目的的数据。最常用的已有数据包括**文档**（document）、物理数据和档案研究数据。个人文档是出于私人原因而书写或记录的文档，比如信件、日记和家庭照片。官方文档是指由公共或私人组织书写或记录的文档，比如报纸、年度报告、年鉴和会议记录。**物理数据**（physical data）是任何由人类制作或遗留的，也许能够为研究者感

表 2.7
观察法的优点和缺点

观察法的优点

- 研究者能够直接看到人们在做什么,而不是他们说自己在做什么
- 提供一手经验,尤其当观察者参与到活动中时
- 能够对行为进行相对客观的测量(尤其是标准化观察)
- 观察者可以确定什么是没有发生的
- 观察者也许能发现那些身处其中的人没有意识到的事情
- 这是一种可发现环境中正在发生什么的绝佳方法
- 有助于理解环境因素的重要性
- 可以对不善言谈的参与者使用该法
- 也许可以提供有关那些人们不愿谈及的一些信息
- 观察者也许能够克服身处其中的人们的选择性感知带来的问题
- 有利于描述
- 提供适度的现实性(当观察在实验室以外的地方进行时)

观察法的缺点

- 观察到的行为的原因可能不太明确
- 当人们知道自己正在被观察时,负面效应可能出现(如被观察的人可能会表现得不太正常)
- 调查者效应(如个人偏差和观察者的选择性感知)
- 观察者可能会"入乡随俗"(即对被研究群体的过度认同)
- 被观察的人或环境的取样可能会受到限制
- 不能观察大量或分散的人群
- 有些环境和感兴趣的内容不能被观察到
- 收集到无关资料的比例可能比较高
- 比问卷调查和测验所需的费用更高
- 数据分析会很费时间

档案研究数据:先前用于其他研究计划的数据(通常是定量数据)。

兴趣的现象提供相关信息的材料,比如某人的垃圾、磨损的博物馆瓷砖、损坏的图书馆书籍、衣物上的污渍和 DNA。 **档案研究数据**(archived research data)是指由其他研究者为了其他研究目的所收集的二手研究数据。当数据被保存并存档后,使得别的研究者在后来也能使用这些数据。最大的定量数据存档库是美国校际社会科学数据共享联盟(ICPSR),它位于密歇根州安阿伯市的密歇根大学。表 2.8 列出了已有或二手数据的优点和缺点。

思考题 2.9

- 数据收集的六种方法分别是什么?
- 每种数据收集方法的优点和缺点分别是什么?请各列举两种。

表 2.8
已有数据的优点和缺点

文档和物理数据的优点

- 可以洞察人们的想法和做法
- 不引人注目,很少出现负面效应和调查者效应
- 可按照时间周期收集过去产生的数据(如历史性数据)
- 提供关于人类、群体和组织的有用背景和历史数据
- 对确认事实很有用
- 贴近当地环境
- 对问题探索很有用

档案研究数据的优点

- 大多主题都可以查找到档案研究数据
- 费用成本低廉
- 通常是可靠并有效的(高测量效度)
- 能够研究趋势
- 便于数据分析
- 通常有高质量或大量的随机样本作为基础

文档和物理数据的缺点

- 可能会不完整
- 可能只代表一种视角
- 因权限问题,某些内容可能无法获得
- 依靠物理数据可能无法洞察到参与者的思想
- (获得的结果)可能无法应用到更普遍的群体中

档案研究数据的缺点

- 可能无法获得你所关注的群体数据
- 可能无法获得你所关注的研究问题数据
- 数据可能是过时的
- 开放性数据或定性数据通常不可获得
- 数据中所隐藏的绝大多数重要发现已经被挖掘出来了

本章小结

本章介绍了定量和定性两种主要研究方法。定量研究(如实验研究和非实验研究)依靠数值型数据,而定性研究依靠非数值型数据。实验研究是证明因果关系的最佳研究类型。在实验研究中,研究者主动地操纵自变量(IV),并让其他所有变量保持恒定,使得操纵后实验组和控制组在因变量上的差异可以归结为自变量的变化所致。例如,在实验开始时,研究者可以随机将一些得了普通感冒的参与者分为

两个组，以便开始实验时形成两个在概率上等同的参与者组。研究者通过给一个组服用含活性成分的药片（预期其可治愈感冒），以及给另一个组服用安慰剂（不含活性成分的药片）的方式来"操纵自变量"。两个组之间唯一的区别在于其中一组服用了真正的药，而另一组服用的是安慰剂。如果服用了含活性成分药片的那组参与者的病情好转了，而服用安慰剂的那组没有好转，那么研究者就能够推断出该药是有效的（即它使得实验组参与者的病情好转了）。换句话说，研究者推断出自变量（IV）的变化引起了因变量（DV）的变化。做出因果关系的结论需要三个必要条件，它们是：（1）IV 和 DV 之间必须存在关系；（2）IV 的变化必须发生在 DV 变化之前；（3）IV 和 DV 之间的关系并不是由于任何随机或第三变量而产生（即不存在能说明 IV 和 DV 之间可见关系的替代性解释）。当你想研究因果关系时，应该首选实验研究法，因为它是能实现这个目标的最强有力的研究类型。实验可以在现场环境、实验室或者互联网上进行。

在非实验定量研究中，研究者不能够操纵自变量，所以在推导因果关系时总要担心能否满足第 3 个因果条件（消除替代性解释）。相关研究（测量变量之间的关系）和自然操纵研究（即自变量仿佛受到了真实世界的自然操纵）是非实验定量研究的两种类型。相关研究经常被用于预测，但它也被用于检验理论模型（在方法上被称作路径分析）。

横向研究（数据在一个时间段中收集）和纵向研究（数据在两个或多个时间段上收集）有时会被用于实验研究之中，但是它们更多地被用于非实验定量研究。在发展心理学领域，纵向研究尤其盛行。纵向研究有利于达成第 2 个因果条件（形成 IV 和 DV 的时间顺序）。

定性研究是一种解释性的研究方法，依靠多种类型的主观数据，常被用于现实环境中某个特定情境下的调查。它是解释性的（即它需要努力理解局内人的主观视角）、多手段的（即它会使用多种数据收集方法，如生活故事、观察、深度访谈、开放性问卷调查），以及是在自然的真实环境中进行的（即它研究那些自然发生的行为，而不是操纵自变量所产生的行为）。

最后，本章描述了六种主要的数据收集方法（即获得实证数据的方式）。它们分别是：（1）测验法（测量人格、成就、成绩和其他更具体的实验结果变量的工具或程序）；（2）问卷法（即由参与者自行填写的自我报告式的数据收集工具）；（3）访谈法（这样一种情境：访谈者向被访谈者提出一系列问题让其回答，并在需要时对细节进行探讨和澄清）；（4）小组讨论法（即一种小群体情境，主持人让参与者对感兴趣的主题进行集中讨论）；（5）观察法（即研究者观察人们在做什么，而不是询问他们在做什么）；（6）已有或二手数据法（即收集那些因其他目的产生并留下的数据，如文档、物理数据和存档数据）。

重要术语和概念

档案研究数据	已有数据	纵向研究
类别变量	实验研究	操纵
因果描述	额外变量	中介变量
因果解释	物理数据	数据收集方法
因果性	心理学实验	调节变量
原因	定性研究	自然操纵研究
因果关系	定量研究	自然观察
群组序列设计	量型变量	非实验定量研究
混淆变量	问卷	非数值数据
相关研究	现场实验	数值数据
横向研究	小组讨论	观察
因变量	自变量	路径分析
描述性研究	间接效应	测验
直接效应	互联网实验	第三变量问题
文档	访谈	时间间隔采样
效应	实验室实验	三角测量
事件采样	实验室观察	变量

章节测验

问题答案见附录。

1. 一个在类型或种类上变化的变量被称为
   a. 类别变量
   b. 因变量
   c. 自变量
   d. 干预变量
2. 假定可引起另一个变量变化的变量被称为
   a. 类别变量
   b. 因变量
   c. 自变量
   d. 干预变量
3. 中介变量是指
   a. 干预变量
   b. 调节一种关系的变量
   c. 额外变量
   d. 互动变量
4. 为什么（尽可能地）控制额外变量很重要？
   a. 未被控制的额外变量（变量"X"）能够产生干扰，使人怀疑一个变量（变量"A"）的变化是否真的引起了另一个变量（变量"B"）的变化
   b. 当人们宣称一个变量（变量"A"）引起了另一个变量（变量"B"）变化时，未被控制的额外变量（变量"X"）能够提供一种替代性解释
   c. 未被控制的额外变量对实证研究几乎没有影响，因此在绝大多数情况下不认真进行控制也无所谓
   d. A 和 B 都对

5. 证明因果关系的最强有力的证据来源于以下哪种研究方法？
   a. 实验研究
   b. 自然操纵研究
   c. 相关研究
   d. 所有上述研究都能为因果关系结论提供强有力的证据
6. "文字和图片"是哪类研究中的常见数据形式？
   a. 定量研究
   b. 定性研究

提高练习

本章的提高练习提供了多个主题用于讨论。包括一些有关因果主题的网站（参见"相关网站"部分）。你可以登录这些网站并获得相关主题的更多信息。

1. 思考在大飓风后开展的一项现场实验研究。假设研究结果显示，那些在暴风雨后必须转学的孩子（因为他们以前的学校在灾难中损毁并已关闭）更具有攻击性。请指出这项研究中的自变量与因变量，并描述可能出现的中介变量和调节变量。

2. 在开展实验时，我们试图确定一种因果关系。如果说我们所发现的任何关系是决定性的或是概率性的，哪种说法更准确？换句话说，即假定原因决定了结果或者假定原因增加了结果出现的概率，哪种说法更准确？请解释并证明你自己的答案。

3. 思考下面的每一种情境，指出各种情境下的假定原因和假定结果。接着讨论一下假定原因能真正产生可见结果的可能性。解释一下为什么有些人会认为两个变量之间有着因果联系，然后思考一下在现实中有哪些其他的变量也会产生同样的结果。
   a. 共和党人通过了一项减税法令，这对美国富人有利。在这项减税政策生效后不久，股市开始低迷，同时经济进入了衰退期。民主党人宣称，这项减税政策导致了经济的衰退，因此想废除这项减税法令。
   b. 比利为他的电脑购买了一款新软件，并立刻把它装在了电脑上。在他下次启动电脑时，电脑死机了，于是他推断是这款软件导致了电脑的死机。

4. 关于世界上发生的事情，不同的人持有不同的观点，比如以下一些：

   - 当骨头开始疼痛时，雨就要来了
   - 金发女郎不会特别聪明
   - 居住在农村的人比居住在城市里的人行动要缓慢得多
   - 生活在南部的人不会特别聪明

   仔细想想上面各种观点和各种定量研究设计。指出哪种或哪几种（对于这些观点中的某些观点，可以有不止一种设计来检验）定量研究设计可用于检验这些观点。然后解释一下为什么你选择的设计能够检验这些观点。同时也解释一下为什么你没选择的设计不能用于检验这些观点。

5. 我们讨论了六种主要的数据收集方法。比较和对照访谈法和观察法，并回答访谈法和观察法各自的优点和缺点是什么，以及收集多种类数据的好处是什么。

第二编 研究设计

第 3 章

确定问题与形成假设

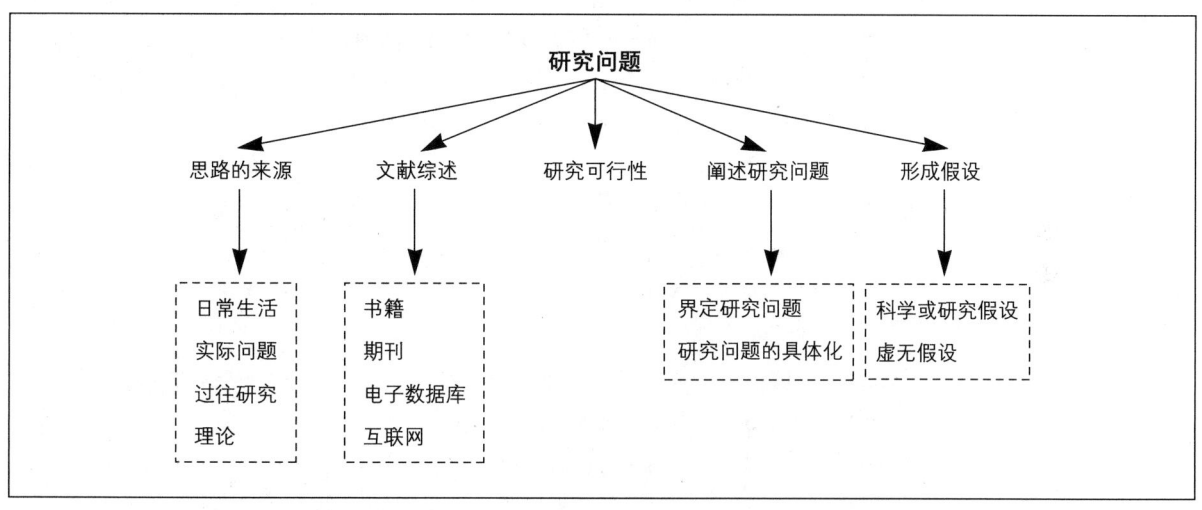

  2001年9月11日,像一个典型的星期二一样,这一天开始了,看起来不过是又一个工作日,不管怎么看都应该是一个几乎没有人能够记得或多想的日子。但是这个以平静无事的早晨开始的日子却发生了一场大灾难,19个自杀式劫机者袭击了美国,成为自珍珠港事件后发生在美国本土最严重的敌袭事件之一,数以千计的无辜者在此次恐怖袭击中遇难。

  开始时一切都显得那么平常,穆罕默德·阿塔和其他几名自杀式劫机者登上了美国航空11次航班,此航班原定于上午8点离开波士顿的洛根机场。11次航班是一架波音767飞机,可以携带24 000加仑以上的航空燃料,足够装满一个直径22英尺、深8英尺的游泳池。飞机起飞后不久,武装了箱刀和塑料刀的恐怖分子挟持了11次航班。8点46分(美国东部夏令时间),11次航班以每小时500英里的速度撞向了世贸中心的北楼。北楼的94层到98层被撞出一个巨大的洞,成千上万加仑的燃料从飞机残骸中涌出,随即开始燃烧。火势顺着通风口和电梯开始蔓延，整栋建筑都开始着火了。

　　早上的新闻节目都立刻切换到对世贸大楼的现场直播中来。画面上，大楼的高层有一个黑色的大洞，滚滚浓烟充满了曼哈顿的下城区。开始时，没有人意识到这是一次针对美国的恐怖袭击。相反，人们还在疑惑为什么会发生这样的事情。是飞行员的心脏病发作了？还是飞机的机械系统出现故障了？18分钟后，情况清楚了，因为另一架波音767——联合航空175次航班——原计划从波士顿洛根机场返回洛杉矶，在绕了一道漂亮的曲线后，猛烈地撞向了世贸中心的南楼，冲破了78层至84层的楼层。

　　即时回放反复地播放着飞机的最后情况，人们逐渐意识到这并不是意外，而是一次针对美国的袭击。一些受害者被困在大火中，激增的恐惧感让他们毅然决定宁可被摔死也不要被大火烧死。所以他们手拉着手，一个接一个地跳下去，在下坠10秒或更长一点的时间后，坠落在了地上。

　　上午9点59分，支撑着北楼的钢铁结构因为大火的热量变得柔软易折，不再能够支持整栋建筑的重量了。钢架在负荷的作用下弯折，燃烧着的楼层开始一层层地往下塌陷，直到大楼内部的钢架能够支撑剩下的重量为止。坍塌的楼层驱使整个北楼的110层倒塌，所有没有逃脱的人员包括救护人员都被困住并遇难。上午10点28分，世贸中心南楼开始震动并倒塌，天空中原先屹立着高楼的位置，现在是一个大大的缺口。在纽约发生这些事件的同时，一架波音757撞击了五角大楼的西翼，而一架由新泽西州纽瓦克市飞往旧金山的联合航空航班坠毁在了宾夕法尼亚州的郊区。

　　连番同步发生的这些撞击事件清楚地表明美国正在遭受恐怖袭击，而且这是由一群恐怖分子策划的有计划的攻击。一整天，人们都在不断地追问"为什么"、"发生了什么"、"怎么发生的"。为什么有人想这样做？是什么促使他们进行如此有破坏性的行动？他们是如何精心策划这种事情的？随着对这些恐怖行为的持续调查，人们明白了，这是由以奥萨马·本·拉登为首的基地组织成员和一群狂热的极端分子精心谋划的。但如果你是一个社会心理学家，你也许会想要探究发生悲剧事件的原因。是什么使得一个人变成自杀式恐怖袭击分子？是什么激励了一个人去杀死成千上万无辜的人？他想从这种行为中获得什么？美国到底做了什么激怒了这些人，让他们即使绕过半个地球也想要毁掉美国？以上这些，不过是我们能够提出的研究问题中的一部分，而它们都可以成为一项研究课题。

引　言

　　到目前为止，我们已经讨论了科学研究的一般特征。然而，要开始科学研究，首先得有一个待解决的问题。在心理学领域，确定研究思路应该是比较简单的，因为心理学是研究行为的科学——包括研究人类的行为。我们的行为就代表了大量心理学研究的焦点。为了将我们对行为的观察转化为合理的研究问题，我们必须充满好奇心，思考为什么这类行为会发生。例如，假设你听见某人表态，其对俄罗斯人怀有极端愤怒、敌意和偏见。而第二天你看见这个人正在与一个俄罗斯人交谈，并注意到她表现得非常礼貌和友好。你在她的表态和行为之间看到了矛盾。由此产生了两个很好的研究问题："为什么态度和行为缺乏一致性？"以及"态度在什么情况下不能预测行为？"

现在，就让我们来看看能够产生研究问题的主要来源。

研究思路的来源

想法或问题来自哪里？我们应该到哪里去找研究问题？在各个领域，有一些共同来源可用于形成问题，比如已有理论和过往研究。在心理学领域我们则更幸运，因为我们可以借鉴自己的个人经验和日常事件来形成问题。我们所看到的、读到的或是听到的事情都能成为思路，进而转化成研究课题。但是，要将这些观点确定为研究课题则需要一个既警醒又好奇的科学家。我们不能只是被动地观察行为或阅读与心理学有关的资料，我们还必须积极地就某个事件或行为发生的原因提出质疑。如果你问"为什么"，你就会找到许多可研究的课题。通常来讲，问题产生有四种来源：日常生活、实际问题、过往研究和理论。

日常生活

在日常生活中，我们会碰到许多需要解决的问题。家长想知道怎么对待他们的孩子，学生想知道如何更快地学会知识。在我们与他人交往或观察他人的反应时，我们会注意到许多个体差异。若我们观察操场上的孩子，就能发现这些差异非常明显。比如某个孩子或许非常有攻击性，而另一个孩子则保守得多，需要他人的鼓励才会加入互动之中。个体的反应也会随着环境而变化。在某个环境中非常有攻击性的孩子也许在另一个环境中就变得很被动。为什么会出现这些差异？是什么导致这些不同反应的产生？为什么有些人是领导者，而其他人是跟随者？为什么我们喜欢某些人，却不喜欢另一些人？许多类似的、可以研究的问题都能从每个人的日常交往和个人经历中提取出来。

实际问题

许多研究问题都来自于需要解决的实际问题。私企面临着诸如员工士气低、缺勤率、人员流动、人员甄选和配置等问题。而相关研究一直在这些领域开展着。临床心理学需要大量的研究来制定更为有效的方案，以用于治疗心理障碍。联邦和州政府支持实验设计则是为了解决实际问题，比如找到治愈癌症的新方法。我们也投入了大量经费，直接用于改善教学质量。

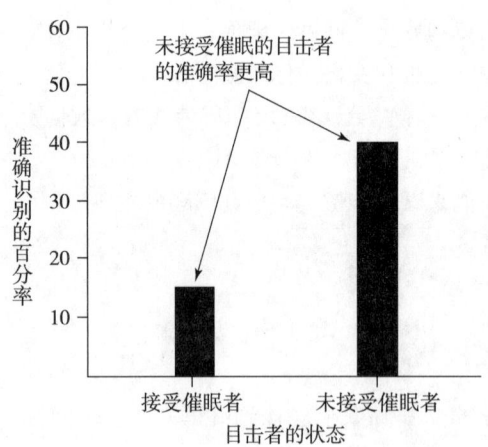

图 3.1

目击者辨认疑犯的准确率与催眠的关系

资料来源:"Use of hypnosis to enhance eyewitness accuracy:Does it work?" by G.S.Sanders and W.L.Simmons, 1983, *Journal of Applied Psychology*, 68, pp. 70–77.

执法机构不仅关心获得准确的目击者证词，也关心从目击者那里提取线索或引子。为实现这一目标，这些机构开始使用催眠术，他们认为通过催眠术能够提取到其他方法无法找到的准确证据。该假设的有效性一直未经过验证，直到桑德斯和西蒙斯（Sanders & Simmons, 1983）让目击者（部分接受了催眠，部分没有接受催眠）从一组嫌疑人中辨认小偷。就像图 3.1 显示的那样，结果与预期正好相反，接受催眠的参与者辨认出小偷的次数少于那些没有接受催眠的参与者。这样的证据表明，催眠并不是提取准确证据的有效手段。

过往研究

过去的研究是产生研究新思路的极佳来源。这听上去似乎有点矛盾，因为研究的目的不就是为了回答问题吗？但研究有一个有趣的特征，它们产生的问题往往比其回答的问题还要多。虽然每个精心设计的研究确实都能增加知识量，但现象通常是由多种原因决定的。任何一个实验都只能研究有限的变量。对这些变量的研究也许会产生有关其他变量效应的假设。现象的多维度本质通常也是导致不同研究结果缺乏一致性的原因。在研究某个特定问题时，一个未被确定的变量也许就是不同研究产生冲突的缘由，所以必须展开新的研究来找出这个变量，以消除明显的矛盾。

为了说明这一点，我们来看看梅尔格伦、赛伯特和戴克等人（Mellgren, Seybert, & Dyck, 1978）的一项研究。他们想研究持续强化、无强化和部分强化程序以不同次序呈现时对消退阻抗现象有何影响。先前的研究结果显示，先接受持续奖励再接受部分奖励的参与者与一直接受部分奖励的参与者相比，其消退阻抗的变化情况存在着冲突。有研究结果显示消退阻抗现象减少，也有研究结果显示消退阻抗现象增加，还有一些研究结果则显示消退阻抗现象的增加或减少依赖于消退产生的阶段。梅尔格伦等人就是想解决这种不一致。他们的研究结果显示，当大量的无强化试验出现在部分强化试验之前时，就会出现最大强度的消退阻抗。虽然这项研究揭示了哪种顺序能产生最大限度的消退阻抗，但它留下了其他问题没有回答。比如它没有解释为什么在部分奖励试验之前安排大量无奖励试验时，消退阻抗现象会增加。这就导致可以有另一项研究，以回答这个新问题。正如你看到的，每一项研究都会产生后续研究，所以人们能够终其一生来研究某个特定领域。研究正是这样一个连续的过程。

理　论

理论：一组按照逻辑组织起来、存在演绎相关关系的法则。

按照 M.H. 马克斯（Marx, 1963, p.9）的定义，**理论**（theory）是指"一组按逻辑组织起来（演绎相关）的法则"，它具有许多不同的功能。马克斯认为，理论既是工具，又是目标。理论的目标功能已被这样的命题证明：规律或一般原理通常由理论进行排序和整合，理论总结和归纳了已有知识。理论的工具功能是与我们的兴趣相关的功能，该功能已被以下命题证明：理论对研究有指导作用。一个好的理论可以超越目标功能、启示新关系和做出新预测。因此，理论可作为研究思路的一个来源。

利昂·费斯廷格（Festinger, 1957）的认知失调理论就是一个关于理论能够刺激大量研究的例子，在该理论发表后的十年里激增了大量的研究。按照这个理论，费斯廷格和卡尔史密斯（Festinger & Carlsmith, 1959）对一个不那么显而易见的预测进行了假设检验：在完成一项很枯燥的任务之后，参与者要告诉实验助手这项任务很有趣并且他们很享受；研究者预测，获得 1 美元报酬的参与者要比完成同样任务却获得 20 美元报酬的参与者更喜欢实验任务。

产生研究思路的四个来源——日常生活、实际问题、过往研究和理论——几乎都不是仅靠接触其表面就能激发一个创造性想法的。而且，重要的问题不是确定想法的来源，而是这些想法的形成，如专栏 3.1 中所说的那样。想法形成是科学研究的最初阶段。为了形成这些可研究的问题，需要养成一种思维方式。你必须养成对生活充满问题和好奇的习惯。例如，埃德温·兰德在其 3 岁的女儿问他为什么照相机不能立刻产生照片之后，发明了拍立得。他本可以忽略这个问题，只需告诉他女儿这是不可能的。但是兰德却在思考为什么这不可能呢？在外出散步时他还在思考这个问题，然后就想出了一个如何让照相机立刻产生照片的主意。

研究思路中的偏见

尽管心理学中能产生研究思路的来源很多，但我们仍要强调，不要忽略了一些意义重大的课题，因为那样做会导致我们形成一个不完整的知识库。也许所有科学家都承认，我们需要对所有重要的问题进行研究。但是科学家也是人，他们对问题和特定课题重要性的认识会受到个人和人口统计学特征的影响，如性别、所属社会

> **专栏 3.1**
> ### 找到消化性溃疡的原因和治疗方法
>
> 在二十世纪早期，人们认为消化性溃疡是由压力和饮食不当造成的。当时对此类疾病的治疗手段有住院治疗、卧床休息和食疗（吃些清淡的食物）。在二十世纪后期，胃酸被认为是这种疾病的元凶。服用抗酸剂和阻止酸产生的药物成为标准疗法。然而，消化性溃疡的发生率仍然很高，即使接受了这种治疗，患者也仍受疾病的折磨。
>
> 人们一直没有找到消化性溃疡的真正病因和有效的治疗方法，直到1982年，澳大利亚的医生罗宾·沃伦和巴里·马歇尔（Warren & Marshall, 2002）首次确认了幽门螺杆菌和溃疡之间存在联系。这些研究者由此得出，是细菌而不是压力或饮食导致了溃疡。然而，医学界对这个新发现的接纳进程非常缓慢，大概又花了十年以上的时间，美国国家卫生院共识发展联盟才承认幽门螺杆菌和溃疡类疾病之间有着密切的联系。也是在这个时候，联盟才推荐使用抗生素来治疗因幽门螺杆菌而患溃疡的病人。1996年，美国食品药品监督管理局审批通过了第一种治疗溃疡疾病的抗生素（Centers of Disease Control, 2001）。
>
> 尽管现在我们知道了消化性溃疡的发病原因和有效的治疗方法，但在开始时所有人都固执地认为马歇尔错了，而只有他自己坚信自己是正确的。这一知识正是在这样的情况下产生的。马歇尔对此类疾病的研究始于他在皇家珀斯医院当住院医生时。他在文献回顾时发现，早在十九世纪末期，就有报道称发现胃部出现了螺形杆菌，他开始相信这种细菌就是找到胃炎和溃疡的发病原因和治疗方法的关键。基于这种信念，他与沃伦——皇家珀斯医院的病理学医生开始了合作。他俩都知道，他们的病人有一半以上在胃部出现了螺形杆菌，但是没有人意识到这种细菌是人类胃黏膜的常见寄生菌。这进一步激发了他们去研究该种细菌与消化性溃疡之间的关系。在某个时期，马歇尔甚至用致病菌让自己感染，以创造出一个实验模型来证实他的假设，并向那些已被人们接受的观念——消化性溃疡是由心理、情绪失调或饮食问题造成的——发起挑战。
>
> 在同行普遍的质疑声中，马歇尔坚持着，他的研究最终证明了幽门螺杆菌对消化性溃疡的意义。最后，美国食品药品监督管理局在1996年批准了首种针对这种疾病的药物治疗方案，结合使用铋和抗生素类药物替硝唑。马歇尔则继续研究这种细菌的作用，并开始专注于它与胃癌的关系研究上，这一观点在业内也被接受。

阶级、种族、性取向、宗教信仰、年龄等。例如，在过去一些年里，有很多研究都在关注妈妈外出工作对孩子心理幸福感的影响。而很少有研究关注爸爸投入工作是否会损害孩子的幸福感，或妈妈外出工作是否可能对孩子更有利（Hare-Mustin & Marecek, 1990）。个人特征似乎会影响研究问题的选择，从而使科学家忽略了人类行为中的某些重要方面。为了矫正这种潜在的偏见，确保所有重要的问题都得到关注，科学界中必须纳入许多具有不同个人特征和人口学特征的科学家。

不能进行科学研究的问题

正如你已经看到的，研究问题可产生自各种不同来源。但是必须意识到，并不是所有问题都能进行科学研究。科学研究必须符合一个标准，即被研究的问题必须能够被证实或证伪。有一些问题非常重要，它们引起了激烈的讨论，也消耗了大家大量的时间和精力，但却不能对其进行科学研究。这些问题通常都是围绕道德和宗教展开的。例如堕胎的问题。这是一个争论了数十年并引起两极化的问题。有一大批人赞成堕胎，而另一大批人则反对。科学可以调查人们持有特定立场的原因和使其改变的机制，但是它不能解决哪种立场最好或正确。

思考题 3.1
- 你能够从哪里获得研究思路？
- 说明为什么有些问题是无法对其进行科学调查的。

文献综述

当你从上面提到的来源中获得了一个研究课题之后，下一步就是熟悉与该课题相关的各种可找到的信息。例如，假设你想开展一项关于环境压力对艾滋病患者的影响的研究。在正式开始设计这项研究项目之前，首先你应该熟悉有关这两个主题的现有信息。以前的研究工作几乎涉及了所有的心理学问题，有关艾滋病与环境压力的问题自然也不例外。

这时候，你也许会问自己："为什么我要对相关课题进行文献回顾和综述？为什么不直接去实验室找这个问题的答案？"有几个很好的理由可以解释为什么在开展任何实验之前，你都应该以文献综述的形式先做足功课。查找资料的一般目的是为了了解你所选择课题的现有知识状况。具体来讲，文献综述有如下作用：

1. 可以让你知道自己所确定的问题是否已经被研究过。如果确实已经有人研究过了，你只好根据实验结果修正你的问题或者换一个研究问题。除非你有充足的理由，否则没有必要重复这项研究。
2. 也许能为如何进行研究设计提供灵感，有助于你获得研究问题的答案。
3. 能针对你要研究的问题提出方法论问题。
4. 能够确定是否需要特定的群体或特殊的设备配件，同时为如何找到这些设备或如何辨认特定参与者群体提供线索。
5. 为研究报告的准备提供所需的信息，因为这个研究报告不但要求你在先前的研究背景上开展你的研究，还要求你将自己的结果与其他研究联系起来讨论。

这些只是你应该进行文献综述的几个较为突出的原因。

假设你已经深信文献综述是必要的，那么现在你需要知道如何进行文献回顾。学生们往往都不知道该用什么类型的文献检索、从哪里入手、如何从检索中获得最好的结果、能获得什么样的资源，或者什么时候该停止检索。为了帮助处在这个过程中的人，马克斯（Marques, 1998）提供了如下这样一些指南。

准备开始

在进行有效检索之前，你应该懂得如何利用图书馆。如果你不熟悉如何有效使用图书馆资源，那你应该请求图书管理员来指导你，向你说明在哪里以及如何找到与心理学相关的文献。在开始检索之前，你还需要界定你的课题领域。为了进行适当的检索，这个界定应该相对狭窄和具体。例如你可能对抑郁症感兴趣。但是抑郁这个主题非常宽泛，它包括了与抑郁相关的任何内容，从原因到治疗方法，因此可能很难驾驭。如果你将课题限制为如抑郁症复发，就容易处理了。

在进行检索时，要做好花费大量时间和精力的准备。有效的检索常常会占用很多时间。在检索期刊论文时，你能看到这些论文的摘要。不要只依赖摘要的信息。摘要只提供有关这篇论文内容的有限信息，以便于你判断是否需要选择这篇论文做深入阅读。一旦你获得了某篇期刊论文，请在阅读时对其内容做详细的笔记。这包括一个完整的参考文献列表，有关方法论、重要发现、优势和不足的详情，以及你在阅读这篇论文时产生的其他任何想法或评论。

确定目标

在开始文献检索之前，有必要对你的目标进行确定。例如，你进行文献检索的目的是为了熟悉想要研究的课题领域，还是希望它能够帮助你找到在研究中需要使用的方法？确定目标会让你明白进行文献检索有不同的目的，并为你阅读文献提供了一个侧重点。

进行检索

当你已经知道如何在图书馆中找文献，并确定了检索目标之后，你就应该准备进行文献检索了。有许多可支配的资源可以为你提供超乎想象的信息。这些资源包括书籍、期刊论文、计算机数据库和互联网。

书籍 书籍的内容涉及心理学的绝大多数（如果不是全部的话）领域。这是你开始文献检索的绝佳切入点，因为它能提供相关研究课题的介绍，以及截止此书编写时已发表文献的总结。《心理学年鉴》通常是一本相当实用的书。它自1950年开始每年刊印，提供各领域专家对过去一年中所做主要工作的深度讨论。也许其中某个课题就与你的研究相关，所以这个资源值得你去查阅。其他的相关书籍或章节可以通过搜索《心理学摘要》或者心理学文摘索引数据库（即 PsycINFO，这将在后面讨论）进行确定。当你在上述数据库中确定了与课题相关的书籍后，你应该进入图书馆的在线目录，看看图书馆是否有你感兴趣的书。你可以通过互联网连接到图书馆的在线目录。如果上面没有你感兴趣的书籍，那么你应该能够通过馆际互借进行索要。

但是，绝大多数书籍都不会对某个课题的所有相关研究进行全面综述。作者必定是有选择地呈现了相关文献当中的一小部分。为了确保作者没有呈现某种偏见取向，你应该同时选择和阅读数本与研究课题相关的书籍。

心理学期刊　我们能在心理学期刊中找到与研究课题相关的大多数信息。很多时候，从书籍开始的文献综述最后都回到了期刊回顾上。因为书籍常常引用期刊上的论文，所以从书籍回归到期刊也是很自然的。

那应该如何查阅期刊上引用的文献？由于心理学期刊实在太多了，所以不可能通过查看所有期刊来寻找相关信息。

心理学文摘索引数据库：一个收纳了心理学学术论文摘要和引文的电子书目数据库。

计算机或电子数据库　心理学文摘索引数据库（PsycINFO）是一个电子书目数据库，它提供了行为科学和心理健康领域的学术文献摘要和引文。它是美国心理学会的一部分，担负的使命是将不同科目的心理学相关文献进行定位和总结，并让这些总结以一种易于检索和使用的形式进行传播。这个使命最初是借助《心理学文摘》的出版发行来实现的。虽然《心理学文摘》仍然是图书馆文献收集的一个重要部分，但 PsycINFO 是一个电子数据库，不仅包括了《心理学文摘》中能找到的参考文献，另外还添加了一些新的参考文献。

PsycINFO 收纳了自 1887 年至今超过两百万篇的心理学参考文献。数据库包含了大约 50 个国家的发表论文，文献使用语言超过 29 种。数据库每周更新，2007 年一年中添加入库的新条目超过十万个。因其具有的深度及覆盖面的广度，PsycINFO 可作为检索心理学相关资料的精选数据库。你可以登录网站 http://www.apa.org/Psycinfo/ 了解 PsycINFO 中的最新信息。这个网站还提供了其他电子产品（如表 3.1 中所示）信息。

在用 PsycINFO 进行检索时，基本程序是确定一个检索词列表，输入这些词，然后让计算机自动检索与这些关键词相关的论文。例如，如果你对食物影响情绪的相关文献感兴趣，那你也许可以选择诸如食物与情绪、碳水化合物与情绪、对碳水

表 3.1　除 PsycINFO 之外的电子产品

产品名称	产品描述
心理学全文期刊数据库（PsycARTICLES）	包含了由美国心理学会及其同盟组织出版发行的 66 种期刊上的论文全文的数据库
心理学全文书籍数据库（PsycBOOKS）	由美国心理学会发表的学术论文的全文数据库

化合物的冲动等检索词。有时候，你可能不知道该为自己的研究选择怎样的检索词，或者你认为实际存在的检索词要比你能想到的多。这个时候《心理学词汇索引辞典》就能发挥作用了。它是关于心理学术语和描述相互关系及相关类别的词汇的索引。例如，假如你对儿童福利感兴趣，《心理学词汇索引辞典》就能提供与儿童福利相关的附加词汇列表（如倡导领养、虐待儿童、幼儿日托、儿童照管不良、儿童自我保健、家庭寄养、社会个案工作和社会服务）。这些附加词汇也可用于检索其他一些与儿童福利相关的期刊论文和书籍。在许多图书馆可以找到这本辞典的精装版副本。另外也可以从心理学文摘索引数据库的主菜单中访问该辞典，所以，如果你已经进入了 PsycINFO，首先应该从这本辞典上确定一个合适的检索词列表，然后在数据库中检索这些词。

一旦你已经确定了研究中想使用的词汇，你就为检索做好了准备。PsycINFO 可让你选择检索关键词包含在标题、作者、正文或是全文任何地方的论文。如果你知道某篇感兴趣的期刊论文的作者，你也可以直接进行作者检索。除了可以使用相关检索词进行检索以外，你还能按照许多方式对你的检索条件进行限制，比如只检索期刊论文而不要书籍，或者只搜索动物类文献而不要人类文献。这些都是确保你能找到相关文献的具体事项。随着你使用 PsycINFO 进行文献检索经验的增加，你的操作也会更熟练。

假设你对路怒症产生了兴趣，想找一些这方面的文献。你进到 PsycINFO，检索 2000 年至 2009 年间的相关文献，最终检索到 77 篇论文。接下来你开始阅读这些论文的摘要，并确定哪些是你真正想要的。专栏 3.2 给出了由 PsycINFO 提供的 77 篇论文中的某篇论文的信息。如果该摘要显示文中包含着你觉得重要的信息，那么接下来你就需要检索这篇论文。给出的信息中标明了作者、标题、论文发表的期刊，这使你能查到并获得全文。在你阅读论文时，要做笔记以获得尽可能多的信息。学术论文是为专业人士写的，所以你可能不理解其中的某些部分。表 3.2 给出了几条阅读期刊论文的指导意见。

除 PsycINFO 之外，也许你还想检索其他包含心理学文献的数据库（参见表 3.3）。如果你的研究课题与其他领域交叉（比如医学），那这些数据库会尤其有价值。

互联网资源 互联网是获取心理学信息的额外资源。最恰当的描述就是将互联网形容为"网络的网络"，它由数以百万计的电脑和数以千万计的使用者组成，所有的电脑和使用者加入同一个网络以促进交流。将互联网引发的革命性交流方式类比于多年前的电话革命的说法似乎有些保守。现在，我们可以连上互联网跟某个远在他国的人交流，方便得像跟隔壁邻居交流一样。互联网上有许多对学生和心理学家来说很有价值的工具。除了这里讨论到的各种资源，互联网上还有会议、辩论、期刊、参考文献列表，以及完整的研究。

电子邮件 电邮或者电子邮件，也许是最常见的互联网运用之一。电子邮件通过互联网以电子形式将信息、文件和文档发送给另一个人。它提供了一种前所未有的交

专栏 3.2

"PsycINFO 论文检索结果实例"

记录: 1

标题: 路怒症增加了吗?一项重复调查的结果

作者: Smart, Reginald G., Social, Prevention and Health Policy ResearchDepartment, Centre for Addiction and Mental Health,Toronto, ON, Canada, reg_smart@camh.net

Mann, Robert E., Social, Prevention and Health Policy ResearchDepartment, Centre for Addiction and Mental Health, Toronto, ON, Canada

Zhao, Jinhui, Social, Prevention and Health Policy Research Department, Centre for Addiction and Mental Health, Toronto, ON, Canada

Stoduto Gina, Social, Prevention and Health Policy Research Department, Centre for Addiction andMental Health, Toronto, ON, Canada

地址: Smart, Reginald G., Social, Prevention and Health Policy ResearchDepartment, Centre for Addiction and Mental Health, 33 Russell St., Toronto, ON, Canada, M5S 2S1, reg_smart@camh.net

资料来源: *Journal of Safety Research*,Vol. 36(2), 2005, pp. 195—201.

出版商: 荷兰: Elsevier Science

出版商网址: http://elsevier.com

国际标准出版号: 0022-4375 (印刷)

数字对象识别码: 10.1016/j.jsr.2005.03.005

语言: 英语

关键词: 路怒症;受害;犯罪;人口统计学资料

摘要: 问题: 在人口调查数据基础上,我们对路怒症受害和犯罪情况的发展趋势进行了报道。方法:2001 年 7 月至 2003 年 12 月间,对安大略湖区的成年人进行了重复横向电话调查,使用逻辑回归分析法检验近些年来(为了控制人口统计学特征)不同年份里路怒症受害和犯罪情况的变化。结果: 近些年的路怒症受害率显著降低,从 2001 年的 47.5% 降到了 2003 年的 40.6%;而路怒症犯罪率则保持稳定(31.0%~33.6%)。逻辑回归分析显示,在 2001 年遭遇路怒症受害的概率比 2003 年高出 33%,在 2002 年遭遇路怒症受害的概率比 2003 年高出 30%。讨论: 调查数据为揭示路怒症的发展趋势提供了有价值的参考信息,但是仍需努力追踪由路怒症引发的相关事件。结论: 从 2001 年到 2003 年,安大略湖成年人中遭遇路怒症受害的比率在下降;而报告的路怒症犯罪比率则保持稳定。对产业的影响:无。(PsycINFO Database Record © 2005 APA, all rights reserved)(期刊摘要)

主题: 攻击性驾驶行为;人口统计学特征;骚扰;公路安全;受害

分类：	交通系统（4090）
总体：	人类（10）
	男性（30）
	女性（40）
地点：	加拿大
年龄组：	成年人（18 岁及其以上）（300）
	青年人（18~29 岁）（320）
	三十多岁的人（30~39 岁）（340）
	中年人（40~64 岁）（360）
	年长者（65 岁及以上）（380）
	非常年长者（85 岁及以上）（390）
测试与测量：	计算机辅助电话访谈
形式/内容类型：	实证研究（0800）
	研究（0890）
	文章（2400）
出版物类型：	同行评审期刊（270）；有效的印刷格式：打印版；电子版
发布日期：	20050718
检索号：	2005-06225-010
引用源数量：	20
数据库：	PsycINFO

流方式，能够避免在需要联系他人时出现的"互打电话找对方"现象。大多数（如果不是全部的话）大学和学院都已经联网，并使学生能用自己的电脑或学校提供的电脑上网。不管是用哪种方式连上网，只要你能上网，你就必须拥有一个用户 ID，这就是你的互联网地址。这个地址能确定你在互联网上的位置，使别人能通过电子邮件联系到你。同样地，如果你想给其他人发一封电子邮件，你必须知道他们的用户 ID 或地址。一旦你有了某人的地址，无论他在世界的哪个地方，你都可以跟他交流。

群发应用 当研究者、学生和其他人对某个专题（如抑郁）感兴趣时，也会使用讨论组来进行交流。在心理学中，许多专题都能吸引特定的一群人。这些专题兴趣组会使用电子邮件的一个衍生程序——群发应用（Listserv）来实现所有小组成员之间的交流。群发应用是一个能自动将消息发送给列表中所有成员的程序，所以它可被视作围绕专题组织起来的讨论组。要成为群发应用中的一员，首先你必须加入或

表 3.2　阅读期刊论文的指南

当你阅读学术性论文时，你可能会不理解材料中的许多内容。如果你按照下述几个简单步骤进行，就能获得论文中的多数信息：

1. 阅读并记住论文标题，因为它指出了这篇论文的研究内容。
2. 非常仔细地阅读摘要，因为它总结了研究内容和研究发现。
3. 当你在阅读论文引言部分时，要特别注意第一段，因为通常这里会对研究领域和研究问题进行综述。
4. 在引言部分的结尾，通常是最后一段，作者常常会说明研究目的，或许还有需要检验的研究假设。记住这两部分内容，那么在你阅读论文的其余部分时，就可以看看作者是如何进行假设检验或实现研究目的，以及在研究结果中是怎么解释这两部分内容的。
5. 当你阅读方法部分时，记录研究中使用的实验参与者类型，然后要特别关注程序部分，因为这个环节指出了作者是如何设计研究来检验假设并实现其研究目的的。注意研究者对参与者做了什么，参与者被要求做了什么，然后问问你自己，这样是否能够检验该研究假设。
6. 对你来说，结果部分也许是最难阅读和理解的内容，因为作者也许会用到你并不熟悉的统计方法。与其花费时间去弄懂那些统计方法，不如看看作者对统计分析的结果说了什么。阅读文中所呈现的所有图表，尽力将它们传递的信息与研究假设和目的联系起来。
7. 如果你难以理解结果部分，那么请阅读讨论部分的第一段。这里通常会以一种更容易理解的形式对研究结果进行总结。除了有助于理解结果，讨论部分也是作者说明研究执行情况的环节：它是否支持了假设？当你阅读这部分的时候，要仔细思考研究目的和假设，并留意为什么这项研究支持或不支持假设，以及它是否实现研究目的。

表 3.3　包含了心理学出版物的数据库

数据库	覆盖学科	网址
PsycINFO	心理学、心理健康、生物医学	通过你的大学图书馆连接
MEDLINE	医学、生物医学、卫生保健	http://www.ncbi.nlm.nih.gov
SocINDEX	社会学和相关学科	通过你的大学图书馆连接

订阅列表。一旦你加入到列表中，群发应用就会将其他用户发布的所有消息都发送给你。你可以阅读这些消息、回复它们，或是发送你自己的消息。例如，如果你找不到与某个感兴趣的专题相关的信息，或许你可以在群发应用上发布一条消息，询问与此专题相关的信息。你应该可以在很短的时间里得到其他参与者的回复，获得一些有价值的或不甚有价值的信息。

万维网　互联网中最流行的部分或许就是万维网了。这个网包含了无数的电脑，每台都携带信息，其中一些可能有用但大部分都没用。网上有大量信息，学生和所有教员都喜欢网上冲浪。但是在滚滚的信息浪潮中，相关的信息通常只有一点。这也是为什么用网络查找信息既让人沮丧又耗费时间。因此你必须非常清楚自己要搜索的内容，这样才能有效地在网络上挖到宝。

在用网络进行搜索前，你必须知道：万维网不会搜索 PsycINFO、SocINDEX

或 ERIC 等订阅或专有数据库上的内容。虽然有些数据库（如 MEDLINE）是免费的，允许任何人进入，但其他数据库（如 PsycINFO）就必须通过你的学校图书馆才能进入，因为图书馆已经为你的进入付费。但是记住你可以通过网络进入你的图书馆。在网上获得已发表研究的另一个渠道是谷歌学术搜索（http://scholar.google.com/）。除了可以用这些方法搜索学术研究以外，还能在网络上获得大量其他形式的信息。

你需要借助浏览器来获取网上的资料，如 IE、Netscape、Safari、Opera 或 Firefox。这些浏览器使用户能够访问存贮于世界各地的服务器上的网页，并能将网页呈现在用户的电脑屏幕上。如果你知道要找的网页地址（统一资源定位符，或 URL），那只要你输入网址，浏览器就会进行定位，然后将网页呈现在你的电脑屏幕上。以防你不知道，我们解释一下，URL 是万维网上的文档和其他资源的一个全局地址。

通常情况下，你不知道拥有相关信息的网址或 URL。例如，假设你正在寻找有关抑郁症患者的支持群体的信息，但你很可能并不知道此类团体的地址。为了找到包含抑郁症支持团队信息的网页，你需要使用搜索引擎。**搜索引擎**（search engine）是一种程序，其设计目的是帮助用户找到存储于万维网服务器上的信息。表 3.4 中列出了一些搜索引擎，可供你在网上查找信息时使用。

搜索引擎：一种软件程序，用于搜索存贮于万维网服务器上的网页。

尽管这些搜索引擎能够提供海量的信息，但它们的数据库都无法包含网上的所有信息。这也是为什么在进行最全面的搜索时，你必须同时使用几种搜索引擎，每种搜索引擎的数据库都稍有区别，因此会访问不同的网页。

为了对网络上的信息进行更全面的搜索，元搜索引擎问世了。这些搜索引擎可以将你的搜索同时提交给几个搜索引擎数据库，然后将结果整合到同一个页面。

互联网是一个有潜在价值的资源，能为你提供丰富的信息。它的巨大优势在于一天 24 小时均可接入，你还可以在自己的家里、公寓、办公室或宿舍房间里舒舒服服地上网。但是进行网络搜索有一些明显的缺点，因为很多信息都是混乱的，所以搜索过程可能会很耗时间。也因为搜索引擎的数据库包含从网页上搜集到的信息，

表 3.4　互联网搜索工具

主要的搜索引擎	网址
Google	http://www.google.com
Yahoo!	http://www.yahoo.com
Ask Jeeves	http://www.ask.com
元数据或元搜索引擎	网址
Dogpile	http://www.dogpile.com
Vivisimo	http://vivisimo.com
Kartoo	http://www.kartoo.com
Mamma	http://mamma.com
SurfWax	http://surfwax.com

表 3.5 评估网页

从互联网上获取信息的最大问题在于有效性。因为任何人都可以建立网站并生成网页。下面这些标准能帮助你从海量信息中辨认出优质信息。

1. **权威性**：如果网页中列出了作者和他的证书，而且网址中包含了以下域名，如 .edu、.org、或 .gov，则说明网页具有权威性。因此为了评估其权威性，你应该：
   a. 找到文档的来源。一个以 .edu 结尾的 URL 来自于高等教育机构；.gov 来自于联邦政府的某些分部门；.org 来自一些非营利组织，如美国心理学协会；.com 来自商业机构；.net 来自于任何一个能够在服务器上买到空间的人。
   b. 确认网页文档发布者的资格。你可以通过阅读网页自身包含的"关于我们"、"使命"或"我们是谁"等栏目找到一些相关信息。
2. **准确性**：当网页中列出了作者、发行该页的机构，并提供了联系方式，那么其准确性是最高的。这意味着你应该做下面这些事情：
   a. 查看网页内容编写者的证书，核查联系方式链接或电子邮件地址是否正确。
   b. 确认这些信息的目的。它是一个公益广告、广告、推销、新闻，还是一项已发表的研究？发布此信息的目的也许能够揭示有何偏差暗含在信息中。
   c. 确定网页上是否明确指出了这些信息的局限性，尤其是否指出了这些信息是某项研究的报告。
3. **客观性**：当网页中没有或几乎没有任何广告，并提供了准确客观的信息时，其客观性是最强的。所以你应该做到以下几点：
   a. 确认是否有任何证据表明所提供的信息中存在某种偏差：
      i. 这些信息是否来源于书籍或网络参考文献中的事实类信息？这样的信息所携带的偏差也许会比较少。
      ii. 作者是否在表达他们自己的观点？作者自己的观点意味着有偏差。
4. **时效性**：如果网页及其提供的链接都在定期更新，说明网页具有时效性。这意味着你应该确定：
   a. 网页是何时生成的。
   b. 网页是何时更新的，其提供的链接（如果有的话）更新得怎样。
5. **覆盖率**：当你不需要付费，也不需要安装插件就可以浏览网页上的信息时，就说明它的覆盖率不错。

所以你得到的大量信息都是无关的。另外网络没有有效的监管来保证信息的准确性和可靠性，所以必须对每个网址进行判断，确定它所包含的信息是否可靠和准确。表 3.5 中提供了一些指导办法，用于评估网页信息的准确性。

万维网是一个有潜在价值的资源，但学会如何在互联网上淘宝以有效地利用它的海量信息是一个挑战。有些描写互联网的书提出了若干搜索信息的方法，然而了解更多关于互联网知识的最好办法就是使用它。你在互联网上花费的时间越多，你就会越精通于定位信息，并信手拈来海量可用资源。

获取资源

一旦你得到了与感兴趣课题相关的书籍、期刊论文和其他资源的清单之后，你就需要得到它们的副本。显然，优先选择是在你的图书馆内进行查找。图书馆购买了许多书籍，并订购了许多期刊和其他文档，所以你所需要的东西很可能就在图书馆里。但是，几乎没有一个图书馆能够拥有你挑出的所有资源，在这种情况下，你必须想出其他办法来获取文档。

要想获取你所在图书馆没有的文档，首先是通过馆际互借部门。图书馆设置这个部门是为了从其他地方，比如其他图书馆得到文档。在多数情况下，他们的效率算高，能在数周内得到文档。期刊论文常常以 PDF 文件的形式发送给你，所以你不一定要去图书馆领取。使用馆际互借有一个缺点，也许你需要为获得的期刊论文副本支付一小笔费用。除了使用馆际互借，你也可以与论文作者联系，请求获得这篇论文的复印件。作者在期刊上发表论文后，通常会收到若干复印件，他们可以将其分发给前来索要的人。

近年来还有一种快速发展的趋势，即图书馆为用户提供期刊论文和书籍的电子版全文副本。如果你的图书馆能够提供你感兴趣的期刊论文的电子版全文，那网页上就会出现一个链接，通常是在摘要的下边，写着"链接到全文"或"查看全文"之类的信息。如果你看到了"链接到全文"这几个字并且点击了链接，你就能提取到整篇论文，稍后可打印出来。

其他信息来源

地区或国家心理学协会的会议是获取最新信息的绝佳来源。我们强调"最新"是因为期刊和书籍的出版存在着时间上的滞后。出现在某本书中的研究也许是几年前的，而在专业会议上报告的研究则要新的多。通常从专业会议中获取信息时，可以与研究者进行互动。与研究者交换想法很可能激发你的热情并产生更多的研究想法。

刚开始做研究的人从会议归来后，常常会对自己还有待进步的研究技能重燃自信。初学者往往觉得其他机构的研究者更有技巧或更熟练，但是他们参加了专业会议后就会发现，其他人使用的是同样的技术和技巧。建议心理学专业的学生要尽量参加一次这种国家级或地方性的会议。表 3.6 中列出了不同地区的心理学协会，以及许多其他更细化的心理学协会。

还可以通过与同伴的直接交流来获得信息。研究者常常会通过电话、书信或者电子邮件互相询问最新的研究或技术方法。

表 3.6　心理学协会

国家	地区	其他（挑选出的一部分）
美国心理学协会 （American Psychological Association）	新英格兰心理学协会 西南心理学协会	心理环境协会（Psychonomic Society） 行为和认知疗法协会（Association for Behavioral Cognitive Therapies）
心理科学协会 （Association for Psychological Science）	东部心理学协会 东南心理学协会 西部心理学协会 中西部心理学协会 落基山心理学协会	国家科学院国际神经心理学协会 （National Academy of Neuropsychologists International Neuropsychological Society）

思考题 3.2
- 文献综述的目的是什么?
- 你应该怎样进行文献综述?
- 在进行文献综述时,哪些资源是可以使用的?

研究的可行性

完成文献检索后,就可以开始判断开展此项研究是否可行的问题了。每项研究在时间、研究参与者类型、费用、实验者的专业技能以及伦理敏感性等方面的要求都不相同。

例如,也许你想研究儿童期遭遇性虐待对其未来的婚姻关系稳定性的影响。虽然这是一个很好的研究问题,也是一个被研究过且需要进一步研究的问题,但它是一个难以开展的研究,对大多数学生来说是不可行的。这项研究要求找到那些遭受过性虐待的儿童,即使在最理想的情况下,这项任务也很困难。另外还要长期追踪那些受虐儿童直到他们结婚,这需要太长的时间。接下来你要对夫妻婚姻稳定性进行评估,而这里要求的专业水平或许是你根本没有达到的。还有,这是一个在伦理上非常敏感的课题,因为仅仅是揭开一个人曾被性虐待的事实就可能产生许多后果。

与此形成对比的是德保罗、达尔和格林伯格等人(DePaulo, Dull, Greenberg, & Swaim, 1989)开展的一项研究。在研究中,他们想知道害羞的人寻求帮助的次数是否比不害羞的人少。于是他们先对选了普通心理学课程的学生施测,内容是测量害羞程度的四项目量表,然后根据测量分数选出害羞和不害羞的个体。接着他们给所有参与者布置一个不可能完成的任务:将一根末端稍有些圆的棍子立起来。然后记下害羞和不害羞的人求助的次数。这项研究相对容易操作,对实验者或研究参与者没有特别的技能要求,费用较低廉,花费时间不多,而且不侵犯参与者的权利。

上述两个研究代表了在时间、金钱、参与者样本获取、专业技能和伦理问题上的两个极端。虽然绝大多数的研究都处于这两个极端之间,但这些例子强调了我们在选择研究课题时必须考虑的一些问题。如果你所选择的研究课题需要耗费过多的时间,要求的资金是你没有或不能获得的,需要你目前还不具备的专业水准,或者会引发敏感的伦理问题,那你应该考虑更换项目或另选课题。如果你已经考虑了这些因素,认为它们都不成问题,那么接下来你就应该详细阐述研究问题了。

阐述研究问题

现在你应该做好准备对具体的研究问题进行清晰而确切地表述了。文献综述不但揭示了人们现在对相关问题的了解程度,也指出了过往研究在解决问题时所使用的方法。这类信息为问题的阐述提供了巨大的帮助,并表明了该如何收集数据以及选择哪种数据收集方法。不幸的是，初学者有时会从研究课题选择阶段直接跳到数据收集阶段，直到数据收集完成后才将问题具体化。这样做容易导致一个风险，他们有可能无法获取与感兴趣的问题相关的信息。给问题下一个确切的定义非常重要，因为它能够引导整个研究过程。

界定研究问题

研究问题：一个针对两个变量之间关系的疑问句。

什么是**研究问题**（research problem）？克林格（Kerlinger, 1973, p.17）将研究问题定义为："一个疑问句或疑问陈述，对'存在于两个或多个变量之间的关系是什么'进行提问。"例如，米尔格拉姆（Milgram, 1964a）曾问："团队能否诱导个体对另一个表达抗议的人施行越来越严厉的惩罚？"这个表述就符合问题的定义，因为它包含了团队压力和施行惩罚的严厉程度这两个变量，同时询问了两个变量的关系问题。

是否所有符合这个定义的问题都是好的研究问题？假设你问道："太空生物是否影响大学生的行为？"这个问题也许能满足研究问题的定义，但是它显然是不能被检验的。克林格（Kerlinger, 1973）提出好问题必须满足的三个标准。首先，问题中涉及的变量应该表明了某种关系。这个标准包含在问题的定义中。第二，问题应该以提问的形式进行表述。问题表述应该以"什么样的作用……"、"在何种条件下……"、"这个作用怎样……"或者一些类似的方式开头。有时只阐述研究目的不一定能表达清楚研究问题。米尔格拉姆（Milgram, 1964a）的研究目的是探查团体压力对个人行为的影响。提问有利于直接呈现研究问题，将解释和曲解最小化。第三，也是最常用来区分可研究问题与不可研究问题的标准，它是指："陈述的问题应该有接受实证检验的可能性。"（p. 18）许多有趣且重要的问题都不能满足这个标准，因此不能接受实证检验。不少哲学和神学问题都属于这个类型。而米尔格拉姆的问题却能满足所有标准。它表达两个变量之间的关系，并以提问形式表述了研究问题，且问题有可能被实证检验。惩罚的严厉程度通过测量向抗议者施予的电击次数来实现，而团队压力则由两位同伙提示增加电击的电压水平来实现。

问题的具体化

研究问题的具体化：陈述研究问题时的精确程度。

研究问题的具体化（specificity of the research question）是阐述问题时需要着重考虑的一个方面。想一想提出"环境对学习能力会有什么影响"的实验者会遇到哪些困难。这个问题满足了研究问题的所有标准，但是它表述得如此含糊，以至于研究者搞不清楚到底要研究什么。环境和学习能力这两个概念是模糊的（环境特征是什么以及学习什么）。实验者必须先将环境和学习能力的含义进行具体化，才能开展这项实验。现在对比一下上述问题与下面的这个问题："单词的曝光量对学习单词的速度会有什么样的影响？"这个问题就明确地指出了要研究的问题是什么。

这两个例子说明了明确阐述一个问题的好处。一个明确的表述有助于保证实验者理解这个问题。如果问题表述得很含糊，实验者有可能都不知道他们到底想要研究什么，因此也就可能设计出一个不能解决问题的研究。一个明确的问题陈述还有利于实验者进行有关参与者、设备、工具和测量方法的决策。而一个含糊的问题对做出此类决策毫无帮助。为了深刻理解这一点，请重读前一段中给出的两个问题，并问问你自己："我应该使用什么样的研究参与者？我应该使用哪种测量方法？我应该使用哪种设备或工具？"

在阐述研究问题时要具体到什么程度？以提问的形式阐述研究问题的主要目的是确保研究者能很好地领会要研究的变量，并帮助实验者设计和开展实验。如果对问题的阐述已经足够为这些目的服务，那就不需要再进一步具体化了。如果这些目的都没有实现，就很有必要进一步对研究问题进行明确和限制。因此，具体化的程度取决于问题陈述的目的。

思考题 3.3
- 什么是研究问题？一个好的研究问题有何特征？
- 为什么一个研究问题应该用非常具体和精确的词语进行陈述？

形成假设

假设：对一个问题的最佳预测或一种试探性解决方案。

回顾完文献，并以提问的方式对研究问题进行表述之后，你就应该开始形成你的**假设**（hypothesis）了。例如，如果你正在调查旁观者数量对于紧急情况下干预速度的影响，那你也许就可以假设，当旁观者数量增加时干预速度会降低。从这个例子中你可以看到，假设代表了对存在于变量之间关系的预测或解决问题的试探性方法。从逻辑上来说，假设的形成在问题陈述之后，因为没有人能在没有问题的情况下形成假设。但这并不代表问题总是有明确的表述。事实上，如果你去调查发表在期刊上的论文，你会发现大多数研究者并没有对他们的具体问题进行表述。似乎是因为在某个特定领域，经验丰富的研究者都对该领域太熟悉了，所以他们认为这些问题是显而易见的。然而他们对问题解决方案的预测就不那么明显了，因此必须对此进行阐述。

需要检验的假设常常是文献综述的结果，虽然假设也经常从理论中得到。正如之前提到的那样，理论指导研究，而其中一个方式就是对变量之间可能的关系进行预测。假设也（但少得多）来自于对事件进行因果观察后的推理。在某些情况下，试图形成假设时也会徒劳无功。当某人在一个较新的领域开展探索性工作时，由于该领域中的重要变量及它们之间的关系还不为人知，所以假设就没有多少用处了。

通常对一个问题可以形成多个假设来作为可能的解决方案。这时文献综述又再次起作用了，因为对先前研究的回顾能够揭示变量之间最有可能存在的关系。

不管假设的来源是什么，它必须符合一个标准：假设的陈述方式必须要确保它能被证伪或证实。在一个实验中，接受检验的是假设而不是问题。没有人对问题进行检验，如米尔格拉姆提出的那个问题，但他可以检验一个或多个从该问题中引出的假设，比如"团队压力增加了参与者施行惩罚的严厉程度。"一个无法满足可检验性这一标准的假设，或者说一个不可检验的假设，会把研究问题带离科学研究的轨道。任何来自不可检验假设的结论，都不能代表科学知识。

研究假设：对被考察的变量之间的关系的预测。

我们必须对**研究假设**（research hypothesis）和虚无假设进行区分。研究假设代表了研究者对研究变量之间的关系的预测。而**虚无假设**（null hypothesis）是对研究变量之间不存在关系的一种陈述。例如哈什特劳迪、帕克和德力西等人（Hashtroudi, Parker, DeLisi, & Wyatt, 1983）想探查一下受酒精影响而产生的记忆缺失现象的本质。研究者们提出的其中一个研究问题是，当醉酒者被迫对要求回忆的词进行有意义的语境联想时，由酒精诱发的记忆缺失现象是否会减少。虽然没有明确地指出，但我们可以看出这些研究者的研究假设是，意义语境的联想会使酒精诱发的记忆缺失减少。而虚无假设预测的是，进行意义语境联想的醉酒者和未这样做的醉酒者在回忆能力上没有差别。

虚无假设：认为被考察变量之间不存在关系的一种陈述。

虽然看起来一项研究似乎是在强调对研究假设进行直接检验，但事实上却并非如此。任何一个依赖统计假设检验的研究，检验的都是虚无假设，因为研究假设无法明确它所预测的影响到底有多大。为了支持研究假设，你必须收集证据，并确定这些证据是否能让你拒绝虚无假设。因此，对研究假设的支持是通过对虚无假设的拒绝而间接实现的。之所以检验虚无假设而不是研究假设，其根本原因在于统计假设检验的理论，我们将在第 15 章中讨论这一话题。

为什么应该将研究假设放在首要位置？为什么不能够跳过假设再继续努力寻找问题的答案？假设起着很有意义的作用。记住，假设来源于知识，而知识是通过查阅文献获得的，包括其他研究、理论等。此类前期知识构成了假设的基础。如果某项实验证实了假设，那么除了为所提的问题找到答案之外，它还对那些暗示存在这些假设的文献提供了额外的支持。但是如果假设没有被实验证实，又会怎样呢？这是否会让先前的文献失效？如果假设没有被证实，那么这个假设或者假设中的某些概念就是错的，或者其他一些假定是错误的。如果在概念化中有一个错误，那么错误可能是各种各样的。有可能是从先前实验中获得了某些错误信息，或是在查阅文献时忽略了某些相关信息。也有可能是研究者曲解了某些文献的内容。还有可能出现一些更明显的错误。在任何情况下，当假设不能得到支持时都可能意味着有什么地方出错了，这就看研究者是否能把它找出来。一旦研究者发现他哪里想错了，就能提出一个可以被检验的新假设，于是研究者就有了另一个研究可以开展。这就是科学的连续过程。即使假设是错误的，知识也在进步，因为在这种情况下，一个不正确的假设就被排除了。为了解决问题，必须形成并检验一个新假设。

思考题 3.4
- 什么是假设？一个假设必须满足什么具体标准？
- 区别研究假设与虚无假设。
- 说明你该如何获得证据来支持研究假设。

本章小结

为了开展研究，首先必须确定一个需要解决的问题。心理学问题的产生有几个常见来源：理论、实际问题和过往研究。此外，在心理学中，我们还可以利用自己的个人经历发现研究问题，这是因为心理学研究关注行为。一旦确定了某个可研究的问题，就可以回顾与这个问题相关的文献了。文献综述能够揭示与所挑选课题相关的知识现状。它能指出研究问题的方法和相关的方法论问题。文献综述或许可以从与此课题相关的书籍开始，然后再回到期刊上发表的真正研究上来。科学家在调查与课题相关的过往研究时，可以使用电子数据库，其中一个是由美国心理学会支持运行的。除了使用这些资源，研究者还能够通过上网检索和参加专业会议来获得信息，或是通过给研究特定课题的其他研究者打电话、写信、发电子邮件等方式来获取信息。

回顾完文献后，实验者必须确定开展这样一项研究对他来说是否可行。这意味着必须对研究的时间、研究参与者群体、专业技能、费用以及涉及的伦理敏感问题进行评估。如果评估结果表明这项研究是可行的，那么实验者必须对所要研究的问题做出一个清晰而确切的阐述。这表示实验者必须想出一个疑问句，对两个或多个变量之间的关系进行提问。这个疑问句必须表达一种可以被实证检验的关系。提出的问题也必须足够具体，以便于实验者能做出与参与者、设备、研究的一般设计等相关的决策。

在阐述完问题之后，实验者需要形成假设。这些假设必须规范，因为它们代表着关于研究变量之间关系的预测。假设通常是以过去研究为基础的。如果假设得到证实，不仅回答了提出的问题，也为这些假设所从中推断的文献提供了额外支持。任何假设都必须符合一个标准：假设的陈述方式要确保它能被证伪或者证实。切记在一项研究中，要进行统计检验的实际上是虚无假设而不是研究假设。

重要术语和概念

假设	研究假设	研究问题的具体化
虚无假设	研究问题	理论
心理学文摘索引数据库	搜索引擎	

章节测验

问题答案见附录。

1. 假设你刚刚观看了通灵大师尤里·盖勒的表演，看着他用超能力做一些诸如将勺子弄弯之类的事情。再进一步假设你是个怀疑论者，对这些现象是否的确由超能力引起而表示质疑。你想进行一项研究来确定盖勒是否真的具有超能力来将勺子弄弯。这个研究想法产生于：
   a. 日常生活
   b. 现实问题
   c. 过往研究
   d. 理论

2. 斯凯普提克博士对下列问题产生了兴趣：
   - 用动物做实验道德吗？
   - 真的有来世吗？

   上述两个问题的共同元素是，它们都：
   a. 产生自日常生活经验
   b. 产生自实际问题
   c. 产生自过往研究
   d. 产生自理论
   e. 不能被科学研究

3. 如果你正要进行文献检索，你可以上网用某个有效的搜索引擎进行检索。使用这种方法进行文献检索的缺点是：
   a. 不能提供任何相关信息
   b. 太慢了
   c. 不能提供足够多的信息
   d. 提供的太多信息有信度问题
   e. 只能通过大学图书馆进入

4. 请思考这个研究问题："酗酒会出现在除老鼠之外的其他动物身上吗？"这被认为是一个好的研究问题，因为它：
   a. 提出了一个问题
   b. 关注了两个变量之间的关系
   c. 可以通过实证检验
   d. 陈述得足够具体，足以明确被检验的变量，并有利于研究的设计
   e. 以上原因都对

5. 如果你认为调查变量之间不存在关系，并以此方式陈述了你的假设，你是陈述了一个：
   a. 研究假设
   b. 虚无假设
   c. 竞争假设
   d. 正式假设
   e. 实验假设

提高练习

1. 构想一个能被实验检验的研究问题，然后为该研究问题提供下述信息：
   a. 我的研究问题是_____
   b. 我的研究问题所表达的关系是_____
   c. 这个研究问题是否提出了问题？如果没有，请以提问的方式重新表述。_____
   d. 这个研究问题可以经过实证检验，因为_____
   e. 我想检验的假设是_____

2. 现在你有了一个研究问题，应该进行文献综述了。请使用这里特指的数据库进行文献综述。你应该能得到

非常不同的结果，这说明每种资源都有各自的优势和局限性。

a. 进行一次小型的文献综述，使用 PsycINFO 数据库检索与你的研究课题相关的信息。使用下面的方法进行文献综述：

1）列出你在 PsycINFO 上检索时想使用的检索词。

2）确定五篇与你的研究问题相关的论文。每篇论文都需要提供下列信息：

    a）作者

    b）标题

    c）期刊名

    d）研究假设或目的

    e）研究结果或研究发现

b. 使用万维网进行一个小型的文献综述。使用下列方法进行此次检索：

1）明确使用的搜索引擎。

2）确定两个你认为可以在文献查阅时使用的网站，然后回答下列问题：

    a）信息的来源是什么？

    b）网站的制作目的是什么？

    c）这些信息是否准确，你又是如何判断它是准确的？

    d）网站是否报告了某项研究的结果或几项研究的总结？它是否承认这些信息存在一些局限性？

    e）所提供的信息是什么类型的（学术、流行、商业等）？

第 4 章

伦 理

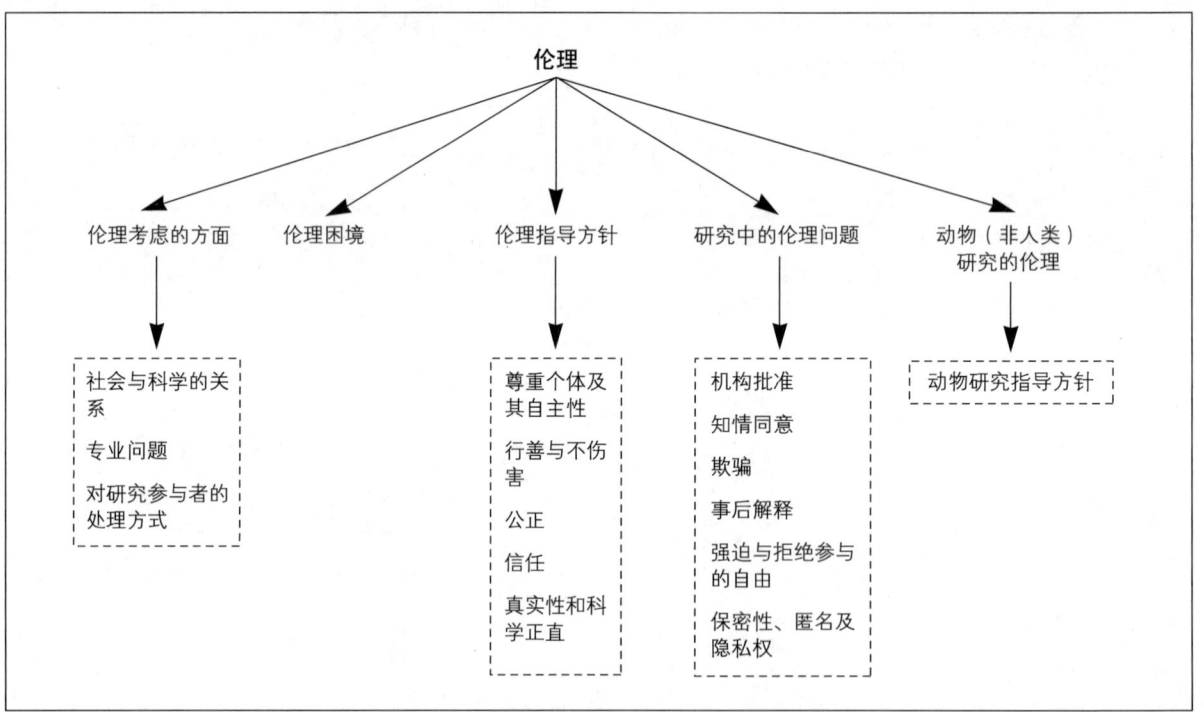

里迪克·鲍的母亲多萝西·鲍养育了13个孩子，鲍是其中最年幼的那个，他成长于一个贫穷且充斥着暴力的社区。但是他在拳击方面有非常杰出的天赋。作为一个年轻人，他获得过三次金手套，后来还在1988年10月于韩国汉城举办的奥运会上获得银牌。他轻松地迷倒了几乎每个人，他还非常爱护自己的母亲，这也让一些人认为他非常有人格魅力。他高中时候的恋人形容他与众不同，一定程度上是因为他似乎不像他的邻居——一些毒贩子以及到处跟女孩子花言巧语的骗子们。1988年4月27日，他的女朋友朱迪在自己21岁的时候嫁给了他。但是,并不是每个人都被鲍的魅力所迷惑。他的几个教练都透过其表面魅力,准确地推断出他是一个在纪律和控制方面有困难的人。然而,因为鲍的卓越天分,他们继续担当他的教练。他们的努力没有白费。在转为职业拳手四年之后,鲍在1992年11月经十二回合凭点数击败霍利菲尔德,成为冠军。他的经纪人为他签下了与美国家庭票房公司的丰厚合同,并同斐乐运动服装公司达成了数百万的代言协议。媒体蜂拥在鲍的身边,这可能是因为记者和播音员都厌倦了麦克·泰森的公然暴力。

然而,里迪克·鲍的个人生活却有着黑暗的一面。他常常对自己的妻子施以家暴。有一次,他当着3岁儿子的面把她打昏了。他可能是一个苛刻的纪律执行者。他曾涉案在酒店套房里用胶带绑住儿子的手和脚,并从电视机中扯下一根粗线抽打他。

1997年,朱迪和鲍分居。然而在分居五个月后,里迪克·鲍决定要重组他的家庭并用他自己的方式着手进行。他和他的兄弟带上巴克刀、胡椒喷雾剂、闪光灯和胶带,于1998年2月的某个清晨闯入了他妻子的新家,绑架了她和他们的五个孩子。

以上所描述的发生在里迪克·鲍身上的家庭暴力并不是一起孤立的事件,而是每天都会在美国——事实上是在所有国家无数次的发生。它也是一个吸引了大量研究者注意力的研究领域,其中有许多都是心理学家。这些人极力在寻找问题的答案,诸如为什么人们要施行家庭暴力,这种暴力的原因是什么,怎样才能减少这样的暴力事件等等。开展此类研究会产生许多伦理问题。其中最严重的是,研究可能会给参与者带来潜在的伤害。这可以用下述例子做解释,比如,向研究者报告虐待行为这件事本身就可能会激怒丈夫或妻子,从而使得本来已经存在的暴力关系进一步恶化。在研究过程中,调查者也许会揭露一种严重的虐待关系,其中参与者的安全正在遭遇威胁。在这种情况下,调查者有义务保护研究参与者,这意味着虐待行为可能会被公之于众。虽然这对于调查者来说是适当的行为,但是会侵犯到当事人的隐私。

引 言

一旦你已经构建了研究问题并形成了假设,你就可以开始研究设计了。你在设计中需要明确你将如何收集数据进行假设检验,以及如何回答研究问题。但是在你进行研究设计的同时,你必须注意研究中涉及的伦理问题。

在探索与有机体行为相关的知识时,心理学家会开展调查,操纵个体获得不同的经验,或者呈现给个体不同的刺激,然后观察参与者对这些刺激的反应。为了确定各种经验或刺激的影响,必须进行这样的操纵和观察。与此同时,科学家意识到个体有隐私权,他们有权抗议在未经同意的情况下对其行为进行监视。人们同样有权知道自己的行为是否被操纵,以及为什么被操纵。科学界面临着难题,它必须要在不侵犯公民权利的前提下尽力满足公众对解决问题的需求,这些问题包括癌症、关节炎、酗酒、虐待儿童和刑罚改革。对一个训练有素的心理学家来说,决定放弃某个研究这本身也涉及伦理问题。

为了增加知识和找到问题的答案，我们常常需要侵犯某些公认的个人权利。因此伦理问题是制定研究计划和进行研究时必须要考虑的问题（Sieber & Stanley, 1988）。例如，在不侵犯隐私权的情况下就很难调查儿童虐待这类课题，因为我们必须获得虐待方和被虐待方的相关信息。这些因素会造成伦理上的两难：应该为了获取知识而侵犯某些个人权利并开展研究，还是为了保护人权而牺牲对知识的获取。伦理原则对科研事业至关重要，因为它们能帮助科学家避免可能出现的伤害，同时也指出了研究者的职责。

研究伦理：它们是什么

研究伦理：帮助研究者开展符合伦理的研究的一组原则。

有些人想到伦理就会想到道德说教以及无休止的哲学辩论。然而**研究伦理**（research ethics）指的是一组原则，它们能帮助研究团体确定如何开展符合伦理的研究。在社会和行为科学中，伦理问题可分为三个方面（Diener & Crandall, 1978）：(1) 社会与科学的关系，(2) 专业问题，(3) 对研究参与者的处理方式。

社会与科学的关系

社会与科学的关系涉及伦理问题，主要集中在：社会关注和文化价值观应当以何种程度来指导科学研究。美国联邦政府每年在研究上投入巨额资金，并对如何使用这些钱进行了优先顺序的规定。为了增加获得研究基金的可能性，研究者将其研究计划调整到与优先项目相同的方向上来，这意味着联邦政府至少在一定程度上掌控着研究。艾滋病（获得性免疫缺陷综合征）的研究是一个很好的例子。在1980年以前，人们几乎没有听说过艾滋病，也很少拿政府基金去研究这种疾病。但是当艾滋病出现在美国人群中，并被确定为具有致命性后，它迅速受到了全民关注。立刻有大量资金被指定用于研究艾滋病的病因和可能的治愈方法上。许多研究者将兴趣和研究方向转到与艾滋病相关的问题上，只因为这样做更可能获得研究经费。

在过去30年间，企业的科研投入从每年不到500万美元增加到了每年数亿美元（Haber, 1996）。这虽然是对科研的大力支持，但常常伴随着产生一系列偏见和约束。例如，药物公司资助的绝大多数研究，都关注于研发已有药物的变异体，其目的是为了增加销售而不是新药研发。在比较新药和传统疗法时，药物公司资助的研究中有43%发现新药更好，而在资助资金来源于别处的研究中这一比例仅13%（Davidson, 1986）。药物公司显然希望它们的新专利药品更有效，因为这样有利于新药的销售从而增加公司利润。

因为经费是科学家的命脉，所以他们会想办法确定各种筹资渠道的优劣顺序，然后将研究计划倾向于那些优先项目。这样一来，企业资助就对科学研究的开展具有了很大影响。

社会和文化价值观介入科学的方式还有一种：科学家的个体文化兴趣对其研究方向的决定性作用（比如女性心理学家也许会研究职场中的性别歧视问题，而黑人心理学家也许会研究种族态度）。科学事业并不是价值中立的，相反，社会的和科学家自己的价值观都能够微妙地、悄无声息地介入到科学研究过程。

专业问题

专业类问题包括由学术不端延伸出的问题。2000年12月，美国科学技术政策办公室（U. S. Office of Science and Technology Policy; OSTP）对**学术不端**（research misconduct）进行了如下定义："在申请课题、开展研究、审核或报告研究结果的过程中发生捏造、篡改或剽窃（fabrication, falsification, plagiarism, FFP）行为。"（OSTP, 2005）。由于科学家所接受的训练就是用提问、质疑以及使用研究程序来探索真相，所以要求他们注意捏造、篡改、剽窃等问题也是理所应当。而探索真相与任何类型的欺骗都是完全对立的。在科学事业里，最严重的犯罪就是欺骗或呈现不实的结果。虽然欺骗行为在各方面都会受到谴责，但正如专栏4.1所描述的，在过去的10年间，有关科学家中出现伪造或篡改数据、操纵结果以支持某个理论或者选择性地报告数据等行为的报道却有所增加。在过去的20年间，联邦政府判定了200起欺骗案件，也就是每年十万个活跃研究者中就会出现一个欺诈案件。而且，这个统计数据也许还低估了实际数量。1987年的一项研究发现，三分之一的受访科学家怀疑其同事涉嫌学术剽窃，然而，他们当中有54%的人没有将怀疑上报给学校当局（Brainard, 2000）。

> **学术不端**：在申请课题、开展研究、审核或报告研究结果的过程中发生捏造、篡改或剽窃行为。

欺诈行为会造成巨大损失，不管是对整个行业还是对科学家个人都是如此。它不仅使整个科学事业声誉受损，也使个人的职业生涯遭遇毁灭。布鲁宁（见专栏4.1）在一场诉讼中承认自己犯下了学术不端的罪行，被判在某家教习所服刑60天，附带250小时的社区服务，缓刑5年。捏造或篡改科学数据是完全不正当的行为。

欺诈行为是最严重的学术不端行为，但是还有一些范围更广、严重性稍低、可仍然难以接受的行为也受到了大家的关注。这些行为包括故意忽略他人使用有问题的数据，不提供与自己的研究相冲突的数据，出于经费来源的压力而改变研究的设计、方法或结果，无视人类参与者的细微要求。虽然这些习惯性行为的严重性没有达到伪造、篡改或剽窃那种程度，但是它们也关系到整个行业的声誉，尤其是当情况已变得如马丁森、安德森和德弗里斯（Martinson, Anderson, & deVries, 2005）所发现的那样——参与其调查的科学家中，有超过三分之一的人承认自己在过去3年中有过一种或多种上述行为。这并不是说研究过程的结构已经被侵蚀，但这些问题值得注意，因为它们确实代表着某种形式的学术不端。

学术不端行为日益增多，人们对此现象的兴趣也日益浓厚。这自然也激发人们开始讨论其成因及采取何种措施可减少这类行为（Hilgartner, 1990; Knight, 1984）。

> **专栏 4.1**
>
> **两例被反复报道的欺诈性研究**
>
> 尽管最知名的欺诈性研究都发生在医学界,但心理学领域近期也出现了几个非常重大的案例。在这个专栏,我们讲述其中两个最声名狼藉的案例。
>
> 西里尔·伯特是第一位被封爵的英国心理学家,其在智商及智商的遗传基础方面的研究使之在英国和美国广受称赞。他临死时出版的一本传记将其描绘成一个对科学研究、分析和批判拥有无限热情的人。但是在他死后不久,就出现了对其研究的真实性的质疑。人们在他的研究论文中发现了许多模棱两可和奇怪的内容。人们通过仔细地检查他的数据,发现相关系数不会随着样本或样本量的改变而变化,这说明他可能捏造了数据。人们也没有发现他有重要同伙。多尔夫曼(Dorfman, 1978)对伯特的数据进行了深度分析,结果无可辩驳地显示,伯特在智商与社会阶级关系的数据上造了假。
>
> 最近,美国国家心理卫生研究所(National Institute of Mental Health; NIMH)对它的一个资助对象布鲁宁的涉嫌研究欺诈案件进行了调查。布鲁宁于 1977 年在伊利诺伊理工大学获得了博士学位,几年以后开始在密歇根州科德沃特 Regional Center 工作。在科德沃特,布鲁宁受邀参与了一项由 NIMH 资助的研究,此项目是关于神经松弛剂对被收治的精神障碍病人的作用。1981 年 1 月,他被匹兹堡的西方精神病研究所和诊所(Pittsburgh's Western Psychiatric Institute and Clinic; WPIC)任命为约翰·默克项目的负责人。当时他还继续报告着在科德沃特研究的结果,甚至获得 NIMH 的个人赠款以用于研究兴奋性药物对精神障碍参与者的治疗效果。在此期间,布鲁宁赢得了相当大的声望,被认为是该领域的领军人物之一。但是,到了 1983 年,布鲁宁的研究工作的效度得到了质疑。起初聘布鲁宁任研究员的人士开始质疑其某篇论文,该论文的结果有着异常高的信度。这促使人们对布鲁宁已发表的研究进行了深度复审,同时,调查者联系了科德沃特——据说是开展了这些研究的地方——的相关人员进行调查。结果,科德沃特的心理学负责人表示,他从未听过这项研究,也不知道布鲁宁在科德沃特期间开展过什么研究。NIMH 于 1983 年 12 月接到了对布鲁宁的指控。经过 3 年的调查,NIMH 调查小组判定,布鲁宁"在报告研究时,知情地、故意地、反复地出现误导和欺骗行为。"据报道,他描述了那些他从未开展过的研究,实验参与者中也只有少数几人曾经参与过的实验。毫无疑问,布鲁宁的行为构成了非常严重的学术不端(Holden, 1987)。

也许最有威慑力的方法是建立一种制度和文化,让其中的关键性人物示范符合伦理的行为,强调研究诚信的重要性,并做到言行一致(Gunsalus, 1993)。因为防范策略可以减少学术不端行为,所以必须制定有关规定,比如必须核对并验证确实已收集了数据,以及表 4.1 中列出的那些规定。

另外,美国国立卫生研究院(National Institutes of Health; NIH)要求所有从 NIH 获取基金的研究者,以及其他关键人员(如合作研究者和研究协调员),都必须完成一个保护人类参与者的学习模块。美国国家科学基金会(National Science Foundation; NSF)近期要求,任何由 NSF 基金支持的研究项目,都要为本科生、研究生以及博士后研究员提供关于责任的、伦理的行为和研究方面的适当培训与监

表 4.1
在给机构伦理审查委员会（IRB）的研究方案中必须呈现的信息

- 研究目的
- 研究的相关背景和基本原理
- 参与者群体
- 实验设计与研究方法
- 激励措施（如果有的话）
- 参与者面临的风险和收益，以及对此采取的预防措施
- 数据收集的私密性和保密性

管。从 2010 年 1 月 25 日开始，NIH 要求它所支持的职业发展奖励、教育研究拨款、学位论文研究资助等项目也给予相似的研究责任行为培训。不过大多数大学要求所有研究者都遵守上述规则，包括其他没有接受 NIH 基金的关键人员，比如那些正在开展人类参与者研究的研究生和本科生。

对研究参与者的处理方式

对研究参与者的处理方式是科学家面临的最基本的问题。开展以人类为对象的研究很可能会产生大量生理和心理的伤害。例如，1995 年 9 月，《美国新闻与世界报道》（Pasternak & Cary, 1995）发表了一篇文章，内容涉及一些曾是机密的记录，关乎 1944 年至 1974 年间由政府资助或拨款进行的辐射实验。在这段时期，有超过 4000 项的辐射实验在数以万计的美国人身上展开，其目的有两个，一是为了更加了解辐射对人类的影响，二是为了寻找辐射对癌症的潜在医疗价值。

在一个最具争议的实验中，癌症患者被告知辐射也许能治愈癌症，于是他们接受了辐射治疗。但是，有文件显示，很多治疗处理都只是为了收集有关辐射对人类会产生什么影响的数据。其余研究则在耐辐射的癌症患者身上进行。这些实验的主导研究人员甚至公然宣称，他只是在做实验，并不是在治疗患者的疾病。实验中患者的死亡率是 25%。显然这些实验是不道德的，也不应该开展。

有些实验旨在研究重要的心理学问题，但这也许会让参与者感到受辱、身体疼痛和难堪。在进行实验计划时，科学家有责任考虑进行这个研究可能涉及的伦理问题。不幸的是，有些研究无论怎样设计都不能消除参与者遭遇生理和心理伤害的可能性。因此，研究者经常会处于两难境地而不得不做出决定：到底应不应该开展这项研究。因为这个问题如此重要，所以我们会更详细地探讨它。

思考题 4.1
- 研究伦理这个术语是什么意思？
- 在社会和行为科学中，伦理问题关注的主要方面有哪些？
- 每个方面的伦理问题具体是指什么？哪个方面最受关注？

伦理困境

伦理困境：指研究者在权衡参与者付出的代价与研究可能获得的利益时所产生的冲突。

心理学研究者所从事的科学事业为其制造了一组特别的两难情境。一方面，研究者接受了科学训练，觉得自己有义务开展研究；另一方面，这样做也许不得不让参与者感受压力、失败、痛苦、被侵害或欺骗。由此，产生了**伦理困境**（ethical dilemma），研究者必须判断，在研究中可获知识的价值是否大于参与者付出的代价（参见专栏4.2）。在权衡此类问题的利与弊时，研究者必须优先考虑参与者的福利。不幸的是，关于这一点并没有公式或规则可供研究者参考。这个决定只能基于主观判断，因而这判断不应该完全由研究者本人或他的同事来做。因为他们都与研究有着千丝万缕的联系，所以他们也许会倾向于夸大研究的科学价值及潜在贡献。研究者必须寻求他人的建议，比如相关领域的科学家、学者或者外行人。

目前，在一项研究中，有关成本—收益关系的建议来自于机构伦理审查委员会（Institutional Review Board; IRB）。这个组织存在于所有接受了政府研究基金的机构中，负责对提交的涉及人类参与者的研究方案进行审查。

在审查研究计划时，IRB 成员必须判断研究提议中的伦理合理性，确保研究者充分地向参与者说明研究内容，并保证参与者受伤害的风险与预期的收益之间的比率处在合理范围内。为了做出这种判断，IRB 成员必须拥有有关研究方案细节的充足信息。这意味着研究者必须提交一份能供 IRB 审查的研究草案。这份研究草案必须提供表 4.1 中列出的各类信息。专栏 4.3 是一份提交给 IRB 的研究草案样例。

从研究草案中获得相关信息之后，IRB 成员必须判断该研究在伦理上是否可接受。在进行判断时，IRB 首先要考虑的是研究参与者的福利。具体来讲，IRB 必须对提案进行审查，确保向研究参与者提供了知情同意书（示例见专栏 4.3），并保证研究中使用的程序不会对参与者造成伤害。当实验程序涉及潜在风险时，委员会将特别难以决策。某些实验程序——比如施与实验用药——有伤害参与者的可能性。在这样的情况下，IRB 必须慎重权衡从研究中得到的可能收益与参与者面临的风险。图 4.1 呈现了一张决策平面图，从概念角度解释了成本—收益分析应该如何进行。当研究落在 A 和 D 区域时，很容易做出决定。落在 A 区域的研究属于高成本、低收益，所以不能批准。而落在 D 区域的研究属于高收益、低成本，应该批准。当研究越来越靠近 B、C 区域时，也就越来越难决定该不该批准了。C 区域的研究很难决策，是因为它们付出的成本和产生的利益都很小。B 区域的研究也难决策，这是因为，虽然研究可能获得很大的利益，但参与者可能付出的代价也很高。专栏 4.2 就属于这样的研究实例。

有时，委员会考虑到研究给参与者带来的风险太大，所以不予批准；有时则因为可能获得的利益过大，从而选择了让研究参与者接受所面临的风险。不幸的是，最终的决定似乎与 IRB 的成员组成有一定的关系。基梅尔（Kimmel, 1991）指出，男性和那些在基础领域工作且是研究导向的个体更容易批准研究提案，而女性和那些在服务导向的环境中工作的个体以及应用领域的工作人员，就比较不容易批

> **专栏 4.2**
>
> **研究证明口吃可能是一种习得性障碍:这项研究的价值是否超过了参与者所受的伤害?**
>
> 1939 年,一项实验研究指出,口吃可以通过不断地挑剔某人的言语缺陷而习得(Monster experiment, June 2001)。这个实验得出的理论帮助了成千上万的儿童克服了他们的言语障碍。但是实验却对参与者产生了消极影响,使他们遭受了终生的痛苦与折磨。
>
> 这项实验是由约翰逊博士设计的,他提出假说,认为口吃并不是天生的,而是儿童从具有轻微言语缺陷的父母那儿习得的。他认为,当儿童逐渐意识到自己的言语问题时,已不可自控地成了口吃。为了验证这一假说,他在爱荷华的一家孤儿院对 22 名孤儿进行了实验。一半孤儿接受了积极的言语治疗,而另一半则在他的研究生助理图德的诱导下向口吃方向发展。图德通过从孤儿的言语中挑剌而诱发其口吃,即使他们的言语已近乎完美,她也故意找茬。经过这个过程之后,11 个被不断挑剔的孤儿当中,有 8 个成了习惯性口吃者。其中一个被"制造"成口吃的孤儿在 2001 年写了一封信给图德,把她称为"怪兽"和"纳粹"。她认为图德毁掉了她的人生,让她一无所有。幸运的是,她嫁给了一个帮助她重拾自信的男人。但是自从丈夫于 1999 年去世后,她再次口吃,并在门上挂了一块"请勿打扰"的牌子,几乎不再出门。
>
> 显然,这项实验给那些习得口吃的孤儿带来了巨大的痛苦和悲伤。这也是在实验进行过程中及完成以后,一直困扰着图德的事情。在她操作这项实验的时候,她并不喜欢自己正在做的事情。在研究完结之后,图德三次返回孤儿院,试图矫正那些孤儿的口吃,但收效甚微。从那时开始,她就对自己参与研究抱有极其矛盾的心态。尽管这项研究的结果已经帮助了无数人,但与此同时,它给该研究的参与者造成了巨大的痛苦。她记得这些孤儿是如何迎接她的,他们跑向她的车,帮助她搬运实验所需的材料。她让他们相信她,然后又对他们做出了那些可怕的事。然而,也正因为这项实验所获得的知识,无数人克服了口吃的问题。
>
> 这项研究产生了巨大的利益,也付出了巨大的代价。这也是图德目前感觉矛盾的原因。她开展了一项实验,从中获得的知识库有极大的收益。但显然,参与者为此付出的代价也是相当大的。

准提案。

即使研究者准备的研究提案被 IRB 批准了,他们也必须时时刻刻牢记,无论多少建议或忠告都不能改变这样一个事实:最终的伦理责任仍然落在开展研究的研究者身上。

思考题 4.2 | 在心理学领域,研究者会面临的伦理困境是什么?如何解决这个困境?

专栏 4.3

研究草案样例

草案标题：认知任务表现中归因信念、自尊与自我介入的关系

主要研究者：多伊
所属部门　心理学系
地址　　　心理学楼
电话号码　123-4567

研究目的：此研究的目的是为了确定自我介入效应中的潜在个体差异。有些人会因为自我介入指导的削弱作用而比别人更容易处在风险中。我们预测，具有低自尊和消极归因信念的人，会受到自我介入指导的负面影响。

相关研究背景：近年来的研究表明，认知任务的呈现方式会影响到参与者的任务表现。尼科尔斯（Nicholls, 1985）认为，自我介入通常导致任务成绩变差。他将自我介入描述为一种任务定向，其目的是为了表现出自己与他人能力相当，或是为了避免表现出自己能力不足。这种自我定向与任务定向是相反的，后者的目标单纯是学习或提高技能。格雷厄姆和戈兰等人（Graham & Golan, 1991）发现，在记忆任务中，自我介入指导的参与者比任务介入指导的参与者的回忆成绩差，这项结果支持了尼科尔斯的观点。显然，对表现的关注削弱了必要的信息加工过程。

参与者群体：将从心理系的研究参与者池中招募 200 名学生作为参与者。这个参与者池中包括了那些选修了心理学的 120 名学生，他们选择参与研究是为了完成课程学分。

实验设计与研究方法：这项研究将在大学教室里以大团队（大约 30 个学生）的方式进行。首先，选择参加这项研究的学生需要阅读并签署知情同意书。然后，他们要完成一份归因问卷和一份自尊水平问卷。接着，我们回收这些材料，再下发一项认知任务。学生有 1 分钟的时间阅读任务指导语，并有 3 分钟的时间解决 20 个易位构词问题。（实验者会宣布各项活动何时开始，何时结束。）我们将随机发放含有任务指导语和易位构词问题的任务包。因此每轮测试中，都有一半的参与者接受自我指导，而另一半则接受任务指导。自我指导的指导语说，易位构词问题是为了测试能力，研究者想知道个人在同伴中的排名情况。而任务指导的指导语则说，易位构词任务是一个学习如何解决易位构词问题的机会，这种练习会帮助大家进步。归因问卷用于评估学生如何看待影响学业成就的不同因素的重要性（如努力、能力、运气和有影响力的他人）。自尊问卷用于测量参与者的整体自我价值感。

研究会对数据进行多元回归分析，归因、自尊、性别和指导语形式都作为效标变量（成功解决易位构词问题的数量，完成编码的数量）的预测因子。

对参与者、人类或一般性知识的潜在好处：有关自我和任务介入的现有文献表明，自我指导对任务表现有负面影响。确定这种现象中的个体差异非常重要。女性、低自尊个体和具有负性归因信念的个体都有可能会因自我介入的削弱影响而处在风险中。如果这是事实的话，人们就能够通过以任务介入为主要形式来呈现任务以减少成绩的个体差异（并且达到最佳学习状态）。

风险、危害与采取的预防措施：已将此项研究的风险最小化。也许学生会因为没有时间完成所有的任务而感到沮丧。但是，在每轮测试结束后，我们都会清楚地告诉这组学生，这项任务在设计时，就是按照没有人可以在规定时间内完成来设计的。

专栏 4.3（续）

确保保密性，包括描述保密方法：参与这项研究的参与者都是匿名的。每一个任务包（问卷和认知任务）都有一个数字编号。研究者只能通过这个编号来识别参与者身份。不会要求学生在任何表格上署名（除了知情同意书）。所有的数据会秘密保存。只有主要研究者和其助手能够接触到这些数据。

知情同意书样例
同意参与研究

主要研究者：多伊
所属部门：心理学系
电话号码：123-4567

此项研究的目的是为了确定信念在认知任务中的作用，这些信念是关于成功和失败以及自尊的。如果你同意参加这项研究，那么你需要完成两份问卷。其中归因问卷包括 60 道题目，内容与导致学业成功或失败的各种原因有关。而自尊问卷则包括 10 道题目，可测量一个人整体的自我价值感和自我接受度。

在完成两份问卷后，你需要阅读一组指导语，然后尽可能在规定时间内完成更多的易位构词题。易位构词是指将一些乱七八糟的字母重新排序，组成一个单词（比如，rlyibar = library）。

你是否参加这项研究是完全自愿的。你可以随时改变主意并退出，这不会影响到你在班级中的排名。

我们会对从这项研究中收集到的信息进行严格保密，并仔细保护你的个人隐私。我们会使用编号来记录所有的测试结果和问卷答案。我们不会使用你的姓名。不管这项研究的结果以何种形式发表或呈现，都不会透露你的姓名或其他身份信息。

此项研究已得到心理系主任和美国大学的 IRB 批准。如果你有任何疑问，都可以联系多伊博士，他的电话号码是 123-4567。如果你对自己作为参与者的权利仍有疑问，可以致电 246-8910，联系 IRB 进行解答。

我已经阅读或有人向我读过并了解了上述研究内容，我有机会提出疑问且已经获得了满意的答复。我自愿同意参与上述研究。

_____
参与者姓名

_____
参与者签名

_____
日期

_____
研究者签名

_____
日期

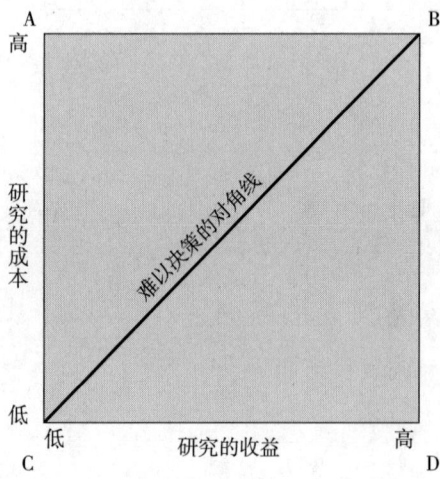

图 4.1 代表了研究成本与收益的决策平面模型

资料来源:"Hedgehogs, foxes and the evolving social contract in science: Ethical challenges and methodological opportunities" by R.L.Rosnow, 1997, *Psychological Methods*, 2, pp. 345–356.Copyright by the American Psychological Association.Reprinted by permission of the author.

伦理指导方针

第二次世界大战期间,纳粹科学家开展了一些惨无人道的实验,这些不道德的实验遭到了全世界的谴责。例如:把人浸入冰水中,以确定人被冻死所需的时间;施行残害人体的手术;故意让许多人感染致命的病原体。1946 年,23 名医生因为过去对战俘犯下的罪行而在纽伦堡接受了审判。在这场审判中,人们规定了开展研究必须满足的基本伦理标准,即著名的"纽伦堡法则"(Nuremberg Code)。该法则规定,涉及人类参与者的研究必须满足 10 项条件。其中最重要的两项是:自愿的知情同意和有价值的实验设计(必须有可能产生价值)。

仅从逻辑上看,很有可能会有人认为,纽伦堡大审判和由此产生的伦理标准足以引导研究者在以人类为参与者的研究中遵循伦理要求,但事实并非如此,尽管问题(如篡改数据)并不像那些纳粹医生犯下的罪行那样严重。20 世纪 60 年代,投入医学研究的资金有所增加,伴随着人类参与者的数量也在增加;同时,社会对人权问题的关注和对研究弊端的曝光也在增加。

帕皮沃斯(Pappworth, 1967)列举了医学领域中大量违背人类参与者道德权利的研究实例。专栏 4.4 中描述的塔斯基吉梅毒实验(Jones, 1981),也许可以作为医学领域中开展的各种非道德实验的缩影。而在心理学研究领域,我们同样关注违背人类参与者权利的现象。凯尔曼(Kelman, 1967, 1968, 1972)是目前为止在这个问题上最直言不讳的人,西曼(Seeman, 1969)、贝克曼和毕晓普(Beckman & Bishop, 1970)等人也为此作出了贡献。不少人写了整本书来讨论这个问题(如:

> **专栏 4.4**
>
> **塔斯基吉梅毒实验**
>
> 1972 年 7 月，美联社刊登了一个故事，该故事披露，美国公共卫生署（PHS）曾在阿拉巴马州梅肯县以黑人男性梅毒患者为参与者开展了一项长达 40 年的研究，研究试图揭示未经治疗的梅毒患者的病理表现。这项研究包括各种医学化验（包括检查），这些化验要在 399 名处于疾病晚期的黑人男性参与者和 200 名控制组参与者身上进行。虽然不可能找到对此项实验的官方描述（显然这也不存在），但从其涉及的一系列流程可以看出（包括受聘于 PHS 的医生进行了大量血检及常规尸检），此研究的目的是为了更多地了解梅毒晚期病患身上所发生的严重并发症。
>
> 这项研究没有对梅毒进行任何处理，也没有任何药物测验或替代性治疗测验。研究目的严格限定在，仅收集该疾病能带来什么后果这个方面的数据。除了想要更多地了解梅毒这个意图以外，从这项研究的各个方面看，它都是一个相当不道德的研究。研究中的绝大多数参与者都很贫困，也没有接受过教育，PHS 就给他们提供一些奖励，包括：免费的身体检查，免费乘车往返诊所，热腾腾的食物，免费治疗其他小疾病，以及 50 美元的安葬费用。参与者没有被告知此项研究的目的，也没有被告知自己被治疗的和没被治疗的分别是什么。更令人发指的是，这些参与者被一位 PHS 的护士监控，她通知当地的医生，这些参与者正在参加研究，不能接受梅毒治疗。那些能从其他医生那儿获得治疗的参与者会被告知，如果他们接受了治疗，那么他们将被要求退出这项研究。
>
> 正如你看到的那样，参与者们无法觉察到研究目的和研究给予他们的危险，也没有人试图将这种情况向他们说明。事实上，他们被许多条件所诱惑，他们还被跟踪，以保证不会接受其他医生的任何治疗。作为一项以人为参与者的研究，这项研究似乎已经包含了几乎所有违背我们当前伦理标准的因素。
>
> （Jones, 1981）

Kimmel, 1996）。这种广泛的关注促成了一系列准则的问世，比如《贝尔蒙特报告》（Belmont Report）（Office for Protection from Research Risks; OPRR, 1979）以及 APA 的《心理学家的伦理准则和行为规范》（Ethical Principles of Psychologists and Code of Conduct）（APA, 2002），后者中专门有一编是供研究者在开展研究时使用的。在开展以人类为参与者的研究时，要遵守五项基本的道德原则（尊重个体及其自主性、行善与不伤害、公正、信任、真实性和科学正直）（Sales & Folkman, 2000）。

尊重个体及其自主性

一个自主的人是指他能够做决定，并能按照这些决定行动。在研究情境中，这意味着研究中的参与者有权选择是否参与一项研究。否定这种选择则表示缺乏对那个人的尊重。在研究中，要遵守这个原则，必须获得预备参与者的知情同意书。这意味着必须让预备参与者了解所有有关研究的信息，而这些信息可能会影响他参加研究的意愿。一旦他们了解了这些信息，他们就会在知情的情况下做出是否参加研究的决定。贯彻这项原则似乎既简单又直接，但是当研究的目标群体在理解知情同意书的能力上受限或不足时，困难就来了，比如当目标群体是幼儿或是具有心理障碍的个人时。在这些情况下，必须适当维护参与者的利益，提供保障，确保他们不会被置于危险之中。这种保障通常是以获得代理人的知情同意书来实现，如父母或监护人。

虽然签署知情同意书是绝大多数研究都会执行的一个标准，但有一些情况是不需要参与者的知情同意的。例如在某些受限情境下，研究参与者的确不会有风险，这时就不要求参与者的知情同意。不过要做出零风险的判断很难。有关知情同意的问题我们将在后面的部分进行更详细的讨论。

行善与不伤害

行善意味着做好事，不伤害意味着做的事情对他人无害。这条原则表明，我们在设计和开展研究时应该使参与者可能遭遇的伤害最小化，同时使参与者可能获取的利益最大化。这显然是一个值得赞誉的目标，也是我们应该努力追求的。然而在现实中，研究成本和收益的变化非常大，我们很少能够预测某个研究产生的所有成本和收益。但这却是需要上交给IRB验收的任务。计划开展人类参与者研究的研究者必须准备和提交给IRB一份详细的研究草案，列出与研究相关的各种因素。IRB成员试图通过阅读这份草案来判断该研究的成本和收益，然后决定是否批准该研究。

IRB对研究草案的审查实际上有三种类别。这些类别与研究带给参与者的潜在危险直接相关，分别是：豁免审查、快速审查或IRB全员审查（OPRR，2001）。被豁免的研究是指那些似乎知道不会给参与者带来任何生理、情绪、心理及经济风险的研究，因此不需要IRB进行审查。但是，当研究涉及特殊群体时，如未成年人、孕妇或囚犯，则不可能被免除审查。同样地，当研究和访谈程序中需要儿童介入时，或是需要对他们的公共行为进行观察时，也不会被免除审查，除非研究者的观察是纯粹的，不会对儿童进行任何形式的干预。IRB成员会根据OPRR（2001）报告中规定的豁免类别标准，来决定是否将一项研究归为豁免审查类别，其具体内容见表4.2。

第二种审查类别是快速审查，代表这项研究需要由IRB的部分成员进行快速地审查。接受快速审查的研究通常是那些只涉及最小风险的研究。最小风险是指，参与者在研究中所遭遇的伤害或不舒适感不会强于其在日常生活中或在身体和心理检查时所体验到的。加快审查的研究通常包括以下一些：

1. 研究包含的是已被收集的数据、文档、记录或样本，或者即使出于非研究目的也会收集这些信息。
2. 出于研究目的而涉及从语音、视频、数码、图像记录中收集数据的研究。

表 4.2

豁免类别

1. 研究是在已建立的或被普遍接受的教育环境中开展的，涉及正常的教育活动，比如（a）研究有关常规教育和特殊教育的指导策略，或者（b）研究各种教学技术、课程体系或课堂管理方法的效率或它们之间的差异。
2. 使用教育类测试（认知、诊断、天赋、成绩）或者是对公共行为进行观察的研究，除下述情况以外：
   a. 能够根据记录的信息，直接识别或者借助有关身份标识间接识别参与者身份。
   b. 研究中的任何信息泄露都能让参与者在一定程度上面临承担刑事或民事责任的风险，或者造成其在财务状况、职业发展或个人名誉上的损失。
   c. 研究聚焦在违法行为、药物滥用、性行为或酒精使用等行为。
3. 研究涉及下述情况：使用教育类测试、调查和访谈程序；观察公共行为，或当参与者被推选或任命为公职官员或公职官员候选人时；研究要观察的公共行为是上述条目 2 中所说的不能被豁免的情况，但是如果它符合下述情况：
   a. 参与者被推选或任命为公职官员或公职官员候选人；
   b. 美国法典要求，能够在整个研究过程及以后，毫无例外地维护个人身份信息的保密性。
4. 当研究需要收集或调查已有数据、文件、记录、病理标本或诊断标本时，要求这些资源必须已公诸于众，或者调查者在记录信息时能够保证没有信息会直接或间接透露参与者身份。

3. 关注个人或群体特征或行为（比如知觉、认知、动机和社会行为）的研究，或使用了调查、访谈、口述历史、小组讨论、项目评估、人类因素评估或其他有质量保障方法的研究，且给参与者带来的风险不超过最小风险。

由学生和心理学工作者开展的许多研究都被归入最小风险类型，所以应该接受快速审查。

第三种审查类别是全员审查。这是所有 IRB 成员都要参与的审查。任何研究，如其风险大于最小风险（比如，实验用药、高压的心理测验和特殊的参与者群体）都要引起重视，并且必须接受全员审查。

公　正

在我们这个并不完美的世界上，公正这一道德原则也许是很难实行的一条原则，也不太可能完全实现（Sales & Folkman, 2000）。在研究舞台上，公正涉及的问题有：谁应该获得研究收益，而谁又应该承担它的责任？请回到前面，再次阅读专栏 4.2 的内容。在这项研究中，研究参与者不仅没能从中获益，还受到了伤害。显然在分配这项研究的利益时，我们并没有感到任何的公正。这给研究者带来了一个难题。我们应该如何分配从研究中获得的利益？是不是应该让所有的参与者都享有平等的利益，并尽可能让研究参与者与非参与者享有同样的利益？似乎他们这样做就公正了。但是在研究完成之前，我们不可能知道参与者通过参与研究能获取什么利益，正如我们在研究结束前不知道研究能产生什么利益一样。

信 任

信任这一道德原则表达的是，研究者应该与研究参与者建立并保持一种相互信任的关系。这不仅应该是一种显而易见的关系，也应该是一种容易实现的关系。事实上，研究者必须获得参与者知情同意书这一要求似乎就指出了，参与者已被告知他们即将卷入什么事情。然而在我们的社会中，人们对科学和公共机构已经产生了不信任（Sales &Folkman, 2000）。这种不信任也许是由媒体对某些研究的披露所引起的，如专栏 4.4 中提到的塔斯基吉研究和专栏 4.2 中总结的口吃实验。2002 年，媒体连续揭露了如安然和世界通信等公司的高管人员做出的欺诈行为；而 2009 年的经济危机可能又进一步加深了这种不信任。

在心理学实验的情境下，有这么几种方式会破坏信任原则。有些研究者为了最大限度地收集到无偏差的有效数据，就在研究中使用了欺骗。无论何时，只要包含了欺骗，就违背了信任原则。另外，当从研究参与者那儿收集到的信息的保密性未被严格坚守时，信任原则也被破坏了。为了在处理这些问题的时候能减少对信任原则的违背，我们应在每项研究中纳入保障措施。这两个问题将在本章后面部分详加论述。

真实性和科学正直

真实性和科学正直这条原则指的是发现有效知识这个目标。行为科学家们开展研究，为的是发现行为的奥秘——获得那些能促进我们理解行为的知识。为了实现这个目标，科学家必须开展高质量的研究，还必须诚实地报告他所开展的研究。这两者对于发现和公布真相缺一不可。差劲的研究设计和实验操作会产生有问题的信息，而设计很好的研究则会产生有效的信息，能促进心理学知识库的积累。诚实地报告研究结果，也能促进一个有效的知识库的形成。这条道德原则直接针对我们在本章前面所讨论的呈现欺骗性结果的问题。正如我们前面说过的那样，伪造或篡改科研结果会致使其在科学界无立足之地。

APA 伦理准则

任何一个从事研究工作的心理学家都必须保证研究能够：维护参与者的尊严和福祉，遵守联邦政府和州政府的规定，以及遵守 APA 制定的伦理准则。

APA 伦理准则首次发布于 1953 年（APA, 1953），是 APA 内部讨论了 15 年的成果。从那时起，该准则已先后经过了几次修订。最近的修订版本于 2002 年 10 月通过。专栏 4.5 中节选了 APA 伦理准则中适用于研究和出版的部分内容。

专栏 4.5

适用于研究和出版的伦理准则

伦理准则的第 8 编给出了心理学家在开展人类和动物研究及在发表研究结果时应该遵守的标准。这些标准包括以下内容。

8.01 机构批准

心理学家要想获得机构批准,他们必须在开展研究之前,向有关机构提供其研究提案的准确信息并获得审批;且必须按照批准的研究方案开展研究。

8.02 对研究的知情同意

(a) 在获取标准 3.10 中要求的知情同意书时,心理学家必须在知情同意书中告知参与者如下内容:

(1) 研究的目的,预期时长和研究程序

(2) 参与者有权拒绝参与研究,或在研究开始后有权退出

(3) 参与者拒绝或退出研究导致的可预期后果

(4) 可能会影响参与者参与研究的意愿但能被适当预期的因素,比如潜在的风险、不适感或不良反应

(5) 任何可预期的研究收益

(6) 保密方面的局限性

(7) 参与研究的奖励

(8) 当参与者对研究或参与者权利有疑问时,应该联系的联系人。研究者必须为预备参与者提供质疑和被答复的机会

(b) 开展干预性研究的心理学家会对参与者进行实验处理,所以在研究开始时,研究者要向参与者说明:

(1) 实验处理的性质

(2) 控制组能获得或不能获得的服务

(3) 处理组和控制组的选定方法和任务分配方法

(4) 当有人不愿意参与研究,或者在研究开始后想退出时,有效的替代性处理方案

(5) 参与研究的补偿或经济成本,被试赔付还是寻求第三方赔付

8.03 在研究中记录语音和影像的知情同意

心理学家在收集语音或影像数据前,必须获得研究参与者的知情同意,除非:

(1) 研究只涉及公共场所的自然观察,而且预计这些记录的使用不会带来个人身份识别或伤害

(2) 研究设计包含欺骗,对使用记录的知情同意只能在事后解释中获得

8.04 来访者/患者、学生和下属作为研究参与者时

(a) 当心理学家以来访者/患者、学生或下属为参与者开展研究时,也要采取措施保护这些预备参与者,以免其因受不良作用的影响而拒绝参与或退出研究。

(b) 当参与研究是某个课程的要求或得到额外加分的机会时,要给预备参与者选择同等的替代活动的机会。

8.05 免除知情同意书的研究

心理学家也许可以合理地免除知情同意书,只要:

(a) 有充分的理由假设研究不会产生痛苦或伤害,并且涉及:

(1) 在教育环境中开展的有关常规教学活动、课程体系或课堂管理方法的研究

(2) 只采用匿名问卷调查、自然观察或文献研究法的研究,因为在这些研究中,不会因数据泄露而使参与者面临刑事犯罪或承担民事责任的风险,或者使他们的财务状况、职业发展或个人声誉遭到损害,并严守了数据的保密性

专栏4.5（续）

（3）在机构组织中开展的并与影响工作或组织效率的因素相关的研究，要保证其不会损害参与者的受聘价值，并能严守数据保密性

（b）其他被法律或者联邦政府和机构组织规定所允许的情况。

8.06 为研究参与者提供奖励

（a）心理学家要努力避免为研究参与者提供过量或不合适的金钱类或其他类奖励，因为这样的诱惑物可能会迫使参与者参与。

（b）当以提供专业服务作为研究参与者的奖励时，心理学家要向参与者说明这些服务的本质，以及存在的风险、义务和限制。

8.07 研究中的欺骗

（a）心理学家不能进行包含欺骗的研究，除非他们已经确定，此项研究具有巨大的潜在科学、教育或应用价值，使得使用欺骗技术变得合理，并且没有有效可行的非欺骗性替代程序可以使用。

（b）当研究有相当大的可能会造成身体痛苦或严重的情绪压力时，心理学家不能向预备参与者欺瞒这一点。

（c）如果欺骗是完整的实验设计和开展实验的一部分，那么心理学家应尽可能早地向参与者解释，最好是在他们参与完实验后，但是要在对收集到的数据做出结论之前，同时允许参与者撤出他们的数据。

8.08 事后解释

（a）心理学家要为参与者提供及时获取相关信息的机会，告知他们有关研究本质、结果和结论的正确信息，并采取合理的措施，以纠正参与者对心理学家所关心的事情存在的任何可能误解。

（b）如果科学价值或人文价值能够说明延期发布信息或保留信息是合理的，那么心理学家应该采取合理的手段来减少产生伤害的风险。

（c）当心理学家意识到研究程序已经伤害了某位参与者时，要采取合理的措施来使这种伤害最小化。

8.09 研究动物的使用及人文关怀

（a）心理学家获得、照顾、使用和处理动物都必须遵照联邦政府、州政府和地方的现行法律及法规的规定，并且符合专业标准。

（b）接受过研究方法训练和有过照料实验室动物经验的心理学家，要监管所有涉及动物的程序，并有责任确保动物得到舒适、健康和人性化的对待。

（c）心理学家要确保他们监管下的所有动物使用者都已经接受了有关研究方法的指导，也接受了照料、看护和对待动物的指导，并能达到与其身份相符的水平。

（d）心理学家要采取合理的方法在最大限度上减少动物被试所遭遇的不适感、感染、疾病和痛苦。

（e）只有当没有任何替代程序可用，且研究目标被其潜在的科学、教育或应用价值证明合理时，心理学家才能使用某个程序，让动物遭受痛苦、压力或剥夺感。

（f）心理学家要施行外科手术程序时，必须在正确麻醉之后进行，并采取后续技术以避免感染，同时要让动物在术中和术后感到的痛苦最小化。

（g）当需要终结动物的生命时，心理学家要快速地实施，努力将动物可能感受到的痛苦降到最低，并遵照可接受的程序。

8.10 研究结果报告

（a）心理学家不能伪造数据。

（b）如果心理学家在他们已经发表的数据中发现了明显错误，那他们就要采取合理的措施改正错误，例如修正、撤销、勘误或其他适当的方式。

8.11 学术剽窃

心理学家不能将他人工作或数据中的任何部分

专栏 4.5（续）

视为自己的成果，即使他人的工作或数据资源可以间或被引用。

8.12 发表署名

（a）心理学家只对自己真正从事的或做过充分贡献的工作才承担责任和拥有署名权，包括作者署名权。

（b）主要作者和其他参与人员的署名能准确地反映个人对相关科学或专业的贡献，而无关他们的社会地位。仅仅拥有某个机构头衔——比如系主任——并不能证明他是原创作者。为研究或出版物的写作贡献较少的人员，要以适当的方式予以承认，比如放在脚注或介绍性的综述中。

（c）除去特殊情况，任何以学生博士论文为基础的多位作者的论文，都要把该学生列为主要作者。指导老师要尽早与学生谈及发表署名问题，此讨论应该贯穿整个研究和发表阶段。

8.13 重复发表的数据

心理学家不能将以前已经发表过的数据作为原始资料发表。也不能够再次发表已被正式认可的数据。

8.14 为验证而分享研究数据

（a）研究结果发表后，在能保证保护参与者个人隐私的情况下，当有能力的专业人士或其他人需要得到数据并仅对此进行重新分析以验证结论真实性时，心理学家不得保留那些作为结论基础的数据，除非相关法律禁止数据发布。心理学家可以向索取资料的个人或团队收取费用。

（b）那些要求从其他心理学家那儿获取数据，以通过重新分析数据而验证结论真实性的心理学家，只能将共享数据用于这个公开宣布的目的。如果心理学家要将这种共享数据作为他用，必须事先获得书面同意书。

8.15 审稿人

审查演讲、出版、拨款或研究方案等材料的心理学家，要尊重材料提交人的所有权和与其相关的信息的保密性。

资料来源：Section 8 (pp. 1069–1071) from 2002 "Ethical principles of psychologists and code of conduct." From *American Psychologist*, 57, pp. 1060–1073. Copyright 2002 by the American Psychological Association. Reprinted with permission. APA Ethical Standards for Research.

思考题 4.3

- 心理学家在开展研究时应该遵守的五项基本道德原则是什么？说明每一种原则代表着什么。
- 一份研究提案可能接受的审查有哪些类别？用于确定一项研究提案属于哪种审查类别的标准是什么？

开展研究时要考虑的伦理问题

美国心理学协会（APA）在2002年10月正式通过了伦理准则的第8编，确定了其在研究与出版方面的官方立场，代表着心理学家在开展动物和人类研究时要遵循的标准。在这些标准中，有许多重要问题锁定在以人类为参与者的研究上，这值得进一步探讨。这些问题包括机构批准、知情同意、欺骗和事后解释。除此之外，还有其他有关问题，包括参与者有拒绝参与研究的自由，也有在任何时间退出研究的自由，以及保密性和匿名性。另外还包括APA伦理法则还未提及的互联网研究中的伦理问题。

机构批准

绝大多数拥有有效研究项目的机构都面临着一个要求，其所有人类研究都要经过机构伦理审查委员会（IRB）的审查。该要求可以追溯到1966年。在那个时期，人们比较关注该以何种方式设计和实施医学研究。因此，卫生局局长发起了一项由健康教育福利部门（Department of Health, Education, and Welfare; DHEW）要求的机构审查政策。这项政策的适用范围延伸到所有由公共健康服务部（Public Health Service; PHS）资助的人类研究上，也包括了社会和行为科学方面的研究。到1973年，DHEW规定，所有从PHS获取资金支持的研究，都要将其人类研究的审查工作调整为由IRB负责。这意味着几乎所有高等教育机构都必须建立一个IRB，并与卫生和人类服务部门的OPRR一起提出一项保证政策。这项保证政策清晰地阐明了IRB在此机构内的责任和权限。虽然PHS只规定了联邦基金项目必须经过IRB的审查，但是绝大多数机构都将IRB的审查范围扩大到所有涉及人类参与者的研究，甚至是那些属于豁免审查的研究类别。一旦这项保证政策被批准，它就成为一份机构和研究者们必须遵守的合法文件。如果你的机构从某个政府出资单位获取研究资金，那这项保证政策可能就得起作用，这意味着任何一项涉及人类参与者的研究在开始进行之前，都必须提交至你所在机构的IRB并获得批准。

伦理准则的标准8.01明确要求，当研究须经机构批准时，心理学家必须提供有关研究方案的准确信息（见表4.2），获得IRB的批准，然后按照之前批准的研究方案展开研究。

知情同意

知情同意：告知研究参与者所有与研究有关的内容，这些信息可能会影响他们参与研究的意愿。

知情同意（informed consent）指的是充分告知研究参与者所有与研究有关的内容。伦理准则的标准8.02至8.04（见专栏4.5）指出，充分告知研究参与者意味着你要将研究的所有方面都告诉他们，从研究目的和程序到任何风险和收益，如参与研究得到的奖励。有了这些信息，研究参与者可以在知情的情况下决定拒绝参与研究还是签署知情同意书。

获得参与者的知情同意是很重要的，这是出于对原则——个体拥有决定他人能对自己的身心做什么的基本权利——的尊重。一旦个体获得了所有可利用的信息，我们就假设他能够自由决定是否参与研究，而且按照这种方式，参与者能够避免那些他们认为讨厌的程序。这样，我们就实现了本章前面讨论过的"尊重个体及其自主性"这条基本原则。

免除知情同意 虽然理想的程序是将研究的所有信息完全告知研究参与者，即使这些信息可能会影响到参与者参与研究的意愿。但现行的伦理准则也承认，免除知情同意在有些情况下是合理的。其中一个很好的理由就是，当数据的真实度会因为签署知情同意而遭到破坏时。来看看雷斯尼克和施瓦茨（Resnick & Schwartz, 1973）的研究。这两位研究者想知道极端地执行知情同意原则会有什么样的后果。他们在研究中使用了塔菲尔（Taffel, 1955）发明的言语条件化任务，该任务简单且应用广泛。在研究中，控制组或者不知情组接受了标准指导，他们仅被告知研究的基本原理和自己需要完成的任务。而实验组或者知情组则得到了完全的指导语，内容包括开展这项研究的真正原因以及塔菲尔程序的确切本质。图 4.2 描绘了从两组各 14 名参与者处所获得的数据结果。那些不知情的参与者的表现符合预期，出现了言语条件化。而知情组则在言语条件化的比率上出现了反转。这些数据表明，最大限度地遵从伦理要求会使实验结果发生改变，而这种改变也许就意味着信息不准，进而导致外部效度降低。

联邦政府的指导方针和 APA 伦理准则的标准 8.05 承认，有些时候有必要放弃

图 4.2
雷斯尼克和施瓦茨的言语条件化数据

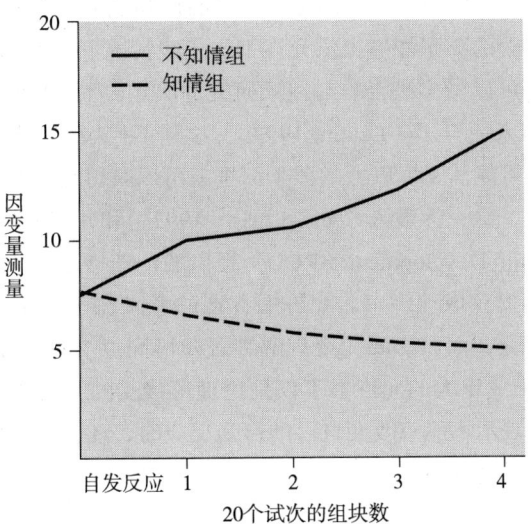

资料来源："Ethical standards as an independent variable in psychological research" by J.H.Resnick and T.Schwartz, 1973, *American Psychologist*, 28, p. 136.Copyright 1973 by the American Psychological Association.Reprinted by permission of the author.

对知情同意的要求。但是，伦理准则明确规定，只有在特定、有限的情况下，才能免除知情同意的要求。具体包括：只有在研究可以被合理地假定为不会对参与者造成压力或伤害时，或者国家法律或联邦政府和公共机构的规定允许免除知情同意。这与联邦政府的规定也是一致的，规定里说，如果签知情同意书是参与者与研究之间的唯一联系，且研究不会带给参与者任何超过最小风险的伤害，研究者就可以忽略知情同意的要求。

知情同意与未成年人 知情同意的原则是指，个体一旦接受了相关信息，就拥有了法律自由，能够自行决定是否参加特定研究。但是，未成年人被假定为是一个没有能力且不能给出同意书的群体。在此类情况下，标准 3.10（b）(4) 表明，如果法律允许或要求一份替代同意书的话，就必须从一个合法授权人那里获得这份许可声明。在绝大多数情况下，这份替代同意书是由未成年人的父母或合法监护人给出，在此之前会告知他们所有与研究相关的信息，这些信息可能会影响他们是否同意自己的孩子参与研究。除了从未成年人的父母或法定监护人那儿获取知情同意书以外，伦理准则的标准 3.10（b）(1 & 2) 明确指出，要以恰当的方式向未成年人解释研究内容，然后由他自己给出允许书。**允许书**（assent）意味着，未成年人在接受了恰当的解释之后，同意参与研究。恰当是指，要用一种未成年人能够理解的语言进行解释。

允许书：在接受了与年龄相符的恰当解释之后，未成年人表示同意参与研究的证明。

联邦政府的法规（OPRR，2001）中提到，在 IRB 的审查过程中应当规定，当未成年人有能力提供允许书，就要向未成年人获取允许书。但是，不同孩子在多大年龄时有能力提供允许书存在差异。要提供允许书，孩子必须能够理解别人问的是什么，能够意识到别人在征求他的同意，并能够排除外界制约自由地做出选择。这取决于孩子的认知能力。不幸的是，孩子的认知能力具有不同的发展速度，因此很难确定哪个年龄的孩子能够提供允许书。一般情况下，9 岁以上的孩子就具有足够的认知能力，可以做出是否参与一项研究的决定，而 14 岁以上的孩子在做决定时似乎就与成年人一样了（Leikin，1993）。这并不代表只能从 14 以上的孩子那里获得允许书，有可能从 9 岁以上的孩子那里就可以获得允许书，而 9 岁及以下的孩子则不行。相反，绝大多数人（如：Leikin，1993）和儿童发展研究学会（Society for Research in Child Development；SRCD）提供的伦理指导方针（2003）都指出，应该从所有儿童那里获取允许书。允许书存在的意义在于"儿童表现出了某种形式上的同意参与研究，而没必要完全理解签署知情同意书对研究的必要意义"（SRCD，2003）。获取未成年人的允许书不仅是伦理可接受的，也能提高研究的效度。当未成年人清楚地表示不愿意改变自己的行为反应时，还坚持使用这些参与者，则意味着数据的收集受到混淆影响。

主动同意：口头上认可并签订同意参与研究的某种形式的同意书。

被动同意 vs. 主动同意 到目前为止，对同意的讨论都集中于主动同意。**主动同意**（active consent）包括口头同意和签订知情同意书，以表示同意参与某项研究。当未成年人成为研究参与者时，同意书通常从未成年人的父母或法定监护人处给出。

如果想要获得学龄儿童的同意，通常是用某种方式给儿童的父母或法定监护人送一份同意书，如将同意书邮寄到家里或让未成年人带回家里。理想的情况是，父母阅读完同意书以后，选择拒绝或者同意，然后将同意书返还给研究者。但是，研究显示（如：Ellickson, 1989），即使进行了后续跟进，仍然只有50%~60%的父母会返还同意书。对此现象的一种解释是，那些没有返还同意书的父母实际上已经表示了拒绝。但是，父母不返还同意书可能还有其他原因。他们也许没有收到同意书，也许忘记了签字和返还同意书，再或者也许没有花足够的时间来阅读同意书的内容并考虑这个要求。上述任何可能性都会减少样本，并可能造成结果偏差。

为了提高参与者对研究的参与性，埃里克森（Ellickson, 1989）建议使用被动同意。**被动同意**（passive consent）是指父母或法定监护人以不返还同意书的方式来表达同意。只有当他们不想让孩子参加某项研究时，才需要将同意书返还给研究者。被动同意被一些研究者作为合理取得父母同意的手段而大力提倡。但是，被动同意程序的使用凸显了伦理问题，因为这些研究中或许会包括一些学生，其父母实际上并不同意他们参加研究或者没有收到同意书。然而，研究显示（如：Ellickson & Hawes, 1989; Severson & Ary, 1983），当主动同意程序采取了大量的后期跟进工作时，它与被动同意程序获得的参与率相当。这说明，被动同意程序中的不做反应确实代表了潜在的同意。再结合这样一个事实：在主动同意程序实施过程中，如不采取后续跟进措施，就会导致社会经济地位低的参与者和少数族群参与者的参与率降低。这似乎能说明使用被动同意程序是合理的。这个结论也许在一定程度上是正确的，因为低参与率主要来自于不能够给予反应的家长或法定监护人，而不是明确不想参与研究的那部分人。因此，要求必须使用主动同意程序，则与联邦政府指导方针中关于增加少数族群研究参与率的精神背道而驰。另外，因为被动同意增加了社会经济地位低的参与者和少数族群参与者的参与率，所以得到的研究结果的偏差性会比主动同意程序中的要小。专栏4.6提供了一份被动同意书的样例。

虽然形势似乎有利于被动同意，而且有一些强有力的证据支持它可在特定情境中使用，但我们建议你尽可能使用主动同意。这是同意书的最佳形式。只有当研究的完整性会因主动同意程序而大打折扣时，才应该考虑使用被动同意程序。APA伦理准则没有直接提出被动同意程序，所以当你想要使用被动同意程序时，有必要在使用前告知IRB并获得他们的审查批准。

被动同意：以不需要返还同意书的形式从父母或监护人那里获得的同意。

思考题 4.4
- 知情同意意味着什么？为什么这被视作研究方案中一个重要的组成部分？
- 对你来说，什么情况下免除知情同意书是正确的？
- 允许书是指什么？什么情况下应该获取允许书？
- 主动同意与被动同意之间的区别是什么？
- 什么情况下你应该尽量取得被动同意书？与此相关的伦理问题是什么？

> **专栏 4.6**
>
> **被动同意书样例**
>
> 亲爱的家长或法定监护人：
>
> 　　我是 Excel 大学心理学系的一名教师。一直希望找到讲授数学概念的最佳方法，现正在策划一项研究，希望通过比较两种方法的效果以确认最佳讲授方法。这两种方法对于概念讲授来说都是可接受的，也是标准方法，但是我们不知道哪一种方法更有效。我的研究将确定出更有效的那种方法。
>
> 　　为此，在接下来的六周内，我会在两个不同的班级以两种不同的方式向孩子们展示材料。为了检验两种方法的效果，我将以标准数学测试的方式测量学生的成绩。
>
> 　　您孩子的答案会被严格保密，只有我和我的研究助手能看到相关的数据。
>
> 　　有关这项研究的任何报告都不会涉及孩子的姓名。没有您的允许，我也不会泄露任何与您的孩子有关的信息。
>
> 　　参与这项研究完全是自愿的。班级里的所有学生都会参加测试。如果您不希望自己的孩子参与这项研究，请填写这封信底部的表格，然后将此信交还于我。同时，请告诉您的孩子，在全班进行数学测试时，让他上交空白试卷，这样他就不会被包括在此项研究中了。
>
> 　　我也会询问孩子是否参与研究，并告诉他们，如果不想参与此研究就上交空白试卷。您的孩子可以随时选择退出研究。
>
> 　　如果您对此研究有任何疑问，请联系 Excel 大学心理学系的约翰·多伊教授，地址：Good Place, AL 12345；电话 251-246-8102。您也可以联系我（这里写上自己的地址和电话号码）。
>
> 　　　　　　　　　　　　　　　　　　十分感谢！
> 　　　　　　　　　　　　　　　　　　约翰·多伊
>
> **只有当您不希望自己的孩子参加上述研究时，才需要返还这份回执。**
>
> 我不希望我的孩子＿＿＿＿＿＿参与这项在其班级中开展的有关讲授数学概念方法的研究。
>
> ———————————————　　　　———————————————
> 　　　　家长签名　　　　　　　　　　　　　　日期

欺　骗

　　欺骗是指使用骗术。在心理学研究中使用欺骗技术违背了这样一项要求，即要将研究的本质完全告诉参与此研究的参与者。欺骗也与心理学家在开展人类研究时应该遵守的基本道德原则——信任原则相违背。但是心理学家在开展研究时，必须维护科学的真实和正直。这意味着，为了深化我们对行为的了解，他们必须使用设计巧妙且十分有效的研究。在某些情况下，为了开展这样的研究，就必须在研究中使用欺骗技术。这些要求已经被伦理准则所承认。但是，伦理准则并不允许毫无限制地使用欺骗技术。相反，欺骗技术的使用被限制在那些找不到替代程序且有可能产生重要知识的研究中。如果使用了欺骗技术，也要尽早将情况告知参与者。除此之外，欺骗不能用于那些有可能会产生伤害或严重心理压力的研究。

在社会和行为研究中，欺骗可以是主动的和被动的（Rosnow & Rosenthal, 1998）。**主动欺骗**（active deception）指的是主动使用欺骗技术，此时研究者会故意误导参与者，比如告诉他们有关实验目的的错误信息，或者有意让他们把实验同伙误认为一个研究参与者。**被动欺骗**（passive deception）指的是通过不作为来施行欺骗，此时研究者向参与者保留了特定信息，比如没有将实验的所有细节告知参与者。许多心理学实验包含了主动欺骗和被动欺骗两种。事实上，有些研究者试图确定心理学研究中欺骗技术的使用程度。这些调查发现，从20世纪40年代末到20世纪60年代末，欺骗技术的使用率在增长。这种增长主要出现在人格心理学和社会心理学领域。从1969年到1987年，使用欺骗技术的研究的百分比下降了，这说明在最初的增长之后，研究中对欺骗技术的使用在近期呈现出了一种下降趋势。

如果上述趋势是真的，那么，这也许意味着研究者对欺骗的反对和对更严格伦理标准（Nicks, Korn, & Mainieri, 1997）的认可，所以他们转而选用其他方法来调查重要的心理学现象。但不幸的是，现实似乎并非如此。西伯等人（Sieber, Iannuzzo, & Rodriguez, 1995）已经发现，欺骗技术使用率的任何变化都是研究类型发生变化的副产物。这包括盛行于1978年和1986年的归因研究、环境心理学和性别角色研究等。这些领域的研究很少使用欺骗技术，其广受关注的年份也正好与欺骗技术使用率下降的年份相符。1992年，关于这些领域的研究减少了，结果导致了欺骗技术使用率又开始增加。

鉴于欺骗是不可避免的，而且欺骗技术的替代方法——如角色扮演（Kelman, 1967）——都是不充分的（Miller, 1972），所以我们有必要看一下欺骗对研究参与者的影响。而且前面已经说过，欺骗会以无意识的方式影响他们的行为（Ortmann & Hertwig, 1997）。四十多年以前，凯尔曼（Kelman, 1967）预测，持续使用欺骗技术会让研究参与者不再相信心理学家，从而破坏心理学家与他们之间的关系。幸运的是，这个预测并没有成为现实。夏普、阿代尔和罗斯（Sharpe, Adair, & Roese, 1992）发现，现在的研究参与者与20年前的研究参与者一样，都能接受研究者对研究中所使用的欺骗技术的解释。索里迪和斯塔顿（Soliday & Stanton, 1995）发现，轻微的欺骗不会影响研究参与者对研究者、科学或心理学的态度。费歇尔和法伊伯格（Fisher & Fyrberg, 1994）甚至发现，参与其研究的绝大多数学生参与者都相信，他们所评估的欺骗研究是科学有效的，也是有价值的。他们还认为，即使存在其他能用的替代方法，如角色扮演或问卷调查，欺骗技术依然是一种重要的并值得保留的方法。

克里斯坦森（Christensen, 1988）总结了相关研究的结果，这些研究调查了参与者对欺骗实验的反应。文献一致地显示，研究参与者没有感觉到伤害，似乎也不介意自己被误导。比如，在参与者参加了一系列包含欺骗以及可能对身体和心理造成伤害的研究后，皮尔、札克齐亚和蔡克纳（Pihl, Zacchia, & Zeichner, 1981）对他

主动欺骗：通过给予研究参与者虚假的信息，而故意误导他们。

被动欺骗：通过不告诉研究参与者关于实验的所有细节，而对他们隐瞒某些信息。

图 4.3
四种类型的抱怨和痛苦所持续的平均时间

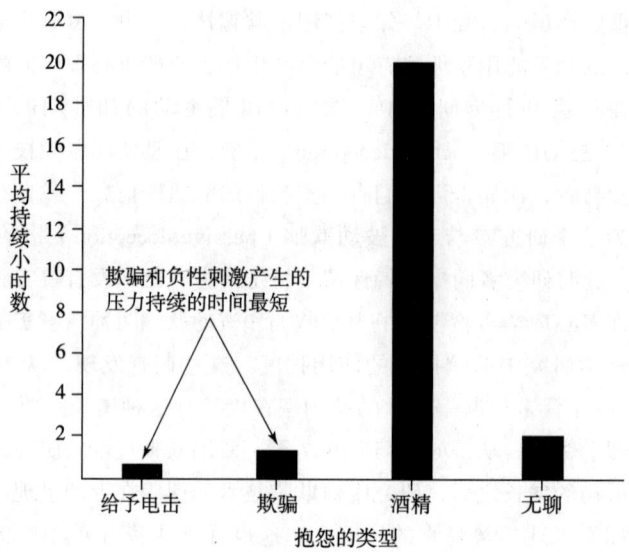

资料来源："Follow-up analysis of the use of deception and aversive contingencies in psychological experiments" by R.D. Pihl, C.Zacchia, and A.Zeichner, 1981, *Psychological Reports*, 48, pp. 927–930.

们进行了一次后续调查。结果发现，只有 19% 的受访者报告说，他们因为实验的某个方面感到了困扰；而只有 4% 的人报告说，他们对欺骗感到困扰。大多数让参与者感到不舒服的都是一些无关紧要的东西（有个参与者觉得用布套罩住饮水杯是不卫生的）。研究中产生的最大痛苦与酒精饮用类型、剂量和饮用速度有关。一个参与者报告说，他被困扰了好几天，是因为"饮用的是实验室酒精，而不是商业酒精"（Pihl et al., 1981, p.930）。有趣的是，该参与者被分在安慰剂组，根本没有饮用任何酒精。同样有趣的是，由欺骗和负性刺激变量造成的痛苦，比由其他似乎无关紧要的变量（如无聊）造成的痛苦所持续的时间还短。正如图 4.3 中显示的那样，欺骗或电击所带来的痛苦，其持续时间只有 1 个小时或更少，而酒精造成的不满情绪所持续的时间却是平均 20 个小时。

史密斯和理查德森（Smith & Richardson, 1983）发现，参加了欺骗实验的参与者报告称，他们更喜欢这项实验，觉得自己从这项实验中获得了更多有教育意义的东西，而且相比其他参与者，他们对参与这项研究感到更加满意。史密斯和理查德森不但没有找到证据来证明欺骗是有害的，反而还提供了数据表明欺骗可能是有益的。基梅尔（Kimmel, 1998）总结道，欺骗一般不会导致参与者对心理学或科学产生负面认知。

虽然研究参与者一致性地报告说他们不介意被误导，也不会被欺骗实验所伤害，但仍有必要考虑：欺骗的有害作用是否取决于研究的类型。克里斯坦森（Christensen, 1998）指出，如果研究调查的是私密行为（如性体验），或者实验程序对研究参与者有显著的潜在伤害，那么在伦理上就不容易接受欺骗了。当研究涉及私密行为或那些被视作负性的行为并有可能给研究参与者带来伤害时，欺骗研究会引起特别的伦理关注（Sieber et al., 1995）。这与伦理准则是一致的，准则明确指出，不应在可能产生伤痛或严重心理痛苦的研究中使用欺骗技术。

事后解释

事后解释：在实验结束后，对研究细节的回溯讨论或访谈，包括为何使用欺骗技术等问题。

事后解释（debriefing）指的是对参与者进行事后访谈或与之讨论研究的目的和细节，包括对在实验中使用过的任何欺骗技术进行说明。APA 伦理准则的标准 8.08 指出，心理学家必须在研究结束后尽早地向参与者进行事后解释，如果必须推迟对这些信息进行说明，则应采取措施以减少任何可能产生伤害的风险。另外，如果研究程序可能已经伤害到了参与者，则必须采取措施使得这种伤害最小化。向参与者进行事后解释不只是伦理准则的要求，它还会给研究者带来各种好处。我们会在第 9 章细说事后解释的益处。在这里我们关注的是欺骗技术及事后解释的使用，因为这个问题备受关注。

证据显示，欺骗并不像很多人想的那样必定会造成伤害。但是，这并不意味着可以忘记欺骗会带来潜在的有害作用。事后解释是消除欺骗所带来的有害作用的主要手段。所有包含欺骗的影响的研究都包含事后解释程序，如果这个程序确实能消除欺骗造成的任何有害作用，那么它也许就能够解释这些研究中发现的积极结果了。

米尔格拉姆（Milgram, 1964b）报道称，在大范围地进行事后解释后，他的参与者中只有 1.3% 的人对实验中的经历产生过消极感受。这些证据表明，事后解释能够有效地消除参与者明显经历过的极端痛苦。林、沃尔斯顿和科里（Ring, Wallston, & Corey, 1970）开展了一项与米尔格拉姆（Milgram, 1964a）的研究类似的重复性实验，他们发现，在接受了事后解释的参与者之中，只有 4% 的参与者表示后悔参加这个实验，同时，只有 4% 的参与者认为不应该允许这项实验继续下去。而未接受事后解释的参与者中，有 50% 的人有上述回应。伯奇伊德、巴伦和德默等人（Berscheid, Baron, Dermer, & Libman, 1973）发现，事后解释在进行认同度相关反应的研究时有类似的改善作用。霍姆斯和贝内特（Holmes, 1973; Holmes & Bennett, 1974）采取了一种更有说服力的方法，证明事后解释可以将压力生成实验（预期会受到电击）中的唤醒水平降低到唤醒前的水平，不管是通过生理测量还是自我报告测量，结果都是如此。

史密斯和理查德森（Smith & Richardson, 1983）宣称，被欺骗的参与者与未受欺骗的参与者相比，会得到更好的事后解释，因此，这种更有效的事后解释也许正是引起受欺骗参与者做出更多积极反应的原因。

这说明，事后解释能非常有效地消除实验处理条件所产生的压力。然而，霍姆斯（Holmes, 1976a, 1976b）已经恰如其分地指出，事后解释有两个目标，要使其效果达到最大化，必须同时实现两个目标：去欺骗化和去敏感化。**去欺骗化**（dehoaxing）指的是事后向参与者说明研究者使用的任何欺骗技术。在去欺骗化的过程中，重点

去欺骗化：事后向参与者说明研究者可能使用的任何欺骗技术。

去敏感化：消除实验可能带给参与者的任何不良影响。

在于要说服参与者，使他们相信之前所接受的虚假信息事实上是欺骗性的。**去敏感化**（desensitizing）指的是对参与者的行为进行事后解释。如果这项实验已经让参与者意识到自己有不良特征（比如他们会并愿意对别人造成伤害），那么事后解释程序就应该尽力帮助参与者处理好这种新信息。通常，研究者会告诉参与者，这种行为是由一些环境变量引起的，而不是由他们本身固有的特征引起的。研究者的另一个策略是，指出研究参与者的行为并非不正常或极端。问题的关键在于，此类策略是否能有效地对参与者进行去欺骗化和去敏感化。霍姆斯（Holmes, 1976a, 1976b）在对这两种技术做出的文献综述的结论是，它们是有效的。费歇尔和法伊伯格（Fisher & Fyrberg, 1994）的研究支持了这个结论。他们的学生参与者中，超过 90% 的人认为去欺骗化是可信的。

这只是意味着有效的事后解释是可能的。只有当研究者进行适当的事后解释时，这些结论才能站得住脚。草率或不合适的事后解释，很有可能会产生不同的作用。此外，只有当实验程序中包含了事后解释环节时，其积极作用才能体现出来。阿代尔、杜什科和林赛（Adair, Dushenko, & Lindsay, 1985）在他们的文献调查中发现，在 1979 年的《人格与社会心理学杂志》上发表的欺骗研究中，只有 66% 的研究包含了事后解释。这说明研究者在对参与者进行事后解释方面还需下更多的工夫。

但是，坎贝尔（Campbell, 1969）建议，当实验处理条件属于参与者的日常经验范围时，可以不进行事后解释。这个建议已被鲁格（Rugg, 1975）收集的研究数据所支持。

思考题 4.5 什么是欺骗？在心理学研究中使用欺骗技术会涉及什么伦理问题？在回答这个问题时，请考虑欺骗对参与者的影响以及事后解释的使用。

强制与拒绝参与的自由

伦理准则的标准 3.08 明确规定，心理学家不应该用自己的权威来逼迫任何人，包括学生和来访者或患者。强制之所以引起人们的关注，是因为在研究参与者池的广泛使用以及教授与学生之间的实质关系上常会出现这一问题。教授们也许会制造情境，让学生感到有强制参与的压力，比如为参与研究的学生提供加分。利克（Leak, 1981）发现，对于使用加分的方式诱惑学生参加研究的做法是否具有强制性，学生们有着不同的认知。但是他们并不讨厌或反对通过参与研究而获得加分，总的来说，他们认为这样的研究经历是值得的。

除了强制问题，个人必须有拒绝参与研究或者随时退出研究的自由。这个原则看起来似乎很合理，而且相对无害。但是，加德纳（Gardner, 1978）认为，虽然这种认识是伦理上的要求，但却能够影响某些研究的结果。他十分意外地发现，如果告诉研究参与者他们有退出研究的自由，会对结果造成微妙的影响。当时，加德

图 4.4
在接受或没有接受"可拒绝参与研究"的指导语后，参与者在安静或噪音环境中的成绩

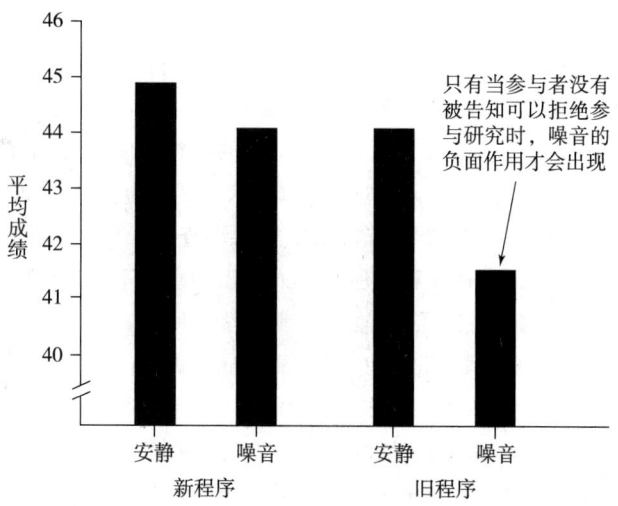

资料来源："Effects of federal human subjects regulations on data obtained in environmental stressor research" by G.T.Gardner, 1978, *Journal of Personality and Social Psychology*, 36,pp.628–634.

纳正在研究环境噪音的不利影响。他发现，在他还没有声明预备参与者可以拒绝参与研究且不受任何惩罚时，实验结果总是显示环境噪音会产生负面影响。但是在他做此声明后，就不再出现这个现象了。为了证明自由退出的声明会导致环境噪音的负面影响消失，加德纳重复了这项实验，他对一组参与者声明，他们可以随时退出，且不用承担任何处罚；而对另一组参与者则没有作此声明。如图 4.4 显示，在旧程序（无声明）中，环境噪音会导致参与者的成绩下降，而在新程序（有声明）中，则没有这种影响。这项研究表明，伦理原则能够产生非常微妙的作用；同时也建议，当先前的研究结果无法被重复，且两次程序的唯一区别在于是否包含了伦理原则时，就应该考虑此类影响。

保密性、匿名和隐私权的概念

隐私权：对他人获取你的个人信息的控制权。

　　隐私权（privacy）是指个人能够控制他人对自己的信息的获取。关于隐私权，必须考虑两个方面（Folkman, 2000）。第一点是指，个人可以自由决定与他人分享或隐瞒信息的时间和环境。比如，也许有人并不希望与他人分享有关其性行为的信息，或者只有在与其他人的信息混在一起导致个人身份信息无法识别时，他才愿意分享。第二点是指，个人有权拒绝他不希望得到的信息。比如，也许有人不想知道他在某项任务上的表现是否比一般人差。

　　虽然尊重研究参与者的隐私权是开展伦理研究的核心，但是宪法和联邦法律并没有通过相关条款，以保护在社会和行为研究领域中收集到信息的隐私。那我们该如何保护研究信息的隐私呢？研究者试图通过收集匿名信息或确保收集到的信息

匿名：让研究参与者的身份保持未知状态。

的保密性，从而保护研究参与者的隐私权。匿名是保护隐私权的一个好办法，因为**匿名**（anonymity）指的是保持研究参与者的身份未知。在研究情境中，如果研究者不能将收集到的数据与任何具体的参与者联系起来，就表示他实现了匿名。例如，如果你正在开展一项有关大学生性行为的调查，你可以要求每一位在秋季学期中选择了心理学课程的学生来完成这份调查。如果研究参与者没有在调查中放入任何个人身份信息，那么这个调查就属于匿名调查了。但是，皮可（Picou, 1996）发现，即使从数据记录文档中移除所有个人身份信息也不足以保证研究参与者是匿名参与的，因为如果有第三方仔细地审查参与者的回答，也许就能够推断出参与者的身份。这是他在某一年的联邦法庭中学到的沉痛教训。

保密性：不向研究团队以外的任何人透露从研究参与者那儿获取的信息。

保密性是研究者使用的另一种保护研究参与者隐私权的方法。在研究情境中，**保密性**（confidentiality）指的是参与者与研究者达成的一个协议，该协议关乎如何处理获得的信息。通常来讲这意味着，虽然研究团队知道相关信息，但却不会透露给除研究者及其工作人员之外的任何人。APA伦理准则明确规定，研究中获得的有关研究参与者的信息必须保密，否则就侵犯了参与者的隐私权。

为信息保密的承诺是在知情同意书里呈现的。但是，基于几个原因，研究者必须对其承诺的内容保持谨慎。在为了保护其他人免受伤害的情况下，APA伦理准则允许研究者在未经同意的情况下公开保密信息；某些州，如加利福尼亚，授予治疗师保护潜在受害者免遭伤害的权力。同时，所有的州都强制要求上报虐待儿童或儿童照管不良事件，并有许多州强制要求上报虐待老人或无人照料老人的案件。这意味着研究者应该熟悉州法律和联邦法律，以确定哪些是可以保密的，哪些是不能保密的，并且此信息应当包含在知情同意书中。

因为研究者收集到的信息不受法律保护，所以保密性是很难维持的。研究记录可能会因为法庭传唤而移交给其他希望得到它们的人。不过，法庭通常也是愿意保护参与者的个人身份的，因为参与者曾被给予了保密承诺（Holder, 1993）。同时，研究数据也很少被法庭传唤，因为它们通常不能为诉讼的核心问题提供相关信息。如果你认为你的数据可能会遭遇起诉并被传唤，你可以从美国卫生部（HHS）获取一份"保密证书"。拥有这份证书，可以在诉讼中豁免透露姓名或身份信息的要求。

如上所述，保证研究参与者隐私权时会遇到麻烦，有些是研究者无法控制的。这意味着研究者应该仔细考虑其研究的性质和收集到的数据遭遇诉讼的可能性，并且尽可能谨慎地采用多种控制方法以保证研究参与者的隐私权。同时，研究者有责任告知研究参与者，他们在维持信息隐私方面的能力具有局限性。

电子化研究中的伦理问题

在过去的十年间，研究者快速地将互联网作为研究媒介，用以调查重要的心理学问题。例如，斯莫克、厄利瓦恩和戈迪斯（Smucker, Earleywine, & Gordis, 2005）

利用互联网对酒精消费量与吸食大麻之间的关系进行了研究。考虑到互联网的优势，就不难理解为什么在心理学研究中互联网使用率在增加。互联网研究不但能在短时间内得到大批量的参与者，同时还能获得具有不同背景的参与者。与此形成对比的是，大量非互联网心理学研究的参与者都局限在主要由大二学生组成的大学生"被试或参与者池"。在互联网上开展心理学实验也更经济，并能延伸到世界任何地方。

许多研究可以在互联网上展开，人们在享受这种便捷的同时，也会面临一些伦理问题。这些问题主要集中在知情同意、隐私权和事后解释等方面。虽然上述问题已经引起了诸如美国科学促进学会（见 http://www.aaas.org/spp/sfrl/projects/intres/report.pdf）和互联网研究协会（见 http：//www.aoir.org/reports/ethics.pdf）等机构的重视和讨论，但仍没有建立起一套严格的指导方针。尽管如此，我们还是想对与互联网研究相关的一些伦理问题进行详细的说明。

在进入棘手而充满困难的话题之前，需要指出，互联网研究有一个优点：因为身边没有实验者，所以可以不用考虑参与者会被强制参加的问题（Nosek, Banaji, & Greenwald, 2002）。因为互联网研究不是在面对面的环境中进行的，研究者无法明显地对预备参与者施压，所以参与者几乎不可能有被强迫参与研究的感觉。事实上，如果预备参与者不想参与研究，只需要点击电脑上的"退出"按钮就可以了，非常方便。

知情同意与互联网研究

获取参与者的知情同意书是开展伦理研究的关键因素，因为它能体现研究参与者是主动参加研究的。在绝大多数实验中，获取知情同意书并回答参与者提出的有关问题是一个相对简单的过程。但是，当研究是在互联网上开展时，就需要克服大量的困难，比如什么时候要求获得知情同意书，应该怎样获得知情同意书，以及你怎么确定参与者确实提供了知情同意书。

关于应该何时获得知情同意书的问题是复杂的，因为它涉及关于什么是公开行为和什么是私人行为的判定。当在公共领域收集数据时，也许不需要知情同意书。例如，从电视或广播节目，或者从书籍或会议中收集数据，这肯定属于公共领域范畴。但是，从新闻组、群发应用和聊天室中获得的数据是属于公共领域还是私人领域呢？有人把这些网络空间视作公共领域，因为它们可以供任何人阅读。但也有人不同意，因为虽然交流是公共的，但网络空间的参与者可能感觉到并希望他们的交流有一定程度的隐私权。这就是一个我们还没有解决的问题。

如果已经明确某项研究需要知情同意，那问题就变成：应该如何获得它。知情同意有三个组成部分：为参与者提供信息，确保他们已经理解了这些信息，然后获得他们自愿参加的同意书。显然，我们可以将同意书放到网上，然后要求参与者阅读，并在"我认可上述同意书"之类声明的旁边方框内勾选。但是，与此相伴而生的问题是，如何确保参与者理解了知情同意书中的信息，以及如何回答他可能产生的疑问。如果研究是在线的，那么一天 24 小时都可能有参与者点击进入，但研究者不可能全天在线。为了解决这个问题，诺赛克等人（Nosek et al., 2002）建议，在提供知情同意书的同时提供常见问题解答（frequently asked auestions; FAQs），预先回答一些可能的问题和担忧。

隐私权与互联网研究

维护数据的隐私权是开展伦理研究的基本要求，因为当参与者的隐私权或保密信息被侵犯时，他们就可能受到伤害。隐私权对互联网研究来说是个重要的问题，因为在网上，研究者维护隐私权和信息保密性的能力是有限的。在数据传输和存储过程中，能侵犯到隐私权和保密性的方式有很多——从黑客侵入到将邮件发到错误的地址。但是，诺赛克等人（Nosek et al., 2002）指出，有可能保证互联网上收集的数据比从标准研究中得到的数据具有更高程度的隐私。在互联网中传输的数据可以加密，并且如果不收集个人身份信息，那唯一可能与参与者联系在一起的就是 IP 地址了。而 IP 地址对应的是机器而非个人，所以通过 IP 地址关联到某个参与者的方式只有一种，即该参与者是这台机器或电脑的唯一用户。如果个人身份数据被盗取，而存储信息的文件夹又放在联网的服务器上，那么就很难保证隐私权和保密性了。不过，黑客对绝大多数心理学研究数据没兴趣，所以我们估计这些数据几乎没有被盗取的风险。尽管如此，开展互联网研究的研究者还是必须考虑这种可能性，并有必要采取预防措施以免参与者隐私权被侵犯。

事后解释与互联网研究

为了开展一项伦理研究，有必要在研究结束后对参与者进行事后解释。为了达到最佳效果，最好进行互动式的事后解释，研究者向参与者说明研究内容，包括研究目的和研究方法。研究者还要能够回答参与者可能提出的任何问题。更重要的是，如果研究中使用了欺骗技术，研究者必须确保参与者已被充分地去欺骗化；如果研究让参与者感到不舒服，研究者还要使用去敏感化程序。然而，基于很多原因，互联网研究很难向参与者进行有效的事后解释。研究可能会因为电脑或服务器崩溃，或者网络连接中断或停电而提早终止。同时，参与者可能会被研究内容激怒或者因为无聊或沮丧等原因而自行终止参与研究。所有这些都是阻碍事后解释的可能现实因素。诺赛克等人（Nosek st al., 2002）预见了此类困难，并为研究者提供了几种解决方案，这些方案有助于在研究提前终止时，尽可能地进行事后解释。

1. 要求参与者提供一个电子邮件地址，这样能将事后解释说明发送给他们。
2. 在每一页都设置一个"退出研究"的单选按钮，点击此按钮则会进入事后解释页面。

3. 在驱动实验的程序中编入一个事后解释页面，如果研究在完成之前终止，程序就会引导参与者进入该页面。

如你所见，研究者在开展互联网研究时，遇到了许多还未得到妥善解决的伦理问题。如果你打算在互联网上开展研究，你必须考虑刚刚讨论的隐私权、知情同意和事后解释等问题，并确定出各问题的最佳解决方案。与此同时，你要将一般的伦理准则放在心上。另外请记住，如果不对互联网上收集的数据进行加密，那它们就可能被任何人得到。

准备研究报告时的伦理问题

在整个这一章中，我们集中讨论了在设计和开展伦理研究时必须考虑的各种伦理问题。在你完成研究后，就到了最后阶段：与其他人交流你的研究成果。最常见的交流方式是通过领域内的专业期刊。这意味着你必须撰写一份研究报告，陈述你的研究过程和结果。撰写研究报告时会涉及两个伦理原则：公正原则、真实性及科学正直原则。公正原则包含署名权的确定问题，或者说研究的荣誉归属权问题。真实性和科学正直在准备研究报告中指的是准确而诚实地报告研究的所有内容。

署名权

署名权很重要，因为我们用它来确认研究负责人，也因为它代表了个人学术工作的记录。对于专业人士来说，它直接关系到一些与个人薪酬、职位聘用、升职、任期等有关的决定。对于学生来讲，它直接影响到个人的升学问题，或完成博士学习后的求职问题。因此，署名权对所有相关的人都具有重要的意义。但是，并不是每一个对研究有贡献的人都拥有署名权。拥有署名权的某个人或几个人应当限于那些在研究构想、设计、实施、分析或解释方面有重大贡献的人。署名顺序通常是，做出最大贡献的人被列为第一作者。任何做出一般技术贡献的人都没有署名权，比如收集数据、编码数据、将数据输入电脑文件，或者在其他人的指导下运行一个标准化的统计分析程序。这些人的贡献通常会在脚注中予以说明。

撰写研究报告

在撰写研究报告的过程中，必须遵循的伦理方针主要就是诚实和正直。你绝对不能伪造或篡改任何信息，你应该尽可能准确地报告用于收集和分析数据的方法，并以一种能让其他人重复你的研究的方式进行报告，同时对研究的效度进行合理的总结。在撰写研究报告时，必然会在引言部分（描述研究的基本原理）和讨论部分

学术剽窃：使用他人的工作成果，并将它作为自己的成果。

（讨论你的研究发现及其与其他研究的联系）引用他人的工作。

在引用他人的成果时，必须给出资料的原作者。如未提及原作者而使用其成果就构成了学术剽窃。**学术剽窃**（plagiarism）是指你引用了他人的工作而没有给予适当的说明。当你没有给出资料的原作者时，读者会误以为你引用的工作是你自己完成的。这构成了另一种学术剽窃，是完全不道德的行为。

为了恰当地表示这是你所引用的内容，你可以使用引号，或者将相关内容（引文）缩进，然后在引文的部分做上引用标记。比如诺赛克等人（Nosek et al., 2002）在某篇文章中讨论了互联网研究所涉及的很多问题，而你引用了该篇文章中的某些材料，此时你可以将你引用的材料放在引号中，并按下面的方式指出原作者：诺赛克等人（Nosek et al., 2002）指出："信息高速通道在促进心理学科学的理解上的潜力是巨大的……"（p.161）。如果你想引用更多的内容，你可以按如下方式在格式上缩进引用材料：诺赛克等人（Nosek et al., 2002）指出：

> 信息高速通道在促进心理学科学的理解上的潜力是巨大的，而且互联网有可能会成为塑造心理学研究本质的决定性因素。然而，任何试图利用网络获取数据的研究者都会发现，他们需要考虑大量的方法学问题，因为基于互联网的研究与标准的实验室研究在研究方法上存在着差异。（pp.161—162）

虽然我们只说明了与书面作业相关的学术剽窃，但同样重要的是，当你引用的表格或图像是来自他人的工作成果时，包括引自互联网，你都应该指出这些表格或图像的原作者或出处。你必须遵循的基本原则是，如果你引用了他人的工作，你就必须注明引文的原作者。

思考题 4.6

- "参与者在大多数心理学研究中是被迫参与的"，对参与者在研究中所处的这种位置进行解释和反驳。
- 解释什么是隐私权，并说明保密性与匿名是如何与隐私权联系的。
- 开展互联网研究时涉及的伦理问题是什么？
- 隐私权、保密性和匿名之间的区别是什么？

动物（非人类）研究的伦理

有关人类研究的伦理问题已经获得了大量的关注。然而，在心理学家开展的研究中，有 7%~8% 的研究使用了动物参与者，这是为了控制很多潜在的干扰因素，或是为了研究在人类身上测试可能会非常危险的变量的影响，或者是为了增加对所研究物种的了解。心理学家使用的动物，有 90% 都是啮齿类动物和鸟类。只有 5% 左右的是猴子和其他灵长类动物。狗和猫则很少使用。

动物使用中的保障措施

人们制定了很多保护措施以确保实验动物能受到人道且合乎伦理的对待。美国农业部（USDA）强制推行了《动物福利法案》，监管多种研究动物的饲养和使用，组织针对公共和私人动物研究机构的突击检查。除此之外，开展动物研究的机构以及法案所覆盖的其他机构，都必须成立各自的动物照料和使用委员会（Institutional Animal Care and Use Committee; IACUC）来审查各项研究提案。委员会的审查内容有：实验提案的合理性、实验过程中动物的饲养条件、实验中动物使用数量的合理性、研究者对实验中动物可能遭遇的疼痛和痛苦的预估以及研究者准备用来缓解这些疼痛和痛苦的手段。

开展动物研究的专业团队也有着自己的一套伦理标准和指导方针，这是其成员必须遵守的。APA 伦理准则（见专栏 4.5，8.09 条）就包括了要人道且合乎伦理地对待研究动物的原则。所有 APA 成员都必须承诺遵守这些原则。

动物研究指导方针

动物福利：改善动物的实验条件，并且减少研究中的动物需求量。

动物权利：认为动物拥有与人类类似的权利、不应该被用于研究中的一种信念。

在阅读专栏 4.5 中的指导方针时，你应当意识到这样一个事实：他们主要关注的是动物福利而不是动物权利。**动物福利**（animal welfare）考虑的是改善实验条件，减少研究中的动物需求量（Baldwin, 1993）。而**动物权利**（animal rights）关注的是动物的权利。其立场是，动物拥有与人类相同的权利，不应该被用于研究中。因为动物研究通常是不可替代的，所以我们就将注意力放到动物福利上，关注如何人道地对待动物。

动物的获取、照料、圈养、使用以及处置都应该符合相应联邦、州、地方或机构的法律法规，以及美国参加的一些国际惯例。APA 的作者在向出版物投稿时都必须书面声明自己已经遵守了伦理标准。如果有 APA 成员违反了相关规定，应该将其上报至 APA 伦理委员会。与指导方针有关的任何问题都应该提交到 APA 动物研究与伦理委员会（Committee on Animal Research and Ethics; CARE），其邮箱是：science@apa.org。

I. 正当的研究理由

只有当研究具有明确的科学目的，合理的结果预期，能加深我们对于行为背后潜在过程的理解，增加我们对被研究物种的了解，或者有益于人类或其他动物的健康幸福时，研究者才能够开展动物实验。任何动物研究都应该有足够的重要性，能证明其使用动物是合理的，而且我们应当假定，任何会给人类带来痛苦的程序也会给动物带来痛苦。

被某项研究选中的物种应该是最适合用来解答该研究问题的物种。但是，在启动研究项目之前，应该考虑能使动物使用数量降到最低的替代方案或程序。不管使用的是哪个物种的动物，也不管使用了多少只动物，在研究方案通过 IACUC 审批之前不能开始研究。研究启动后，心理学家必须持续地监控研究的进展与动物福利的达成情况。

II. 人员

所有参与动物研究的人员都应该熟悉相关指导方针。研究人员使用的任何程序都必须遵守联邦法规中有关人员、监管、记录保存和动物保健等内容的规定。心理学家和他们的实验助手都必须知道所研究动物的行为特征，这样才能够识别那些可以预示动物健康问题的不寻常行为。心理学家必须确保每个为他们工作的人在开展动物研究时都已经接受了有关方面的指导，包括照料、饲养和处理被研究物种等。不管是在实验室还是野外环境中，任何人在对待动物时所应承担的责任和被分配的任务内容都应该与他的能力、所接受的训练以及经验相匹配。

III. 动物的照料与圈养

动物的心理健康是目前饱受争议的一个话题。这个问题很复杂，因为有利于某个物种的心理健康的程序也许根本不适合另一个物种。所以，APA 准则中没有规定任何具体的指导方针，而是声称，熟悉某个特定物种的心理学家应该采取适当措施来提高该物种的心理幸福感，如使环境更加丰富多彩。比如，著名的耶克斯实验室和纽约大学的灵长类实验医学和外科实验室（LEMSIP）在动物居住的笼子之间搭建了金属网通道，以促进动物的社会交往。

除了提供条件保护动物的心理健康以外，还应使动物居住环境中的设施符合目前美国农业部（USDA, 1990, 1991）的规定和指导方针，并且要一年接受两次检查（USDA, 1989）。任何用于动物的研究程序都必须接受 IACUC 的审查，以确保它们是适当且人道的。这个委员会的基本职责就是监管心理学家，确保他们在开展动物实验期间，为动物提供人性化的照料和健康的条件。

IV. 动物的获取

用于实验室实验的动物应该通过合法的途径从有资质的供应商那儿购买，或者是在心理学家的实验室里出生的。如果动物是从有资质的供应商那儿购买的，那么在运输途中，应该给予它们充足的食物和水、流通的空气和足够大的空间，并且没有不必要的压力。如果必须从野外获得动物，那么必须以人道的方式捕获它们。只有在所要求的许可条件和伦理问题都得到充分重视的情况下，才可以使用濒危物种。

V. 实验程序

研究的设计和实施都必须从人道的角度考虑动物的幸福感受。除了遵照指导方针 I "正当的研究理由"中指出的程序以外，研究者还应该遵守以下要点：

1. 可以进行不涉及厌恶性刺激且不会给动物造成明显痛苦的研究，如使用观察法或其他非侵害性程序的研究。
2. 如果有替代程序可以将动物的不舒适度降到最低，那就应该启用该程序。当研究目标要求使用厌恶性条件时，应该使用最低水平的厌恶性刺激。鼓励开展此类研究的心理学家应该先在自己身上进行疼痛刺激测试。
3. 如果动物最终要接受安乐死，那么要在它进入痛苦程序之前对它进行麻醉，并在它重新获得意识之前执行安乐死。
4. 只有当研究目标不能以其他方式实现时，才可以实施程序，使动物经受非暂时或轻微且无法通过药物或其他程序减轻的疼痛。
5. 任何要求延长动物暴露于厌恶性条件下的实验程序，如组织损伤、暴露于极端环境中，或实验诱导的猎物捕杀都必须有更正当的理由和更全面的监管。如果不是研究需要，那些遭受持续痛苦的动物应该立刻被麻醉。
6. 涉及束缚的程序必须符合联邦政府的指导方针和规定。
7. 不可以在不进行全身麻醉的手术中使用麻痹药物或肌肉松弛剂。
8. 手术程序应该在某个精于此道的人的密切监督下进行；对恒温动物进行手术时，必须使用无菌技术以最大限度地降低感染风险。在程序结束之前，动物都应该处在麻醉状态，除非有合理的理由可以不这样做。应该对动物进行术后监控并给予相应的照料，以最大限度地减少它们的不舒适感并且防止感染或其他可能由手术带来的后果。除非是研究需要或者是为了动物的健康，否则不能执行手术程序。当研究不再需要这些动物时，应该考虑它们是否还有别的用处。在同一只动物身上进行多次手术必须获得 IACUC 的特别批准。
9. 当研究不再需要某只动物时，应该考虑除安乐死之外的替代处理方案。任何替代方案都应该与研究目标和动物福利相兼容。但不能让动物经历多次手术。
10. 不能将实验室培养的动物放归野外，因为在大多数情况下它们无法生存，或者其生存会破坏自然生态的平衡。将野外捕获的动物放回去也存在着风险，不管是对动物自身还是对生态系统。
11. 如果必须执行安乐死，那就应该以最人道且能保证立即死亡的方式完成，而且要遵守美国兽医协会（American Veterinary Medical Association）关于安乐死的相关规定。对动物的处置应该遵照所有相关法令的要求，符合健康、环境和美学方面的考虑，并通过 IACUC 的审批。

VI. 野外研究

因为野外研究对敏感的生态系统和群落有潜在的伤害，所以必须获得 IACUC 的审批才能进行，尽管观察研究可能可以免除审批程序。开展野外研究的心理学家应该尽可能少干扰各个种群，并采取措施在最大限度上减少对被调查种群的伤害。在有人类居住的地方开展研究，必须尊重任何人类居民的隐私权和财产安全。对濒危物种的研究必须有特殊的正当理由，并获得 IACUC 的批准。

VII. 动物的教育用途

鼓励在所有的课程中讨论动物研究的价值和伦理问题。虽然经过适宜的机构委员会审查之后，动物也可以被用于教育目的，但某些适用于研究目的的程序也许并不适用教育目的。课堂上展示的活动物可以成为一种有价值的教具——就像录像带、胶片和其他类似的东西一样。教学想达到什么预期效果应该决定了如何进行适当的展示。

思考题 4.7
- 动物福利与动物权利之间的区别是什么？
- 在饲养和使用研究动物方面，APA 采取的基本指导方针是什么？

本章小结

开展心理学研究所涉及的伦理有三个方面：社会与科学的关系、专业问题和对研究参与者的处理方法。社会与科学的关系所涉及的伦理问题主要集中在：社会关注和文化价值观应该在何种程度上对科学调查进行指导。研究是一项耗资巨大的工程，所以大部分研究靠政府和公司基金支持。

专业问题包括许多方面，比如放任他人使用有缺陷的数据。但是，最严重的专业问题是研究中的学术不端——科学家绝对不能伪造或篡改数据。科学家面临的最重要和最基本的伦理问题则是对研究参与者的处理方式。如果研究者试图探索许多重要问题的答案，就必然会侵犯参与者的特定权利，如隐私权。这就自然而然地让研究者陷入了两难：是继续侵犯研究参与者的权利以保证研究的开展，还是放弃研究计划。为了阐明研究者所面临的伦理问题，APA 制定了一套伦理准则，其中包括心理学家在开展研究时必须遵守的一组标准。在开展以人类为参与者的研究时，研究者必须遵循伦理准则中所包含的五项基本的道德原则：尊重个体及其自主性、行善及不伤害、公正、信任、真实性和科学正直。伦理准则第 8 编所涉及的具体问题包括获得机构的审批、知情同意、欺骗和事后解释。

在开展任何涉及人类参与者的研究之前，都必须获得 IRB 的审批。如果研究被纳入了豁免审查类别，也仍然需要将研究方案提交至 IRB，因为其豁免状态也必须得到 IRB 的批准。

伦理准则要求研究者将研究的各个方面完全告知研究参与者，这样参与者就可以在知情的情况下做出参与或拒绝的决定。但是，伦理准则也承认在某些情况下可以适当免除知情同意。只有在法律和政府或机构规定所允许的特殊且有限的条件下，才允许免除知情同意。如果研究参与者是未成年人，则必须从未成年人的父母或法定监护人处获取知情同意书。得到同意书后，还必须得到未成年人的允许书。虽然绝大多数的同意书都属于主动同意，但也有人建议在特定情况下使用被动同意，比如当研究参与者是学龄儿童且研究是在学校中进行的时候。这是 APA 伦理准则还未提及的一个问题。

有时为了保证研究的完整性和真实性，一些研究需要运用欺骗技术。虽然欺骗与知情同意的要求背道而驰，但伦理准则承认，欺骗在某些研究中是必要的。

有人建议使用其他方法来替代欺骗，如角色扮演，但研究表明这样的替代方法效果甚微。因此，许多心理学研究中仍然保留了欺骗程序，所以必须考虑欺骗的潜在后果。人们普遍假定欺骗会产生压力，这种压力或对隐私的侵犯是道德所反对的，它们也许会伤害到研究参与者。然而研究表明，参与者并不认为欺骗是有害的，那些做过欺骗实验的参与者认为自己的这种经历比那些没有接受欺骗的参与者更有价值。这种现象的产生也许是因为研究者越来越重视欺骗研究中的事后解释，因为后者似乎能有效消除欺骗所带来的负面作用和任何可能产生的压力。

虽然欺骗技术或研究参与者池的使用似乎没有导致负面效果，但已有研究证明，告知参与者他们拥有自由在任何时间退出研究而不需要受到惩罚的这一做法会微妙地影响到某些实验的结果。

另外，研究者也非常关注强迫学生成为研究参与者的问题。在对从研究参与者池中抽取的参与者进行调查时发现，他们普遍认为自己参与研究的经历是非常正面的。

从研究参与者处获取到信息后，如何保证信息的隐秘性成了一个重要的伦理问题，因为隐私权是开展伦理研究的核心。匿名是确保隐私权的一种绝佳手段，因为此时研究参与者的个人身份是未知的。如果不能实现匿名，那么就要对获取的信息进行秘密保存。但是研究者收集到的信息是不受法律保护的，所以如果研究者被法庭起诉，就很难再维持信息的保密性了。如果有这种可能，那么研究者应该申请一份"保密证书"，这份证书可以使其豁免透露姓名或身份信息的要求。

近年来，以互联网为媒介开展的心理学研究越来越多。使用这种媒介有许多好处，比如节约成本、获得大量参与者、减少参与研究的强迫感。但是，这种媒介的使用也伴随着许多伦理问题，比如：如何从参与者处获取知情同意书，如何确保收集数据的隐私性，以及如何在研究结束后向参与者进行事后解释等。

我们要在研究结束后准备研究报告，从伦理上讲，只有那些对研究做出了相当贡献的人才应该得到署名权。另外，在书写研究报告时要遵循诚实和正直的要求。

这意味着你不能抄袭，因为抄袭属于学术剽窃。

动物研究中也有需要考虑的伦理问题。近期的成果体现在 IACUC 的发展和 APA 所制定的一系列指导方针上，后者可供使用动物的心理学家参照。这些指导方针指出了许多问题，从动物的居住环境到动物的处置。不管是基于研究目的还是教育目的，心理学家在使用动物时都应该熟悉这些指导方针，并按照其要求执行。

重要术语和概念

主动同意	保密性	被动同意
主动欺骗	事后解释	被动欺骗
动物权利	去欺骗化	学术剽窃
动物福利	去敏感化	隐私权
匿名	伦理困境	研究伦理
允许书	知情同意	学术不端

章节测验

问题答案见附录。

1. NIMH 资助了杜姆博士的一项研究，检测某家生物技术公司生产的新药对强迫症的治疗效果。杜姆博士报告称，他的研究发现：新药的疗效比以前任何一种治疗手段都好。但是，经过对其研究的仔细调查，发现杜姆博士为了得到这样的结果而捏造和操纵了某些数据。此类的伦理问题属于以下哪个方面：
    a. 科学与社会的关系
    b. 专业问题
    c. 对研究参与者的处理方式
    d. 信任
    e. 匿名

2. 获取知情同意满足了以下哪一条道德原则的要求：
    a. 尊重个体及其自主性
    b. 行善及不伤害
    c. 公正
    d. 信任
    e. 真实性和科学正直

3. 假设你是 IRB 的一名成员，现收到了一份研究草案，草案指出研究者想测试一种治疗儿童孤独症的新疗法。虽然他们承诺这种新疗法肯定会让儿童受益，并且能产生新的知识，但是研究也包含了一些有争议的成分，可能会给儿童带来严重的心理压力。你必须同时考虑研究带来的利益和可能产生的痛苦。这
    a. 涉及信任的道德原则
    b. 涉及真实性和科学正直的道德原则
    c. 产生了一个伦理困境
    d. 不能通过审批，因为儿童会受到伤害
    e. 能通过审批，因为儿童可能会从研究中获益

4. 当你在策划一项以未成年人为参与者的研究时，你必须
    a. 取得他们的信任
    b. 从他们的父母或监护人那里获得知情同意书
    c. 获得儿童同意参加研究的允许书
    d. 采取一些额外的保护措施以确保儿童不会受到伤害
    e. b 和 c

5. 监管非人类研究中的动物饲养与使用情况的委员会是：
   a. IRB
   b. IACUC
   c. PETA
   d. AEA

提高练习

1. 这项提高练习是为了让你实践一下如何识别和处理学术造假。在这个练习中，我们要关注的是布鲁宁案例。请阅读下述文章：

   Holden, C. (1987). NIMH finds a case of "serious misconduct." *Science, 235*, 1566—1567.

   从上述文章的参考文献部分找出一些文章并阅读，然后回答下述问题：
   a. 披露布鲁宁的学术不端行为的证据是什么？
   b. 布鲁宁的行为违反了什么伦理原则？
   c. 布鲁宁为自己的行为承受了什么样的后果？
   d. 布鲁宁的学术不端行为可能给他的同事、他所工作的机构、其他科学家和普通大众带来什么样的影响？

2. 这项提高练习是为了让你实践一下如何像 IRB 成员那样审查研究提案，你需要仔细检查提案然后决定是否通过审批。假设你收到的提案具有以下特征：

   史密斯博士对某些受不良环境影响的人身上所具有的"复原力"很感兴趣。她提出的基本研究问题是：为什么有些人能够不受厌恶环境所产生的消极后果的影响，而另一些人却不能？史密斯博士计划中的研究对象是六、七、八年级的学生，而且他们都生活在充满暴力与压力的家庭和社区环境中。

   在接下来的 3 年里，研究者会每隔六个月对这些参与者进行一次评估，主要方式是调查和个人访谈。这些结果指标能够评估参与者在家庭和社区中接触暴力和压力的频率及程度。其他结果指标则用于评估参与者的心理稳定性（焦虑、抑郁、自杀想法和社会支持）、学业成绩、心理及行为方面的应对。

   史密斯博士已经得到了当地学校系统和研究开展所在学校校长的同意。她计划采用被动同意程序获得学生父母的同意，并向学校系统递交一份研究结果总结。

   作为一位 IRB 成员，从以下角度评估这项研究：
   a. 研究者——考虑的重点有哪些？
   b. 研究的本质——研究设计中必须考虑哪些重要方面？
   c. 研究参与者——关于他们是谁以及如何被招募的，有哪些注意事项？
   d. 保密性——什么信息应该被保密，什么信息可以被披露？
   e. 事后解释——关于这项研究，应该告诉孩子们哪些内容？

3. 这项提高练习所适用的研究类型很新，即使现行的 APA 伦理准则也几乎没有提及。但是，它将变得越来越普遍，并应该得到广泛重视，它就是在互联网上开展研究。请思考某个通过互联网进行的研究，不管是调查还是实验研究都可以。
   a. 在开展这样一项研究时，必须考虑哪些伦理问题，其中比较难操作的是哪些？在回答这个问题时，请联想本章讨论过的五个道德原则和专栏 4.5 所呈现的伦理准则。
   b. 目前的伦理准则是否足以遍及网络研究的各个方面？

4. 这项提高练习不像是具体的练习，而像一场辩论。关于在研究中使用动物的话题，已经让人们投入了大量的情感。其基本问题是：应该使用动物吗？研究所获得的收益值得动物所承受的那些伤害和痛苦吗？主张动物权利的人们对两个问题的回答都是否定的，但是研究者的回答是肯定的。在进行这项练习时，需要将同学分成两组，并分别以动物权利支持者的立场和研究者的立场进行辩论。请用10分钟左右的时间形成你的立场，然后再用10分钟左右的时间进行辩论。

辩论结束后，请思考这样一个问题：我们在研究中使用动物时，应该对我们的学术好奇心设定怎样的限制呢？

第三编　研究基础

第5章

变量测量与抽样

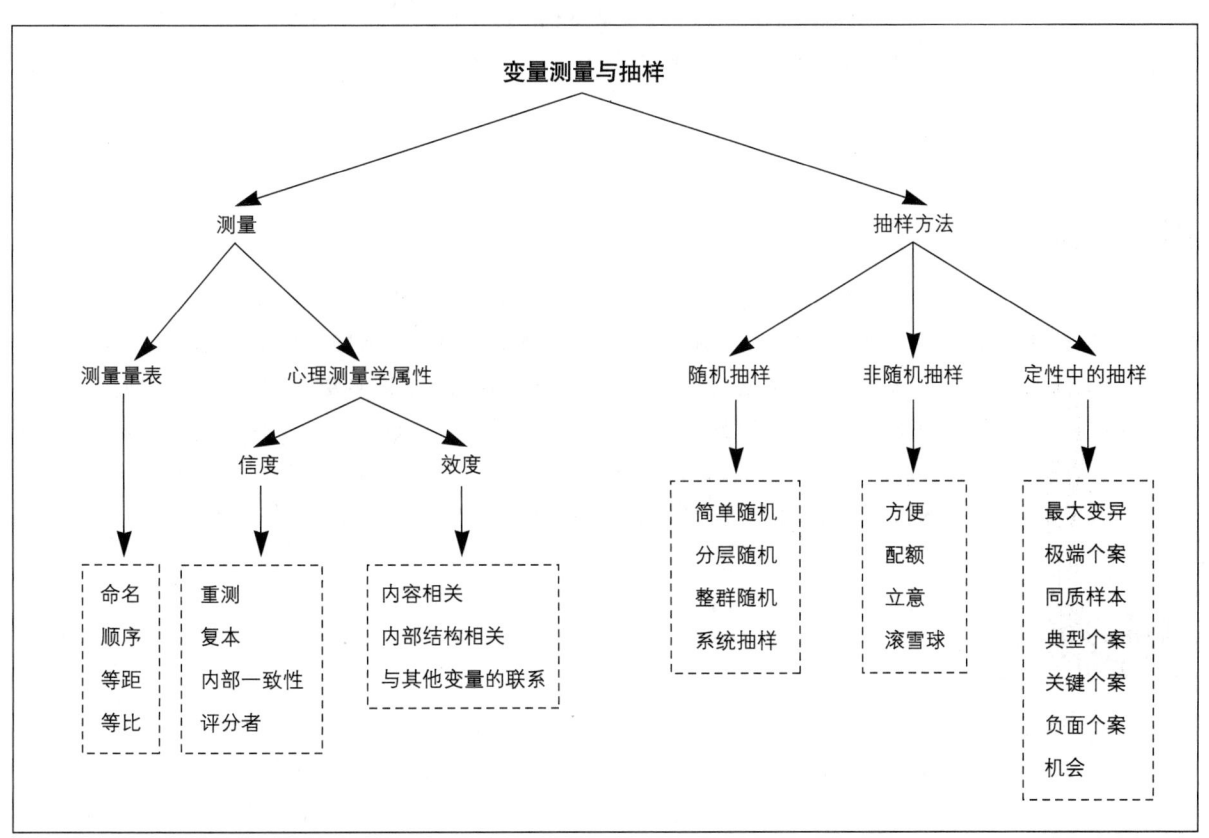

每年都会有许多人因为疾病或意外事故而截肢。当他们术后醒来，并从麻醉状态恢复时，很多人感觉好像没有做过手术。这种感觉如此逼真，以至于当他们看到感觉中似乎还在的肢体确实已经被截掉了的时候，震惊之情可想而知。但这种认识也无法抑制肢体还在的错觉，该现象被称为幻肢（phantom limb）。幻肢通常伴有疼痛感或疼痛感丧失。无痛型通常伴有麻刺感或针刺感。但是，超过70%的截肢患者会经历幻肢痛，描述起来的感觉就像疼痛在幻肢上上下游走，似乎是幻肢被挤压或呈不自然姿势时所带来疼痛，或者是一种强烈的灼痛感。不幸的是，这种疼痛通常要持续数十年。

在上世纪，科学家提出了许多心理学和神经学解释来说明幻肢，尤其是与之相伴的疼痛感。卡茨（Katz, 1992）对这些包括他自己的观点在内的解释进行了总结。卡茨认为，中枢神经系统很有可塑性，它可以随着不同感觉输入信息而改变。具体来讲，卡茨认为幻肢体验是一种生理心理学现象，由各种感觉过程的神经整合而成，包括认知及情感过程。

如果你有兴趣对卡茨关于幻肢疼痛的生理心理学解释进行评价，那么你可以设计一项心理学实验来检验这个解释中的一个或多个组成部分。实验设计要求你做出许多决定。你需要选择研究变量。例如，你必须确定要研究的认知或情感变量是什么。你还需要确定研究所使用的参与者样本以及用于消除混淆变量影响的技术。只有在做出这些决定之后，你才能描述研究的最终设计。

引 言

变量：指具有不同值或不同类型的一种条件或一个特征。

可以说心理学使用的语言就是变量。这是因为心理学家研究的是变量以及它们之间的联系。正如你从先前的章节中了解到的那样，**变量**（variable）是指具有不同值或不同类型的条件或特征。关键问题是：许多变量很难被准确测量，如果心理学家不能准确地测量研究变量，那么他们的研究就存在缺陷。这就像GIGO原则（garbage in, garbage out）：输入的是垃圾，输出的也会是垃圾。如果你不能准确测量变量，那么你得到的就是无用的数据，从而得到无用的结果。

测量的定义

测量：按照一组规则用符号或数值来表示某物。

测量是指确认并描述某物的维度、数量、容量或程度。更正式的说法是，**测量**（measurement）指的是测量行为，即按照一组特定的规则用符号或数值表示某物。这个定义建立在著名的哈佛心理学家斯坦利·史密斯·史蒂文斯（Stanley Smith Stevens, 1906—1973）的工作基础上。举个测量的例子，将尺子的起点与课本的一端对齐，读出课本另一端所对应的尺子刻度，这就是课本的长度。可以用尺子的刻度值来代表课本的长度。这里，"课本的长度"就是一个变量，因为不同的课本有不同的长度（即它们是可以变化的）。

测量量表

除了有助于给测量下定义以外，史蒂文斯（Stevens, 1946）还指出，能够根据变量符号的信息类型来给测量进行分类。以他的工作为基础，我们通常将测量分为四个等级，用以表示不同的信息类型和信息量。史蒂文斯将测量的下列四个等级称为"测量量表"：命名量表、顺序量表、等距量表和等比量表。你也可以用其来指代变量：命名变量、顺序变量、等距变量和等比变量。现在，我们要逐一对史蒂文斯四种测量量表进行解释。表 5.1 中列出了各量表的要点。

命名量表

命名量表：使用文字或数值将测量对象分类或归类到不同组别或类型中。

史蒂文斯所说的命名量表是最简单和最基本的测量类型。这是一种非定量量表，因为它只能确定某物的种类而非数量。**命名量表**（nominal scale）使用文字或数值等符号将变量（即命名变量）的不同值进行分门别类。可以用数字来标记某个命名变量的类别，不过这些数字只能作为标识，不能用来指代数量或数值。例如，可以将"性别"变量的类别标记为：1= 女性，2= 男性。此外，属于命名变量的例子还有：人格类型、出生的国家、大学专业以及研究组别（如实验组或控制组）。

顺序量表

顺序量表：一种用于排序的测量量表。

顺序量表（ordinal scale）是一种用于排序的测量量表。如果可以对一个变量的不同水平进行排序（不过你不知道水平之间的差距是否相同），这个变量就是顺序变量。你可以由它知道某个变量上哪个人的水平更高或更低，但是却无法知道与别人相比那个人到底高出多少或低了多少。属于顺序变量的例子有：马拉松排名、

表 5.1

史蒂文斯的四种测量量表

量表名称*	特征	实例
命名量表	用于命名、分类或归类	性别、婚姻状况、记忆策略、人格类型、治疗类型、实验条件（实验组或控制组）
顺序量表	用于对物体或个体进行排序	比赛名次、社会阶层（如高、中、低）、治疗顺序、字母等级（A、B、C、D、F）
等距量表	用于排序，且相邻的数字之间等间隔或等间距	摄氏温度、华氏温度、IQ 分数、年份
等比量表	完全量化，具有等级排序、间间隔和绝对零度	开氏温度、反应时、高度、重量、年收入、团队大小

* 四种量表的首字母拼在一起是 **NOIR**（这在法语中代表黑色）。你可以使用这个首字母缩略词来帮助自己记住四种测量量表的顺序，从量化程度最低的到量化程度最高的。

社会阶层（即高、中、低）、求职者的排名以及接受特殊服务的排序等。比如，在一场马拉松比赛中，第一名与第二名的差距和第二名与第三名的差距可能不相同。

等距量表

等距量表：相邻数值间隔相等的一种测量量表。

测量的第三个等级是**等距量表**（interval scale），其相邻数值的差距相等（因此被称为等距），同时等距量表还具有低水平量表（即标记/命名量表或顺序量表）的所有特征。例如，1 °F 与 2 °F 之间的温度差和 50 °F 与 51 °F 之间的温度差相等。属于等距变量的例子还有：摄氏温度、年份以及 IQ 分数。

虽然等距量表中相邻点的间隔是相同的，但是它没有绝对零点。其零点的确定是任意的。例如 0℃ 或 0 °F 并不意味着没有温度。0℃ 是指水的凝固点温度，而 0 °F 则指比水的凝固点低 32 度的温度。

等比量表

等比量表：能够排序，具有等距和绝对零点的测量量表。

测量的第四个等级是等比量表，这是最高等级（即量化程度最高）的测量。**等比量表**（ratio scale）具有绝对零点，并包含低等级量表的全部特征。它可以标记/命名变量的值（就像命名量表），对变量的值进行排序（就像顺序量表），其变量的相邻数值之间的间隔也是相同的（就像等距量表）。除此之外，只有等比量表具有一个真实的或绝对的零点（这里的 0 代表着没有）。

属于等比变量的例子有：重量、高度、反应时、开氏温度和年收入。如果你的年收入为零美元，说明你一年内没有挣到一分钱。零美元让你买不到任何东西。在开氏温度量表上，零度是指可能存在的最低温度，意味着没有分子运动或任何热量。（如果你有兴趣：0K = −459 °F = −273℃）

思考题 5.1 ● 四种测量水平的区别特征有哪些？

良好的测量具备的心理测量学属性

良好的测量是研究的基础。如果一项研究没有建立在良好的测量基础之上，那么它的结果就不可信。所以，良好的测量要具备哪些属性？其中最主要的两个是信度和效度。

信度和效度概述

信度指的是测量工具测出来的分数的一致性或稳定性。效度指的是测量程序能够在多大程度上准确测出所需测量的事物（而不是其他什么东西），以及你是否正确地使用和解释了测量分数。如果你想得到效度，就必须拥有一定的信度，但是信度并不足以确保产生效度。

想想这个例子：假设你的确切体重是 125 磅。如果测了五次体重得到的数值分别为 135、134、134、135 和 136，那么你的秤是可信的，但是却不是有效的。这几个分数具有一致性，却是错的！如果你测了五次体重得到的值分别为 125、124、125、125 和 126，那么这个秤便是即可信又有效。研究者就希望他们的测量程序是既可信又有效的。

信　度

信度（reliability）指的是分数的一致性或稳定性。在心理测验中，它指的是从测验或评估程序中获得的分数的一致性或稳定性。在心理学研究中，它指的是从用于产生变量的研究设备和工具中得到的分数的一致性或稳定性。信度主要有四种类型：重测信度、复本信度、内部一致性信度和评分者信度。通常情况下，信度系数是作为信度的量化指标被获取的。**信度系数**（reliability coefficient）反映的是一种相关类型，若具有显著的一致性关系，则信度系数必须为正数且较高（即大于 0.70）。

重测信度　信度的第一种类型是**重测信度**（test-retest reliability），指的是不同时间获得的分数的一致性。为了确定某项测验或研究工具的重测信度，要在第一次测试后约一星期左右的时间里再施测。两组分数（第一次的分数和第二次的分数）的相关程度代表了关系的强度。强相关表示不同时间获取的分数具有一致性，即在第一次测验里得到高（或低）分数的人常常也是那些在第二次测验里得到高（或低）分数的人。关键问题是如何确定两次测验之间的时间间隔，因为一般来讲，两次测验的时间间隔越长信度系数就会越低。

复本信度　信度的第二种类型是**复本信度**（equivalent-forms reliability），指的是用某个测验或研究工具的两个等值复本施测时所得到的两组分数的一致性，这两个复本是用于测量相同事物的。很多大学入学考试（SAT、GRE 和 ACT）采用的都是复本信度。其测量方法是：用同一测验的两个复本对同一群人施测，然后求两组分数的相关系数。强正相关系数表明，在某个复本中得到高（低）分数的人也会在对应的另一个复本中得到高（低）分数。这种方法成功的关键在于测验的两个复本之间的等值性。

内部一致性信度　信度的第三种类型是**内部一致性信度**（internal consistency reliability），指的是测验或研究工具中用于测量同一构念的项目之间的一致性。例如，心理学研究的对象是不同的构念，如：学习、害羞、爱或某个人格维度，如支配性

信度：分数的一致性或稳定性。

信度系数：一种作为信度指标的相关系数。

重测信度：用同一项测验对同一群体在不同时间施测，两次所得结果的一致性。

复本信度：同一群体在同一测验的两个版本中得到的分数的一致性。

内部一致性信度：测验中用于测量某一构念的项目之间的一致性。

或外向性。为了测量这些构念，我们通常会设计一个多项目测验或量表。任何单一项目都不能充分测量某个构念，所以我们构建了多项目量表——每个项目都有助于构念的测量。内部一致性信度会受到测验长度的影响——测验越长越可信。我们希望每个构念都可以用较少的项目来获得高信度。

> **α 系数**：最常使用的内部一致性指标。
>
> **克隆巴赫系数**：α 系数的另一个名称。

评估内部一致性信度只需要施测一次，这也是为什么期刊论文中通常报告该信度的原因。最常被报告的内部一致性信度指标是 **α 系数**或**克隆巴赫系数**（coefficeint alpha; Cronbach's alpha）。α 系数应该不小于 0.70，该值越高越能证明测验项目在测量同一内容方面具有一致性。研究者在评估某个同质测验或量表的信度时会使用α系数。当某个测验或量表是多维度时（即测量的构念或特质多于一个），则应该分别报告每个维度的α系数。例如，如果你的工具中包含了 5 组项目，分别测量 5 个不同的构念，那么你在写研究报告时就应该报告 5 个 α 系数。

> **评分者信度**：两个或多个记分员、评判者、观察员或评分者在评定时的一致性程度。
>
> **观察者间一致性**：不同观察者给出一致意见的次数占总次数的百分比。

评分者信度 第四种也是最后一种主要的信度是**评分者信度**（interrater reliability），指的是两个或两个以上的记分员、评判者、观察员或评分者在评定时的一致性程度。例如，你有两个评分者可以给 35 位学生的论文打分。你只要对两位评分者打的分进行相关分析便可得到评分者信度系数，这是两位评分者在评定一致性方面的一项指标。正高信度系数表明评分者在评分时具有高度的一致性。评分者信度还可以用**观察者间一致性**（interobserver agreement）来测量，即不同评分者给出一致意见的次数占总次数的百分比。例如，有两个人同时对儿童进行观察，并记录儿童出现暴力行为的次数。每位观察者都把儿童的行为记为暴力或者非暴力。此时信度测量值就是指两位观察者出现一致评定的次数所占的百分比。

思考题 5.2 • 在测量中如何获得信度证据？

效 度

> **效度**：根据测验分数所做推理、解释或活动的准确程度。

按照测量专家目前的观点，**效度**（validity）指的是根据测验分数所做推论、解释或活动的准确度（Messick, 1989）。我们使用的"测验"一词包括了广泛的测量程序或设备（标准化测验、调查工具、多项目量表、实验设备、观察编码）。有时，研究者会宣称某个特定测验或工具是有效的，但从技术上来说，这并不十分正确。这其实指的是建立在测验分数上的解释和活动是有效或者无效的。阿纳斯塔西和厄毕那（Anastasi & Urbina, 1997, p. 113）是这样说的："测验的效度考虑的是测量的内容以及它完成得怎样。它告诉我们从测验分数中能推断出什么……（测验）效度的建立必须以测验原本计划的特定用途为依据。"克隆巴赫（Cronbach, 1990, p.145）指出："效度是用来检测从测验分数得出的解释具有多大的可靠性。"

因为测验和研究工具总是涉及对构念（如智力、性别、年龄、抑郁、自我效能、人格、饮食失调、病理学和认知类型）的测量，所以测量专家（被称作心理测量师）普遍认为所有的效度都是构念效度或建构效度的一部分（Anastasi, 1997; Messick, 1995）。例如，当我们谈到那些被诊断为精神分裂症、强迫症或饮食失调的人时，我们也是在谈论这些失调症的构念。构念还能用来表示现场实验环境的特征，比如贫困环境、富裕环境或贫民区。例如，如果你正在调查抑郁对居住在贫民区的穷人的婚姻不和现象有怎样的影响，那么你必须建立构念来指代：研究参与者（穷人）、自变量（抑郁）、因变量（婚姻不和）和实验环境（贫民区）。你必须为上述每个构念确定出一套可以代表这些构念的操作。困难在于如何确定这组操作，因为这组操作必须能够让你以最佳和最有效率的方式，从收集到的数据中准确地推断出每一个构念。

操作化：在特定的研究中，用以表示和测量某个概念的特定方式。

操作化（operationalization）（也叫操作性定义）是研究中使用的一种特定测量程序，用来代表研究者感兴趣的构念。例如，穷人的操作性定义可以是"过去6个月的收入都低于贫困线并且加入了政府福利计划的个体"。抑郁这一自变量的操作性定义是"在贝克抑郁量表中的得分超过20分的个体"（Beck, Ward, Mendelson, Mock, & Erbaugh, 1961）。因变量婚姻不和的操作性定义是"夫妻每天吵架的次数"，而贫民区这个环境构念则可以根据"参与者所在社区的家庭类型和条件以及其他建筑物的情况"来确定。

与效度相关的重要问题是，操作是否能够准确或恰当地表示目标构念。那些在过去6个月中收入低于贫困线并且加入了政府福利计划的人真的能代表穷人吗？那些在贝克抑郁量表中的得分高于20分的个体就真的抑郁吗？为了确定是否达到了所宣称的效度，就必须提出这些问题。

校验：对从测验分数中得出的推论可靠性的证据的收集。

效度的建立是有依据的，这些依据表明我们可以从特定的测量操作中准确地推断出目标构念。**校验**（validation）就是搜集证据的过程，用来支持那些根据测量操作分数得出的推论。我们可以建立一个关于测验或工具应该如何操作的理论，如果按照理论进行操作能得到正确的结果，那么理论就获得了检验，我们则得到了有关效度的证据。校验是一个连续的或者说没有终点的过程。研究者们应当一直考虑一个问题，他们的测量是否对特定的研究参与者有效。研究者提供的效度证据越多，就对根据测量分数得出的解释越有信心。接下来我们要讲述三种收集效度证据的主要方法。

内容相关证据或内容效度：专家对一项测验中的项目、任务或问题在多大程度上能代表构念所做的判断。

基于内容的效度证据 **内容相关证据或内容效度**（content-related evidence or content validity）的建立是基于一种判断，即测验或工具中的项目、任务或问题在多大程度上能代表该构念。为了做出这些判断，需要在相关构念的领域成为专家。因此，通常使用多位专家的判断作为内容效度的证据。在做与内容效度有关的决策时，专家们会收集必要的数据以回答下列问题：

表面效度：初步判断项目是否看起来像是代表了构念，以及测验或工具是否看起来有效。

1. 这些项目看上去能代表研究者的测量意图吗？（这种初步判断有时也被称为**表面效度** [face validity]。）

2. 这组项目是否不能充分代表构念内容？（即研究者是否忽略了什么重要内容或主题？）
3. 是否有项目表现出了研究者测量意图之外内容？（即是否包含了什么不相关的项目？）

如果在专家的判断中，该测验充分地表现了内容域并且满足上面建议的三个条件（即测验具有表面效度、能充分表现构念和没有包括无关项目），那么就可以说这项测验具有内容效度。

基于内部结构的效度证据 有些测验/工具是用来测量一个总构念的，有些则是用来测量**多维度概念**（multidimensional construct）的各个维度的。罗森伯格自尊量表是一个十项目量表，用于测量整体自尊这一构念。相反，哈特自尊量表（常用于儿童）测量的是整体自尊感及其五个维度，包括社会接纳、学术能力、身体外貌、运动能力和行为构念。

有时，研究者会使用**因素分析**（factor analysis）这一统计技术来确定某组项目所包含的维度数量。他们将收集的项目数据输入到某个统计程序中，接着运行因素分析程序，结果就会显示是否所有项目都相关，或者是否存在一些子集，只有子集内的项目才相关。项目的子集数量代表了维度（也叫"因素"）数量。关键是，因素分析的结果能够表明某项测验是单维度（即它只测量了一个因素）还是多维度的（即它测量了两个或两个以上的因素）。研究者必须知道项目中包含了多少个维度或因素，因为若非如此，就会产生错误的解释。

指标也可以用来说明各维度或因素的同质性程度。**同质性**（homogeneity）指的是一组项目在多大程度上测量的是同一构念或特质。同质性有两个主要指标，分项对总项的相关系数（也就是每个项目的分数与总测验分数的相关）和 α 系数（在上述的"内部一致性信度"部分讨论过）。这两个指标的数值越大，说明项目之间的相关性越大，这也证明了这些项目测量的是单维度构念或多维度构念的某个维度。正如你看到的，以测验或工具内部结构为基础的证据是建立在各项目之间的相关关系上的。其他效度证据来自项目与其他效标的联系。

基于与其他变量的联系的效度证据 效度证据将你的测验分数与一个或多个已知的相关效标进行联系。效标指的是你想与之关联或能增加你的测验分数的预测准确度的标准或基准。如果用相关系数作为效度证据，就称为**效度系数**（validity coefficient）。关键是测验分数应该在预测方向和预测程度上与效标有关联。

基于与其他变量的联系的相关效度证据有几种不同的类型。第一种是**效标关联效度**（criterion-related validity）证据，这种效度证据的基础是：测验分数能够在多大程度上预测个体在已知或标准效标（已有测验或未来表现）上的表现。效标关联效度有两种类型：预测效度和同时效度。两者的唯一区别就是时间。**预测效度**（predictive validity）指运用程序或行为测量方法去预测未来的效标表现；**同时效度**

多维度概念：包含两个或多个维度的概念；与单维度概念相反。

因素分析：一个统计分析程序，用于确定一组项目中所隐含的维度数量。

同质性：一组项目在多大程度上能够测量单一概念。

效度系数：运用于效度研究中的相关系数的类型。

效标关联效度：（测验分数能够预测或关联某个已知效标（如未来表现或在已经成熟的测验中的表现）的程度。

预测效度：在某个时间获得的分数预测后来在某效标上的分数的准确程度。

同时效度：在某个时间获得的测验分数与几乎同时获得的某个效标分数的准确相关程度。

（concurrent validity）指运用程序或行为测量方法去预测同时发生的效标（代表同一构念或相关构念）表现。例如，假设你要测验某个新抑郁量表的同时效度，你就可以向一组研究参与者（预期某些参与者正处于抑郁状态）同时施测新量表和贝克抑郁量表（已知效标）。如果你的新量表是有效的，那么从新量表中得出的分数与从贝克量表中得到的分数应该是强正相关的。假设你正在测验某个新量表对大学成就的预测效度，你可以先施测量表，以后再测量参与者在大学中的表现。（如果你的新量表是有效的）两组分数应该是强正相关的。

也可以通过收集聚合证据和区别证据来获取一个变量与其他变量的联系，以作为其具有效度的证据。与刚刚讨论过的同时效度类似，**聚合效度证据**（convergent validity evidence）是建立在焦点测验分数（即你开发的并要检验其效度的测验）与其他测量相同构念的独立测验分数两者之间的关系之上的。

区别效度证据（discriminant validity evidence）是指焦点测验分数与其他测验不同理论构念的测验分数不相关的证据。你可以将聚合和区别效度证据结合起来以检验某个新量表或测验的实际操作效果。重要的是聚合和区别证据都能令人满意。

这里要讨论的最后一种效度证据是**已知群效度证据**（known groups validity evidence）。这种证据是指，我们都已知在某个概念上存在差异的群体，能够被测验结果准确地划分到不同群体中（按照假设的方向）。例如，假如你开发了一个性别角色测验，你就会假设女性在女性化方面的得分较高，男性在男性化方面的得分较高。接下来你会让男性和女性参加这个测验，通过检验这个假设来证明你的测验是否具有效度。

在此，我们已经罗列了数种效度证据，但是必须再次强调，效度证据越多越好。你必须建立一个有关如何操作量表和测验的理论，并用多种方式检验理论。为了方便大家学习，我们在表5.2中小结了三种获得效度证据的主要方法。

聚合效度证据：是以焦点测验分数与测量相同概念的独立测验之间相关程度为基础的效度证据。

区别效度证据：是以焦点测验分数与测量不同构念的测验分数之前的不相关程度为基础的效度证据。

已知群效度证据：在某个概念上存在已知差异的群体在测量构念的测验中实际表现出来的差异程度。

思考题 5.3 ● 在测量中如何获取效度证据？

表 5.2
获取效度证据的方法

证据的类型	获取程序
基于内容的证据	由构念专家审查测验或量表的内容，并确定这些内容是否能够充分地代表被测量的构念。
基于内部结构的证据	使用因素分析法揭示某组项目中所包含的构念数。同时通过计算分项对总项的相关系数和 α 系数来考察某组单维度项目的同质性。
基于与其他变量的联系的证据	通过收集同时效度和预测效度证据来确定（测验）分数是否与已知的效标相关。同时要确定参与者的测验或量表分数是否与其他测量相同构念的测验分数强相关（聚合效度证据），而与测量不同构念的测验分数不相关（区别效度证据）。最后，要确定接受测验的量表是否能准确区分在构念上存在已知差异的群体（已知群效度证据）。

运用信度和效度信息

常模群体：在报告信度和效度证据时所参考的群体。

解释标准化测验所提供的信度和效度证据时，以及评判期刊中的实证论文时，你必须小心谨慎。标准化测验所报告的效度和信度数据通常都是以**常模群体**（norming group）（是真实存在的一群人）为基础的。如果你想要施测的群体与常模群体相比差异很大，那么测验所提供的效度和信度证据就值得质疑了。这是因为你需要知道该测验或量表是否对你的研究群体有效。

在阅读期刊论文时，你应该积极考虑以下问题，即研究者所提供的信度和效度证据能够在多大程度上证明他们的方法在研究参与者身上具有可靠性和有效性。在阅读和评估一篇实证研究论文时，通常需要回答以下两个有关联的问题："研究者是否使用了恰当的测量方法"和"作者提供了多少证据用以证明测量效度"。如果这两个问题的答案都是肯定的，那么该文章在测量方面就可以得到高分。如果答案是否定的，那么你对这项研究的评价就应该大大降低。

测验相关信息的来源

获得有关标准化测验的信息主要通过两个最重要的来源：《心理测量年鉴》（Mental Measurements Yearbook; MMY）和《测验汇编》（Tests in Priny; TIP）。你可以在大学图书馆内找到它们。另一个非常重要的来源是：从数据库（如 PsycINFO、PsycARTICLES、SocINDEX、MEDLINE 和 ERIC 等）中查找到的实证研究文献。当你在试图确定如何测量某一构念时，你应该仔细研究相关领域里顶级期刊中的那些顶级研究者正在使用的测量方法。你需要想办法得到许可，以使用最好的测量方法来研究你想要研究的构念。这里还提供了其他一些资源：米勒的《研究设计与社会测量手册》（Handbook of Research Design and Social Measurement, Miller, 1991），马多克斯的《心理学、教育和商业评估测试综合参考手册》（A Comprehensive Reference for Assessment in Psychology, Education, and Business, Maddox, 1997），菲尔茨《开展测量工作：为有组织的研究和诊断提供有效测量的指标》（Taking the Measure of Work: A Guide to Validated Scales for Organizational Research and Diagnose, Field, 2002）以及罗宾逊、谢弗和赖茨曼的《人格与社会心理态度测量》（Measures of Personality and Social Psychological Attitudes, Robinson, Shaver, & Wrightsman, 1991）。

抽样的方法

无论何时，当你回顾那些已发表的研究时，你都必须批判地审查研究中使用的抽样方法（即研究者是如何获取研究参与者的），以便于判断研究的品质。进一步来说，如果你打算开展一项自己的实证研究，那你就需要挑选研究参与者并使用最佳抽样法，且该法在你的研究情境下是恰当和可行的。在实验研究中，通常不使用随机抽样法。这是因为研究的焦点主要是因果关系问题，此外，在构建一个强实验研究设计时，随机分配比随机抽样要重要得多。与此相反，我们经常在调查类研究中使用随机抽样，当研究者想将单一研究中的研究结论直接推广到总体中时，其重要性就更为凸显。其中一个常见的例子就是政治选举，此时研究者需要将以单一样本为基础的结论推广到总体。本章第二部分的目的就是向你们介绍研究者可以使用哪些不同类型的抽样方法。

抽样中使用的术语

样本：从一个总体中抽取出的一组元素。

元素：抽样的基本单位。

总体：供抽取样本的群体中的全部元素。

抽样：从一个总体中抽取一个样本的过程。

代表性样本：一个与总体相似的样本。

等概率抽样法：一种抽样方法，可让每一个个体具有同等机会入选样本。

统计量：样本数据的数值特征。

参数：总体的数值特征。

在讨论抽样的具体方法之前，你需要知道抽样中所使用的关键术语的定义。**样本**（sample）是从一个大的总体中抽取出的一组元素，它是总体的一个子集。**元素**（element）是抽样的基本单位。**总体**（population）是指你正在从中抽样的所有元素或人。**抽样**（sampling，也译作取样）指的是从总体中抽取元素以获得一个样本。通常情况下，抽样的目标都是获取一个**代表性样本**（representative sample），即此样本在所有特征上都与总体相似（只是样本中包含的人数更少，因为它只是一个样本而非完整的整体）。打个比方来说，一个完美的代表性样本应该是选出它的总体的"镜像"（除了样本中包含的人数较少之外）。

当你想让自己的样本代表或"反映"总体时，最好的方式是使用**等概率抽样法**（equal probability of selection method; EPSEM）。EPSEM 是指任何一种能让总体中的每个个体都具有同等机会被挑选为样本的抽样方法。如果每个人都有同等的机会，那么大群体中的人员类型会比小群体中的人员类型更频繁地被选择到，但是每一个独立的个体都有着相同的入选机会。例如，如果某个总体构成中女性占 55%，年龄在 18~28 岁之间的年轻人占 75%，完成了普通心理学课程的人占 80%，那么一个代表性样本在这些特征上也应该是差不多的比例。参与者样本中，也会大约有 55% 的女性，75% 的年轻人，80% 的人已经完成了普通心理学课程。你将要学习若干种等概率抽样法，但是其中最常见的也许是简单随机抽样（Peters & Eachus, 2008）。

一旦从你的研究参与者样本那儿收集到数据，你就必须要分析这些数据。在分析时，你需要确定样本的特征（比如变量的平均数和方差）以及变量之间的关系，这些从样本数据中计算得出的结果就是统计量。**统计量**（statistic）是样本数据的数值特征。例如，也许某个特定样本的平均年收入（即统计量）是 56 000 美元。通常，研究者也希望以样本结果为基础得出有关总体特征的说明，例如，根据样本平均数估计总体平均数。用统计学术语来讲，研究者想要说明的是总体参数。**参数**

（parameter）是指总体的数值特征。例如，也许整个总体的平均年收入（即参数）是 51 323 美元。

请注意，我们的样本平均收入水平与总体平均收入水平是有区别的（样本中是 56 000 美元，而总体是 51 323 美元）。这是抽样中通常会出现的情况，即使我们使用的是最佳的抽样方法。**抽样误差**（sampling error）这一术语就是指样本统计量与总体参数之间的数值差异。在年收入的例子中，抽样误差等于 4 677 美元（即 56 000 − 51 323 = 4 677）。关键是，抽样中总是存在着某些误差。就随机抽样法来说，误差是随机的，而不是系统性的误差（并且，如果抽取的是大样本，那这些误差就可能相对较小）。当误差是随机的（如随机抽样中那样），则所有可能样本的平均值就与总体参数的真实值相等了，而且样本的值是围绕着参数的真实值随机变化的。如果你需要消除抽样误差，那你就必须避免使用抽样并且实施**普查**（census）——你必须从总体中的每一个个体那儿收集数据。然而，很少有人会选择进行普查，因为绝大多数的总体都是非常庞大的，进行普查的费用太高了。

绝大多数的抽样方法都要求你有一张包含总体中所有人员的名单。这个名单被称作**抽样框**（sampling frame）。例如，图 5.1 所展示的就是一个抽样框。这个抽样框包含了 APA 于 1892 年成立以来的历任主席。这里的总体是"APA 的主席。"这个抽样框中还包含了每位总体成员的识别编号，从 1（第一位主席）开始，到 118（最后一位主席）结束。这个抽样框中的绝大多数人已经去世了。因此，这个总体只适合用于非实验研究或历史性研究。例如，你也许想要开展一项描述性研究，探究以往主席的年龄、性别和研究专长是如何随着时间而变化的（如：Hogan, 1994）。

现在让我们想一想另一项研究。假定你任职于 APA，而执行总监想让你开展一项电话研究，调查一下现在的 APA 成员对于在心理学研究中使用和处理动物的态度。在 2009 年，APA 成员大约有 15 万位，因此，整个抽样框要包括 15 万个条目。这个抽样框很有可能是一个电脑文件。你需要随机挑选样本。也许你拥有的资金足以对 400 个 APA 成员进行调查。当你试图对这 400 个样本成员进行电话访谈时，你将会发现并不是每个人都同意参与这项调查。为了表明样本人群对此项研究的参与程度，研究者需要报告回复率。**回复率**（response rate）是指挑选出的样本中实际参与研究的个体所占的比例。这个比例应该越高越好。如果在 APA 的这项描述性研究中，被挑选出的 400 位成员中有 300 位最终参与了调查，那么该研究的回复率就是 75%（即 300 除以 400）。

抽样误差：样本值与真实的总体参数值之间的差异。

普查：从总体中的每个个体那儿收集数据。

抽样框：总体中所有元素的名单。

回复率：实际参与研究的个体数量占挑选出的样本中个体数量的比例。

随机抽样法

心理学研究中常常使用的两种主要抽样方法是随机抽样和非随机抽样。当我们的目标是为了将特定样本中得到的结论推广到总体时，我们喜欢使用随机抽样法，因为它们可以产生代表性样本。非随机抽样法通常会产生**偏差样本**（biased

偏差样本：非代表性样本。

图 5.1
APA 主席的抽样框 *

1. 格兰维尔·斯坦利·霍尔（1892）	41. 沃尔特·理查德·迈尔斯（1932）	81. 安妮·安纳斯塔斯（1972）
2. 乔治·特兰伯尔·莱德（1893）	42. 路易斯·里昂·赛斯顿（1933）	82. 李奥纳·泰勒（1973）
3. 威廉·詹姆斯（1894）	43. 约瑟夫·彼得森（1934）	83. 艾尔伯特·班杜拉（1974）
4. 詹姆斯·麦基恩·卡特尔（1895）	44. 艾尔伯特·西奥多·蒲分白（1935）	84. 唐纳德·坎贝尔（1975）
5. 乔治·斯图尔特·富尔顿（1896）	45. 克拉克·西奥多·胡尔（1936）	85. 威尔伯特·麦基奇（1976）
6. 詹姆斯·马克·鲍德温（1897）	46. 爱德华·蔡斯·托尔曼（1937）	86. 西欧多尔·布劳（1977）
7. 胡戈·穆恩斯滕伯格（1898）	47. 约翰·弗雷德里克·达希尔（1938）	87. 布鲁斯特·史密斯（1978）
8. 约翰·杜威（1899）	48. 戈登·威拉德·阿尔伯特（1939）	88. 尼古拉斯·卡明斯（1979）
9. 约瑟夫·查斯特罗（1900）	49. 西奥多·卡迈克尔（1940）	89. 弗洛伦斯·丹马克（1980）
10. 约西亚·罗伊斯（1901）	50. 赫伯特·伍德罗（1941）	90. 约翰·康格（1981）
11. 埃德蒙·克拉克·桑福德（1902）	51. 卡尔文·佩里·斯托内（1942）	91. 威廉姆·贝文（1982）
12. 威廉姆斯·洛维·布莱恩（1903）	52. 约翰·爱德华·安德森（1943）	92. 马克思·西格尔（1983）
13. 威廉·詹姆斯（1904）	53. 加德纳·墨菲（1944）	93. 珍妮特·斯彭斯（1984）
14. 玛丽·卡尔金斯（1905）	54. 爱德温·格思里（1945）	94. 罗伯特·佩罗夫（1985）
15. 詹姆斯·罗兰·安吉尔（1906）	55. 亨利·加勒特（1946）	95. 罗根·莱特（1986）
16. 亨利·罗格斯·马歇尔（1907）	56. 卡尔·罗杰斯（1947）	96. 邦妮·斯特里克兰（1987）
17. 乔治·马尔科姆·斯特拉顿（1908）	57. 唐纳德·马奎斯（1948）	97. 雷蒙德·福勒（1988）
18. 查理·哈伯德·贾德（1909）	58. 欧尼斯特·希尔加德（1949）	98. 约瑟夫·玛塔拉佐（1989）
19. 沃尔特·鲍尔斯·皮尔斯伯里（1910）	59. 乔伊·保罗·吉尔福德（1950）	99. 斯坦利·格拉哈姆（1990）
20. 卡尔·艾米尔·西肖尔（1911）	60. 罗伯特·希尔斯（1951）	100. 查理斯·斯皮尔伯格（1991）
21. 爱德华·李·桑代克（1912）	61. 约瑟夫·麦克维科尔·亨特（1952）	101. 小杰克·威金斯（1992）
22. 霍华德·克罗斯比·沃伦（1913）	62. 劳伦斯·弗雷德里克·谢弗（1953）	102. 弗兰克·法利（1993）
23. 罗伯特·赛森斯·伍德沃斯（1914）	63. O.H. 莫瑞（1954）	103. 罗纳德·福克斯（1994）
24. 约翰·布罗德斯·华生（1915）	64. E. 罗威尔·凯利（1955）	104. 罗伯特·雷斯尼克（1995）
25. 雷蒙德·道奇（1916）	65. 西欧多尔·纽科姆（1956）	105. 桃乐西·康托（1996）
26. 罗伯特·莫恩斯·耶克斯（1917）	66. 李·克伦巴赫（1957）	106. 诺曼·艾伯利（1997）
27. 约翰·沃勒斯·贝尔德（1918）	67. H.F. 哈洛（1958）	107. 马丁·塞利格曼（1998）
28. 沃尔特·迪尔·斯科特（1919）	68. W. 科勒（1959）	108. 理查德·苏恩（1999）
29. 谢帕达·艾沃利·弗朗兹（1920）	69. 唐纳德·赫本（1960）	109. 派翠克·德莱翁（2000）
30. 玛格丽特·弗洛伊·沃什博恩（1921）	70. 尼尔·米勒（1961）	110. 诺拉·约翰森（2001）
31. 奈特·邓莱普（1922）	71. 保罗·米尔（1962）	111. 菲利普·津巴多（2002）
32. 路易斯·麦迪森·特曼（1923）	72. 查理斯·奥斯古德（1963）	112. 罗伯特·斯滕伯格（2003）
33. 格兰维尔·斯坦利·霍尔（1924）	73. 奎恩·麦克尼玛尔（1964）	113. 黛安·赫本（2004）
34. 麦迪森·本特利（1925）	74. 杰罗姆·布鲁纳（1965）	114. 罗纳德·勒旺（2005）
35. 哈维·卡特（1926）	75. 尼古拉斯·霍博斯（1966）	115. 杰拉尔德·库克（2006）
36. 哈利·李维·霍林斯沃斯（1927）	76. 加德纳·林德赛（1967）	116. 莎伦·斯蒂芬斯·布雷姆（2007）
37. 爱德温·嘉里盖斯·博林（1928）	77. A.H. 马斯洛（1968）	117. 艾伦·凯兹丁（2008）
38. 卡尔·拉施里（1929）	78. 乔治·米勒（1969）	118. 詹姆斯·布雷（2009）
39. 赫伯特·西德尼·朗菲尔德（1930）	79. 乔治·艾碧（1970）	
40. 沃尔特·塞缪尔·亨特（1931）	80. 肯尼思·克拉克（1971）	

* 每位主席任职的年份在括号中显示。

samples）（即不能代表某个已知总体的样本）。任何特定的研究样本都可能（或者可能不）具有代表性，但是如果你使用了随机抽样法（尤其是你采用了等概率抽样法的话），获得具有代表性样本的机会将更大一些。特别重要的是，当样本是非随机样本时，要在研究报告中详细描述人口统计学特征，以便读者能够了解研究参与者的确切特征。这样，研究者和报告的读者就能够利用著名的研究方法学家（也是某届的 APA 主席）唐纳德·坎贝尔（Donald Campbell, 1916—1996）所说的**近端相似**（proximal similarity）原则进行推论。坎贝尔的观点是，当现实情境中的人群与研究中所描述的具有一定的相似度时，你可以将研究结果推广到不同的人群、地域、环境和情境中。[1]

近端相似：将结果推广到与研究中描述的情况相似的人群、地域、环境以及情境中。

简单随机抽样

简单随机抽样：一种流行的、基本的等概率抽样法。

随机抽样的最基本的类型就是**简单随机抽样**（simple random sampling）。简单随机抽样是最名副其实的一种等概率抽样法。记住，在等概率抽样中，总体中的每一个个体都必须具有同等机会入选最终样本。也正是等概率抽样的这个特征，使得简单随机抽样法能够产生代表性样本，从而让你能够直接从样本推论到总体。

将简单随机抽样法进行形象化的一种方式就是想想我们所称的"帽子模型"。具体方法是：将每个人的名字写在相同大小的纸片上，然后把纸片放进一顶帽子里，盖住帽子的顶部，摇晃帽子让纸片在帽中随机分散。接下来，抽取一张纸片将它放在一边。重复这个过程直到被挑出的纸片数量等于你所需要的样本大小。

在进行简单随机抽样时，抽样专家们建议采用"不放回"抽样（就像我们在"帽子模型"例子中所演示的那样），而不是"放回"抽样（即我们将抽取出的纸片再放回帽子中，这样它就有可能被再次抽取）。这是因为不放回抽样在产生代表性样本上会更有效率（即它需要的人略少，因此所需的费用也略少）。在不放回抽样中，任何人都不可能被选中一次以上，一旦某人被选中，你就不会再将他放回抽样库（库中的人员都可能被选上）。要想理解不放回抽样的必要性，或许最简单的方式是考虑一个非常小的样本。如果你要从一个总体中抽取一个 10 人的样本，你肯定希望他们都是不同的人。如果你使用了放回抽样，并且碰巧有 5 次都选中了同一个人，那么你可能就需要从 6 个人而不是 10 个人的特征来估计总体的特征。

在实际中，你不会使用"帽子模型"来进行随机抽样的。在电脑被广泛使用之前，有一种传统方式可以获取简单随机样本，那就是利用随机数字表，研究者可以从中获得被选入样本中的人员编号。如今，随机数字生成器的使用已经越来越普遍。这里列了一些既流行又好操作的随机数字生成器的链接，你可以在网上找到它们：

http://www.randomizer.org

http://www.psychicscience.org/random.aspx

---

[1] 坎贝尔（1986）建议用术语近端相似取代他先前提出的术语外部效度。但是，这个标签从未流行起来。

http://www.random.org

想找到其他随机数字生成器，只需要在网上搜索"随机数字生成器"即可。

如果你正在使用某种随机数字生成器（就像上面列出的那些一样），那么，其实你是在随机挑选一组数字。因此，你必须确保你的抽样框中的每个人都对应着一个数字。看图 5.1，你会发现每位 APA 主席都分配到了一个识别编号。我们将使用这些编号来标识那些入选样本的人。

在 randomizer.org 程序的帮助下，我们从图 5.1 的抽样框中挑选了一个 10 人的样本。我们需要从 1~118 这些数字中随机挑选出 10 个数字，因为我们的抽样框中有 118 位 APA 主席。进入网站并回答以下问题：

1. 你想生成几组数字？
   - 我们输入 1，表示我们想要一组数字。
2. 每组包括几个数字？
   - 我们输入 10，表示我们想要的组中包含 10 个数字。
3. 数字范围？
   - 我们输入 1 和 118，表示抽样框中的数字范围。
4. 你希望每一组中的每个数字都是唯一的吗？
   - 我们点击"是"，表示我们想要进行不放回抽样。
5. 你希望对生成的数字进行排序吗？
   - 选择是或不是都可以。我们点击"是"。
6. 你希望如何浏览你的随机数字？
   - 我们选择程序的默认值（"关闭位置标签"），因为我们不想知道所选数字的顺序。
7. 接下来，我们点击"现在开始随机化"按钮，以获取我们的随机数字组。

从随机数字生成器中得到的最终数字组是 1、4、22、29、46、60、63、76、100 和 117。最后一步，回到图 5.1 的抽样框中，确定从总体选入样本中的人是谁。我们通过将随机产生的识别编号与抽样框中的人进行一一对应，并以此来定位被选入样本的人员。以下就是随机抽取的 10 位 APA 主席：1- 格兰维尔·斯坦利·霍尔，4- 詹姆斯·麦基恩·卡特尔，22- 霍华德·克罗斯比·沃伦，29- 谢帕德·艾沃利·弗朗兹，46- 爱德华·蔡斯·托尔曼，60- 罗伯特 R. 希尔斯，63- O.H. 莫瑞，76- 加德纳·林德赛，100- 查理斯·斯皮尔伯格和 117- 艾伦 E. 凯兹丁。

分层随机抽样

分层随机抽样：将总体中的元素分成互相排斥的组群，然后在每个组群中进行随机抽样。

随机抽样的第二种类型是**分层随机抽样**（stratified random sampling）（或分层抽样）。在分层抽样中，总体被分为互斥的若干组群或层，然后在每个组群中挑选

分层变量：为了进行分层抽样，而通过此种类型的变量将总体中的元素进行划分。

随机样本。这些组群构成了**分层变量**（stratification variable）的各个水平。例如，如果性别是分层变量，那么总体的抽样框就会被分成分别由所有女性和所有男性组成的两个群。图 5.2 展示了以性别进行分层的抽样框。分层变量可以是类别变量（如性别、民族、人格类型）或定量型变量（如智力、身高、年龄），而且可以使用多个分层变量。

这里讲的是如何使用一个分层变量获得分层样本：

1. 对你的抽样框进行分层（比如，如果性别是分层变量，那么就将名单分为女性和男性），并给各组的元素标上识别编号。
2. 从各组群中抽取一个随机样本（比如，从女性组中抽取一个随机样本，并从男性组中抽取一个随机样本）。
3. 将随机抽取的各组人混合在一起（比如，男性和女性），这样你就得到了最终的样本。

等比例分层抽样：样本和总体在分层变量上的比例都相同的分层抽样法。

不等比例分层抽样：样本在分层变量上的比例与总体比例不同的分层抽样法。

实际上分层抽样有两种类型：等比例分层抽样和不等比例分层抽样。在**等比例分层抽样**（proportional stratified sampling）中，从各组（如男性和女性）选择的人员数量之比与各组在总体中所占的比例是对等的。例如，总体的 60% 是女性，那么你的样本中女性的比例也需要占到 60%。在**不等比例分层抽样**（disproportional stratified sampling）中，选自各组的人员数量之比与他们在总体中所占的比例并不相关。例如，即使总体的 60% 都是女性，样本中的女性比例也可以只有 50%。

假设你想以性别作为变量进行分层，并且总体包含 75% 的女性和 25% 的男性。同时假设你想要获得一个样本量为 100 的样本。如果采用等比例分层抽样，你可以从分层抽样框中随机挑选 75 名女性和 25 名男性，最终的样本与总体在性别比例上完全吻合（75%，25%）。等比例分层抽样是一种等概率抽样法（每个个体都有同等机会入选最终样本），你可以直接将样本中得到的结论推广到总体中。

如果采用不等比例分层抽样，你也许会从性别总体中随机选择 50 名男性和 50 名女性。不等比例分层抽样不是一种等概率抽样法，因为每个人拥有的机会不同。在这个例子中，总体中包含 75% 的女性和 25% 的男性，而样本中的男性和女性各占 50%。当出现这种采样不足或过度抽样的情况时，你的抽样方法就不再是一种等概率抽样法了。你不能将这 50 名女性和 50 名男性混合在一起，而且不能直接将样本中得到的结论推广到总体中。[2] 虽然不等比例分层抽样不是一种等概率抽样法，但研究者有时仍然会选用这种方法，因为如果不采用过度抽样，一些小组群可能就会被遗漏。

等比例分层抽样是一种特别强大的抽样方法。就像简单随机抽样法一样，分层比例随机抽样法是一种等概率抽样法，这意味你能够直接从最终获得的样本推论到

---

[2] 在这个例子中，如果抽样专家想将样本中得到的结论推广到总体中，他们会将女性和男性的数量重新换算成恰当的比例。

图 5.2
以性别分层的抽样框 *

APA 女主席

1. 玛丽·卡尔金斯（1905）
2. 玛格丽特·弗洛伊·沃什博恩（1921）
3. 安妮·安纳斯塔斯（1972）
4. 李奥纳·泰勒（1973）
5. 弗洛伦斯·丹马克（1980）
6. 珍妮特·斯彭斯（1984）
7. 邦妮·斯特里克兰（1987）
8. 桃乐西·康托（1996）
9. 诺拉·约翰森（2001）
10. 黛安·赫本（2004）
11. 莎伦·斯蒂芬斯·布雷姆（2007）

APA 男主席

1. 格兰维尔·斯坦利·霍尔（1892）
2. 乔治·特兰伯尔·莱德（1893）
3. 威廉·詹姆斯（1894）
4. 詹姆斯·麦基恩·卡特尔（1895）
5. 乔治·斯图尔特·富尔顿（1896）
6. 詹姆斯·马克·鲍德温（1897）
7. 胡戈·穆恩斯滕伯格（1898）
8. 约翰·杜威（1899）
9. 约瑟夫·查斯特罗（1900）
10. 约西亚·罗伊斯（1901）
11. 埃德蒙·克拉克·桑福德（1902）
12. 威廉姆斯·洛维·布莱恩（1903）
13. 威廉·詹姆斯（1904）
14. 詹姆斯·罗兰·安吉尔（1906）
15. 亨利·罗格斯·马歇尔（1907）
16. 乔治·马尔科姆·斯特拉顿（1908）
17. 查理·哈伯德·贾德（1909）
18. 沃尔特·鲍斯·皮尔斯伯里（1910）
19. 卡尔·艾米尔·西肖尔（1911）
20. 爱德华·李·桑代克（1912）
21. 霍华德·克罗斯比·沃伦（1913）
22. 罗伯特·赛森斯·伍德沃斯（1914）
23. 约翰·布罗德斯·华生（1915）
24. 雷蒙德·道奇（1916）
25. 罗伯特·莫恩斯·耶克斯（1917）
26. 约翰·沃勒斯·贝尔德（1918）
27. 沃尔特·迪·斯科特（1919）
28. 谢帕德·艾沃利·弗朗兹（1920）
29. 奈特·邓莱普（1922）
30. 路易斯·麦迪森·特曼（1923）
31. 格兰维尔·斯坦利·霍尔（1924）
32. 麦迪森·本特利（1925）
33. 哈维·卡特（1926）
34. 哈利·李维·霍林斯沃斯（1927）
35. 爱德温·嘉里盖斯·博林（1928）
36. 卡尔·拉施利（1929）
37. 赫伯特·西德尼·朗菲尔德（1930）
38. 沃尔特·塞缪尔·亨特（1931）
39. 沃尔特·理查德·迈尔斯（1932）
40. 路易斯·里昂·赛斯顿（1933）
41. 约瑟夫·彼得森（1934）
42. 艾尔伯特·西奥多·蒲分白（1935）
43. 克拉克·西奥多·胡尔（1936）
44. 爱德华·蔡斯·托尔曼（1937）
45. 约翰·弗雷德里克·达希尔（1938）
46. 戈登·威拉德·阿尔伯特（1939）
47. 西奥多·卡迈克尔（1940）
48. 赫伯特·伍德罗（1941）
49. 卡尔文·佩里·斯托内（1942）
50. 约翰·爱德华·安德森（1943）
51. 加德纳·墨菲（1944）
52. 爱德温·格思里（1945）
53. 亨利·加勒特（1946）
54. 卡尔·罗杰斯（1947）
55. 唐纳德·马奎特（1948）
56. 欧尼斯特·希尔加德（1949）
57. 乔伊·保罗·吉尔福德（1950）
58. 罗伯特·希尔斯（1951）
59. 约瑟夫·麦克维科·亨特（1952）
60. 劳伦斯·弗雷德里克·谢弗（1953）
61. O.H. 莫瑞（1954）
62. 罗威尔·凯利（1955）
63. 西欧多尔·纽科姆（1956）
64. 李·克伦巴赫（1957）
65. H.F. 哈洛（1958）
66. W. 科勒（1959）
67. 唐纳德·赫本（1960）
68. 尼尔·米勒（1961）
69. 保罗·米尔（1962）
70. 查理斯·奥斯古德（1963）
71. 奎恩·麦克尼玛尔（1964）
72. 杰罗姆·布鲁纳（1965）
73. 尼古拉斯·霍博斯（1966）
74. 加德纳·林德赛（1967）
75. A.H. 马斯洛（1968）
76. 乔治·米勒（1969）
77. 乔治·艾碧（1970）
78. 肯尼思·克拉克（1971）
79. 艾尔伯特·班杜拉（1974）
80. 唐纳德·坎贝尔（1975）
81. 威尔伯特·麦基奇（1976）
82. 西欧多尔·布劳（1977）
83. M. 布鲁斯特·史密斯（1978）
84. 尼古拉斯·卡明斯（1979）
85. 约翰·康格（1981）
86. 威廉姆·贝文（1982）
87. 马克思·西格尔（1983）
88. 罗伯特·佩罗夫（1985）
89. 罗根·莱特（1986）
90. 雷蒙德·福勒（1988）
91. 约瑟夫·玛塔拉佐（1989）
92. 斯坦利·格拉哈姆（1990）
93. 查理斯·斯皮尔伯格（1991）
94. 杰克·威金斯, Jr.（1992）
95. 弗兰克·法利（1993）
96. 罗纳德·福克斯（1994）
97. 罗伯特·雷斯尼克（1995）
98. 诺曼·艾伯利（1997）
99. 马丁·塞利格曼（1998）
100. 理查德·苏恩（1999）
101. 派翠克·德莱翁（2000）
102. 菲利普·津巴多（2002）
103. 罗伯特·斯滕伯格（2003）
104. 罗纳德·勒旺（2005）
105. 杰拉尔德·库克（2006）
106. 艾伦·凯兹丁（2008）
107. 詹姆斯·布雷（2009）

*11 位女性主席列在前面，107 位男性主席列在后面。

总体（Kalton, 1983; Kish, 1995）。但是，等比例分层抽样法比简单随机抽样法的效率要略高一些（这意味着它需要的人更少一些，因此所需的费用也相对较少一些）。等比例分层样本比简单随机样本要稍微进步了一些（即它必须代表分层变量，否则它就是一个随机样本）。那些在抽样上需花费大量金钱的公司通常更愿意选择分层抽样，因为它能减少费用支出。

整群随机抽样

整群随机抽样：随机选择群的抽样方法。

整群：一种包含了多个元素的集合型单元。

第三种主要的随机抽样方法，被称作**整群随机抽样**（cluster random sampling）（或整群抽样）。在抽样的第一阶段，研究者随机地选取群而非单个单元（比如单独的人）。**整群**（cluster）就是包含了多个元素的集合型单元，其中不止一个单元。整群的例子包括：社区、家庭、学校、班级和工作组。注意所有这些集合型单元都包含了多种单个元素或单元。

单级整群抽样：群是随机挑选的，入选群中的所有元素组成了样本。

我们简要地说明一下两种类型的整群抽样法：单级和二级。整群抽样的第一种类型是**单级整群抽样**（one-stage cluster sampling）。为了选取单级整群样本，你要随机地选择群样本。最终的样本包括随机选择的群当中的所有单个单元。例如，如果你随机选择了 15 个心理学班级，你的样本中就包括了在这 15 个班级中的所有学生。

二级整群抽样：群是随机挑选的，然后从每个入选群的元素中抽取出一个随机样本。

整群抽样的第二种类型是**二级整群抽样**（two-stage cluster sampling）。第一步，你随机选择一个群样本（即像你在单级整群抽样时做的那样）；但是到了第二步，你需要从第一步选取的各群元素中分别随机抽取一个样本。例如，在第一步时你随机选择了 30 个心理学班级，那么第二步时你就需要从这 30 个班级中的每个班级里随机抽取 10 名学生。

如果所有群的大小都差不多相同，那么整群抽样法就是一种等概率抽样法。记住，等概率抽样是非常重要的，因为只有这样，抽样才能产生代表性样本。如果群的大小有异，那么还有一些高级方法可帮助你将其变为一种等概率抽样法，本书不涉及这一方法。[3]

系统抽样

系统抽样：先确定抽样间隔（k），然后从 1 至 k 之间随机选取一个数字，并以此为起点选择每个间隔 k 位的元素的抽样方法。

系统抽样（systematic sampling）是另一种通常会生成随机样本的抽样方法。系统抽样的效率与简单随机抽样的效率差不多，而且也是一种等概率抽样法（Kalton, 1983）。如果你决定使用系统抽样法抽取一个样本，你必须进行三个步骤。第一步，确定**抽样间隔**（sampling interval），即总体大小除以样本容量得出的

抽样间隔：总体大小除以样本容量所得到的值；它可以用字母 k 表示。

---

[3] 你可以使用一种被称为"概率比例规模抽样"（probability proportional to size; PPS）的方法来解决这个问题。

值。抽样间隔可以用符号"k"表示。第二步，随机选择 1 至 k 之间的某个数字，然后将与这个数字对应的人纳入你的样本。第三步，将该数以后每间隔 k 个数所对应的元素都纳入你的样本中。例如，假设你的总体大小是 100，你想要获取一个容量为 10 的样本。那么你的抽样间隔 k 就等于 10。接着，假设你在 1 到 10 之间随机抽取的数字是 5。最后，除了第 5 个人，还有 5 之后每隔 10 个数所对应的人都可以纳入样本（比如，第二个是 15 号，因为 5+10=15；第三个人是 25 号，因为 15+10=25；以此方式继续抽取）。最终的样本包括的人员编号分别为：5、15、25、35、45、55、65、75、85、95。如果你是按照这三个步骤进行操作的，那么当你到达抽样框的末尾时，你也正好抽取到了样本中需要的所有人。在系统抽样中，你实质上是选取了一个随机的起点，然后按照姓名列表从头到尾进行操作。

现在让我们从图 5.1 的抽样框中选取一个容量为 10 的样本。总体大小为 118，我们想要的样本容量为 10；因此 k 就是 118 除以 10，近似于 12（$11.8 \approx 12$）。第二步，我们使用随机数字生成器在 1 至 12 之间选取一个数字，结果我们得到了数字 6，将第 6 个人选入样本中。第三步，我们自此选取间隔为 12 的所有人进入我们的样本。最终样本包括的人员编号为：6、18、30、42、54、66、78、90、102、114。你可以使用这些编号确定出进入样本的 10 位 APA 主席。

周期性：如果抽样框中存在着循环模式，进行系统抽样时就会出现的问题。

在系统抽样中有一个潜在问题（但是并不常见）。这个问题被称为**周期性**（periodicity）。如果抽样框中存在循环模式，就会导致周期性的问题。如果你把几个排好序的名单拼接在一起（比如，假设你从多个班级获得了名单，而每一个班级名单都是按照诸如成绩这样的变量进行排序的），而且每个单独的名单的长度正好等于 k，那么就很有可能发生周期性问题。只要你不把多个名单拼接在一起，就不会发生周期性问题。如果你有多个名单，一定要将它们作为一个整体进行编排（即按照随机的方式、或者按字母顺序、或者依据分层变量重新排成一个新名单）。[4]

思考题 5.4 ● 几种主要的随机抽样方法的优点和缺点各是什么？

非随机抽样法

方便抽样：选取那些可能性大的、有意愿的、或者容易招募的人作为样本。

心理学研究中使用的另一种主要的抽样方法是非随机抽样法。这些可能是相对较弱的抽样方法，但是有时因为出于一些现实的考虑，我们必须选用这些方法。我们简要地介绍一下四种主要的非随机抽样法：方便抽样、配额抽样、立意抽样和滚雪球抽样。

在进行**方便抽样**（convenience sampling）时，你只要简单地问人们，谁最方便

---

[4] 你也可以利用一个如图 5.2 展示的那种分层抽样框来进行系统抽样。事实上，因为分层本身所具有的优势，这样的效果会更好一些。

参加你的研究，或者选择最容易获得的参与者参与你的研究。例如，心理学家经常会从选修普通心理学课程的大学生中挑选样本（即参与研究项目的学生是为了获得大学学分或想知道做研究参与者是怎么回事）。

配额抽样：研究者先确定样本容量或样本中包含的组群的配额，然后使用方便抽样获得样本。

在进行**配额抽样**（quota sampling）时，研究者会设置配额（即样本所需的各种类型的人的数量），然后找到（使用方便抽样法）满足这些配额数量的人。例如，研究可能需要这样一组配额：25 位非裔美国男性、25 位欧裔美国男性、25 位非裔美国女性以及 25 位欧裔美国女性。你可以使用方便抽样法找到这些人。关键在于要为每组配额找到正确数量的人。

立意抽样：研究者明确感兴趣的总体有何特征，然后找到那些具有这些特征的个体。

在进行**立意抽样**（purposive sampling）时，研究者会明确其感兴趣的总体有何特征，然后找到与所需要特征吻合的个体。例如，你想要开展一项研究，并以"14~17 岁之间、患有强迫性症的青春期男孩和女孩"为对象。那么你就需要努力地找到满足这个要求并且愿意参与研究的男孩、女孩各 25 个，然后将他们纳入到你的研究之中。

滚雪球抽样：每一个被选入样本中的人都被要求找出其他的具有准入特征的潜在参与者。

最后，在进行**滚雪球抽样**（snowball sampling）时，恳请每一个研究参与者推荐其他具有某个特定准入特征（或一组特征）的潜在研究参与者。开始的时候你只能找到一个或几个参与者；你请求他们加入研究并询问他们是否知道其他一些满足准入特征的潜在参与者。接着你就可以顺藤摸瓜找到这些额外参与者，请求他们加入，并请他们推荐其他潜在参与者。你要持续这个过程，直到拥有了足够数量的研究参与者。在你需要从一个没有抽样框且很难找的总体中抽取样本时，使用滚雪球的抽样方式会尤其有效。例如，如果你想在你的城市里开展一项与拥有巨大政治权力（包括官方或非官方的权力）的人有关的研究，你就可能会使用滚雪球的抽样方法，因为这里没有现成的抽样框。你可以确定一组有权力的人，并从那儿入手，然后使用上面描述的滚雪球的方式进行抽样。

思考题 5.5 ● 不同种类的非随机抽样法的关键特征是什么？

随机选取与随机分配

本章内容是关于测量和抽样方法的，而不是分配方法。但是，我们需要让你理解随机选取与随机分配之间的重要区别。随机选取是一种抽样技术，而随机分配不是。在随机选取时，你会使用某种我们已经讨论过的随机抽样方法从总体中选取出一个样本。**随机选取**（random selection）的目的是为了获得一个能够代表总体的样本。如果你使用的是一种等概率抽样法，那么得到的随机样本就会与总体相似（即它具有代表性）。例如，如果你从密歇根州安阿伯市的成年人口中随机地选取（如使用简单随机抽样）出 1000 个人，那你获得样本的情况就会与安阿伯市成年人口的情况相似。对调查研究来说，随机选取非常重要，因为调查研究需要从单个样本

随机选取：使用随机抽样法选取参与者。

随机分配：按照随机概率将参与者安置到不同实验条件下。

随机选取的目的：获取具有代表性的样本。

随机分配的目的：产生两个或多个可在实验中使用的同等特征的组。

直接推论到总体。

随机分配（random assignment）不是用于获取样本的。随机分配是在实验研究中使用的一种程序，用于形成在所有可能特征上都相似的实验组与控制组（或对照组）的。在进行随机分配时，你首先要从一组人入手（尤其是你有一个方便抽样样本时），然后将这组人随机地分成两个或多个组。接下来给其中一组施行实验处理，给另一组施与控制条件（随机地决定）。这样你就可以开展实验了。为了得到研究中的因果关系，需要进行强实验设计，而随机分配过程就是进行这种实验设计的关键要素。在第 8 章中，我们将解释什么是随机化设计。与随机抽样一样，研究者在随机分配时常会使用随机数字生成器（例如，先前提到的随机抽样程序也能用于随机分配）。必须要记住，随机选取与随机分配的区别在于两者目的不同。**随机选取的目的**是获取具有代表性的样本，而**随机分配的目的**是产生两个或多个要求在概率上等同从而可用于实验的分组。

随机抽样时的样本容量确定

在你设计一项研究时，不可避免地会遇到这样一个关键问题："我的样本中应该包含多少人？"虽然这是一个非常现实的问题，但是却很难解答，因为样本容量受到诸多因素的影响。现在我们将提供一些建议和对你有用的信息。

关于上面提到的与样本容量有关的重要问题，这里有五个相对"简单"的答案。第一，如果你的总体人数低于或等于 100 人，那么将整个总体都纳入你的研究，而不是从中抽取一个样本。在这种情况下，我们建议你不要抽取样本，而是让每个人都加入。第二，如果有可能，尽量为你的研究获取一个相对大些的样本。样本容量越大，你就越不可能漏掉存在于总体中的效应或关系。有时候，增加样本容量所换来的收益只有一点，从而使成本效益降低，但是你应该不会经常处于这种情况。第三，我们建议你仔细地检查同类课题的其他研究文献，并找出其他研究者在研究中选择了多少参与者。第四，为了得到样本人数的确切数字，请查看表 5.3，其中给出了建议的样本容量。但是，因为在确定所提供的样本容量时，需要做出几个前提假设，所以该表也只是提供了一个大致的参考起点。第五，我们强烈建议你使用**样本容量计算器**（sample size calculators）。为了使用这些计算器，你必须学习一些推论统计的知识，但是我们要在第 15 章才会详细地讨论推论统计。最受欢迎的样本容量计算程序或许是 G-Power（Erdfelder, Faul, & Buchner, 1996）。下面是这个程序的链接：http://www.psycho.uni-duesseldorf.de/aap/projects/gpower/。

样本容量计算器：一个用于生成推荐的样本容量的统计程序。

在结束本编之前，我们再补充几点与样本容量有关的内容。第一，如果你的总体同质性较差（即组成总体的人差异性很大），那么你需要大一点的样本容量。第二，当你想要将自己的数据拆分到多个子类别中时，你需要大一些的样本容量。例如，如果你想对女性和男性单独进行分析（而不是仅仅对整个样本进行分析），或

表 5.3
总体数量在 10—50000000 时所取样本容量

N 代表总体大小，*n* 代表建议的样本容量。样本容量建立在 95% 的置信区间之上。

N	n	N	n	N	n	N	n	N	n
10	10	110	86	300	169	950	274	4500	354
15	14	120	92	320	175	1000	278	5000	357
20	19	130	97	340	181	1100	285	6000	361
25	24	140	103	360	186	1200	291	7000	364
30	28	150	108	380	191	1300	297	8000	367
40	36	170	118	420	201	1500	306	10000	370
45	40	180	123	440	205	1600	310	15000	375
50	44	190	127	460	210	1700	313	20000	377
55	48	200	132	480	214	1800	317	30000	379
60	52	210	136	500	217	1900	320	40000	380
65	56	220	140	550	226	2000	322	50000	381
70	59	230	144	600	234	2200	327	75000	382
75	63	240	148	650	242	2400	331	100000	384
80	66	250	152	700	248	2600	335	250000	384
85	70	260	155	750	254	2800	338	500000	384
90	73	270	159	800	260	3000	341	1000000	384
95	76	280	162	850	265	3500	346	10000000	384
100	80	290	165	900	269	4000	351	50000000	384

资料来源：R.V.Krejecie and D.W.Morgan, "Determining sample size for research activities," *Educational and Psychological Measurement*, 30(3), 608, copyright © 1970 by Sage publications, Inc. Reprinted by permission of Sage Publications, Inc.

者根据种族对数据进行分析，那么你的每个亚组都需要足够的样本容量。第三，当你想要得到一个相对小（即精确）的置信区间时，你需要大一点的样本容量。例如，在预估有多少临床心理学家会支持一项新的处方授权法案时，一个 75% ± 4% 的置信空间比 75% ± 5% 的置信空间更小（即更精确）。不幸的是，精确度的增加伴随着成本的增加：如果你想要增加精确度，就必须有一个更大的样本。第四，当你预期的关系或效应很微小时，你需要一个更大的样本容量。小样本中的数据更容易出现大量的随机误差或"噪音"，这让我们很难从中提取出由微弱关系给出的"微弱信号"。第五，当你使用的随机抽样方法效率较低时（比如，整群抽样的效率就比等比例分层抽样的效率低），你需要更大的样本容量。第六，某些统计方法会要求更大或更小的样本容量。在第 9 章中，我们提供了一张表格，针对不同的统计检验给出了建议的样本容量（表 9.1）。在你选修统计课程的时候，你会学习更多相关内容。最后，在前面你已经了解到，回复率是指样本中同意参加实验的参与者所占比率。所以，当你预期研究的回复率较低时，你需要一个更大的样本容量。

定性研究中的抽样

心理学的定性研究通常是想了解特定人群、团体、地区和环境中人们的思想。它也被用来加深对定量研究的理解。定性研究倾向于对一个或几个事例或个案作深度理解，而不是对很多个案进行宽泛的研究。因此，定性研究的一个主要目标就是找到信息丰富的事例。"选取"了个案后，我们就会使用各种数据收集方法来获取开放性数据，如深度访谈法和现场观察法。

因为定性研究关注的是特定事例或个案，所以它所涉及的抽样通常具有目的性。其思想是：为了了解某种特定的现象，而确定出想要进行深度研究的特定群体或某种特定类型的人。很多时候，定性研究中的抽样都是理论上的。其方法是：在开展研究的整个过程中选取个案（而不仅仅在研究开始时选取）。你要不断地挑选那些你认为属于信息丰富并可能有助于理论（关于有些过程是如何运行以及为什么可以运行）发展的人。你要不断地找到那些潜在的个案并在征得同意后让其加入你的研究。在表 5.4 中，我们列出了定性研究中经常使用的几种具体的抽样方法（Miles & Huberman, 1994）。你可以使用所谓**混合抽样**（mixed sampling）的抽样方法。混合抽样法就是将定性抽样法（表 5.4）和定量抽样法（之前在随机和非随机抽样法部分讨论过）结合起来使用。混合抽样的主要思想是为特定的研究问题、目的和需要量身定制出更复杂的抽样方法。

混合抽样：综合使用定量和定性的抽样方法。

表 5.4
定性研究中使用的抽样方法

最大变异抽样法（maximum variation sampling）——大范围地识别并选取个案作为数据收集和分析（如，在来大学医务室接受心理治疗的来访者中找出自尊水平分别为高、中、低的）。

极端个案抽样法（extreme case sampling）——识别并选取在某一维度上处于极端或极限位置的个案（如，在来大学医务室接受心理治疗的来访者中找出自尊水平特别高和特别低的）。

同质样本选取（homogeneous sample selection）——识别并选取一个同质小群体或一组同质个案进行深入研究（如，从未成年少女中选出关注节食和理想体型的人组成焦点小组）。

典型个案抽样（typical-case sampling）——识别并选取典型或普遍存在的个案（如，选取并深入访谈几个没有医疗保险的大学生）。

关键个案抽样（critical-case sampling）——识别并选取特别重要的个案（即选择那些大家都认为非常重要的案例）。

负面个案抽样（negative-case sampling）——识别并选取那些可能不支持你的一般性结论的个案，以便确保自己并不只是选择性地选取那些支持你个人理论的个案。

机会抽样（opportunistic sampling）——在开展研究的过程中，当机会到来的时候，识别并选取一些有用的个案。

本章小结

测量指的测量行为，即按照一组明确的规则，用符号或数字来表示某物。史蒂文斯的四种"测量量表"是：命名量表（"种类"测量）、顺序量表（等级测量）、等距量表（相邻数之间具有相等的间距）和等比量表（具有绝对零点）。具体的例子有：性别（命名）、完成比赛的排名（顺序）、华氏温度（等距）和高度（等比）。测验或工具的两个主要心理测量学特征是：信度（分数的一致性或稳定性）和效度（基于分数得出对构念解释的准确性）。主要的信度类型包括：重测信度（时间一致性）、复本信度（复本之间的一致性）、内部一致性信度（项目间的相关性或在测量单一构念上的一致性）和评分者信度（认可度的一致性）。效度证据的主要类型包括：内容相关证据、内部结构证据和基于与其他变量的联系的证据（如，预测效度、同时效度、聚合效度、区别效度和已知群效度）。

第二个主要主题是抽样（即从总体中选取出一组人）。重要的学术术语包括：样本和总体，统计量与参数、代表性样本、等概率抽样法（EPSEM）、抽样误差、抽样框和回复率。随机抽样技术包括：简单随机抽样、等比例分层抽样、不等比例分层抽样、整群抽样和系统抽样。以下的属于等概率抽样法：简单随机抽样、等比例分层抽样、系统抽样（只要你是随机选择起点，并且总体中不存在周期性）以及整群抽样（当群的大小相等时）。主要的非随机抽样方法包括方便抽样、配额抽样、立意抽样和滚雪球抽样。必须理解随机选取和随机分配之间的区别；本章的内容是有关选取的，但是仍然对二者之间的区别进行了详细的解释。本章还讨论了在确定合适的样本容量时需要考虑的多个因素。最后，本章简要地讨论了定性研究中使用的几种抽样方法。

重要术语和概念

偏差样本	区别效度证据	预测效度
普查	不等比例分层抽样	等比例分层抽样
整群	多维度概念	近端相似
整群随机抽样	命名量表	随机分配的目的
α系数	常模群体	随机选取的目的
同时效度	单级整群抽样	立意抽样
内容相关证据或内容效度	操作化	配额抽样
方便抽样	顺序量表	随机分配
聚合效度证据	参数	随机选取
效标关联效度	周期性	等比量表
克隆巴赫系数	总体	信度

元素	混合抽样	统计量
等概率抽样法（EPSEM）	信度系数	分层变量
复本信度	代表性样本	分层随机抽样
表面效度	回复率	系统抽样
因素分析	样本	重测信度
同质性	样本容量计算器	二级整群抽样
内部一致性信度	抽样	校验
观察者间一致性	抽样误差	效度
评分者信度	抽样框	效度系数
等距量表	抽样间隔	变量
已知群效度证据	简单随机抽样	
测量	滚雪球抽样	

章节测验

问题答案见附录。

1. 几种测量量表的正确顺序是：
   a. 命名、顺序、等距、等比
   b. 顺序、等距、等比、命名
   c. 等距、顺序、等比、命名
   d. 等比、命名、顺序、等距
2. 测验的信度指的是以下哪项内容？
   a. 测验分数的一致性或稳定性
   b. 测验是否测量了它计划测量的内容
   c. 一项测验是否有效
   d. 它的内容抽样
3. 以下哪个是按照一组明确的规则用符号或数值标记某个物体、事件、人或特征的过程。
   a. 评价
   b. 评估
   c. 测量
   d. 观察
4. 下面哪一种抽样方法是等概率抽样法（即 EPSEM），即它能保证总体中的每个个体都有同等的入选机会？
   a. 简单随机抽样
   b. 等比例分层抽样
   c. 群大小相同的整群抽样
   d. 上述所有方法都是 EPSEM
5. 确定抽样间距（用 k 表示），然后从 1 至 k 之间随机选取一个数字，再将每一个第 k 位的元素纳入样本中。这是哪种抽样方法所使用的步骤？
   a. 简单随机抽样
   b. 三级整群抽样
   c. 分层抽样
   d. 系统抽样
6. 以下哪个的目的是在实验开始的时候，生成几个在所有可能的因素上都相似的组。
   a. 随机选取
   b. 随机分配

提高练习

1. 使用 randomizer.org 的随机数字生成器抽取一个 APA 主席的等比例分层样本。假设你想要的最终样本中包括 20 位 APA 主席。如图 5.2 所示，APA 主席中有 11 位是女性（编号为 1~11），107 位是男性（编号为 1~107），相当于总体中的 9.3% 为女性，90.7% 为男性。对你的样本来说，20 的 9.3% 大概等于 2，90.7% 大约为 18，所以你需要 2 位女性主席和 18 位男性主席。因此，你想要使用随机数字生成器选择两位女性 APA 主席，然后再用它选取 18 位男性 APA 主席。将这两个亚样本合在一起，你就有了 APA 主席的分层随机样本（性别是分层变量）。

2. 克里斯丁森教授设计了一项测量情商的测验。下面哪些项代表了聚合和区别效度证据？

a）这项测验与另一项情商测验高度相关，但是与自我效能测验不相关。

b）这项测验与另一项情商测验高度相关，并且与自我效能测验高度相关。

c）这项测验与另一项情商测验不相关，但是与自我效能测验相关。

d）这项测验既与其他的情商测验不相关，也不与自我效能测验相关。

接着，请说明自己的答案为什么是正确的。最后，请搜索已发表的研究文献，确定在这个校验过程中你要使用的具体测验。

第 6 章

研究效度

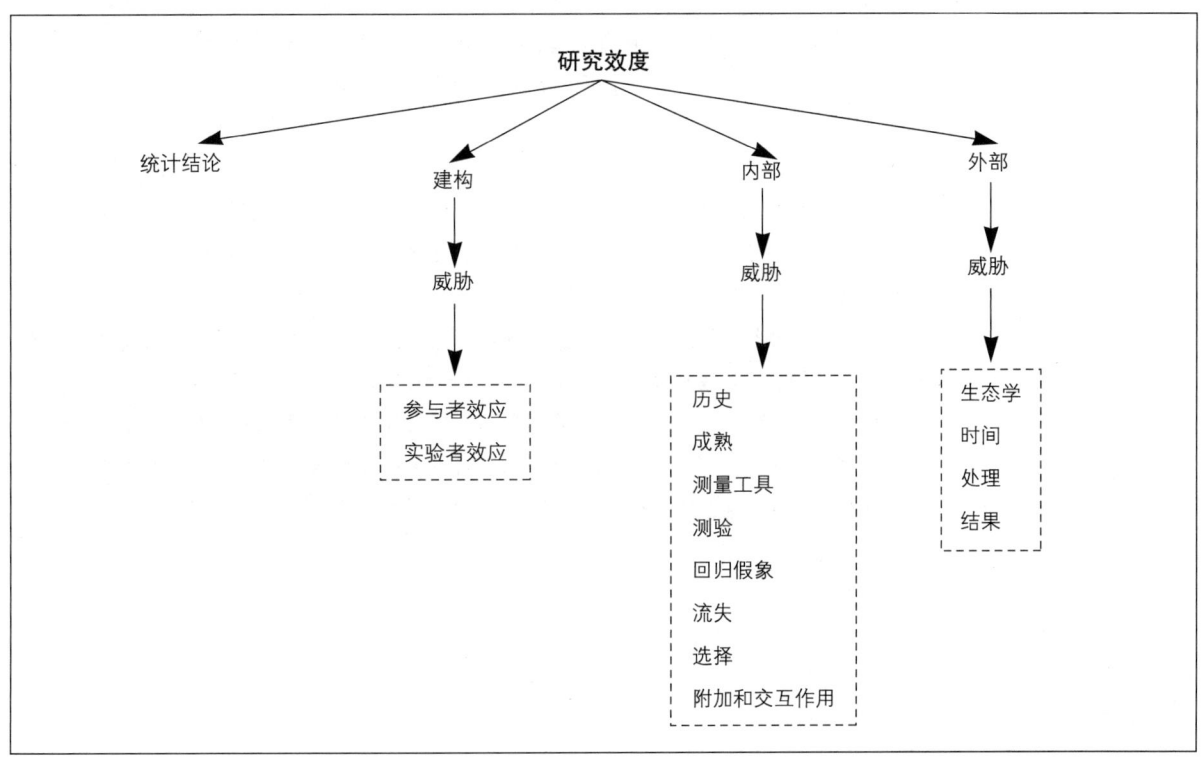

在人们眼中,杰奎琳·加瓦根似乎是一个拥有完美人生的幸运儿。作为语言病理学家她有一份理想的职业,还有一位恩爱的丈夫、两个健康的年幼孩子,而且将在七周后迎来第三个孩子。但是 2001 年 9 月 11 日,她的世界轰然坍塌了。杰奎琳的丈夫是一个债券经纪人,在那个致命的早晨,当恐怖分子操作挟持而来的飞机撞向世贸中心南塔和北塔时,他正在那儿工作。在上午十点左右,加瓦根的丈夫和他们的多位亲密伙伴都葬身于数百万吨燃烧的废墟之中。

失去亲人等创伤会让人无比悲痛,我们会感到愤怒、害怕、内疚、无助以及长期的恐惧。对有些人来说,这些情绪会持续数年。而其他一些人,比如加瓦根,他们的恢复力则会更强一些,能够更快地调整适应。加瓦根悲伤过吗?她当然悲伤过,而且现在也仍然悲伤。但是有一些人就是能够从哪怕最严重的挫折中恢复过来。加瓦根在其丈夫遇难的那一年里设法找回了人生的意义,甚至找回了一些乐趣。她能做到这一点,是因为她成立了一项以她丈夫的名字命名的基金,此基金也许能够挽救某个儿童的生命。在那年的早些时候,纽约大学医疗中心施行的手术成功地修复了她年幼孩子心脏中的缺陷,她希望能够赞助那些需要进行类似手术却无力承担的家庭。通过她的努力,资金开始涌入。到了 2002 年 4 月,人们捐献了足够的资金,使她成功地赞助了一位来自科索沃的妇女,帮助其儿子完成了类似的手术(Cowley, 2002)。

数年来,心理学家们一直将主要研究精力放在了解疾病和找到各种障碍的治疗方法上。正因为如此,他们可能忽略了这些问题的其他方面。在 20 世纪 90 年代,兴起了一项运动,其目的是为了引导大家将注意力放在研究积极情绪(如乐观、知足等)和为什么有些人在面对逆境时有很强的恢复力等方面。这个新焦点引起了许多正好有新奇发现的心理学家的注意,比如他们发现人的情绪和性格似乎受到遗传的影响,而生活环境对我们所体验的满意度的影响比之前预期的小。健康、财富、美貌和经济地位对研究者们所谓的主观幸福感似乎只能产生微弱的作用。那么,是什么产生了幸福?按照马丁·塞利格曼(Seligman, 2002)的观点,幸福无关于如何管理我们的情绪,而是关于如何从我们的感受中蜕变。我们需要培养勇气并发挥其积极作用来获得满足感和成就感。就像加瓦根所做的那样,建立基金帮助那些需要进行类似心脏手术的孩子。

我们是从哪儿获得这些与积极心理学有关的有趣知识的呢?这得益于心理学研究者们的努力,他们开展了高质量的实证研究,得出了一些有效的结论。只有当研究的质量够高时,我们才可能获得值得信任和可以相信的有效结论。

引 言

研究效度:从一项研究中得出的推论的真实性。

研究效度(research validity)指的是由一项研究结果得出的某个推论的正确性或真实性。它在所有类型的研究中都很重要。为了进行有效的研究,你必须制订计划或策略并严格执行。这个计划必须包含一些策略用以获取有效的结果。在本章中,我们将关注各种类型的效度,以及在定量研究尤其是实验研究中效度面临的主要威胁。关于定性研究的效度,我们将在第 13 章讨论。

四种效度概述

要想确保能够从定量研究的实证发现中得到准确的推论，就要尽力确保该研究具有表 6.1 中列出的四种类型的效度（Shadish et al., 2002）：统计结论效度、建构效度、内部效度和外部效度。我们对每种效度都进行了深入讨论。但是，最好将效度视作一个连续变化的量，而不是二分变量，即只有 100% 有效和 0% 有效两类。我们的目标是尽可能让四种效度都达到最大化。然而，任何单一的研究都只可能在其中某种或某几种（不是全部四种）效度上做好。这是因为我们不能融合所有的方法和程序来帮助我们同时获得所有这四种效度；而且在有些时候，为了获得某种效度而结合某种方法可能会降低我们获取另一种效度的几率。你将了解到，当涉及内部效度和外部效度时，更是如此。在本章中，我们会向你介绍研究中主要的效度类型，并说明当一项研究的设计和实际操作并不完善时，会潜入哪些主要威胁。后面的章节，我们会进一步深入地讲解设计和执行研究的具体内容。

统计结论效度

统计结论效度：与自变量和因变量之间的共变有关的推论的效度。

统计意义：指观察到的关系很可能不是随机产生的。

统计结论效度（statistical conclusion validity）指的是能够推断自变量与因变量是共变的效度。这里的共变，意味着自变量（IV）的每一个变化都会引起因变量（DV）的相应变化，也就是 IV 和 DV 是统计相关的。提醒一下，IV 和 DV 之间的共变关系是因果关系成立的三个必要条件中的第一个条件（参见第 2 章表 2.2）。我们通过计算研究收集的数据，得到统计分析的结果，并由此得出有关 IV 和 DV 之间共变关系的推论。在本书第 15 章，你将了解到我们不但想看到自己收集到的数据是否显示了某种关系，同时我们还必须确定观察到的这种关系是否具有统计意义。当第 15 章中描述的分析程序（叫显著性检验）显示我们观察到的关系并不是随机产生而是一种真正存在的关系时，就能说这种关系是具有**统计意义**（statistically significant）的。

表 6.1

定量研究中的效度

效度类型	描述
统计结论效度	与推断自变量和因变量是否共变有关的效度
建构效度	从代表高阶构念的操作中推断出相关构念的效度
内部效度	推断自变量和因变量是因果相关的效度
外部效度	与因果关系是否随着人群、环境、处理变量、测量变量、时间的变化而变化有关的效度

如果研究者推断的变量之间的共变关系是正确的，那么这项研究就有了研究结论效度。但是有些时候，研究者从他们的统计分析中得到的有关总体的推论是错误的。例如，如果一项研究没有足够的研究参与者，那么它所使用的统计检验就可能没有足够的效力以探测到真正存在于总体的自变量和因变量之间的共变关系，从而导致了错误的结论（即当变量之间确实有关系存在时却认为这种关系不存在）。当某种关系很微弱时，研究者也有可能错误地认为它很显著；反之亦然。样本中缺少足够的参与者是威胁统计结论效度的众多因素中的一个。然而，理解这些威胁需要一定的统计学背景知识，我们将不在这里论述。如果你对此感兴趣，可以查阅沙迪什等人的书籍（Shadish et al., 2002, p. 45）。

思考题 6.1
- 什么是统计结论效度？
- 为什么统计结论效度很重要？

建构效度

建构效度：研究中使用的测量表征构念的充分程度。

建构效度（construct validity）指的是我们能够从用于表征高阶构念的操作中推断出这些构念的程度。正如前一章中所讨论的那样，创造出能让我们从中准确推论出构念的操作是非常重要的，因为从很多层面来讲，科学心理学就是在研究构念。例如，当我们谈到被诊断为精神分裂症、强迫症或饮食失调的患者时，实际上我们正在与这些失调症有关的构念打交道。构念还能指代实验或非实验研究环境，比如贫瘠的环境、富裕的环境或贫民区。如果你正在调查抑郁对于生活在贫民区穷人的婚姻不和现象的影响，那么你的构念就可以表示为：研究参与者（穷人）、自变量（抑郁）、因变量（婚姻不和现象）以及研究环境（贫民区）。针对上述每一个构念，你都必须确定出一组能够充分表征它的操作来。

正如我们在前一章节中解释的那样，建构效度与测量效度是统一的，在那一章我们还专门设置了一节有关效度的内容，以说明如何获取建构效度。在本章中，我们关注的是影响建构效度的主要威胁。

对建构效度的威胁

建构效度关注的是操作化的代表性程度，也就是说，该操作是否可被用于推断其所表征的高阶构念。例如，在 6 个月内收入都低于贫困线的人是否就能很好地表征穷人这个构念？换句话说，构念与研究中使用的操作是否匹配？有时我们的操作化具有很强的代表性，有时则会受其他因素影响，而降低了表征这些构念的准确性。沙迪什等人（Shadish, 2002）已经确定出许多原因用以解释为什么在用研究操作推断相关构念时会发生错误。这些原因列举在表 6.2 中，被公认为是对建构效度的威

表 6.2

对建构效度的威胁

- 对构念的解释不充分——如果构念没有被充分地解释和分析，就会形成一组并不能充分表征这个构念的操作。
- 构念混淆——研究中使用的操作表征了多个构念。
- 单一操作偏差——某项研究使用单一操作来表征某个构念。这通常会导致对构念的表征不足，并降低建构效度。
- 单一方法偏差——某项研究使用单一方法来操作化某个构念。当这种情况发生时，使用的方法可能会影响到结果。
- 构念水平上的混淆——研究只是考察了构念的几个水平（如某种药的三种剂量），但却做出了有关整个构念（如这种药的整体效果）的推论。
- 因子结构的处理敏感性——因为实验处理导致测量工具出现变化。
- 自我报告的反应变化——在加入实验研究后，参与者的动机变化可能会导致参与者在自我报告中的反应发生变化。
- 对实验环境的反应——研究参与者的知觉和动机能够影响他们在因变量上做出的反应，而这些反应会被解释为实验所测试的构念的一部分。
- 实验者效应——实验者的特征和预期能够影响研究参与者的反应，而这些反应会被解释为实验所测试的构念的一部分。
- 新奇效应及干扰效应——研究参与者通常会对新奇的情境做出更好的反应，而对打破他们习惯的情境则反应较差。这些都属于整个处理效应的一部分。
- 补偿性的平等化——人们会尽量让控制组参与者得到与实验组相同的福利或服务。
- 补偿性的对抗——人们会因为被安排到控制组而有怨气，因而表现得比预期要消极。
- 处理的扩散——在某个处理组的个体接受了施与给其他组的一些或所有处理方法。

胁。例如表中的第一种威胁指出，如果你对构念缺乏充分的理解，那么你就很难充分地测量它。而按照第二种威胁的内容，你应该使用那些只测量某个特定构念的操作，而不是那些测量多个构念的操作。你可以阅读那张表格，了解其他一些能够威胁建构效度的方式。

在表 6.2 所列的威胁中，参与者对实验环境的反应和实验者效应这两项将在接下来的部分进行更详细的讨论，因为已经有相当多的研究表明，它们会使实验研究的结果产生偏差。

参与者对实验环境的反应：研究者的动机和倾向性会影响到他们对环境的知觉以及他们对因变量的反应。

参与者对实验环境的反应 这一威胁指的是，参与者自身的动机和倾向性能够影响他们对实验的感知和他们在因变量测量上的反应。个体在同意参加一项实验时，相当于签订了参与"出演某个角色"的隐性合约。从理论上讲，这就意味着参与者会听从指导语，并按照任务要求表现出他的最佳实力。实际上，这种理想情况是不存在的，因为参与者不是实验指导语和操作的被动反应者。凯尔斯特龙（Kihlstrom，1995）说得好，他认为参与者是"有意识的好奇生物，会不断地思考自己身上发生了什么，评估正在进行的过程，想出自己应该做的事情，并计划着自己的反应。"

(p.10)。这些认知活动有时会与实验程序和测量产生交互作用,从而威胁到实验处理的建构效度,因为这时的实验处理不再是研究者想要的纯科学产物了。

参与者效应 在参与者加入一项实验时,他们对实验目的和自己需要完成的任务通常一知半解。当他们到达实验场地时,就开始从各个渠道获取信息:实验者的问候方式、有关实验的指导语、要求他们完成的任务、实验环境(包括可见的设备)以及他们可能听到的任何与实验有关的传言。这些信息被称作实验的**要求特征**(demand characteristics),并从参与者的角度定义了实验"要求"(Orne, 1962; Rosnow, 2002)。要求特征为参与者提供了信息,从中他们可以建构出自己对实验目的和将要完成的任务的感知。一旦参与者明确了这项任务,他们就产生了动机去执行它。参与者的感知在任务执行过程中能对实验结果产生影响。

> **要求特征**:实验中任何一个可以获得的、能够影响参与者反应的线索,比如指导语、传言或环境特征。

过去,研究者认为参与者会给自己假定一个特定角色(Fillenbaum, 1966; Masling, 1966; Orne, 1962; Rosenberg, 1969),并在执行实验任务时尽力诠释这个角色。这种观点日益被否定,并被另一种观点所替代。新的观点认为,参与者通常按照他们自己知觉到的方式对实验任务做出反应(Carlopia, Adair, Lindsay, & Spinner, 1983; Carston & Cohen, 1980)。如果实验包含一项学习任务,那么参与者就会努力地学习所呈现的材料。但是,参与者不会采取那些与任务无关的中立方式,因为(他们认为)他们的表现隐含着某种与他们有关的信息。例如,一项学习任务间接地说明了参与者的智商。如果他们能快速地学会这些材料,那就代表着他们很聪明。绝大多数的人都有表现出聪明的愿望,所以他们试图尽可能快地学会那些材料。与此类似,如果一项任务暗示着与情绪稳定性相关的内容,参与者就会以一种最能展现情绪稳定性的方式回应(Rosenberg, 1969)。因此,尽管参与者看起来是以完成所要求的任务这样一种动机在参与实验,但附加其中的愿望却是做出**积极的自我表现**(positive self-presentation)(Christensen, 1981)。这意味着参与者利用自己对实验的感知来决定应该用何种方式对实验任务做出反应,以保证他们看起来是最积极的。

> **积极的自我表现**:参与者有一种动机,希望以一种能表现出自己最积极的一面的方式来做出反应。

我们来看看克里斯滕森做的一项实验(Christensen, 1977)。在这项实验中,研究者试图使研究参与者的言语条件化:只要参与者使用了特定代词,研究者就称赞"好",以增加特定代词的使用率,如我们和他们。一些参与者将实验者称赞"好"的反应理解为实验者试图操控自己的行为。这些参与者抵制任何条件化的行为操控。这种抵制源于他们将被操控视作是一种负面行为的观念——如果他们不展现出任何条件化行为,那么就能说明他们不能被操控,而这种方式正是能最积极地表现他们自己的方式。与此类似,布拉德利(Bradley, 1978)的研究也说明,人们常常接受因为那些好的行为而获得的称赞,却否认因为那些不好的行为而受到的责备,以增强他们的自我表现。

产生积极自我表现动机的条件 在参与者努力实现受赞许的自我表现的过程中,研究者若能了解其中哪些条件可以改变他们的行为,则对研究非常有利。只有识别了这些条件,才有可能创造出相应的条件来控制这些对建构效度构成威胁的因素。

某项研究中是否存在自我表现动机，这可能是由一些条件决定的，特德斯奇、施伦科尔和博诺马（Tedeschi, Schlenker, & Bonoma, 1971）对此进行了深入研究。他们发现，当参与者认为其行为被别人看做是由他们自己的内部原因控制时，这种动机就会被激活。如果参与者认为其行为被别人看做是由外部不可控的条件所决定的，这种积极自我表现的动机就不会被唤醒。然而，设计出来的心理学实验通常都不会让参与者觉得其行为会被视为由外部因素所决定。所以，似乎积极自我表现动机会存在于绝大多数的研究中。

对研究的启示 积极自我表现动机带来的启示是：实验者必须尽力确保各组参与者在所有实验阶段和实验条件下的感知都保持恒定。当这种恒定性不能保持时，就可能存在用其他的解释来说明研究发现，这是因为积极自我表现动机与实验处理条件之间发生了交互作用。在解释研究情境时，总是存在着个体差异。不过，可以在实验结束后进行访谈，确认参与者是如何看待实验情境的，如果发现问题，则修正你的结论，这将有助于你的研究。同时，实验后访谈能够提供有用的信息，有助于研究者编写以后的实验指导语，并帮助他们决定如何呈现以后的实验，以使参与者反应最小化。

实验者效应 通过上面的讨论你应该了解到，心理学研究中的参与者既不是无动于衷的，也不会完全被动地接受和遵从实验者的指导语。相反，他们有动机，这动机能够影响研究结果并威胁到你所做的关于自变量构念的推论效度。同样地，实验者也不只是一个被动的不相干的观察者，而是一个能够影响实验结果的活化剂。由实验者带来的这些影响被称为**实验者效应**（experimenter effects）。这些效应可能是无意的，也可能是有意的。虽然我们不打算在这儿进行深入的文献探讨，但仍然要指出，实验者的期望效应能够对研究结果产生巨大的影响，应该采取预防措施。

实验者效应：能够影响参与者反应的实验者的行为和特征。

思考一下实验者可能带入实验中的动机。首先，实验者有一个要进行这项实验的特定动机。实验者是想通过实验方法来揭示自然规律的科学家。他们试图理解、控制和预测行为。为了实现这个目标，科学家必须消除参与者效应，因此研究者都希望获得理想的研究参与者，他们开放、诚实、没有偏见。同时，实验者对实验结果抱有期望，希望能够验证假设。另外，按照学术期刊的政策，支持假设的研究更有可能被接受和发表。那么，研究者的愿望和期望是否会造成实验结果的偏差，并使自己更可能获得理想的结果？来看看聪明汉斯的神奇故事。聪明的汉斯（如图6.1中所示）是一匹不同寻常的马，它似乎能解答数学题。冯·奥斯顿是汉斯的主人，当他向汉斯提问，汉斯就会以踢踏马蹄的方式给出正确答案。芬斯特（Pfungst, 1911/1965）对这种不可思议的行为进行了观察和研究。经过仔细调查，他发现当汉斯踢踏马蹄的数量快接近正确答案时，奥斯顿会抬头看向汉斯。对汉斯来说，这个抬头看的反应就成为让它停止踢踏马蹄的线索。这个线索是无意间产生的，也没有被旁观者注意到，因此人们认为汉斯拥有数学技能。

各种观察（可以追溯到芬斯特当年的观察）表明，研究者的愿望和期待能够在

图 6.1
聪明的汉斯和主人威廉·冯·奥斯顿的照片

资料来源：Archives of the History of American Psychology—The University of Akron.

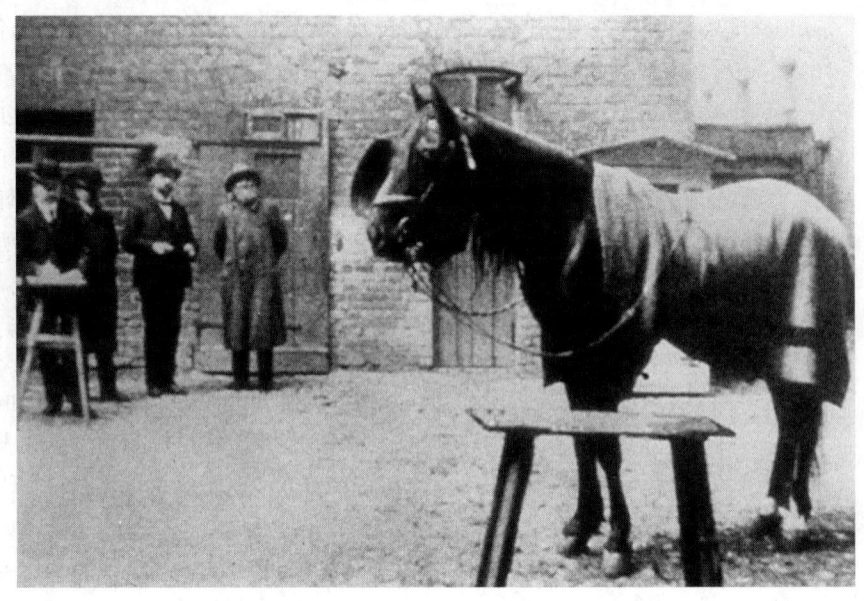

一定程度上传递给参与者，而参与者会对此做出回应。正如我们之前讨论的，研究参与者具有以最积极的方式展现自我的动机。如果这是事实，那实验者在实验环节中所呈现的微妙线索就可能会被参与者捕捉到，从而把他们的表现向实验者希望的方向引导。因此，实验者也代表了一种要求特征。

实验者为了支持研究预想，还可能会无意间对数据记录产生影响。肯尼迪和乌普霍夫（Kennedy & Uphoff, 1939）研究了参与者对反应的错误记录率与其反应取向的函数关系。实验者按照参与者是否相信超感官知觉（extrasensory perception; ESP）将其分为两组，然后要求其记录接收器所做的猜想。理论上，接收器会尽力地接收发射器所发送的信息。肯尼迪和乌普霍夫发现，在 ESP 相信者的错误记录中，有 63% 属于增加心灵感应方向，而在 ESP 不相信者的错误记录中，有 67% 属于降低心灵感应方向。这样的结果说明，偏差记录，即使是无意的，也还是会出现在某些实验中。

实验者效应能够影响研究参与者。尤其是，实验者期望和实验者特征会使偏差更大。**实验者期望**（experimenter expectancies）是指由实验者对实验结果的期望而产生的偏差效应。实验者由于对结果的期望而在无意中表现出某种行为，导致研究参与者做出支持实验假设的反应，从而使得实验结果出现了偏差。**实验者特征**（experimenter attributes）指的是实验者的生理和心理特征，这些特征能对研究参与者的实验表现产生影响。罗森塔尔（Rosenthal, 1966）将实验者特征分为三种类型。第一种是生物社会学特征，包括实验者的年龄、性别、种族和宗教信仰等因素。第二种是社会心理学特征，包括那些必须通过心理测量来确定的实验者特征，比如焦虑水平、对社会赞许的需要、敌意、权威性、智商、支配性及与相对经济地位相关的社会行为和热情度。第三类是情境因素。包括实验者与参与者是否有过前期接触，

实验者期望：由研究者对实验结果的期望而产生偏差性的实验者效应。

实验者特征：由研究者的生理和心理特征而产生的偏差性的实验者效应。

实验者是新手还是有经验的研究者，以及参与者是友好的还是充满敌意的。

虽然实验者期望和实验者特征能够改变呈现给研究参与者的构念性质以及研究结果，但这并不意味着这些情况一定会发生。没有足够的实证信息可以指出实验者效应在何时以及什么条件下能对实验结果产生影响。然而，因为我们知道在某些时候它们确实会产生作用，所以我们应该在研究中加上对这些效应的控制。在下一章，我们将对其中的一些控制程序进行说明。

思考题 6.2
- 什么是建构效度，为什么它很重要？
- 影响建构效度的威胁有哪些？
- 对实验环境的反应代表着什么？它是如何使心理学实验的结果产生偏差的？
- 实验者效应的含义是什么？它是如何使心理学实验的结果产生偏差的？

内部效度

内部效度：研究者关于因果关系所做推论的正确性。

确认因果关系或许是最常见的心理学研究目的，而内部效度所关注的有且只有因果关系这一个问题。**内部效度**（internal validity）是指"我们能由之推断出两个变量之间存在因果关系的大致效度"（Cook & Campbell, 1979, p.37）。它是一种程度，根据这个程度你能够言之凿凿地宣称，在你的实证性研究中是自变量的变化导致了因变量的变化。

我们在第 2 章中曾指出，如果你要声明一段因果关系，必须要满足三个"必要条件"。只有当：（1）你已经获取了强有力的证据，可以证明假定的原因和结果变量是互相联系的，（2）原因发生在结果之前，并且（3）没有可接受的其他解释可用于说明存在的这种关系，你才可以得出因果关系的结论。我们将声明因果关系的三个"必要条件"总结在了表 2.2 中（见第 2 章，p. 31）。请花点时间再回顾一下这张表格。因为你有必要记住这三个先决条件，并在做因果声明时进行运用。

内部效度归根到底是为了确保你所观察到的结果，即因变量的测量结果只能是因为自变量的变化而产生的。这是先决条件 3（没有其他解释可用于说明观察到的关系）的另一种表述方式。这个要求是最难达成的，因为因变量能够被自变量以外的其他变量所影响。例如，你想调查家庭辅导（自变量）对成绩（因变量）的影响。假设你没有使用最强的实验设计（即在实验开始时随机分配参与者组，以保证各组在所有额外变量上是等同的），然后你给一个班的学生进行了家庭辅导，而对另一班的学生不进行家庭辅导。如果接受了家庭辅导的学生在成绩上的进步大于没有接受家庭辅导的学生，你也许就想得出结论，这种差异来自于家庭辅导。但是，这里有一个替代性的解释。如果接受家庭辅导的学生比那些没接受家庭辅导的学生聪明怎么办？或许，接受了家庭辅导的学生表现优异是因为事实上他们更聪明。在这样一个例子中，智商或之前的成绩都可能作为替代性解释，用来说明你所观察到的自变量与因变量之间的关系。这个替代性解释来源于额外变量的存在，它可以混淆实验结果。如果混淆额外变量潜入到实验中，那么就会出现替代性解释，因此研究者就不能宣称自变量与因变量之间存在着因果关系。

因此，当研究中包含了某个变量，它能够随自变量发生系统性地变化，并且会对因变量产生影响时，就会引起**混淆**（confunding）。这是一个重要的观点，因为额外变量不一定会引起混淆。只有那些随着自变量发生系统性变化，并且导致因变量变化的额外变量才会引起混淆。在我们的例子中，任何因变量或成绩差异都能够归因为家庭辅导，归因为两班学生在智商水平上的差异，或者两种变量的共同作用。关键是，你不可能说清楚到底是什么导致了成绩差异，因为智商这个额外变量的影响与家庭辅导的影响混淆在了一起，这就使你陷入了两难境地，从而不得不对可能的因果关系保持沉默。

混淆：当一个随机变量与自变量同步出现，并且会影响因变量时发生的现象。

如果智商这个额外变量没有随着家庭辅导这个自变量而发生系统性变化，那么它就不是一个混淆额外变量。如果接受和不接受家庭辅导的学生在智商方面处于同一水平，那么任何有关成绩等级的差异都不能归因为智商。在这个例子中，智商水平代表了一种额外变量，但却不是**混淆额外变量**（confounding extraneous variable）。为了获取内部效度，有必要只控制混淆额外变量的影响。不幸的是，你通常无法知道一个额外变量是否产生混淆。因此，你必须尽量地控制任何额外变量，以及所有你认为可能会随自变量发生系统变化并影响因变量的额外变量。记住关键的一点：好的研究者总是在留意着混淆额外变量。

混淆额外变量：与自变量同步出现，并且会影响因变量的额外变量。

内部效度威胁

许多研究的目的都是为了获取证据以证明一段因果关系的存在。但是，额外变量会混淆研究结果，所以为了确保研究的内部效度，必须控制额外变量。因为内部效度的概念是在实验研究的情境下形成的，同时因为实验为因果关系的研究提供了最佳方法，所以本节剩下的部分主要关注实验研究中内部效度的威胁。但是，如果你要开展非实验研究，那么在确立因果关系时，也必须满足同样的三个必要条件。在非实验研究中确立因果关系的关键是，尽可能开展一项接近强实验设计的非实验研究。这可能包括使用一些策略，如理论模型、假设检验、可用的控制策略（比如路径分析、统计控制、匹配、纵向数据）。

恒定：额外变量对所有自变量组的影响都是相同的。

控制额外变量的作用并不意味着完全消除它们的影响，因为许多额外变量是不可能被消除的，如智商、过往经验或强化历史。关键的策略是消除这些变量在自变量的不同水平上产生的任何差别性影响。这意味着我们必须让这些变量在自变量不同水平上的影响保持**恒定**（constant）。换言之，你的目标就是**等组匹配**（equate the groups）（即组成自变量各水平的参与者组），让它们在所有能够混淆结果的额外变量上等同。例如，在上述家庭辅导的案例中，你需要确保两个组（接受家庭辅导的组和不接受家庭辅导的组）在智商水平和先备知识（以及任何你所担心的额外变量）

等组匹配：使用控制策略以保证额外变量对各个自变量组的影响是恒定的，所以组之间唯一的系统性差别就能反映自变量的影响。

方面都是等同的。如果你让这两个组在这些变量上是相同的，那么任何因变量的差异都不再会源于这些额外变量。记住：关键在于"等组匹配。"

这种恒定是如何获得的呢？也就是说，我们该如何安排各种因素使得额外变量在各组间匹配，从而不会对结果产生差别性影响呢？唯一的方法就是通过某些形式的控制。控制代表着发挥恒定的影响。比如，如果我们想让"支配性"这个特质保持恒定，我们就要尽量地确保这个特质对各组的参与者都产生相同的影响。

如果你能够确认那些潜在的混淆额外变量，那么就比较容易实现控制或者保持恒定。困难通常在于如何确认那些有问题的额外变量。沙迪什等人（Shadish et al., 2002）确定了大量已被证明会对研究产生影响的额外变量。我们将在随后的内容中讨论。如果研究者试图推论出自变量和因变量之间存在的因果关系，那么就必须控制这些额外变量，因为它们会威胁研究的内部效度。

历史：指发生在实验过程中、后测之前的任何能产生结果的非实验处理事件。

历 史 内部效度的第一个威胁是历史。**历史**（history）指的是任何在研究开始之后、在对因变量进行后测之前除实验处理之外发生的事件，它能够产生结果。基本的历史威胁是单组实验设计中常出现的一个问题，如图 6.2（a）中描述的设计。看看图中的设计，你可以注意到参与者在因变量上接受了前测和后测，并在这两个测验之间接受了实验处理。如果此时发生了一个能够影响因变量的事件（非实验处理），那么这个单组设计中就存在着历史威胁。如果发生了这种情况，那么在前测和后测之间就会同时出现实验处理和历史事件，于是你就无法知道从前测到后测的变化是由实验处理产生的，还是由历史事件产生的，因为你不能够分离这二者的影响。

例如，舍恩塞勒（Schoenthaler, 1983）调查了饮食变化对收容所里青少年的暴力和攻击行为的影响。研究者对收容所里的每个青少年的相关行为进行了记录，这个记录在饮食改变项目前后各持续进行了三个月。研究结果显示，青少年在饮食改变计划之前的三个月里出现暴力和攻击行为的平均次数显著高于饮食改变计划后。舍恩塞勒推断，饮食改变计划能够减少暴力和攻击行为。虽然这有可能是真的，但是我们必须意识到，从前测开始到后测结束，之间有 6 个月的时间，有许多在此期间发生的事情都有可能导致青少年产生行为上的改进。舍恩塞勒意识到了这一点，并且考虑了许多可替代性解释，比如伴随着饮食改变计划的介入而同时发生的全系统的改变。虽然这些参与竞争的假设似乎并没有得到事实的支持，似乎也无法解释暴力和攻击行为的变化，但还有一个替代性解释没有得到控制，而它可能可以对所观察到的结果进行解释。参与这项研究的青少年在整整 6 个月的时间里都处于被管制状态。因此，我们可以合情合理地认为：经过一段时间，管制本身就会减少（他们做出）暴力和攻击行为的频率，而 6 个月的时间也足以产生这样一种变化。

如果舍恩塞勒在研究中设置一个控制组，就可以控制单组设计中的历史事件了。看看图 6.2（b）中描述的那个设计。这是一个包含了实验组和控制组的双组设计。如果舍恩塞勒设置了一个控制组，使控制组的参与者与实验组的相似，那么，若两组参与者都处于被管制状态，则两组在暴力和攻击行为减少方面的任何差异都

图 6.2
单组设计和双组设计中的基本历史效应及双组设计中的差别历史效应的演示。(a)和(c)中所示的情形都是对内部效度的威胁，但是(b)中所示的情形不是。因为如(b)中所示，历史事件并没有导致各组在历史额外变量上产生差别。

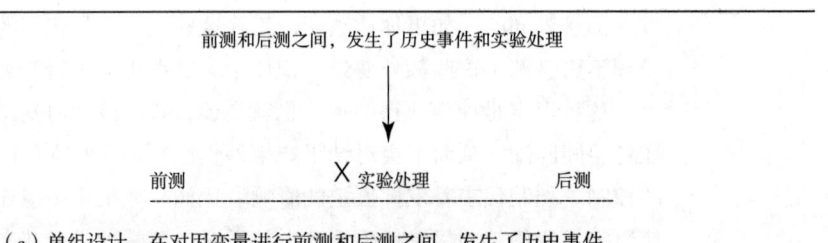

(a) 单组设计，在对因变量进行前测和后测之间，发生了历史事件

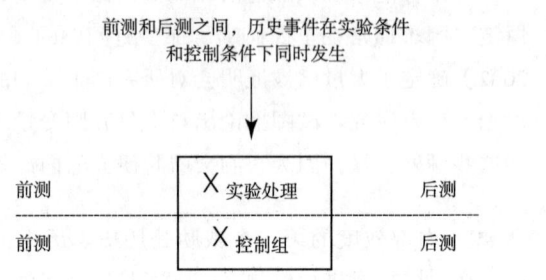

(b) 双组设计，历史事件在实验条件和控制条件下均发生

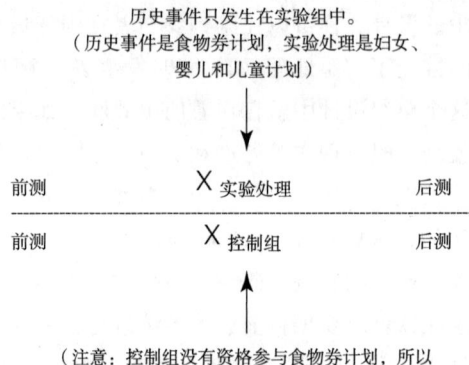

(c) 双组设计，但历史事件只发生在实验组中（即这是一个差别历史事件）

不能归因为管制本身了，因为两组都处于管制中。这里的重点是，在单组设计中基本历史威胁确实是一个问题，如图 6.2（a）中所示；但是当我们添加了控制组，并且只要两组都发生了历史事件，它就不再是一个问题，就像图 6.2（b）中描述的那样。总之，图 6.2（b）中增加的控制组修复了图 6.2（a）中展示的问题。

不幸的是，我们仍然没有摆脱威胁。在图 6.2（c）中，出现了差别历史问题。当一组经历了历史事件，而另一组没有经历历史事件时，就会出现**差别历史**（differential history）。当发生差别历史时，各组在历史变量上就出现了不同，但这是有问题的，因为各组只应该在自变量的各个水平上存在差异，它们不应该在任何额外变量上出现不同。我们举个例子。沙迪什和赖斯（Shadish & Reis, 1984）发现，实验组的妇女参与了联邦政府的妇女、婴儿和儿童（WIC）计划（此计划通过改善

差别历史：多组设计中的某一组经历了差别历史事件，从而在因变量上产生了差别。

妇女的营养摄入状况而改善她们的妊娠结局），但这些妇女同时符合并也可能会参与食物券计划。由于食物券计划也能够让她们摄入更好的营养并改善妊娠结局，所以对于试图展示 WIC 计划效果的研究来说，这就是一个历史事件威胁。我们在图 6.2（c）中展示了这种在双组设计中历史事件只影响了其中一组的情况（即差别历史）。在 WIC 计划实验组中的妇女接受了 WIC 的实验处理，但是她们同时也经历了历史事件（即参加了食物券计划）。而控制组的妇女既没有接受 WIC 的实验处理，也没有经历历史事件。这意味着，如果在实验的最后，实验组和控制组出现了差异，研究者也无法知道这种结果应该归因于新的处理还是食物券计划。因此，研究者不能合理地宣称新的处理是妊娠结局改善的"原因"。

一般来讲，研究所跨越的时间越长，历史因素就越可能成为一个竞争性解释。但是，即使是在短时间内，历史效应也有可能发生。研究者们必须时刻留意历史效应，并且利用实验设计来抵消或者消除历史威胁。其中一个关键点是：在单组设计中增加一个控制组能够有效地消除基本历史威胁，就像将 6.2（a）中的设计改进为 6.2（b）中的设计一样；但是，加入控制组并不能修复差别历史的问题，就像 6.2（c）中的设计一样。

成熟：任何随着时间的推移而产生的、能够影响因变量分数的生理或心理变化。

成熟 这个威胁指的是随着时间的推移，个体的内部条件发生的变化。这种变化包括生理和心理过程，是指一些与特定的外部事件无关，却发生在个体内部的情况，比如年龄、学习、疲倦、厌烦和饥饿等。当这些自然的变化达到影响个人在因变量测量上的表现时，它们就会使内部效度失效。

有这样一项研究，它试图评估启智计划所带来的效益。假设调查者在学年开始时对参与者进行了成绩测试（即前测），然后在该学年结束时又让参与者测了一次（后测）。（这是一个如图 6.2（a）中所示的单组设计。）在比较前测和后测的成绩时，研究者发现参与者的成绩有显著的提高，由此推断启智计划是有益的。不幸的是，这项研究没有内部效度，因为它没有对成熟因素的影响进行控制。成绩的提高可能是由于时间的推移而发生的自然变化。没有参与启智计划的儿童也可能有同样的进步。为了确定诸如启智计划这种项目的效果，必须设置一组没有接受实验处理的控制组（该组参与者应该在其他任何方面都与实验组参与者非常相似），以便控制成熟可能带来的其他影响。

测量工具：在评估或测量因变量时，前测与后测过程中测量方式上发生的变化。

测量工具 这个威胁指的是随着时间的变化（即在研究过程中），在因变量测量上出现的变化。这种类型的混淆额外变量不是指参与者的变化，而是指在测量过程中发生的变化。例如，在图 6.2（a）中所示的缺少控制组的单组设计中，如果前测的测量过程与后测的测量过程不同，就会出现上述问题。

需要人为观察的测量程序是最可能出现测量工具误差的。物理测量很少产生差异，但是人为观察是主观的，受疲倦、厌烦和学习过程等影响。在施测智商测验时，新手测试者通常会随着时间的推移而收获到技巧和技能，并且随着施测的增加，收集到的数据也更可信和更有效。研究中常常会让观察者和访谈者来评估各种实验处理的效果。当这些观察者和访谈者评估了越来越多的参与者后，他们就掌握了技巧。例如，访谈者也许会在访谈安排或者观察某种特定的行为上获得其他技能，因此其在测量反应时发生了转变，而这种转变既不源于参与者也不源于实验处理。这也是为什么使用人类观察者的研究通常会使用多位观察者，并且对每位观察者进行专门的训练。通过这种方式，研究者就可以使某些偏差最小化，观察者之间也能互相监督，以确保收集到准确的数据。一般来讲，在考虑数据的有效性之前，必须先确定这些由多位观察者收集的数据是一致的。

测验 :参与者在第二次测验中的分数变化是由于之前已参加过这项测验而产生的。

测验 这个威胁指的是参与者第二次测验所得的分数变化是由于之前已经参加过这个测验而产生的。换言之，在前测中参与过一次测验的经验，能够改变其在后测中进行同一测验的结果。参加一次测验会在很多方面改变个体在后续参加相同测验时的表现。前测会让参与者对测验题目或与题目相关的问题变得更敏感。同时，前测为参与者提供了机会可以让他练习参加测验和熟悉测验内容。测验后，参与者也许会思考自己所犯下的错误，和如果再次进行测验该如何改正。当这个测验第二次进行时，参与者已经对它熟悉了，也许还能回忆起自己之前的反应。由此导致，成绩的提高完全是因为最初或前测操作的关系。测验效应所导致的成绩的任何改变都威胁内部效度，因为它可以成为一种替代性解释或竞争性假设，让研究者无法声称第二次测验成绩的变化是由实验处理产生的。与之前提到的威胁一样，此类威胁的最基本形式出现在图 6.2（a）中所示的单组设计中的，但是增加一个如图 6.2（b）中所示的控制组通常就能消除这种威胁。

回归假象 :看起来是源于实验处理，实际上却是源于回归平均值的那些效应。

向均值回归 :回归假象的同义词。

回归假象 许多心理学研究都会根据在某项测量上分数比较高（或低）来挑选研究参与者。例如，在研究焦虑时，你可能会选择焦虑分数高的参与者；而在研究功能性文盲时，你可能会选择阅读分数非常低的参与者。这是很有道理的，因为这种研究的目的就是要找到方法，改善参与者在这些因变量上的状况。不幸的是，当参与者的选择是基于极端（高或低）分数时，就会产生威胁内部效度的回归假象。从前测到后测，不需要进行任何处理，分数极高的参与者都有降低分数的趋势，而分数极低的参与者都有提高分数的趋势。在某次测量中得到最极端（最高或最低）分数的参与者，很有可能与下次测量时得到极端分数的参与者不同。这种威胁的提出者（坎贝尔）为此下了正式的定义：**回归假象**（regression artifacts）是"伪效应，这种效应看起来是由假定的原因变量（如一种干预）产生的，但其实只是因为数据要向平均值回归而造成的"（Campbell & Kenny, 1999, p.37）。这种现象也被称做**向均值回归**（regression toward the mean），因为从前测到后测，极高和极低分数有着向平均值接近的最大趋势。更简单一点讲，回归假象可以被视作"你只能从这儿往上（或往下）现象"（Trochim, 2001）。

这里有一个例子。你开展了一项研究来调查治疗抑郁的某种新疗法的效果。你贴出了一张布告招募自愿参加的参与者。这项研究可能最吸引那些正感到很抑郁的人。由于他们来参加实验时正好是其非常抑郁的时候，所以有可能到后来他们就没

图 6.3

回归假象演示

那么抑郁了。图 6.3 演示了这种类型的回归假象。这样的抑郁缓解现象是由回归假象造成的，且威胁到了此类研究的内部效度，因为变化的原因并非出于实验处理。

如果你选取参与者的基础是极高或极低分，并且使用了先前在图 6.2（a）中所示的单组前测—后测设计，那么从前测到后测所发生的某些或全部变化可能就是因为回归假象。你无法知道这些变化是因为实验处理还是因为回归假象的作用。不过，通常有一个方法能够解决这个问题。如果你使用图 6.2（b）中所示的双组设计，并选用两个类似的组，那么就不存在回归假象问题了，因为即使发生了回归现象，两组间的差异也不是由回归假象造成的。如果你曾根据极端分数来挑选参与者，那么你就应该注意回归假象问题，而且在这种情况下，你始终都应该加入一个控制组。

流失：参与者的流失，因为他们没有参与完整实验或在研究中退出。

流失 总有一些个体会因为各种原因而没能完成研究，比如不能在约定的时间和地点出现，或是无法参加研究的所有环节。这种从研究中退出的现象被称为**流失**（attrition）。绝大多数的心理学实验——包括人类实验和非人类实验——都必须在某些时候对这种现象所带来的偏差进行处理。涉及电极植入的生理学实验有时会出现参与者缺失的情况，因为手术程序可能会引发并发症。人类实验必须处理的情况则是：参与者没有在规定时间和地点出现或没有完成研究所要求的所有实验。在单组设计中，流失不是一个影响内部效度的问题，虽然它在你推广结论时会打一些折扣，因为你只能将结论推广到完成了研究的那类人身上。流失会产生内部效度问题，并不仅仅是因为参与者的流失，还因为参与者的流失可能导致各组之间产生差异，而这些差异并不能归结到实验处理上，这也是图 6.2（b）中所示的双组设计会出现的内部效度威胁，被称作**差别流失**（differential attrition）。

差别流失：在多组设计中，因为各组参与者流失情况的差异而使得各组在额外变量上产生了差异。

想一想下面这个例子。假设你想检验某种处理（用于增加参与者对权威的服从性）的效果。同时假设，之前的研究已经发现女性服从的程度会比男性高，所以你通过在两组中安排同样数目的男性和女性来对这个因素进行控制。然而，在你真正开始操作这项实验时，接受实验处理条件组（也就是实验组）的男性参与者中有一半没有出现，而不接受实验处理条件组（即控制组）的女性参与者中也有一半没有出现。因为差别流失，现在你的实验组主要是由女性组成，而你的控制组则主要是由男性组成了。统计分析显示，实验组的平均服从程度显著高于控制组。你能总结说实验组的服从性明显更高是因为自变量操作而产生的吗？这种推论是不正确的，因为实验组中女性参与者的比例较高，而以前的研究已经证明女性会表现出更多的服从性。这种情况下是额外变量（即性别），而不是自变量（接受处理 vs. 不接受处理）造成了两组之间的显著性差异。当有参与者从你的研究中退出时，你应该尽力去确定各组间是否在某个额外变量出现了差异从而可能混淆结果。你必须一直谨记实验的基本原则：你需要确保各组的差异是源于自变量，而不是随机变量所带来的。

选择：因为在各组之间使用了差异性选择程序，从而产生了非等同组。

选择 在把参与者安排到各个对照组时，如果使用了差异性选择程序，那么就会存在**选择**（selection）威胁。理想情况下，应该将参与者随机分配到各个实验组（如分配到处理组和控制组）。随机分配是产生相等组（即构建在任何额外变量上都不大可能有差异的组）的最佳程序。当不能进行随机分配时，就很可能会产生竞争假设（"先决条件3"）。假设你要开展上述提到的服从性研究，并且你没有将参与者随机分配到处理组和控制组中。同时假设你没有注意到有任何文献显示女性比男性更具有服从性。因为两个组的参与者都不是随机分配的，所以两组可能在许多额外变量上都不同，包括性别。在实施完处理之后，你发现，平均来看处理组表现出比控制组更强的服从性。那是否能够宣称两组之间的差异是由实验处理产生的？你不能下此结论。这两组有可能在额外变量上存在差异，而这就可能是观察到组间差异的原因。在这种情况下，如果处理组的参与者中女性比例更高，那么很有可能是性别（而不是处理）导致了两组在因变量上产生了差异。

附加和交互作用：因为两个或多个效度威胁共同产生作用而导致的组间差异。

附加和交互作用 对效度的各种威胁不一定只是独自发挥作用。**附加和交互作用**（additive and interactive effects）指出：内部效度的各种威胁可以结合起来产生复杂的偏差。尤其重要的是，选择能够与历史、成熟、测量工具、测验和回归假象这些威胁结合在一起。当问题是选择时，组成各组的人就各不相同了，因此，不同组对威胁的反应也会不同。当各个组遭遇了相同的历史事件，反应却不同时，就产生了

选择—历史：各组遭遇了相同的历史事件，但是因为它们不是等同组，所以反应各不相同。

选择—历史（selection-history）效应。该现象发生在各组是由不同类型的人组成的情况。如果各组成熟的速度不同，就会产生**选择—成熟**（selection-maturation）

选择—成熟：因为各组不等同，所以经历了不同程度的成熟。

效应。该现象的发生在各组都是由不同类型的人组成的情况。例如，如果你正在检验读写能力处理，你应该不希望，处理组是由6岁儿童组成，而对照组是由10岁儿童组成的，因为6岁儿童在阅读方面的进步速度（即使不接受处理）自然会高

选择—工具：因为各组不等同，所以对测量工具变化的反应不同。

选择—测验：因为各组不等同，所以他们在前测中的反应不同。

选择—回归假象：因为各组不等同，所以向平均值回归的程度不同。

于10岁儿童。如果各组因为组成人员类型不同，而对测量工具效果的反应不同，就会发生**选择—工具**（selection-instrumentation）效应。如果因为各组是由不同类型的人组成，而使得测验对于各组的影响不同，那么就会发生**选择—测验**（selection-testing）效应。如果因为各组是由不同类型的人组成，而使回归假象对各组的影响不同，那么也就会发生**选择—回归假象**（selection-regression artifact）效应了。

这里要说明的重点在于：当效度的各种威胁共同发生作用时（就如上面提到的那些），多组设计中的各组就不只是在自变量水平（如处理对应控制）上存在差异了，而这不是我们所希望看到的；各组也会因为额外变量的作用而产生差异，在实验的最后，你将无法知道各组在因变量分数上的差异是由自变量产生的，还是由某个混淆额外变量产生的。还有一个重点，这将在后面的章节中详细说明，在实验开始时使用随机分配来构建各个组，是解决本章所讨论的内部效度威胁问题的最佳办法，这个过程有助于确保各组在任何额外变量上都不存在系统性差异。当某项实验研究在分组上是随机分配时，你应该对这项研究是否能够提供强有力的因果关系证据抱有更大的信心。

思考题 6.3
- 内部效度是什么意思？它为什么重要？
- 什么是恒定原则？它为什么重要？
- 内部效度的威胁有哪些？它们各自是如何威胁内部效度的？

外部效度

外部效度：研究结果可以推广到不同人群、环境、处理方法、结果和时间上的程度。

内部效度关注的是，就某项研究来说，是否能够宣称参与者表现出了某种因果关系。效度的第四种主要类型，称作**外部效度**（external validity），关注的是研究者是否能将研究发现推广到其他人群、环境、处理方法、结果和时间上去。外部效度是一个推广过程，因为它涉及从有限的信息出发，得出适用范围更广的结论。如果某项特定研究的对象是100名大学生，且该研究是在心理学实验室中进行，若其有着充分的外部效度，就意味着从这项实验中得到的结果对所有大学生均适用，而不管他们所处的环境、接受的处理方法、结果的测量方式以及接受处理的时间段是如何不同。研究者希望能进行这种类型的推论，因为心理学研究最重要的目标之一就是确定人类思维和行为中的规律。普遍性是科学研究的一个主要目标。

为了推广一项研究的结果，你必须确定出目标人群、环境、处理变化、结果的测量和时间，并尽量使用在这些方面具有代表性的样本。在理想的研究世界中，你可以从这些总体中随机选择个体，这样就能形成定义总体的代表性样本了。但由于各种各样的原因（比如费用、时间、可接近性），绝大多数的实验研究并没有建立在从定义总体中随机抽取的样本之上。不能随机选择参与者意味着一项研究很可能包含着会威胁外部效度的特征。总之，很多研究发现缺乏普遍性的一个原因就是没有进行随机选取。对单一研究结果难以进行推广的另一个原因是偶然性。如果仅仅是偶然性在起作用,那么各个研究发现之间的差异通常都比较微小,但是有时这种仅由偶然性导致的变化也会很大。这也是重复实验在科学研究中如此重要的原因。研究发现缺乏普遍性的另一个主要原因是,有时自变量和因变量之间的关系会在另一个自变量的不同水平上变化。例如,某种态度改变程序对女性最有效,而另一种对男性最有效,那么这样的结果就是具体针对每种性别的。在这种情况下,研究发现就不能宽泛地推广到每一个人(即推广到女性和男性),而你的任务就是要正确区分各项研究可以推广到谁以及不能推广到谁。

现在我们来说说几种主要的外部效度威胁以及与其相关的一些威胁。各种外部效度主要可以归为五大类:总体效度、生态学效度、处理方法变化效度、结果效度以及时间效度(Bracht & Glass, 1968; Shadish et al., 2002; Wilson, 1981)。这里的关键点是,你的结果或许不能推广到其他人(总体效度)、其他环境(生态学效度)、其他处理方法(处理方法变化效度)、其他结果(结果效度),或是其他时间(时间效度)。但对一个研究者来说,必须知道怎样才能推广研究发现,以及有哪些因素会对研究的普遍性产生威胁。

总体效度

总体效度:研究结果可以推广到目标总体,或者在目标总体之间的推广程度。

目标总体:研究者想将结果运用其中的广泛人群。

可获得总体:在实际中研究者能获得的研究参与者总体。

总体效度(population validity)指的是将你从研究样本中得出的结论推广到你感兴趣的广泛人群的能力。**目标总体**(target population)是你希望将研究结果推广到其中的总体(比如所有大学生),**可获得总体**(accessible population)则是你可以得到的总体。例如,你也许想将研究结果推广到美国所有年轻人,但是你只能得到你所在大学的大学生样本。正如图6.4中展示的那样,将研究结果推广到目标总体需要进行统计推断,包括两步推断。首先,研究者必须将由样本中获取的结论从样本推广到可获得总体。如果研究者的样本是从可获得总体中随机挑选的,那么这个步骤就很容易完成。如果样本是随机挑选的,那么它就应该具有代表性,这意味着可获得总体的特征可以从样本中推断出来。如果某项研究的样本是从某个指定大学随机挑选的250名参与者,那么你就能说自己得到的结果代表了那个大学学生的特征。

第二步则需要将结论从可获得总体推论到目标总体。你很难十分肯定地做出这个最终推论,因为可获得总体通常都不能代表目标总体。例如,假设你正在开展一项以大学生为目标总体的研究。你希望自己的研究结果可以适用于美国所有的大学生。然而,为了做出这样的声明,你必须从目标总体——也就是全美的大学生——中随机挑选样本。对研究来说,你必须亲自与参与者见面,所以通常你只能从一个非代表性、但却可获得的总体中随机挑选参与者。因为许多研究都是基于非随机样本的,所以结果的推广也常常是借助于重复实验来实现,而不是直接从一个单一样本中推广到总体。

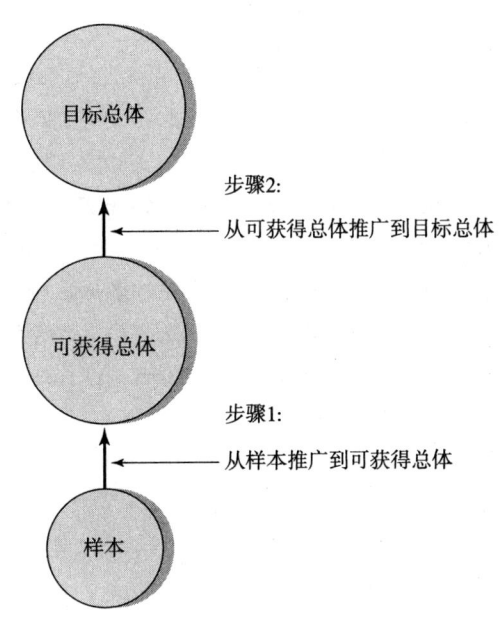

图 6.4
将样本推广到目标总体的两步骤推理过程

到目前为止,有关总体的绝大多数讨论都是关于将研究样本的特征(如样本平均数、不同样本之间的平均值差异、基于样本数据得到的变量关系)推广到目标总体的特征(如总体平均数、不同总体之间的平均值差异、总体中的变量关系)。有时候,这个过程被称为"推广到总体"(generalizing *to* a population)。随机抽样在把样本特征推广到总体特征这个过程中具有特别的优势。但是,在推广过程中存在着另一个重要问题,即我们在多大程度上能将样本结论推广到与样本和总体不同的人群中。这被称之为"跨总体推广"(generalizing *across* a population)(Cook & Campbell, 1979),而且这代表着某项研究结果应用的广泛程度。例如,你样本中的参与者在自尊量表上的平均分数是 80。那么这是否意味着所有男性和女性的得分都是 80?是否意味着样本中每一个人的得分都是 80?是否意味着总体中的每个人在填写这份问卷时的得分都是 80?这里的重点在于,在跨人群推广时,有些研究结果的普遍性会好于其他。

这里有一些关于研究结果在跨人群时缺少普遍性的例子。研究显示男性和女性对药物有着非常不同的反应(Neergaard, 1999)。首先,吗啡的止痛效果在女性身上要好于男性。第二,女性拒绝心脏移植的概率高于男性,这可能是因为抗排斥药物(如环孢霉素等)会更快地从女性体内代谢出来。第三,阿司匹林稀释血液浓度的效果在男性身上表现得更好。这些性别差异促使美国食品药品监督管理局规定:药物生产厂家要分析不同性别对实验性治疗手段的反应。通过随机抽样可以解决研究结果在跨人群推广的问题。它只是这个世界的一个经验性事实,即有些发现只能适用于特定人群。在研究中对此进行检查的方法通常是通过收集人群特征数据,然后确定研究发现的适用人群,并进一步开展其他研究以确定其发生的原因。

生态学效度

生态学效度：一项研究的结果可以在不同情境或环境条件之间推广的程度。

生态学效度（ecological validity）指的是某项研究结果在不同实验情境之间或从一组环境条件到另一组环境条件的推广程度。实验室实验有时会被批评为缺乏生态学效度。如果一项实验室实验的结果能被推广到非实验室环境中（如治疗环境或日常劳动情境），那么这项实验就具有生态学效度。生态学效度的存在与处理效果独立于实验环境的程度相关。如果一种处理方法的效果依赖实验环境，那就不存在生态学效度。例如，凯兹丁（Kazdin, 1992）描述了一种戒毒方法，它对生活在农村的吸毒者起作用，但是，对居住在城里的吸毒者不起作用。生态学效度可归结为一项研究发现是否可以跨情境进行推广。

时间效度

时间效度：研究结果可以推广到不同时间的程度。

时间效度（temporal validity）指的是某项实验或某个研究类型的结果能够跨时间推广的程度。例如，沃尔斯特（Walster, 1964）要求部队新兵对 10 份不同工作进行吸引力评分，这 10 份工作都是他们在服兵役期间可能被分配到的。在评分之后，要求每位新兵从评分接近且比较有吸引力的两份工作中挑选一个。在二选一之后，又再次要求新兵对这两项工作的吸引力进行评分。对一组新兵来说，第二次评分在完成工作选择之后立刻开始；而对另外三组新兵来说，第二次评判分别在工作选择后 4 分钟、15 分钟和 90 分钟再进行。在图 6.5 中你可以看到，随着时间的变化，所选工作的吸引力评分也发生了变化。在做出选择后立即进行二次评判时，入伍者觉得自己选择的工作更有吸引力。但是，在 4 分钟的时间里，这些新兵明显感到某种程度的遗憾，或者对他们所选择的工作进行了再次思考，因为他们认为这项工作

图 6.5
一份经过挑选的工作的吸引力随时间发生变化的图示

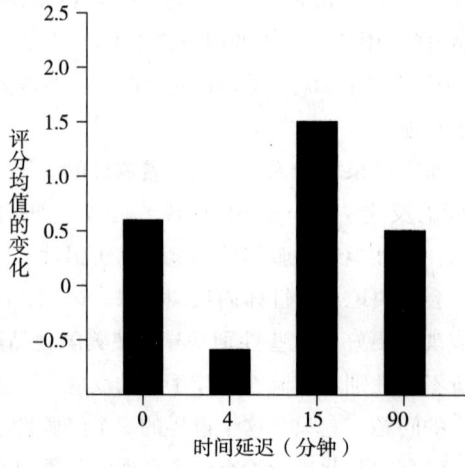

资料来源："The Temporal Sequence of Post-Decision Processes" by E.Walster.In L.Festinger (Ed.), *Conflict, decision, and dissonance*. Stanford: Stanford University Press, 1964.

的吸引力下降了。然后这种遗憾快速地消失了。15分钟的时候，对所选工作的吸引力评分达到了峰值，直到90分钟后才回到选择刚做出后的初始水平。

研究者还确认了研究结果存在一些可预见的时间模式。当某个因变量的值有随着季节变化的倾向时，就产生了**季节性波动**（seasonal variation）。例如，每年夏天青少年犯罪率都会上升。这是因为夏季这几个月里，青少年都不用上学，也就有更多的时间去闯祸。因此，相比其他季节开展的研究而言，在夏天开展的研究可能整体上会显露出有更高的青少年犯罪率。同样地，如果你正在研究某个广告宣传活动对零售销售额的影响，你就需要考虑12月份的假期期间销售量会上涨这种可预见的季节性波动。季节性波动是**周期性变化**（cyclical variation）的一种类型，后者是一般性的概念，指的是任何随着时间发生的上下波动。这个时间周期可以短，也可以很长。生理节律（约24个小时）就是一个相对短的周期性波动，我们的脉搏、体温、激素水平和肾脏功能均会有节律性的变化。与这些变量相关的研究结果可能会随着研究在一天当中展开的时间点的不同而不同。经济周期则是一个时间较长而可预见性较少的周期性变化，经济形势倾向于在扩张和增长期与持续数年的紧缩和衰退期之间变化。

季节性波动：因变量的值随着季节而变化。

周期性变化：因变量随着时间而发生的任何类型的系统性上下波动。

处理效度

处理效度（treatment variation validity）是指研究结果在不同处理方法之间的推广程度。因为同一种处理在不同的实施操作中会有所不同，所以就会产生处理效度问题。例如，许多研究都表明，认知行为疗法对治疗抑郁有效。但是，这些研究通常的执行方式都是最大限度地保证治疗师是称职的，并按照规定的方式实施治疗。然而（实践中），向普通大众提供认知行为治疗的治疗师，无论是在能力上，还是在他们按规定治疗的程度上，都存在相当大的差异。这意味着治疗的实际操作有着很大的变化。如果不管具体的实施方式存在何种差异，认知行为疗法在抑郁治疗方面都能产生有益的效果，那么这种治疗方法就具有处理效度。如果认知行为疗法仅仅在精确地按照规定的方式实施时才会产生益处，而在方式稍微变化时就无效了，那么这种疗法就没有处理效度。

处理效度：一项研究结果能在变化了的处理方法上的推广程度。

结果效度

结果效度（outcome validity）是指研究结果在不同但相关的因变量之间的推广程度。许多研究调查的是同一个自变量对多个因变量产生的影响。结果效度指的就是由所有相关的结果测量方法所产生的效果的相似程度。例如，我们期望某个职业培训项目能够增加人们毕业后的就业率。这也许是研究者所关注的主要测量指标。但是，还有一个同样重要的问题：保住工作。这意味着参与者必须准时上班、不旷工、与他人合作良好，并且在工作中表现不错。这个职业培训项目可能具有增

结果效度：研究结果在不同、但相关的因变量之间的推广程度。

加求职成功率的效果，但是却对保住工作没有效果，因为它对这些基本的工作适应技能几乎没有作用。如果情况是这样，那么这项职业培训项目就没有结果效度。但是，如果该职业培训项目不但能增加求职成功率，还能提高保住工作所必需的其他基本的工作适应技能，那么这个项目就具有结果效度。

思考题 6.4
- 外部效度的含义是什么，为什么它很重要？
- 哪些因素可以威胁外部效度？
- 各种外部效度所特指的推广类型是什么？

内部效度与外部效度的关系

按照我们对威胁外部效度的各种变量的了解，从逻辑上看，我们似乎应该在设计实验时就考虑使用包含不同的参与者、处理变化、结果测量和环境的样本，以增加研究的外部效度。但这种策略的问题在于，内部效度和外部效度之间存在着相反关系的趋势。当外部效度增加时，可能会牺牲内部效度；当内部效度增加时，外部效度可能就会降低（Kazdin, 1980）。

实验研究倾向于具有高内部效度（即它们能为因果关系提供强有力的证据）。开展实验研究的研究者常局限于在一个可控的实验室环境中进行，这是为了呈现一个确定的实验处理条件和消除额外变量，如环境噪音或天气条件。然而在实验室环境中，研究参与者要接受一组由某个实验者或一些自动设备发出的标准指导语，并在某个明确的时间点完成结果测量。但是，同样是这些能最大限度获取内部效度的特征——使用严格的研究参与者样本以及在特定的时间和人为的实验室环境中对他们实施测验——却限制了外部效度，因为这样做会将不同的人、处理变化、环境和时间排除在外（Kazdin, 1980）。但是，如果某位实验者为了将外部效度最大化，而试图通过在不同时间和不同环境中以不同的处理方法对各组参与者进行实验，那么实验的控制就会降低，进而也降低了内部效度。因此，实验中某因果关系获得外部效度常常指的是，由不同研究者在不同研究中所观察到的相同因果关系，这些研究具有不同的环境和参与者类型，以及稍有差异的处理方法和结果变量。哪种类型的效度最重要与研究目的紧密相关。如果你的主要目的是为了确定两个变量之间的因果关系，那么就要优先考虑内部效度。但是，如果先前的研究已经确认了两个变量之间的因果关系，那么研究目的可能就是评估这个因果关系的外部效度。在某些研究中（比如在调查研究中），你的主要研究目的也许是基于单一的某个参与者样本得出有关目标总体特征的结论。在这种情况下，外部效度就是最重要的。

思考题 6.5
- 如何最大化内部效度?
- 如何最大化外部效度?
- 为什么内部效度和外部效度存在着相反关系的趋势?

本章小结

  研究效度指的是从某项研究得出的推论的真实性。定量研究中主要有四种类型的研究效度，它们分别是：(1) 统计结论效度（对报告的关系是否存在及相关强度的声明的正确程度），(2) 建构效度（研究中使用的操作表征某个构念的充分程度），(3) 内部效度（有关因果关系的声明的正确性）和（4）外部效度（研究结果能推广到其他人、环境、处理方法、结果和时间的程度）。

  内部效度的威胁（即对一个人得出因果关系结论的能力的威胁）有历史、成熟、测量工具、测验、回归假象、流失、选择及附加和交互作用。当这些威胁导致自变量各组在混淆额外变量上出现差异时，就出现了内部效度问题。实验研究的一条基本原则是，你要让你的各组仅仅只在自变量条件上出现差异。确保各组在额外变量上相同（称为等同组）的最佳方式是将参与者随机分配到各组当中。一旦你有了相似的组，就可以操作自变量的各个水平并确定这些组是否在因变量上出现了差异。如果出现了差异，你就能推断自变量是引起差异的原因。

  外部效度指的是研究是否能将结果推广。总体效度代表的是你能将结果向目标总体中的人群或者跨人群推广的程度。生态学效度代表的是你能将结果推广到其他环境的程度。处理效度代表的是你能将结果推广到有些许变化的处理方法或具体实施方法中的程度。结果效度代表的是将结果推广到不同但相关的因变量上的程度。最后，时间效度代表的是结果在不同时间上的推广程度。

重要术语和概念

可获得总体	差别流失	测量工具
附加和交互作用	差别历史	内部效度
流失	生态学效度	成熟
混淆	等组匹配	结果效度
混淆额外变量	实验者特征	参与者对实验环境的反应
恒定	实验者效应	总体效度
建构效度	实验者期望	积极的自我表现
周期性变化	外部效度	回归假象
要求特征	历史	向均值回归

研究效度　　　　　选择—成熟　　　　　目标总体
季节性波动　　　　选择—回归假象　　　时间效度
选择　　　　　　　选择—测验　　　　　测验
选择—历史　　　　统计结论效度　　　　处理效度
选择—工具　　　　统计意义

章节测验

问题答案见附录。

1. 当我们提到心理学研究的效度时，我们指的是：
   a. 统计结论效度
   b. 内部效度
   c. 建构效度
   d. 外部效度
   e. 以上都是

2. 如果一项研究使你能精确地推断出自变量是导致因变量发生了变化的原因，那么你的研究：
   a. 是有价值的
   b. 具有内部效度
   c. 具有统计结论效度
   d. 具有建构效度
   e. 具有外部效度

3. "知道"博士开展了一项有关青少年暴力的研究，他发现他的方法在斯特里克兰青少年中心是有效的，所以他还想在男孩俱乐部试试该方法，他是在检验以下哪一项外部效度的威胁？
   a. 总体效度威胁
   b. 生态学效度威胁
   c. 时间效度威胁
   d. 结果效度威胁
   e. 处理方法变化效度威胁

4. 如果一项研究发现，自变量和因变量在研究样本中是共变的，并且它们在总体中也是共变的，那么这项研究：
   a. 被证明是有价值的
   b. 揭示了一种因果关系
   c. 具有内部效度
   d. 具有统计结论效度
   e. 具有实验效度

5. 约翰·布朗已经报名参加了一项社会心理学研究。他的朋友恰好刚刚参加完这项研究，并告诉他，在他们填写问卷时会有烟进入他们所在的房间。他的朋友告诉约翰，他以为这项研究是在调查他们对烟的反应而不是对问卷题目的反应。当约翰到达实验地点并听完实验者的指导语之后，他对他所听到的事情进行了评估，想看看该实验是否真的在测试参与者对烟的反应。约翰的行为：
   a. 反映了一种积极自我表现的意图
   b. 代表了要求特征的一个例子
   c. 代表了一种实验好奇
   d. 代表了影响实验的混淆额外变量的一个例子
   e. 代表了约翰朋友的一种不正确行为

6. "预测"博士开展了一项预测未来暴力行为的研究，结果发现伤害动物的儿童（将来）更有可能成为虐待配偶的人。基于这项研究结果，他撰写了一本书，书中所持的观点是：父母应该将儿童对待宠物的行为视为他们将来对待其他人的行为的指向标，如果父母发现孩子总是虐待宠物，就应该让孩子接受一些帮助。当"预测"博士认为他的实验结果适用于其他儿童时，他假设他的这项研究：
   a. 具有外部效度
   b. 具有建构效度
   c. 具有实验信度
   d. 具有内部效度
   e. 已经消除了所有混淆变量的影响

提高练习

1. 阅读下列各研究案例,找出能用于解释数学成绩提高的内部效度威胁。因为许多研究采用的是前后测设计,并在前测和后测中使用了同样的测验,所以自然会产生一种潜在的测验威胁。但是,每个案例中还存在着其他可能的威胁,我希望你们找出的正是这种威胁。

   a. 格林博士正在调查某补救教育计划对一年级学生的数学成绩的作用。这项研究对所有一年级的学生进行了一次标准化数学成就测验;然后根据这次测验的结果,找出了分数处于最低四分位区间的一年级生。接着,他将这些学生纳入补救教育计划,并对他们进行了 6 个月的补救教育。在最后 6 个星期里,他再次对这些学生实施了标准化数学成就测验,并发现他们的数学成绩有了显著的提高,所以他推断这项补救教育计划对改善数学成绩是有效的。

   b. 格林博士正在调查某补救教育计划对一年级学生的数学成绩的作用。这项研究对所有一年级的学生进行了一次标准化数学成就测验;然后在接下来的 6 个月间对其中一半的学生实施了这项教育计划,另一半学生则被安排在控制组。在 6 个月的期间里,许多家庭搬走了,这些家庭的孩子也从这个学校退学了。结果发现,绝大多数退学的孩子本来都在控制组。同时也发现,绝大多数从学校退学的孩子的数学成绩都比较差。在计划实施的最后 6 个星期,格林博士再次对处理组和仍然留在控制组的学生实施了标准化数学成就测验,结果发现处理组学生的成绩提高比控制组学生的成绩提高要明显得多。格林博士因此推断这项补救教育计划对改善数学成绩是有效的。

   c. 格林博士正在调查某补救教育计划对一年级学生的数学成绩的作用。这项研究对所有一年级的学生进行了一次标准化数学成就测验;然后将这些学生纳入这项教育计划并在接下来的 6 个月落实实施。在最后 6 个星期,格林博士再次对这些学生实施了标准化数学成就测验,但是,他购买标准化数学成就测验的公司已经设计出了升级和修订版本,应该比以前的版本更好,所以他在后测时使用的是新的测验版本,并发现学生在后测时的数学分数有明显的提高。因此,格林博士推断这项补救教育计划对改善数学成绩是有效的。

   d. 格林博士正在调查某补救教育计划对一年级学生的数学成绩的作用。这项研究对所有一年级的学生进行了一次标准化数学成就测验,并在接下来的一整年间对这些学生实施了这项计划。在年末,他再次对这些学生实施了标准化数学成就测验,并发现他们的数学成绩有显著的提高。因此,他推断这项补救教育计划对改善数学成绩是有效的。

   e. 格林博士正在调查某补救教育计划对一年级学生的数学成绩的作用。这项研究对所有一年级的学生进行了一次标准化数学成就测验,然后将这些学生纳入这项教育计划并在接下来的 6 个月落实实施。在这 6 个月期间,《芝麻街》播出了一档有关数学概念的特别节目,许多学生都观看了这档节目。格林博士鼓励学生观看节目,甚至在他进行教学时,为了强调用于补救教育计划的概念,他还使用节目中提到的一些例子。在最后 6 周,格林博士再次对这些学生实施了标准化数学成就测验,并发现学生的数学分数有明显的提高。因此,格林博士推断这项补救教育计划对改善数学成绩是有效的。

2. 阅读下列的研究案例,找出每个案例的:

   a. 自变量
   b. 因变量
   c. 研究构念
   d. 用于表征这些构念的操作
   e. 收集证据以证明这些操作的建构效度的方式

   A. 罗格和安德森(Logue & Anderson, 2001)很想知道,相比那些被训练成为管理者的人来说,实践经验丰富的管理者是否更有可能考虑到行为的长期后果。经验丰富的管理者团队由 44 名大学和学院的教务长（首席学术官）组成，而受训者队伍包含了 14 名参加了美国理事会教育伙伴计划（一项使受训人成为大学和学院管理者的计划）的人员。在对长期后果的测量中，有一项是要求所有的参与者在两个假设的财政方案中进行选择，这样的方案组共有 59 组。所有选项都采取这样的形式："你所汇报的上级管理者将立刻拨给你 X 美元，或者你所汇报的上级管理者将在 Y 时间后拨给你 20 000 美元。" X 美元在 20 美元到 20 000 美元之间，且各金额差距为 \$666。Y 时间则包括 1 周、10 周、5 个月、10 个月、1 年半、3 年、6 年和 12 年。参与者必须从这两个选项中选取一个。有趣的是，当参与者需要在一笔金额较小但能立刻兑现的资金和一笔会在将来某个时候得到的金额较大的资金之间选择时，经验丰富的管理者更可能选择立刻兑现的资金，而受训者则更有可能选择将来兑现的大额资金。

B. 布拉施克维奇、斯宾塞和奎恩等人（Blascovich, Spencer, Quinn, & Steele, 2001）想对如下假设进行检验：刻板印象威胁会使得非裔美国人的血压升高，却对欧裔美国人的血压没有影响。为了检验这个假设，非裔美国人和欧裔美国人被随机地分配到了高刻板印象威胁或低刻板印象威胁的环境中。在高刻板印象条件下，实验者被假定为是一个来自斯坦福大学的欧裔美国人，他告知参与者有关标准化测试的争论——它们在特定的亚文化人群中是否存在偏差，并设计了一个新的智力测验，要求参与者参加这个测验以获取一个具有全国代表性的样本。在低刻板印象条件下，实验者被假定为是一个来自于斯坦福大学的非裔美国人。他提到了有关使用标准化测验的争论，并说明他希望参与者能够参加一个无文化偏见的新测验。他进一步指出，之前的研究已经证明这项测验是无偏见的。然后，所有的参与者都要完成远距离联想测验，这项测验会提供三个单词并要求参与者根据它们之间的联系想出第四个词。在参与者听到指导语之前，和在他们进行远距离联想测验的过程中，研究人员对他们的动脉血压值进行监控和记录。

第四编　实验方法

第 7 章

实验研究中的控制技术

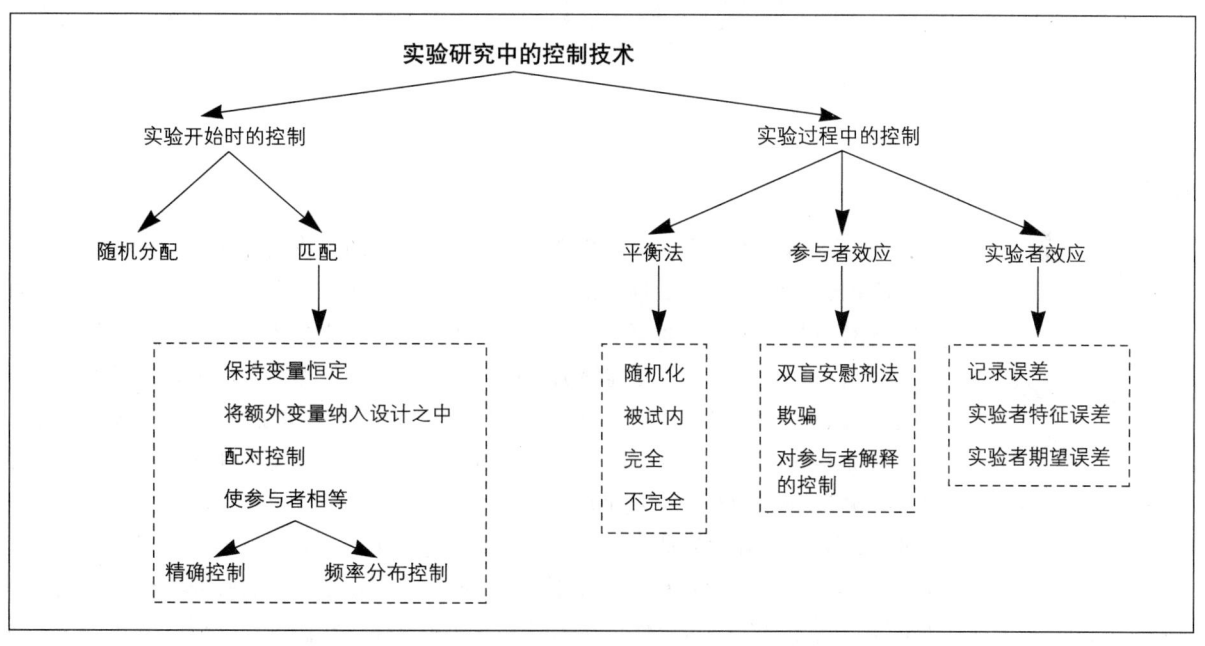

过去的几十年间，饮食对行为的影响这一问题吸引了人们大量的关注。不管是研究者还是实践者，对这一问题的关注和兴趣都在增加。例如几年前，一位父母发现他 4 岁的孩子突然变得非常不听话，甚至有些暴力。开始的时候他不停地跑圈圈，当父母想约束他的时候，他就会尽快逃开，撞到墙上然后反弹回来，接着他会自己爬起来一再地重复同样的事情，直到父母最终抓住他并束缚住他的身体。后来终于确定，这个男孩的行为是由于喝了添加了甜味剂（一种叫阿斯巴甜的替代品）的饮料而引起的。许多父母和老师相信，孩子们的饮食和是否吃了合适的早餐对他们之后的行为有影响。事实上，一项针对教师的调查（McLoughlin & Nall, 1988）发现，90% 的教师认为糖对儿童在课堂上的行为和学业成绩有负面影响，尽管事实上支持限制儿童糖分摄入量能带来好处的证据很少（如果有的话）。这是否意味着饮食不会对后续行为产生影响？很少有高质量的研究对这个问题进行过深入探索，但是已经开展的研究确实表明存在着这样一种关系。例如，鲍里斯和曼德尔（Boris & Mandel, 1994）发现，73%患有注意缺陷/多动障碍的儿童在进行饮食调整（限制乳制品、小麦、蛋类和花生等多种食物的摄入量）之后，情况有所好转。

然而，任何类似领域的调查都躲不开大量必须控制的变量。例如，成熟变量，如参与者的年龄，就可能会影响饮食行为研究的结果，因为那些还处于成长期的年幼参与者可能更容易受到饮食操控的影响。此外，其他变量也能对特定饮食的效果产生影响，包括以前的饮食习惯、摄取的食物组合、参与者的人格特征，或者他们的新陈代谢速率等。这些变量甚至与不吃某餐是否会产生影响有关。对我们来说，要想得到关于某个特定饮食变量的作用的可靠结论，就必须对此类额外变量的影响加以控制。

引 言

在第 5 章，我们讲述了研究者是如何获取样本的。我们讨论了几种随机抽样法（如简单随机抽样、分层抽样和整群抽样）和非随机抽样法（如方便抽样、立意抽样、配额抽样和滚雪球抽样）。在这一章中，我们假设你已经有了参与者样本。在实验研究中，理想的情况是能够随机选择样本，然后将参与者随机分配到实验中的各组（如图 7.1 所示）。但是，在实验研究中很少用到随机抽样，因为研究的关注点更多地在于如何得到支持因果关系（即内部效度）的强有力证据上，而不是如何将某个单一研究的结果直接推广到某个总体（这是一种外部效度）。实验研究通常会使用立意抽样和方便抽样，而研究者常常通过在不同人群、不同地方、不同情境和不同条件中重复研究发现来对结论进行推广。也就是说，实验者要在多项研究的基础上才能对结果进行推广。在本章接下来的部分，我们希望你能假设自己已经有了研究参与者样本，这样我们就能全力关注哪些控制技术能使内部效度最大化。尽管我们的关注点是内部效度（即因果关系），但本章依然会提及外部效度（即推广程度）的问题，因为有些控制程序对内部效度和外部效度都有影响。

在进行一项心理学实验时，我们的主要目标是确定自变量是不是引起因变量产生可观察变化的原因。为了进行这种因果推论，我们必须控制额外变量的影响，因为它们可对我们做出的因果假设构成威胁。如果我们能控制额外变量的影响，那么就能实现内部效度。不幸的是，总有许多不同的额外变量能够进入实验并威胁实验的内部效度，就像第 6 章所指出的那些。

宣称因果关系时要消除额外变量作为竞争解释的关键策略在于创造一种实验情境，让额外变量在自变量的不同水平上保持恒定。各实验组（如处理组和控

图 7.1
获取研究参与者的理想流程演示

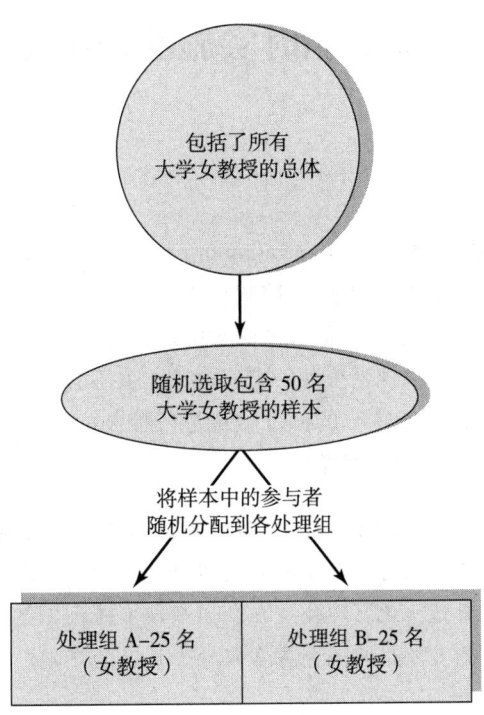

差别影响：指某个额外变量对不同组的影响不同。

差异法：如果各组在除某个变量之外的每个变量上都保持一致，那么这个变量就是各组出现差异的原因。

制组）在每个额外变量上应该具有同等水平，以避免任何**差别影响**（differential influence）。各实验组之间的唯一差异只能是自变量的水平。19 世纪的哲学家约翰·斯图尔特·米尔（John Stuart Mill, 1806—1873）将这个过程称作**差异法**（method of difference）。当各组之间的唯一差异来自于自变量时，研究者就能自信地做出推断，研究的结果是自变量产生的，而不是额外变量产生的。

这些年来我们发展出了许多技术，使得研究者能够控制可混淆实验结果的额外变量的影响。在这一章中，我们将对实验研究中常用的控制技术进行讨论。我们必须记住，实验研究是最能获取因果关系证据的研究方法。最佳的实验设计包括随机化（即将参与者随机分配到形成自变量的各组中），这是我们将要讨论的第一个控制技术。在讨论完运用于实验开始阶段的实验技术之后，我们要讨论几种在实验过程中运用的技术。第一个关键点是，在实验开始时你要产生相等的实验组（如处理组和控制组），而在实验过程中，除了施加自变量条件外，你需要以完全相同的方式对待各组参与者。

实验开始时实施的控制技术

随机化

随机化：通过确保每位成员都有同等机会被分配到任何组，从而使各参与者组相等的控制方法。

随机分配：随机地将一个样本中的个体分配到特定数目的不同实验条件的各组中。

随机化或者**随机分配**（randomization or random assignment）是所有控制方法中最重要和最基础的。它是一种概率控制技术，其目的是为了在实验开始时让各实验组在所有额外变量上相等，不管是已知的还是未知的。因为它"使各组相等",所以在额外变量上不会出现系统性的组间差异，也不会使研究结果产生偏差。随机分配是唯一能够对已知和未知的额外变量进行控制的技术。正如科克伦和考克斯（Cochran & Cox, 1957）说的那样：

> 随机化有点类似于保险，它预防的是那些可能发生也可能不发生的、或者如果发生了其结果可能严重也可能不严重的干扰。我们一般建议大家不要怕麻烦，应该采用随机化，即使是在我们预期不随机化也不会产生任何严重偏差的时候。实验者可以借此避免异常事件干扰他的预期。（p. 8）

随机化是如何消除实验中的系统性偏差的呢？关键词是随机。术语随机指的是事件等概率（即在概率上相等）的统计学特征。将参与者随机分配到各实验组保证了每位参与者都有同等机会被分到各组。在将参与者随机分配到不同处理条件时，为了实现事件的等概率，有必要使用一种随机化程序，比如专栏 7.1 中说明的那种。使用此类程序能最大限度地保证消除组间的系统性差异，因为这些差异可能使结果产生偏差。随机分配的控制作用是通过下述事实来实现的：某个参与者组出现的所有变量在所有参与者组中分布大致相同。当额外变量的分布在所有组都几乎相同时，那额外变量的影响就能保持恒定，因为它们无法对因变量产生任何差别影响。例如，如果处理组中 58% 的参与者是女性，控制组中也有 58% 的参与者是女性，那么性别就不是两组出现差异的原因。同样地，如果处理组中女性参与者占 30%，控制组中女性参与者也占 30%，那么性别就不是造成两组差异的原因。但是如果一组中女性占到 68%，而另一组的女性只占 30%，（同时如果性别也会影响到因变量的话，）那么性别就是问题了。关键的不是额外变量在各组中处于什么水平，而是额外变量在各组的水平没有差异。实验研究中的一条基本原则是，你要让你的组在任何或所有额外变量上都相等。

随机分配是否总能让需要控制的变量实现等分布？只要使用的样本容量够大，研究者就能有足够的理由假设随机分配可以产生几乎相等的组。尽管在任何一个特定的研究中，随机分配都有可能会失败，但它毕竟是一个相对小概率的事件。因此，如果研究者在实验开始时用随机分配的方法形成了实验组，那么就能够合理地假设：无论是否已知，额外变量的分布与影响在所有参与者组间几乎都是相同的。因为随机化产生相等组的概率要比用其他控制技术产生相等组的概率高很多，所以随机分

专栏 7.1
将参与者随机分配到实验处理条件中的程序

将参与者随机分配到实验处理条件中的传统程序是使用随机数字列表,就像下面那个包含了 200 个数字的列表一样。本书附录 B 中有一个更大的随机数字列表。我们列出的下表包含 20 行、10 列。每个位置的数字是随机的,因为 0~9 中的每个数字都有同等机会来占据那个位置,而且为某个特定位置挑选某个数字不会对另一个位置选择另一个数字造成任何影响。因此,因为每个独立的数字都是随机的,所以这些数字的任何组合也是随机的。

现在,让我们来看看在使用这张随机数字列表(或附录 B 中的随机数字表)时,你应该遵循的程序。现在让我们假设你想进行一项实验。你想将 20 个研究参与者随机分配到两个组中:一组接受实验处理条件,而另一组接受控制条件。为了将 20 个参与者随机分配到两个组中,你要完成以下步骤:

步骤 1:将这些参与者按 0~19 编号。这是这些参与者的身份编号列表。

步骤 2:将随机数字列表按照两列一组划分成块,因为你的参与者编号最大的是一个两位数。这次划分是在此专栏材料里的随机数字列表中做的。如果你使用附录 B 中的随机数字,也应该执行相同的步骤。

步骤 3:从上到下地阅读头两列的数字,直到你遇到一个小于 20 的数字。这样就可以随机选出第一组的 10 个参与者。在这里,你遇到的第一个小于 20 的数字是 00。因此,第一组中的第一个人就是参与者列表中编号为 00 的那个人(见步骤 1)。继续沿着列读下去,直到你遇到其他小于 20 的数字,这里是 18 和 03,这分别代表随机选到的第二位和第三位参与者的编号。在你读到头两列数字的底部时,请从接下来的两列数字的顶部开始往下读。按照这个程

序,又能选出 7 个编号:05、06、09、10、01、14 和 07,代表着被随机选出的第一组 10 位参与者中的另外 7 位。注意,如果你遇到了已经被选过的数字(就像我们遇到的 03、05、06 和 14),必须跳过。

步骤 4:如果你必须将参与者随机分配到两个以上的组中,就继续按步骤 3 选取第三组和其余的组。但是,最后一组肯定是剩下的参与者。在我们的例子中,我们随机选择了 20 位参与者中的 10 位作为第一组,那么剩下的 10 位参与者就代表第二组。如下所示:

组 0		组 1	
00	01	02	04
03	05	08	11
06	07	12	13
09	10	15	16
14	18	17	19

步骤 5:在你得到了与处理条件数目相同的组之后,按照理想情况,这些组应该被随机分配到各处理条件中。在我们假设的情况下,只需要使用随机数字表中的一列就可以完成这个任务了,因为你只有两组参与者。这两组就被编号为 0 和 1。如果你是从第一列开始往下读,那么你可以看到第一个比 2 小的数字是 0,所以组 0(第一组参与者)就会分配到第一种处理条件中。这意味着组 1,即第二组随机分配的参与者就要被分配到第二种处理条件中。如下所示:

处理条件	
A_1	A_2
组 0	组 1

专栏 7.1（续）

随机数字列表

	1	2	3	4	5	6	7	8	9	10
1	8	1	4	5	5	6	9	8	7	3
2	2	7	9	6	5	4	6	4	8	3
3	0	0	0	5	5	8	9	7	6	9
4	7	8	3	4	7	0	7	7	5	2
5	8	5	8	6	3	5	4	2	2	2
6	7	3	5	3	6	8	0	7	3	3
7	1	8	6	0	1	0	7	4	4	7
8	7	9	5	3	0	1	5	5	5	1
9	5	6	6	7	8	5	8	1	1	9
10	3	0	3	3	9	1	9	9	1	9
11	9	7	4	7	8	7	7	1	0	9
12	4	6	4	5	1	4	5	4	1	1
13	5	7	4	0	4	2	5	9	6	7
14	8	6	0	5	6	9	4	4	3	2
15	6	7	6	7	3	3	7	1	8	9
16	2	6	0	6	7	3	3	0	6	9
17	6	7	5	5	1	4	7	4	1	2
18	6	3	0	9	9	9	5	3	8	0
19	0	3	7	3	0	3	0	6	8	6
20	7	1	6	8	2	0	5	3	2	1

配被认为是实验研究中最重要和最有力的控制方法。同时，因为它确实是控制未知额外变量的唯一方法，所以无论何时何地，只要可能，即使已经采用了其他控制技术，都有必要使用随机化。

思考下面这个随机分配参与者的例子。某教授正在开展一项关于学习的研究。额外变量智力与学习相关，所以必须控制这个因素或者使之保持恒定。让我们考虑两种可能性，一种是通过随机分配进行必要的控制，而另一种是不使用随机分配。首先假设没有对参与者进行随机分配的情况（无控制），研究者将最先到达实验场地的 10 个人安排到了处理组 A 中，将晚来的 10 个人安排到了处理组 B 中。进一步假设这项实验的结果发现，处理组 B 中的参与者的学习速度明显快于处理组 A 中的参与者。这种差异是由于对两组施与了不同的实验处理方法，还是由于组 B 参与者可能比组 A 参与者更聪明？假设调查者也考虑到智力水平可能是混淆变量，所以对所有参与者进行了智力测验。表 7.1 中左侧的内容描述了这 20 位参与者的智力分数的假设分布。从这张表中，你能看到组 B 参与者的智商比组 A 参与者的智商要高 10.6 分。因此，智力水平是一个潜在的混淆变量，且是一种竞争假设，可用来解释两组之间的表现差异。要想得到处理条件产生了所见效果这一结论，研究者就必须控制可能的混淆变量，如智商。

消除这种偏差的其中一种方法是将这 20 位参与者随机分配到两个处理组中。表 7.1 中右侧的内容描述了 20 位参与者的随机分布与他们对应的假设 IQ 值。请注意，现在两组的平均 IQ 值基本相同了。与先前的 10.6 分相比，现在两组的 IQ 差异只有 0.2 分。两组参与者除了要有相似的平均 IQ 值之外，还必须有相似的 IQ 分布，这是为了控制 IQ 的潜在偏差效应。表 7.1 中的 IQ 值已经经过了排序，以显示出两组具有相似的分布。

目前我们已经展示了用随机数字表进行随机分配的过程。我们这么做是因为，在随机分配时我们依然会频繁地使用随机数字表。另一个正逐渐流行起来的随机分配工具是随机数字生成器。在第 5 章，我们曾经讲解过在随机抽样时如何使用随机数字生成器。同样的随机数字生成器（http://randomizer.org）也能用于随机分配。如果你用这个程序进行随机分配，你将得到一长串随机数字，它们被分成了多个区组（区组数目与你想得到的组数相等）。如果你想要两个组，那么头两个数字（即区组 1）会以随机顺序呈现 1 和 2；接着的两个数（即区组 2）也会以随机顺序呈现 1 和 2，如此直到列表的末尾。如果你想要三个组，头三个数字（即区组 1）将以随机顺序呈现 1、2 和 3；接着的三个数字（即区组 2）也将以随机顺序呈现 1、2 和 3，如此直到列表结束。因此，在使用随机数字生成器来进行随机分配时，你不需要为每位参与者赋予唯一的编号，你只需要顺着姓名列表将他们依次分配到各个条件中。

表 7.1

20 个参与者 IQ 值的假设分布

按照到达顺序安排的组				随机分配参与者形成的组			
组 A		组 B		组 A		组 B	
参与者	IQ 值	参与者	IQ 值	参与者	IQ 值	参与者	IQ 值
1	97	11	100	1	97	3	100
2	97	12	108	2	97	4	103
3	100	13	110	11	100	6	108
4	103	14	113	5	105	12	108
5	105	15	117	13	110	7	109
6	108	16	119	9	113	8	111
7	109	17	120	15	117	14	113
8	111	18	122	10	118	16	119
9	113	19	128	19	128	17	120
10	118	20	130	20	130	18	122
平均 IQ 值	106.1		116.7		111.5		111.3
	两组的平均差异：10.6				两组的平均差异：0.2		

再举一个例子会让你对这个过程更加清楚。让我们假设你有 30 位参与者，你想将他们随机分配到 3 个组中，每个组包含 10 个人。以下是使用 randomizer.org 程序来进行随机分配的步骤。打开网页并回答下列问题：

1. 你想生成多少个数字系列？
   - 输入 10（也就是参与者总数除以组数，在我们的例子中是：30/3=10）
2. 每个系列包含多少个数字？
   - 输入 3（我们想要的组数）
3. 数字范围？
   - 输入 1 和 3（程序将以区组的形式呈现包含了 1，2 和 3 的数字列表）
4. 你希望每个数字在同一组中是唯一的吗？
   - 点击"是"，这样每一个包含三个数字的区组都将包括数字 1，2 和 3
5. 你希望对生成的数字排序吗？
   - 点击"否"
6. 你想怎样查看你的随机数字？
   - 保持程序的默认值（"不列出数字标签"）
7. 为了获取由包含了 1—2—3 的区组组成的随机数字列表，请点击"现在开始随机化！"

以下是我们使用这个程序所得到的随机数字区组列表：3—2—1、1—3—2、3—2—1、2—1—3、2—3—1、2—1—3、2—1—3、1—3—2、3—1—2、3—2—1（为了区分，我们用下划线标注了每个区组）。在使用这些数字时，从第一个区组开始，将你的第一位参与者分配到组 3 中，第二位参与者分配到组 2 中，第三位分配到组 1，接着是第二个区组，将第 4 位参与者分配到组 1，第 5 位参与者分配到组 3，第 6 位分到组 2，然后持续这个过程直到你将列表中的所有 30 个数字用完。这 30 个参与者就将被随机分配到三个组中，每一组包含 10 个人。

思考题 7.1
- 为什么随机化是最重要的控制技术？
- 它是如何控制额外变量的混淆作用的？
- 该如何将参与者样本随机分配到实验的各组中？

匹 配

匹配：使用各种技术使得参与者在一个或多个变量上相等。

尽管随机分配是实验研究中可使用的最佳控制技术，但我们不一定总能进行或方便进行随机分配。在无法进行随机分配时，研究者可以使用**匹配**（matching）技术，只要掌握了所需的信息，它也是一种形成相等组的有效技术。如果你希望将参与者在智力水平上进行匹配，那么你就需要知道他们的智商分数。匹配的优势

匹配变量：被匹配的额外变量。

在于，它能确保不同组的参与者在**匹配变量**（matching variables）上相等。因为不同的处理条件组都获得了恒定的影响，所以用于匹配参与者的变量就得到了控制。如果不同处理组的参与者的智力水平经过了匹配，那么各处理组参与者的智力水平就应该是相同的，也就是说智力保持了恒定并因此得到控制。匹配的主要缺陷在于各组只在匹配变量上实现了相等。如果你能将匹配与随机分配结合起来使用（如：将参与者进行配对，然后将他们随机分配到处理组和控制组中），那么这个问题就不再是问题了。在接下来的内容里，我们将提供实验研究中实现匹配的几种方式。

通过保持变量恒定实现匹配

控制某个额外变量的一种方法是让额外变量在所有实验组中保持恒定。这意味着每个处理组的所有参与者都受到同样程度或同种类型的额外变量的影响。如果我们正在研究从众现象，那么就需要控制参与者的性别，因为已有研究表明从众会因为参与者的性别不同而不同。如图 7.2 所示，可以通过只让女性（或只让男性）参与者参与实验而实现对性别变量的控制。这个匹配流程建立了一个更同质的参与者样本，因为只有在额外变量上具备特定量或属于特定类型的参与者才能进入参与者池。

虽然有时我们会使用保持变量恒定的技术，但我们应该知道该技术有一些严重的缺陷。其中有两个很容易识别。第一个缺陷是这项技术限制了参与者总体的大

图 7.2
通过保持变量恒定实现匹配的演示

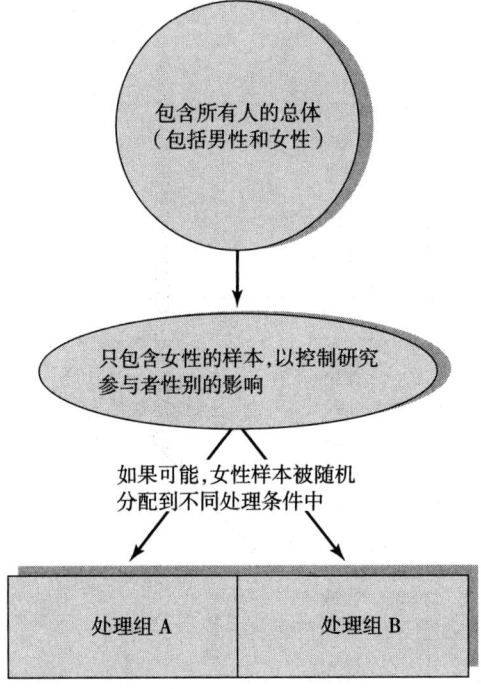

小。所以，在某些情况下，我们可能很难找到足够的参与者来参与研究。第二个缺陷更为严重，即研究的结果只能被推广到与参加研究的参与者同类型的人群中。例如，如果研究中只使用了女性参与者，那么它的结果就不适用于男性。要想将某项研究的结果推广到另一个总体，我们所能找到的唯一方法就是使用第二个总体的代表性样本作为参与者，再开展一个相同的研究。

通过将额外变量纳入实验设计实现匹配

通过匹配来控制额外变量的第二种方式是将额外变量纳入研究设计之中。（在心理学文献中，这种技术有时被称作"区组化"。）假设我们正在开展一项有关学习的实验，想要控制智力的影响。同时假设我们考虑到之前提过的保持变量恒定的技术，想只选择 IQ 在 110~120 之间的参与者，但又想到这样做既不明智又不恰当，所以我们决定选择几组不同 IQ 水平的参与者（比如，90~99、100~109、110~119），就像图 7.3 中演示的那样，我们可以将它们视为一个自变量的不同水平。这样做能使我们对智力变量的影响进行控制和观测。因为各处理组都在同样的智力水平上进行比较，所以智力的差别影响被消除了。

将额外变量纳入研究设计是实现控制匹配变量的一种好办法。如果研究者对不同水平的额外变量所产生的差异感兴趣，或者对额外变量的不同水平与其他自变量之间的交互作用感兴趣，那我们就会推荐这种技术。在我们假设的学习实验中，研究者或许对三种智力水平导致的差异以及这些水平如何与学习策略产生交互作用有

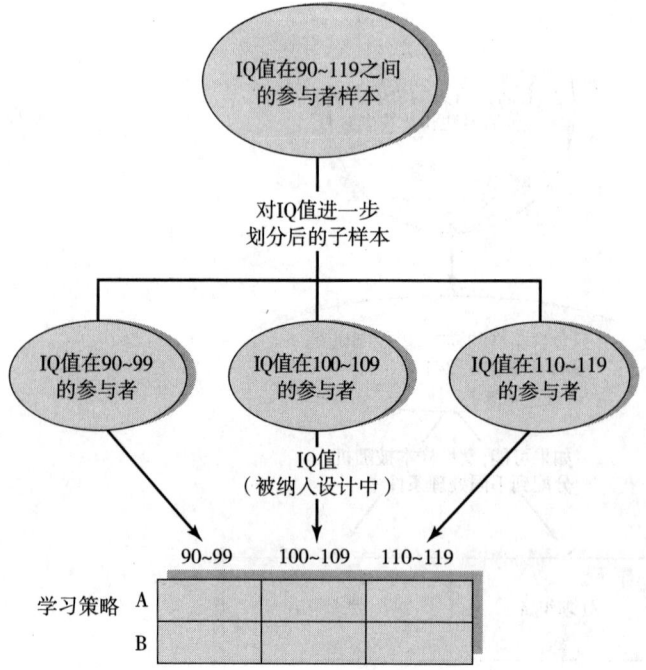

图 7.3
通过将额外变量纳入实验设计实现匹配的演示

兴趣。如果是这种情况，使用这种技术就是再恰当不过的了，因为它将额外变量所引发的变化分离了出来。这种控制技术将原来产生混淆的额外变量因素变为实验中的一个自变量。

在讲解下一个匹配技术之前，我们有必要指出，一些专家建议诸如智力这样的定量变量不宜被分为几组，就像我们在之前的例子中所做的那样（Maxwell & Delaney, 2004）。相比将智力水平分为三个组，这些专家更建议让此类匹配变量（如智力）保持它的自然状态，然后在统计分析阶段再纳入研究中。这种形式的控制有时被称作**统计控制**（statistical control），因为它是在数据分析阶段发生的。统计控制在准实验设计中的作用比在随机化实验设计中要重要得多，因为准实验设计缺少随机分配，所以对研究者来说，明智的做法就是确定各组在哪些变量上可能不同，然后测量这些变量，并在数据分析阶段对这些变量进行控制。我们将在推论统计的章节（即第15章）中说明如何进行这种类型的统计分析。

统计控制：在数据分析阶段对测量的额外变量进行控制。

通过共轭控制实现匹配

共轭控制（yoked control）匹配技术控制了由参与者控制的事件可能产生的影响。例如，如果你想知道，学生在课堂上可以按个人意愿选择点心时间是否对其学习效率有影响，那就必须知道这个效应是因为可以自由选择点心时间造成的，还是因为有点心时间造成的（具体时间由老师决定）。在共轭控制实验里，每个控制组的参与者都与一个实验组参与者"绑定"。因此，当实验组参与者从事某种行为并接受某种结果（如享受自由选择的点心时间）时，"绑定"的参与者也被给予相同的结果（老师要求学生停下来吃点心）。如果实验组在因变量上的分数高于控制组，那么这个结果可以归因为能自由选择点心时间，而不仅仅是获得了一个点心时间。

共轭控制：以施行某一事件的时间序列为基础对参与者进行匹配的一种技术。

想想布雷迪（Brady, 1958）开展的一项经典研究。在这项研究中，他调查了心理压力与溃疡发展之间的关系。布雷迪对猴子们进行了训练，为了避免遭受电击，它们要每二十秒按压杠杆至少一次。猴子们很快就学会了这个任务，只是偶尔会错过20秒的间隔并遭受一次电击。为了确定猴子是因为心理应激长出了溃疡，而不是因为电击效应的积累造成的躯体应激，布雷迪不得不再引入一只猴子作为对照，让它在相同的时间序列中遭受同样次数的电击。布雷迪将实验组的猴子和控制组的猴子放在了"共轭链"上，只要实验组的猴子没能在20秒内按压杠杆，它和控制组的猴子都会遭受电击。但是，控制组的那只动物不能对情况有所影响，基本上只能坐着并时不时接受被电击一下的事实。这两组动物之间的唯一明显差别就在于影响电击发生的能力。如果只有实验组的猴子长了溃疡，那就像这项实验中的情况一样，溃疡的产生可被归结于心理上的应激。

通过使参与者相等实现匹配

通过让参与者相等而实现匹配与将额外变量纳入研究设计而实现匹配类似：两种技术都试图通过建立相等的参与者组来消除额外变量的影响。二者的区别在于产生相等组的流程。前面讨论过建立相等组的方法是将额外变量分为几个类别，然后将参与者分别安排进去，从而创造了另一个自变量。当前这个方法并不将额外变量纳入研究设计之中，而是让参与者在被控制的变量上实现匹配。参与者的数量必须是自变量水平数的倍数。实现这种匹配有两种常用技术，即最先由赛尔缇兹等人（Selltize, Jahoda, Deutscg, & Cook, 1959）命名的精确控制技术和频率控制技术。

精确控制：在选定变量上将参与者一一匹配的控制技术。

精确控制 如图 7.4 所示，**精确控制**（precision control）技术要求调查者以每个匹配变量（即用于匹配的额外变量）为基础，将所有处理组中的参与者进行一对一的匹配。肖尔茨（Scholtz, 1973）调查了有自杀企图者与无自杀企图者所使用的防御类型。所有的参与者都是精神病患者。这是一项事后回溯研究，因为参与者落在实验者感兴趣的哪一个类型中是由他们自己选择的（根据其先前行为），当匹配形成后，研究者不能再对参与者进行随机分配。企图自杀的参与者是指那些在上一年里曾尝试过自杀的人，而另一组参与者是被证实"无企图自杀历史，也无明显自杀意向"的人（p.71）。研究中所包含的每个无自杀企图的参与者，都必须与某个有自杀企图的参与者在年龄、性别、种族、婚姻状况、诊断结果以及教育水平上相同。在这些变量上进行一对一的匹配后，最后得到了 35 对参与者。

肖尔茨的研究说明了精确控制匹配的优点和缺点。精确控制的主要优点在于，

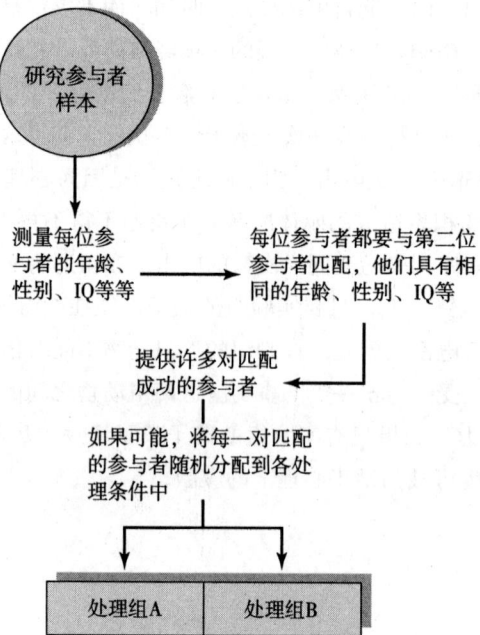

图 7.4
通过精确控制技术实现匹配的演示

各个组中的参与者至少在匹配变量上是相等的，也就是说，各组在匹配变量上实现了相等，这样就排除了额外变量作为竞争性解释的可能，也就不能用额外变量来解释自变量与因变量之间的关系了。对于肖尔茨的研究，任何一个吹毛求疵的人都不能说，研究所发现的自杀企图和防御类型之间的关系是由那些用于匹配的额外变量（即年龄、性别、种族、婚姻状况、诊断结果和教育水平）引起的，因为所有组在这些变量上是相同的。

精确控制有四个主要的缺点。首先，研究者很难知道应该使用哪些匹配变量，以及哪些潜在的匹配变量才是最关键的。匹配的逻辑是识别出相比较的各组中存在差异（同时与因变量有关联）的变量，然后在这些变量上进行匹配。在很多情况下，研究者并不知道各组在哪些额外变量上不同，并且通常还有许多潜在的相关变量。在肖尔茨的研究中，他选择了年龄、性别、种族、婚姻状况、诊断结果和教育水平，但是还有许多其他的变量没有被选到。从统计学的角度看，被选择的变量应该是那些彼此之间相关性最低，却与因变量有着最高相关性的变量。

其次，当匹配变量的数目增加时，找到可匹配参与者的难度会不成比例地增加。肖尔茨匹配了六个变量，这肯定是非常困难的。如果只匹配一个或两个变量，如性别和年龄，那他的任务会变得容易得多。为了让参与者在许多变量上实现匹配，研究者必须有一个很大的、并且可使用的参与者池，以便从中找出几对在相关变量上匹配的参与者。

第三，这种匹配限制了研究结果的推广程度，因为匹配会产生一些相当独特的参与者群。假设你要匹配年龄和教育水平，且最后进入样本的匹配参与者都是年龄在 20 到 30 之间并只有高中学历的人。因为研究中只使用了这种参与者，所以只能将研究结果推广到与他们具有相同特征的人群中。

第四，有一些变量非常难以匹配。如果将曾接受心理治疗视作一个相关变量，那么接受过心理治疗的人就必须与另一个也接受过心理治疗的人进行匹配。一个与此相关的困难是不能对这些匹配变量进行适当的测量。如果我们想要参与者在心理治疗效果方面相等，那我们就必须测量这种效果。只有实现了对匹配变量的测量，才能得到准确的匹配结果。

频率分布控制：按照所选择变量整体分布相同的原则，对参与者组进行匹配的技术。

频率分布控制 匹配的精确控制技术非常棒，但是许多参与者因无法匹配而必须被排除。**频率分布控制**（frequency distribution control）试图在克服这个缺点的同时能保留匹配的某些优点。这种技术，正如其名称所隐含的，会按照所选择变量的总体分布对各参与者组进行匹配，而不是一对一地对组中的参与者进行匹配。如果使用 IQ 进行频率分布控制匹配的话，那么两个或多个匹配的参与者组必须具有相同的平均 IQ 值，同时具有相同的标准差和偏态，就像图 7.5 所展示的那样。一般来讲，这意味着调查者需要选出第一个参与者组，并确定 IQ 值的平均数、标准差等。然后再选取另一个具有相同统计度量值的组。如果考虑选取多个额外变量作为相关变量对参与者进行匹配，那么参与者组必须在这些匹配变量上都具有相同的统计度量

图 7.5
频率分布控制技术的演示

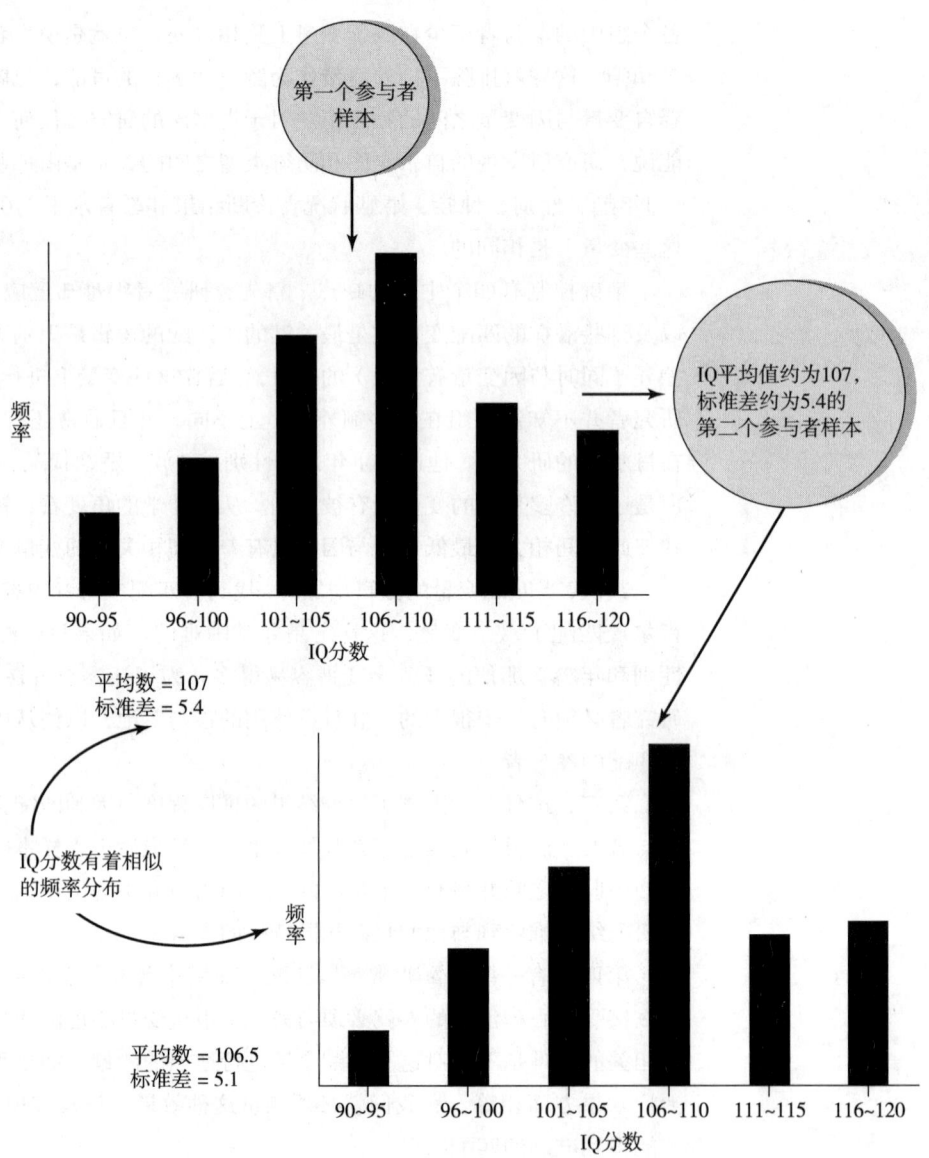

值。使用这种技术所丢失的参与者没有像在使用精确控制技术时那么多,因为所增加的每个参与者都仅仅为产生正确的统计指标出力,而不是必须在相关变量上与另一个参与者完全相同。所以,就某个特定参与者而言,这种技术的灵活性更强。

使用频率分布控制法进行匹配的主要缺点是,各组之间可能出现变量组合的误匹配。如果要匹配的是年龄和 IQ,那其中一组可能包含高智商的年长参与者和低智商的年轻参与者,而另一组可能由完全相反的组合组成。在这种情况下,两个组在这两个变量上的平均值和分布情况都是相同的,但每个组的参与者却完全不同。很明显,只有匹配变量多于一个时才会出现这种不足。

实验过程中采取的控制技术

到目前为止，我们已经说明了在实验开始时如何将参与者分配到各实验组中，使得各组在一个或多个额外变量上实现相等。不幸的是，额外变量也可以在研究进行过程中进入到实验中。此处的关键点在于，在实验过程中，除了在不同组实施不同水平的自变量，你必须以同样的方式对待不同的组。现在我们来说明应用于实验研究过程中的最重要的控制技术。

平衡法

平衡法：一种用于控制序列效应的技术。

在大多数实验中，不同的处理组由不同的参与者组成，而我们的目标就是确保这些不同组的参与者是相似的。在另一种实验设计，即重复测量设计（或被试内设计）中，所有参与者都要接受所有的处理。这种实验的设计理念展示在图 7.6 中（并将在第 8 章进行深度讨论）。**平衡法**（counterbalancing）这种控制方法只适用于重复测量设计（即所有参与者都接受至少一个自变量的所有水平的处理）。平衡法专门用于控制重复测量设计中的序列效应。

顺序效应：顺序效应的产生源于施与参与者的处理条件的顺序不同。

当参与者接受了多种处理条件时，就会产生序列效应。序列效应有两种类型。第一种是**顺序效应**（order effect），它产生于参与者接受处理条件的顺序。在一项重复测量实验中，伴随时间产生的变化会导致顺序效应，因为不管参与者被施与的处理是什么，从第一个条件到最后一个条件，他们已经发生了一些变化。假设你正在开展一项言语学习实验，自变量是呈现无意义音节的速度。按照序列，参与者必须相继学习列表 S（慢速列表，其中的音节每隔 6s 呈现一次），接着是列表 M（中速列表，其中的音节每隔 4s 呈现一次），最后是列表 F（快速列表，其中的音节每隔 2s 呈现一次）。在这个实验中，参与者通过在设备上练习、学习如何对付无意义音节，或者只是对实验环境越来越熟悉，都有可能提高成绩。

让我们假设其中某个或某几个变量的确提高了参与者的成绩，且因为顺序效应产生的增量分别为：从列表 1 到列表 2（S 到 M），参与者的成绩提高了 4 个单位；

图 7.6
可能包含序列效应的设计类型图示

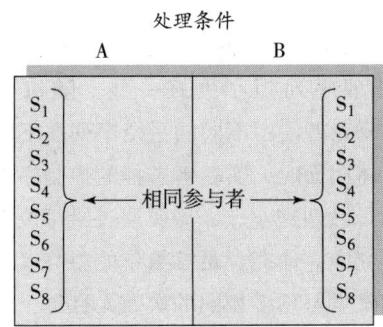

表 7.2

假设的顺序效应

	学习列表			颠倒后的学习列表		
	S	M	F	F	M	S
成绩增量	0	4	2	0	4	2

从列表 2 到列表 3（M 到 F），参与者的成绩提高了 2 个单位。表 7.2 中左侧的内容描述这些顺序效应。正如你所见，顺序效应可以影响到研究结论，因为成绩的增量是由列表的顺序产生的。当成绩的提高是由顺序效应所造成的时候，这些无意义音节列表内的特定序列就变得无关紧要了。如果颠倒这些列表的呈现顺序，成绩的增量仍然会在同样的位置上出现，就像表 7.2 中右侧所显示的那样。参与者对整个实验环境的熟悉和练习能够产生表格中所示的顺序效应。其他实验因素，比如测验的时间（早晨、中午或是晚上）也能产生顺序效应。必须控制此类效应以避免得到错误的结论。

第二种可能产生的序列效应类型是延滞效应。当参与者在某种处理条件下的成绩会在一定程度上依赖于之前的处理条件时，就发生了**延滞效应**（carryover effect）。思考一下，某个实验旨在研究三种治疗方法（如来访者中心疗法、合理情绪疗法和格式塔疗法）的相对效果。或许，参与者在经过来访者中心疗法治疗之后倾向于感到放松，而在经过合理情绪疗法治疗后则有点紧张，他们会将这些效应带到后续的任何一种条件中，从而改变了后续处理条件的直观效果。使延滞效应最小化的一种策略是在两种条件之间设置足够长的间隔时间，以便让之前的处理条件所产生的作用逐渐消失。有些时候称这段时间为"清洗"期。在药物研究、学习研究和任何一种需要花较长时间来消退实验效果的研究中，清洗期显得尤为重要。

在任何需要参与者接受几种处理条件的研究中，顺序效应和延滞效应都能成为潜在偏差的来源。在这样的情况下，我们就需要控制序列效应，研究者常常会使用平衡法。现在我们来讨论几种处理序列效应的平衡技术。

随机化平衡法

在个体层面实现平衡（即对不同的参与者施行不同的处理序列），要比只能平衡各组所接受的处理序列顺序更好一些。**随机化平衡法**（randomized counterbalancing）实际上是研究者使用不同的平衡序列在不同的参与者身上进行反复的实验。当平衡发生在个体层面时，实验者选择的控制序列效应的方法是使参与者间的处理条件序列随机化。做到这一点，需要通过给每位参与者随机地生成并分配一种序列。如果在一项研究中，你拥有足够数量的参与者，那么随机化处理条件序列就能确保每个序列都能发生差不多相同的次数，且每个条件出现在其他条件之

延滞效应：属于一种序列效应，当一种处理条件下的表现会影响另一种处理条件下的表现时会发生这种效应。

随机化平衡法：每位参与者接受的处理序列顺序是随机决定的。

前和之后的次数也差不多相同。因此，序列效应在各种条件中的分布是相同的，也就不会再成为内部效度的威胁。

例如，某个自变量具有三个水平（如来访者中心疗法、合理情绪疗法和格式塔疗法），且在这种情况下，你有三个处理组。当你有三种处理条件时，呈现给参与者的条件序列就有六种可能性：1—2—3、1—3—2、2—3—1、2—1—3、3—1—2和3—2—1。你可以使用之前提到的那个随机数字生成器完成这个过程，为每位参与者安排一个包含数字1、2、3的随机序列。这样在你的研究中，参与者1可能会接受序列为2—3—1的处理；参与者2接受的则是序列为2—1—3的处理；参与者3接受的是序列为3—1—2的处理，如此等等。使用这个随机化程序，直到你确定好最后一位参与者的序列。你必须记住一点：你不能自己决定这些序列，你必须使用类似随机数字表格或随机数字生成器这样的工具。

被试内平衡法

第二种平衡法是被试内平衡法，是指每位参与者都不止一次地接受自变量所有水平的方法。**被试内平衡法**（intrasubject counterbalancing）通过让每位参与者先以一种顺序接受处理条件，然后以相反的顺序接受处理来控制序列效应。例如，假设你正在开展一项百事可乐挑战实验，以揭示人们更喜欢百事可乐还是可口可乐。在这个实验中，实验条件由两种可乐组成。研究参与者需要进行AB顺序实验，先品尝可乐A（百事可乐），再品尝可乐B（可口可乐），然后对喜爱度进行评估。接着，参与者将再次品尝可乐B（可口可乐），随后品尝可乐A（百事可乐），接着对喜爱度进行评估。这样使得整个序列变成了ABBA。也就是说，每种可乐每位参与者都要品尝两次，并在每次品尝结束后对自己的喜爱度进行评估。研究者将合并各参与者两次品尝百事可乐所给出的喜爱度，并对可乐可口的喜爱度结果做相同处理，这样研究再次成为一个有两个处理条件的实验。比较所有参与者对百事可口的平均喜爱度与他们对可口可乐的平均喜爱度。这样一来，两个平均值之间的任何差异都将不会被归因于延滞效应或顺序效应，这是因为它们应该在各条件间已实现了平衡或保持了恒定。

被试内平衡法技术有一个缺陷，即要不止一次地把所有处理条件呈现给每位参与者。当处理条件的数目增加时，每位参与者必须接受的条件序列的长度也会增加。例如，处理条件是A、B、C三个时，每位参与者就必须接受一个包含六次处理的序列——ABCCBA。

随机化平衡法发生在个体之间（不同的序列被随机分配给不同的人）。被试内平衡法发生在参与者内（每位参与者都接受正向序列和反向序列）。另外的两种平衡法（完全平衡法和不完全平衡法）都是**组平衡法**（group counterbalancing）技术，因为平衡序列的不同发生在两个或多个参与者组之间（每组内部的参与者都接受相同的序列）。

被试内平衡法：以不止一种顺序对每位参与者施行处理条件。

组平衡法：对不同的参与者组施行不同的序列。

完全平衡法

完全平衡法：罗列出所有可能的序列，并要求不同的参与者组接受每种序列。

在**完全平衡法**（complete counterbalancing）中，所有可能的处理条件序列都要用于实验中，并且每种序列都将随机分配到相等比例的研究参与者。当处理条件有两个时，则可能的序列只有两种，如下所示：

1—2
2—1

如果处理条件有三个，则可能的序列有六种：

1—2—3
1—3—2
2—3—1
2—1—3
3—1—2
3—2—1

在使用完全平衡法时，重要的是将同样比例的研究参与者随机分配到各序列中。

完全平衡法也有一个不足：当处理条件数很大时，序列数就会变得难以处理。你可以通过计算 $N！$（称作 "N 的阶乘"）来确定可能序列的数目。*处理条件的数目用 "N" 表示，而符号 "！" 表示你要用 N 乘以 N 以下的所有数字：N 乘以 $(N-1)$，再乘以 $(N-2)$，如此以往，直到最后乘以 1。例如，如果你有三个组，那么 N 就是 3，$3！$ 就是 3 乘以 2 再乘以 1（等于 6）。对四个组来说，$N！$ 就是 4 乘以 3，再乘以 2，再乘以 1（等于 24）。而五个组时，$N！$ 就是 5 乘以 4，再乘以 3，再乘以 2，再乘以 1（等于 120）。正如你能看到的那样，只是 5 个条件，就有整整 120 个可能的序列！因为这个问题的存在，所以研究者在面对三个或三个以上的处理条件时，很少使用完全平衡法。

不完全平衡法

不完全平衡法：列举出少于所有可能性的序列，并要求不同参与者组接受每一种序列。

最常用的组平衡技术是**不完全平衡法**（incomplete counterbalancing）。使用这种技术时，我们并不罗列出所有可能的处理条件序列，该技术也由此得名。不完全平衡法必须满足的第一个标准是，就列出的序列而言，每个处理条件都必须在每个序列位置中出现相同次数。同时，每个处理条件出现在其他各条件之前和之后的次数也都必须相同。

---

* 你很容易在网上找到一个阶乘计算器。这里就有一个：http://www.webcalc.net/calc/0504.php。

假设你正在进行一项实验以确定咖啡因是否会影响反应时。你想让参与者分别服用 100mg、200mg、300mg 和 400mg 的咖啡因（各条件分别为 A、B、C、D），然后看看他们的反应时是否会随着咖啡因消耗量的增加而增加。你知道，如果每位参与者都服用四种剂量的咖啡因，那么序列效应就有可能改变你的实验结果，所以你希望能够平衡向参与者施与不同剂量咖啡因的顺序。无论何时，当处理条件的数目是偶数时，就像这里咖啡因的剂量是四种，平衡后的序列数就与处理条件数相等。序列按如下方法建立。第一个序列的形式是 1、2、n、3、$(n-1)$、4、$(n-2)$、5……，直到我们得到与处理条件相等的数目。在有四种处理条件的咖啡因研究中，第一个序列应该是 ABDC，或者 1—2—4—3。如果一项实验包含了六个处理条件，那么第一个序列就应该是 ABFCED，或者 1—2—6—3—5—4。不完全平衡法技术中，其余的序列通过在前一个序列的每一个值上加 1 而得到。例如，在咖啡因研究这个例子中，第一个序列是 ABDC，那么第二个序列就是 BCAD。当然，在对最后一种处理条件 D 加 1 时，不要前进到 E 而是要回到 A。这种程序为咖啡因这个研究生成了以下一组序列。

参与者		序列		
1	A	B	D	C
2	B	C	A	D
3	C	D	B	A
4	D	A	C	B

如果处理条件数是奇数，比如五种处理条件，要是我们还按照之前的程序生成序列，则每个值出现在其他各值之前和之后的次数必须相同的标准就不能实现了。例如，按照之前程序，五个处理条件时将产生下列序列组：

	序列			
A	B	E	C	D
B	C	A	D	E
C	D	B	E	A
D	E	C	A	B
E	A	D	B	C

在这种情况下，每个处理条件都在每个可能位置上出现了；但是，如 D 紧随 A 之后出现的情况有两次，但是没有一次直接出现在 B 之后。为了对这种情况进行补救，我们必须另外列举出五个顺序正好与之前这五个序列相反的序列。在五个处理条件的实验中，这五个额外的序列如下所示：

序列				
D	C	E	B	A
E	D	A	C	B
A	E	B	D	C
B	A	C	E	D
C	B	D	A	E

当这 10 个序列结合起来时，不完全平衡法的标准就能满足了。因此，不完全平衡法对绝大多数序列效应进行了控制。

那么不完全平衡法对序列效应的控制效果如何呢？由于每种处理条件出现在了序列的每一个可能位置，所以序列效应的影响被控制住了。换句话说，每种条件（A、B、C 和 D）出现在其他各条件之前和之后的次数是相等的。但是，序列效应只有在所有序列的效应都是线性的情况下才能被控制住。如果它们不是线性的，那所有类型的平衡法都不足以控制序列效应。更具体地说，没有一种平衡法能够控制**差别延滞效应**（differential carryover effect）。如果之前实施的某种处理以某种方式影响了参与者在后一种处理条件中的表现，但当其后跟随的处理条件改变时，它的影响方式也随之改变，这样就会产生这个问题。例如，当处理 A 后紧跟着处理 B 时，产生的延滞效应是 4 个单位，但是当处理 A 后紧跟着处理 C 时，产生的延滞效应是 2 个单位。如果你想要了解更多有关确认与处理差别延滞效应的内容，请查阅凯佩尔和泽德克（Keppel & Zedeck, 1989）以及麦克斯韦尔和德莱尼（Maxwell & Delaney, 2004）的相关著作。

差别延滞效应：某种处理条件以一种方式影响参与者在后来的处理中的表现；而当其后紧跟着另一种处理条件时，它又以另一种方式影响参与者的表现。

思考题 7.2 ● 列出并定义讨论过的各种匹配控制技术。每种技术是如何控制额外变量的？

对参与者效应的控制

你在第 6 章中了解到，参与者在某项实验中的行为是受他们的认知和所持的动机影响的。我们提到了需求特征（实验中可能会影响参与者行为的线索）和积极自我表现（参与者以一种积极方式表现自我的动机）的影响作用。为了获得研究的内部效度，必须让参与者效应在各组之间保持恒定。只有那样，研究者才能肯定地宣称是自变量的变化引发了因变量的变化。实验者可以使用多种控制技术使所有参与者尽量产生相同的认知。下列技术并不适用于所有类型的实验，我们之所以列出它们，是为了方便你为特定的研究选择最合适的技术。

双盲安慰剂法

双盲安慰剂法：无论是实验者还是参与者都不知道参与者所接受的处理条件。

双盲安慰剂法（double-blind placebo method）是控制需求特征的最佳技术之一。这要求研究者"设计出在所有处理条件下的研究参与者看来都相同的操作"（Aronson & Carlsmith, 1968），同时实验者也不能知道哪个组接受了安慰剂条件，哪个组接受了实验操作条件。对于各种条件之间的任何差别，参与者和实验者都"一无所知"。

如果你正在进行一项实验设计，试图检验阿斯巴甜对幼儿破坏性行为的作用，那么你必须要让其中一组幼儿服用这种甜味剂，而让另一组服用安慰剂。对两组的预期必须保持恒定。为了让该实验成为一个双盲实验，一定不能让实验者知道参与者接受的是阿斯巴甜还是安慰剂，以避免传递出对破坏性行为的任何预期，而且必须让参与者对各自的处理条件具有同样的认知。总之，必须让实验者和参与者都对所接受的处理条件不知情。一段时间以来，药物研究已经认识到病人和供药者的预期会影响病人服用药物后的效果。因此，药物研究总是使用这种方法来消除参与者偏差。

双盲安慰剂法可消除参与者认知差异，因为所有参与者都被告知了同样的事情（他们可能接受也可能不接受处理）。同时因为研究者不知道哪些参与者接受了实验处理，所以他不会将这种信息传递给参与者。因此，围绕着施行处理条件的需求特征就通过双盲安慰剂模型得到了控制。

遗憾的是，许多类型的实验都无法采用这种技术，这是因为不能将所有处理条件设置成在各方面看起来都是相同的。在这些情况下，就必须使用其他技术。

欺 骗

欺骗：给予参与者关于实验基本原理的虚假阐述。

解决参与者认知问题的另一个办法就是在实验中使用欺骗。欺骗（deception）需要向所有参与者提供一个与真正的研究假设无关或不同的假设。欺骗可以小到一个小谎言（对真相的省略或小变动），也可以大到一个精心策划的方案。克里斯滕森等人（Christensen, Krietsch, White & Stagner, 1985）在食物对情绪障碍影响的研究中告诉参与者，研究者已经在其刚刚参加的"食物激发"中分离出某种会引起情绪紊乱的特定食物。但是该食物实际上并没有出现在参与者刚参加的激发研究中。研究者给每个参与者提供了虚假信息，以引导参与者认为"问题食物已经被挑出来了，剩下的食物都可以食用，不会对情绪状态产生任何不良影响"。在欺骗连续谱的另一端，实验者向参与者提供了无关或虚假假设，以确保他们无法发现真正的假设。

是使用这种欺骗技术好，还是简单地避免给出实验任务的基本原理更好？研究者们似乎更偏爱参与者提供一个虚假但貌似合理的假设，因为这样一来，参与者的好奇心就能得到满足，他们就不会试图去构想自己的假设了。如果不同参与者认为研究是在检验不同的假设，那么他们的这种反应就会成为偏差的一个来源。

在一项使用欺骗的研究中，所有参与者都应该接受同样的虚假实验信息，这能让参与者对研究目的的认知保持相对恒定。因此，欺骗技术似乎能很好地控制可能因研究参与者对实验假设的差别认知而产生的偏差。使用欺骗的关键问题是，它常常会引起伦理层面的反对（见第 4 章）。

对参与者解释的控制

刚刚讨论的技术能够很好地控制实验的某些需求特征。"但是，这些控制技术似乎有局限，它只能确保让被试（研究参与者）对他们所在的处理条件、对是否接受了某个特定的处理，以及对实验目的有一个统一的认知"（Christensen, 1981, p. 567）。相比之下，人们较少意识到这样一个事实：参与者的认知也会受到许多与整个实验程序有关的需求特征的影响。为了对参与者的认知和积极自我表现动机进行充分控制，研究者必须了解哪些类型的环境和指导语会改变参与者对实验的认知。然而，有关这个问题的文献还很有限。目前，有必要单独考虑每个实验的情况，并尽力确定参与者对实验的认知是否会导致他们对自变量的不同水平做出不同的反应。

人们使用了各种方法，以深入了解参与者对实验的认知，克里斯滕森等人对此进行了总结（Christensen, 1981; Adair & Spinner, 1981）。这些方法可归为两类：回顾型口头报告和并发型口头报告。**回顾型口头报告**（retrospective verbal report）包括诸如**实验后调查**（postexperimental inquiry）等技术，顾名思义，实验后调查是指在研究结束之后向参与者提出有关实验的基本问题。参与者认为实验要研究什么问题？他认为实验者希望发现什么？参与者倾向于给出哪种类型的反应，原因是什么？参与者认为其他人在这种情况下会做出何种反应？此类信息有助于揭示参与者认知背后的一些因素，以及这些认知可能以何种方式影响行为。回顾型报告的主要不足在于，参与者可能无法回忆起并报告出他们在之前实验中的认知。

并发型口头报告（concurrent verbal reports）包含的技术有所罗门的牺牲组（Orne, 1973）、并发探查、发声思维技术（Ericsson & Simon, 1980）等。在所罗门的**牺牲组**（sacrifice groups）中，要在实验的不同时间点终止每组参与者，使之"牺牲"，并调查参与者对实验的认知。你无法从这些"牺牲"的参与者身上得到因变量数据，但是你可以获得参与者如何理解实验方面的信息。"牺牲"可以在实验程序中的不同时间点上发生，而不是如回顾型口头报告中那样只发生在实验的结尾。**并发探查**（concurrent probing）要求参与者在每个试次结束后，报告他们对实验的认知。**发声思维技术**（think-aloud technique）要求参与者在操作实验任务时将其产生的任何与实验有关的想法或认知都用言语表达出来。并发探查和发声思维技术有一个明显的缺点：在实验过程中用言语表达出自己的想法，可能会影响参与者的行为，从而影响因变量（Wilson, 1994）。这里提到的技术没有一个是万无一失或没

回顾型口头报告：指参与者回顾性地想起实验的各个方面，然后做出口头报告。

实验后调查：在实验结束之后对参与者进行的访谈。

并发型口头报告：参与者对于实验的口头报告，是在实验开展过程中获得的。

牺牲组：指在实验的不同阶段被打断并回答问题的参与者组。

并发探查：在每一个实验试次结束之后，获取参与者对于实验的认知。

发声思维技术：要求参与者在进行实验时将他们的想法用语言表达出来的方法。

有缺点的。但是，使用这些方法能提供关于参与者对实验认知的某些证据，也使你在设计和解释实验时，能够将参与者的积极自我表现动机的差别影响控制到最小。

思考题 7.3

- 有些技术可用于实验参与者，使之产生对实验的相同认知，列举并描述此类控制技术。
- 假设你想确定实验参与者对实验目的的认知。为了实现这一目标，你可以使用哪些方法？如何操作？

对实验者效应的控制

实验者效应：实验者可能产生的偏差影响。

在本书第 6 章，我们将**实验者效应**（experimenter effects）定义为实验者在无意之间可能对实验结果造成的偏差效应。在实验中，实验者不是被动及无影响的施测者，而是一个积极的潜在偏差来源。因此，必须消除或使潜在的实验者效应最小化。

对记录误差的控制

如果记录数据的人能够时刻意识到必须仔细观察才可确保数据转录准确，那么就可将源于错误记录的误差降到最小。一个更好的方法是让多个人进行数据观察或记录。例如，如果有三个人分别记录数据，那么不相符的地方就会被注意到并得以解决，这样就能产生更准确的数据。当然，可能所有的数据记录者会犯同一个方向的错误，这样所犯的错误会被掩盖，但发生这种情况的概率是很小的。如果数据记录者对参与者所接受的实验条件一无所知，那么这个程序将得到进一步改善。

控制记录误差的最佳方法（虽然并不是所有研究都能做到）是避免进行人工数据记录，而是采用机械或电子设备对参与者的反应进行记录。在一些研究实验室中，参与者的反应会被自动地输入电脑中。

对实验者特征误差的控制

乍一看，由实验者特征所导致的问题似乎可以用一种简单并符合逻辑的方法来解决。在本书中的很多地方我们都提到过用恒定法来进行控制。由于绝大多数的额外变量无法消除，所以只能让它们在各组之间保持恒定，这样组间就不会出现差别影响了。记住，如果各组只在自变量上不同（不在任何额外变量上不同），研究者就可以推断任何观察到的差异都是由自变量引起的。按照同样的思路，实验者特征的影响也应该在所有处理条件之间保持恒定。有些实验者由于其特征会比其他实验者产生更多的影响。但是必须让这种效应在所有处理组之间保持恒定。

实验者特征的影响应该不会显著影响处理组之间的均值差异。假设一个冷漠

表 7.3
演示从热情和冷漠的实验者处获取的学习成绩均值差异的假设数据

实验者	实验组 A	实验组 B	均值差异
控制了实验者特征			
热情	10	20	10
冷漠	7	17	10
未控制实验者特征			
热情	8	21	13
冷漠	17	17	0

的实验者和一个热情的实验者分别进行同样的学习研究，热情实验者所得的两组成绩比冷漠实验者所得的两组成绩分别平均高出了 3 个单位，如表 7.3 中上半部内容所示。请注意，对两个实验者来说，各自的 A 组和 B 组之间的均值差异是相同的，这表明尽管他们得到的学习成绩的绝对值不同，但他们将会做出相同的结论。只要是由实验者 1 单独施测了条件 A 和条件 B，那么条件 A 和条件 B 之间产生的任何可观察的差异都不能归因于实验者（因为组 A 和组 B 的实验者都是一样的）。对于实验者 2 来说，情况相同（只要是由同样的实验者对组 A 和组 B 进行施测，那么发现的任何差异就不能归因于这个实验者了）。在这样一种情况下，实验者特征效应就不会对最后的结论产生任何影响。这里的关键点是，永远不要让一个实验者操作一种条件而让另一个实验者操作另一种条件，因为这会让各组不仅在自变量上不同，还会在实验者上有所不同。

表 7.3 底部的内容显示的是一种可能发生的更复杂的实验者效应。假设在之前的例子中，热情实验者的 A 组参与者得到的平均成绩为 8 个单位（想象这是一个简单的任务，但因为这一点实验者的热情被视为故意表现得低声下气，结果参与者就都没有尽力），B 组参与者得到的平均成绩为 21 个单位（想象这是一个很难的任务，但是正因为如此，实验者的热情被看成是一种鼓励，所以参与者都非常努力）；而冷漠实验者的两组参与者得到了相同的成绩。在这种情况下，处理条件与实验者特征之间发生了交互作用，这是因为实验者效应在各个实验条件之间是不同的。这样一来，两个实验者产生了相互冲突的结果。不幸的是，我们不知道哪些实验者特征会与众多心理学中存在的自变量发生交互作用。因为我们不了解有多少差异是由于实验者不同而产生的，所以许多专家（如：McGuigan，1963；Rosenthal，1966）建议，在给定研究中要使用多个实验者。但记住每位实验者都必须施测所有的条件，以免各组因为实验者不同而产生差异。

如果研究中有多位实验者参与，那么就能获得证据以确定是否存在处理条件与实验者特征之间的交互作用。如果所有的实验者都得到了相同的结果，你就能更加确信自变量与实验者特征没有交互作用。然而，如果不同的实验者得到了不同的结果，你就知道存在着交互作用，并且有必要努力去找出产生这种交互作用的可能原因。

约翰森（Johnson, 1976）在文献回顾的基础上发现，如果研究者控制了"那些与心理学任务相关联的实验者特征"，就能将实验者特征的影响降到最低（p.75）。换句话说，如果实验者特征与因变量相关，那么就应该控制它。在与敌意相关的任务中，有必要让实验者的敌意水平保持恒定。在减肥实验中，项目是否成功可能与治疗师的体重有关。因此，为了确定不同减肥方法的相对效果，我们有必要至少确保不同治疗师具有相似的体重。不过，类似的参与者特征也许不会对言语学习研究产生影响。在目前的情况下，研究者有必要运用他自己的判断力以及任何可以获得的研究资料来判断某些特定的实验者特征是否可能会对研究产生混淆影响。

对实验者期望误差的控制

罗森塔尔和他的合作者以有力的证据证明实验者期望效应存在于大多数类型的心理学研究之中。虽然有个别人士，尤其是巴伯和西尔弗（Barber & Silver, 1968），也提出了一些反对罗森塔尔观点的证据，但设计出相关技术以消除这种潜在的偏差似乎仍然很有必要。有许多技术可以用于消除或者至少减少实验者期望效应。这些技术通常涉及自动化实验程序或让实验者对参与者所处的条件保持未知状态，以免他们向参与者传递一些相应的线索。罗森塔尔（Rosenthal, 1966）对此类技术进行了讨论，现在我们讲讲其中的几种。

盲测技术：研究参与者所处的处理条件不为实验者所知的一种方法。

盲测技术 盲测技术（blind technique）实际上相当于双盲安慰剂法中针对实验者的那部分。在盲测技术中，实验者知道实验假设，但是不知道每位参与者所处的处理条件。因此，实验者就不可能无意地区别对待各组参与者。就目前来看，盲测技术也许是控制实验者期望的最好办法。但是在许多研究中，实验者不可能对参与者所处的条件一无所知，在这种情况下，就要运用到另一种较好的技术——部分盲测技术。

部分盲测技术：让实验者在尽可能多的实验阶段对研究参与者所处的处理条件不知情的一种方法。

部分盲测技术 在不能运用盲测技术的情况下，有时可以使用**部分盲测技术**（partial blind technique），即实验者在研究的某些阶段会对参与者所处的条件不知情。实验者在刚与参与者接触时，以及在真正呈现自变量之前的所有条件下，都可以处于盲目状态。当开始向参与者施行处理条件时，实验者能够通过使用某些技术（如从口袋中取出一个数字）来指定参与者将要接受的处理条件。因此，在自变量操作之前的所有指令和条件都被标准化了，这样实验者期望的影响就能降到最低。

尽管这种程序只能在一定程度上解决问题，但也比让实验者全程知道参与者所处的条件要好。如果实验者能够在操作完自变量之后立即离开房间，并让另一个人（此人对参与者所接受的实验操作一无所知）接着测量因变量，这种解决方案就更接近完美了。在许多实验中，这也是不可能实现的，因为自变量和因变量在时间上无法分开。

自动化：让实验程序完全自动完成以使实验者和参与者之间不发生交互作用的技术。

自动化 在动物和人类研究中，消除期望偏差的第三种可能是将实验完全**自动化**（automation）。事实上，许多动物研究者现在都在使用自动化数据收集程序。通过书面、磁带录音、录影、电视播放，或者通过电脑来呈现指导语，然后用计时器、计数器、笔式记录器、电脑或类似的设备记录参与者反应，许多人类研究也能实现自动化。从控制和标准化的角度，很容易向参与者解释这些程序，同时，它们使参与者与实验者之间的交互作用降到最低。

思考题 7.4
- 哪些技术可用于控制实验者记录误差、实验者特征误差和实验者期望误差？
- 各种技术是如何实现必要的控制的？

实现控制的可能性

我们已经讨论了几类需要控制的额外变量，以及几种用于控制它们的技术。那么这些方法能让我们实现想要的控制吗？它们有效果吗？这些问题的答案似乎既是肯定的，又是否定的。这些控制技术是有效的，但并不是100%有效。关键是要使用可利用的最强控制方法，并尽最大努力收集其他数据以帮助你确定这些控制技术在多大程度上生效了。然后你必须告知研究报告的读者，这些控制技术起到了多大的作用，并相应地调整你对研究发现的解释。

本章小结

在开展一项试图确定因果关系的实验时，实验者必须完成一项重要的任务：控制额外变量的影响。当实验中包含多个组（如实验组和控制组）时，理想的结果是所有组在除自变量（即不同的组接受自变量不同水平的处理）以外的全部额外变量上相等。当各组之间的唯一差别是自变量时，研究者可以在实验结束时合理地宣称，各组在因变量上出现的差异是由自变量产生的。绝大多数的控制技术是通过形成相等组来运作的，这是为了消除额外变量的差别影响。在实验开始时进行的控制技术主要有以下两种：对参与者的随机分配（这也是最好的控制技术）和匹配。匹配技术包括：保持变量恒定（即只使用额外变量的一个水平，如在研究中只使用女性参与者），将额外变量纳入研究设计中（如，你可以将性别作为一个设计变量，并将实验组和控制组的男性和女性参与者的结果分别进行比较），共轭控制（以施行某一事件的时间序列为基础，对参与者进行匹配），以及使参与者相等（可借助精确控制或频率分布控制）。我们还讨论了在实验过程中采取的控制技术，包括平衡法（随机化平衡法、被试内平衡法、完全平衡法和不完全平衡法），应对参与者效应的方法（包括双盲安慰剂法和欺骗），应对参与者解释的方法（包括回顾型口头报告、实验后调查、如牺牲组等的并发型口头报告以及发声思维技术），应对实验者效应的方法（比如核查记录错误，控制实验者特征误差，以及通过盲测技术、部分盲测技术和自动化来控制实验者期望误差）。

重要术语和概念

自动化	实验者效应	精确控制
盲测技术	频率分布控制	随机分配
延滞效应	组平衡法	随机化
完全平衡法	不完全平衡法	随机化平衡法
并发探查	被试内平衡法	回顾型口头报告
并发型口头报告	匹配	牺牲组
平衡法	匹配变量	统计控制
欺骗	差异法	发声思维技术
差别延滞效应	顺序效应	共轭控制
差别影响	部分盲测技术	
双盲安慰剂法	实验后调查	

章节测验

问题答案见附录。

1. 如果你只能使用一种控制技术，你应该使用哪一种？
   a. 将参与者随机分配到各组之中
   b. 通过保持变量恒定实现匹配
   c. 通过共轭控制实现匹配
   d. 双盲安慰剂模型
   e. 平衡法

2. 假设你想考察咖啡因是否影响一个人从一页随机字母列表中找出字母 q 出现次数的能力。为了控制个人反应时的影响，你将参与者分为长反应时和短反应时两组，然后将反应时的这种差异作为一个自变量纳入你的研究设计中。你在控制反应时的可能影响，所使用的方法属于：
   a. 将参与者随机分配到各反应时组中
   b. 根据确认字母 q 的反应时进行绑定的共轭控制
   c. 通过让参与者进入各反应时组而进行的平衡法
   d. 通过将额外变量纳入研究设计中而实现的匹配
   e. 盲测技术，因为人们不知道他们的反应时是长还是短

3. 如果你发现与因变量相关的额外变量，并通过在个体层面对参与者进行匹配而对这些变量进行控制，然后将这些经过匹配的参与者随机分配到各组。你使用了哪种控制技术？

a. 匹配和随机分配

b. 共轭控制

c. 精确控制

d. 频率分布控制

e. 程序控制

4. 假设你想知道酒精是否会增加一个人的攻击性。为了检验这个假设，你想测试人们在受到酒精影响和未受酒精影响时的攻击性。但是，你知道如果你要求人们分别在两种情况下进行，那么已经进行过一次也许会改变他们第二次的表现。为了控制这种效应，你选择：

a. 从自愿参与研究的一大群人中随机挑选研究参与者

b. 按照参与者对酒精的敏感度对他们进行匹配

c. 让参与者饮酒时采取双盲的方式

d. 评估参与者对能否知道他们正在饮酒的看法

e. 平衡酒精条件和无酒精条件的操作

5. 如果你想控制实验者可能具有的对实验结果的期望，你也许应该：

a. 使用欺骗

b. 平衡处理条件，使得任何由期望导致的变化在各参与者组之间分布均匀

c. 将实验程序自动化，以使实验者不会与研究参与者产生交互作用

d. 将参与者随机分配到处理条件中，使得期望在各组之间分布均匀

e. 匹配参与者，使得期望对所有参与者都保持相同

提高练习

1. 你想开展一项研究，测试某种新药在治疗儿童注意力缺失障碍上的效果。你已经决定测试新药在 4 种不同剂量时的效果，选用剂量分别是 5mg、10mg、15mg 和 20mg。40 位有注意力缺失障碍的儿童的父母自愿让他们的孩子参与这项研究。请使用附录 B 中的随机数字表，将这 40 位儿童随机分配到 4 种药物剂量条件中。描述这个过程中的各个步骤以及你在各步中要做什么：

a. 步骤一：

b. 步骤二：

c. 步骤三：

d. 步骤四：

随机分配到各组的参与者			
组1	组2	组3	组4

e. 步骤五：

2. 你想测试某种新药在治疗儿童注意力缺失障碍上的疗效，但是这一次你想要所有的儿童在不同的日子里分别服用安慰剂或 5mg、10mg、15mg 和 20mg 新药。你知道使用这种程序也许会产生延滞效应或顺序效应，所以你想平衡这五种施药顺序。使用不完全平衡法，列出处理条件的不同平衡顺序。

3. "知道"博士开发出了一种治疗抑郁的新疗法。他想看看自己的这种治疗技术是否有效，能否减轻人们的抑郁情绪。假设他希望你能帮助他设计一项研究来测试这种疗法的效果。请确认哪些额外变量可能会干扰这项实验的结果，说明这些干扰将会如何产生，并确定你将如何控制这些额外变量。

第 8 章

实验研究设计

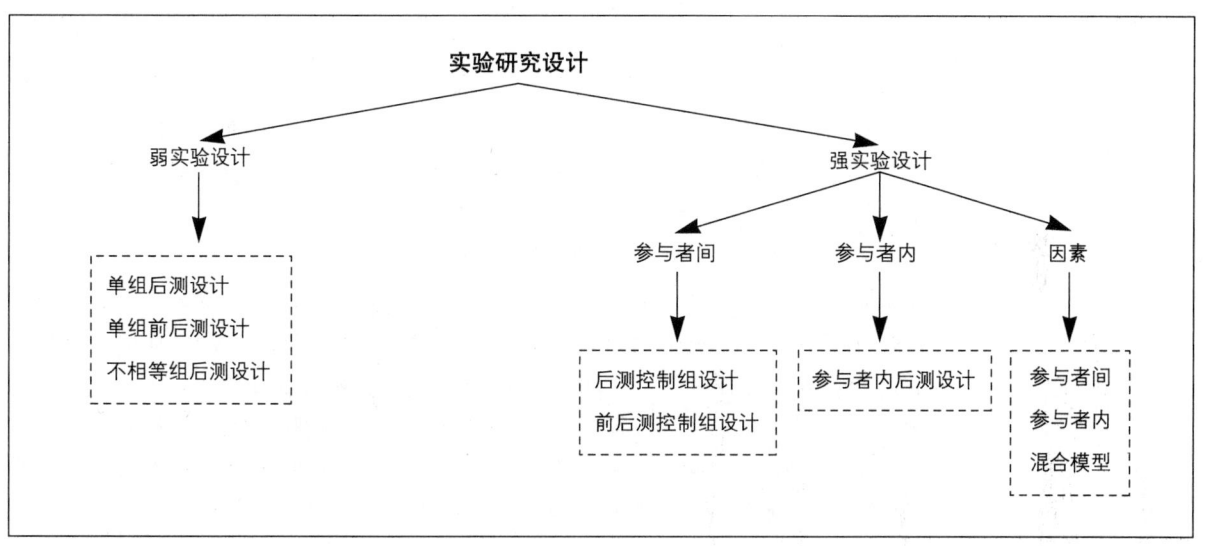

　　1999 年 2 月,凯西·海纳(Hainer, 1999)为《今日美国》撰写了一篇关于相面这一古老艺术的文章。这篇文章总结了一个有名的相面师罗丝特里的一本书。在这本书中,罗丝特里声称观人面相就能告诉你一些事情,如"这个人如何花钱、如何决策、如何工作"等。相面术也叫面相学,与颅相学(通过检查某人颅骨上的坑洼和凸起获得有关人格特征的线索)类似,在 19 世纪,后者在心理学中比较盛行。两者的区别在于,相面的重点是脸部的外貌特征(而不是颅骨上的凹陷和凸起),并且不需要触摸。许多相面者都依靠照片进行工作。

　　按照罗丝特里的说法,重要的面部特征透露了人格特征。一个人耳朵的位置在头部的上方、下方还是中间位置很重要,因为这能说明这个人做决定的速度。眼睑能提供有关一个人情绪性和攻击性的线索。直直的下眼睑代表着谨慎、怀疑和害羞。弯弯的下眼睑代表这是一个情感开放的人。嘴唇的丰满度代表个体在谈及私人话题时的舒服程度。比较而言，有着丰满双唇的人对于公开地讨论私密话题感觉更舒服，而薄嘴唇的人不喜欢与人分享私人话题。

在读到这样的言论时，不同人会有不同的反应。有些人会觉得这纯粹是胡说八道，另一些人则相当认同，并根据相面师的结论做决策。还有一些人或许会对此表示怀疑，但却以足够开放的态度认为这些结论也许在一定程度上是正确的。海纳（Hainer, 1999）认为，相面术正在与其他几种古老的中国艺术一起处于复兴之中。但真正的问题是：这种方法是否真的有效？它是否真的能准确地揭露个体的人格特征？罗丝特里对它的准确性深信不疑，并写了一本书来推广这种方法。然而，仅凭个别人士对某种实践的信任与信仰并不能让它变得有效。许多人都对手相、笔迹分析、塔罗牌和占星术的准确性深信不疑，但绝大多数的科学家都不相信这些技术，因为很少有客观的证据能支持通过这些方法得出的结论。心理学家很多年前就已经抛弃了骨相学，因为它并不能成为我们探视个体人格的窗口。

我们如何确定相面术是否能准确地描绘某个人的人格特征？我们必须用实验的方法检验从相面中得出的结论，以确定它的准确性。这意味着我们必须制定一项研究设计来解答这个问题。根据之前章节所提供的材料，我们知道解答这样一个研究问题需要首先确定自变量和因变量。对相面术这个问题来讲，你也许可以对假设——耳朵分别处于头的上部、中部和下部的人在决策速度上不同——进行检验。在检验这个研究问题时，自变量是耳朵处于头部的位置，而因变量是决策速度。同时为了保证内部效度，你必须确定哪些变量必须进行控制，以及用什么技术来控制这些额外变量。例如，你想控制个体智力的影响，而智力作为自变量包含三种水平，这或许可以通过匹配个体的智力得以实现。只有在做出这些决定之后，你才能去建构一个包含自变量、因变量和控制技术的研究设计。这种设计能够为数据收集提供策略，而这些数据可为相面术所得出的关于人耳在头部不同位置的结论是否成立这一问题提供答案。

引 言

研究设计：用于调查研究问题的大纲、计划或策略。

当研究课题已经选定，且有关自变量和因变量的决策也已经做出，我们就有必要开始制定一份收集数据和检验自变量对因变量作用的计划了。这份计划就是实验的研究设计。**研究设计**（research design）这个术语指的是详细说明实验程序的大纲、计划或策略。它对如何收集和分析数据之类的事情做了明确的要求。构建研究设计通常是一个复杂的过程，因为你可能拿不准哪种类型的设计更适用于你的研究问题。

研究的目标是用可能的、符合伦理要求的和可行的最强设计来解决问题。但是，是什么决定了设计的强或弱？你会发现，强设计通常包含前测（在实验开始前测量因变量水平)、控制组(使研究者能将实验组与未接受实验处理的组进行对比)和随机分配(在实验开始时使实验组和控制组相等)。

这一章非常重要,因为能得到因果关系结论的最好的研究类型就是实验研究。我们先讨论几个弱设计,这些设计都没有对威胁内部效度的重要因素进行控制。接着我们会讲到强设计,它们对内部效度的威胁因素进行了很好的控制,因此能为自变量和因变量之间的因果关系提供强有力的证据。然后我们会讨论因素设计,它们也是强设计,而且很重要,因为它们使研究者能够检验两个或多个自变量的主效应及交互作用。最后,我们将对研究设计的选择或构建进行总结评论。

思考题 8.1 | 什么是研究设计?它的目的是什么?

弱实验研究设计

弱实验设计:对许多额外变量都没有进行控制,并且不能为因果关系提供强证据的设计。

科学家通过开展实验来寻求因果关系问题的答案。理想情况下,这些实验能控制所有威胁内部效度的因素,并得出一个关于自变量是否影响因变量的结论。但是,有时理想状况无法实现,而且有许多内部效度的威胁因素无法消除。正如沙迪什等人(Shadish et al., 2002)指出的那样,有时研究者不得不使用那些无法控制各种内部效度威胁因素的设计,比如当实验焦点是外部效度时,或者出于伦理方面的考虑而不能吸收设计元素来控制更多威胁内部效度的因素。当我们使用了这些较弱的设计时,我们就更难推断出自变量和因变量之间的因果关系了。我们首先讨论的几个设计就是**弱实验设计**(weak experimental designs),因为它们只对极少一部分内部效度威胁因素进行了控制。因此,如果我们能使用强设计,就应该避免这些弱设计。

单组后测设计

单组后测设计:在单独的一组参与者被施与一项实验处理条件之后,再对他们进行后测。

在**单组后测设计**(one-group posttest-only design)中只有一组参与者,对其进行实验处理之后,再进行因变量测量。例如,某个机构开始了一个训练项目(实验处理条件)。这个机构想要评估一下这个项目的效果,所以在该项目完成之后,它评定了项目参与者在知识水平、态度和行为等方面的结果。如果结果(即因变量)测量是正性的,并且个体业绩良好,那么机构管理者就可能会得出结论,认为这个项目是有效的。

图 8.1 对这个设计进行了描述。在该设计和本章描述的所有设计中,符号"O"表示研究者关注的因变量测量,符号"X"表示实验干预,研究者或专家会与实验者一起,主动地向参与者施与一些他们本不会经历的条件。正如你在图 8.1 中看到的那样,单组后测设计的结构里包含一项实验操作(X),以及随后的因变量测量(O)。

图 8.1
单组后测设计

处理　后测
　X　　O

单组后测设计在获取科学的数据方面帮助不大，因为这种设计无法提供证据说明如果参与者没有接受实验处理，他们的因变量得分将是多少。具体来讲，这种设计缺少不接受处理的控制组（控制组使研究者可以将参与者的后测成绩与没有接受处理的相似组的成绩进行对比），同时这种设计没有前测（前测使研究者可以将参与者的后测成绩与处理之前的成绩进行对比）。由于这种设计没有包含这两种对比中的任何一种，所以我们通常将其视为一种有缺陷的设计。我们很难知道某种效应是由处理条件产生的，还是由某些混淆额外变量产生的。沙迪什等人（Shadish et al., 2002）指出，只有在我们掌握了特定的因变量背景信息，并且其他研究已经查明了自变量影响因变量的机制，只有在这种极个别的情况下，该设计才有价值。但是，因为上述信息很难获取，所以心理学家很少使用这种设计。

单组前后测设计

单组前后测设计：将一种处理条件插入因变量前测与后测之间的设计。

单组前后测设计（one-group pretest-posttest design）对单组后测设计进行了改进，它在引入处理条件之前，增加了对因变量的前测。图 8.2 描绘了一个这样的设计。某组参与者在被施与处理条件之前先接受了因变量测量（O）。接着实验者施与自变量（X），然后再次进行测量（O）。我们将前测和后测分数之间的差异视为代表处理效果的一个指标。

例如，假设你所在的学区在一年级引入了一门昂贵的新的阅读课程。学年开始时，对学生的阅读水平进行测量（前测 O）。然后在该学年接下来的每天里，我们都教授这门阅读课程（处理 X）。学年结束时，再次测量学生的阅读水平（后测 O）。结果显示学生的阅读水平提高了一个等级。这样一项研究具有直觉上的吸引力，它给人的第一感觉是，这似乎是一种实现研究目的的好方法，因为我们能够看到并记

图 8.2
单组前后测设计

前测　　　处理　　　后测
　O　　　　X　　　　O

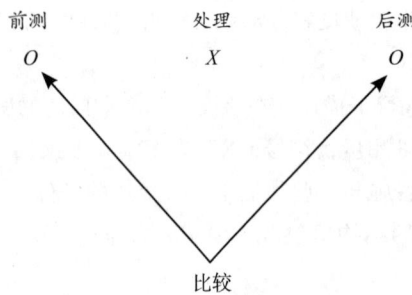

比较

录成绩的变化。事实上，这种设计只对单组后测设计进行了一点小改进，因为还有许多未被控制的竞争性假设可以解释研究得到的结果。

在我们的例子中，后测和前测间隔了一学年的时间。因此，历史原因、测验方式、回归假象、测量工具和身心成熟等未受控制的竞争假设都可能是观察到的成绩变化的某些（如果不是全部）原因。为了最终确定观察到的变化是由处理效应（实验课程）而不是其他任何一种竞争假设引起的，研究者本应设置一个一年级生的对等组，在这一年中不让他们接受新课程。可将这个对等组的成绩与那些接受了实验处理的孩子的成绩进行比较。如果两组的分数存在显著性差异，那么这种差异就可以归因于实验课程的影响，因为两个组都经受了历史原因、测验方式、回归假象、测量工具、成熟效应等方面的影响，也就是说这些变量得到了控制。单组前后测研究是一种弱设计，主要不是因为那些竞争性假设的来源能影响研究结果，而是因为在绝大多数情况下，我们都不知道它们是否对研究结果产生了影响。

虽然单组前后测设计不能控制或检验这些效应的潜在影响，但它也并非毫无价值。在无法获得一个对等比较组的情况下，这种设计也可以提供一些信息。但是，研究者是否有信心来推断观测到的效果是由处理条件产生的，取决于他能否成功地确认可能威胁内部效度的因素，以及是否可以收集到数据证明这些威胁因素对结果没有影响。

不相等组后测设计

不相等组后测设计：将实验组的后测成绩与一个不相等控制组的后测成绩进行比较的设计。

上述两种设计的主要缺点是：我们无法知道自变量是否影响了因变量。**不相等组后测设计**（posttest-only design with nonequivalent groups）（见图 8.3）试图通过纳入一个控制组来弥补这个缺点。在这种设计中，一组研究参与者接受处理条件（X），然后与另一组不接受处理条件的参与者比较各自在因变量上的成绩（O）。这听上去很完美。问题是，在这个设计中，比较组是一个不相等组。也就是说，比较组的参与者可能与实验组的参与者在某些重要方面存在差异。在第 7 章，我们把这种对内部效度的威胁称作选择。

在新阅读课程这个案例中，我们假设某些学校采用了这种新课程，而另一些学校则没有。学年结束时，我们对采用新课程的学校与没有采用新课程学校学生的阅读分数进行比较，发现前者在阅读测验中的得分要高于后者。问题是，对比的两者之间可能在许多重要的方面存在差异，包括学生最初的阅读水平、家长的参与程度、家长的教育水平等。这样研究者就无法知道两个学校在后测中表现出的阅读水平差

图 8.3
不相等组后测设计。虚线表示不相等组。

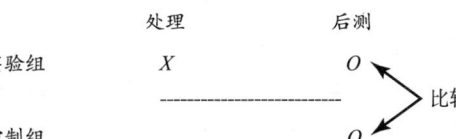

异应归因于处理条件，还是二者之间的初始差异。

将参与者随机地分配到两个组中是确保两组相等的唯一方法。图 8.3 中的虚线用于表示不相等组后测设计中未包括随机分配。对于无法实现随机分配参与者的研究来说，可以采用稍次于随机分配的技术，实现相关变量的匹配。然而，匹配不能替代随机分配，因为它不能控制其他变量。因此，这种设计不能将可能的选择效应从处理效应中排除出来，应该将其视为弱设计。

思考题 8.2
- 弱实验设计的组成部分和结构是什么？
- 说明为什么每种弱设计中都存在着威胁内部效度的因素。

强实验研究设计

刚刚提到的设计都是弱设计，因为总的来说，它们都无法提供一种方法将处理条件产生的作用区分出来，也不能消除竞争假设。那么，强研究设计有何不同？强实验研究设计有更高的内部效度。也就是说，它们更能保证分离并检验自变量对因变量的作用。

为了获得内部效度，我们必须消除潜在竞争假设。这主要通过两个方法来实现：控制技术和控制组。正如在第 7 章中所说，最重要的控制技术是参与者的随机分组（也被称作随机化），因为这是控制已知和未知变量的唯一方法。随机化是最好的控制技术，这是因为它是保证各个参与者组只在操控变量——自变量上不同的最佳方法。除自变量之外，这些组在所有变量上都是相似的。

控制组：不接受活跃水平的处理条件，并作为一个比较标准而存在，以确定处理条件是否产生任何因果效应的参与者组。

实验组：接受处理条件以期产生某种效果的参与者组。

反事实：如果实验组参与者不接受处理，他们应该有怎样的反应。

消除潜在竞争假设的第二个方法是纳入一个控制组。**控制组**（control group）指的是不接受活跃水平的自变量处理的参与者组，他们要么不接受自变量处理，要么只接受从某种意义上说属于标准值的自变量处理，如在他们不参与这项研究时通常接受的量。**实验组**（experimental group）（也被称作处理组）指的是为了产生某些效果而接受了自变量某些水平的处理的参与者组。在阅读课程的研究中，如果我们随机指定半数的一年级学生接受实验阅读课程，而另一半学生接受所在学区通常采用的标准阅读指导，那么我们就能够确定该阅读课程是否真的能提高阅读分数，且提高程度超过了标准训练所能达到的程度。

控制组有两个功能。第一，作为比较源而存在。只有纳入控制组，并假设所有其他的变量都被控制了，我们才能实实在在地指出，处理条件下得到的结果是否不同于没有处理时所能得到的结果。控制组的反应必须能够代表实验组在没有接受处理条件时的反应。更学术一点的说法是，控制组是用于评估**反事实**（counterfactual）（即如果参与者没有接受处理，其反应应该是如何）的。两组的参与者必须尽可能相似，所以从理论上讲，如果没有自变量的介入，他们应该产生相同的分数。

第二，控制组可以控制竞争假设。实验者的目标是：除了由受实验者操控的那个变量（即自变量）之外，对控制组和实验组进行的所有变量操作都相同。这种方式可以使额外变量的影响保持恒定。如果研究中包含了控制组并使用了随机分配，那么额外变量就会对控制组和实验组两者的成绩产生相等的影响，从而有效地保证了额外变量影响的恒定。如果一个额外变量同等程度地影响两个组，那么两个组在那个变量上就是相同的，从而使得研究者能够推断两组在后测中产生差异的原因是处理条件。各组之间唯一有差别的变量只能是自变量。

在本章接下来的内容中，我们要讨论几种强实验研究设计。要想获得一个**强实验设计**（strong experimental design），研究者必须在研究中控制以下各方面：将参与者随机分配到各组，决定哪组接受处理条件，参与者接受什么样的处理条件等。换句话说，研究者必须控制实验，以确信观测到的自变量与因变量之间的关系。强研究设计可采取参与者间研究设计的形式，将参与者随机分配到不同的组中，每组接受一个条件；也可以采取参与者内设计的形式，参与者作为自己的控制组，依次接受所有的处理条件。现在我们来讨论这两种主要的研究设计。

强实验设计：有效地控制了额外变量，并能提供有力的因果关系证据的设计。

思考题 8.3
- 成为一个强实验研究设计需要满足的标准是什么？
- 控制组的功能是什么？
- 将参与者随机分配到各组中的作用是什么？

参与者间设计

参与者间设计：实验中的各组通过随机分配而产生，并且不同组接受不同水平的自变量处理。

随机化设计：参与者被随机分配到各组的参与者间设计。

在**参与者间设计**（between-participants designs，也称组间设计或独立组设计）这个强实验研究设计中，各个实验组是由不同的人组成的，不同组的参与者接受的是不同的实验条件，并且这些参与者是被随机分配到这些组中的。将参与者随机分配到各组的做法消除了绝大多数的内部效度威胁因素。因为这些设计依赖于随机分配，所以它们也被称作**随机化设计**（randomized designs）。现在我们介绍两种基础的参与者间研究设计，包括后测控制组设计和前后测控制组设计。这两种设计属于"基础"设计，因为它们只包含一个自变量和一个因变量。在"因素设计"部分，我们会介绍包含了多于一个自变量的设计。

后测控制组设计

后测控制组设计：两个或多个随机分配的参与者组在接受了实验处理后，再对其进行后测的设计。

在参与者间**后测控制组设计**（posttest-only control design）中，研究参与者会被随机分配到与实验条件数一样多的组别中。例如，如果研究者想调查某个自变量（如社会技能训练）的效果，该自变量具有呈现和不呈现两个不同的水平（一组接受训练，另一组不接受训练），那么参与者将被随机分配到两个组中，如图 8.4 所示。表面上看来，这个设计与不相等组后测设计相似，除了一个重要的差别，即不相等

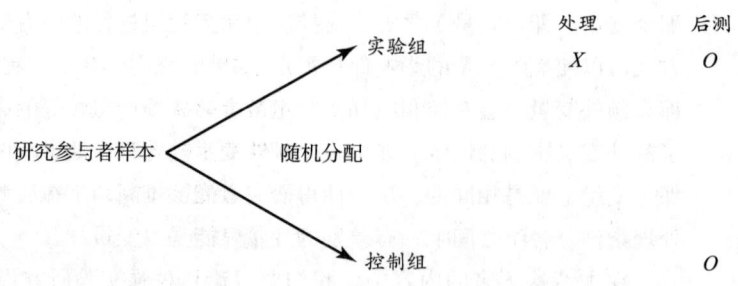

图 8.4
后测控制组设计

组后测设计缺少随机分配。记住,不相等组后测设计受批评的主要原因就在于它不能为各个比较组的相等提供任何保证。

参与者间后测控制组设计通过将参与者随机地分配到两个或多个组中,满足了额外变量必须相等这一要求。如果有足够的参与者参与研究,使随机化能够发生作用,那么从理论上讲,所有可能的已知和未知额外变量都得到了控制(除了实验者期望,以及参与者在实验过程中除自变量之外在其他变量上可能接受的差别处理)。在实验进行过程中,除了自变量差异,实验者必须以相同的方式处理所有组。

通过设置一个随机化的控制组,我们可以控制在第 6 章中讨论过的许多内部效度威胁因素,包括历史原因、成熟效应、测验方式、测量工具和回归假象。之所以控制这些威胁因素,是因为这些变量的作用会同时影响实验组和控制组。例如,如果参与者是随机分配的,每个组应该包含相同比例的极端分数,所以向平均值回归的程度应该相同。选择偏差也自然而然地被排除了,因为随机分配在随机化的时候,已经保证了实验组和控制组的相等性。如上所述,随机化不能提供 100% 的保证,但它是我们在对抗选择竞争假设时所能采取的最好保护手段。

只要额外变量对两个组的影响是相等的,两组之间的任何观测差异就不能归结于这些变量,于是我们就能假设这些差异是由自变量产生的。由此我们可以推断,自变量是各组在因变量上表现不同的原因。记住,我们希望各组在除自变量之外的所有变量上都相同。但是注意,如果任何威胁内部效度的因素所起的作用不同,那这种威胁就依然存在。就像第 6 章讨论的那样,差别效应也称为"附加及交互作用"。当一种威胁因为影响了其中一组却不影响其他组而让这些组变得不同时,这种威胁的效果就出现了差别化。

例如,如果实验组的参与者在一个实验环节接受了处理,而控制组参与者在一个不同的环节接受了处理,那某些事件就有可能只在一个环节发生而没有在另一个环节发生。如果真的发生了一个差别化事件(如笑声、笑话,或关于实验程序目的的评论),它的影响将无法消除,所以就可能产生某种效应,且只对一组参与者的因变量产生影响。我们必须考虑,此类事件可能是造成组间差异的一个原因,并且,在解释各组在因变量方面的差异时,它们会与自变量产生竞争。

幸运的是,如果参与者被随机分配到各组中,且实验者在实验过程中除了施行不同水平的自变量之外,在其他各方面都以相似的方式处理各组时,内部效度威胁通常不会出现差别化（即不会对各组产生不同的影响）。例如，为了控制测量手段带来的影响，从各组收集因变量数据的观察者或访谈者应该是相同的。因此，两组必须拥有相同的观察者或访谈者（并且要让其处于"盲测"状态，不让他知道参与者组处于哪种实验条件），或者，如果有足够数量的观察者或访谈者，应该将他们随机地分配到每一个观察环节。这里的关键点在于，随机分配一般能够确保额外变量的作用随机分布到各组，因此不会威胁实验的内部效度。

后测控制组设计的优点和缺点

在后测控制组设计中，我们认为至少有两个困难。首先，虽然随机化是我们在实现相等性时所能获得的最佳控制技术，但它并不能完全保证我们一定能获得必需的相等性。当经过随机化处理的参与者组很小（如少于 30 个参与者）时，这种情况尤为突出。如果对随机化是否生效有任何疑虑，建议将匹配和统计控制与随机化技术结合在一起使用。

第二，因为后测控制组设计缺少前测环节，所以它就缺少了前测可能带来的益处，比如不能作为一种检查随机化过程是否成功的方法（即各组在前测时是否相似呢？），也不能使"统计效力"得到相应的提高。当统计效力增加时，如果各组所属的总体确实存在着差异，那么研究者就更可能探查出具有统计显著性的差异。（这个观点将在第 15 章论述，那时我们会讨论一种叫做协方差分析的统计技术）。在实验中设定前测所带来的其他益处将在接下来的内容中讨论。

后测控制组设计最基础的版本只包含两个组（即一个实验组和一个控制组），但是它展示了所有强参与者间设计的两个关键特征：包含控制组，以及随机将参与者分配到各组中。这些特征形成了一个非常强的设计，能够消除对内部效度的威胁。但是，真实的实验很少局限于单个自变量的两个变化水平。相反地，绝大多数研究的自变量都有多个变化水平，从而产生了两个以上的组。

举个例子，比如说最近的一项研究发现，每月都要与指导老师会面的大学生更可能完成大学学业。我们也许想知道每月会面是否是项目成功的必要因素。为了知道学生到底需要多少次指导会面，研究者可以将学生随机分配到不同组中，这些组所接受的会面次数不同。未来一年内，一个实验组的参与者将每月与指导老师见一次面，第二个实验组的参与者将每两个月与指导老师见一次面。而研究所设置的控制组中的参与者则与他们的指导老师没有任何会面。这个扩展后的后测控制组设计的结构如图 8.5 所示。该设计所包含的实验组不止一个，因而我们能够提出并解答更具体的研究问题。

思考题 8.4
- 后测控制组设计的结构是什么？
- 这种设计消除了哪些威胁内部效度的因素，它如何控制这些因素？
- 后测控制组设计的优缺点是什么？

图 8.5
自变量有三个变化水平的后测控制组设计

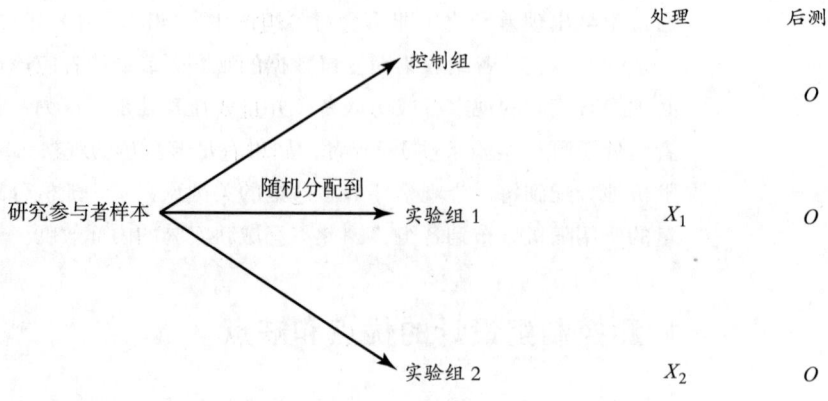

前后测控制组设计

前后测控制组设计：两个或多个随机分配的参与者组，在经过前测和自变量不同水平的处理之后，再接受后测。

你可以在图 8.6 中看到什么是基础的**前后测控制组设计**（pretest-posttest control-group design）。它与后测控制组设计相似，只是前后测控制组设计在施行实验和控制条件之前，增加了前测。这两种设计都有很高的内部效度，因为它们排除了所有威胁内部效度的主要因素。只有当某种威胁出现差别化影响（即如果这种威胁的作用出现于一个组，却不出现在另一个组）时，这两种设计的内部效度才会受到威胁。但是，由于随机分配，这些差异化威胁并不会经常发生。两种设计的相似之处还在于，都可以在基本的两组设计版本中加入更多的实验组。

设置前测的优点和缺点

你也许会好奇，为什么研究者会在后测控制组设计中增加一个前测环节，以形成前后测控制组设计。许多研究者（Lana, 1969; Maxwell & Delaney, 2004; Selltiz et al., 1959）喜欢在这种设计和其他设计中设置前测环节，有如下几个原因：第一，增加前测可以让研究者检查随机化过程的效果如何。尽管随机分配为研究参与者的初始可比性提供了最大限度的保证，但这毕竟不是绝对可靠的。当研究中设置了前测，研究者就不必假设随机化是完全有效的了；研究者只需要检查各组在随机分配

图 8.6
前后测控制组设计

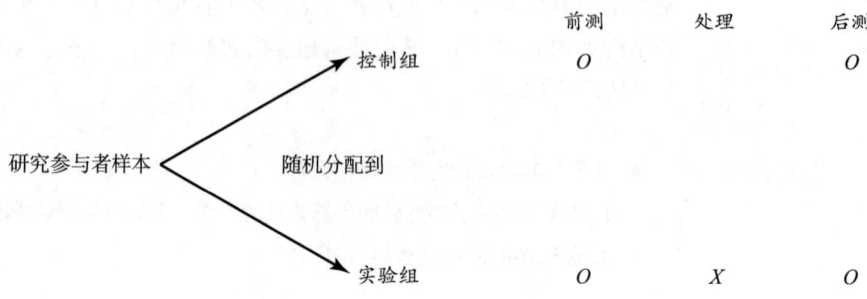

后、实验条件引入之前，在因变量上表现是否相似。如果研究者对与研究相关的附加变量进行了测量，就能检查各组参与者在这些变量（如动机、智力、态度）上的初始可比性。

第二，在前测时对附加变量进行测量，使研究者能够核查自变量和因变量之间的关系是否取决于参与者在其他潜在重要自变量上的状态。例如，也许处理对男性很有效却对女性无效。如果某个附加变量（比如性别）与自变量产生了"交互作用"，那么研究者就知道必须将这个附加变量加入到研究设计中。当加入了新变量，这个设计就变成了因素设计，相关问题会在本章后面的内容中进行讨论。

第三，如果加入了前测环节，研究者就能够确定是否可能发生天花板效应（在引入实验条件之前检查前测分数）。当参与者在因变量上的分数高到几乎没有进步空间时，就出现了**天花板效应**（ceiling effect）。例如，如果一个因变量的最大值为100，而一些参与者在前测时的平均分数就达到了98或99，那么他们几乎就没有进步的余地了。如果在施行实验处理之前对前测数据进行检验，研究者就能去掉得到极端分数的参与者，而使用那些有一些进步可能性的参与者开展实验。如果我们没有对前测分数进行检查，直到施行完处理条件才发现没有处理效果，那这时我们就应该检查前测分数以确定是否发生了天花板效应。

天花板效应：参与者在因变量上的前测分数太高，以至于不会再有多大提高的情况。

第四，如果前测时，实验组和控制组在因变量测量上出现了轻微的差异，那么研究者可以使用一种叫做**协方差分析**（analysis of covariance）的统计技术，在统计上实现对这些前测差异的控制。这种统计技术不但能调整前测差异，还能对实验组和控制组的后测分数差异进行更准确和更有效力的检验。这意味着如果实验确实有效果，那么加入前测能让这种设计检测出效果的可能性稍稍高一些。

协方差分析：一种统计程序，在调整完前测差异之后再对各组的平均值进行比较。

第五，设置前测环节最常见的原因是获得实证性证据，以此证明处理条件成功地让研究参与者产生了某种变化。获取此类证明变化的证据最直接的方式就是测量前测分数与后测分数之间的差异。

在前后测控制组设计和其他设计中使用前测，至少存在一种潜在的困难，参与者可能会因为被施与了前测而发生某种形式的变化。但是，请注意，因为两个组都进行了前测，所以他们受到前测的影响也应该是相等的；所以，这种设计的内部效度不会因此而减弱。然而，当设计中纳入前测时，有时会出现外部效度减弱的情况。

正如你从第6章中了解到的那样，外部效度指的是研究结果的推广程度。这里的问题是，当实验中的每个人都接受了前测，那么研究结果就可能对那些接受了前测的人最具有推广性，而对那些没有接受前测的人就没有那么强的推广性。因为这个推广性问题不存在于后测控制组设计中，所以前后测控制组设计的外部效度有时会稍弱一些。

许多研究者认为，在前后测控制组设计中加入前测的好处大于它所带来的问题。这部分的关键在于，后测控制组设计和前后测控制组设计都是非常强的研究设计，但是它们的优点和缺点略有不同。

思考题 8.5

- 用图示表示前后测控制组设计，并解释这种设计的各个组成部分。
- 这种设计所消除的威胁内部效度的因素有哪些？它是如何控制这些威胁的？
- 在前后测控制组设计中加入前测的优缺点是什么？

参与者内设计

参与者内设计：所有参与者接受所有的处理条件。

重复测量设计：参与者内设计的另一个名称。

参与者内后测设计：所有参与者接受所有的处理条件，并且在每一种条件被施与后进行后测。

在**参与者内设计**（within-participants design，也称组内设计或重复测量设计）中，所有研究参与者都要接受实验中的所有实验条件。参与者内设计也被称作**重复测量设计**（repeated measures designs），因为所有的参与者都接受了"重复的"（即在每种实验条件下）测量。参与者内设计的基本形式是**参与者内后测设计**（within-participants posttest-only design），在这种设计中，每次给参与者施与实验条件后，都要对其进行后测，以得到因变量成绩。图 8.7 描绘了这种设计。

当相同的参与者接受所有实验条件时，有可能会出现延滞效应，所以许多研究者会利用第 7 章讨论过的平衡法进行控制。平衡法的要点是将实验条件以不同的顺序呈现给不同组参与者。按照这种方式，研究者能够让基本的（线性的）延滞效应达到平衡。图 8.8 描绘了使用平衡法的参与者内后测设计。请注意，在平衡后的参与者内后测设计版本中，所有的参与者仍然接受了所有的实验处理条件。

我们举一个参与者内后测设计的例子。马奥尼等人（Mahoney, Taylor, Kanarek,

图 8.7
包括 15 名参与者的参与者内后测设计

注释：X_1 是条件 1，X_2 是条件 2，X_3 是条件 3，P 代表参与者，O 代表后测。请注意参与者 1~15 都会经历三种处理条件

X_1 O X_2 O X_3 O

P_1 P_1 P_1
P_2 P_2 P_2
P_3 P_3 P_3
P_4 P_4 P_4
P_5 P_5 P_5
P_6 P_6 P_6
P_7 P_7 P_7
P_8 P_8 P_8
P_9 P_9 P_9
P_{10} P_{10} P_{10}
P_{11} P_{11} P_{11}
P_{12} P_{12} P_{12}
P_{13} P_{13} P_{13}
P_{14} P_{14} P_{14}
P_{15} P_{15} P_{15}

图 8.8
经抵消平衡法调整后包含 15 个参与者的参与者内后测设计

X_1　O　X_2　O　X_3　O　←　P_1, P_2, P_3, P_4, P_5

X_2　O　X_3　O　X_1　O　←　$P_6, P_7, P_8, P_9, P_{10}$

X_3　O　X_1　O　X_2　O　←　$P_{11}, P_{12}, P_{13}, P_{14}, P_{15}$

& Samuel, 2005）开展了一项研究，检验早餐类型对认知表现的影响。小学生们参与了三个参与者内环节（3个不同的日子）。每个环节包含三种早餐（麦片、燕麦粥、无早餐）中的一种，随后是一系列认知任务。用抵消平衡法对三个环节中早餐类型进行排序。马奥尼等人发现，学生在无早餐环节中的认知表现最差，在燕麦类早餐环节中的认知表现最好。因为不同人之间存在着差异性，所以我们通常在使用认知或生理测量的研究中采用参与者内设计（参与者作为他们自己的控制组）。

参与者内设计的优点和缺点

正如我们已经说明的那样，在参与者内设计中，相同的人接受所有的实验条件。正因为如此，参与者充当了自己的控制组，而诸如年龄、性别和以往的经验等变量就会在整个实验中保持不变。换句话说，如果所有的参与者都接受了所有的条件，那么就不会因为某些类型的人出现在一种条件却不出现在另一种条件而造成条件间的差异。这种一种强大的控制技术。因为参与者充当了他们自己的控制组，他们就在各种处理条件上形成了完美的匹配，而这增加了实验的敏感度。因此，参与者内设计对自变量的作用最为敏感。

另外，与参与者间设计相比，参与者内设计需要的参与者数量少。在参与者内设计中，所有的参与者参与所有的处理条件，整个实验所需要的参与者数量与其中一个实验处理条件所需要的参与者数量是相等的。在参与者间设计中，所需要的参与者数量等于一个处理条件所需的参与者数量乘以处理条件的数目。如果每个处理条件需要 25 个参与者，有三个处理条件，那么参与者内设计就只需要 25 个参与者，而参与者间设计则需要 75（25×3）个参与者，当参与者很难获得时，参与者内设计的这个优势就很重要了。

你也许会认为，有了这些优势，参与者内设计会比参与者间设计更常用。实际情况并非总是如此，因为参与者内设计也存在着缺点。首先，参与者内设计会给参与者造成负担，因为他们必须接受多个处理条件。第二，或许最严重的缺点是序列效应所带来的混淆影响。请记住，如果参与者接受不止一个处理条件，就可能会发生序列效应。由于参与者内设计的主要特征就是所有参与者参与所有的实验处理条件，所以序列性的竞争假设就成为一种真正的可能。幸运的是，研究者可以使用平衡法（如图 8.8 所示）控制技术来帮助自己排除序列效应对内部效度的威胁。不幸的是，正如第 7 章所讨论的，平衡法只能控制线性的序列效应，如果序列效应是非线性的（被称作差别延滞效应），那么混淆序列效应将会依然存在。

正如你所看到的，参与者内设计存在着一些问题，而且解决这些问题比解决参与者间设计存在的问题要难得多。所以，参与者内设计并不是最常用的设计。

思考题 8.6

- 用图分别表示采用了平衡法和没有采用平衡法的参与者内后测设计（一个自变量，三种水平）。
- 参与者内后测设计的优缺点是什么？

因素设计

因素设计：同时研究两个或多个自变量，以确定它们对因变量的独立效应及共同效应。

参与者间变量：不同参与者接受自变量不同水平的自变量类型。

参与者内变量：所有参与者接受自变量所有水平的自变量类型。

单元格：两个或多个自变量的各个水平的组合。

到目前为止，我们讲到的设计都只包含一个自变量。然而在心理学研究中，我们经常会对两个或多个共同起作用的自变量的效果产生兴趣。当自变量多于一个时，我们选择因素设计。在**因素设计**（factorial design）中，同时对两个或多个自变量（至少对其中一个进行操控）进行研究，以确定它们对因变量的独立作用和交互作用。因素设计中的自变量既可以是**参与者间变量**（between-participants variable），这是用于参与者间设计的变量类型（即参与者只接受自变量一个水平的处理），也可以是**参与者内变量**（within-participants variable），这是用于参与者内设计的变量类型（即参与者接受自变量所有水平的处理），还可以是参与者内和参与者间变量的组合。在这个部分，我们关注的是有两个参与者间自变量的因素设计。

图 8.9 描绘了一个两变量因素设计的设计布局（即用一张图来表示逻辑结构），其中一个自变量有三个水平（变量 A），另一个自变量有两个水平（变量 B）。变量 A 的三个水平分别为 A_1、A_2 和 A_3，变量 B 的两个水平分别为 B_1 和 B_2。这两个自变量一共有六种处理组合——A_1B_1、A_1B_2、A_2B_1、A_2B_2、A_3B_1 和 A_3B_2。每种处理组合都对应着设计布局中的一个**单元格**（cell），代表一种实验条件。设计布局中的单元格数是通过将各个自变量水平的数目相乘而得到的，这个例子中有 6（3×2）个单元格。

参与者被随机地分配到这 6 个单元格中，并在实验进行时接受相应的处理组合。随机分配到 A_1B_1 条件的参与者会接受第一个自变量的 A_1 水平和第二个自变量

图 8.9

两个自变量的因素设计

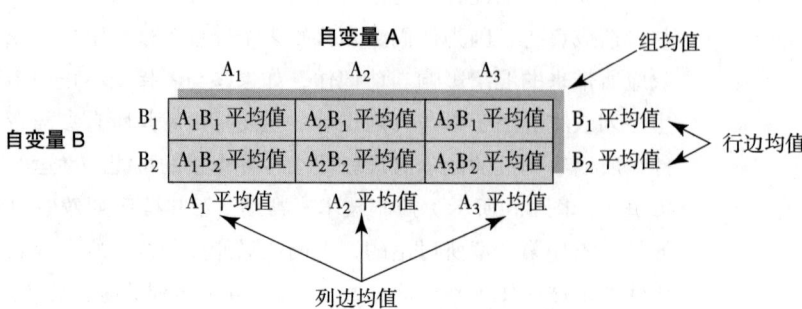

组均值：在一个独立单元格内的参与者的平均分数。

边际均值：接受一个自变量的一种水平的所有参与者的平均分数。

主效应：某个自变量对因变量的影响。

交互作用：两个或多个自变量对因变量的共同的、组合的或"交互的"效果。

双向交互：某个自变量对因变量的作用因另一个自变量的水平不同而变化。

的 B_1 水平。同样地，随机分配到其他单元格的参与者将接受两个自变量的特定组合条件。一旦实验开始进行，研究者就能获得图 8.9 中所示的两种类型的平均值：组均值和边际均值。**组均值**（cell mean）指的是一个单元格内的参与者的平均分数。**边际均值**（marginal mean）指的是接受一个自变量的一种水平的所有参与者的平均分数（忽略或平均了另一个自变量的不同水平）。

因素分析使研究者能够调查两种效应：主效应和交互作用。**主效应**（main effect）指的是各自变量单独对因变量产生的影响。在本章之前提到的设计中都只包含一个自变量（所以只有一种主效应），因此没有出现主效应这个术语。然而，因素设计中自变量数目多于一个，所以必须确定每个自变量的单独效应。为了区别不同自变量的影响，我们把每个自变量的影响指定为一个单独的主效应。在包含两个自变量的设计中，需要调查两个主效应。

因素设计也能被研究者用来调查交互作用。**交互作用**（interaction effect）是多个自变量产生的共同的或"交互的"效果。当某个自变量对因变量的作用因另一个自变量的水平不同而变化，就出现了一种**双向交互**（two-way interaction）作用。例如，咖啡因摄入量对因变量考试焦虑的影响也许会依个人的睡眠时间而不变。当因素设计中包含两个自变量时，你在分析数据时就要找到两个主效应（一个主效应对应一个自变量，比如咖啡因摄入量和睡眠数量）和一个交互作用（代表两个自变量之间的"交互"）。

你也许会问，为什么不针对每个自变量开展单独的实验呢？答案是，单独的实验和因素设计都能够研究主效应，但只有因素设计能够研究交互作用。知道自变量之间是否会相互影响非常重要。从某种意义上说，因素设计带有奖品。将两个自变量放入同一个设计中，你不仅能了解每个变量的主效应，同时还能获得奖品——确定是否存在交互作用。

让我们来看一个例子，好让这些概念变得更加形象具体。比如说我们对影响驾驶表现的因素感兴趣。第一个自变量（变量 A）是咖啡因摄入量，有低（A_1）、中（A_2）和高（A_3）三个水平。第二个自变量（变量 B）是睡眠剥夺，有不剥夺（B_1）和剥夺（B_2）两个水平。将学生随机分配到这两个自变量的各种组合处理中（即各单元格中）。因变量是驾驶表现（操作化为训练课程中出现正确操纵动作的数量）。

图 8.10 提供了这个假设的实验的组均值和边际均值。为了确定是否存在主效应，你需要对每个自变量的边际均值进行比较。咖啡因摄入量的边际均值分别是 2.2、7.3 和 5.3，这意味着（忽略睡眠剥夺变量）咖啡因摄入量为中等水平时，参与者的驾驶表现最好。睡眠剥夺的边际均值为 5.4 和 4.4，这意味着（忽略咖啡摄入量）睡眠剥夺会使驾驶表现稍差一些。按照这两组边际均值来看，似乎咖啡摄入量和睡眠剥夺各自存在着主效应。

为了确定交互作用是否存在，需要构建组均值的线形图，直观地检查结果。具体来讲，要确定线形图中是否存在某种交互作用，要使用下面两条规则：

图 8.10
假设实验中的驾驶表现数据

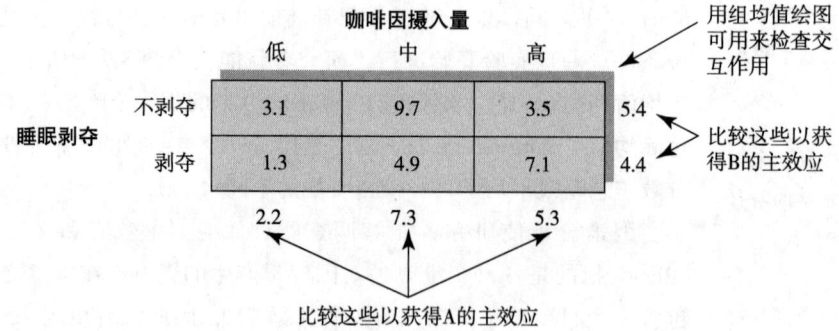

- 无交互作用规则：如果线条是平行的，就说明没有交互作用；需要解释任何存在的主效应。
- 交互作用规则：如果线条不平行，就说明存在交互作用；只需解释交互作用，不用解释主效应。

图 8.11 中的两条线是不平行的，所以适用交互作用规则。你应该解释交互作用（不是主效应）。这种交互作用说明，咖啡因摄入量和驾驶表现之间的关系会随着睡眠剥夺水平的变化而变化。对于睡眠被剥夺的参与者来说，咖啡因摄入量为高水平时驾驶表现最好，咖啡因摄入量为低水平时则驾驶表现最差。对于睡眠没有被剥夺的参与者来说，咖啡因摄入量为中等水平时驾驶表现最好，而当咖啡因摄入量为高水平或低水平时，他们的驾驶表现水平似乎同样低。注意，当存在交互作用时，你无法简单地回答哪种水平的咖啡因摄入量会让驾驶表现最好。答案取决于参与者

图 8.11
组均值的线形图

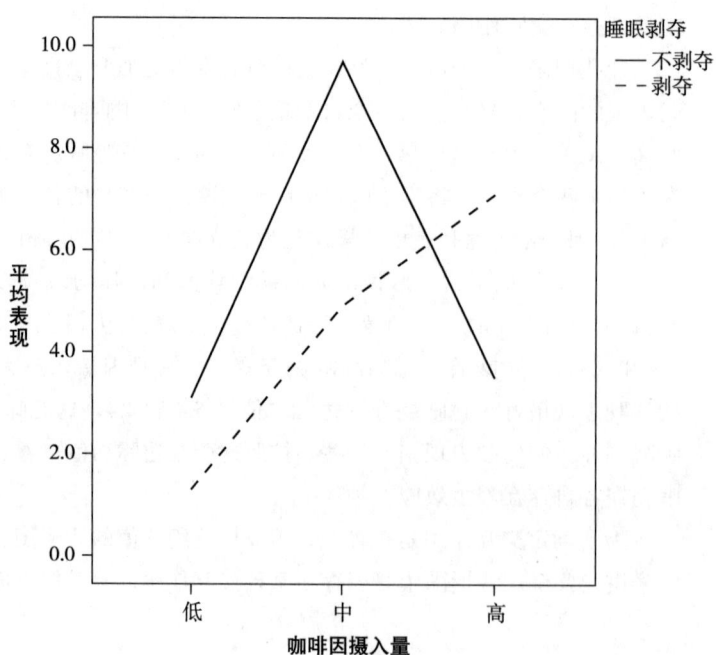

的睡眠是否被剥夺。似乎咖啡因摄入量和睡眠剥夺都会影响驾驶表现，但是这里的因果影响却是一种交互作用。

现在，你知道了组均值、边际均值、主效应和交互作用。由于这些概念在心理学研究中非常重要，所以我们在专栏 8.1 的两因素实验中展示了其他几种可能的结果。

思考题 8.7
- 用图表示变量 A 有三个水平、变量 B 有三个水平的因素设计。
- 什么是主效应？如何确定主效应是否存在？
- 什么是交互作用？如何确定交互作用是否存在？

专栏 8.1

主效应和交互作用的例子

在心理学研究中，主效应和交互作用的概念非常重要。我们用图 8.9 表示了实验设计可能产生的几种不同结果（即这个实验的自变量 A 有三个水平，自变量 B 有两个水平）。一些结果表示有交互作用，其他则表示没有交互作用，所以你能看到这两种情况的区别。我们将从有一个主效应显著的情况开始讲述，直至以两个主效应和交互作用都显著的情况结束。（尽管显著性是由统计检验来确定的，但你还是可以假设这里展示的效应都是具有统计显著性的。）字母 A 和 B 继续代表两个自变量。如果使用"真实"的变量会有助于你理解表格和图形，那么你可以使用我们先前用过的变量（即：A=咖啡因摄入量，B=睡眠剥夺，因变量是驾驶表现）。表 8.1 和图 8.12 描绘的是这个专栏中包括的各种情况。

表 8.1 给出了组均值和边际均值。每个单元格包含了这个单元格中所有参与者的平均分数。每种情况下都有六个组均值。各表格外面的平均值就是边际均值，用于确定是否存在主效应。为了确定是否存在交互作用，我们将表 8.1 中各表格的组均值画在了图 8.12 中。记住，如果组均值图中的线条是平行的，就没有交互作用，如果它们不平行，就存在交互作用。

图 8.12 的（a）、（b）和（d）表示两个主效应或其中一个主效应显著但是交互作用不显著的情况。在上述每种情况下，都至少有一个主效应在各变化水平的平均分数上存在差异。我们可以从表 8.1 的边际均值和图 8.12 的图表看到这点。同时要注意，从图 8.12 可以看到，代表 B_1 和 B_2 水平的线条在（a）、（b）和（d）中都是平行的。在这样的情况下，不可能存在交互作用，因为交互意味着某个变量如 B_1 的作用会依赖于另一个变量的水平，比如 A_1、A_2 或 A_3。在每种情况下，B 效应在 A 的所有水平上都是相同的。

（c）展示了一个交互作用的经典例子。没有一种主效应是显著的，因为三个列的平均值是相等的，两个行的平均值也是相等的，表 8.1（c）未揭示出任何变化。但是，如果只考虑 A 在 B_1 水平上的处理效应，我们就会注意到从 A_1 到 A_3，分数会系统性地增加。同样地，如果只考虑 B_2 水平，那么分数从 A_1

专栏 8.1（续）

到 A_3 会有系统性的降低。换句话说，A 是有效的，但是在 B_1 和 B_2 水平上起作用的方向是相反的，或者说 A 的效应取决于我们考虑的是 B 的哪种水平。因此，这里存在着交互作用。我们发现，在描绘交互作用时，图形比表格更有帮助，你应该使用能更好地传达信息的方式。

（e）和（f）展示的是一个主效应和交互作用显著的例子，（g）展示的是两个主效应和交互作用都显著的情况。这些例子包含了两自变量因素设计中所有可能存在的关系。主效应或交互作用的确切性质可能会有变化，但是总逃不出这些条件中的一种，除非你的研究中没有任何显著的效应，既没有主效应，也没有交互作用。在结束这部分内容之前，我们要另外补充一句关于如何解释显著的主效应和交互作用。当仅有一种主效应或交互作用显著时，你自然而然地必须解释这种效应。然而，当主效应和交互作用都显著，且主效应被包含在交互作用中时，就只需要解释交互作用了。因为显著的交互作用可证明将从主效应单独得出的解释。

表 8.1
用假设数据列表说明不同类型的主效应和交互作用
（注释：组均值在单元格里面，边际均值在表格边上。）

	A_1	A_2	A_3			A_1	A_2	A_3	
B_1	10	20	30	20	B_1	20	20	20	20
B_2	10	20	30	20	B_2	30	30	30	30
	10	20	30			25	25	25	

（a）A 显著；B 和交互作用不显著　　　　（b）B 显著；A 和交互作用不显著

	A_1	A_2	A_3			A_1	A_2	A_3	
B_1	30	40	50	40	B_1	10	20	30	20
B_2	50	40	30	40	B_2	40	50	60	50
	40	40	40			25	35	45	

（c）交互作用显著；A 和 B 不显著　　　　（d）A 和 B 显著；交互作用不显著

	A_1	A_2	A_3			A_1	A_2	A_3	
B_1	20	30	40	30	B_1	10	20	30	20
B_2	30	30	30	30	B_2	50	40	30	40
	25	30	35			30	30	30	

（e）A 和交互作用显著；B 不显著　　　　（f）B 和交互作用显著；A 不显著

	A_1	A_2	A_3	
B_1	30	50	70	50
B_2	20	30	40	30
	25	40	55	

（g）A、B 和交互作用都显著

专栏 8.1（续）

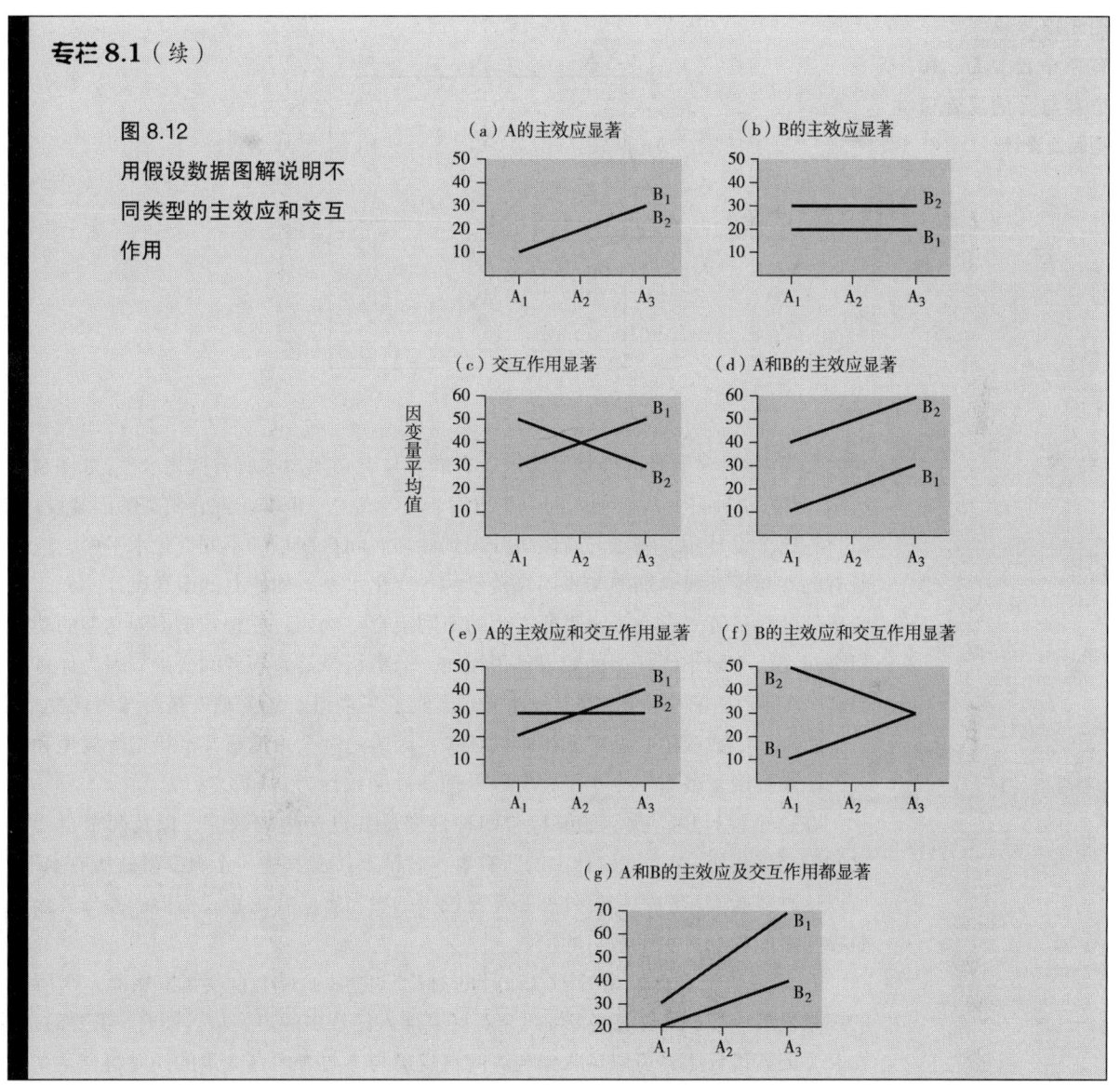

图 8.12
用假设数据图解说明不同类型的主效应和交互作用

基于混合模型的因素设计

基于混合模型的因素设计：使用参与者内自变量和参与者间自变量组合的因素设计。

在心理学研究中，很多时候会同时存在几个感兴趣的变量，其中的一个或更多个适合参与者间设计，而另外的一个或更多个则适合参与者内设计。因素设计能够将参与者间变量与参与者内变量合并到一个设计中，从而产生了**基于混合模型的因素设计**（factorial design based on a mixed model）。之所以称作"混合模型"，是因为它既包括了参与者间变量，也包括了参与者内变量。这种设计最简单的形式包含了一个参与者间变量和一个参与者内变量。参与者间变量要求各个变化水平对应不

图 8.13

有两个自变量、10个参与者的混合模型因素设计

	参与者内自变量A		
	A_1	A_2	A_3
B_1	P_1 P_2 P_3 P_4 P_5	P_1 P_2 P_3 P_4 P_5	P_1 P_2 P_3 P_4 P_5
B_2	P_6 P_7 P_8 P_9 P_{10}	P_6 P_7 P_8 P_9 P_{10}	P_6 P_7 P_8 P_9 P_{10}

参与者间自变量B

同的参与者组；参与者内变量则要求所有的参与者必须参与所有变化水平。如图8.13所示，当这两种自变量被纳入同一个方案，就形成了一个基于混合模型的因素设计。

在这个设计中，将参与者随机分配到参与者间自变量的不同变化水平中，但是所有的参与者都要参加参与者内自变量的各变化水平。如所有的因素设计一样，实验条件的数目等于自变量水平所产生的不同组合。例如，你想知道不同类型的动机指令对完成不同难度任务的效果是否相同。动机指令是参与者间变量，因为你将参与者分配到了三种不同的指令条件下，形成了三个组。任务难度是参与者内变量，每个组都要完成简单、适中和困难的任务。因为这两个自变量（动机指令类型和任务的困难程度）各有三个水平，所以处理条件的数目为9（即3×3）。

在这个设计中，我们能够检验两种自变量各自产生的效应，以及两个自变量之间的交互作用。因为该设计中的所有参与者都要接受其中一个自变量的所有水平，所以这种实验安排的一个好处就是需要较少的参与者。在这里，需要的参与者数只是参与者间自变量水平数目的倍数。

我们对基于混合模型的因素设计的讨论只考虑了两个自变量。然而，与所有的因素设计一样，只要有必要，研究者可以加入任意多的自变量。同时，重要的是，在一个因素设计中，可以纳入参与者间自变量与参与者内自变量的任何组合。如果研究设计组合中至少包含一个参与者间自变量和一个参与者内自变量，那么就形成了一个基于混合模型的因素设计。

思考题 8.8 | 基于混合模型的因素设计有哪些特征？

因素设计的优点和缺点

到目前为止，我们对于因素设计的讨论都局限在包含两个自变量的设计。有时候，纳入三个或更多自变量对研究而言是很有益处的。因素设计可以将重要的自变量都放入研究中。数学或统计学对能够加入研究中的自变量数目几乎没有限制。

但是，从实际的角度来看，当自变量的数目增加时，也会伴生出一些困难。首先，研究所要求的参与者数量会相应增加。在一项含有两个自变量且各有两个变化水平的实验中，会产生 2×2 个处理，以及 4 个单元格。如果每个单元格需要 15 位参与者，那么此实验就总共需要 60 位参与者。在一个三变量的设计中，如果每个自变量有两个变化水平，那么就能产生 2×2×2 个处理，8 个单元格。为了使每个单元格能有 15 位参与者，总数就必须达到 120 位。而四个自变量意味着 16 个单元格，需要 240 位参与者。正如你看到的，随着自变量数目的增加，需要的参与者数量也在快速地增加。不过，这种困难似乎不是不可克服的，许多研究中都有大量的参与者。

包含两个以上自变量的因素设计所面临的第二个问题是同时操控这些自变量组合的难度增大。在一项态度研究中，同时操控传播者可信度、信息类型、传播者性别、观众的先前态度和其智力水平（共有 5 个自变量）比只操控传播者可信度和观众的先前态度要困难得多。

当高阶的交互作用显著时，就产生了第三个问题。我们已经解释过两个自变量的因素设计中交互作用的概念，这也被称之为双向交互。多于两个自变量的设计存在高阶的交互作用。在含有三个自变量的设计中，有可能会产生三向交互。当双向交互随着第三个自变量的水平变化而发生变化时，就会产生**三向交互**（three-way interaction）（或"三方"交互）。在一个含有三个自变量的设计中，除了存在三向交互，还可能存在着多至 3 个的双向交互（A×B、A×C、B×C）和 3 个主效应（总共 7 个效应）。在包含四个自变量的设计中，有可能产生四向交互（即三向交互随着第四个自变量的水平变化而发生变化）。除了四向交互以外，还可能存在多至 4 个三向交互、6 个双向交互以及 4 个主效应（总共 15 种效应）！三向交互就很难解释，而更高阶的交互（如四向交互）则更加难处理了。

尽管存在这些问题，因素设计仍然非常流行，因为只要使用得当，它们的优势就很明显。因素设计的下述四个优点摘自克林格和李（Kerlinger & Lee, 2000, pp. 371—372）。

因素设计的第一个优点是，它使实验者能在一项实验中同时操控一个以上的自变量，所以能检验更精确的假设。比如，三个变量的组合能否产生某种效应？它的第二个积极特征是，研究者可以通过将一个潜在混淆变量纳入设计中，使之成为一个自变量，从而实现对它的控制。例如，如果你担心某种效应对男性和女性来说会有不同，那么就可以将性别加入你的设计中。因素设计的第三个优点是，它让研究者能够研究自变量对因变量所产生的交互作用。这个优点也许是最重要的，因为它使我们能假设并检验交互作用。检验主效应并不需要因素设计，但是检验交互作用就需要了。正是对交互作用的检验，才使得研究者能够调查行为的复杂性，并且认识到行为是在许多自变量的交互影响下产生的。

三向交互：随第三个自变量的不同水平而变化的双向交互。

思考题 8.9 | 因素设计有哪些优缺点？

选择或构建合适的实验设计

你需要确定哪种研究设计最适合某个特定的研究。在决定使用哪种设计时,有几个因素需要考虑,包括研究问题的性质、具体的研究问题、必须进行控制的额外变量以及各个备选设计的优点和缺点。实验研究适合于涉及因果关系的研究问题,我们能够使用的最佳实验设计是随机化或强设计。

一般来说,当你面对某个因果研究问题并打算使用实验设计时,你会发现本章所展示的某个具体设计将满足你的需求。但是有些时候,你也许需要对我们提供的设计进行拓展,并构建一个更为复杂的实验设计。为了做到这一点,你需要使用本章提供的设计和设计元素。在阅读特定研究领域的期刊文章时,我们或许会发现其中一些设计更加复杂。幸运的是,这些设计的构建用的是本章中提供的那些元素。

如果你需要构建一个复杂的设计,你应该仔细地审查先前的研究文献中使用的设计,并找出使用这些复杂设计的原因。然后构建一个相似的能得到同行认可的设计。在构建一个实验研究设计时,你需要把握住以下几个问题:(1)是否应该使用控制组;(2)是否应该使用多个处理比较组(比较不止一种的积极处理);(3)是否应该进行前测;(4)应该只进行一次前测还是多次前测(以获得稳定的基准);(5)应该只进行一次后测还是多次后测(以得到稳定的处理效应或确认延滞的后果);(6)应该使用参与者内变量还是参与者间变量,或者是两种都使用;(7)是否应该在设计中加入多个从理论上来讲很有意思的自变量(像在因素设计中一样);(8)是否应该设置一个以上的因变量(看看处理如何影响几个不同的结果)。

如果你成为一个心理学家,那么假以时日,你将越来越擅长选择和构建研究设计。而现在,你需要从本章呈现的主要设计类型和具体的设计开始。但在这段时间里,你必须坚持阅读已发表的研究文献,并从中学习。坚持学习更多研究设计和统计学的课程,不断地提高你的知识水平。为了能够开始研究,你在阅读完本书之后还需要再阅读一本由沙迪什、库克和坎贝尔合著的高阶书籍《广义因果推论的实验和准实验设计》(*Experimental and Quasi-Experimental Designs for Generalized Causal Inference*, Shadish, Cook, & Campbell, 2002)。

思考题 8.10
- 构建实验设计使用的设计元素有哪些?
- 选择本章中呈现的某种实验设计,讨论它所使用的元素及其使用目的。

本章小结

一项研究工作的方案计划是实验的基本大纲,它明确了如何收集和分析数据以及如何控制额外变量。实验设计的目的是为了回答因果关系问题。好的实验研究设计必须满足两个条件。第一，设计必须能够深入地检验假设。第二，必须控制额外变量，以便实验者能将观察到的效果归因于自变量（即能宣称 A 引起了 B）。如果有几种能够解答研究问题的设计可供选择，那么你应该选择或构建能在最大限度上控制那些额外变量，也能解释结果的设计，你的目标始终是消除竞争假设。

可以将实验设计视作一个连续体，弱设计落在连续体的一端或附近，而强设计或随机化设计则落在连续体的另一端或附近。强实验设计能为因果关系提供最有力的证据。弱设计只能为因果关系提供薄弱的证据。这个连续体的中部则是一些被称为准实验设计的中等强度设计。准实验设计可为因果关系提供中等强度的证据，我们将在第 10 章对其进行讨论。目前这一章主要关注弱设计和强设计。

本章讨论的弱设计是单组后测设计（对单一参与者组施与实验处理条件之后，再对其进行后测），单组前后测设计（在单一参与者组接受了前测和实验处理条件之后，再对其进行后测）和不相等组后测设计（将接受了实验处理条件的参与者组后测成绩与另一个没有接受实验处理条件的参与者组后测成绩进行比较）。这些弱设计通常都不能提供理想的答案，因为它们无法控制很多会给结果造成影响的额外变量。

在列出强实验设计之前，请记住，在使用参与者间自变量时，不同组的参与者接受自变量的不同水平，在使用参与者内变量时，所有的参与者将接受自变量的所有水平。本章讨论的强设计包括参与者间后测控制组设计（其基础版本是将参与者随机分配到两个组，对其中一个组施与实验处理条件后，再对两个组进行后测），参与者间前后测控制组设计（其基础版本是将参与者随机分配到两个组，在对两个组施与前测并对其中一组施与实验处理条件之后，再对两个组进行后测），参与者内后测设计（所有的参与者接受所有的处理，在向参与者施与完每种实验条件后，对他们进行后测），因素设计（使用两个或多个参与者间自变量或参与者内自变量，以研究自变量的单独影响和共同影响，如果自变量是参与者间变量，那么就将参与者随机分配到各组中），基于混合模型的因素设计（包含至少一个参与者内自变量和一个参与者间自变量，用于研究自变量的单独影响和共同影响）。因素设计有时会包括前测。

强实验设计在解答因果关系问题方面尤其有说服力。因此，当你想知道自变量变化是否能引起因变量变化时，你应该选择或构想一个强实验研究设计。

重要术语和概念

协方差分析
参与者间设计
参与者间变量
天花板效应
单元格
组均值
控制组
反事实
实验组
基于混合模型的因素设计

因素设计
交互作用
主效应
边际均值
单组后测设计
单组前后测设计
后测控制组设计
不相等组后测设计
前后测控制组设计
随机化设计

重复测量设计
研究设计
强实验设计
三向交互
双向交互
弱实验设计
参与者内设计
参与者内后测设计
参与者内变量

章节测验

问题答案见附录。

1. 单组后测设计、单组前后测设计和不相等组后测设计的共同之处在于：
   a. 心理学家在研究中经常使用它们
   b. 它们都不能控制威胁内部效度的因素
   c. 它们都是强设计
   d. 它们通常更多地用于动物（而不是人类）研究
   e. 它们没有使用控制组

2. 控制组的必要性在于：
   a. 为了控制某些竞争假设
   b. 作为一个比较组
   c. 为了控制差别损耗效应
   d. 为了控制实验者期望效应
   e. a 和 b 都正确

3. 参与者间设计与参与者内设计的主要区别是：
   a. 所能检验的自变量数量
   b. 是否能检验交互作用
   c. 所能检验的主效应数量
   d. 不同的处理组合使用的是不同的参与者还是相同的参与者
   e. 所使用的因变量类型

4. 如果我在研究三种不同剂量（15mg、30mg 和 60mg）的药物欣百达治疗抑郁和进食障碍的效果，并且发现低剂量对进食障碍最有效，而高剂量对抑郁最有效。这说明我确定了：
   a. 在药物剂量和障碍类型之间存在交互作用
   b. 药物剂量的主效应
   c. 治疗类型的主效应
   d. 药物剂量和治疗类型的主效应
   e. 设计有三个单元格

5. 如果我开展了一项实验，要求将 30 个参与者随机分配到其中一个自变量的两个水平（15 个参与者在一种条件，15 个参与者在另外一种条件），而所有 30 个参与者都参与第二个自变量的所有三个水平。我使用的是哪一种设计？
   a. 前后测设计
   b. 简单随机化设计
   c. 因素设计
   d. 参与者内后测设计
   e. 基于混合模型的因素设计

提高练习

1. 阅读下列每一个实验摘要，并完成以下任务：
   a. 确认研究中用于验证假设的设计类型
   b. 说明为什么要使用这种设计
   c. 确认存在哪些威胁内部效度的因素

   研究 A. 以大学生为参与者来检验这样一个假设：当人的抑郁水平增加时，对碳水化合物的欲望也会增加。为了检验这个假设，实验者将参与者随机分配到三个组中，然后使用情绪诱导技术暂时地诱导出不同的情绪状态。将一种版本的情绪诱导技术施与其中一个组，以产生抑郁情绪；将另一个版本施与第二个组，以产生兴奋情绪；将第三个版本施与第三组，以确保他们的情绪不会发生变化。在每个组都完成情绪诱导程序之后，让参与者评估自己渴望碳水化合物的程度。

   研究 B. 希拉里想知道尼古丁贴片是否真的能帮助人们戒烟，所以她找了 100 个在过去十年间每天至少抽一包烟但现在想戒烟的人。她与他们每个人都签署了一份同意戒烟的协议。她让参与者自己决定分组，或者贴一个月贴片，或者不贴贴片。在这个月结束时，她监控了他们吸烟的情况，然后发现贴片组有 35% 的参与者戒了烟，而不贴片组有 20% 的参与者戒了烟。希拉里推断，尼古丁贴片在帮助人们戒烟或减少吸烟方面是有效果的。

   研究 C. 凯恩博士想确定性别与报告虚假记忆的倾向之间是否存在联系。为了检验这个假设，他对一些男性和女性参与者进行了访谈，访谈内容包括一个在他们 4~10 岁间发生的引发强烈情绪的真实事件（严重事故）和一个虚假事件（迷路）。两个星期以后，对同样的参与者进行了同样的访谈，期间访谈者试图通过引导想象、情境恢复和轻微的社会压力等不同手段来引出参与者对两类事件的回忆。实验结果显示，100% 的女性和男性都回想起了真实的事故。然而，有 28% 的女性和 55% 的男性回忆起了虚假事件。

2. 篮球运动员自然想提高罚篮时的投篮准确率，所以他们雇用了一个运动心理学家。这位心理学家假设减少焦虑或者使用心理意象能帮助他们。他将 60 位篮球运动员随机分配到 6 种处理条件中（每种条件 10 位参与者）。接着，每组篮球运动员将在 6 种条件中的某种条件下罚球 20 个，这 6 种条件由两个自变量组成。第一个自变量是焦虑，有高、中或低三个水平；第二个自变量是意象，有想象投篮命中了篮筐或者想象投篮偏离了篮筐这两个水平。每组篮球运动员投篮命中的平均数如下所示：

		焦虑情况		
		高	中	低
意象条件	命中	15	14	6
	偏离	9	12	17

   a. 似乎存在着焦虑主效应吗？如果有，这意味着什么？
   b. 似乎存在着意象主效应吗？如果有，这意味着什么？
   c. 似乎存在着交互作用吗？如果有，画出交互作用图并说明它的含义。

3. 假设你想检验课堂技术对男生和女生上课出勤率的影响。学生们被随机分配到不使用课堂技术、适当使用课堂技术、广泛使用课堂技术的心理学教室。这项研究产生了下列数据：

		技术使用情况		
		不使用	中等程度	广泛
学生性别	男	30	55	75
	女	38	60	28

   a. 似乎存在着课堂技术主效应吗？如果有，这意味着什么？
   b. 似乎存在着性别主效应吗？如果有，这意味着什么？
   c. 似乎存在着交互作用吗？如果有，画出交互作用图并说明它的含义。

第 9 章

开展实验的程序

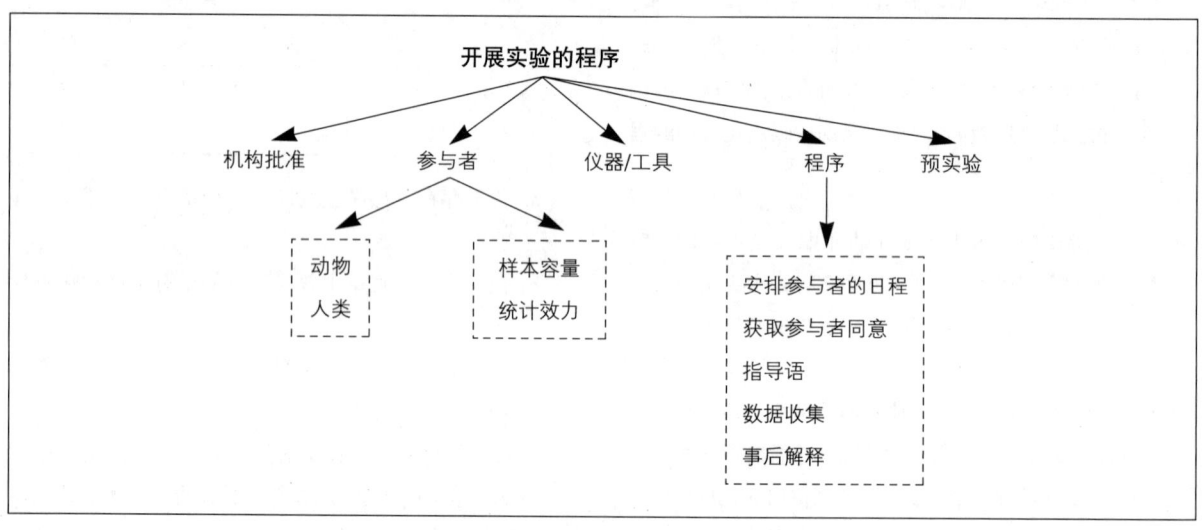

抚养一个有缺陷的孩子对许多家庭来说都是挑战,他们必须要寻找最能满足其需求的方法。随着孤独症案例的增加,治疗方法也在增加,它们都声称是父母所需要的那种解决办法。但是很多治疗方法不但昂贵,而且没有经过充分的研究。例如,简单搜索一下网页就能找到某个受欢迎的网站,上面详细地列举出了 19 种针对孤独症的治疗方法;也能找到某个接受赞助的网站,它列出了 38 种治疗方法。许多治疗方法都宣称比其他方法高明,一些还号称只需要一次治疗,就能治愈孤独症。父母可以订购录音带、录像带、维生素、食品以及其他的一大堆推荐的疗法。事实上,孤独症有很多形式,而且多种治疗方法都可能被证明是有效的,且某些治疗方法可能只对一部分孩子有效。谢勒和施赖布曼(Sherer & Schreibman, 2005)证明了这种复杂性,因为他们发现孤独症儿童对治疗项目的反应是不同的。尽管这些儿童都被诊断为孤独症并在许多方面是相似的,但是

> 只有某些人才能在某种治疗中受益。我们必须知道哪种儿童会得益于哪种治疗方法。但是我们如何知道哪种治疗方法能够经得起时间的考验，哪种治疗方法对哪种形式的孤独症最有效呢？没有这些知识，父母接下来应该怎么办？我们需要用研究来评估不同治疗方法的效果，确定针对不同儿童哪些治疗方法最佳。例如，如果你打算开展一项关于某种孤独症疗法效果的研究，你就必须确定以下内容：你要从哪里获得一个处于孤独症谱系上的参与者样本？你的样本将包含所有年龄段的个体，还是限制在某个特定人群，比如学前儿童？你会将样本限制在男性参与者，还是也包括女性参与者？你将在哪里开展这项研究？谁会协助你开展这项研究？谁来训练他们？这些决定是你在进行数据收集之前就必须要做出的。

引 言

研究者通过设计研究来解答问题。这意味着他们要确定相关的自变量和因变量，并想办法对额外变量进行控制。但是，在做完有关设计和控制的决定之后，还有许多与开展实验有关的问题需要决策，这是因为设计只能提供研究框架。一旦确立了框架，就必须将其填满并实施。研究者必须确定使用什么类型的参与者、参与者的获取渠道和要求的参与者数量。如果使用人类参与者，研究者必须确定要给予他们的指导语和任务。

在这一章中，我们将讨论与开展研究相关的重要问题。因为每个研究都有它自己独特的特征，所以我们将概括性地论述这些问题。但是，我们的讨论应该能为你提供开展自己的实验研究时所需的信息。事实上，本章中的许多原则都适用于任何实验和非实验研究。这是因为几乎每项研究都涉及一个或多个研究问题、一个研究计划（如数据收集和数据分析），以及这项计划的实施。这一章的内容与研究计划的实施有关，尤其是实验计划的实施。我们将说明机构批准、参与者和样本容量的选择、合适的测量工具的选择、参与者的日程安排、获取参与者的知情同意、指导语、数据收集以及事后解释。当这一章结束时，你将对开展实验的每个细节都一清二楚。

机构批准

如果你要开展一项以动物为参与者的研究，你就必须获得机构动物照料和使用委员会（IACUC）的批准。如果你要开展一项以人类为参与者的研究，你就必须得到机构审查委员会（IRB）的同意。不管是哪一种情况，你都必须准备一份研究草案，详细说明研究的各个方面，包括你打算使用什么样的参与者和开展研究时要采取的步骤。有关研究草案的例子可以参见第4章专栏4.4的内容。必须准备一份详尽的草案，因为不管是 IACUC 还是 IRB，都必须通过审核研究草案来确定研究在伦理上是否是可接受的。

IACUC 通过审查研究草案来确定你的实验是否是以适当的方式在利用和研究动物。具体来讲，通过审查研究草案，IACUC 要确定研究者是否计划采取措施避免或使动物的痛苦和不舒适感降到最小，如果实验引起的疼痛是长期和剧烈的，是否会使用镇静剂或镇痛药，在需要手术的活动中是否包括适当的术前和术后护理，安乐死的方法是否符合行业认可的既定程序要求。如果实验程序属于可接受的做法，那么 IACUC 就会批准这项研究，接着你就可以开始收集数据了。如果它没有批准这项研究，委员会会详细地列出有疑问的地方，研究者可以修正自己的研究以应对这些反对意见。

IRB 通过审查研究草案来确定你是否是以恰当的方式来对待人类参与者。IRB 主要关注人类参与者的福利。他们通过审查草案以确保研究人员向参与者提供参与研究的知情同意书，而且实验程序不会伤害参与者。当程序可能带来伤害时，委员会就会非常难以作出决定。有些程序，比如服用某种实验性药物，就有伤害研究参与者的可能性。在这种情况下，IRB 必须仔细权衡研究带来的潜在利益和参与者面临的可能风险。因此 IRB 常常会面临第 4 章中讨论过的伦理问题。有时委员会认为研究给人类参与者带来的风险太大，于是不允许进行研究，而在其他一些案例中，委员会判定研究会带来巨大的潜在利益，所以它给人类参与者造成的风险就是可以接受的。有的时候，IRB 的决定似乎部分取决于 IRB 的人员组成。基梅尔（Kimmel, 1991）的研究显示，男性和那些研究导向的、且在基础领域工作的个体更容易批准研究提案，而女性和那些服务导向的、且在应用领域工作的个体，就不太容易批准提案。

尽管 IRB 成员对待伦理问题的方式可能各有不同，但委员会的决定就是最终决定，研究者必须服从。如果 IRB 没有批准这项研究，那么研究者就要重新对研究进行设计以争取得到 IRB 的支持，或者提供额外信息来应对 IRB 的反对意见，或者就不开展这项研究。

获得 IRB 或 IACUC 的批准是研究者开展研究必须完成的重要步骤之一。进行没有获得批准的研究（实验的和非实验的）不仅会让研究者和所属机构受到严重的谴责，而且会危及其将来的研究计划获得公共卫生署基金的可能性。为了从相关的审查委员会获取批准，你必须能够详细地描述你将如何开展你的研究。在后面的各节中，我们要讨论开展研究时必须做的一些决定。让我们从考虑谁将参与你的研究开始吧。

研究参与者

心理学家研究的是生物体的行为。许多生物体都有可能成为研究参与者。在大多数情况下，提出的研究问题决定了使用的生物体类型。例如，如果一项研究调查的是印记能力，那么研究者必须选择能展示出这种能力的物种，比如鸭子。许多心理学研究关注的是针对人类的问题，比如人的态度、情感、认知和行为，所以人类是心理学研究中常见的参与者。

除人类以外，之前的做法已经将褐鼠的白色变种当做标准的实验室研究动物。在动物研究中使用白鼠也不是没有遭遇过批评。洛卡德（Lockard, 1968）痛斥了心理学家过分集中地使用这种特殊动物的事实。洛卡德争辩道，与其按先例指引来选择特定生物体为参与者，倒不如好好地分析一下研究问题，选择最适合这个问题的生物体类型。

获取动物（大鼠）

一旦决定了研究所要使用的生物体类型，接下来的问题就是从哪里得到这些参与者。使用大鼠的研究者通常从以下三个品系中选择一种：Long-Evans 大鼠、SD 大鼠和 Wistar 大鼠。研究者必须决定大鼠的品系、性别、年龄和供应商，因为这些变量中的任何一个都能影响到研究结果。

在选择、订购并收到白鼠后，就必须把它们留在动物实验室了。2007 年最新修订的《动物福利法案》对绝大多数研究用动物的照料、处理、治疗和运输等做出了规定。美国国家科学院实验动物研究所（The National Academy of Sciences Institute of Laboratory Animal Research; ILAR）制定了一部《实验室动物的照料和使用指南》（*Guide for the Care and Use of Laboratory Animals*, 1996）。这份指南的目的是为了帮助科研机构以专业的方式恰当使用和照料实验室动物。这本出版物中的建议反映了美国卫生研究院和美国实验动物认证协会（The American Association for the Accreditation of Laboratory Animal Care; AAALAC）的政策。因此，这部手册中的指导意见是研究者在照料和使用实验室动物时必须遵循的原则。

获取人类参与者

研究者在选择人类作为研究参与者时必须确定其入选和出局的标准。例如，你寻找的参与者是处于特定年龄群体，或者具有特定障碍，抑或具有特定经历。你的招募策略在一定程度上是由你所需要的参与者类型决定的。例如，如果你想开展一项有关流浪者的研究，你也许就要与流浪者庇护所接触，并寻访那些常常会出现流浪者的地方。另外，你的招募政策还受你所拥有的资源的影响。在许多以人类为参与者的心理学研究中，参与者的招募都是以方便和易获得为前提。

大量的心理学研究都是在大学和学院中进行的，在许多这类研究中，参与者都是学生。在大多数的大学中，心理学系都有一个由选修普通心理学课程的学生组成的参与者池。这些学生参与研究的动机很强，因为他们通常以参加这种活动来代替其他一些课程要求，比如撰写一篇简短的论文。参与者池为研究者提供了现成的参与者。可以用不同的方法从参与者池中获得参与者，可以让学生在网站上注册并报名参加研究，也可以在院系的中心区域张贴通告，告知学生有参加研究的机会。心理系的参与者池提供了一个便捷样本，却产生了一个严重的问题：从这些参与者身上得到的发现不能被推广到非大学生群体中。大学生很聪明，他们都已经获得了高中文凭，但还没有从大学毕业。这代表了这个群体的一些独特性。

一些研究需要的是非大学生群体。例如，一个儿童心理学家想研究幼儿园里的小孩，他通常会尽力争取与当地幼儿园合作。同样地，要调查监狱服刑人员，就必须争取狱政官员及罪犯的合作。当研究者必须从院系参与者池以外的资源中抽取研究参与者时，就会产生一系列新的问题。假设研究者将在幼儿园中开展一项研究。第一个任务就是找到一个同意研究者收集所需数据的幼儿园。为了征求负责人的合作，研究者必须尽可能得体并讲究策略，因为许多人并不乐于接受心理学研究。如果负责人同意研究者收集数据，那接下来的任务就是获得家长的允许，同意他们的孩子参与研究。这包括让家长在同意书上签字，同意书中说明了研究的性质和要求儿童完成的任务。孩子们也应该明确表示对参与研究的认可。当涉及某个机构或学校时，比如收纳智力障碍者的机构，研究者必须向机构的研究委员会提交一份研究草案以供审核。

互联网是招募参与者的一个强大工具。但是，你必须意识到互联网用户是一个选择性群体。显然，互联网用户不能代表那些无法上网或选择不上网的人。另一方面，互联网可以联系到来自其他文化的人群和那些因时间和费用的限制而不易获得的人群，比如残疾人。如果你想开展一项研究以调查特殊群体的某些方面，比如同卵双胞胎，那么你可以通过万维网或互联网从在线群组中招募，如"双胞胎妈妈俱乐部"。很多特殊群体都有这类线上群组。有了互联网，你可以立刻与大量样本人群接触，而不用受限于地理位置。

在接触和获取研究参与者方面，互联网研究提出了不一样的挑战。例如，如果你的策略是与人们联系并请求他们参与你的研究，你就必须确定联系这些人的具体途径。如果研究参与者属于某个组织或协会，你可以与这个组织或协会接触，并请求得到其成员的电子邮件地址列表。你也可以向选定的电子邮件列表、新闻公告板或公开讨论小组发送请求。另一种途径是从基于网络的白页服务中心购买一份电子邮件用户列表。其中一个网址搜索的网站是：http://www.iaf.net。也有一些商业性服务可以为你的研究确定和选择特定的个体样本，比如调查取样公司，其网址为http://www.surveysampling.com。

或者，如果你的策略是将研究张贴在网上，并要求参与者登录网页并完成研究，那么你可以将研究放在几个专门宣传研究机会的网站上。其中一个网站是由社会心理学网络维护的，其网址是：http://www.socialpsychology.org/addstudy.htm，还有一个网站是由美国心理科学协会维护的，网址是：http://psych.hanover.edu/reserach/exponnet.html。

在确定好目标参与者人群后，研究者必须从这个群体中选择参与者。理想情况下，这应该是随机的。在一项调查幼儿园儿童的研究中，样本应该是从包含所有幼儿园儿童的整体（比如，在美国或你感兴趣的地区）中随机选择出来的。但是，从大的分散群体中进行随机抽样常常是不现实的。因此，人类参与者的选择通常是以方便、可获得性和个人的参与意愿为基础的。研究中使用的幼儿园儿童很可能是那些住处离大学最近和愿意与调查者合作的孩子。

因为样本通常都不是随机选择的，所以研究者的数据也许会有一个内置偏差。例如，获得父母允许来参加研究的儿童也许会与那些被父母禁止参加研究的儿童表现得不一样。自愿参与互联网研究的参与者可能与那些不愿参加的人表现得不一样。因为不能随机选择参与者，调查者就必须报告参与者选择和分配的过程与方法，以及参与者特征。这些信息能让其他研究者对实验进行重复并对结果的兼容性进行评估。

思考题 9.1
- 什么因素通常会决定研究参与者的选择？哪一个因素是最重要的？
- 使用非大学在校生的研究参与者可能存在什么样的问题？

样本容量

在你确定了研究中使用的参与者类型，也找到了获得该参与者群体的方法之后，你就必须决定需要多少参与者才可以充分检验假设。这个决定是基于很多方面的考虑作出的，比如研究设计、数据变异性和使用的统计程序类型等。可以通过对比单被试设计（也译为单案例设计）和多参与者设计来弄清楚研究设计和样本容量的关系。显然，因为单被试设计只需要一个人的样本，所以样本容量就不会成为问题。但是样本容量在多参与者设计中很重要，因为从理论上来讲，使用的参与者数目可以是两个到无数个。通常我们想要的参与者数量都不止两个，但使用太多的参与者是不现实且没有必要的。当研究中的参与者数增加时，统计检验检测到自变量效应的能力也会增加，也就是说，统计检验的效力会增加。因此，效力是决定样本容量的一个重要概念。

效 力

效力：拒绝虚无假设的概率。

效力（power）是指拒绝虚无假设的概率。每当拒绝一个虚无假设，我们就在正确地指出处理条件产生了某种效应。这正是我们想要做的决定。因此，关键的一点是我们希望效力高些，或者更具体地讲，按照惯例，我们希望效力高于 0.80（这意味着我们在 80% 的情况下正确地拒绝了虚无假设）。当参与者数量增加时，统计效力也会增加。但是在样本容量增加的同时，时间和金钱上的成本也会增加。从经济学的立场来看，我们更喜欢相对小一点的样本。研究者必须在检测某种效应和节约成本这两个相互冲突的愿望间进行平衡。他们必须选择一个样本容量，既小到不会超出费用预算，又大到可以检测到自变量产生的某种效应。效力分析似乎是解决这些冲突愿望并确定合适的研究样本容量的最佳方法。

效应量：两个变量在一个总体中的关系的强度。

统计检验的效力是由 α 水平、样本容量和效应量决定的。**效应量**（effect size）是指在总体中自变量和因变量之间的关系强度。你可以通过查阅相关研究领域的文献来确定预期的效应量。如果相关领域中没有多少研究，则可以参考科恩（Cohen, 1992）设定的几个统计指标的大、中、小效应量所对应的起点标准。例如，他认为在心理学研究中，相关系数 0.10 为小效应，0.30 为中等效应，0.50 为大效应。而对检验均值差异用到的科恩 d 值来说，0.20 为小效应，0.50 为中等效应，0.80 为大效应。现在不用担心这些数字，因为我们会在第 14 章解释相关系数和科恩 d 值。现在，你只需要知道效应可以分为大、中、小三种强度。我们将在第 15 章解释 α 水平的概念——现在你只需要知道在绝大多数心理学研究中我们使用的 α 水平是 0.05。这三个因素（α 水平、样本容量、效应量）是相互关联的，所以，对于某个给定的效力水平而言，当已知三个因素中的两个时，第三个就已确定了。因此，在某个给定的效力水平上，如果你知道（或者能估计出）效应量，并知道自己将使用的 α 水平，那么你就能确定所需要的样本容量。

表 9.1 显示的效力为 0.80（建议使用），α 水平分别为 0.01 和 0.05，统计检验的效应量分别为大、中、小时，研究所需要的参与者数量。我们将以两个检验为例，说明如何使用表 9.1。

首先，假设你想开展一项实验来确定处理组和控制组的平均值差异是否在统计上是显著的。你已经阅读了之前的文献，得到的信息是使用中等强度的效应量。按照惯例，你将使用的 α 水平是 0.05。为了确定研究所需的样本容量，你要在表格中找到与"两平均值的 t 检验"、效应量为"中等"、α 值是"0.05"相对应的数字。这个数字在第一行，是 64。这就是两个组中每组所需的参与者数量。因此，研究样本总共需要 128 个参与者。

接下来，让我们假设你想确定两个变量之间的相关。你已经查阅过文献，得到的建议是效应量为中等。再一次按照惯例，你使用的 α 水平是 0.05。你从表格中找到与"简单相关"、"中等"效应量、α 值"0.05"相对应的数字。这个数字在第二行，是 85。这是研究样本所需的参与者总数。

为了更多地了解效力和样本容量，你应该阅读表格 9.1 的原始出处文章。文章作者科恩（Cohen, 1992）更加深入地说明了效力的概念，并解释了他所说的大、中、小效应量的含义。你将在第 15 章中学习如何进行显著性检验。

表 9.1

在 α=0.01 和 0.05 时，达到大、中、小效应量所需要的研究参与者数量

检验	α					
	0.01			0.05		
	小	中	大	小	中	大
两平均值的 t 检验[a]	586	95	38	393	64	26
简单相关（r）[b]	1163	125	41	783	85	28
方差分析[a]						
两组	586	95	38	393	64	26
三组	464	76	30	322	52	21
四组	388	63	25	274	45	18
五组	336	55	22	240	39	16
多元回归[b]						
2 个预测因子	698	97	45	481	67	30
3 个预测因子	780	108	50	547	76	34
4 个预测因子	841	118	55	599	84	38
5 个预测因子	901	126	59	645	91	42

[a] 每组的样本容量数。将这个数字与组数相乘，就能确定所需的整个样本容量。

[b] 报告的样本容量是所需的总样本容量。

注释：效应量是关系的强度。方差分析用于考查两个或两个以上的均值间的差异是否显著。多元回归用两个或两个以上自变量（在表格中标记为"预测因子"）预测或解释因变量的变异。表中的信息摘自：Cohen, 1992.

思考题 9.2

- 在一个多参与者设计中，研究者应该如何确定样本容量？
- 如果你在一项实验中设置两个组，预期得到中等效应量，使用的 α 水平是 0.01，利用表 9.1 计算你所需要的研究参与者数量。

仪器与/或工具

除了保证适当数量的研究参与者，研究者还必须确定如何呈现自变量条件，以及如何测量因变量。在一些研究中，自变量的呈现和操控要求研究者的积极参与，而因变量的测量则涉及多种心理学评估工具的使用。例如，根津（Nezu, 1986）调

查了两种不同的疗法在治疗抑郁方面的效果。这些处理要求实验者的积极干预，这意味着研究者要积极地参与到自变量的操控中。为了评估这两种处理方法的效果，根津使用了几种不同的抑郁量表。因此，因变量的测量就用到了心理学评估工具。

有些研究必须使用特殊的仪器来实现自变量的准确呈现和因变量的测量。例如，假设你正在开展一项研究，其中的自变量需要在屏幕上按不同的时长来呈现单词。你可以尝试手动控制单词呈现的时长，但是由于人不可能自始至终非常准确地按照一定的时长呈现单词，所以通常都会使用计算机。同样地，如果因变量是记录心率，你可以使用听诊器数出参与者每分钟的心跳数。但是，使用电子设备来测量此类因变量则会准确和简单得多。使用这类自动记录设备也能减少因实验者期望或其他类型的观察者偏见而产生错误记录的可能性。

我们常常在实验中使用微型计算机（即个人电脑），既用来呈现刺激材料，也用来记录因变量的反应。在实验室中使用微型计算机让实验者拥有了一个非常灵活的工具。可以给其设定程序，它能呈现你所能想到的各种自变量，记录各种不同类型的反应。另外，研究者无须依赖于某台具体的电脑。相反，电脑在刺激呈现和反应记录中的作用被保存在电脑程序中，而这个程序通常保存在某个移动设备里，这让研究者能够随时在兼容的电脑中重新装配这一程序。

除了使用微型计算机，技术和跨学科研究的发展也让心理学家能够开展那些在几十年前不可能进行的研究。例如，心理学家对脑电波的测量已经超过 50 年了。但是，直到近期我们才开始使用脑电波的测量仪或者说脑电图仪（EEG）来研究大脑系统对各种刺激条件的反应，如人们看到单词时大脑的反应。这项研究如今已发展到可从 80 个或更多个放置在参与者头皮上的电极中获取记录（参见图 9.1）。脑

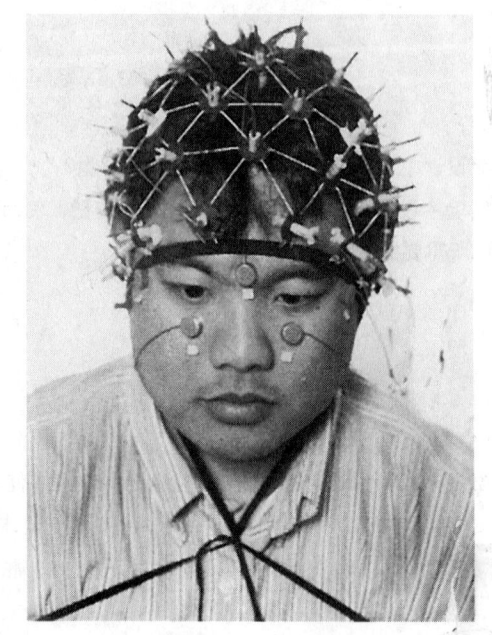

图 9.1
参与者佩戴 64 导电极测量传感网的图示

资料来源：*Images of the mind* by Michael I. Posner & Marcus E. Raichle, © 1994 by Scientific American Library. Reprinted by permission of Henry Holt and Company, LLC.

部的电活动会被转化为一系列图片或脑部地图,它们描绘了脑部各个区域的活动程度。非常活跃的脑区会用光斑来显示,说明这些区域受到了所呈现的自变量的刺激,比如看到呈现在电脑屏幕上的某个单词。

为了进一步确定由 EEG 识别并产生的脑部地图确实能够代表受自变量刺激的脑区,心理学家与医生进行了合作。通过这种合作,研究参与者在参与某项实验并需要对呈现的自变量(如单词呈现)做出反应时可以接受正电子发射断层成像(PET)和/或者磁共振成像(MRI)扫描。在 PET 扫描中显示活跃的区域,与 EEG 脑部地图中显示活跃的区域是相同的,至少从对刺激(如呈现的单词)反应的角度来说是这样。与医生一起合作的心理学家,尤其是认知神经心理学家,越来越多地将脑成像技术,如 EEG 记录和 PET 扫描和 MRI 扫描结合在一起,用来研究各种行为和障碍所对应的大脑系统的活动。

对于给定的研究来说,仪器的使用可以有多个目的,所以研究者必须考虑正在开展的研究的具体情况,从而确定最合适的仪器类型。《行为研究方法、工具和计算机》(*Behavioral Research Methods, Instruments, and Computers*)期刊就是专门致力于仪器和测量工具的。如果你不确定该用哪种测量工具,或是可执行某种特定功能的电脑程序,可以查阅这本期刊以及相关领域之前所进行的研究,这会给你带来帮助。

程 序

在开展研究之前,你需要计划和明确相关程序的所有细节。必须提前安排实验中所要进行的各个事项,以便其能顺利地展开。你必须仔细地计划整个实验并明确各项活动发生的顺序,制定在数据收集过程中要执行的确切程序。对动物研究来说,这不但意味着要明确实验环境的条件和如何在实验室中对待动物,同时也要明确如何在其养护处对它们进行养护和如何将它们运送到实验室。这些考虑都很重要,因为这样的变量会影响动物在实验室的行为。

对人类参与者来说,研究者必须明确参与者要做什么,如何接待他们,实验者使用的非言语行为(看着参与者、微笑、阅读指导语时使用某种特定的嗓音等等)和言语行为。在这一部分,我们将说明开展研究时需注意的程序性细节。

安排研究参与者的实验时间

安排研究参与者参加实验的具体时间时不但要考虑研究者何时有空,也要考虑到所使用的参与者类型。例如,在使用大鼠时,就有光照周期的问题。正如西道斯奇和洛卡德(Sidowski & Lockard, 1966, p.10)提到的:

大鼠和其他夜行动物在光照周期的黑暗期最为活跃，它们的绝大多数进食和饮水活动都发生在这个时期。从动物的角度讲，一天中有光照的时间是睡觉和不活动的时间，但也许它们会被某个实验者打扰，因为他要求它为了食物而跑动或按压杠杆。不幸的是，光照量和周期通常是按看管者的需要安排的，而不是从动物或者实验者的角度。

显然，研究者必须清楚时间安排所带来的影响。

在安排人类参与者的日程时，有许多不同的问题需要考虑。首先，实验必须安排在实验者和参与者都有空的时间里。无疑会有一些参与者不能在特定的时间段出现，所以通常的建议是允许在一定限度的范围内重新安排。没有在约定时间出现的参与者中，会有一些不想被重新安排时间。在这种情况下，研究者需要使用替补参与者，用替补参与者取代那些退出的人，将其安排在研究日程中。

思考题 9.3 • 在安排人类和动物研究参与者的实验时间时，需要考虑哪些问题？

同意参与

绝大多数研究要求获取每位参与者关于参与研究的知情同意书。但如第 4 章所述，在有限的一些情况下，IRB 也可能免除这个要求。你必须理解，在任何一项研究中，只有 IRB 才能决定是否免除知情同意。因此，即使你认为免除同意是恰当的，你也必须向 IRB 申请免除，并由他们来做决定。此外，如果你的研究需要知情同意，那么必须由 IRB 来审查并批准你的同意书及有关程序。

研究的某些方面可能会影响到个体是否参与研究的决定，在获取知情同意的过程中必须将这些方面告知每位潜在的参与者。包含在同意书中的这些信息通常是以书面形式提供的。理想情况下，同意书使用的语言应该简单、使用第一人称、并可以让外行人看懂。如果研究参与者是未成年人，则必须让其父母或监护人签署同意书。如果未成年人的年龄超过七岁，那么必须得到他的/她本人同意和其父母/监护人签署的同意书。当研究参与者是未成年人时，必须提供一份他们能理解的知情同意书。

必须精心准备知情同意书以确保其内容包含下列元素：

1. 应该详细说明研究内容、研究开展的地点、持续时长和预期参与研究的时间。
2. 陈述中应该列出要遵循的程序并标明它们是否属于实验内容。在描述这些程序时，要讲清楚其中所伴随的不舒适感和风险。
3. 要明确因参与实验获得的任何好处及任何能给参与者带来好处的替代程序。
4. 如果研究参与者能获得任何金钱上的补偿，就要对此进行详细说明，包括付款计划以及若从研究中退出所带来的影响（如果有的话）。如果要给参与者课程学分，声明中需要解释参与者能获得的学分，以及如果参与者从研究中退出，这些学分是否还可兑现。
5. 如果研究涉及填写问卷，应该告知参与者他们可以拒绝回答任何让他们感到不舒服的问题，且不会因此受到惩罚。
6. 研究涉及敏感话题时，如抑郁、药物滥用、儿童虐待等，应该提供关于求助渠道的信息，比如可以从咨询师、治疗中心和医院获取帮助。
7. 必须告知参与者，他们能够在研究的任何时间退出而不会受到惩罚。
8. 必须告知参与者，研究者将如何对获取的记录和实验数据保密。

正如你能看到的，同意书是不可或缺的，它的目的是为研究参与者提供有关研究的完整信息，以便他们能在知情的前提下，理智地决定自己是否参与研究。第4章的专栏4.6给出了一份知情同意书的示例。只有在获得参与者同意之后，研究者才能继续进行自己的研究。

思考题 9.4 ● 同意书的目的是什么？同意书中包含了什么信息？

指导语

当你以人类为参与者进行实验时，你必须准备一套指导语。这引发了一些问题，比如"指导语中应该包含什么内容"和"应该如何呈现指导语"。指导语必须包含对研究目的或伪装的目的以及研究参与者要完成的任务的清晰描述。某些特定类型的指导语也许无法产生理想的结果。那些要求研究参与者"注意"、"放松"或"不要分心"的指导语很可能是无效的，因为研究参与者受其他因素所限，很难遵从这些命令。有时候，指导语会要求参与者同时执行几种操作，如果这是不可能实现的，那么参与者就会选择其中一个可能的操作来进行，而实验者不会知道他们选择了哪个。例如，如果参与者接到的指导语是又快又准确地操作，他们也许会以牺牲速度为代价而关注准确率，因为速度和准确不能同时实现。这意味着实验者无法知道指导语的哪个部分对因变量测量指标的贡献最多。同样地，模糊的指导语（如告诉参与者想象、猜测或想象某些东西的指导语）也会使参与者形成自己对任务的理解。只要有可能，最好尽量回避此类指导语。

正如你所见，指导语必须清晰、明确、具体，但同时不能太复杂，以避免记忆超载（Sutcliffe, 1972）。新手研究者常常认为指示应该非常简明扼要。尽管在书写研究报告时这种风格很好，但在编写指导语时却存在着让参与者抓不住要点的风险。指导语应该是非常简单、务实的，它有时甚至是啰嗦的。你也许会发现，在你的指导语中包含"热身"练习是很有用的。这些前测试验与参与者在真正的研究中要完成的任务是相似的。加入这些是为了确保研究参与者理解指导语以及自己要如何做出反应。

> **思考题 9.5**
> - 指导语对参与者的意义是什么?
> - 在准备这些指导语时要遵循哪些原则?

数据收集

一旦你安排好了实验日程，并得到了他们的知情同意书，就可以开始从研究参与者那里收集数据了。在实验环节中，你要遵循的主要原则是，尽可能按照事先制订的程序来执行。为了形成这个程序计划，你已经开展了大量工作，如果不能忠实地执行，你就面临将污染带入实验的风险。如果确实发生了这样的事情，那么你如此努力想让研究处于控制之中的愿望就会落空，你也可能找不到所研究问题的答案。

事后解释或事后访谈

收集完数据之后，人们容易认为工作已经完成，剩下的（除了数据分析以外）只是感谢参与者的参与并把他们送走。但是，实验不是——或者说不应该是——以数据收集作为结尾的。在绝大多数研究中，在数据收集之后还应该进行事后解释或**事后访谈**（postexperimental interview），以便让参与者能自由地评论实验的任何部分。访谈还可以提供有关参与者在实验中如何思考和运用策略的信息，这些都能帮助研究者解释参与者的行为。

事后访谈：在实验结束之后对参与者的访谈，此时会解释实验的所有方面，也允许参与者对研究进行评论。

事后解释的功能

特施（Tesch, 1977）确认了事后解释的三种具体功能。第一，事后解释有伦理方面的功能。在许多研究中，研究参与者在实验真实目的的问题上受到了欺瞒。伦理要求我们解除这种欺骗，而事后解释环节正好可以做到这一点。一些实验会对参与者产生负面影响，或者以其他一些方式造成参与者身体或情绪上的压力。研究者必须让参与者恢复到实验前的状态，必须想办法消除任何由实验产生的压力。第二，事后解释有教育功能。将要求选修普通心理学课程的学生参与实验合理化的一个常用理由，就是他们能从中学到有关心理学和心理学研究的知识。事后解释的第三个功能是方法学上的。人们常常从事后解释中寻找自变量操控或欺骗有效性的证据，也用它们来探查参与者质疑的程度和准确性，同时也让实验者有机会说服参与者不要对他人泄露实验详情。西博（Sieber, 1983）补充了第四个功能。她认为参与者应该从他们参与研究的经历中获得一种满足感，因为他们了解到自己对科学和社会作出了贡献。我们应该利用事后解释程序使参与者坚定这种信念。

如何进行事后解释

知道了事后解释的这些功能后，我们该如何进行呢？有两种方法可以使用。一些研究者使用问卷调查法，让参与者完成一份实验后调查问卷。另一些研究者采用面对面的访谈，这似乎是最好的方法，因为它可以消除问卷的局限性。

如果你想探查参与者对实验的任何质疑，那么这就是第一步。社会心理学家阿伦森和卡尔史密斯（Aronson & Carlsmith, 1968）认为，研究者应该从询问参与者是否有问题开始。如果有，就应该尽量完整并真实地解答问题。如果没有，实验者应该询问参与者是否对所有实验环节——包括程序和目的——都清楚。接下来，视开展的研究而定，也许应当让参与者描述一下他们在实验中的感受以及他们在实验中是否遇到了什么困难。

如果实验中包含了欺骗，并且参与者对此产生了怀疑，他们就很有可能在这个时候提出疑问。如果参与者没有任何怀疑，研究者可以询问参与者他们是否认为实验中有一些比表面上看起来更复杂的东西。这个问题向参与者暗示了肯定有。绝大多数参与者会因此回答有，所以接着就应该问参与者他们指的是什么，以及这对他们的行为可能产生了什么影响。这样的询问让调查者可以更深刻地洞察参与者是否理解了实验，同时也能为实验者提供一个完美的时机来解释研究目的。实验者可以继续"通过类似以下的话进行事后解释：'你是对的，我们确实对某些之前未向你提及的事情感兴趣。这项研究的一个主要关注点是……'"（Aronson & Carlsmith, 1968, p.71）。接着，事后解释应该按照米尔斯（Mills, 1976）建议的方式来继续进行。如果研究涉及欺骗，那就应该说明必须使用欺骗手段的原因。应该详细地说明研究目的和调查研究问题所用的具体程序。这意味着解释自变量和因变量以及它们是如何被操控和测量的。正如你看到的那样，事后解释要求向参与者解释整个实验。

事后解释的最后一部分应该旨在说服参与者不要与其他人讨论有关实验的任何细节。可以要求参与者在数据收集完成之前都不要跟别人描述这项实验，并指出与他人交流实验的结果也许会让研究失效。如果研究被过早泄露，且实验者也不知道结果失效，而参与者也不大可能会告诉实验者（Altemeyer, 1971），实验者就可能在向科学界报告不准确的结果。阿伦森（Aronson, 1966）发现，我们有理由相信参与者不会告诉其他人；但奥尔特迈耶（Altemeyer, 1971）也证实，如果参与者确实泄露了研究，他们很可能是不会告诉实验者的。

此时，你也许想知道这个事后解释程序是否能实现它想实现的功能。如果执行了这个程序，那么它将很好地发挥其伦理功能。而事后解释的教育功能则无法如此完美地实现。绝大多数的研究者似乎都认为或合理推断，如果参与者参与了实验并在事后解释时得知实验目的和程序，那么教育功能就实现了。但是，数据显示参与者认为心理学实验最缺乏教育价值，尽管他们认为事后解释通常是非常有效的（Smith & Richardson, 1983）。方法学功能则似乎实现得很好，因为参与者有机会与研究者分享他们的想法和体验。

关于事后解释的所有功能是否能在开展在线研究时实现，还存在着疑问。提供事后解释最常见和直接的方式是将其贴在研究所的网页上。这种方法使你可以量体裁衣地根据所开展的研究进行事后解释。甚至可以通过设置"退出研究"的链接按钮将事后解释的材料提供给打算提前中止参与研究的人，或者在一个人离开研究时出现一个弹出窗口。虽然借助这些技术可以呈现事后解释的材料，但在线研究仍然很难让参与者在事后解释中实现脱敏，因为我们很难评估参与者的心理状态并确定他们是否因研究产生了压力。同时，任何由研究导致的压力是否已经通过事后解释而减少也很难确定，因为很难接收到研究参与者的反馈。

思考题 9.6
- 事后访谈的功能是什么？
- 你应该如何进行这种访谈？

预实验

预实验：在真正的数据收集开始之前，以几个人为参与者进行的实验。

在开展实验之前，强烈建议你先进行预实验。**预实验**（pilot study）是指在一小部分参与者中将整个实验从头到尾操作一遍。预实验能够提供大量的信息。如果指导语不清楚，它就会在事后解释环节表现出来，或者导致参与者在指导语宣读完之后不知道做什么。

预实验还能够揭示自变量操控是否能产生预期效果。例如，如果你试图诱导出吃惊的情绪，事后解释能帮助你确定是否真的产生了害怕、吃惊或其他一些情绪状态。如果预实验中没有参与者报告产生了你要研究的特定情绪，那么可以请求他们帮助评估为什么这种情绪没有产生，之后可以做什么样的调整，直到确实能可靠地诱导出特定的情绪状态为止。类似地，预实验还可以检查因变量的敏感性。预试结果也许会指出，因变量对操控效果的体现太粗糙，进行一些变化会更好。

预实验还使研究者增加了操作实验程序的经验。刚开始，实验者对于顺序还不熟悉，因此可能无法顺畅地从研究的一部分转到另一部分。通过练习，研究者在执行这些步骤时会变得更加熟练，这也是在研究中保持恒定性所要求的。在预实验中，实验者也可以对这些程序进行测试，比如为某个环节留出的时间太多而其他部分则时间不够，欺骗（如果使用的话）不够充分等等。如果存在这些问题，实验者就可以在数据收集之前确认它们，然后修正相关的程序。

如果你正在开展一项基于网络的研究，那么你应该在找少数参与者来完成预实验任务的同时，自己也在网上做一遍。亲自做一遍可以使你理解作为一个参与者的感受，而让预实验参与者完成研究则会让你获得相关的反馈。试运行在线研究可以显示研究是否能在你的浏览器中正常运行，数据是否以一种可以理解的方式被收回并按理想中的方式排列。

许多细微的因素都能够影响实验，而预实验正是用来识别它们的。预实验包括对实验所有部分进行检查，以确定它们是否正常运行。如果发现了某个错误，就可以将它修正过来，使其不会对接下来的真正实验造成损害。如果在数据收集完成之后才发现这个错误，也许就已经对研究结果造成了影响。如果在 IRB 批准之后对研究进行了修改，那么计划中的修改必须得到 IRB 的批准。

思考题 9.7

- 在真正的数据收集开始之前，必须明确哪些程序问题？
- 预实验的目的是什么？

本章小结

在研究设计完成之后、数据收集开始之前，研究者还必须做出许多决定。他们必须将整个研究计划提交给对口的委员会进行审批。还必须决定研究中所使用的生物体类型。虽然有时先例是指导如何选择特定生物体的决定因素，但研究问题才应该是主要的决定因素。在可能的情况下，应使用最适合用来调查该研究问题的生物体。

解决了生物体类型的问题之后，研究者需要确定这些生物体的获得渠道。动物（尤其是大鼠）可以从许多商业渠道获得。心理学实验中使用的绝大多数人类研究参与者都是来自于系里的参与者池，通常由参加普通心理学课程的学生组成。如果研究需要参与者池以外的参与者，那么研究者就必须确定获取渠道并进行必要的安排。互联网是一种越来越常用的渠道。除了要确定获取研究参与者的渠道之外，实验者还需要确定应该使用多少参与者。效力分析可用来确定样本容量。在使用人类参与者的研究中，还必须准备好指导语。指导语应该清晰地描述要求参与者完成实验任务的目的（或伪装目的）。

接着，研究者必须明确数据收集中使用的程序——所有实验环节的确切顺序，从研究者与研究参与者开始联系算起，直到结束为止。

当研究参与者到达实验地点时，实验者的第一项任务就是获取参与者对参与这项研究的同意书。这意味着必须告知参与者所有与研究有关且可能会影响他参与研究意愿的内容。只有在传达了这些信息且参与者同意参与研究之后，实验者才能继续进行研究。数据收集结束后，实验者必须立刻对参与者进行事后访谈或事后解释。在这个访谈中，实验者要努力探查参与者可能存在的质疑。此外，实验者要向参与者解释研究中使用欺骗的原因以及整个实验程序的目的。开展预实验对于消除无法预知的困难是很有帮助的。

重要术语和概念

效应量　　　　　　　　　　　　　　　事后访谈
预实验　　　　　　　　　　　　　　　效力

章节测验

问题答案见附录。

1. 研究中应该使用的生物体类型：
   a. 应该由先例来决定
   b. 应该由研究问题来决定
   c. 应该是研究者可以获得的生物体类型
   d. 应该是先前研究中所使用的类型
   e. 不是大鼠就是大学生
2. 样本容量应该由以下哪些因素共同决定？
   a. 效应量、α水平、效力
   b. 效应量、α水平、显著性水平
   c. 显著性水平、α效力、直接效力
   d. α水平、效力、β水平
   e. β水平、效应量、显著性水平
3. 下面哪种期刊有助于确定哪种特定仪器或计算机程序能够协助数据收集？
   a.《应用心理学杂志》
   b.《心理学方法》
   c.《心理学评估》
   d.《行为研究方法、工具和计算机》
   e.《心理测量工具和计算机》
4. 如果在正式收集数据之前，你将整个实验程序在少数参与者身上进行了测试，那么你是在：
   a. 样本化你的程序
   b. 开展预实验
   c. 进行实验后解释
   d. 测试自变量操控的效果
   e. 浪费本来会对研究有所贡献的参与者
5. 事后解释的功能是什么？
   a. 伦理功能
   b. 教育功能
   c. 方法学功能
   d. 参与者因对科学有所贡献而产生的满足感
   e. 上述所有都是事后解释的功能

提高练习

1. 职业介绍所的作用是为个体找到工作。这些介绍所面临的一个困难就是，确认拥有必备技能的个体在找到工作后能保住这份工作。假设你意识到这个困难，并且设计了一个为期四周的课程，教授人们保住工作所需要的技能。这个为期四周的课程包括培训如何与老板相处、如何与其他难缠的员工相处、如何着装和其他技能，如单纯地确保他们能按时上班的技能。你想使用的基本设计是简单的后测随机化设计，包含一个处理组和一个控制组。根据你的研究问题和实验设计，回答下列问题。
   a. 你计划使用哪些研究参与者？你打算如何获取这些参与者？
   b. 你应该使用多少位参与者？如果没有足够的信息用于确认具体的数字，那么请确认你会如何决定要使用的参与者数目。
   c. 在呈现处理条件和控制条件时，你必须考虑哪些因素？你将如何实施这些因素？你会如何对结果进行测量以检验处理条件的效果？
   d. 需要哪些审批才能进行研究？
   e. 为这项研究准备一份简短的同意书。
   f. 为这项研究准备一份简短的事后解释。

第 10 章

准实验设计

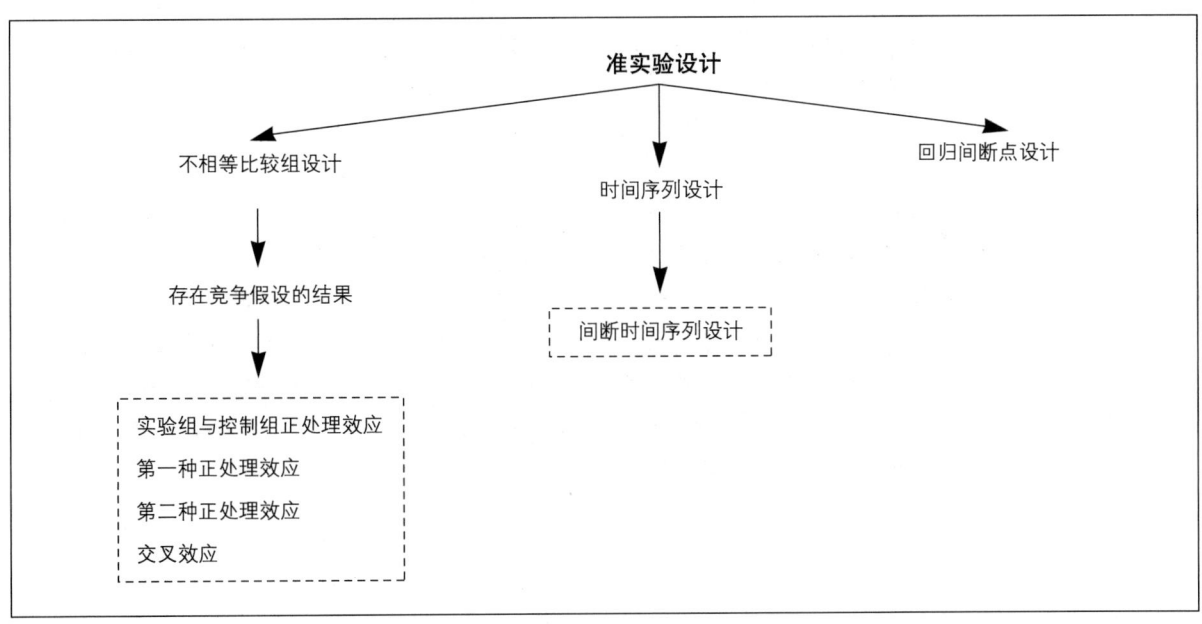

在二十世纪最后几十年里，个人电脑的出现成为许多美国人生活中最显著的改变之一。2000 年 8 月，全美有 51% 的家庭至少拥有一台电脑，有 41% 的家庭已经联网（Newburger, 2001）。互联网是一次非凡的技术进步，它为信息获取和交流提供了便捷的方式，这种方式是以往我们所知的任何事物都无法比拟的。不幸的是，有一些证据显示（Kraut, Mukhopadhyay, Szczypula, Kiesler, & Scherlis, 1998），互联网主要用于交流，而这种交流会减少人与人之间面对面的交流。这使一些研究者对互联网带来的行为及心理效应提出了疑问。这些问题似乎很重要，因为大量报告显示人们开始网络成瘾，而这种成瘾开始导致离婚、儿童照管不良、丢掉工作、欠债、退学和法律纠纷等。

例如，扬（Young, 1996）引用了一个家庭主妇的例子：一开始，她每周只花几个小时浏览各种聊天室，但在接下来的三个月里，她不断地增加与他人在线聊天或谈话的时间，最高峰的时候每周竟达到 50~60 个小时。她痴迷于聊天室，减少了和家人相处的时间，还拒绝参加任何社交活动，并且不再做饭、整理家务和购买日常生活用品等。最后的结果是，在她家购入电脑后的一年里，她不仅与两个女儿疏远了，还同自己的丈夫分居了。

类似的故事一再出现，有研究（Kraut, Patterson, et al., 1998）揭示，互联网的广泛使用带来了负面的社会效应，这促使有人针对这个问题开发出治疗方法，比如哈佛大学心理学家玛瑞萨·欧扎克（Potera, 1998）。欧扎克博士治疗网络成瘾的方法与治疗暴食症的方法相似，她教患者设置上网时限、平衡活动类型并规划时间。那么问题来了：这种治疗有效吗？根据你在先前章节中学过的材料，你应该意识到，最好用强实验研究设计来解答这个问题。给过度使用网络设定一个具体标准，将符合标准的个体所组成的目标样本随机分配到两组，不接受欧扎克治疗的控制组和接受治疗的处理组或实验组。处理之后可以比较两组，确定实验处理组是否在成瘾这个因变量上的进步要比没有接受处理的控制组明显。

使用这种方法的问题在于，许多治疗项目不允许研究者介入并随机确定某个人能否接受治疗。相反，治疗项目的使命是治愈个体，它们接受任何要求治疗的个体，比如那些沉迷于网络的人。不这样做的话，就不符合伦理要求。这是将研究从实验室转移到现实世界所面临的一个主要困难。在实验室以外的环境中，我们很难使用最强控制技术，即将参与者随机分配到各组。但是在这种情况下，研究者也不必举手投降或放弃研究。相反，他们可以使用准实验设计，研究者能够用它来研究那些不能使用随机化实验设计的问题。例如，研究者或许可以与项目组织者合作，使自己能从项目的候补名单中组建出一个控制组（与实验处理组相似）。或者，实验者也许可以决定能否对各参与者进行多次前测和后测。在本章中，你将了解到一些不涉及随机分配的实验设计方案。

引　言

准实验设计：一种运用了实验程序，但没有控制所有额外变量的研究设计。

准实验设计（quasi-experimental design）是一种实验设计，但并不满足控制额外变量影响所需的所有要求。随机分配只出现在第 8 章中讨论的强实验设计中，而准实验设计向来缺乏对参与者的随机分配。幸运的是，准实验设计对额外变量的控制要比第 8 章讨论的弱设计好得多。将三种设计（弱、准、强）视为落在图 10.1 所示的连续体上对我们是很有帮助的。这张图表明，准实验设计既不是最差的实验设计，也不是最好的实验设计。准实验设计处于两极之间。

你也许会问，准实验设计没有排除所有竞争假设的影响，那么是否还能从以准实验设计为基础的研究中得到因果关系推论。任何因果关系的成立都需要满足一些基本要求，从准实验中推断出因果关系同样如此。你必须满足下述三个条件：（1）

图 10.1

实验研究设计连续体

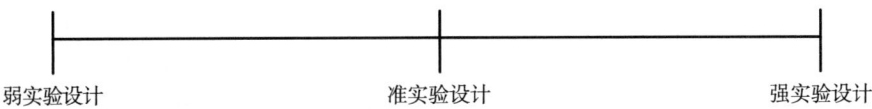

弱实验设计　　　　　准实验设计　　　　　强实验设计

原因和结果必须是共变的（即自变量和因变量之间必须存在关系）；（2）原因必须发生在结果之前（即自变量的变化必须发生在因变量的变化之前）；（3）竞争假设必须是不合理的（即自变量和因变量之间的关系必须不能来源于其他混淆额外变量）。在准实验中，前两个要求（原因和结果共变以及原因先于结果发生）是很容易满足的。因为就像在随机化实验中一样，研究者（或者与项目员工一起）会主动地操控自变量，从而使原因发生在结果（在操控之后的后测中进行测量）之前，而且只要分析数据就可以确定是否存在统计关系了。但是由于准实验设计中没有随机分配，所以第三个要求——排除竞争假设——实现起来就要困难得多了。因此在准实验中，对于观察到的自变量和因变量之间的关系，经常存在着一个或多个竞争假设或替代性解释。

使用准实验设计可以进行因果推论，但是只有当收集的数据能够帮助研究者证实替代性解释不合理时，才能做出这些推论。而且，从准实验设计中得到的证据通常比从强实验设计中得到的证据更令人怀疑。沙迪什等人（Shadish et al., 2002）提出了三条原则，用来说明竞争解释的可信度以及如何排除它们，如表 10.1 所示。原则一要求对所有看似合理的内部效度威胁进行确认和研究。本章的大部分内容都侧重原则一的策略（即确认关键威胁并通过设计和控制策略将其效应最小化）。

原则二（即通过设计进行控制）涉及使用设计元素去控制看似合理的威胁。作为对上一章的一个回顾，这里提一下研究者通常能用到的主要**设计元素**（design component）:（1）控制或比较组（0组、1组，或1组以上）；（2）前测（0次、1次，或1次以上）；（3）后测（1次或1次以上）；（4）参与者内和/或参与者间自变量；（5）纳入一个或更多理论上有趣的自变量；（6）测量一个或更多个理论上有趣的因变量。你可以将这里呈现的准实验设计视为对第 8 章中讨论的弱设计的

设计元素：用于构建研究设计的结构和程序。

表 10.1

在准实验中用于排除竞争解释的原则

1. 确认并研究那些看似合理的内部效度威胁：这个原则包括确认可能的竞争解释，对它们进行调查和研究，再确定它们能够解释处理与结果之间共变关系的可能性。
2. 通过设计进行控制：这个原则包括增加实验设计元素，比如额外的前测时间点或者额外的控制组，以消除竞争解释或获得证明该竞争解释似乎可信的证据。
3. 一致的模式匹配：当研究者可以做出有关因果假设的复杂预测，且极少有竞争解释（如果有的话）可以做出相同的预测时，可以使用这个原则。如果数据支持预测，那么大多数竞争解释就被排除了。预测越复杂，竞争解释能说明这个预测的可能性就越小，那么就越有可能是自变量在产生效应。

改进。例如，你将看到本章讨论的间断时间序列设计（一种准实验设计）就像在单组前后测设计（第 8 章中的一种弱设计）里加上额外的前测和后测。同样地，不相等比较组设计（一种准实验设计）就像在不相等组后测设计（第 8 章中的一种弱设计）中加上了前测。你也可以认为，准实验设计就是从强实验设计中移除了一个或多个元素（通常是随机分配这个元素）。

第三个原则（即一致的模式匹配）建议使用模式匹配策略。这通常包括对复杂假设的精确陈述，即多个因变量将如何在干预之后发生变化。更强（即更复杂）的假设需要更强的理论支持，也更容易被证伪，这也是哲学家卡尔·波普尔（Karl Popper, 1902—1994）的观点（他将这些称之为"大胆"的假设）。例如，可以预测实验处理组在经过某种处理之后，其中一个因变量分数会增加很多，另一个因变量分数会降低很多，第三个因变量分数只会增加一点点。同时预测控制组的所有因变量表现都没有变化。这是一个相对复杂的模式匹配类的假设。要想对模式匹配了解得更多，我们推荐坎贝尔（Campbell, 1966）、沙迪什等人（Shadish et al., 2002）以及特罗奇姆与唐纳利（Trochim & Donnelly, 2008）的文章。在本章接下来的部分，我们将重点关注原则一和原则二。

思考题 10.1	• 准实验研究设计与强实验研究设计的区别在哪里？ • 得出强有力的因果关系结论的要求是什么？ • 在准实验设计中，怎样排除竞争假设？

不相等比较组设计

不相等比较组设计：一种准实验设计，其结果来自于不相等的实验组和控制组之间的比较。

不相等比较组设计（nonequivalent comparison group design）也许是最常见的准实验设计（Shadish et al., 2002）。这种设计同时包含了实验组和控制组，但是各组的参与者并不是随机分配的。由于缺少随机分配，控制组和实验组的参与者无法在所有变量上相等，而这会对因变量产生影响。这些未受控制的变量成了可以对实验结果进行解释的竞争假设，这使得此种设计变成了准实验设计。但是当研究者没有更好的设计可用时，他们得到的建议就是使用某些形式的不相等比较组设计。

图 10.2 描绘了这种设计的基本方案，包括对一个实验组和一个控制组先进行前测再进行后测（对实验组施与处理条件之后）。接着比较两组在前测和后测中的变化，以确定是否存在显著性差异。这种设计与前后测控制组实验设计相似。但是，二者之间存在一个重要的差异，这种差异使得其中一个成为强实验设计而另一个成为准实验设计。在参与者间前后测控制组设计中，参与者是随机分配到实验组和控制组的，而在不相等比较组设计中，他们不是随机分配的。因此，不相等比较组设计就是将随机分配元素从参与者间前后测控制组设计中拿掉后所得到的。正是因为缺少随机分配，不相等控制组设计变成了准实验设计。

图 10.2

不相等比较组设计

（注释：虚线代表缺少随机分配）

	前测测量	处理	后测测量
实验组	O_1	X_1	O_2
控制组	O_1	X_2	O_2

不相等比较组的前测非常重要，因为它能告诉我们被比较的各组最初是什么样的。一般情况下我们可以假设，两个组的前测差异越大，则存在大的选择偏差的可能性就越大（Shadish et al., 2002）。如果不包含前测，那得到的就是第 8 章讨论过的弱设计——不相等组后测设计。从设计的角度看，一定要注意这里提出的不相等比较组设计（一种准实验设计）是对不相等组后测设计的改进，但是不如前后测控制组设计（一种随机化的强设计）那么好。要注意的是当设计元素（比如前测和随机分配）被添加到或抽离出设计中时，情况会发生什么变化。

前测让研究者可以对偏差进行检验和检查，比如列在表 10.2 中的那些偏差就经常对设计造成威胁。如果研究者能够随机分配参与者，所有的这些内部效度威胁都可以被最小化，但这不可能在不相等比较组设计中实现。缺少随机分配造成的最明显的后果是选择偏差，即各组有可能无法在所有的额外变量上都相等。因为参与者不是随机分配的，你就不能假设各组是相等的。事实上，你应该假设参与者在除自变量之外的变量上是"不相等"的。记住，我们希望各组只在自变量的不同水平上存在差异。在不相等组存在的情况下，参与者更有可能出现下列现象：（1）某组的参与者更容易退出（称为选择—流失偏差或差别流失）；（2）不同组的参与者的成熟速度不同（称为选择—成熟偏差或差别成熟）；（3）测量程序对不同组参与者进行不同的评估（称为选择—工具偏差或差别工具）；（4）不同组以不同的速度"向均值回归"（称为选择—回归偏差或差别回归）；（5）不同组参与者对发生在前测和

表 10.2

存在于不相等比较组设计中的可能偏差

1. 选择偏差——因为各组是不相等的，所以潜在的选择偏差总是存在。但是，对于存在于前测测量中的任何变量上的偏差，都可以通过前测来探测其可能的大小和方向。
2. 选择—流失偏差——前测让我们能够检查流失的性质，以探明在退出或未完成实验的参与者与完成了实验的参与者之间是否存在差异。
3. 选择—成熟偏差——如果其中某个组的参与者变得比其他组的参与者更有经验、更疲倦或更无聊，那么就有可能存在这种偏差。
4. 选择—工具偏差——如果不相等组的参与者在前测时的起始点不同，尤其当测量工具不等距时，那就有可能存在这种偏差。
5. 选择—回归偏差——如果两个组来自不同的总体，比如实验处理组取自有阅读障碍的个体组成的总体，而比较组则来自无阅读障碍的个体组成的总体，那么就有可能存在这种偏差。
6. 选择—历史偏差——如果发生在前测和后测之间的某个事件对其中一组的影响大过对其他组的影响，那就有可能存在这种偏差。

后测之间的无关事件的反应不同（称为选择—历史偏差或差别历史）。这里的关键点是，我们希望各组在后测中的差异（在因变量上）只源于自变量，而不希望差异（在因变量上的）是由各组在额外变量上的不同所导致的，如流失、成熟、测量工具、向均值回归或对在实验过程中发生的无关事件的反应等。沙迪什等（Shadish et al., 2002）指出，额外变量是否混淆研究结果取决于设计的特征和从研究中获得哪种模式的结果。因此，现在我们要检查几种可能的结果模式，看看这些威胁什么时候看起来似乎更合理或更不合理。

思考题 10.2
- 用图示法画出不相等比较组设计，并说明为什么它是一种准实验设计。
- 在使用这种设计时，主要的潜在内部效度威胁是什么？

带有竞争假设的结果

正处理效应和控制组：具体表现为实验组和控制组在前测时不同，两个组从前测到后测都出现了增长，但是实验组的增长速度更快。

结果 I：实验组与控制组正处理效应 如图 10.3 所示，在**实验组与控制组正处理效应**（increasing treatment and control groups）模式中，控制组从前测到后测表现出了微小的正向变化，但是实验组增长的速度更快。乍一看，这个模式似乎可以表明实验处理是有效的，因为两组从前测到后测的增量存在差异。但是出现这种结果也有可能是因为选择—成熟、选择—历史或选择—回归等效应。

选择—成熟效应：一个组的参与者所经历的成熟速度与另一个组不同。

选择—成熟效应（selection-maturation effect）是指在挑选出的两组参与者中，其中一组的成长或发展速度要比另一组快。因为两个组都在进步，所以似乎也应该产生了成熟，而且由于两个组是不相等的，所以他们有不同的成熟速度也不是不可能的。实验组的参与者进步得更快，可能是因为他们比控制组的参与者有更强的动机。例如，被安排进某个实验性学前项目的儿童可能都是那些对阅读表现出兴趣的孩子，因此，他们的父母才会寻找各种教育机会以支持孩子表现出的技能。如果这是事实，那么实验组在后测时出现更大的进步就可能是源于这样一种事实，即选择过程碰巧将那些阅读技能发展本来就比控制组儿童快的孩子们安排进了实验组。

选择—历史效应：发生在前测和后测之间的随机事件对一组参与者的影响与对另一组参与者的影响不同。

对于图 10.3 显示的正处理效应，还有第二个竞争解释：**选择—历史效应**（selection-history effect）（Cook & Campbell, 1979）。对于第 6 章讨论过的那种普通意义上的历史效应，在不相等比较组设计中是通过加入控制组的方式来进行控制的。但是这种设计仍然容易存在选择—历史效应（即差别历史效应），这时某些事件只影响实验组或控制组中的一组，而不是影响两组（或者对某一组的影响要大于对另一组的影响）。也许在前测和后测之间，实验组碰到了某些有意义的事件，而控制组却没有。例如在实验性学前项目的例子中，也许由于幼儿园提供了可靠的儿童养护服务，所以父母可去寻找更好的工作并增加收入，从而促使他们的家庭具备更好的教育条件，如购入书籍和电脑。特定研究情境中的研究者需要仔细考虑并确定这一效应的合理性。

图 10.3
正处理效应和控制组

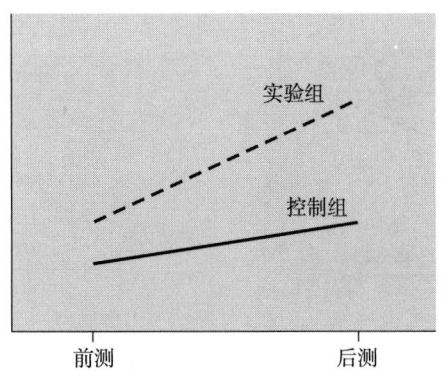

资料来源:"The design and conduct of quasi-experiments and true experiments in field settings" by T.D.Cook & D.T.Campbell, 1976, in *Handbook of Industrial and Organizational Psychology*, edited by M.D.Dunnette. Copyright © Rand McNally Publishing Company.

选择—工具效应:测量过程对一组参与者的分数影响与对另一组参与者的影响不同。

选择—流失效应:一组参与者中退出的成员与另一组退出的相似。

选择—回归效应:一组参与者向均值回归的速度不同于另一组参与者。

第一种正处理效应:具体表现为实验组和控制组在前测时不同,只有实验组的分数从前测到后测发生了变化。

第二种正处理效应:前测时,控制组的表现优于实验组,但从前测到后测,只有实验组的表现有所提高。

图 10.3 所示的模式还可能存在其他竞争解释。例如,如果两个组的测量方法不同,或者在操作上存在差异,那么就可能存在**选择—工具效应**(selection-instrumentation effect)。但是在检查完研究中使用的测量工具和程序之后,就能够轻易地排除这一点了。如果各组因为参与者的退出而变得不同,那么还可能存在**选择—流失效应** (selection-attrition effect)。仔细地检查退出参与者的特征和前测分数有助于确定这种效应是否存在。而**选择—回归效应**(selection-regression effect)则不太可能存在,因为实验组在前测中的起始分数高于控制组。人们本来预计分数低的组会显示更大的正向均值回归。

结果 II:第一种正处理效应 如图 10.4 所示,在**第一种正处理效应**(first increasing treatment effect)模式中,控制组从前测到后测无变化,而实验组在开始时分数就更高,且后测分数比前测又有显著的提高。这种模式表明处理效应是正向的,因为一组发生变化而另一组完全没有变化。如果要确认某种竞争假设,就必须对控制组没有发生任何变化(与实验组相反)的现象进行解释。这里可能存在选择—成熟效应,但可能性不高,因为控制组完全没有表现出任何成熟。也不太可能出现选择—回归效应,这是因为实验组的分数在开始时是高于控制组的,本应该显示出较少的正向回归效应。最合理的威胁也许是选择—历史效应。也许某件意义重大的事件(除了施与处理条件之外)只影响了实验组但没有影响到控制组。或者有些事件只在实验组发生了,这使得他们更加努力,获得了更大的进步。我们应该仔细地检查特定研究情境中的潜在威胁。

结果 III:第二种正处理效应 如图 10.5 所示,在**第二种正处理效应**(second increasing treatment effect)模式中,控制组从前测到后测无变化,而实验组的分数在开始时比控制组低很多,且后测分数比前测有显著提高。在我们把实验组的成绩

图 10.4

第一种正处理效应

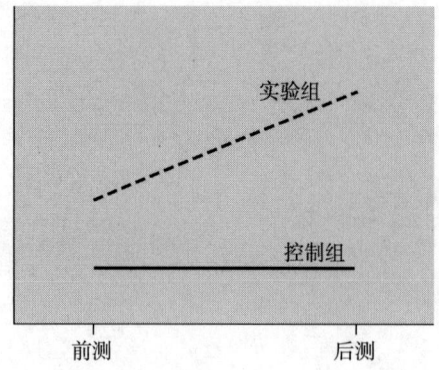

资料来源:"The design and conduct of quasi-experiments and true experiments in field settings" by T.D.Cook & D.T.Campbell, 1976, in *Handbook of Industrial and Organizational Psychology*, edited by M.D.Dunnette. Copyright © Rand McNally Publishing Company.

图 10.5

第二种正处理效应

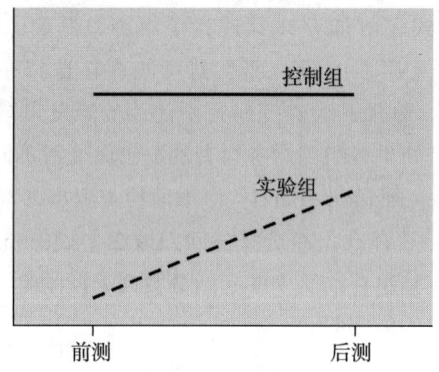

资料来源:"The design and conduct of quasi-experiments and true experiments in field settings" by T.D.Cook and D.T.Campbell, 1976, in *Handbook of Industrial and Organizational Psychology*, edited by M.D.Dunnette. Copyright © Rand McNally Publishing Company.

进步解释为是自变量带来的结果之前,我们必须考虑潜在的竞争假设。图 10.5 所示的模式表示可能存在选择—回归效应,因为实验组的初始分数要低得多且出现了进步。如果因变量前测分数特别低的儿童接受了处理,而分数处在平均水平的儿童接受的是控制条件,那么我们应该能够想到,只有低分数儿童会向均值回归。这是你在检查补课项目的效果时应该警惕的威胁。因为这些项目的目标就是那些最需要帮助的个体,所以选择目标时挑选的就是那些分数特别低的个体。

交叉效应:具体表现为控制组在前测时表现更好,而实验组在后测时表现更好。

结果 Ⅳ:交叉效应　图 10.6 描绘的是**交叉效应**(crossover effect),这种实验结果表现为处理组在前测时的分数明显低于控制组,但是在后测时的分数却明显高于控制组。控制组从前测到后测没有变化,而实验组从前测到后测却有明显的进步。这个结果比其他模式更容易解释,也表明了这个项目是很有效的。你在看到这个

图 10.6
交叉效应

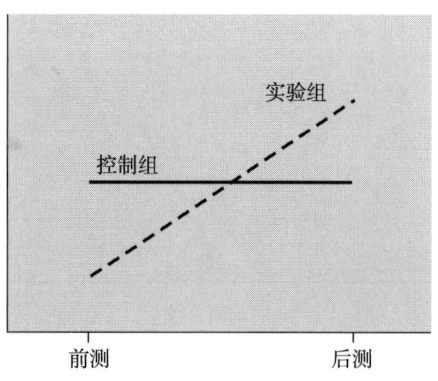

资料来源：''The design and conduct of quasi-experiments and true experiments in field settings'' by T.D.Cook and D.T.Campbell, 1976, in *Handbook of Industrial and Organizational Psychology*, edited by M.D.Dunnette. Copyright © Rand McNally Publishing Company.

结果时或许会分外高兴。它让很多可能的竞争假设都变得不可信。首先，可以排除统计回归，因为实验处理组几乎不可能仅靠回归就把前测时的低分数变成后测时明显高于控制组的分数。其次，选择——成熟效应也不可能，因为一般前测中分数较高的参与者会在成熟因素上增长更快。

图 10.6 所示的模式给出了自变量效应的最强证据。但是实际研究中得到的结果模式通常更模糊。不管出现哪种结果模式，研究者都必须接受。对于那些提示自变量与因变量之间的关系可能来自某些额外变量的竞争假设，首先要想办法确认，然后再尽力排除。在最终的研究报告中，必须把整个过程的全部细节都报告给读者。

排除威胁不相等比较组设计的因素

研究者在尝试消除各种选择偏差的可能影响时，会通过匹配可能造成竞争假设的变量或者使用统计控制程序来努力确保各组的相似性。例如在一项启智计划中，你也许想匹配收入、智力水平、父母的参与度等变量。但这一串列表却引出了一个重要问题，通常你不可能对所有重要的变量进行确认并匹配。匹配让各组参与者在实验开始时在匹配变量上实现了相等。也应该对因变量进行匹配，因为我们假设这样做可以使参与者在额外变量上相等。不幸的是，我们永远无法实现完全匹配，而且匹配也不能完美地代替更强的控制技术，即强实验研究设计中的随机分配。虽然如此，当随机分配无法实现时，研究者就应该仔细地检查文献和实际情况以确定出最重要的变量用于匹配。

但是，在匹配时必须小心，因为选择——回归效应可能会造成下列两种情况。假设研究者想匹配弱势群体中的个体与强势群体中的个体。假设弱势群体在前测中的平均成绩为 44 分，而强势群体是 88 分。同时假设两个群体的分数都是围绕均值的

图 10.7

强势组与弱势组的分布（注意：阴影部分表示的是匹配中使用的低分强势个体和高分弱势个体。）

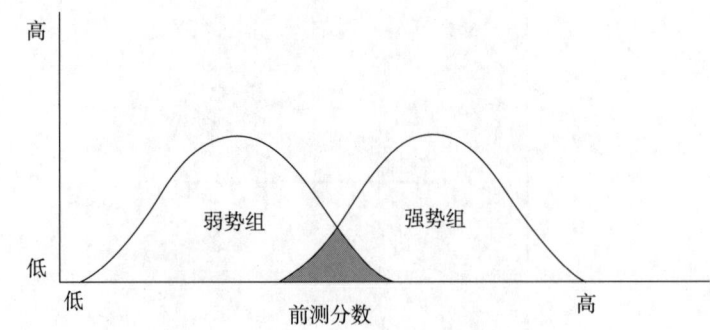

正态分布（即绝大多数的分数值都在均值附近，极端分数非常少）。分布情况如图 10.7 所示。

在第一种情况里，实验者决定向弱势个体施与项目（即处理），并从强势组中选取与弱势组有着相似前测分数的个体组成控制组，以此来实现前测分数的匹配。为了实现这一目的，研究者选取了高分数的弱势个体，并找到低分数的强势个体与之匹配。这样做的结果就是处理组和控制组在前测时有着相似的分数，并看起来相当匹配（在前测分数上相等）。但是在这种情况下，从前测到后测，弱势个体会出现负向回归（接近弱势组的平均数），强势个体会出现正向回归（接近强势组的平均数），而这是独立于任何处理效应的。如果将实验条件施与弱势个体身上（而强势个体作为控制组），那么就很难出现正向效应了。因为这些弱势个体必须进步得足够多才能克服他们的负向回归（向他们的组平均值回归）倾向。同时在这种情况下，他们还必须抵消强势个体的正向回归（向他们的组平均值回归）倾向。从先前存在差异的群体中选取处于两端的个体的这种做法，对发现项目的正向促进作用是不利的，即使项目本身是有效的。

第二种情况，如果在我们设定的情境中将项目施与低分数的强势个体（而高分数的弱势个体作为控制组），那么这个项目可能会看似有效，即使它实际是一个无效的项目。关键是在对来自不同总体的个体进行匹配时，要注意选择—回归效应，因为你所匹配的个体也许属于各自群体中的两个极端。这可能会使有效的处理看起来是无效的，或者使无效的处理看起来是有效的。

让各组相等还有另外一种策略，就是尽力确定各组在哪些变量上（除自变量之外）可能不同，并测量这些变量，然后在数据分析时使用统计控制技术调整这些变量的前测差异。尽管这个过程有一定的帮助，但由于统计控制无法让各组在所有已知和未知变量上完全实现相等，所以它最终是失败的。同时，统计控制技术尤其容易受到前测中测量误差的影响。为了帮助解决这个问题，我们建议使用信度调整的协方差分析（ANCOVA）统计程序（见 Trochim & Donnelly, 2008）。这种方法和其他一些统计方法都不在本书的讨论范围内，如倾向得分匹配和选择模型，但在许多高阶书籍和文章中都有讨论（如，Rindskopf, 1992; Shadish et al., 2002）。

从不相等比较组设计中进行因果推论

正如我们刚刚讨论的那样，因为可能存在许多内部效度威胁，所以不相等比较组设计很容易产生有偏差的结果。这些潜在威胁的存在提示从这种准实验设计中得到的结果也许是有偏差的，并可能与从随机化实验设计中得到的结果不同。海因斯曼和沙迪什（Heinsman & Shadish,1996）对此进行了元分析，比较了从随机化实验设计和非随机化不相等比较组设计中估算得到的效应量，以确定从这两种设计中得出的结果的相似程度。这项分析表明，如果随机化实验设计和不相等比较组设计都经过了很好的设计和执行，那它们产生的效应量就会大体相同。换句话说，不相等比较组设计能够给出与随机化实验设计近似的结果。

这项元分析的结果是对不相等比较组设计的高度认可。但是只有当不相等比较组在设计和执行方面都与随机化实验设计一样好时，这种高度认可才成立。正如海因斯曼和沙迪什（Heinsman & Shadish, 1996）指出的那样，对不相等比较组设计与随机化实验设计进行同样好的设计与执行，在很多研究中可能都是很难的。所以在许多研究中，不相等比较组设计都会得出难以解释的结果。

为了强化内部效度，研究者在设计和进行准实验时似乎还必须关注两个设计元素。第一个元素强调用什么方式将参与者分配到各组。为了获取无偏差结果，实验者绝对不能让参与者自主选择进入哪个组或哪种条件。让参与者自主选择进入处理条件的情况越多，结果的偏差就越大。第二个元素关注的是前测差异。前测中的巨大差异会导致后测时的巨大差异。这意味着研究者应该在与因变量相关的变量上对比较组进行匹配以尽力减少前测差异，或者在统计上调整后测分数（比如使用协方差分析）来对前测差异进行控制。如果实验者关注了这两个统计特征，那么从不相等比较组设计中获得的结果就能与从随机化实验研究设计中得出的结果更加接近了。

思考题 10.3
- 不相等比较组设计可能产生各种结果，确定并讨论能够解释这些结果的竞争假设。
- 为什么交叉效应不容易被竞争假设所解释？
- 应该使用哪些设计元素来减少准实验设计中的偏差？

时间序列设计

在心理治疗和项目评估等研究领域，有时很难找到一组相等的参与者作为控制组。在这种情况下是否就只有单组前后测设计（第 8 章中讨论的）这个唯一选择了呢？是否就没有办法消除这种设计中存在的竞争假设了呢？幸运的是，还真有一种方法可以消除某些竞争假设，但要做到这一点，必须想出不需要使用控制组的设计方法。

间断时间序列设计

间断时间序列设计：通过比较一组参与者的前测和后测分数来评估处理效应的一种准实验设计。

如图 10.8 中描绘的那样，**间断时间序列设计**（interrupted time-series design）要求研究者在引入处理条件之前和之后对单组参与者各进行一系列测量。所有的参与者都接受了多次前测，然后在接受实验处理条件的过程中或之后接受了多次后测。研究者将处理前和处理后的所有测量点的因变量数据做成图，并对处理前后的模式进行比较。处理条件的结果由记录下来的一系列不连续的测量值表示。例如，在比较处理后的反应与处理前的反应时，如果两者在水平和/或斜率上出现了变化，就代表出现了某种处理效应。

我们来看看劳勒和哈克曼（Lawler & Hackman, 1969）的研究，他们想确认员工参与激励计划制订能带来什么益处。先前的研究已经调查了许多薪酬计划，并发现某种特定的计划（比如奖金计划）可能在一种情境中取得成功但在另一种情境中却不起作用，这说明薪酬激励计划会受到多种因素的影响。劳勒和哈克曼假设，如果员工参与了薪酬激励计划的制订过程而不是直接接受管理层下达的命令，那这项计划就会更加有效。为了评估这项假设的有效性，劳勒和哈克曼找了三个满足条件的工作小组，并制订了一项减少缺勤的激励计划。在激励计划制订前后，对这三个工作小组进行多次缺勤率测量。最后将这些比率转化为员工实际工作时间（小时）数与预定工作小时数的百分率（下同）。所有参与者的平均工作时间百分率如图 10.9 所示。从这张图中，你可以看到平均百分率有所增长，而且这个增长在长达 16 周的数据收集期内一直保持着。这个计划看起来是有效的。现在就有必要问两个问题了。第一，在引入处理条件之后，有没有发生具有统计显著性的变化？第二，这些可观察到的变化能否归因为处理条件？

第一个问题的答案自然而然地涉及统计显著性检验，这样的检验可以说明前测和后测模式中存在的差异是否大于随机概率产生的差异。但是在讨论显著性检验之前，我们想说明一下为什么间断时间序列设计（有多次前测和多次后测）比单组前后测设计（只有一次前测和一次后测）要好。我们将假设研究者使用的是单组前后测设计这种弱实验设计，然后重新审视从劳勒和哈克曼（Lawler & Hackman, 1969）的研究中得到的数据和从弗农、贝德福德和怀亚特（Vernon, Bedford, & Wyatt, 1924）的研究中得到的数据。为了做到这一点，我们将只使用最靠近处理条件的前测点和后测点。弗农等人的研究关注的是引入休息时间对各类工人劳动生产率的影响。图 10.10（上面那条线是劳勒和哈克曼的研究，下面那条线是弗农等人的研究）显示的是两项研究的部分数据，也就是最靠近处理条件的前测和后测数据（这与单组前后测设计相似）。两项研究的前后测变化模式似乎都非常支持实验处理条件产

图 10.8　　　　　　　多次前测　　　　　　处理　　　　　　多次后测
间断时间序列设计　　$O_1\ O_2\ O_3\ O_4\ O_5$　　　　　X_1　　　　　$O_6\ O_7\ O_8\ O_9\ O_{10}$

图 10.9

激励计划实施前 12 周和计划实施后 16 周参与者组的平均出勤率（注释：出勤率以参与者实际工作小时数与预定工作小时数的百分率来表示。）

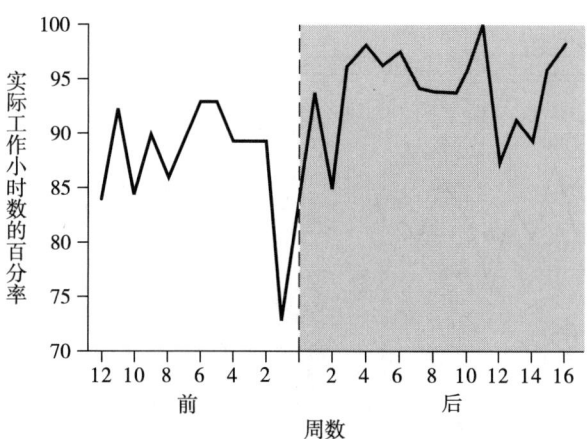

资料来源：:"Impact of employee participation in the development of pay incentive plans:A field experiment" by E.E.Lawler & J.R.Hackman, 1969, *Journal of Applied Psychology*, 53, 467–471. Copyright 1969 by the American Psychological Association.Reprinted by permission of the author.

生了有益效应的假设（两条线都是处理前低，处理后高）。不幸的是，单组前后测设计是一种弱设计。如果你查看了弗农等人的完整研究结果（参见图 10.11），你就会发现，只使用处理前后各一个时间点的数据所得到的有关结论是错误的。关键的问题在于，在评估实验处理对单独组的效果时，我们需要两个（处理前后各一个）以上的数据点。

与单组前后测设计相反，在使用间断时间序列设计时，仅通过目测前测和后测成绩就能对确定实验处理是否真正产生了效应以及确定这种效应的模式有很大的帮助。卡波雷索和罗斯（Caporaso & Ross, 1973）提出了大量其他可能的反应模式，

图 10.10

以弗农等人（Vernon et al., 1924）的研究以及劳勒和哈克曼（Lawler & Hackman, 1969）研究的部分数据形成的单组前后测设计示意图

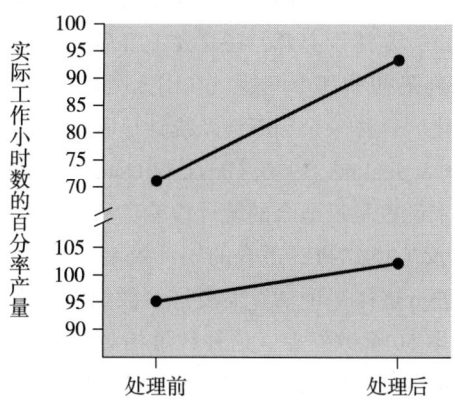

图 10.11
十分钟休息对工人劳动生产率的影响

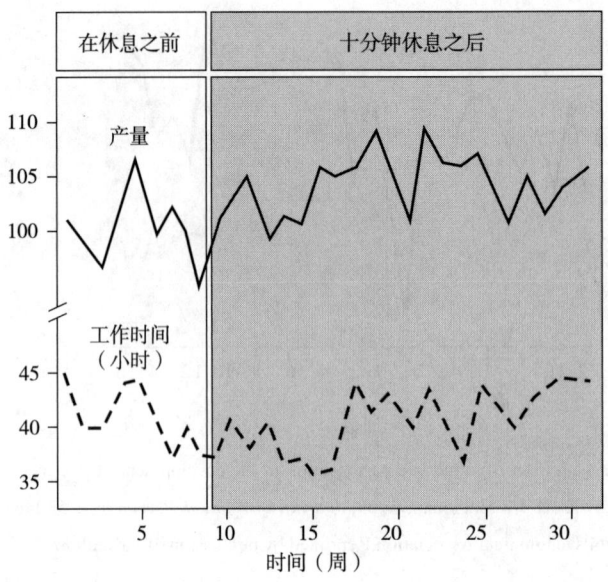

资料来源：*Two Studies of Rest Pauses in Industry* by H.M.Vernon, T.Bedford, & S.Wyatt, 1924. Medical Research Council, Industrial Fatigue Research Board No.25. London:His Majesty's Stationery Office.

如图 10.12 所示。间断时间序列设计要用到图 10.12 中各条线上的所有前测后测数据点，但是单组前后测设计只用到处于垂线两侧的两个点。仔细查看图 10.12 中的各条线并试着判断，当使用所有点或只采用处理前后的两个点时，关于项目的有效性是否会得出不同的结论。在使用处理前后的所有点时，头三种模式（A、B 和 C）都显示无处理效应，它们仅代表先前的既定行为模式的延续。但是，如果使用的是单组前后测设计（即只检查与处理相邻的前后两个点），也许就会有人认为 A 和 B 中的处理是有效的（因为它显示了明显的增长），而 C 中的处理则产生了负面效应（因为它显示了下降）。这三个结论都是错误的！使用间断时间序列法（即使用各条线上的所有点），线 D、E、F 和 G 都表明行为产生了可靠变化，尽管线 D 代表的仅仅是一个暂时的转折。这个结论与使用单组前后测法得到的结论是相同的，但是在这些例子中，间断时间序列设计还另外提供了有关后测结果长期模式的信息（比如，它是上升然后停止？是持续上升？还是先上升后下降？）。

现在，让我们回到最初的那个问题：在引入处理条件之后，是否出现了具有统计显著性的行为变化。这样一个判断涉及统计显著性检验。自回归积分滑动平均（ARIMA）模型（Box & Jenkins, 1970; Glass, Wilson, & Gottman,1975）是使用范围最广、同时从技术上来说也是最适合的统计检验。从根本上来说，这种方法包括为观察到的前测和后测反应模式找到适合的统计模型，并检验它的统计显著性。不幸的是，用 ARIMA 进行这样一种估计需要许多数据点。格拉斯等人（Glass et al., 1975）建议至少要获得 50 个数据点。这种数量相对较大的数据点在用动物做实验时通常可以获得。但是当开展以人类为参与者的研究时，常常无法得到这么多的数

图 10.12
时间序列变量的可能的行为模式

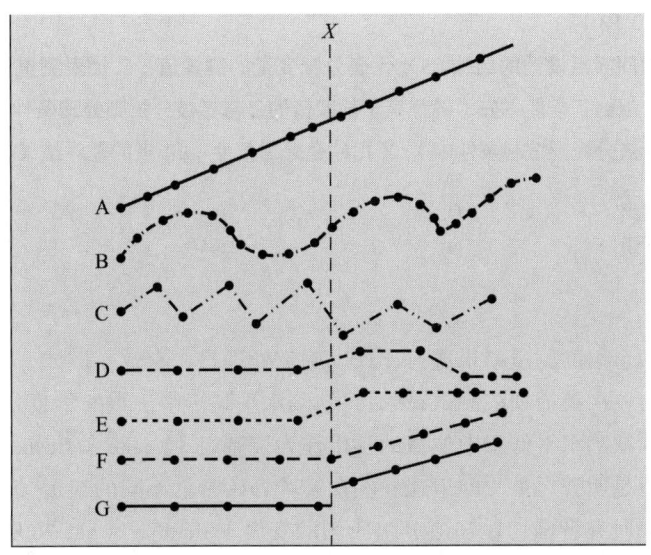

资料来源："*Quasi-Experimental Approaches: Testing Theory and Evaluating Policy*" by J.A.Caporaso & L.L.Ross, Jr. Copyright 1973 by Northwestern University Press. Reprinted by permission.

据点。这个困难使我们在使用 ARIMA 统计检验来分析时间序列数据时会受到一定的限制。幸运的是，统计程序的发展进步使我们对数据点的要求降到了 10 个以内（Bloom，2003；Crosbie，1993；Tryon，1982）。因此，对几乎任何一个使用时间序列设计的研究，都可进行有效的统计分析。

劳勒和哈克曼的数据分析表明，在前后反应测量值的模式之间存在着显著性差异。他们因此推断，在引入激励计划之后，产生了某种非随机的改变。这把我们带回到第二个问题：这种显著性变化是否可以归因为员工参与制定了这项激励计划？间断时间序列设计的缺陷主要来自于它不能控制历史效应。想想劳勒和哈克曼的研究，假设在引入处理条件的同时，发生了某些会让工作时间增加的额外事件。这样的额外事件可以作为上述非随机变化的竞争解释。研究者必须考虑到所有与实验事件差不多同步发生的事件，并判断它们是否属于必须要被排除的可能竞争解释。

回归间断点设计：一种以参与者在分配变量上的分数为基础，将参与者分配到各组，并通过寻找各组回归线的间断点来评估处理效应的设计。

回归间断点设计

分配测量值：用于将参与者分配到实验组和控制组的测量值。那些得分低于截断值的参与者会被分配到一组，而那些得分高于截断值的参与者会被分配到另一组。

回归间断点设计（regression discontinuity design）是用来确定某组个体在接受处理后是否满足某个预设的受益标准的。如图 10.13 所示，这种设计包括对所有参与者的**分配测量值**（assignment measure）进行测量，然后在此测量值的基础上选择截断值。让得分高于截断值的所有参与者都接受处理，而让得分低于截断值的所有参与者都不接受处理。也可以反之，让得分低于截断值的所有参与者接受处理，而让得分高于截断值的所有参与者不接受处理。在施与处理之后再进行后测，然后

图 10.13
回归间断点设计的结构。O_p 代表分配变量的测量值；C 代表测量值的截断值，用于将参与者分配到各条件中去（得分高于截断值的参与者被分配到处理条件中，得分低于截断值的参与者被分配到控制条件中）；X 指的是处理条件；O_2 指的是对结果或因变量的后测。

实验组	O_p	C	X	O_2
控制组	O_p	C		O_2

对两个组的测量结果进行比较以确定处理是否有效。例如，研究者也许会对大学生进行一次英语缺陷测试，然后将缺陷水平高于中位数的学生分配到英语补习项目中，而让缺陷水平低于中位数的学生作为控制组（Leake & Lesik, 2007）。尽管这听起来不像是明智之举（即组建一些在实验开始时就不同的组），但它实际上却是有效的，因为研究者确切地知道分组所用的变量（Shadish et al., 2002）。研究者以截断值为基础，完全掌控着参与者的分组，所以参与者是不可能靠自主选择进入某组的。基本上，统计程序决定了实验组和控制组的因变量分数是否存在显著性差异（即图中截断值两侧的线之间是否具有显著差异）。要想了解更多有关回归间断点设计数据分析的信息，请参阅沙迪什等人（Shadish et al., 2002）的著作。

用图来描述有无处理效应有助于清晰地看出这种设计的理念。图 10.14 展示了无处理效应的预期结果，图 10.15 展示了有处理效应的预期结果。这两张图都显示了控制组和处理组的前后测分数的关系。在分配变量上得分高于 50 的参与者接受

图 10.14
没有处理效应的回归间断点实验

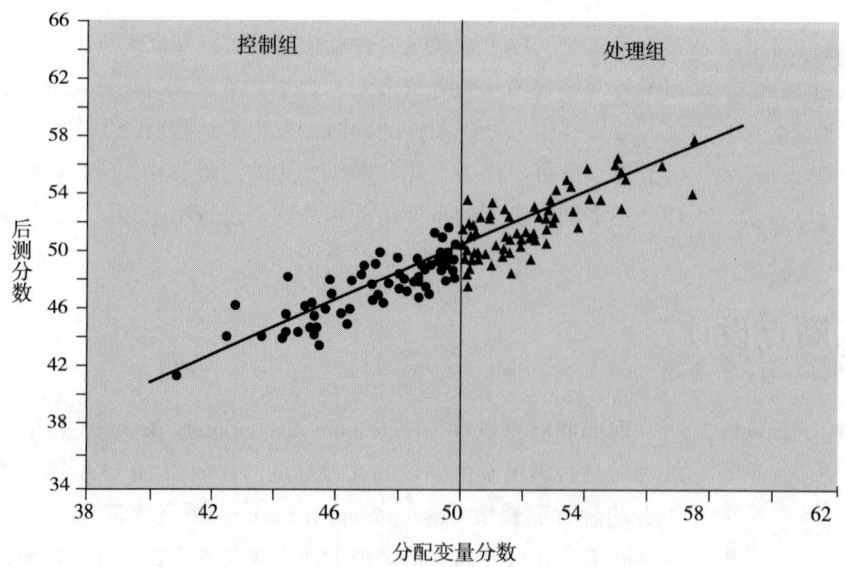

资料来源：Shadish, W.R., Cook, T.D., & Campbell, D.T., 2002, *Experimental and quasi-experimental designs for generalized causal inference*. Copyright 2002. Houghton Mifflin Co. Used with permission.

了处理，而得分低于 50 的参与者则接受了控制条件。先看图 10.14：你可以看到回归线上没有间断点。分数从 41 左右的低分向 58 左右的高分持续增加，以 50 为截断值将参与者分为处理组和控制组。穿过这些分数点的直线就是"回归线"。这条连续的回归线说明实验无处理效应，因为得分高于截断值 50 的人在接受处理后，其分数也只是简单地延续了那些得分在 50 以下且没有接受处理的人的分数模式。现在来看图 10.15。这张图表示的是，那些得分在 50 以上的人的回归线并不是那些得分在 50 以下的人的回归线的延续。换句话说，这条回归线上有间断点。这个间断点表明处理有效应，因为如果没有这个处理效应，回归线上就不该有间断点出现，就像图 10.14 中展示的那样。

当研究者想调查某些项目或处理的效果，但又不能将参与者随机分配到各比较组时，回归间断点设计是一种非常好的选择。但是，要想有效地评估某种处理条件的效应，就必须遵循表 10.3 中列出的那些标准。当达到这些标准时，回归间断点设计是能够检验处理条件效应的一种非常好的设计，并通常比其他准实验设计更强大。

回归间断点设计的任何效度威胁都必须在回归线上产生一个突变的间断点，而这个点的位置要与截断值一致。正如沙迪什等人（Shadish et al., 2002）指出的那样，这是让人难以相信的，然而是可能的。能够产生这样一种应果的主要威胁是差别历史效应。这种历史效应必须只对截断值一侧的参与者产生影响（这种可能性很难发生）。在其他内部效度威胁中，大概只有差别流失是严重的威胁了（即从一个组退出的参与者与从其他组退出的参与者情况不同）。

图 10.15
有处理效应的回归间断点实验

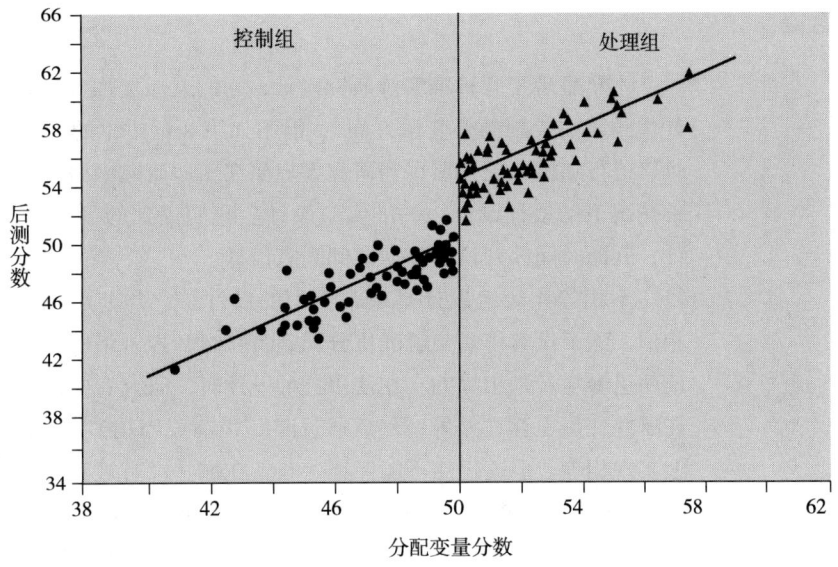

资料来源：Shadish, W.R., Cook, T.D., & Campbell, D.T., 2002, *Experimental and quasi-experimental designs for generalized causal inference*. Copyright 2002. Houghton Mifflin Co.Used with permission.

表 10.3
回归间断点设计的要求

- 分配比较组时，必须且只能以截断值为基础。
- 分配变量至少得是顺序变量，最好是连续变量。它不能是命名变量，如性别、种族、宗教倾向或类似于药物使用者或非使用者这样的状态变量。
- 理想情况下，截断值应该是位于整个分数分布中间的平均值。截断值越接近极端值，这种设计的统计效力就越低。
- 对比较组的分配必须处于实验者的控制之中，以避免出现选择偏差。这个要求等于拒绝了将此设计用于回溯性用途。
- 必须知道分配变量和结果变量之间的关系（是线性的还是曲线的），以避免对处理效应的估计出现偏差。
- 所有的参与者必须来自于相同的总体。选择回归间断点设计意味着所有参与者都曾有接受处理条件的可能。这意味着这种设计不适用于某些情况，比如当实验参与者选自某所学校而控制组参与者选自另一所学校的时候。

思考题 10.4

- 描述间断时间序列设计，并说明在这种设计中如何消除竞争假设。
- 在使用间断时间序列设计时，无法控制的主要竞争假设是什么？
- 描述回归间断点设计。
- 在回归间断点设计中，什么竞争假设不能被控制？

本章小结

本章呈现了几种准实验研究设计，它们近似于强实验设计。准实验设计比弱设计优越（在控制额外变量方面），但不如第 8 章讨论的强设计。由于在实地环境中难以进行随机分配，所以当研究者想要在实地研究中得出因果推论时，就会选择这种情况下的最佳设计——准实验设计。我们提到的准实验设计有不相等比较组设计、间断时间序列设计和回归间断点设计。

不相等比较组设计是最常使用的设计。它与前后测实验设计（一种强设计）相似，除了没有将参与者随机分配到实验组和控制组中，这意味着我们没有把握保证两组参与者是相等的。在使用这种设计时，研究者应该尽量确定处理组和控制组在哪些变量上存在差异，然后通过匹配和/或统计控制技术尽量让各组在这些变量上实现相等。但这仍然不能保证参与者在那些没有被我们确认的额外变量上是相等的。我们在表 10.2 中列出了这种设计最常见的内部效度威胁。一般来讲，当这种设计能在设计和执行方面达到与随机化实验相同的水平时，其结果的平均效应量确实就能够与后者相当了。

间断时间序列设计试图在不使用控制组的情况下消除竞争假设。在间断时间序列设计中，在引入实验处理条件前后都有一系列的因变量测量。由于实验处理条件的引入，记录的一系列反应中会出现间断，所以我们就可以通过检查这个间断的量级来确定处理效果。这种设计中最主要的误差来源是历史效应。

当研究者不能将处理施与所有参与者，但能根据他们在某个分配变量上的分数而对其进行分组时，就可以使用回归间断点设计了。通过检查回归线就能确定处理条件的效应。如果在回归线中出现了间断点，就能推断出存在处理效应。

重要术语和概念

分配测量值	间断时间序列设计	选择—流失效应
交叉效应	不相等比较组设计	选择—历史效应
设计元素	准实验设计	选择—工具效应
第一种正处理效应	回归间断点设计	选择—成熟效应
实验组与控制组正处理效应	第二种正处理效应	选择—回归效应

章节测验

问题答案见附录。

1. 准实验设计和随机化实验设计之间最主要的区别在于：
   a. 能操控自变量数目
   b. 随机化设计更常用于实地研究
   c. 设计对潜在内部效度威胁的控制力
   d. 可预期的处理效应的大小

2. 在不相等比较组设计中，最主要的内部效度威胁是_____效应的某些形式。
   a. 历史
   b. 选择
   c. 测验
   d. 工具

3. 从不相等比较组设计得到的下列结果中，哪个最能使我们相信所观察到的效应是由处理产生的：
   a. 正处理效应
   b. 实验组和控制组的分数都增长了，但是实验组增长得更多

   c. 交叉效应
   d. 实验组分数增长，而控制组降低

4. 在间断时间序列设计中，可以排除绝大多数内部效度威胁的原因是：
   a. 最靠近处理的两个点出现了间断
   b. 多次后测
   c. 多次前测和多次后测
   d. 多次前测

5. 一所学校的负责人想减少她所在学校的逃学现象。她将那些在过去一年中平均每周逃学两次以上的学生安排到了一个项目中，这个项目能让学习更愉悦也更有意义。将平均每周逃学两次以下的学生作为控制组。为了检验这个项目的效果，她应该使用哪种设计？
   a. 随机化实验设计
   b. 回归间断点设计
   c. 不相等比较组设计
   d. 时间序列设计

提高练习

1. 阅读下列设计摘要，并判断：
   a. 使用的准实验设计类型
   b. 在得出处理产生了所观察到的效应这个推论时，可能存在的内部效度威胁

   A. 美国国立卫生研究院想促进有前途的年轻科学家的科研生涯，通过给他们一笔丰硕的奖励来保证他们能专心投入到科研工作中。列出要求后，研究院收到了 100 位科学家的申请，这些科学家都是助理教授，且从事第一份工作的年限都还没有超过 5 年。研究院官员根据出版物的数量、获取最高学历的学校和推荐信等，从这 100 位申请者中挑选了 25 位最有前景的年轻科学家。5 年后，他们比较了 25 位获得奖励的申请者与未获得奖励的申请者的工作成绩。结果发现获得奖励的申请者出版物数量更多，他们中有更多人被提升到了副教授，而且他们的薪酬也普遍高于那些没有获得奖励的人。研究院根据这些证据推断这个项目应该继续，因为它是一个巨大的成功。

   B. 反对酒驾母亲协会多年来一直试图说服议员制定更严格的法规反对酒驾。假设在你的国家，大家已经成功地说服立法者通过了一项更严格的法规反对酒驾，其中规定酒驾至少入狱 6 个月，吊销驾照 5 年以及至少处罚 1 万美元。你想检验一下这项严格的法规的效果，所以你记录了在这项法规通过前后各 5 年内因酒后驾车被捕和被定罪的人数。你发现在法规通过之后，被捕和被定罪的人数都减少了，所以你推断这项更严格的法规是有效的。

   C. 学校经常会为那些在特定学科中落后的个体提供辅导课程。你想确定某个阅读项目是否对阅读困难的儿童有效，所以你测试了所有二年级儿童的阅读能力。在你的阅读能力测试中得分低于 30 的儿童被要求加入这个阅读项目。在这些儿童参与了阅读项目一段时间之后，你再次测试了所有二年级儿童的阅读能力。你发现参与项目的儿童所取得的进步超过了预期，因此推断这个项目是有效的。

2. 青少年中心想改善有暴力倾向的青少年的家庭生活。功能性家庭疗法是一种治疗方法，它是正在施行的项目之一。为了评估这种疗法在减少青少年暴力方面的效果，研究者选择了两个青年中心。其中一个提供功能性家庭疗法，对象是已在青少年中心且正准备回家的青少年及其家庭；另一个继续提供常规的随访和对父母的简单咨询。在施与这种处理之前和之后的一个月内，研究者记录了每一个回家的孩子与其他青少年、与其他家庭成员发生冲突及违法的次数。下面列出了四种可能出现的结果。
   a. 画出每种结果的示意图。
   b. 说明处理条件看起来是否有效。
   c. 确认能够解释观察到的效果的竞争假设。

   第一种结果： 实验组：前测 =27　　后测 =13
   　　　　　　 控制组：前测 =10　　后测 =10
   第二种结果： 实验组：前测 =16　　后测 =4
   　　　　　　 控制组：前测 =10　　后测 =27
   第三种结果： 实验组：前测 =14　　后测 =27
   　　　　　　 控制组：前测 =5　　 后测 =10
   第四种结果： 实验组：前测 =4　　 后测 =13
   　　　　　　 控制组：前测 =15　　后测 =15

第 11 章

单被试研究设计

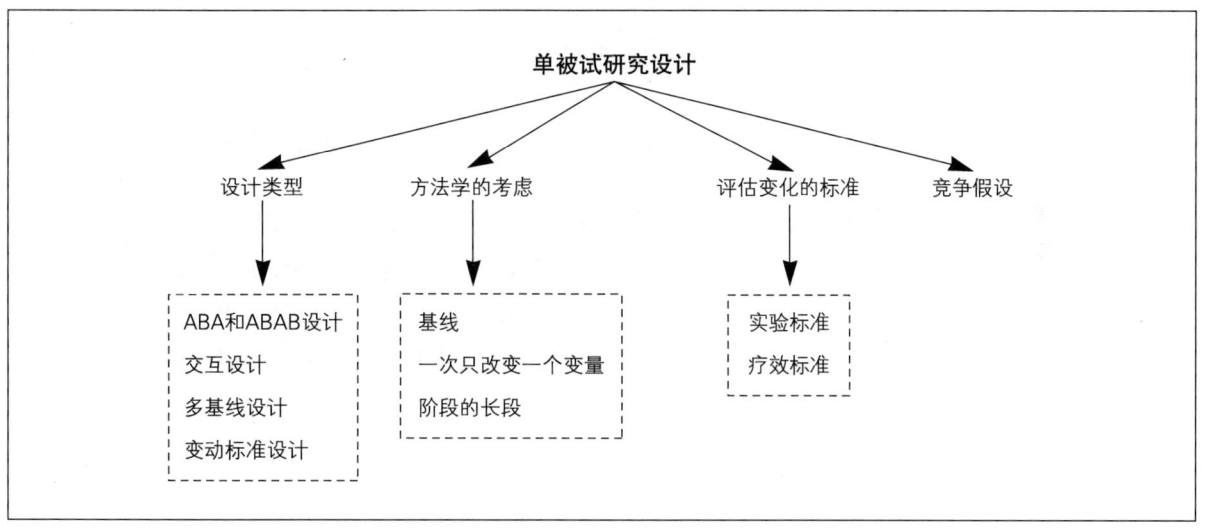

　　加州大学戴维斯分校的贝尼斯博士给了聪明的商人 H.W. 一张图片，图片描绘了一个具体事件，他要求商人将图片内容描述出来。下面就是商人描述的内容（Gazzaniga, Ivry, & Mangun, 2002, p. 338）。阅读这段描述，看看你是否能够确定图片中的人物以及他们正在做的事情。

　　首先我看到了跌倒，几乎要跌倒，它将要跌倒了，而且他们俩都要拿什么东西吃……但是麻烦的是他们要撒手了，他们都要跌倒了……我看得不是特别清楚，但是我相信，她要弄些对你无益的食物，她要拿一些给自己……你这样想，是因为他们不应该上那儿拿它，除非你告诉他们，他们可以拥有它。所以这是在跌倒，而且毫无疑问，这里有一样他们会拿来当食物的东西，并且事情进展得并不顺利，这个……

> 嗯哼……这个东西……嗯……对……它对你不好，但是它……但是你喜欢……嗯……（H.W. 故意地咂了咂嘴）……所以他们……看那个，我看不见它是否在那儿……我想她正在说，我想要两个或三个，我想要一个，我想……我想是这样的，所以，所以她将要拿到这个，毫无疑问，这是要跌倒在那里或不管怎样，她将要拿到那个。并且在那里，他要给自己拿一个或更多的，这全都取决于他们什么时候会跌倒……什么时候跌倒会没有问题，他们需要做的就是修复好然后重新再来，并拿到更多。
>
> 阅读完这段描述之后，我们猜想你很难确定图片中的人物和他们正在进行的活动。大概你可能知道的唯一的事情就是什么东西或什么人正在跌倒，而且有食物牵扯在里面。但是，如果你看到了那张图片，你会知道它描述的是一个男孩正从架子上的罐子里拿小甜饼，同时另一只手在递给他妹妹一个，并快要从凳子上摔下来的情景。那么 H.W. 的描述遗漏了什么？他准确地描述这个场景中的许多方面，但是他没有提及任何名词。例如，他用"这"代替了"凳子"或"椅子"，他用"食物"替代了"小甜饼"，即使他知道这是一个小甜饼，它味道很好，并对孩子们没有什么好处。此外，他从没提到图片中的人是一个男孩和一个女孩。
>
> 这个人经历了中风，左半脑的威尔尼克区或其附近的部分大脑皮质受损，导致了一种叫做"忘名病"（anomia）的障碍，丧失了叫出事物名称的能力，或者很难标识物体。但是，从他的描述中可以看到，他的理解还是完整的，言语能力也未受影响。
>
> 类似的案例比较罕见，但它们能透露大脑不同区域的功能，所以科学家很喜欢以这些个体作为研究参与者来调查参与某些过程（如语言）的脑结构。因为在特定区域出现皮质损伤的个体非常稀少（如威尔尼克区），所以研究通常局限于某个单独的个体。

引 言

到目前为止，本书所讨论的设计都是包含了不同个体的群组。但是，正如本章开头的案例所描述的，有时候我们无法找到一大群个体来参与某项实验。有时候，我们有必要对单独个体的处理效果进行评估。这意味着我们既不能使用随机分配，也不能纳入一个控制组，而这二者是控制竞争假设的主要技术。当我们开展的实验只有一名参与者时，如何才能控制竞争假设的影响？答案是使用单被试设计。这是专门为只有一名参与者的情况所构建的设计，而且是按照能够控制许多竞争假设影响的方式来构建的。

单被试研究设计：使用单独的一名或一组参与者来调查某种处理条件的影响的研究设计。

单被试研究设计（single-case research designs，也译为单案例研究设计）是指只使用一个参与者或一组个体来研究某种处理影响的设计。这些设计的独特之处在于能够用一个参与者或一组个体来进行实验研究，后者如一个团队、一组员工或一组青少年。虽然单被试设计也可用于一组参与者，但是绝大多数时候，它们还是用于单一参与者。在讨论这些设计时，我们将关注它们在单一参与者实验中的运用。

本章将讲解最常使用的几种单被试设计，并分别说明它们如何能够在控制竞争假设的同时对自变量影响进行评估。本章结尾的部分将讨论方法学问题，这些都是在设计单被试研究时必须要考虑的问题。

单被试设计的历史

绝大多数人在第一次遇到这些设计时，都很容易将它们与个案研究等同起来，这是不正确的：单被试设计用实验方法来研究处理效应，而个案研究则提供对某个个体或某个群体的深度描述。简单地回顾一下实验心理学的历史就能发现，心理学研究实际上是始于对某个单一有机体的深入研究。冯特（Wundt, 1902）使用的内省法要求参与者受过高度训练。艾宾浩斯（Ebbinghaus, 1913）的标志性记忆研究只用了他自己这个参与者。巴甫洛夫（Pavlov, 1928）的基本发现都是狗这个单一生物体的实验结果（参见专栏 11.1），不过其结果的可重复性在其他生物体上得到了证明。

如你所见，单被试研究在心理学的早期历史中是非常盛行的。但在 1935 年，

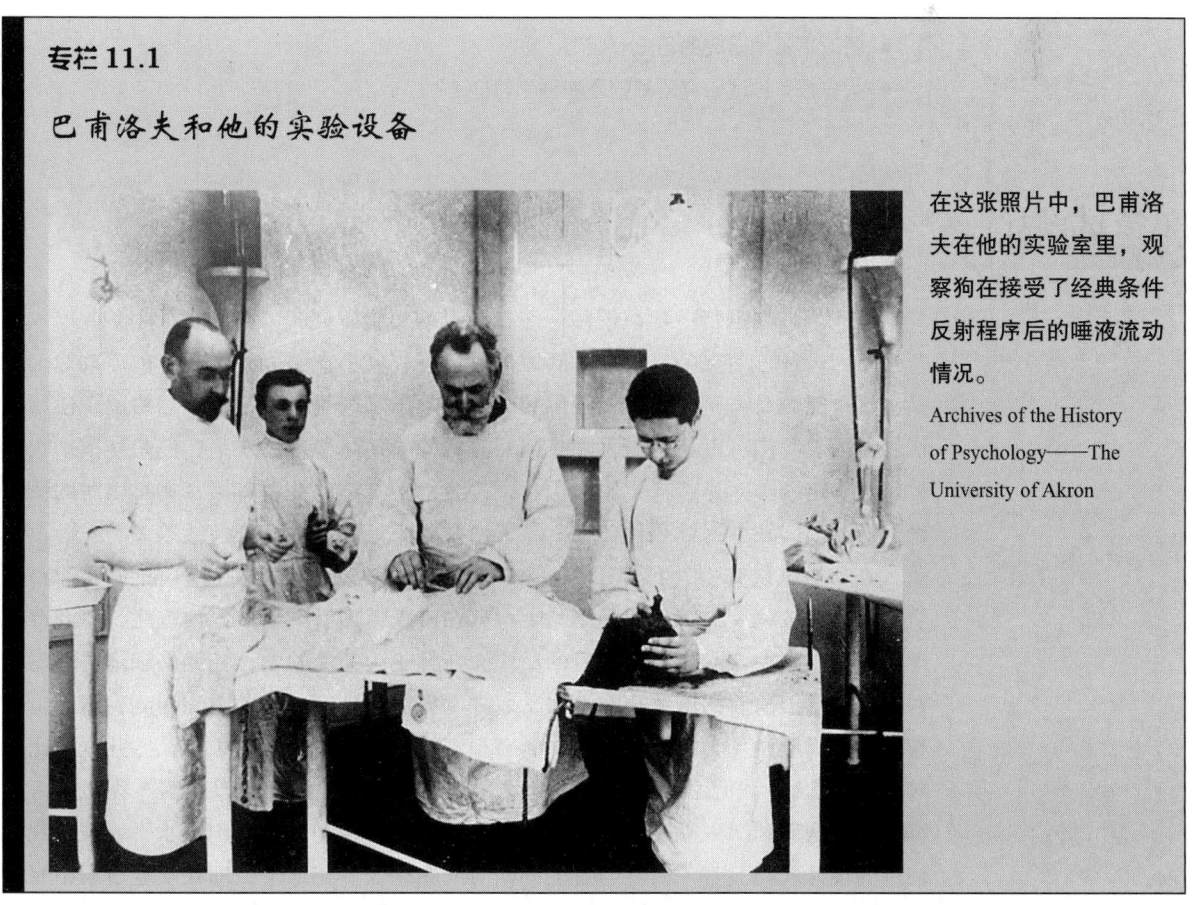

专栏 11.1

巴甫洛夫和他的实验设备

在这张照片中，巴甫洛夫在他的实验室里，观察狗在接受了经典条件反射程序后的唾液流动情况。

Archives of the History of Psychology——The University of Akron

费希尔爵士出版了一本有关实验设计的书，它改变了心理学研究的进展。这本书为开展和分析多参与者实验打下了基础。心理学家很快意识到由费希尔提出的这些设计和统计程序非常有用。随着费希尔（Fisher, 1935）工作成果的出版发行，心理学家从单被试研究转向了多参与者研究。

斯金纳（Skinner, 1953）与其学生和同事采取了与这种多组参与者传统不同的方法。他们发明了一种叫做行为实验分析的一般性方法。这种方法致力于用单个参与者（或者少数几个参与者）开展实验，其成立的前提是：在严格控制的条件下，对单个生物体进行的详细检查可以得出有关处理条件的有效结论。这种方法的使用促成了各种单被试实验设计的发展。今天，在依靠应用行为分析的研究和实践领域中，单被试设计的应用最为广泛。应用行为分析的基础是行为学习理论原理，尤其是操作性条件反射。今天，在发表单被试研究的期刊中，最有声望的两份分别是《行为的实验分析》（*Journal of Experimental Analysis of Behavior*）（始于 1958 年）和《应用行为分析》（*Journal of Applied Behavior Analysis*）（始于 1968 年）。这两份期刊都是由行为实验分析学会（Society for the Experimental Analysis of Behavior）所开创的。

思考题 11.1
- 什么是单被试设计？它的使用对象是谁？
- 讨论单被试研究的历史。
- 大多数单被试研究的基础是哪种学习理论？

单被试设计

当我们计划进行一项只使用一名参与者的实验研究时，有必要采用某些形式的时间序列设计。回想一下间断时间序列设计，它要求在引入处理条件前后都对因变量进行重复测量。例如，假设我们想确定咖啡因是否是导致某卡车司机出现情绪困扰的原因。我们可以让他摄入咖啡因并测量他的情绪稳定性水平，但是接下来我们将无法确定咖啡因是否产生了作用，因为我们不知道他在没有摄入咖啡因时的情绪稳定性如何。缺少这样一种比较，就无法推断出处理条件的任何效果。

在单被试研究中，我们用作比较的基础是什么？由于研究中只有一名参与者，所以作为比较的反应就只能是参与者自己在接受处理前的反应。换言之，研究者必须记录参与者在自变量施与前后的反应。在咖啡因的实验中，我们必须记录参与者在摄入咖啡因前后的情绪稳定性水平。如果我们只进行一次前测和后测，就会出现与单组前后测设计类似的情况，而它有很多缺点。为了克服其中的某些问题（比如成熟和历史），我们必须进行多次前测和后测。比如，我们可以在卡车司机摄入咖啡因前的两周和摄入咖啡因期间的两周，每天测量他的情绪稳定性水平。现在我们使用的设计就与只有一名参与者的间断时间序列设计相似了，即在实验过程中对参与者在因变量上的反应，也就是对情绪稳定性进行相对连续的记录。使用这种程序，我们可以记录卡车司机在整个实验过程中的情绪稳定性水平。这种程序也是实验性的，因为我们可以按计划在实验中插入干预，如咖啡因这样的处理条件。因此，我们能够评估某个自变量的效果。

尽管在单被试研究中可以运用基本的间断时间序列设计，但我们必须记住这是一种准实验设计。通过对因变量进行反复的前测和后测，我们能够排除许多潜在的偏差效应，但是它无法排除可能的历史效应。时间序列设计对处理效应的探测能力取决于研究者的判定能力，即如果不施与处理条件会出现什么情况。有时，我们把已接受处理的参与者在不接受处理时可能会出现的假设情境，称作反事实。我们在使用间断时间序列设计时，会收集因变量的前后测数据。在确定处理是否对行为产生了效应时，我们将因变量的后测与前测（作为反事实的一种估计）进行比较，看看有没有什么变化。但是在这种估计中有一个基本假设，即如果没有施与处理，那么前测的模式将会延续下去。换言之，是用前测反应来预测没有接受处理的情况下后测反应将会是怎样的。如果这个预测不准确，那么我们就没有充足的证据来评估处理干预的效果。于是，基本的时间序列设计也就无法清楚地确认某种实验处理效应的影响了。

思考题 11.2 | • 说明最基本的时间序列设计（间断时间序列设计）和它的局限性。

ABA 和 ABAB 设计

ABA 设计：将参与者对处理条件的反应与处理前后记录的基线反应进行比较的一种单被试设计。

基线：自然发生状态下或施与处理条件之前参与者的目标行为。

反转：在处理被撤除之后，行为改变至基线水平。

为了对基本的时间序列设计进行改进，以得到更强的证据来证明处理条件的因果效应，人们发展出了 **ABA 设计**（ABA design）。图 11.1 中所描绘的 ABA 设计代表的是单被试研究设计中最基本的形式。正如其名称所暗示的，ABA 设计有三种不同的条件。条件 A 是指基线条件，在此条件下研究者记录处在自由发生状态下的目标行为（即因变量）。换句话说，**基线**（baseline）是指某个指定行为在施与任何处理之前的状态。因此，基线测量让研究者在评估某种处理条件对目标行为的影响时，有了一个参照标准或反事实。B 条件是实验条件，在这种条件下，有意地向参与者施与处理，试图改变其目标行为。通常来说，处理条件持续的时间与初始时基线的持续时间相同，或者直到被观察的行为出现了某些实质性的和稳定的变化。

在引入处理条件并进行了因变量测量之后，A 条件被重新引入。撤掉处理条件，并恢复基线期间的所有条件。重新建立第二个 A 条件是为了确定行为是否能恢复到前测水平。通常我们假设处理效应是可逆的，但情况并不总是这样。要想说明在实验 B 阶段观察到的改变是由实验处理条件而不是由其他额外变量引起的，行为**反转**（reversal）到前测水平是一个关键元素。如果研究计划只包含了两个阶段（A 和 B），就像在基本的时间序列设计中一样，那么就可能存在着竞争假设，比如历史。但是，如果撤除处理条件，行为反转到最初的基线水平，那么竞争假设的合理性就

图 11.1
ABA 设计

A	B	A
基线测量	处理条件	基线测量

降低了。

让我们来看一项研究（Walker & Buckley, 1968）。研究者利用正强化使 9 岁男孩菲利普对专注行为形成条件反射。他虽然聪明，但学习并不好，有时会做出一些异常行为，影响课堂教学，因此被转介到研究者这里。研究者首先测量了菲利普投入学业任务的时间百分比，即基线测量。当专注时间的百分比稳定之后，引入处理条件，即如果菲利普在给定的时间段内不出现分心就能赢取分数。这些分数也可根据他的选择换成他喜欢的模型。当菲利普完成了连续三个持续十分钟的无分心任务后，撤除强化。图 11.2 描绘了实验的结果。在第一个基线（A）条件时，专注行为的比例非常低。当菲利普把赢取分数这个偶然处理（B）与专注行为联系在一起时，其专注行为所占百分比出现了显著增长。当撤除偶然事件，并恢复到基线条件（A）时，专注行为又下降到前测水平。

在这个例子中，ABA 设计似乎对实验处理条件的影响进行了一次相当引人注目的说明。但是，ABA 设计也存在几个问题（Barlow, Nock, & Hersen, 2008）。第一，这种设计以基线条件作为结尾。站在治疗师或其他希望行为出现变化的个体的角度，这是不可接受的，因为处理条件给参与者带来的好处被剥夺了。幸运的是，这种限制很容易解决，只需要在 ABA 设计中增加第四个阶段，重新引入处理条件。如图 11.3 所示，现在我们有了 ABAB 设计（ABAB design）。例如，在上述研究中，

ABAB 设计：对 ABA 设计的延伸，重新引入处理条件。

图 11.2
个体条件作用程序中连续时间样本里专注行为的百分比

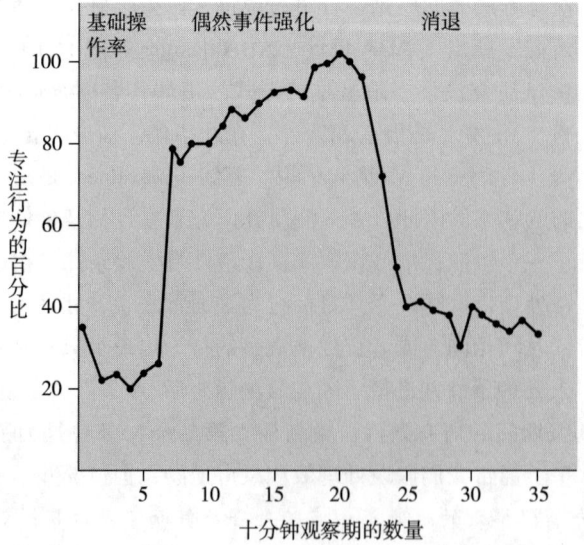

资料来源："The use of positive reinforcement in conditioning attending behavior" by H.M.Walker & N.K.Buckley, 1968, *Journal of Applied Behavior Analysis*, 1, p.247. Copyright 1968 by the Society for the Experimental Analysis of Behavior, Inc.

图 11.3
ABAB 设计

A	B	A	B
基线测量	处理条件	基线测量	处理条件

在第二个基线条件之后，处理条件将恢复，因此菲利普就会在处理阶段（有更好的课堂表现）结束研究。因此，参与者离开实验时拥有处理条件带给他的全部好处。

ABA 设计的第二个潜在问题就不是那么容易处理的了。正如之前提到的那样，ABA 设计的优势之一是，它能展示在撤除实验处理条件后，结果变量回到了基线水平。不幸的是，不是所有因变量都能发生反转回基线的情况。也许因为跨阶段的延滞效应而发生反转失败，从而使处理条件产生了一个相对持久的行为变化。你将在后面的内容中了解到，多基线设计更适用于研究那些可能产生相对持久的行为变化的干预。

ABA 设计的第三个问题涉及此设计中反转和撤除之间的区别。在讲述 ABA 设计时，我们描写过**撤除**（withdrawal），即在设计的第三个（第二个 A）阶段去掉处理条件。莱滕伯格（Leitenberg, 1973）声称，应该将 ABA 撤除设计与 ABA **反转设计**（reversal design）区分开来。区别产生于 ABA 设计的第三个（第二个 A）阶段。在撤除设计中，撤除了处理条件；在反转设计中，将处理条件运用在了某个不可兼容的替代行为上。例如，假设你希望用强化来使某个不合群的四岁半女孩的玩耍行为有所增加，就像艾伦等人（Allen, Hart, Buell, Harris, & Wolf, 1964）所做的那样。如果你按照这些研究者所使用的程序开展实验，那么你会在基线阶段记录这个女孩与儿童和成人发生互动的时间百分比。在处理（B）阶段，当女孩与其他儿童互动时，就给予表扬；而当她独自玩耍或与成人互动时，则忽略。在实验的第三个阶段（第二个 A 的阶段），会发生真正的反转。表扬不会撤除，而是转变为在与成人互动的时候施行，于是每当这个孩子与成人互动时就会被表扬，而与其他儿童的互动则被忽略。实施这个阶段是为了了解，当偶然事件的强化出现转变时，她与成人互动的社会行为是否会因此增加，而与儿童的互动是否会因此减少。尽管 ABA 反转设计能够揭示相当惊人的结果，但是它更为繁琐，因此使用的频率也不如撤除设计，因为撤除设计更灵活。所以，你遇到的绝大多数单被试 ABA 和 ABAB 设计都是撤除设计。

撤除：去掉处理条件。

反转设计：处理条件被运用于一个替代性的、但不可兼容的行为之上，以产生行为反转的一种设计。

思考题 11.3

- 画出 ABA 单被试研究设计的示意图，并说明这种设计是如何排除混淆额外变量的。
- 为什么 ABA 设计经常被扩展为 ABAB 设计？
- 在什么情况下，ABA 和 ABAB 设计都无法有效确认某种处理效应？
- 处理效应的反转和撤除之间的区别是什么？

交互设计 *

交互设计：用于确认交互作用的单被试设计。

单被试研究中的交互作用：两个或更多个自变量的综合影响。

有关单被试设计的文献调查显示，研究者以各种方式对 ABA 和 ABAB 设计进行了拓展。其中一种有趣且有价值的拓展是使用**交互设计**（interaction design）来确认两个或更多个自变量的交互作用。在第 8 章中讨论多参与者实验设计时，我们提到过交互作用，它描述的是一个自变量对因变量的影响取决于另一个自变量的具体水平的情况。在单被试设计中，我们没有那样的灵活度。当我们讨论**单被试研究中的交互作用**（interaction effect in single-case research）时，我们指的是两个或更多个自变量的综合影响。例如，我们能够调查实物强化（给代币）和口头强化（实验者称赞"好"）的交互作用。

为了将两个变量的交互作用从某个变量可单独产生的效应中分离出来，必须单独分析这两个变量各自的影响和它们组合在一起的影响。为了进一步深化这个问题，我们必须做到一次只改变一个变量。在单被试研究中，一次只改变一个变量是一个基本原则。因此，用于验证每个变量的独立影响和综合影响的实验序列必须能够使变量的综合影响（交互作用）与各变量的独立影响相比较。图 11.4 展示了这种设计。在序列 1（第一行）中，研究者首先从 ABAB 设计开始，目的是检验 B 的效果；接着，B 变成了"基线"，通过与 B 的比较检验 BC 的交互/综合作用；这种逻辑在序列 2（第二行）中被重复，先是检验了 C 的效果，然后通过与 C 的比较检验 BC 的交互/综合作用。其用意是探究"BC 组合"是否比"单个 B"或"单个 C"有更大的效果。

这里有一个例子。假设我们想知道代币、社会赞扬、或代币和赞扬的组合这三种方式中的哪一种对增加课堂行为的专注性更有效。在序列 1 中，我们建立了基线（A），然后研究处理 B（代币）的独立效果，接着将处理 B（代币）和 C（社会赞扬）的综合影响与处理 B（代币）的独立影响进行比较。同样地，在序列 2 中，我们建立了基线，然后研究处理 C（社会赞扬）的独立效果，接着将处理 B（代币）和 C（社会赞扬）的综合影响与处理 C（社会赞扬）的独立影响进行比较。按照这种方式，就有可能确定 BC 的综合影响是否比 B 或 C 的独立影响大。如果是，那么交互作用就存在。但是，如果综合影响比其中某种处理变量（C）大，却比另一种（B）小，那么交互作用就不存在，因为这种效应基本都可以归因于处理 B 了。

研究交互作用可能很复杂。首先，通常需要至少两位研究参与者。用图 11.4

图 11.4
单参与者交互设计

	基线	单独处理	基线	单独处理	组合处理	单独处理	组合处理
序列 1	A	B	A	B	BC	B	BC
序列 2	A	C	A	C	BC	C	BC

---

* 交互设计是一种高级设计，可以跳过而不影响本书的连续性。

中一个序列对其中一位进行测试，而用另一种序列对另一位进行测试。其次，只有每个变量（如社会赞扬）的独立作用不能够使因变量产生最大增量时，才能显示出交互作用。但是，因为了解自变量的综合作用对我们来说是一个重要的研究目标，所以为交互作用研究付出一些努力是值得的。

思考题 11.4
- 画出交互单被试研究设计的示意图。
- 单被试设计中的交互作用是什么？

多基线设计

ABA 设计的一个主要局限是：在撤除处理条件而因变量的行为不能反转到基线水平的情况下，该设计无法排除历史效应的影响。如果你怀疑实验中有可能存在这种情况，那么你就可以使用多基线设计，这是一种符合逻辑的选择，因为这种设计不必撤除处理条件。因此，它的效果并不取决于行为是否反转到基线水平。

多基线设计：将处理条件相继施与几个不同参与者、不同行为或不同情境的一种单被试研究设计。

在图 11.5 所描绘的**多基线设计**（multiple-baseline design）中，基线数据收集的是两个或更多个不同个体的同一行为，或同一个体的两个或更多个不同行为，或者是同一个体在两个或更多个情境中的同一行为。收集完基线数据之后，相继向各目标施与实验处理。我们说的相继施与，是指先向第一名参与者（或者第一种行为或情境）施与实验处理；然后，一段时间之后，向第二名参与者（或者第二种行为或情境）施与处理；接着，再经过一段时间之后，向第三名参与者（或者行为或情境）施与处理。如果暴露于实验处理中的目标发生了变化，而其他目标都保持在基线水平，这就为处理的效果提供了证据。此时更没有理由认为，竞争假设恰巧在施与处理时影响了各个不同的目标。

这里有一个研究实例，研究者（Van Houten, Van HOuten, & Malenfant, 2007）使用多基线设计来检验一个项目的效果，该项目旨在增加中学生骑自行车时的头盔佩戴率。研究者选定了三所学校，并收集了各校头盔使用率的基线数据。一次只向一所学校引入处理项目。如图 11.6 所示，每当向各所学校引入头盔项目时，该学校的头盔使用率就会增加。当这项活动被引入博尼塔斯普林斯中学时，该校的头盔使用率增加了（但是其他两所学校的情况并未改变）。当里维埃拉中学也引入项目时，该校的头盔使用率也增加了（但梅德诺恩中学的使用率仍然很低）。最后，当

图 11.5 多基线设计

		T_1	T_2	T_3	T_4
	A	基线	处理		
	B	基线	基线	处理	
	C	基线	基线	基线	处理
行为、人或情境	D	基线	基线	基线	基线

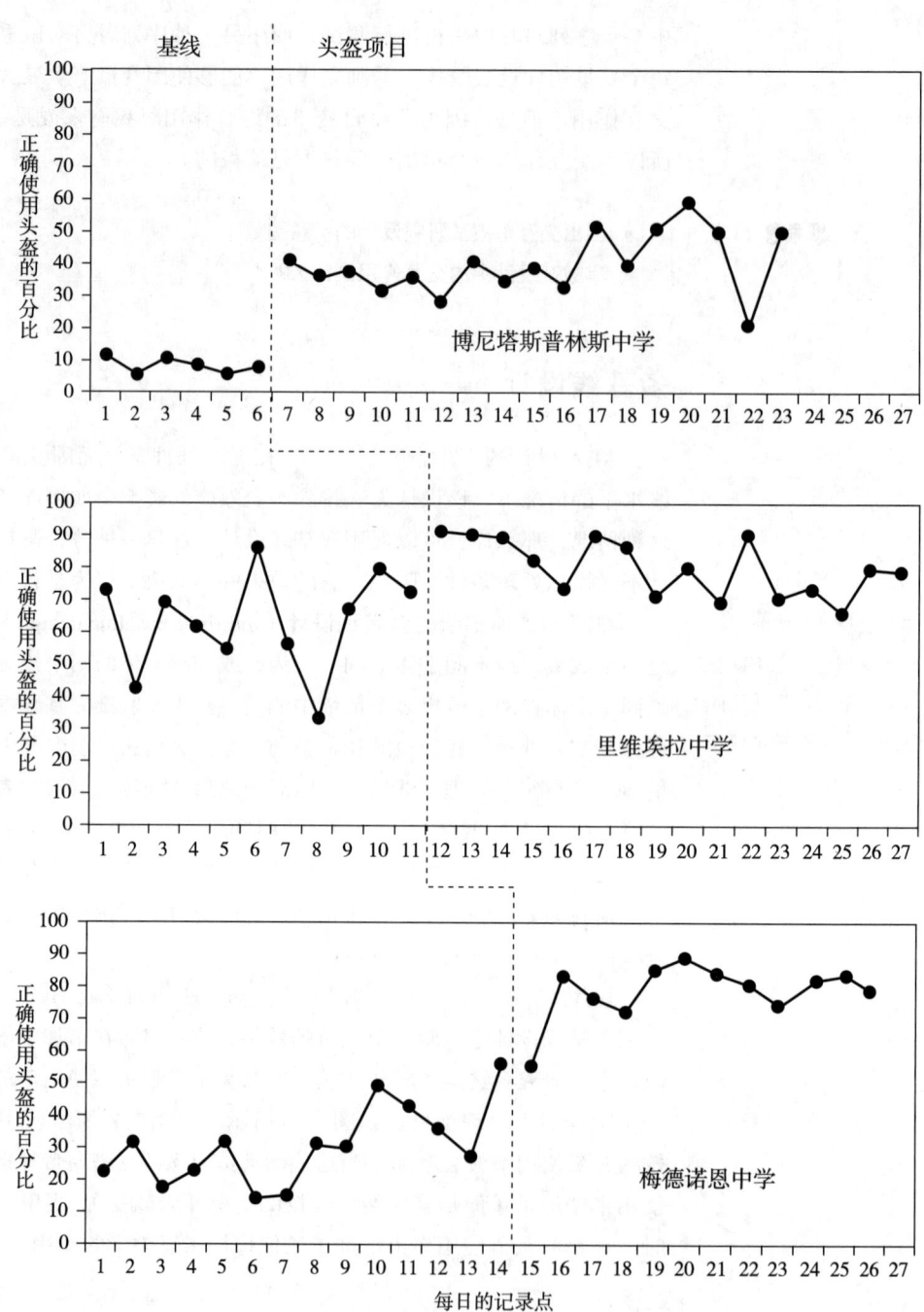

图 11.6
三所中学中正确佩戴自行车头盔的学生人数百分比

梅德诺恩中学加入这项活动时，所有三所中学的头盔使用率都很高。这种变化图谱或模式为倡导学生使用头盔项目的功效提供了证据。

尽管多基线设计避开了反转的问题，但它仍存在着一个根本性难题。为了保证这种设计能有效地评估处理条件的效果，目标行为或结果必须是互不相关的。如果设计使用了几个目标参与者，那这些参与者之间就必须不能交流或互动（即发生在一个参与者身上事情必须独立于发生在另一个参与者身上的事情）。或者，如果这种设计被用于几个目标结果变量，那么这些结果变量必须是独立的（即一个变量的变化不会自然地引起另一个变量的变化）。最后，如果这种设计使用了几种目标情境，那么这些情境也必须是独立的。这里的关键点在于，目标之间绝对不能**相互依存**（interdependence），这样一来，一个目标的变化就不会自然地引起其他目标的变化。当多基线设计中使用了多个变量、一个参与者时，这个相互依存的问题就更常见了。例如，某个处理旨在改善个体的迟到习惯，其目标可以是上学迟到、上班迟到和赴约迟到。但是，一旦处理运用在改善上学迟到上，或许你也能观察到这个人在上班迟到和赴约迟到这两个方面的改变。

相互依存：代表一种对研究假设的违背，此时改变一个目标（参与者、结果或环境）会让其余的目标发生改变。

目标之间相互依存的问题是真实存在的，需要在选择多基线设计之前就应考虑，因为多基线设计的优势是能够显示因变量随着处理的引入所发生的变化。如果向某个目标施与实验处理会使得其他目标产生相应的变化，那么当向其他目标施与实验处理时，其作用就会变小，这是因为行为已经被改变了。在这种情况下，就弄不清楚是什么导致了行为的改变。我们并非总能预测到哪些变量是相互依存的。有时存在着一些关于相互依存的现成数据，但是当这种数据不存在时，研究者就必须自行收集。

思考题 11.5

- 画出多基线单被试研究设计的示意图。
- 在这种设计中，如何排除混淆额外变量？
- 在这种设计中，目标的相互依存指什么？

变动标准设计

变动标准设计：一种通过在连续的处理时段内相继改变标准来逐步塑造参与者行为的单被试设计。

图 11.7 所描绘的**变动标准设计**（changing-criterion design）要求对某个单一的目标行为（即对一个单独的因变量或结果变量）进行初始基线测量。测量之后，设定因变量表现的初始或起始标准水平，并执行处理条件。在第一个处理阶段，如果参与者能成功地在多次试验中达到标准水平，那么就要在下一阶段提高标准水平。当实验进入下一阶段时，会执行难度更大的新标准，同时继续施与处理条件。当行为达到了新标准水平并在多次试验中得以保持时，就要在接下来的阶段引入难度更大的标准。如此一来，在实验中相继的各阶段，参与者都需要在因变量上有逐步提高的表现，"实验控制是通过对目标行为变化的连续重复来体现的，而目标行为的改变是随着标准的逐步变化而变化的"（Kratochwill, 1978, p.66）。

图 11.7
变动标准设计。T_1–T_4 代表了实验的四个阶段。

T_1	T_2	T_3	T_4
基线	处理和初始标准	处理和提高的标准	处理和提高的标准

海曼蒂、欧斯廷和凯泽等人（Himadi, Osteen, Kaiser, & Daniel, 1991）的一项研究对变动标准设计进行了很好的说明。在这项研究中，他们试图减少一名患有慢性未分化型精神分裂症的 51 岁白人男性的妄想言语行为。此患者妄想的内容充斥着浮夸和离奇的元素，他坚信自己是基督耶稣和圣母玛丽亚的儿子，他控制着美国政府，他拥有美国的造币厂和一个金矿，以及当他还是个婴儿时大脑就被手术移除了。为了矫正这些妄想言论，研究者首先在 5 个基线测试环节中给出了 10 个能有效引发妄想答案的问题，以收集他给出妄想答案数的基线数据。收集完基线数据之后，实施处理。处理环节包括询问患者一个能有效引发妄想答案的问题，并指导患者对"那么其他人会同意你的答案吗？"这个问题做出反应。如果患者给出了妄想型的答案，实验者就会提出一个恰当的回答，并要求患者在实验者的帮助下演练这个回答，直到他能够轻松自如地做到这一点。在患者给出恰当答案后，对其进行强化，包括让他喝杯咖啡。在第一阶段，每个处理实施两个问题，此时的标准是患者必须对这两个问题给出无妄想的回答。当患者在 5 个环节中的表现都成功地达到理想标准后，就把标准提高，现在要求患者对 4 个能引发妄想答案的问题做出无妄想反应。这个实验的结果呈现在图 11.8 中，它揭示了患者的表现随着标准水平的提高而得到了改善。这一总体结果模式就是理想中的"指纹"图谱。当行为变化与标准的变化如此紧密相随时，就相当令人信服地说明处理事件产生了效果。

哈特曼和霍尔（Hartmann & Hall, 1976）指出，要想成功地使用变动标准设计需要关注三个因素：基线和处理阶段的长短、标准的变化幅度、处理阶段数或标准变化数。关于基线和处理阶段的长短，哈特曼和霍尔声称，不同的处理阶段应该有不同的时长，或者，如果处理阶段是固定时长，那么基线阶段应该比处理阶段长。这很有必要，因为它可以确保参与者行为的逐步变化是由实验处理引起，而不是由

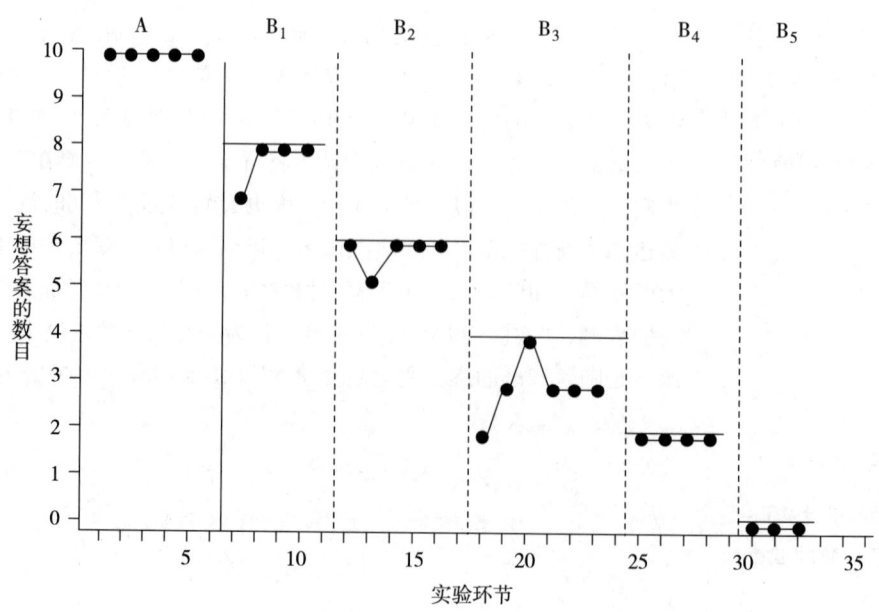

图 11.8
改变有关个人背景问题的妄想反应的行为训练程序记录。水平线代表了标准水平。

某些与标准变化同时发生的历史或成熟变量引起的。关于每种处理的实际时长，经验法则指出，各处理阶段所持续的时间必须长到足以让行为改变至新的标准水平并稳定下来。如果行为不断地在新旧标准水平之间波动，就说明还没有实现稳定性。

第二个考虑是标准的变化幅度。毫无疑问，它必须足够大，这样才能产生可探测的变化。如果行为很难改变，那么标准的变化就应该小到使变化能够实现；但同时也要大到可被注意到。如果行为的变化形式多种多样，那么标准的变化就必须相当大，以便实验者能够探测到所产生的任何变化。

哈特曼和霍尔还声称，也许标准变化两次就足够了。但是，这个问题直接取决于重复实验的次数，这个数目必须能够令人信服地说明行为变化是处理条件的结果。基于这个原因，克劳特切威尔（Kratochwill, 1978）建议至少设置四次标准变化。当参与者的行为非常多变时，霍尔和福克斯（Hall & Fox, 1977）建议在其中一个处理阶段纳入反转程序。这个反转可以包括反转回基线或前一个标准水平。这样的反转将为处理条件的影响提供附加证据。

有些研究要求在一定时期内进行行为塑造，这时变动标准设计就有了用武之地。如果某些治疗或研究案例的目标是逐步增加准确性、频率、持续时间或幅度，那么变动标准设计就非常有用（Hartmann & Hall, 1976）。学习阅读或写作的过程即是如此。

思考题 11.6
- 画出变动标准设计的示意图，并确定这种设计适用于哪种类型的情境。
- 讨论基线和处理阶段的长短、标准的变化幅度和处理阶段数目等因素在此种研究设计中的含义。

使用单被试设计时的方法学考虑

上述关于单被试研究设计的讨论并不代表全部内容，我们只是呈现了最基础和最常用的设计。无论使用哪种设计，在开展单被试研究时，都需要考虑几个常见的问题。

基　线

稳定基线：以不存在趋势、只有微小变动为特征的一组反应。

基线是指处于自由发生状态下的目标行为。基线数据在单被试研究中是非常重要的。主要问题是要获取一个**稳定基线**（stable baseline），因为基线数据是作为标准而存在的，用于评估由处理产生的变化。稳定基线的特征是数据没有呈现某种趋势（或倾斜），且只有微小程度的变动（Kazdin, 1992）。基线数据不具有趋势（或倾斜）意味着它不会随着时间而增加或降低。尽管理想状况是这样的，但有时基线趋势是无法消除的。

如果基线阶段出现的趋势与预期处理阶段要出现的趋势相反，那么实验就能证明处理足够强大，不但能产生效应，还能反转之前的趋势。但是，如果基线趋势与预期的处理趋势方向相同，就很难对处理条件的影响做出明确结论了。在这种情况下，最好在引入处理条件之前，先等待基线稳定下来。如果不能做到这一点，那么研究者可以采取交替处理设计，让两种处理可以往相反方向改变趋势。

稳定基线的另一个特征是其数据变动很小。在单被试设计的基线阶段或其他阶段，若出现过度变动，则会妨碍研究者得出有关处理条件的有效结论。但是，过度变动的定义是相对的，因为只有当变动影响到研究者做出有关处理效应的结论时，才能说它是过度的。而且有效结论的得出取决于许多因素，比如行为在基线阶段的初始水平和在执行干预阶段产生的变化幅度。当基线数据中存在极端波动或非系统性变化时，研究者应该检查这项研究的所有部分，并尽力确认和控制这些变动的来源。有时，这些波动能追溯到那些对实验效度有重要影响的来源，比如因变量评分的信度低。当无法确认或控制这些来源时，研究者可以人为地通过对连续多日或多个环节的数据进行平均来减少这种变动。平均确实能减少变动，还使处理条件效应能被准确估计。但是，它确实也让日常表现模式出现了失真。

在获取人类的基线频率时，还需要考虑一个问题：人类参与者可能会对研究中的行为评估产生抗拒（Webb, Campbell, Schwartz, & Sechrest, 1966）。获取基线数据这个事实本身也许就会对行为产生影响。麦克福尔和戈特曼（McFall, 1970; Gottman & Mcfall, 1972）都对这一点进行了生动的说明，即个体对自己行为的监控会对该种行为产生明显的影响。如果某人监控自己吸烟的频率，那他吸烟的数量就会增加；而如果某人监控的是自己不吸烟的频率，那吸烟的次数就会减少。

一次改变一个变量

单被试研究有一个基本原则，当实验从一个阶段进入另一个阶段时，只能改变一个变量（Barlow, Nock, & Hersen, 2008）。只有遵守了这个原则，才能将引起行为变化的变量分离出来。假设你想检验慢性精神分裂症患者的社会回应在强化之后是否会增加。在试图运用 ABA 设计时，你首先通过记录社会回应数来测量基线表现。然后，让参与者加入一个新的日间项目，每当他们做出社会回应后就称赞"好"。但此时，你违反了单变量原则，因为你引入了新项目和强化程序。如果社会回应的次数增加，你就无法知道这种变化是源于新项目，还是源于强化程序。事实上，起作用的可能不是其中任何一个单一变量，而是这种组合的综合（交互）影响。为了将两个变量的独立作用和综合作用分离出来，你需要一个交互设计。

阶段长短

尽管很少有关于阶段长短的建议可以参考，但绝大多数的实验者还是主张要将每个阶段进行到底，直到产生了某种表面上的稳定性。虽然这很理想，但在许多临床研究中是不可行的。另外，遵从这个建议会导致阶段不对等，而巴洛、诺克和赫森等人（Barlow, Nock, & Hersen, 2008）认为这是不可取的。按照这些研究者的观点，阶段不对等（尤其是当处理阶段的时长超过了证明某种处理效应所需的时间时）会增加历史或成熟造成混淆影响的可能性。例如，如果基线阶段记录了7天的反应，而处理阶段持续了14天，而行为变化若在处理阶段的第7天左右才发生，那我们就必须承认历史或成熟变量可能影响了数据。因为这种潜在干扰的影响，巴洛等人建议在研究的各个阶段使用等量的数据点。

还有两个问题与阶段长短直接相关：延滞效应和周期性变化（Barlow, Nock, & Hersen, 2008）。单被试ABAB设计中的延滞效应通常出现在研究的第二个基线阶段，此时行为不能反转到最初的基线水平。当存在或猜想可能存在这类效应时，会有一些单被试研究者们（如：Bijou et al., 1969）主张使用短处理条件阶段（B阶段），或者，也许多基线设计更为合适。

巴洛等人（Barlow et al., 2008）还认为，周期性变化在单被试应用研究中是一个重要的问题。当参与者受到周期性因素的影响时，如按月发放的薪酬或患有双相情感障碍的参与者生理和心理上的周期性变化，这一问题最为突出。我们建议在数据可能受周期性因素影响的地方延长各阶段的测量周期，使研究中的基线阶段和处理阶段都能包含周期性变化。如果做不到这一点，就必须在那些处于周期性变化不同阶段的参与者身上重复实验结果，或你必须纳入不受周期性变化影响的参与者。无论参与者处于周期性变化中的哪个阶段，如果都能获得相同的结果，那么从数据中获取的结论也就依然有意义。

思考题 11.7 | 列举并讨论在使用单被试研究时必须考虑的方法学问题。

评估变化的标准

本章讨论的单被试设计试图通过使用一些策略来排除额外变量的影响，这些策略应该能够使行为反应出现假定的"指纹"谱图，这与用于多参与者实验研究设计中的控制技术大不相同。相比多参与者设计，单被试设计会使用不同的标准来评估处理效应。常用的标准有两种：实验标准和疗效标准（Kazdin, 1978）。

实验标准

实验标准：在单被试研究中，能够反复证明在引入处理后发生了行为变化。

在单被试研究中，**实验标准**（experimental criterion）要求反复证明引入处理后会发生行为变化。这通常包括对干预前和干预后的行为进行比较。如果干预阶段的因变量分数与基线阶段的因变量分数不重叠，或者两阶段的数据趋势不同，则实验

> **专栏 11.2**
>
> **单被试设计的数据分析**
>
> 过去，当单被试设计的开展被斯金纳和其学生及同事主导时，数据的统计分析是被回避的。因为研究都是以非人类动物为参与者，而且对额外变量进行了充分的实验控制，人们通过目测数据就能确定实验效应，所以人们认为数据统计是没有必要的。
>
> 由于单被试设计变得越来越流行，所以一些人坚持要求对数据进行统计分析。然而，这种观点并没有被普通认可。
>
> 反对使用统计分析的观点如下：
>
> 1. 数据的统计分析对处理效应的证明只能通过展示这种效应是否具有统计显著性来进行。它无法证明处理的临床疗效。例如，尽管对精神分裂症患者施行处理条件可以显著减少其非理性思维模式，且这种减少具有统计意义，但患者的情况并没有好转到可以在机构环境以外的地方进行正常活动。
> 2. 统计检验掩盖了个体表现，因为它们将参与者视为整体并只关注平均数。因此，某种只能让少数个体受益的处理条件可能会因为达不到统计显著性而被认为是无效的，但事实上它对某些个体是有益的。
>
> 支持使用统计分析的两种基本观点：
>
> 1. 当无法在单被试研究中建立稳定基线时，单凭对所得数据进行目测是不能提供准确解释的。当我们不对数据进行统计分析时，研究者为了得出处理条件是否产生了某种效应的结论，就必须使用数据的趋势和变异性。如果基线数据和处理数据出现了不同的趋势或不同的表现水平，尤其是在稳定基线存在的情况下，我们通常可以认为处理条件产生了效果。但是，如果数据中出现了特别大的变异，就很难在不用统计分析的情况下对数据进行解释了。与人为的目测相比，统计分析能够更客观地分析极端变量数据。
> 2. 目测数据可能导致对处理效应的解释不可信。例如，戈特曼和格拉斯（Gottman & Glass, 1978）发现，让 13 名评判员对先前已发表的研究数据进行判断，他们对处理效应是否显著存在分歧。其中的 7 人认为处理效应存在，而 6 人认为处理效应不存在。
>
> 统计分析的支持者和反对者的观点有着各自的合理性。但是，教条或明确地支持其中某种策略而排斥另一种似乎是弊大于利的。当稳定基线和有限变异能实现时，统计分析对数据解释的意义可能就很小了。但是，当这两个条件都不能满足时，除了目测分析之外，还应该使用统计分析。在使用单被试研究设计时，应当将目测和统计分析视为用来提出和验证假设的两种互补工具。

标准得以满足。如专栏 11.2 中所讲的那样，使用单被试设计的许多实验者在做这种比较时都不使用统计分析，这无疑是一个引发争议的问题。此外，许多研究者将能够不断地重复处理效应作为成功的实验标准。如果研究能够证明行为会一再地随着处理条件的变化而变化，则实验标准似乎也就得到了满足。

疗效标准

疗效标准（therapeutic criterion）指的是临床或实际意义，或者处理效应对参与者的价值。对于参与者而言，处理效应是否消除了某些障碍，或者是否增强了某种日常机能？这个标准比实验标准更难证明。例如，一个有自残行为的儿童在接受处理后，也许会减少 50% 的自残行为，但每个小时仍会出现 50 次此类行为。即使实验标准被满足了，但这个儿童的行为仍然离正常水平很远。

为了解决这个问题，研究者们在某些实验中引入了一种叫做社会确认的程序。对处理效应的**社会确认**（social validation）包括确定处理效应是否让患者产生了某种重大的变化，使其能够正常地生活（比如，某个幽闭恐惧症患者在接受处理之后是否可以乘坐电梯？）。这种确认是通过社会比较法或主观评估法来实现的。

社会比较法（social comparison method）是指将患者在接受处理前和处理后的行为与其正常同伴的行为进行比较。如果参与者的行为不再异于正常同伴的行为，那么就满足了疗效标准。**主观评估法**（subject evaluation method）是指他人是否认为参与者的行为产生了质变。或许可以让那些平常与参与者有接触且能够对参与者进行评估的个体使用某种评估工具对参与者的机能进行全面评估，如评级量表或行为核查表。如果这个评估显示患者的机能更加正常了，那么也就可以认为满足了疗效标准。这两种方法都有着自身的局限性，但是都为实验处理条件的疗效提供了附加信息。

> **疗效标准**：处理条件消除了某种障碍或改善了日常机能的证明。
>
> **社会确认**：由他人通过处理条件是否显著改善了参与者的机能来进行的确认。
>
> **社会比较法**：将参与者与正常同伴进行比较的一种社会确认法。
>
> **主观评估法**：评估他人对于参与者的看法，以了解他们是否认为参与者行为发生了变化的一种社会确认法。

思考题 11.8 | 讨论单被试研究设计中用于评估处理效应的标准。

竞争假设

最后一个方法学上的考虑适用于所有心理学研究。对于实验发现，研究者必须持续不断地思考是否存在潜在竞争假设（如实验者期望、序列效应、指导语等）。如果某种结果模式看上去是支持你的解释的，你也仍然必须仔细考虑，是否有另一种（竞争）假设比你的解释更合理，或者该解释是否能质疑你的解释。对于如何正确使用单被试研究，我们在前文讨论每种设计时分别列出了若干要求，同时也列出了开展这些单被试研究时几个一般性的方法学要求。如果某个设计没有满足其中任何一个基本要求，你都必须选择另一个替代性设计。有时，你需要构建比本章所讨论的设计复杂得多的设计，以满足特定的研究需求。而且，如果有任何额外的威胁潜入了你的实验，你都必须警觉地识别它们。好的研究要求实验者认真细致地执行设计，不断地观察和思考正在发生的事情和它们的意义。

思考题 11.9 | 从 ABA 和 ABAB 设计、交互设计、多基线设计以及变动标准设计中得到的发现分别存在哪些可能的竞争假设？

本章小结

在开展只使用一个参与者的实验研究时,你必须重新调整你的思维,因为此时的额外变量既不能通过随机化控制技术进行控制,也不能通过纳入一个控制组进行处理。在排除额外变量可能产生的混淆效应时,你可以使用某种形式的时间序列设计。这意味着要对因变量进行多次前测和后测,以排除潜在的竞争假设,如成熟或历史效应的影响。ABA设计是一种常用的单被试设计,它要求研究者在引入实验处理条件前后都要进行基线测量。我们根据行为在引入处理条件后发生的变化和其在撤除实验处理条件后向前测水平方向上的反转来证明实验的处理效应。这种设计的成功取决于反转。

人们对基本的ABA设计进行了多种形式的拓展。交互设计试图评估两个或更多个变量的综合或交互作用。对于各变量的影响,我们既会独立评估,也会综合考虑。另外,必须对变量的综合影响,或者两个或更多个变量之间的交互作用,与每个变量的影响单独进行比较。这意味在这种研究中,必须至少使用两名参与者。

单被试设计的第三种类型是多基线设计。这种设计通过向不同的目标参与者(或目标行为或目标情境)相继施与实验处理条件,避免了ABA设计中必须要反转的要求。如果在相继引入处理条件时行为出现了同步变化,那么就说明处理条件的影响存在。尽管多基线设计避开了反转性问题,但它要求研究的目标参与者、行为或情境必须是相互独立的。

变动标准设计对于那些要求在一段时间里塑造某种行为的研究来说是非常有用的。这种设计要求在基线阶段之后执行某种处理条件,并在后续一系列的干预阶段中继续执行。为了让参与者能进入下一干预阶段,每个干预阶段的表现标准都要更高。实验者制定的标准水平难度会逐步地增加。按照这种方式,可将逐渐行为塑造至理想的标准水平。

除了要了解单被试设计的基本知识,你还应该了解恰当使用这些设计所需要的方法学方面的考虑。这包括以下内容:

1. 基线。应该获得一个稳定的基线。尽管当目标行为自由发生时,总是存在着一些变动。
2. 一次只改变一个变量。单被试研究的一个基本原则是,当实验从一个阶段进入另一个阶段时,只能改变一个变量。
3. 阶段的长短。尽管存在一些争议,许多方法学家还是认为各阶段的长度应该相等。
4. 评估变化的标准。应该使用实验标准或疗效标准(或者两种一起)来评估单被试设计的结果,以确定实验处理条件是否产生了理想的效果。
5. 竞争假设。应该考虑实验发现有无替代性解释,包括诸如测量工具、实验者期望和序列效应等变量的效应。

重要术语和概念

ABA 设计
ABAB 设计
基线
变动标准设计
实验标准
交互设计

单被试研究中的交互作用
相互依存
多基线设计
反转
反转设计
单被试研究设计

社会比较法
社会确认
稳定基线
主观评估法
疗效标准
撤除

章节测验

问题答案见附录。

1. 单被试研究设计是一种：
   a. 时间序列设计
   b. 准实验设计
   c. 多模型设计
   d. 混合模型设计
   e. 个案研究

2. 撤除处理后，目标行为没有回到基线水平，因而不能使用 ABA 设计，使用哪个替代方案比较好：
   a. 变动标准设计
   b. 交互设计
   c. 交替处理设计
   d. 多基线设计
   e. ABAB 设计

3. 如果你希望检验两种处理条件的综合效应，你应该使用哪一种单被试设计？
   a. ABA 设计
   b. 交互设计
   c. 多基线设计
   d. 变动标准设计
   e. 交替处理设计

4. 如果你使用实验标准来评估某种处理效应的效果，你应该：
   a. 在施行处理条件之前，确保基线行为是稳定的
   b. 确认参与者在接受处理之后是否能在社会中正常地活动
   c. 确定看到的行为是否在基线和处理阶段出现了重叠
   d. 确定行为在基线和处理阶段的趋势是否不同
   e. 同时使用 c 和 d

5. 在单被试设计中，排除竞争假设要通过：
   a. 在基线阶段和处理之后进行反复测量
   b. 在 ABA 和 ABAB 设计中撤除处理
   c. 在多基线设计中，在不同的时间对不同的参与者施行处理条件
   d. 以上都是正确的

提高练习

1. 假设你正在使用 ABA 设计进行一项研究。在这项研究中,每当一个十岁的男孩吮吸他的拇指,你就关掉电视,你检验了这种做法的效果。构建图表来描绘以下情况:
   a. 不准观看电视对减少拇指吮吸行为的效果
   b. 当电视被关掉时,拇指吮吸行为减少了。但是不能确定拇指吮吸的减少只是因为电视被关掉了

2. 假设你想检验某种矫正口吃的处理的效果。你找到了三个说话口吃的儿童,并使用多基线设计来证明这种处理确实有效。构建图表来描绘以下情况:
   a. 处理的效果
   b. 行为之间的相互依存性会削弱你作出处理有效的结论的能力

3. 假设你想评估旨在帮助人们克服幽闭恐惧症的某项项目的效果。该项目会先让他们给你 $50。如果他们能够每天在一个封闭的小房间里多待十分钟,你就返还给他们 $10,直到他们能够在那里待上整整 50 分钟。第一天,他们在那个房间待上 10 分钟,就能得到 $10,接着他们必须在房间里待上 20 分钟才能得到另外的 $10,以此类推,直到他们能够在房间里待上 50 分钟,得到最后的 $10。
   a. 构建图表来描绘这种策略的效果
   b. 详细说明这个研究所使用的设计类型

4. 假设某位母亲来找你解决以下问题。她的孩子与别的孩子在一起时,总是要打别的孩子。她不知道怎么消除这个问题,希望得到你的帮助。你提议强化和惩罚结合起来使用也许会有效。作为一个研究者,请设计一项研究来检验这个建议的效果。构建一项需要两个参与者的研究,以检验强化和惩罚在消除儿童对同伴的攻击行为时的综合效果。

第五编　探索和描述性方法

第 12 章

调查研究

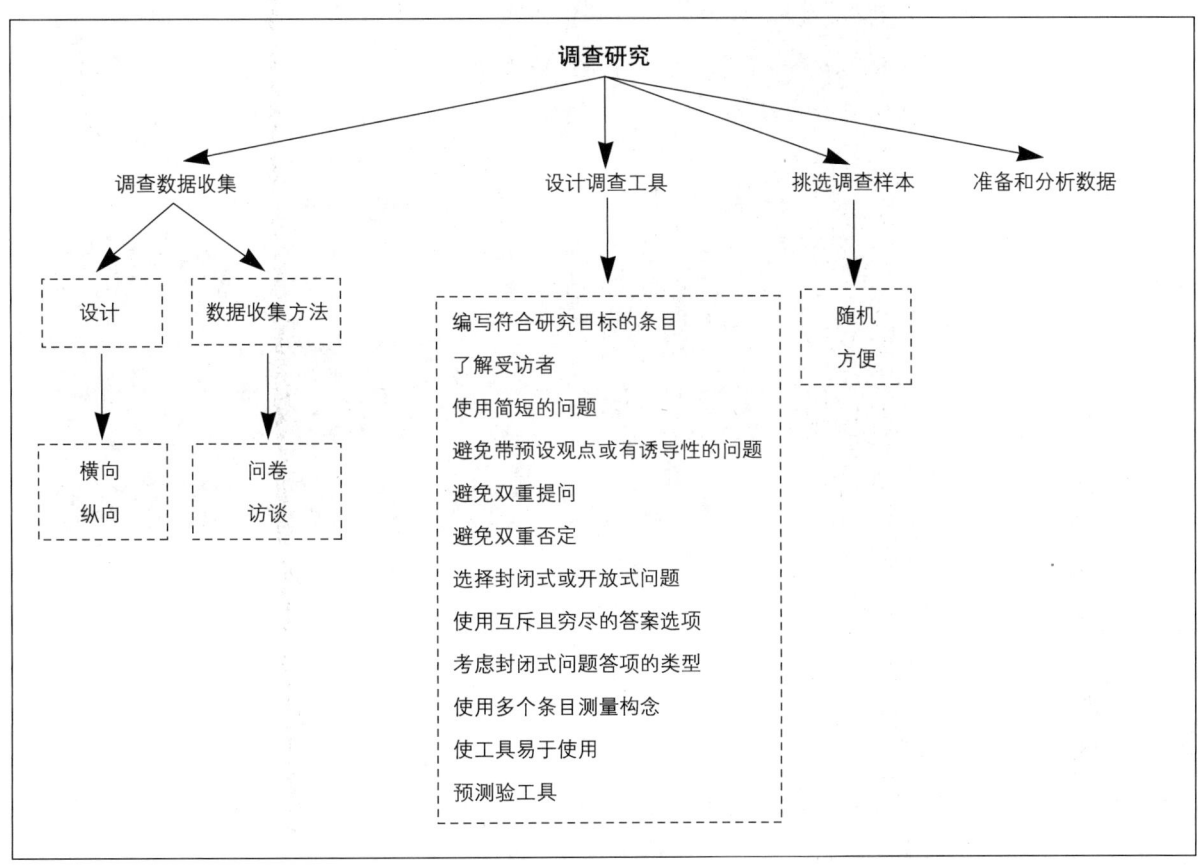

1936年,《文学文摘》杂志开始预测总统选举的赢家。它从电话簿和汽车登记档案中抽取了参与者样本。杂志社对样本进行了调查,以确定参与者们会在1936年的选举中投谁的票。根据这次的调查结果,备受推崇的《文学文摘》预测阿尔弗雷德·兰登将会以巨大优势击败富兰克林·罗斯福。但是，如果你对美国历任总统有所了解，你应该知道罗斯福最终赢得了选举。在1948年的选举中，盖洛普与罗珀民意测验的结果预测托马斯·杜威将以微弱的优势战胜哈里·杜鲁门。正如从下面那张著名的照片中看到的那样，《芝加哥每日论坛报》曾以"杜威击败杜鲁门"为标题撰文。在过去的60年里，抽样的理论和实践都得到了相当大的发展。今天，我们知道样本容量不是获取一个代表性样本的关键问题，最重要的是正确使用抽样方法。

1948年11月3日，胜利者杜鲁门展示一份不正确的报纸。

引 言

调查研究：依靠问卷或访谈提纲的一种非实验研究方法。

　　调查研究（survey research）是一种应用广泛的非实验研究。研究者使用这种研究方法时，会要求人们填写问卷，或接受关于态度、活动、观点和信念等方面的访谈。问卷或访谈提纲通常都是标准化的，以便向各位研究参与者呈现相同的刺激（即问题和指导语）。调查研究的对象通常是从研究者感兴趣的目标总体中抽取出来的样本。调查研究能够探究事件在特定时间所处的特定状态，也能追踪随着时间推移而发生的变化。

　　也许最广为人知的调查是那些盖洛普公司所做的调查。盖洛普民意测验通常调查广大选民在一些问题上的看法，如总统或某项政策的受欢迎程度，或确定将有多少比例的人会在选举期间把票投给某个候选人等。最初开展调查是为了回答"有多少"及"程度多大"这类问题。但是在许多研究中，收集频次数据不过是研究的初级阶段。研究者常常希望能够回答"谁"和"为什么"的问题。谁会投票给共和党候选人，谁会投票给民主党？为什么人们会买某个品牌型号的汽车或某种品牌的产品？此类信息帮助我们理解为什么某种现象会发生，并让我们能更准确地预测将会发生什么。

例如，盖洛普公司于1998年进行了一项有关药物伟哥的民意测验，表12.1 呈现了测验中某个问题的回复。这个问题是："市场上出现了一种名为伟哥的新处方药。不用告诉我它的具体用途，只需要告诉我，你是否知道它是用来干什么的？"对该问题的回答显示，被调查者中有64%的人知道它是用来干什么的。但是，是否拥有相关知识与被调查者的背景特征有很大关系。例如，男性比女性更可能知道到这种药物的作用，类似的还有，年长者比年轻者、白人比非白人、受教育水平高比受教育水平低的人、居住在市郊比居住在乡村的人，以及已婚者比未婚者都可能对此更为了解。

调查研究有一个最基本的原则，即如果你想知道人们在想什么，就去问他们。正如你在本章中将了解的那样，研究者的工作是确保提问方式能促使参与者以合作的态度诚实地作答。可能的话，应该额外使用其他策略和数据收集方法（如观察法和无干扰性的数据收集法）来对参与者的反应加以证实。因为调查研究数据给出的结果是以变量之间的相关为基础的，所以注意，应谨慎地对因果关系进行推论，除非这些关系经过了实验研究的论证。

实验研究在证明因果关系方面具有优越性，所以心理学界常常强调要用实验研究来探究心理学现象，不过调查研究在心理学中也有着悠久的传统并受到重视。例如，以前的许多著名心理学家，如库尔特·勒温（Kurt Lewin, 1890—1946）、伦西斯·李克特（Rensis Likert, 1903—1981）、弗劳德·亨利·奥尔波特（Floyd Hery Allport, 1890—1978）和穆扎费尔·谢里夫（Muzafer Sherif, 1906—1988）等都经常使用调查研究。今天，调查研究是许多心理学分支的重要部分，包括社会心理学、人格心理学、临床心理学、工业组织心理学、发展心理学、社区心理学和跨文化心理学。有几家 APA 期刊定期发表基于调查数据的研究，包括《应用心理学杂志》（*Journal of Applied Psychology*）、《人格和社会心理学杂志》（*Journal of Personality and Social Psychology*）、《职业心理学：研究与实践》（*Professional Psychology: Research and Practice*）、《心理学与老化》（*Psychology and Aging*）、《健康心理学》（*Health Psychology*）、《成瘾行为心理学》（*Psychology of Addictive Behaviors*）和《宗教与灵性心理学》（*Psychology of Religion and Spirituality*）。

也可以将主要的研究方法混合在一起使用。例如，研究者也许会在一份调查工具中加入一项实验操纵，使这项研究兼有调查和实验的性质。但是本章关注的是标准的调查研究设计。

表 12.1

对盖洛普民意测验某个问题的回答,问题是"市场上出现了一种名为伟哥的新处方药。不用告诉我它的具体用途,只需要告诉我,你是否知道它是用来干什么的?"

	知道它的作用吗?(%)		
	知道	不知道	其他
全民	64	33	3
性别			
男性	69	29	2
女性	60	37	3
年龄			
18~29 岁	53	46	1
30~49 岁	64	33	3
50~64 岁	71	25	4
65 岁及以上	70	27	3
地区			
东部	74	23	3
中西部	59	36	5
南部	57	41	2
西部	70	29	1
社区			
城区	62	35	3
城郊	70	28	2
乡村	54	42	4
种族			
白人	67	30	3
非白人	50	48	2
教育水平			
研究生	89	11	0
学士	76	22	2
高校未毕业	66	31	3
高中及以下	52	34	4
意识形态			
自由	63	35	2
温和	63	33	4
保守	66	32	2
认可克林顿			
认可	64	33	3
不认可	64	33	3
收入			
$75000 及以上	64	34	2
$50000 及以上	77	21	2
$30000~49999	66	31	3
$20000~29000	62	35	3
$20000 以下	49	47	4
婚姻状况			
已婚	67	29	4
未婚	60	38	2

什么时候应该开展调查研究

调查研究法可用于研究各种问题。它也会被误认为是一种很容易使用的方法。没有经验的研究者也许会认为，他们要做的只是设计一系列与感兴趣的主题相关的问题，然后让人们回答这些问题。但是，完成这些表面上看起来简单的步骤需要大量的思考和工作。没有这些思考和工作，所提的问题就会引发不可靠的回答。

当你需要测量人们的态度、行为、观点和信念时，调查研究法是最佳选择。在表 12.2 中，我们呈现了一些可用于调查研究的问题类型。这张表格的目的是为了展示，我们可通过调查研究收集到范围相当广泛的信息。调查研究对探索性、描述性、预测性研究均有帮助，在某些情况下，对解释性研究也有帮助。

当调查研究者们用设计合理的测量程序测量态度、观点和信念时，他们能够检查变量间的关系、给出预测，以及确定各亚群体之间的差异。调查研究也可以用于追踪信念是如何随着时间的推移而产生变化的。例如，社会心理学家追踪了从20世纪初以来人们对少数民族的刻板印象的变化，揭示了信念的主要变化以及这些信念与其他变量的关系（比如，Gillbert, 1951; Karlins, Coffman, & Walters, 1969; Katz & Braly, 1933; Philogene, 2001）。调查研究收集的数据也常用于检验研究者基于以往文献、实验结果和其他因素所构建的理论模型（比如，Pettigrew et al., 2008）。在心理学中调查研究也可用于更纯粹的预测（Leffert et al., 1998）和描述目的（Plous, 1996）。

表 12.2
调查研究中的问题类型

问题领域	时间		
	过去（回顾型）	现在	未来
行为	当你还是小学生时，你与其他孩子打过架吗？	你去参加研究方法课程时，常常迟到5分钟以上吗？	在下一届总统选举时，你打算投票吗？
经验	在你十几岁时，对于身为某个青少年团体的一员有何感受？	当你被问到在青少年团体中的经历时，你的感受是什么？	如果有一天你成为父母，你认为作为父母最享受的经历将是什么？
态度、观点、信念、价值观	在你十岁时，你相信有圣诞老人吗？	你认为你是一个好人吗？	你认为当你年纪渐长时，你在政治上会变得更为保守还是更倾向于自由？
知识	在你十岁时，你知道实验研究的定义吗？	实验研究的定义是什么？	你认为在这学期末，你能了解分层随机抽样的定义吗？
背景或人口统计学信息	你十年级时上的是哪个学校？	你现在年龄多大？	你打算攻读心理学硕士吗？

高质量的调查研究是以从总体中随机抽样为基础的。如果研究者能做到这一点，那么当研究者要把从单一样本得出的关于态度、观点和信念的统计结果直接推广到某个总体时，调查研究就会成为特别有用的研究方法。政治性民意测验就是一个有这种需求的例子，心理学家在评估社会和心理学特征在某个群体中的流行程度时也需要这样做。随机抽样直接与得出的关乎人们态度、观点和信念的结论的外部效度（即总体效度）有关。

思考题 12.1 • 什么是调查研究？在心理学研究中，何时可能需要调查研究？

调查研究的步骤

以下是调查研究的一般步骤：（1）计划并设计调查研究（比如确定你想要调查的问题，确定是使用横向设计还是纵向设计，确认目标总体，以及选择样本）；（2）设计和完善调查工具（这一点会根据你使用的是问卷还是访谈提纲而稍微有所不同）；（3）收集调查数据；（4）输入并"清理"（即尽可能找出错误的地方，并修改过来）数据；（5）分析调查数据；（6）解释并报告结果。在表 12.3 中，我们列出了在设计调查研究时你必须考虑的一些关键问题。本章的其余部分将讲述设计和开展调查研究所需的知识和原则。

横向和纵向设计

在第 2 章，我们讨论了横向和纵向研究设计。在调查研究中，它们的区别尤其

表 12.3

设计一项调查研究课题时需要考虑的问题

- 此项课题的研究目的是什么？（你想要发现什么？）
- 目标总体是谁？
- 使用横向设计还是纵向设计？
- 你将使用哪种抽样方法？
- 样本应多大（即参与者的数量是多少）？
- 能找到用过的数据收集工具，还是必须设计一份新的工具？
- 是使用问卷还是访谈提纲？
- 你将使用哪种具体的数据收集方法（面对面、邮件、电话还是互联网）？
- 由谁来收集调查数据？怎么训练访谈员？
- 开展调查的时间安排是什么样的？

重要，因为所有的调查研究都是这两者中的一种。在这里我们先简单地回顾一下这两种设计，并进一步讲述它们在调查研究文献中的典型应用。

在**横向研究**（cross-sectional studies）中，我们能在一段相对短暂的时间（即足以从样本中的所有参与者处得到数据的最短时间）内，从研究参与者那里收集到调查数据。这样的数据收集只进行一次。虽然只进行一次，但是在横向调查中，数据通常都是从多组或多类型的人群（比如不同年龄阶段的人，具有不同社会经济地位的人，具有不同能力和成就的人等等）中得到的。例如，威斯曼（Whisman, 2007）在"婚姻痛苦和《精神疾病诊断与统计手册》（第四版）所定义的精神障碍的全国性调查"中，抽取了以英语为母语的美国成年人（18周岁及以上）的代表性样本，收集并分析了相关数据。威斯曼发现，婚姻痛苦与焦虑、心境和物质使用障碍有关。另外，越是年长组的婚姻痛苦与抑郁的关系越为紧密。在另一项横向研究中，普劳斯（Plous, 1996）对APA的成员进行了调查，以确定他们对于使用动物做研究的态度。绝大部分受访者认可动物的使用，但是都希望能够让动物不受或尽可能少受痛苦，避免或尽可能少使用安乐死。

在**纵向研究**（longitudinal studies）中，研究者要在多个时间点收集数据。纵向研究通常会持续数年。尽管纵向研究包含的时间点或数据收集期最少可以只有两个，但根据研究问题的需要，应尽可能收集多个时间点的数据。纵向研究的成本较为昂贵，因为数据的收集需要持续多年。所以，在可用资源和资金有限以及需要尽快得出结果的情况下，有时就不能使用纵向研究了。文献讨论了几种类型的纵向研究。

在有关调查研究的文献中，纵向研究有时被称为**同组研究**（panel studies）（也称作前瞻性研究）。在这些研究中，研究者会随着时间的推移，在连续的时间点对同一群人进行数据收集。这相同的一群人（即"同组"）会不止一次地被调查。同组研究中的人群通常包括不同年龄段的人。例如，莫斯科维茨和鲁伯尔（Moskowitz & Wrubel, 2005）使用纵向同组设计深入了解了感染艾滋病毒对人的影响。为了实现这项研究的目的，研究者找到了57名男同性恋者，他们的年龄在24到48岁之间，HIV测试均为阳性。接着，在两年的时间里，研究者每两个月对这些人进行一次访谈，以确认他们在这段时间中如何评价与艾滋病相关的变化。

最后，调查研究的相关文献还区分出了一类叫做趋势研究的方法。在**趋势研究**（trend study）（也称作连续的独立样本设计）中，研究者在不同时间里从总体中抽取出独立样本，并询问相同的问题。它不同于纵向或同组设计，因为在每一个相继的数据收集期中，被研究的人是不同的。在某一时期使用独立样本进行全国性调查的一个例子就是美国综合社会调查（General Social Survey），它是由美国民意研究中心（设在芝加哥大学）开展的。每年，研究者都向新抽取的满18周岁的美国公民样本提出有关各种社会、心理学和人口统计学变量的问题。其他例子包括药物使用与健康的全国性调查（比如，Denisco, Chandler, & Compton, 2008）以及"监控未来"调查（比如，Pampel & Aguilar, 2008）。

横向研究：在一段单一的、短暂的时间内收集数据的研究。

同组研究：在连续的时间点，从相同人群中收集数据的纵向研究。

趋势研究：在一段时期内，对从同一个总体中相继抽取的独立样本，询问相同问题的研究。

选择调查数据收集方法

调查工具：诸如问卷或访谈提纲等用于调查研究的数据收集工具。

问卷：由研究参与者填写的自陈式数据收集工具。

访谈：由访谈员从受访者处收集口头自陈数据的方式。

访谈提纲：访谈员使用的数据收集工具。

面对面访谈法：在面对面的环境中对参与者进行访谈的调查方法。

电话访谈法：在电话上进行访谈的调查方法。

随机数字拨号：常用于电话访谈的随机抽样法。

邮寄问卷法：通过普通邮件方式将问卷发给潜在参与者的调查方法。

在设计一项调查研究时，你必须做出另一个重要决定：是让你的研究参与者完成一份问卷，还是让他们接受访谈。换句话说，你必须决定用哪种**调查工具**（survey instrument）来收集数据。**问卷**（questionnaire）是一种自陈式的数据收集工具，它是由研究参与者自行填写的。传统的问卷是一种纸笔工具，但它们越来越多地出现于互联网。

在**访谈**（interview）中，由一个训练有素的访谈员对研究参与者（即受访者）进行提问并记录他们的回答。访谈中使用的调查工具看上去很像一份问卷，但是它有一个更专业的称谓叫**访谈提纲**（interview protocol）。问卷和访谈提纲之间的主要差别在于，问卷必须是编写好的，参与者可以不借助任何人的帮助就能完成，而访谈提纲则是一种类似于脚本的调查工具，这样访谈员就可以有条理地宣读这些问题，轻松地记录参与者的反应。访谈一般比问卷更可取，因为研究者对数据收集的控制性更强，并且能够探查参与者的后续回答。

我们现在要解释的调查数据具体收集方法包括面对面访谈、电话访谈、邮寄问卷、团体施测问卷以及电子问卷。每一种都有其自身的优点和缺点，比如成本和回收率。**面对面访谈法**（face-to-face interview method），顾名思义就是个人对个人的访谈，通常是在受访者的住所通过个人访谈获得受访者的答案。这种技术的优势在于，它允许访谈员澄清问题中的任何歧义，如果受访者提供的答案不够充分，还可以通过探查让他们进行更深入的说明。这种方法通常有比较高的完成率，也能获得更完整的受访者信息。这种方法的主要缺点是，它的成本是最高的。还有一种可能，访谈员可能会导致回答出现偏差。例如，访谈员也许会（有意或无意地）在有魅力或特别有趣的受访者身上花费更多的时间，进行更为有效的探查，从而导致结果出现偏差。访谈员训练可帮助访谈员学会有效地开展访谈，从而最大程度地减少上述问题。表12.4提供了一些用于开展访谈的实用提示（其中多数也适用于电话访谈法）。

电话访谈法（telephone interview method），顾名思义就是通过电话访谈的方式进行调查。这种方法比面对面访谈所需的成本要低得多（Groves & Kahn, 1979），并且有数据（Rogers, 1976）表明，用它收集到的信息与面对面访谈中获取的信息相当。使用随机数字拨号尤为如此。在有些地区，有20%～40%顾客选择不将他们的号码登记在电话号码簿上（Rich, 1977）。此类没有登记的号码也可以通过**随机数字拨号**（random-digit dialing）找到。在用这种抽样方法时，通常会用电脑随机拨出电话号码，这意味着未登记的号码和已登记的号码一样，都可以进行连线。如果被选择的参与者都同意完成这项研究，那么得到的无偏差样本就是一个代表性样本。如果调查研究者能使用计算机辅助电话访谈（CATI）系统，那么访谈员的问题就会出现在计算机屏幕上，而受访者的回答会被直接导入计算机用于分析。

邮寄问卷法（mail questionnaire method），顾名思义就是将问卷寄给受访者并

表 12.4
开展有效的研究访谈

1. 确保访谈员接受过训练
2. 提前了解受访者的背景
3. 对文化差异保持敏感
4. 为访谈找到一处安静且舒适的环境
5. 说明访谈目的
6. 建立信任和融洽的关系
7. 讨论访谈的保密性
8. 按训练要求,准确地执行访谈提纲
9. 理解受访者的感受,但保持中立
10. 持续地监控你自己和受访者
11. 做一个好的聆听者(即应该是受访者在说话,而不是你)
12. 保证受访者准确理解你所提问题的含义
13. 给受访者充足的回应时间
14. 始终把握访谈的方向和重点(即紧贴主题)
15. 使用探查和激发的方法,得到后续的说明、细节和解释
16. 对受访者的宝贵时间表示出尊重
17. 如果可能的话,对受访者的回答录音
18. 在访谈中仅在必要时记笔记
19. 在访谈结束之后,立即编辑你的笔记并记录任何额外的观察结果

要求他们寄回已完成的问卷,通常用开展调查的组织提供的贴好邮票的回邮信封。这种技术的主要优势在于成本低廉。你只需要付出邮资,就可以将问卷寄往世界上任何地方。但是它有一个缺点,即大多数问卷都不会被寄回。尽管可以通过运用一些技术来增加返还率,如再次寄送装有问卷的信件去提醒受访者等,但首次邮寄的返还率一般仅为 20%~30%(Nederhof, 1985)。

团体施测问卷法:被试在群体环境中填写问卷的调查方法。

有时,研究者可以使用**团体施测问卷法**(group-administered questionnaire method)。在这种情况下,研究者将参与者召集到一起以形成群体环境。研究者发放问卷,参与者在这样一次集中的时间里完成问卷填写。有时可以将这种方法用于企业等组织调查,因为这时参与者都聚集在同一个工作场所里。这种方法的优势在于能够快速而有效地完成问卷,但是很多时候,由于参与者都分散在不同的地方,所以就使该法失去了可行性。

电子问卷调查:在互联网上开展的调查。

电子问卷调查(electronic survey)需要通过互联网联系受访者并让他们在自己的电脑上完成调查问卷。从 20 世纪 90 年代开始,这种类型的调查呈现出增长趋势。凯和约翰逊(Kaye & Johnson, 1999)在几年前就找到了 2000 多项网络调查,而且使用电子问卷调查的研究还在持续增加(Shannon, Johnson, Searcy, & Lott, 2002)。

电子邮件调查:通过发送附带调查工具的邮件,直接接触参与者的电子问卷调查法。

目前有两种类型的电子问卷调查:电子邮件调查和网络调查。**电子邮件调查**

网络调查：通过发送邀请函及包含调查工具的网址链接，间接接触参与者的电子问卷调查法。

（e-mail survey）的做法是发送一封呼吁参与完成某份调查的电子邮件，并在邮件正文中或附件里附上调查工具。那些收到电子邮件的人在填完调查工具后，再回复邮件给发出者。**网络调查**（web-based survey）是将电子问卷发布在互联网上的调查。一旦调查工具被设计好并发布，研究者会确定受访者并发送一份电子邮件邀请他们参与研究。如果他们同意，他们将收到调查工具的网址链接。他们要做的就是点击那个链接，进入含有调查工具的网站并完成调查。

近期出现了一种网络调查的变式，即弹出式调查（Llieva, Baron, & Healey, 2002）。这种调查会在人们浏览不同网站时出现在浏览器窗口里。弹出框会邀请上网者参与调查并点击某个链接，进入包含调查工具的网站。这种类型的调查被视为是对网站研究的一种积极贡献（Llieva et al., 2002）。

开展电子问卷调查有许多超越其他类型调查的明显优势。其中之一便是成本，这是因为电子问卷调查不需要邮资、印刷费用，或访谈员介入产生的费用。安德森和卡努卡（Anderson & Kanuka, 2003）估算，电子问卷调查成本是类似的邮寄调查成本的十分之一。电子问卷调查还有几个优势，包括能即时接触到更广泛的各地受众，能快捷地将参与者的回答下载至电子表格或统计分析程序中，并且由于它能采用多种作答格式，网络调查的排版设计很灵活。与其他调查方法相比，虽然电子问卷调查有许多优点，但它们也确实存在缺点。其中一个缺点便是不能保证私密性和匿名性，尤其是电子邮件调查，因为回应者的电子邮件地址一般会出现在他的回应页中。另外一个主要缺点是，网络调查通常被发送至互联网列表或讨论小组中以邀请它们的成员进行回应。这是一种**自愿抽样**（volunteer sampling），可能会生成与总体显著不同的样本，所以不如能生成代表性样本的随机抽样法。有证据表明电子邮件调查的回收率比网络调查要高，也更容易避免同一个人多次进入同一项调查的情况（Llieva et al., 2002）。

自愿抽样：参与者自主选择参加样本的非随机抽样法。

思考题 12.2 ● 纵向设计和横向设计之间的区别有哪些？各种调查数据收集方法的特征是什么？

设计和完善调查工具

除了要决定数据的收集方式，还必须设计能为研究问题提供答案的一些问题或调查项目。如果有已被验证过的调查工具可以使用，我们建议你使用它，因为设计一份调查工具需要大量的工作。研究者可以根据下述几点来确定一份已有工具是否合适：(1) 确定该工具在哪些样本中使用过，并检查用于不同样本时的信度和效度数据；(2) 根据本章的指南来评估这份工具。如果研究类似样本的文献报告该工具效果理想，便可使用；如果该工具没有在与你的样本相类似的人群用过，但符合本章指南，可以考虑使用它；如果它的设计不怎么完善，那就不要使用它。下面，我们要讲述的是，假设现有工具不适用于你的研究计划，该如何设计一份调查工具。

表 12.5
问卷设计的原则

1. 编写符合研究目标的条目
2. 编写适合调查受访者的条目
3. 编写简短的问题
4. 避免带预设观点或有诱导性的问题
5. 避免双重提问
6. 避免双重否定
7. 确定需要开放式问题还是封闭式问题
8. 为封闭式问题设计互斥且穷尽的选项
9. 考虑不同类型的封闭答案选项
10. 使用多个条目测量复杂或抽象构念
11. 确保问卷从开头到结尾都易于使用
12. 对问卷进行试测，直到它变得完美

数据收集的调查工具可以是一份问卷或一份访谈提纲。访谈提纲与问卷高度相似，从本质上来讲它就是一份编排成脚本形式的问卷，以方便访谈员宣读问题并记录回答。这一节中所讨论的问卷设计原则，也适用于访谈提纲的设计。我们将通过表 12.5 中列出的 12 条原则来介绍问卷设计过程。你可以查阅布雷斯（Brace，2004）、迪尔曼（Dillman，2007）及布拉德本、萨德曼和万辛克（Bradburn, Sudman, & Wansink, 2004）编写的书，这些书都是专门讲述调查工具设计的。

原则 1：编写符合研究目标的条目

你的研究方案会包含研究目的和研究问题或研究对象。在设计一份问卷时，你设计的题目应涵盖完成该目标所需的不同方面和内容。这就需要确定什么是关键的，什么是不需要的。你应该进行一次全面的文献回顾，确保你已经找出了在你的问卷中需要涉及的所有方面。这也意味着你必须编写出能够起作用的题目，也就是说，你编写的题目和设计的问卷必须具有能提供可信且有效的数据的心理测量学特性。内容效度与结构效度问题是尤为紧要的，因此应确保你设计出的一系列题目能代表你兴趣所在的领域，并且确保你充分地测量了每一个概念。为了使工具具备这些理想属性，还必须遵从下面的每项原则。

原则 2：编写适合调查受访者的条目

千万不要忘记：是你的研究参与者、而不是你自己来完成问卷。如果你打算设计一些适合特定参与者的问卷条目，你需要设身处地地考虑，你的参与者将如何看待你编写的内容。不要使用生硬或做作的语言，要仔细考虑参与者的阅读水平、人口统计学特征及文化特征，然后编写出他们能够理解、且对他们具有意义的条目。确保使用的语言对你和你的研究参与者来说都是自然、熟悉、清楚的，这将有助于你的参与者在填写问卷时放松，并减少其感受到的威胁感，还能增强他们完成问卷的动机。

原则 3：编写简短的问题

调查问卷的项目应该简短、清楚和准确。这包括，要使用简单的语言和避免用专业术语。你的目的是让每个人都能容易地理解题目并以同样的方式解读问题或条目的含义。如果你需要询问一些复杂的内容，你必须找到一种简单且清楚的方式来提问。如果你编写的条目既清晰又容易回答，参与者就能够清楚地理解你问的是什么，因而他们的答案也就应该是有意义的了。而且，参与者也更愿意继续回答问卷上的所有条目，而不会留下任何空白。

原则 4：避免带预设观点或有诱导性的问题

带预设观点的用语：使人产生情绪化反应的词汇。

带预设观点或有诱导性的问题会让参与者的反应产生偏差。当一个带预设观点的用语出现在题干中时，就会出现某种形式的偏差。**带预设观点的用语**（loaded term）是指会让部分受访者产生某些积极或消极情绪的词语，而这些情绪与题目内容的含义是无关的。例如，在美国的政治保守派圈子里，"自由主义"这个用语所承载的内涵远不只是提出渐进式改革的建议。一个自由主义者有时会被描绘成道德水平很低且没有责任心的个体。因为这个词语具有预设含义，所以研究者需要使用自由主义的同义词，或者更好一点的做法是，明确它的具体含义（增加在教育方面的投入、反歧视措施等等）。例如，因为"自由主义"一词有预设意义，问"你对奥巴马的看法如何？"就比问"你对奉行自由主义的奥巴马的看法是什么？"好得多。增加一个词语能够对参与者的回答产生巨大影响。要点在于：如果一个特定的词语可能引发情绪反应或刻板思维，那么就避免使用它。

有诱导性的问题：暗示被试应该如何回答的问题。

有诱导性的问题（leading question）有一点不同。这类问题或条目题干（也就是那些出现在问题或条目中，但不包含在选项中的词语）会暗示参与者他该如何回答。下面是一个来自伯内瓦奇（Bonevac, 1999）的例子：

对于自己辛苦赚来的钱，你觉得应该保留更多用于自己支配，还是把你的钱交给政府用于增加官僚式的政府项目呢？

☐ 保留更多的钱给自己支配
☐ 交钱以增加官僚政府项目
☐ 不知道/没意见

这个问题就带有诱导性，因为它向参与者暗示应该选择"保留多数的钱给自己支配"这项。注意这个题目含有一些带预设观点的词语，比如"官僚式的"和"辛苦赚来的"。

原则5：避免双重提问

双重提问：在一个问题中询问了两件或多件事情。

双重提问（double-barreled question）是指在同一个条目中询问两件（或多件）事情，这是必须避免的。看这样一个问题，"你同意奥巴马总统将主要的注意力放在经济和外交事务上吗？"如果参与者表示同意，你该如何解释他的回答？你能否说得清楚参与者是希望总统把主要的注意力放在经济上，还是放在外交事务上，或者二者兼顾？这个问题询问了两件独立的事情：经济和外交事务。每件事情都可能引发不同的态度，将它们合并为一个问题会使我们无法确定要评估的是哪项态度或观点。如果问题中出现了词语"和"或者"或"，你就要仔细核查以确保没有编进去一个双重提问的问题，而只是在询问某种十分具体的情况。

原则6：避免双重否定

双重否定：包含两个否定的一种句子结构。

双重否定（double negative）是一种包含了两处否定成分的句子结构。在询问参与者是否同意某项表述时，很容易出现双重否定。以下就是一个例子：

> 你同意还是不同意下面这个观点？
> 不应该允许心理学教授在他们的办公室接待时间内开展研究。

为了表示不认可这个观点，你必须构建一个双重否定句。你只能这样回答，我"不认为不应该允许心理学教授在他们的办公室接待时间内开展研究。"在使用认可量表时，也许难以避免地要使用一些双重否定的表达。如果确实偶然使用了一个双重否定句，那么就应该在表示否定的词语或短语下加下划线，以让参与者注意到它们（比如在上面给出的条目题干中，"不"字就应该加下划线），同时尽量少用双重否定。

原则7：确定需要开放式问题还是封闭式问题

开放式问题：允许被试用他们自己的语言进行回答的问题。

开放式问题（open-ended question）要求参与者给出他们自己的答案。参与者用他们自己习惯的语言回答开放式问题，而且不受限于某组预设的选项。他们可以按照自己的愿望提供答案。例如，如果你想要知道人们在感到沮丧时会做什么，你可以问这样一个开放式问题，"当你感到沮丧时，你最常做什么？"当研究者需要知道人们正在想什么或者当一个变量的维度还没有被很好地定义时，开放式问题是很有价值的。它们通常用于探索研究或定性研究中。但是，对开放式问题的答案必须进行编码和分类处理，这需要花费大量的时间。

封闭式问题（close-ended question）要求受访者从一组由研究者预先确定的答案选项中进行选择。例如，如果你想知道人们在感到沮丧时会做什么，你可以用如下的封闭式问题来提问：

> 当你感到沮丧时，你最常做什么？
> ☐ 吃东西
> ☐ 睡觉
> ☐ 锻炼
> ☐ 与好朋友谈心
> ☐ 哭

封闭式问题：被试必须从一组预设的选项中选出答案的问题。

一般来讲，在一个变量的维度已知时，封闭式问题是比较合适的。此时，设计者可以指定答案选项供参与者从中选择。封闭式问题也能提供更加标准化的数据，因为呈现给所有参与者的答案选项都相同。

针对上例中的问题，我们也可以使用另一种**混合问题格式**（mixed-question format）：

混合问题格式：在同一道题目中既包括封闭式回答的特征，又包括开放式回答的特征。

> 当你感到沮丧时，你最常做什么？
> ☐ 吃东西
> ☐ 睡觉
> ☐ 锻炼
> ☐ 与好朋友谈心
> ☐ 哭
> ☐ 其他（请具体说明）：_____

原则 8：为封闭式问题设计互斥且穷尽的选项

互斥选项：没有重叠的答案选项。

在设计答案选项时，必须设计出没有重叠的选项内容。**互斥选项**（mutually exclusive categories）就不会重叠。下面是一组不互斥的有关年收入的答案选项：

> 请在符合你目前年收入（以美元计算）的方框里打钩：
> ☐ 25000 及以下
> ☐ 25000 ~ 50000
> ☐ 50000 ~ 75000
> ☐ 75000 ~ 100000
> ☐ 100000 ~ 150000
> ☐ 150000 ~ 200000
> ☐ 200000 及以上

你看出问题了吗？如果你的年收入是每年五万美元，那么这里有两个选项可以选择，因为它们不是互斥的。下面是正确的、互斥的选项：

请在符合你目前年收入（以美元计算）的方框里打钩：
☐ 25000 以下
☐ 25000～49999
☐ 50000～74999
☐ 75000～99999
☐ 100000～149999
☐ 150000～199999
☐ 200000 及以上

还必须设计一组包含所有可能答案的选项。**穷尽选项**（exhaustive categories）包括了所有可能的答案。上面提供的那组年收入的选项就是穷尽的，因为它们包含了年收入的所有可能值。如果你去掉了这组选项中的任何一个，它们就不再是穷尽的了。例如，如果你遗漏了"☐ 200000 及以上"这一项，那么每年赚取 $300000 的人就没法记录他的答案了。

关键在于，你的答案选项必须是既互斥又穷尽的，这很重要！

穷尽选项：完整覆盖了答案的可能范围的答案选项。

原则 9：考虑不同类型的封闭答案选项

评定量表 在向参与者提问或测量他们对表述的反应时，研究者通常更偏向于多个选项而不是二分选项。以下是一个测量认可度的条目，使用的答案格式是二分的：

我对自己持有一个积极的态度。
☐ 是
☐ 不是

为了增加变化幅度并获得强度测量，绝大多数研究者使用一种称为**评定量表**（rating scale）的多选项格式量表。下面是一个例子：

我对自己持有一个积极的态度。

1	2	3	4	5
非常不同意	不同意	中立	同意	非常同意

评定量表：一组有序的答案选项，用于测量态度的方向和强度，比如一个五分量表。

这个五分量表要优于答案格式为二分的量表，因为它发掘了态度的两个关键维度。它测量了态度的方向（对对象的积极或消极态度）和力度或强度。一些研究者更愿意去掉中间（中立）的选项，推动受访者"偏向"一个或另一个方向。研究表明，通过删除中间点而转化成一个四分量表后，同意和不同意的答案分布并没有受到显著影响（Converse & Presser, 1986; Schuman & Presser, 1996）。

锚点：评定量表各点的描述词。

在为四分和五分量表中的点设计描述词（被称作**锚点** [anchors]）时，你必须保证各对描述词即答案选项之间的距离是相同的。但是，同意与非常同意之间的距离应该与不同意和非常不同意之间的距离相等。不过，部分同意与非常同意之间的距离就不会与同意和非常同意之间的距离相等。专栏 12.1 提供了关于锚点的几组例子，分别来自于测量各种态度维度的几种评定量表。

在心理学研究中，超过 4 个或 5 个点的评定量表也得到了广泛而有效的运用。各种评定量表通常包含 4 个至 11 个点。这儿有一个七分量表的例子，其中只有中心和两头的点被描述词锚定：

专栏 12.1

常用评定量表的答案选项示例

认可度量表

1	2	3	4	5
非常不认可	不认可	中立	认可	非常认可

满意度量表

1	2	3	4	5
非常不满意	比较不满意	中立	比较满意	非常满意

数量比较量表

1	2	3	4	5
少得多	少一点	大致相同	多一点	多得多

相似度量表

1	2	3	4
非常不像我	有点不像我	有点像我	非常像我

效果量表

1	2	3	4
完全无效	不是很有效	有点效果	非常有效

表现量表

1	2	3	4
优异	良好	一般	欠佳

你如何评价你的主管的整体工作表现？

1	2	3	4	5	6	7
非常差			一般			非常好

有些研究者会使用"十分"量表，因为他们假定很多人的思考方式是这样的（即在 1 至 10 的等级内，你会怎样评定某事物？）。但是，我们建议增加 0，因为有些参与者会错误地假设 5 是 1 和 10 之间的中点。但 1 至 10 的量表中点是 5.5，而 0 至 10 的量表中点才是 5。我们还建议用一个描述词锚定中点，以减少量表使用中出现的个体差异。例如，在上面列出的七分量表中，我们就锚定了中点。如果你想知道等级评定选项应该包含多少个点，那我们建议包含 4 至 11 个点（McKelvie, 1978; Nunnally, 1978）。

二项迫选法：参与者必须从一个条目提供的两个选项中进行选择。

二项迫选法 有时会使用的另外一种选项格式是**二项迫选法**（binary forced-choice approach）。在使用这种方法时，你不必要求参与者使用评定量表来评估每一个态度对象。相反，态度对象是成对给出的，参与者必须从中选出与他们的信念最吻合的一项。例如，自恋人格量表（NPI）是人格和社会心理学研究中测量"正常"自恋的常用工具（如，Foster & Campbell, 2007）。以下是该量表的指导语和其中的两个条目。

在以下各组描述中，选择你最同意的一项。将答案以 A 或 B 的形式写在空白处。每组只能有一个答案，请不要漏掉任何条目。

____ 1. A 我在影响他人方面具有天赋。
       B 我不善于影响他人。

____ 2. A 我几乎敢挑战任何事。
       B 我是一个相当谨慎的人。

尽管一些研究表明迫选法能减少反应定势（这在后面会解释），但因为难以进行条目水平上的数据分析，所以心理测量学家普遍建议避免使用二项迫选法（Anastasi & Urbina, 1997; Nunnally, 1978; Thorkildsen, 2005）。

排序：要求被试以升序或降序排列他们的答案。

排序 有时，调查研究者们会要求参与者对他们的答案进行排序。**排序**（ranking）表达的是态度对象的重要性或优先级。排序既可以用于开放式答案，也可用于封闭式答案。举个开放式的例子，也许你可以问："在你看来，你所在大学最好的三位心理学教授是谁？"接着你要求参与者对这三位最好的教授进行排序。排序有时也可用于封闭式答案。这儿有个例子：

下列五位教授已被提名本学年的杰出教师奖。请填写自己对这些教授的排序，1 代表你最喜爱，5 代表你最不喜爱：

____ John Doe 博士
____ Sally Smiley 博士

_____ Tim Goodbody 博士
_____ Jill Lookgood 博士
_____ Lisa Shapely 博士

一条普遍原则是，你不应该要求参与者一次对 3 至 5 个以上的态度对象进行排序，因为排序可能是一项困难的任务。另外，如果你的目标是将排序与其他变量进行关联，那么可能难以对排序进行统计分析。最后，如果拥有一组参与者，那么即使不要求他们进行排序，也可获知排位。你让参与者在一个评定量表（比如五分量表）中对每个对象进行评分，然后比较各个对象在该组获得的平均分。接着你就能按照从低到高的顺序，利用平均值进行排序了。

检查表：参与者被要求挑选出所有符合情况的答案选项。

检查表 调查研究者们有时会提供一张选项列表（**检查表** [checklist]），并要求参与者挑选出与自己情况相符的答案。与其他答案格式不同的是，检查表是一种多选格式，要求参与者标记出所有适用于自己的选项。这儿有一个题目类型为检查表的例子：

在过去一年中，你有没有修过下述学科领域的课程？选出所有适合的选项。

☐ 人类学
☐ 经济学
☐ 历史
☐ 政治科学
☐ 心理学
☐ 社会学

原则 10：使用多个条目测量复杂或抽象构念

在上个小结中，我们介绍了如何为问卷中的条目设置答案选项。还有一个关键问题是，你需要多少条目才能充分地对某个心理构念进行测量。测量的定义是"按照规则用数字来表示物体或事件"（Stevens, 1946）。但是，很少凭一个单独的条目就能充分地测量心理学家感兴趣的构念。能用单一条目进行充分测量的构念包括性别（通过自我报告是男性还是女性）、体重（比如，用秤测量）以及民族（自我报告）等。但是，研究者感兴趣的绝大多数构念都比性别和体重要复杂得多，所以在测量它们时就要用多个条目。更复杂的构念包括自尊、智力、控制点、统计焦虑、教条主义和气质等。心理测量有一条准则，即要使用多个条目来测量构念。按照多维度构念的定义（即包含两个或多个成分或领域或维度的构念，如智力），它需要用多个条目来测量。绝大多数单维度构念（即只有一个维度的构念，如整体自尊）也需要用多个条目来测量，这是因为单条目测量被普遍认为是非常不可信的（即不一致

语义差别法：测量参与者赋予态度对象的含义的量表法。

和不可靠的）。

语义差别法　语义差别法（semantic differential）是一种量表技术，用于测量参与者赋予态度对象或概念的含义，并生成语义剖析（Osgood, Suci, & Tanenbaum, 1957）。参与者按要求对一组两极式评定量表的条目题干所提供的态度对象进行评价，这些量表的左右两端锚定着相反的形容词。最常用的量表是仅有两个终点被锚定的七分量表。例如，在一篇题为"职业和社会经验：影响人们对待精神分裂症患者的态度的因素"的文章中，研究者（Ishige & Hayashi, 2005）使用 20 对两极形容词测量了参与者的态度。以下是他们所使用的一些形容词对：安全与危险，坏与好，凶狠与温和，肤浅与深刻，活跃与呆滞，孤独与愉快，简单与复杂，肮脏与干净，疏远与亲近。如你所见，这些相反的形容词对是由反义词组成的。如果你在为描述词找反义词时需要帮助，可以在互联网上很容易地找到在线词典。

在语义差别法评定中，研究者习惯用几对反义词说明人们对待态度对象的三个维度：活力、评价和力量。例如，也许你可以将"青少年"评定为是高活力（如富有攻击性）、低评价和高力量的（如强有力的）。而"书籍"是低活力（如被动的）、高评价（如果你喜欢书）和中等力量的。政治家则是中等活力、低评价、高力量的（也就是强有力的）。若你将"语义差别法"作为搜索词进行文献检索，就能很轻松地找到许多语义差别量表。

李克特量表：将每位参与者在量表中各条目上的回答加在一起，以测量一个单独构念的多条目量表。

李克特量表　使用频率最高的多条目量表是**李克特量表**（Likert scaling）。[1] 它是以著名的社会心理学家伦西斯·李克特（Rensis Likert, 1903—1981）的名字命名的。他在准备自己的毕业论文时，首次使用了这种测量方法（Likert, 1932; Seashore & Katz, 1982）。在李克特量表中，每位参与者都会评定用于测量同一构念的多个条目，受访者通常会使用四分、五分、六分或七分量表来评定所有条目。将同一位参与者在各条目上的得分加在一起得到的总分便是他的量表分数。（有一些研究者会把这个总分除以条目数。）由于这种类型的量表是把每位参与者在测量同一构念的条目上的得分加在一起，故它也称作**加总式评定量表**（summated rating scale）。

加总式评定量表：李克特量表的另一个名称。

你可以在表 12.6 中看到一个加总式评定量表，该量表是罗森伯格自尊量表（Rosenberg Self-Esteem Scale），它由十个条目组成。尽管它们都在测量自尊水平，但其中五个（3、5、8、9、10）是用反向措辞表述的。在把研究参与者的十个条目得分进行求和之前，必须先对这五个反向题目的分数进行逆向编码。如果研究者希望最后的分数范围落在 1 到 4 之间（而不是 10 到 40 之间），可以将参与者在这十条上的总得分（经过恰当的逆向编码之后）除以 10。

在研究者使用加总式评定量表测量构念时，他们应该报告 α 系数（也称作"克

---

[1] 某些研究者用"李克特量表"来指代任何使用了五分反应量表的问卷条目。绝大多数的作者，包括我们，建议在这种情况下用"李克特类型的条目"或者更简单的"五分评定量表"，而不是"李克特量表"（它确切地说指多条目加总式量表）。

表 12.6

罗森伯格自尊量表

给下列每一个题目圈出一个答案				
	非常不同意	不同意	同意	非常同意
1. 我认为自己是个有价值的人，至少与别人不相上下。	1	2	3	4
2. 我觉得我有许多优点。	1	2	3	4
*3. 总的来说，我倾向于认为自己是一个失败者。	1	2	3	4
4. 我做事可以做得和大多数人一样好。	1	2	3	4
*5. 我觉得自己没有什么值得自豪的地方。	1	2	3	4
6. 我对自己持有一种肯定的态度。	1	2	3	4
7. 整体而言，我对自己感到满意。	1	2	3	4
*8. 我觉得我将来难以获得更多的尊重。	1	2	3	4
*9. 我有时的确觉得自己很没用。	1	2	3	4
*10. 我有时认为自己一无是处。	1	2	3	4

*用星号标注的条目用的是反向措辞。反向措辞的条目得分必须在与其他条目分数相加之前经过逆向编码。对反向措辞条目来说，选择 1 就转换为 4，选择 2 就转换为 3，选择 3 就转换为 2，选择 4 就转换为 1。在转化之后，将每位参与者的 10 个答案相加，再用总分除以 10，就得到每位参与者最后的量表分数。

资料来源：Morris Rosenberg's "Self-Esteem Scale" from pp. 325–327 of *Society and Adolescent Self Image*, 1989.

隆巴赫 α"），这是根据研究中所收集的数据求得的内部一致性信度指标。如果量表的结果是可信的，α 系数的值应该达到 0.70 或以上。

原则 11：确保问卷从开头到结尾都易于使用

表 12.7 提供了设计问卷的一份检查表。请仔细阅读这份列表，并保证在设计自己的问卷时对着它进行核查。我们将详述下面几个问题。

问题的顺序 问题的顺序即排序是每次都必须考虑的问题。当问卷中既包含正向条目，又包含反向条目时，一般先询问正向问题会好一些。同理，更重要和更有趣的问题应该先出现，以吸引受访者的注意力。罗伯森和桑德斯特伦（Roberson & Sundstrom, 1990）发现，在一项职员态度调查中，将重要的问题放在前面，而将人口统计学问题（年龄、性别、收入等）放在最后时，调查问卷的回收率最高。将人口统计学问题放在最后也是专业调查研究公司的标准做法。最后一部分的导入语应类似于下列两者之一，"最后这部分是一些仅用于分类的人口统计学问题"或"在完成这份问卷前，我们需要询问几个与您有关的问题。"

表 12.7

问卷设计检查表

1. 遵守表 12.4 中提供的 12 条原则。
2. 为每份问卷设置标题。
3. 对条目或问题进行连续编号（从"1"开始）。
4. 写上页码。
5. 使用标准字体（比如 Times New Roman）和易读字号（比如 12 号）。
6. 在需要的地方提供清楚的说明。
7. 在问卷的新章节或长章节前加入导入语。
8. 确保问卷的外观专业、整洁。
9. 认真地安排每个问题或每组问题的位置，保证从头到尾流畅并具有逻辑性。
10. 把有趣的、温和的问题安排在问卷的开头。
11. 将人口统计学和其他敏感问题放在工具的末尾。
12. 避免用复选题目。
13. 封闭式题目的答案选项要垂直排列，不要水平排列。但水平呈现的等级评定量表是本原则的例外。
14. 在已知合适答案时，使用封闭式的答案选项。
15. 加入一些开放式题目。
16. 在开放式题目中，不要使用在其上作答的直线，而应在答案区域提供空白的地方。
17. 不要把一道题目（或说明或导入语）分开排在两页上。
18. 在多页问卷中，请在页面下方标明"请继续翻到下一页"。
19. 每份问卷的结束语都必须是"感谢您完成这份问卷"。

关联性问题：根据参与者的初始答案，将他们引向不同后续问题的题目。

关联性问题 最好限制纸笔问卷（即需要参与者填写的问卷）中关联性问题的数量，因为它们会增加错误率。**关联性问题**（contingency question）是指根据参与者的答案让他们回答不同后续问题的题目，它可以使研究者将参与者引向问卷内正确的位置（如果每个人要回答的下一道题目有所不同的话）。下面是一个关联性问题的例子：

题目 43. 你的性别是什么？
□ 男性→如果是男性，请转到题目 45
□ 女性→如果是女性，请转到题目 44

在访谈提纲和网络调查问卷中，使用关联性问题并不会引起什么纰漏。因为在访谈时，访谈员接受过训练以执行访谈提纲；而使用网络调查时，可以在网络工具程序中加入跳转功能，自动地让参与者跳转至正确的题目上。

问卷长度 在任何调查中都有许多有意义的问题可问，但是每一种数据收集工具对受测人群而言都有最佳长度。超过一定长度，参与者的兴趣和合作意愿都会消失。因此，研究者必须保证问卷不会太长，即使可能删除某些重要问题。要准确地说明每一种调查问卷的最佳长度是不可能的，因为长度部分取决于研究话题和数据收集方法。一般的原则是，电话访谈不应超过 15 分钟。但是，面对面访谈可能花的时间更多，却不会使受访者感到不自在。通过邮寄送达的问卷应该是各种形式中最短、最易完成的，否则潜在参与者可能就不会填写并寄回问卷了。

反应偏差 在人们对调查做出回应时，可能会出现几种类型的偏差。其中最常见的一种是**社会赞许性偏差**（social desirability bias）。当人们按照一种让他们自己形象最好，而不是表现自己真实感受和想法的方式来回应调查时，就会出现此类偏差。研究者必须时时警惕这种影响个人反应的偏差，并在工具设计及结果解释时对其加以充分考虑。尽量减少这种偏差的策略之一是匿名收集数据，这样的话，即使作为研究者的你也不能将参与者的姓名与回答联系在一起了。然后你可以告诉参与者他们的回答是匿名的。你不能要求或允许参与者提供任何个人身份信息（比如姓名、电话号码、学号）。在说明他们的回答将被匿名记录之后，再要求他们诚实而无所保留地回答问题。现在他们应该感到放松了，因为他们知道没有人能将他们的姓名与他们的答案联系在一起。另一种策略是使用二项迫选法。参与者必须在两个赞许程度相当的选项中挑选一个。这种方法并不经常使用，因为评定量表比二项迫选反应得到的数据更受欢迎，也更容易分析。

还有一种偏差是特定的**反应定势**（response set），即以某特定方式回答所有问题的一种倾向。例如，一个人也许不愿意给出极端答案，并倾向于把答案都集中在中间选项的附近。有一种策略可以尽量减小选择中间选项的倾向，即在评定量表中设置偶数数量的答案选项，而不是奇数数量（含有中间项）的选项。其他一些人可能是"认同者"，倾向于对每种表述都表示同意。使用不同类型的问题，可以尽可能地减少这种偏差。例如，在一组封闭式题目中插入一个开放式题目。在设计调查工具时，需要消除诸如此类的偏差，或者至少让它们减到最小。一些研究者通过反转题目来帮助参与者消除反应定势。这种方法确实能够起到作用，但是它也被证实会降低题目的信度。因此，这种做法会产生代价。总而言之，在预测阶段，你需要仔细思考并利用经验认真检查，以确定哪几种偏差可能会影响数据收集，并采取措施。

原则 12：对问卷进行预测，直到它变得完美

我们已经提到过预测的重要性。我们无论如何强调对数据收集工具（比如，问卷、访谈提纲）进行"试验"或**预测**（pilot test）的重要性都不为过。预测的目的是确认问题并纠正它们，在你将工具运用于研究之前，必须进行预测。开始预测时可以用你的问卷来测试同事和朋友，接下来，你需要对与研究参与者类似的个体进行预测。你应该要求接受预测的参与者完成问卷（或访谈），并找出任何模棱两可的或不清楚的题目或他们在完成工具的过程中可能发现的其他问题。在预测阶段可以使用一项特别有用的策略即**出声思维技术**（think-aloud technique），让参与者在

进行问卷填写活动时，将自己的思想和知觉都用言语表达出来。你甚至可以决定对预测环节进行录音或录像，以便以后回顾。在参与者完成问卷之后，对他们进行访谈也是很有帮助的。你们可以讨论工具的效果如何，他们认为这是有关什么的工具，有没有什么令他们费解的地方，有没有什么内容会激怒他们。预测的最终目的是为了在研究项目中不出差错地使用研究工具。

思考题 12.3 ● 问卷设计的主要原则是什么？在这 12 条原则中，每一条的核心问题是什么？

从总体中挑选你的调查样本

在设计完调查工具（即问卷或访谈提纲）之后，必须用它对一群个体施测，以获取能为研究问题提供答案的回答。有许多种方式可以供研究者选择参与问卷调查的参与者。绝大多数的研究课题都需要从研究者感兴趣的总体中挑选一个参与者样本。**总体**（population）指的是被代表的所有事件、物体或者个体，而**样本**（sample）指的是少于总体数量的、用于代表总体的个体集合。研究者在样本结果的基础上，对总体情况进行推论。

总体：研究者感兴趣的整个群体。

样本：总体的子集。

挑选参与者样本的方式取决于研究目的。如果研究问题关注的是探索变量之间的关系，并且不需要对总体做出直接、精确的推论，那可能就可以使用方便抽样法。**方便抽样**（convenience sampling）是一种非概率抽样法，参与者样本的选择基于方便性。例如，相当多的心理学研究都让参加心理学导论课程的学生作为参与者，因为对研究者来说，学生是最方便获取的资源。使用方便抽样技术的明显优势在于，不需要花费大量的时间或金钱就可以找到参与者。但是，研究者通常希望将他们的结果推广到"普通人"身上或者至少"大学生总体"身上。以这类样本进行的概括可能并不可靠，因为组成样本的个体是在开展研究的学期内选修了心理学导论课程并自愿参与研究的学生。

方便抽样：将那些容易获得的、自愿的、或容易招募的人纳入样本中。

电子调查回复也是方便抽样的一种表现，因为尽管上网的人数量很庞大，但仍有许多人没有网络可用或者选择不使用互联网（Solomon, 2001）。而且，最终样本中的参与者也只包含了决定答复电子邮件邀请并参与调查研究的人。也就是说，任何电子调查回复样本都将产生偏差。从互联网使用率非常高的总体中抽样可以减少偏差，如美国、加拿大、西欧的大学生和高校职员。但是，即使是这些总体，因为经验水平和使用网络浏览器等互联网工具的熟练程度不同，也有可能产生有偏差的样本。这也是电子问卷调查虽然吸引人，但仍需谨慎使用的主要原因之一（Solomon, 2001）。

随机抽样：使用统计随机过程来选取样本成员。

当研究问题要求对普通人群进行精确描绘时，必须使用**随机抽样**（random sampling）法。正如在第 5 章中详细讨论的那样，随机抽样有几种类型，包括简单随机抽样、分层随机抽样和整群随机抽样。本章只回顾简单随机抽样。随机抽样的例子可见于绝大多数与总统竞选有关的民意测验。开展这些民意测验的目的是为了确定候选人的声望和他们的各种问题所产生的影响，这些问题包括吸毒史、公众对候选人的看法等。基于样本的结果必须要能推广到参与政治选举的总体上。

当参与者样本确实是从总体中随机抽取的时候，结果就能相当准确。例如，1976年《纽约时报》与哥伦比亚广播公司的联合民意测验准确地预测到，有 51.1% 的选民将投票给吉米·卡特，48.9% 的选民将投票给杰拉尔德·福特（Converse & Traugott, 1986）。做这项预测所使用的样本是从约八千万选民中抽取的不到2 000人。这种极其精确的预测并不常见，但是它证明了一点，如果样本中的个体是随机选择的，那么即使是只包含几个个体的样本也能对总体进行准确预测。事实上，在所有此类民意测验中，都存在着**抽样误差**（sampling error），即随机误差。这类误差的产生基于一个事实，即样本结果总会随机地与总体特征存在着一些微小的差异。但这种误差通常非常微小，而且比使用其他抽样方法所产生的误差要小得多。

抽样误差：样本值相对总体值的变异。

这种把单个样本的结果直接推广到总体的能力在许多调查研究课题中也是很重要的。这种推广能力是随机抽样调查研究的优势。实验研究很少采用随机抽样；但是，可以在不同的时间地点对不同人群的样本进行重复实验研究，以得出基于实验研究数据的因果推论，使这个问题得以解决。在实验研究中最重要的是随机分配，而不是随机抽样。[2]

简单随机抽样：一种常用而基础的等概率抽样法。

代表性样本：与总体相似的样本。

在使用**简单随机抽样**（simple random sampling）时，总体中各成员被选入研究的机会是相等的。这种方法的优点在于，参与者样本的反应能代表整个总体的反应，选出的样本叫做**代表性样本**（representative sample）。"帽子模型"是理解简单随机抽样法的一种方式。其做法是将各人的名字写在一张小纸片上，然后将它们放入帽子中。总体中每个人的名字都要写在一张大小形状都一样的纸片上。接着晃动装有纸片的帽子，再抽出一张纸，纸上写有谁的名字，就把谁纳入样本中。如果样本容量是100，那么就再重复99次这个过程，直到找满100个人（为避免再次抽到相同的人，所以不能将已经抽过的纸放回到帽子中）。还有比帽子模型更好的方法来抽取真正的随机样本：对总体中的所有人进行编号（从1开始，以总人数为最后一个号码），然后使用随机数字生成器产生随机抽样的号码（即个人），将其纳入样本中。如第5章提到的那样，你可以在下列网站找到有用的随机数字生成器：http://randomizer.org 和 http://www.random.org 。要想了解更多有关随机抽样法的信息，请重新阅读第5章，或者查阅专门讲述抽样的书籍（如，Henry, 1990; Kalton, 1993）。

---

2 任何具有这个特征的抽样法都被称作等概率抽样法（EPSEM）。除了简单随机抽样以外，还有其他的等概率抽样法，比如比例分层抽样、群大小相同的整群抽样（或者使用了概率比例规模抽样）以及系统抽样（当使用了随机起点时）。其核心理念是，等概率抽样法能产生代表性样本，研究者能将样本结果直接推广到总体上。

准备和分析调查数据

设计完数据收集工具，选择好了样本，也收集完了调查数据之后，你就可以准备将数据输入到统计软件程序中了，比如常用的 SPSS。定量数据（即数值数据）相对容易输入到 SPSS 中，它的数据输入框看起来和操作起来都像是一个电子表格。输入完数据后，必须仔细地检查数据的质量，例如，如果你使用的是五分量表，那么"6"或"7"这样的答案显然是无效的。你需要再次查看调查工具，确定你是否在数据输入时犯了错误，若是就要将其修改过来。如果不是输入错误，那么这种答案只能编码为"缺失"。如果调查包含一个关联性问题，只要求女性回答另一问题，那么，男性参与者对这个问题的任何回答都必须被删除（即编码为缺失）。如果存在任何开放式问题，你都需要检查书面答案以发现主题和类别，如果可能，你应该为这些主题 / 类别设置编码。由这些编码代表名义变量，并将其输入数据集中与其他变量一起进行分析。如果你已经仔细地核查并"清理了数据"，那你就为分析做好了准备。在第 14 章和 15 章，你将学习如何分析数据。

本章小结

调查研究是一种依靠问卷或访谈提纲进行数据收集的非实验研究方法。当研究的兴趣在于测量个体态度、自述的活动、观点和信念时，就可以使用它。一般来讲，调查方法依赖于选择参与者样本，这样研究者才可以将由样本得到的结果推广到目标总体上。调查可以在某个单一时间段（横向调查）或多个时间段（纵向调查）进行。调查研究的步骤如表 12.3 所示。调查数据收集方法包括：使用调查工具（问卷）或访谈（使用访谈提纲）。常用的调查数据收集方法包括：面对面访谈、电话访谈、邮寄问卷和电子问卷调查。表 12.5 提供了问卷设计的 12 条原则。在设计或评估一份问卷时，必须要确保准确遵守问卷设计检查表（表 12.7）中的所有要点。

重要术语和概念

锚点	横向研究	面对面访谈法
二项迫选法	双重否定	团体施测问卷法
检查表	双重提问	访谈
封闭式问题	电子问卷调查	访谈提纲
关联性问题	电子邮件调查	有诱导性的问题
方便抽样	穷尽选项	李克特量表

带预设观点的用语	随机抽样	社会赞许性偏差
纵向研究	随机数字拨号	加总式评定量表
邮寄问卷法	排序	调查工具
混合问题格式	评定量表	调查研究
互斥选项	代表性样本	电话访谈法
开放式问题	反应定势	出声思维技术
同组研究	样本	趋势研究
预测	抽样误差	自愿抽样
总体	语义差别法	网络调查
问卷	简单随机抽样	

章节测验

问题答案见附录。

1. 一位研究者为某个五分量表编写了如下题干。"你不同意大学需要一支足球队吗？"这个题干存在什么问题？
   a. 它使用了不熟悉的语言
   b. 它属于双重题问
   c. 它使用了双重否定
   d. 它是一个"有诱导性"的问题

2. 下面哪一组封闭式答案选项是互斥的选项？
   a. 0~10、10~20、20~30、30~40
   b. 0~9、10~19、20~29、30~39
   c. 0~5、5~10、10~15、15~20
   d. 0、1~3、3~6、6~9、10 或者更多

3. 用于测量参与者对各种态度对象或概念所赋予的含义的技术称作：
   a. 语义差别法技术
   b. 非锚定的评定量表
   c. 互斥选项列表
   d. 检查表

4. 按照本书，一个评定量表应该有多少个点？
   a. 5个
   b. 4个
   c. 10个
   d. 4至11个点

5. 允许参与者用自己的语言作答的问题是：
   a. 带预设观点的问题
   b. 有诱导性的问题
   c. 双重提问
   d. 开放式问题
   e. 封闭式问题

提高练习

1. "你目前的年龄是多少？"这个问题的答案选项如下，它们存在什么问题？

    1~5
    5~10
    10~20
    20~30
    30~40

2. 一个评定量表中应该包含多少个点？为什么？（你可以按照本书的讨论进行说明，也可以按照你在网络上找到的其他结果进行说明。）

3. 选定一个问题，你想要了解人们对这个问题的看法（比如人们对动物研究的态度和心理学学生对应用心理学各专业方向的理解），并设计一份包含十个条目的问卷。确保在问卷结尾加入一些人口统计学条目，以便你能够验证不同群体是否存在一些态度差异。然后根据表12.7（问卷设计检查表）提供的19个检查要点对你的问卷进行评估。用0%~100%之间的数值等级对自己进行自评（100%意味着你准确地遵守了所有19个要点）。

第 13 章

定性和混合研究

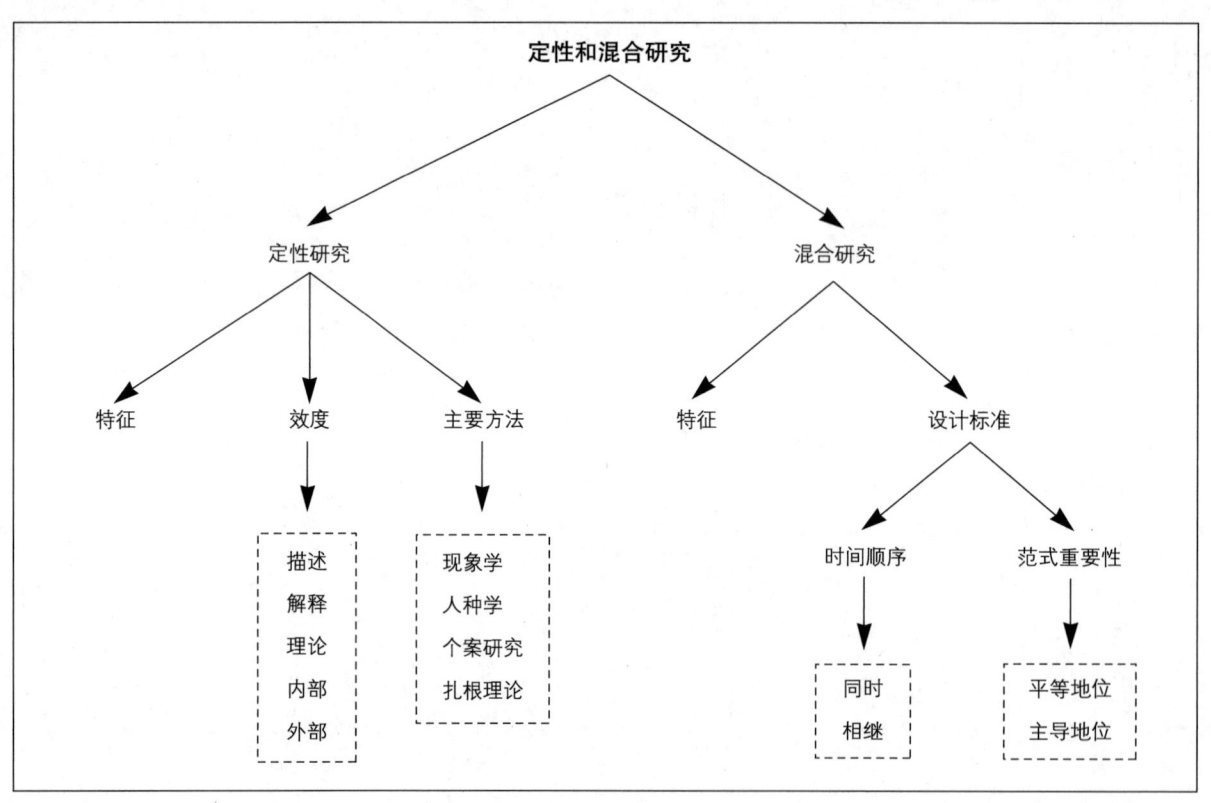

1999年4月20日,哈里斯和克莱伯德这两名学生闯入美国科罗拉多州科伦拜高中,在杀死13人并伤及多人后自杀。显然,此次屠杀是长期周密计划的结果。两人为这次屠杀准备了数支枪和若干弹药,并制造了大量炸弹。在杀死12名学生和1名教师之后,他们将枪口转向了自己,结束了生命。

> 科伦拜屠杀事件让我们不禁思考，事件是怎么发生的以及为何会发生。因为枪击者最终杀死了自己，所以我们不能直接获知他们的思想。但是通过研究枪击者生前留下的文字和其死亡前的行为，他们的同学所接受的访谈，以及记录其行为的文档等，研究者已经完整地还原了科伦拜事件。这种通过日记、访谈和文档进行的研究体现了定性研究的特点。研究者还对其他没有自杀的杀人犯进行了深度访谈，以研究他们的犯罪原因和动机。另外还有在科伦拜事件中经常被遗忘的幸存者，他们的生活也同等重要。他们的感受如何？在发生这起可怕的事件之后，他们的生活发生了怎样的变化？
>
> 定性研究提供了一种绝佳的途径，能帮助我们深入探查个人和群体的生活，了解他们是如何从自己的角度看待这个世界的。在这一章中，你将学习用以探索特定个体和特定群体生活的定性研究方法。这种方法在心理学研究中的应用可对定量研究所提供的信息起到补充和完善作用。

引　言

定性研究：依赖定性研究数据的研究类型。

混合研究：把定量和定性数据或方法组合在同一项研究中的研究类型。

在第 2 章，我们简单地介绍了定性研究。最基础水平的**定性研究**（qualitative research）被定义为依靠收集定性数据（即非数值数据，比如语言、照片和图像）而进行的实证研究方法。在本章中我们将更详细地说明定性研究。这本教材的绝大多数内容都关注定量研究（比如实验和调查），因为绝大多数心理学研究都是定量的。所以，你现在已经了解了大量有关定量研究的知识。但是，定性研究在心理学研究中有着悠久的传统和重要的地位（Camic, Rhodes, & Yardley, 2003; Smith, 2008; Willig & Stainton-Rogers, 2008）。研究的第三种类型，**混合研究**（mixed methods research），是一种将定量和定性研究的理念和方法结合在一起的研究方法（Johnson, Onwuegbuzie, & Turner, 2007）。在讲完定性研究之后，我们将更加详细地说明这种类型的研究。

表 13.1 展示了定量、定性与混合研究之间的关键性区别。第一列呈现的是一些与定量研究有关的知识，你可能对这一部分已经有所了解。比如，定量研究关注检验假设以及获得能进行广泛推广的结果。学术期刊所登载的定量研究文章通常包含许多数字和统计检验结果。注意表格中提到的定性研究与定量研究之间的差异。定性研究更多地关注个人和单个的、局部性的群体，以进行深度的个案研究，对获得可以广泛推广的结果则无甚兴趣。表中还展示了一些其他差别。最后，你会注意到在表 13.1 中，混合研究是以定量和定性研究特征的组合或混合为基础的。

在本章接下来的部分，我们将讲解定性研究和混合研究。

表 13.1 定量、定性和混合三种研究方法的特征*

	定量研究	定性研究	混合研究
学术重点	证实和证伪。着重于假设和理论的检验	探索。着重于假设和理论的提出	同等重要。兼顾假设/理论的提出和检验
世界观	心理过程和行为是有规律的，也是可预测的	心理过程和行为具有情境性、动态性、社会性、环境性、个体性	思想和行为包含可预见的和特异的/环境性的元素
对现实的主要观点	客观的（物质的、物理的、因果的）	主观的	兼有客观的、主观的和主体间的成分
研究目标	解释（因果关系）、控制、预测、描述总体特征	探索，特别是描述、深度理解和从社会角度"构建"现实	定量和定性目标的组合
研究目的	发现思想和行为的一般的和复杂的规律	描述和了解在特定环境里的特定群体和个人	特殊性与普遍性的结合
数据	定量地测量变量（数值）	语言、文本、图像、文档	所有数据类型均适用；在同一项研究中，定量和定性数据都用
结果	可推广的发现	针对特殊对象的发现和主张	试图将普遍性和特殊性结合在一起，产生"实践性理论"
最终报告	统计结果（对相关性、平均数差异的显著性检验）及结果讨论	带有丰富的情境描述和许多直接引语的叙述	统计和定性数据报告的混合体

*虽然本章主要讲解定性研究和混合研究，但为了便于比较，我们仍然加入了定量研究的特征。

定性研究的主要特征

迈克尔·巴顿（Patton, 2002）对定性研究的特征进行了很好的总结。表 13.2 展示了他列举出的定性研究的 12 个主要特征。并非所有定性研究都具有全部 12 个特征，但是通过研究这个列表，可以更好地了解那些与定性研究常常联系在一起的特征。在表格中，12 个关键的术语用楷体字标注，以示强调。

定性研究的研究效度

在第 6 章我们曾经指出，研究效度指的是由一项研究结果得出或能得出的推论的正确性或真实性。定性研究发现的效度有时会受到质疑。例如，人们批评定性研究缺乏严谨性，所产生的结果受开展研究的特定研究者的影响。在这一节中，我们将说明如何能开展强定性研究。

研究者偏差：只注意那些可以支持某人先前预期的数据。

一个需要注意的威胁是**研究者偏差**（researcher bias），这种偏差可能会表现为只寻找能证实某人已有想法的证据。尽管事实上确实有许多定性研究缺乏效度和严

表 13.2　定性研究的 12 个主要特征

设计策略

1. 自然探究——研究真实世界中自然展开的情境；不操纵、不控制；对发生的一切保持开放性（不预先对结果设定限制）。
2. 随机应变的设计灵活性——随着了解的深入和/或情况的变化，及时调整探究方法；研究者要避免拘泥于排斥响应性的刻板设计，当出现新的探究方法时，应该追寻新方法。
3. 有目的的抽样——挑选那些具有"丰富信息"和启发意义的个案（比如，人、组织、社区、文化、事件、重要偶发事件）进行研究，因为它们能够有效地呈现研究者感兴趣的现象。由此，抽样的目的应是洞察现象，而非进行从样本到总体的实证性推广。

数据收集和实地研究策略

4. 定性数据——能够产生详细、深度描述的观察；深入调查；访谈能够收集人们关于个人视角和经验的直接引语；个案研究；仔细的文档审查。
5. 个人经验与投入——研究者可以直接接触和接近研究对象、环境和现象；研究者的个人经验和见识是探究的一个重要部分，对于了解现象起到关键作用。
6. 共情中立和警觉——在访谈中保持移情立场，即通过表现出开放性、敏感性、尊重、重视和积极回应，寻求感同身受的理解，但不作判断（中立）；在观察中，这意味着高度注意现场（警觉）。
7. 动态系统——注意过程；不管关注的是人、组织、社区或是整个文化，都应假设变化是在不断发生的；因此，要对系统和环境的动态保持警觉和注意。

分析策略

8. 独特个案取向——假设每个个案都是特别的和独特的；分析的第一级水平就是忠于、尊重和捕捉所研究个案的细节；跨个案的分析由此而来并取决于单个个案研究的质量。
9. 归纳分析和创造性综合——深入研究数据的细节和特性，以发现重要的模式、主题和相互关系；从探索开始，接着进行确认，以分析的原理而非规则为引导，最后完成创造性综合。
10. 整体观——将研究的整个现象视为一个复杂系统，而不仅仅是各部分的加和，并关注复杂的相互关系和系统动态，如果将这些内容分解为几个离散变量和线性因果关系，就失去了意义。
11. 对情境的敏感性——将研究结果置于一个社会的、历史的和时代性的情境中；对跨时间和空间进行推广的可能性和意义保持慎重，甚至怀疑；相反地，强调慎重的比较性个案分析，以及推断出模式，它们经过转换和调整或可用于新情境。
12. 声音、视角和反思——定性分析者拥有自己的声音和视角，也能反思它们；可信的声音会传达出真实性和可靠性；完全的客观是不可能的，而纯粹的主观会削弱可信度，研究者要注重平衡两个方面，既要理解和真实地描述世界中的所有复杂细节，同时又要坚持自我分析、保持政治意识以及有意识地反思。

资料来源：From M. Q. Patton, *Qualitative Research and Evaluation Methods*, 3rd ed., pp. 40–41, copyright 2002 by Sage Publications, Inc.

反思：批判性地思考自己的解释和偏差。

反面案例抽样：寻找那些挑战预期或当前研究发现的个案。

谨性，但这并不一定是必然。减少研究者偏差有两种策略，分别是**反思**（reflexivity）（即不断努力地找出你的潜在偏差，并留意如何尽量减小它们的影响）和**反面案例抽样**（negative-case sampling）（即尽力找到并检验那些能证明你先前预期不成立的个案）。表 13.3 中包含了 15 条用于定性研究的重要效度策略，它们能帮助研究者将价值令人怀疑的研究改进为可满足研究目的的高品质研究。现在，我们基于麦克斯韦的工作（Maxwell, 1992, 2005）简单讲解一下其中某些效度策略，特别是与定性研究相关的一些效度类型。

描述效度　定性研究的目的之一就是提供对特定现象、环境或群体的准确描述。

表 13.3　定性研究中应使用的效度策略

策略	描述
数据三角测定	使用多个数据来源帮助研究者理解某种现象。
拓展实地研究	不管是为了探索，还是为了让研究有效，研究者都应该进行较长时间的实地数据收集。
外部审核	邀请外面的专家来评估研究的质量。
研究者三角测定	使用多位调查者（也就是研究者）来收集、分析和解释数据。
低推理描述语	使用措辞非常接近参与者说法和研究者现场笔记的描述。逐字逐句（即直接引用）就是一种常用的低推理描述方式。
方法三角测定	使用多种研究方法来研究某种现象。
反面案例抽样	寻找能够反驳研究者的预期和推广的个案。
参与者反馈	参与者和他们所在群体其他成员对研究者的结论和解释给出反馈并进行讨论，目的是验证和洞察。
模式匹配	预测一组能够形成一种特定模式的结果，然后确定真实结果与预测模式或称"指纹"相符的程度。
同行评议	与其他人讨论研究者的解释和结论。这包括与一位公正的同行（比如，与一位不直接参与的研究者）讨论。这位同行应该具有怀疑精神，并充当故意唱反调的人，不断向研究者发起挑战，要求为任何解释或结论提供确凿的证据。与熟悉研究的同行进行讨论也有助于提供有用的挑战和见解。
反思	研究者对自己可能产生的偏差和倾向具有自我认知并愿意进行批判性自我反思，这些偏差和倾向也许会影响到研究过程和结论。
侦探研究者	因为定性研究者会寻找因果关系证据，所以借此来比喻。为了产生可以理解的数据，研究者会仔细地考虑可能的原因和结果，系统地排除对立解释或假设，直到最后的结果无可置疑。侦探可以使用这里列出的任何一种策略。
排除替代性解释	确保你已经仔细地检查过竞争解释或对立解释的证据，并且你的解释是最好的。
理论三角测定	使用多种理论和多个视角来帮助你解释和说明数据。
三角测定	通过使用多种程序或来源来交叉检验信息和结论。当不同的程序或来源产生一致结论时，你就有了确凿的结论。

描述效度：研究者所作报告的事实准确性。

研究者三角测定：使用多位研究者来收集和解释数据。

解释效度：准确地描绘参与者的主观看法和意图。

参与者反馈：进行成员检查以确定参与者是否认可研究者的陈述、解释和结论。

因此，描述效度是很重要的。**描述效度**（descriptive validity）反映了研究者所报告情况的准确和真实程度。**研究者三角测定**（investigator triangulation）（也就是使用多位研究者来收集和解释数据）是一种在提高描述效度上非常有用的效度策略。使用多位调查者可以减少只从单一研究者的视角进行描述的可能性。当多位研究者都认可定性研究报告内容的描述性细节时，这种解释也就更能让读者信服。

解释效度　定性研究的第二种效度关注的是研究的主要目的，即报告人们对某种现象的主观看法和感受。**解释效度**（interpretive validity）反映的是研究者能在多大程度上准确地描绘参与者赋予研究对象的含义。此时你的目标是洞悉参与者的想法，并准确地记录他们的观点和意图。提高解释效度的一个有用策略是获得**参与者反馈**（participant feedback），这个过程也称作"成员核查"。这种策略是指与研究参与者一起讨论研究发现，确定参与者们是否认同你对他们所持观点的解释，接下来在这

低推理描述语：非常接近于参与者言语的描述语，或者逐字逐句的直接引语。

理论效度：理论或解释与数据一致的程度。

拓展实地研究：在现场花费足够多的时间，以全面地了解所研究的对象。

理论三角测定：使用多种理论或多个视角来帮助解释数据。

模式匹配：构想并验证一个复杂的假设。

同行评议：和同行及同事一起讨论你的解释。

表意因果关系：特定的人在局部环境中的一个有意的行为产生了某种可观察结果。

定律因果关系：科学中关于因果的标准概念，指的是变量之间的因果联系。

侦探研究者：比喻努力寻找某件单一事件的具体原因的研究者。

方法三角测定：使用多种数据收集方法或研究方法。

数据三角测定：使用多种数据来源。

种反馈的基础上进行修正，以便你能描绘他们的意思及思维方式。另一种有用的效度策略是在你的报告中使用**低推理描述语**（low-inference descriptor），这意味着你在描述参与者想法时，应使措辞尽量接近研究参与者的原话和你的现场记录。这意味着研究者需要在报告中包含不少引语，以描绘研究提出的要点。

理论效度 麦克斯韦称第三种效度为**理论效度**（theoretical validity）。它反映的是研究者所提供的理论解释与数据相一致的程度。表 13.3 中提供的四种效度策略对提高理论效度尤其有用。第一种策略是**拓展实地研究**（extended fieldwork），这意味着研究者应该进行一段较长时间的实地数据收集。第二种策略是**理论三角测定**（theory triangulation），用多个理论和多个视角来帮助你解释和理解定性数据。这样做应当能得到一个对结果更完整的解释。第三种策略是**模式匹配**（pattern matching），这是一种假设检验策略，研究者会做出一种独特且复杂的预期（而不是一种非常简单的预期），然后确定它是否能被研究结果所支持。也就是说，研究者预测的结果"指纹"模式是否确实出现了？如果确实出现了，那么理论就有很强的预测能力。第四种策略是**同行评议**（peer review），这个策略与理论效度紧密相关。这要求你与你的同行或同事等能提供不同视角的人一起讨论你的解释、结论和说明。如果你参与该定性研究的程度较深，那么使用未深度参与此项研究的持有客观立场的外来者，有利于为该项研究提供一个崭新的视角。

内部效度 定性研究中的内部效度定义与定量研究中的内部效度定义相同，都是指研究者认为观察到的关系是因果关系这一结论的合理程度。不过，定性研究中的因果关系有着非常不同的含义。多数情况下，心理科学的目标都是为了理解变量之间是如何产生因果联系以及世界是如何运行的。但定性研究并不怎么关心一般的人类世界，它专心研究的是世界上规模很小的特殊环境。因此，定性研究不描述人类世界运行的一般规律，而是将目标定位在描述特定群体如何在特定地方运转，有时定性研究者也关注是什么导致了特定事件在特定环境中发生。我们将这种特殊的因果观点称为**表意因果关系**（ideographic causation）。它相当于做一个非常具体和局部化的声明。例如，你可能会说你的车今天早晨不能启动是因为电池没电了或燃料耗尽了。换句话说，表意因果关系是一种常识性的因果观，只用于非常有限和特殊的情境中。表意因果关系与**定律因果关系**（nomological causation）相反，后者是心理学定量研究的主要关注点。

在表 13.3 中，与定性研究中的因果关系问题有着紧密联系的至少有三种效度策略。第一种策略是**侦探研究者**（researcher-as-detective），是指仔细地思考因果关系并检查每一条可能的"线索"，然后得到结论。第二种策略是**方法三角测定**（methods triangulation），是指在调查某个问题时要使用多种数据收集方法，以确定通过不同方法是否能够得到相同的结论，这里的方法有访谈法、问卷法和观察法等。第三种策略是**数据三角测定**（data triangulation），是指使用多种数据来源，如对不同类型的人进行访谈或在不同环境中进行观察。原则是，如果你想要准确地知道某个特定结果是由哪个事件或哪些事件引起的，那么就不能仅依赖于某个单独数据来源。

外部效度　定性研究中的外部效度与定量研究中的外部效度有着相同的定义，都是指你能在多大程度上将自己的结果推广到到其他人群、环境和时间上。这是定性研究中最不重要的一类效度，因为定性研究者通常并不关注结果的推广。记住，定性研究的核心目的是探索并描述特定个体或群体在特定环境下的某种特定现象。

当定性研究者们考虑外部效度时，他们通常关注的是一种称作**自然类推**（naturalistic generalization）的推广，其基础在于研究报告所涉及的群体和情境与要推广到的群体和情境之间的相似性。此类推广与定性研究的视角相符，因为进行推广的并不是研究者。相反，是由文章或报告的读者来决定何时推广以及如何推广。在进行自然类推时，你可以观察你的客户或工作伙伴，根据他们与定性研究报告中参与者的相似程度，把结论适当地推广到他们身上。

自然类推：研究报告的读者根据相似性进行的推广。

为了让读者可以进行自然类推，定性研究报告必须包含关于参与者和情境的必要细节。如果你想要从定性研究出发进行传统意义上的推广，那么你可以考虑使用以下策略，即只推广那些经由许多研究证实过的发现。当某个研究结果对不同人群、在不同时间和环境下都得到了证实，那么你就可以对它进行推广了。还有一种可能的推广称作**理论推广**（theoretical generalization），是指将研究中生成的理论（比如扎根理论 [GT] 的研究结果）进行推广。有时，即使特殊的细节不能推广，核心理念和观察到的过程也是可以推广的。不过，只有经由新的研究参与者验证过的理论才能进行合理推广。

理论推广：把理论解释推广到产生该解释的特定研究之外。

思考题 13.1　在定性研究中"效度"是如何建立的？哪些类型的策略有助于建立定性研究中的效度？

四种主要的定性研究方法

我们将定性研究作为一种广泛的研究形式进行了探讨。实际上，主要的定性研究方法至少有四种，它们分别是现象学研究、人种学研究、扎根理论研究和个案研究，每一种专门方法都有自己独特的起源和概念词汇系统。研究者有时会使用其中的一种方法，有时也会将这些方法组合起来使用，以满足其特殊的实验环境和需求。

现象学：研究者试图理解和描述一个或多个参与者对某种现象的体验的定性研究方法。

现象学

现象学（phenomenology）是定性研究的第一种主要途径，它描述的是某个人或某个群体对某种现象（如爱人死亡、接受咨询、疾病、赢得足球锦标赛冠军或经历内疚、愤怒或嫉妒等情绪）的有意识的经验。以下是现象学研究要解决的关键问题：对某个特定个人或群体来说，亲身体验某种现象的意义、结构和本质是什么？研究者试图进入每位参与者的**生命世界**（life world），也就是由参与者的主观经验构成的内部世界。你的生命世界是你存放"亲身经验"的地方，是你的直接意识存在的地方，是你进行感受、感觉和"内心交谈"的地方。这一区域也被称为你的现象空间。

生命世界：一个人的体验构成的主观内在世界。

这种研究方法在心理学中有着悠久的历史，但它的确立通常归功于哲学家埃德蒙德·胡塞尔（Edmund Husserl, 1859—1938）。胡塞尔创造了 *Lebenswelt* 一词，在德语中是"生命世界"的意思。胡塞尔认为，如果将表征中的所有其他因素（偏见、习得性感受）移除或"存而不论"，那么所有人的都将以相同的方式体验相同的现象。许多后来的现象学家争论说，个人或群体会以不同的方式体验相同的现象（如爱人死亡）。无论你对这个问题的看法如何，现象学研究总是涉及"进入人们的大脑"，看看他们是如何体验各种事件的。

现象学广泛地用于心理学和相关领域，因为从人们的视角出发记录他们对所处情境的主观体验是很重要的。在一项儿科癌症患儿的研究中，福奇特曼（Fochtman, 2008, p. 185）指出："只有当临床医生真正地理解了这种疾病对于儿童的意义时，才能设计出可以减少儿童和青少年患者的痛苦，且同时能提高其生活质量的护理干预方案。"心理学和相关领域学科曾研究的现象学体验包括：强迫症（Garcia et al., 2009; Wahl, Salkovskis, & Cotter, 2008）、成瘾（Gray, 2004）、种族歧视（Beharry & Crozier, 2008）、性虐待（Alaggia & Millington, 2008）、发作性睡病中的精神病性症状（Fortuyn et al., 2009）、生活满意度（Thomas & Chambers, 1989）和衰老的意义（Adams-Price, Henley, & Hale, 1998）。

现象学数据收集和数据分析　现象学家如何收集和分析数据，又如何描述一个人或一个群体对某种现象的体验呢？现象学研究方法让每位参与者都关注他的现象空间，并描述相关体验（当前的或记忆中的），描述时必须集中精神。现象学家主要使用的定性数据收集方法是深度访谈，另外他们也常用开放式问卷法（此时要求参与者写出他们的体验）。

在下述现象学研究的例子中，我们将简单地说明数据分析和报告撰写的过程。由黎曼（Riemen, 1986）组织开展的这项研究从患者的角度调查了他们与护士之间的互动充满关怀还是漠不关心。为了研究该现象，黎曼进行了一次访谈，访谈对象是年满 18 未住院的个体，他们都曾与护士有过接触。访谈者要求每位参与者回想他们与一位或多位体贴或冷漠的护士接触的经历，并描述他们在与护士交流时的感受。黎曼要从这些访谈中找到与所研究的现象高度相关的**重要陈述**（significant statements）（即一些单词或一个短语，一个句子或一些句子）。在试图确定某条陈述是否重要时，你应该问自己如下一些问题：(a)"这是描述体验的陈述吗？"(b)"看起来，这些陈述在参与者表述其体验时是否有意义？"。研究者通常一字不

重要陈述：研究者认为能生动地表达参与者体验的字词、短语或长度相当于句子的陈述。

变（逐字逐句）地或用尽可能接近参与者原话的措辞记录这些陈述。黎曼确认了一些表示关怀的陈述，如"专心地倾听""有同感的"和"和我交谈的内容不仅仅限于疾病"；也确认了一些让人感觉冷漠的陈述，如"我感觉自己的手正在挨打""根本不想说话"以及"她看着设备而不是我"。

从转录后的数据中提取出重要的词组和陈述之后，黎曼设计了一个陈述含义列表。通过对这些参与者陈述的阅读、再阅读和反复思考，黎曼确定了它们的含义。黎曼的目标是感同身受地理解研究参与者陈述的含义，例如，黎曼对关于体贴的护士的重要陈述的含义做了如下阐述："护士自愿并主动回到患者身边充分表明了关怀的态度""护士的关怀让他觉得舒服、放松、安全，被照料得很好，如同得到了家人一般的照顾。"对冷漠陈述的含义所做的阐述则包括："护士的态度表明，护士没有把患者当成一个人来关心，患者认为这点说明护士只把护理当做'一份工作'"，或"护士完全无视患者的需求，只是将护理视为一份工作，患者觉得这个护士冷漠"（见 Creswell, 1998, pp. 286—287）。接下来，按群或主题将这些经重新阐述后的"意义"陈述组织起来。黎曼建立了几个群，有"护士的存在"、"患者的独特性"和"相应结果"等。最后，通过将陈述、陈述的含义和由它们组成的群整合起来，产生了一份关于现象**本质**（essense）或现象学结构的总结性描述。

本质：体验的现象学结构。

撰写现象学报告 定性现象学研究的最终报告是以叙述的形式撰写的，应该包括关于研究参与者和数据收集方法的详尽描述，还应提供数据分析策略。如果进行了任何效度核查，那么也应对它们进行说明。例如，有一种非常有用的效度策略称作成员核查，研究者需要向参与者确认，重要陈述、含义和现象学总结是否准确地表达了他们的观点。验证之后，就要对重要陈述和含义的细节进行描述（包括必要时可以使用表格）。研究结果应包括对体验的本质特征或普遍特征进行详细描述。有时，研究者也会发现各类参与者之间的差异，若如此应将它们报告出来。

下面的本质或现象学结构被黎曼（Riemen, 1986）用于描述参与者在与关心负责的护士接触时的体验。

> 在一次充满关怀的互动中，患者对护士存在感的认识不仅在于护士本人是否出现，还在于护士对病患是否身心投入。这种投入也许是为了回应患者的要求，但更多时候是一种自愿的付出而不是患者的主动要求。患者对护士身心投入的感知主要是从态度及行为上体验，护士是否把患者视为有价值的人，坐下来聆听并回应患者特有的需求。患者说出和没说出的各种需求如能被护士听见和察觉到，并有所回应，那患者就能瞬间并直接地体验到身心的放松、舒适和安全。（见 Creswell, 1998, p. 289）

下面描述了参与者在与冷漠的护士接触时，其体验的本质或结构：

> 患者感觉护士只不过出现了，但存在感很低。患者觉得护士之所以在那儿，只是因为这是她们的工作。她们不会帮助患者，也不会回应他的需求。护士做

的任何回应都是规定所要求的最低限度。患者认为，在自己请求帮助时不予以回应的护士是冷漠的。因此，护士与患者间未发生的互动被归为冷漠的互动。护士总是很忙，或者草率地应付患者，因此也不会坐下来真正倾听患者的个人需求。由于患者被责骂，被当成儿童、动物或非生命体来对待，所以患者作为独特个体的价值进一步被降低。因为被贬低以及缺乏关心，患者的需求也得不到满足，从而产生了负面感受，也就是说，他会觉得沮丧、害怕、抑郁、愤怒、担忧和烦恼。（Creswell, 1998, p. 289）

人种学：专注于发现和描述人类群体文化的定性研究方法。

人种学

文化：一个群体中的成员所共享的信念、价值观、做法、语言规范、仪式和物质事物，用以解释和了解他们的世界。

共享信念：共享一种文化的人们约定俗成为正确或错误的陈述或习俗。

共享价值观：从文化角度上界定的事物好与坏、受赞许或不受欢迎的标准。

规范：对一个群体中的人们应该如何思考和行动做出具体说明的书面和非书面规则。

整体论：一种认为整体（如一种文化的整体）大于各个组成部分之和的观点。

主位视角：局内人视角。

客位视角：研究者的外部或"客观局外人"视角。

定性研究的第二种主要途径是人种学。**人种学**（ethnography）是指发现和描述某个人类群体的文化或某起文化事件。人种学起源于十九世纪晚期的人类学学科，人种学学者所依赖的核心概念是文化。**文化**（culture）是由群体成员共享的信念、价值观、做法、语言、规范、仪式和物质事物组成的系统，这些要素帮助他们理解所处的世界。**共享信念**（shared beliefs）是由同一文化中的成员约定俗成为正确或错误的文化陈述或习俗。**共享价值观**（shared values）是指从文化角度上界定了哪些事物是好或坏、哪些事物受赞许或不受欢迎。**规范**（norms）是一些书面及非书面的规则，对适宜的群体行为进行了具体规定。植根于文化这一概念之中的是**整体论**（holism）观点，即整体大于各个部分之和。文化有时会被分为非物质文化（比如，共享的语言、信念、规范、价值观和做法）和物质文化（比如，由一种文化所创造的物质事物，如衣物、旗帜、建筑物和艺术品）。人种学的基本问题是：这个人类群体或文化场景的文化特征是什么？人种学家的工作是进入一个群体或场景中，并记录其文化特征。

我们通常认为文化应该与庞大的人类群体相联系，比如日本人、墨西哥人或美国人。实际上，文化的概念也可用于规模小得多的群体。我们可以研究宏观（也就是大的）或微观（也就是小的）文化。贝尔格（Berg, 1998）甚至指出，我们有时会区分宏观人种学和微观人种学。在宏观层面，我们也许可以研究日本青少年或俄亥俄州阿米什派教徒的文化特征。在微观层面，我们也许可以研究某个街头帮派、某个摩托车骑行小组或某种治疗环境，甚至可以是由某个研究方法课程班上的20名学生和一名教师所形成的文化。这两者的区别在于调查的范围，显然，研究日本青少年的文化特征比研究某种特定治疗环境的范围要大得多。然而，不管调查范围大小，主要目的都是描述目标环境下的人类文化。与现象学相似（事实上，与所有的定性研究都相似），人种学关注的是从局内人的视角（被称为**主位视角** [emic perspective]）描述文化。同时，研究也关注"客观局外人"的视角（被称为**客位视角** [etic perspective]）。总之，研究者在进行有效的人种学研究时，必须要兼顾主位和客位视角。

人种学有助于心理学家更好地理解研究所涉及的多种文化群体和文化环境，也有助于他们研究干预措施是如何与文化变量产生交互作用的。以下是几个人类学研究用于心理学相关领域的例子：调整面向患有严重心理疾病成人的艾滋预防干预措施以适合特定的文化（Wainberg et al., 2007）、针对已出院的严重心理疾病患者的人种学研究（Newton et al., 2000）、针对一项职业训练计划的人种学研究（Hull & Zacher, 2007）、正在医院接受透析的抑郁儿童（Walters, 2008）、低收入母亲在儿童安全监护上的做法（Olsen, Bottorff, Raina, & Frankish, 2008）、网络空间人际关系的人种学研究（Carter, 2005）、在线聊天室的人种学研究（Shoham, 2004）、非洲大猿的人种学研究（King, 2004）。

人种学数据收集方法 现在让我们来看看人种学家是如何研究文化环境的。人种学家们广泛使用的一种数据收集方法是对所研究群体的成员进行深度访谈（也称作"人种学访谈"）。例如，史密斯、塞尔斯和克莱文杰（Smith, Sells, & Clevenger, 1994）开展了一项关于家庭治疗环境中反思式小组会议的人种学研究。为获得该治疗环境中的微观文化信息，史密斯等人对十一对夫妇和他们的治疗师进行了深度访谈。在四个月的时间里，参与者至少接受了两次访谈，而每次访谈最多持续了两小时。

参与性观察：研究者成为所研究群体中积极一员的数据收集方法。

在人种学研究中，参与性观察也非常重要。**参与性观察**（participant observation）是让研究者积极参与到他所研究的群体中的一种数据收集方法。埃伦（Ellen, 1984）将人种学过程描述为主观地浸泡或沉浸在所研究的文化中。这种沉浸主要是通过参与性观察和与文化中的成员进行面对面互动完成的。例如，斯考滕和麦克亚历山大（Schouten & McAlexander, 1995）对哈雷摩托车消费群的亚文化进行人种学研究时，不但要去参加哈雷车车主群的聚会，最后还购买了哈雷摩托车和恰当的衣着装备，如黑色的皮靴，并使用摩托车作为他们每天的代步工具。马夸特（Marquart, 1983）在研究德州感化局（TDC）的社会控制系统时，特意受训成为一名监狱看守，并在这个警戒等级最高的单位工作了18个月。这段时间里，他在巡查监区、浴室、餐厅，搜寻武器和制止打架时，与其他看守员和囚犯进行了互动，对他们进行了访谈，并对其行为进行了观察。通过进入、参与、离开和反思，人种学家就能够了解并记录局内人的视角（也就是主位视角）和客观局外人的视角（也就是客位视角）。

进入、群体接纳和实地研究 在使用参与性观察法时，首先需要完成的任务就是进入到你希望研究的群体之中。在某些情况下，这非常容易做到。例如，你想开展一项关于兄弟或姐妹联谊会招募活动周的人种学研究，要进行这项研究，你可以以一个真正的联谊会成员的身份或者假借希望加入联谊会的名义，实际参与招募周的活动。在活动周期间，你不但能够参与其中，还能够观察和记录该过程中其他学生的行为和活动。

在其他一些情况下，进入一个群体或文化并不容易实现。在绝大多数时候，进入当地的一个青少年街头帮派都是相当困难的过程。同样地，进入精英群体通常也是非常困难的，比如超级富豪，因为这些人设置了准入门槛以保证他们的隐私，并主动回避审查。例如，马夸特就必须获得 TDC 及他所应聘单位负责人的批准，才能开展他的研究。

在进入某群体之前，你必须决定是以保密还是以公开的身份进入。在某些时候，进入必须是保密的，因为这是能进行研究的唯一选择。例如，汉弗莱（Humphrey，1970）在研究公共厕所中的同性恋邂逅事件时，如果他公然宣布自己是一名研究者，那研究就无法进行了。但是，因为保密进入缺少知情同意书，所以通常不被 IRB 所提倡。因此，绝大多数的参与性观察都是公开的，如前述的马夸特的研究，还有斯考滕和麦克亚历山大对哈雷戴维森摩托车骑手的研究。但是，即使研究者公开地进入，也要通过**看门人**（gatekeepers）的同意，后者是指保护该群体成员的正式或非正式人员。例如，马夸特必须获得所受聘监狱的监狱长的许可和批准。即使看门人批准了，要得到真实有效的信息，一般还必须先得到群体成员的接纳。

看门人：控制研究者进入群体的群体内成员。

通过参与性观察进行数据收集的一个问题是，你的存在可能造成**反应效应**（reactive effect），即你的存在改变了群体成员的行为。马夸特必须先获得每名囚犯的信任，他们才会展现自己的控制技巧。在监狱环境中，怀疑和偏执心理四处蔓延。一位陌生的研究者走进监狱并期望囚犯或看守透露他们的非正式控制系统，这基本上是不可能的。当斯考滕和麦克亚历山大（Schouten & McAlexander, 1995, p. 46）第一次进入哈雷戴维森摩托车车主群体时，他们的感受是："一些人礼貌地对待我们，另一些人冷淡地对待我们，还有一些人对我们热情有加，但是没有人真把我们当成团体成员对待。"直到他们停下来，为摩托车出现机械故障的某位成员提供了帮助之后，才建立起最初的纽带，然后他们才得以熟悉该群体的社交方式，并最终被视作群体中的一员。

反应效应：参与者因研究者的存在而出现的非典型行为。

在经典的人种学研究中，数据收集过程称为**实地研究**（fieldwork，也称为现场研究）。一方面，研究者在与文化中的其他成员接触时，不能有**种族中心**（ethnocentric）倾向（也就是你不能按照自己的文化标准去评判别人）；另一方面，研究者必须避免**入乡随俗**（going native）。所谓入乡随俗，就是如果你对被研究群体彻底地认同，你就无法持有客观局外人的视角了。你必须要同时妥善地定位自己的局内人和局外人角色。在进行实地研究时，研究者主要通过观察群体成员的行为和倾听他们所讲的内容，收集有关群体成员行为模式和社会关系的信息。研究者与群体成员通过面对面的交流来互动，有时也进行访谈。

实地研究：人种学研究中数据收集的一个泛称。

种族中心：以你自己的文化标准去评判其他文化中的人们。

入乡随俗：过度认同所研究的群体，以至于完全丧失客观性。

你在实地研究期间的所见所闻和所想都要记录在**现场记录**（fieldnotes）中，还需要对环境和场景进行详细的描述。你也可以给周围的环境拍照，记下群体成员的穿着。在哈雷戴维森的研究中，斯考滕和麦克亚历山大拍下了成员穿着和外貌的照片（见图 13.1）。当研究者有时间进行反思时或当研究者要离开群体时，必须完成、核查和编辑现场记录，记录中必须写明他提出的解释以及在下一个实地研究阶段应该收集的数据类型。通过交替扮演局内人和局外人角色，人种学家就能得到"客观"的人种学结论，同时也能反映文化的内在世界。

现场记录：由研究者在实地观察期间（或观察刚完成后）所做的笔记。

图 13.1
哈雷戴维森摩托车骑手的穿着和外貌示例
(Photograph courtesy of Harley-Davidson Photograph & Imaging. Copyright H-D.)

数据分析和报告书写 收集了数据后,要对其中的主题、模式和含义进行分析。你必须让收集到的大量信息产生某些意义。在整个过程中,应该核查数据的效度。一旦确定了主题、含义和模式并证明这是有效的,人种学家就要通过书面叙述对要研究的文化进行描绘和解释。这份叙述性的报告也可以包含以下内容:群体特征、群体成员之间是如何互动的、群体成员有什么共同点、群体有什么样的规范和仪式、群体的身份认同是什么等。斯考滕和麦克亚历山大(Schouten & McAlexander, 1995)在哈雷戴维森摩托车骑手人种学研究的叙述性报告中,首先讨论了哈雷戴维森摩托骑手群体的结构,接着叙述了摩托骑手群体的核心价值观,比如对个人自由的感受和哈雷戴维森文化中的男性气概。叙述性的报告还应该讨论个体是如何发展成为群体成员的,以及一旦成为群体中一员,他将如何表达自己的忠诚,如何向他人传递身为群体成员所要认同的物质和非物质文化。最终的人种学文献(即报告)应该对被研究的群体文化提供丰富而全面的描述。

个案研究

个案研究:研究者对一个或多个个案提供详细描述和解释的定性研究方法。

个案:有界限的系统。

定性研究的第三种主要途径是个案研究。**个案研究**(case study)是指对一个或多个个案进行集中而详细地描述与分析。**个案**(case)是一个有界限的系统,比如一个人、一个群体、一个组织、一项活动、一个过程或一个事件。在这个定义中,"系统"指的是一个完整实体,它包含了组成该案例的各元素间的一系列相互关系。我们提到"有界限的",是指绝大多数案例都有分界线,以确认这些案例是什么,不是什么。个案研究还经常强调个案存在的环境。个案研究中的基本问题是:这个单独的个案或这组比较个案的特征是什么?

个案研究在心理学中有着悠久的历史。在临床和咨询心理学领域里，临床个案研究是特别常见的。为了让你对个案研究探讨过的主题有一个感性认识，我们来举一些例子：面向儿童期遭遇过严重虐待的来访者中心疗法（Murphy, 2009）；市中心康复建筑中有严重心理疾病的居民的体验（Whitley, Harris, & Drake, 2008）；心境恶劣（即慢性轻度抑郁）的病人的求助障碍（Svanborg et al., 2008）；对一名精神分裂症患者的长期综合心理治疗（Lysaker et al., 2007）；美国和马拉维足球队的比较个案研究（Guest, 2007）；大学兄弟会中的道德发展（Mathiasen, 2005），以及对社交恐惧症患者自我药疗假设的检验（Shepherd & Edelmann, 2007）。

个案研究中的数据收集　在个案研究中，可以使用多种数据来源和收集方法。例如，个案研究中的数据可以来自于深度访谈、文档、问卷、测验结果和档案记录。在个案研究中，情境和生活史的数据也可以收集起来用以丰富案例的背景，并且帮助研究者理解可能影响案例的因果轨迹。在个案研究中有时还会用到定量数据，但是要记住，如果同时使用了定量和定性数据，那么这项研究就成为混合个案研究，而不是定性个案研究了。

内在个案研究：研究者仅为了了解某单独个案而进行的个案研究。

工具性个案研究：研究者为了理解一些比特定案例更普遍的事情而进行的个案研究。

集体性个案研究：为了比较而对多个案例进行的研究。

比较个案研究：集体案例研究的另一个名称。

个案研究设计　个案研究有以下几种类型：内在个案研究、工具性的个案研究和集体个案研究（Stake, 1995）。**内在个案研究**（intrinsic case study）是对特定的个人、组织或事件进行的深度描述，是为了了解该特定案例，重点不在于归纳概括。专栏13.1描述了一项内在个案研究，此项研究描述了一个多年来反复接受心理卫生保健系统治疗，后来将自己阉割的人。这个对个案研究的简短总结描述了这个人生命中一个重要的独特事件，并提供了一些对自阉的可能原因的理解。

工具性个案研究（instrumental case study）是为了洞察某个问题，或是为了形成、完善或修改某些理论解释而开展的个案研究。开展这种研究是为了理解一些比特定个案更具一般性的内容。获得对现象或事件的理解，比具体的个案本身更为重要。例如，在科伦拜校园惨案刚刚发生之后，媒体和心理卫生保健专业人士就开始研究哈里斯和克莱伯德的生活史，试图了解他们为什么会成为凶手。他们检查了两人平常的行为方式，结果显示，他们（凶手）沉迷于暴力视频游戏"毁灭战士"。这是一款互动游戏，里面的玩家要尽可能多地杀死对手。哈里斯和克莱伯德在前一年的一月因强行闯入一辆商用货车偷窃电子产品而被捕。他们俩都迷恋纳粹文化，会用德语斥骂自己的同班同学。两人都曾被一些学生团体嘲讽为另类。他们在课堂写作作业中表现出一种更为暴力的口吻。检查这些数据不是要对科伦拜高中的屠杀事件进行描述，而是要了解为什么会发生屠杀，并帮助研究者找出适用于其他时间和地点的解释。

集体性个案研究（collective case study）（也称作**比较个案研究** [comparative case study]）涉及对两个或多个案例进行广泛的研究。例如，研究者也许会对三个被安置在普通教育班级中的轻度智力落后者开展一项个案研究，或者考察几位宇航员的太空经历和对身处太空的描述，或者比较某种罕见临床综合征的几个病例。当

> **专栏 13.1**
>
> **一项关于自阉的个案研究**
>
> 梅尔和奥斯本（Meyer & Osborne, 1982）描述了某个个案研究，主人公是一位29岁的男性，他认为冰冷的水可以起到麻醉作用，所以他在海里用一把菜刀阉割了自己，然后回家把睾丸递给了他的母亲。他觉得这个举动可以象征他将母亲给予的生命还给了母亲。后续的住院精神病治疗表明，这个男人在童年期的绝大多数时间里都处于情绪紊乱的状态。17岁时，他开始拒绝参与社会活动，并被诊断出患有精神病性抑郁症。他经常出现视幻觉，在他手淫时，他总是幻想自己正在排出大脑中的核材料。这段时期，他经常卖淫并进行同性之间的性行为。这些性活动加重了他的罪恶感以及焦虑和抑郁症状。他考虑过自杀，但最后还是选择了阉割，因为这可以摧毁让他感到罪恶的对象。该个案的治疗师将这种自阉行为解释为自杀的替代性行为。

研究多个个案时，主要目的是为了比较性地理解现象或事件，而且很多时候，研究目的是工具性的，而不是内在的。例如，希波克拉底（Hippocrates, 1931）、波西多尼乌斯（引用自 Roccatagliata, 1986, p. 143）和其他人进行的个案研究描述了多位出现季节性情感失调的患者。集体性个案研究为折磨了许多人的这一较为普遍的现象提供了信息，并且证实了一个假设：当一个人受到这种折磨时，他通常会在冬季的几个月里感到抑郁。因此，集体性个案研究能够提供一些信息，使结论可以推广到其他个案上。但是，这种推广是有局限的，因为被调查的几个个案有可能代表的是一个偏差样本。从根本上说，只有当被研究的现象在表现上没有变化时，才有可能对某个或某几个个案的结果进行推广。

个案研究的数据分析和报告书写 个案研究的数据分析有一个核心理念，即必须把每个个案当成独立实体进行深入分析。这要求将个案作为一个在环境中发挥作用的系统来分析，这个系统既包含各个组成部分，同时又是一个统一的整体。分析者还必须将个案与研究问题联系在一起。（这一点对于所有的研究来说都很重要。）在集体性个案研究即比较个案研究中，分析者需要更进一步开展**跨个案分析**（cross-case analysis）。这意味着研究者要对多个个案进行比较和对比，从中寻找相似点（或多个个案中相同的模式）和差异。

个案研究报告应该反映每个个案的局内人视角以及客观的局外人视角。最终的报告应该提供对每个个案的深度理解，以及对每个个案及它们所处环境的丰富（也就是生动而详细）和全面（也就是描述整体及其组成部分）的描述。如果除了理解该特定个案外，研究的目的还包括向文献中补充更多的信息，就需要把这个个案与整个文献库中相同研究主题或现象的研究结合起来。最后，非常重要的一点是，为了保证个案研究的有效和可信，报告要进行效度策略说明（见表 13.3）。

跨个案分析：对案例进行比较和对比的个案研究分析。

扎根理论

扎根理论：产生和形成扎根于具体数据的理论的一种研究方法。

理论：对某些事物运转方式及其原因的解释。

定性研究的第四种主要的途径被称作扎根理论。**扎根理论**（grounded theory; GT）是指能产生和形成"扎根"于实证数据的理论的一般研究方法（Bryant & Charmaz, 2007; Strauss & Corbin, 1998）。**理论**(theory)就是对某些事物"如何"及"为什么"运转的一种解释。扎根理论的关注点是：归纳概括出一种理论，用以描述并解释某种现象或过程。扎根理论最早是由两位社会学家巴尼·格雷泽和安塞尔姆·施特劳斯提出的（Glaser & Strauss, 1967），但是在今天，它被广泛用于绝大多数的社会、行为和临床学科。扎根理论研究要解决的基本问题是：关于这种现象的数据分析能产生什么理论或解释？

在第 1 章，我们将归纳定义为是从具体和特殊层面推理至抽象普遍层面的一种探究。我们还讨论了发现的逻辑与验证的逻辑之间的区别：前者强调的是始于特殊的实证数据的归纳过程；而后者强调的是推理过程，它开始于一般理论或假设，推理出应当出现的结果，并收集新的数据对假设进行检验，以确定数据是否支持假设。对此过程比较简单的理解方法是：发现的逻辑关注理论的生成，而验证的逻辑关注理论的检验。扎根理论是一种定性研究方法，专门用于从实证数据中发现或生成理论或解释。

按照创始人（也就是格雷泽和施特劳斯）的说法，一种好的扎根理论有四个关键特征。第一，新建构的扎根理论应该与数据吻合。这里的问题是，理论与真实数据一致吗？第二，理论必须提供对现象的理解。这里的问题是，对研究者和实践者来说，这个理论是否清晰可理解？第三，理论应该有一些普遍性。这里的问题是，理论是否足够抽象，能迁移至原始研究的具体情境之外吗？第四，理论必须有助于对现象进行一些控制。这里的问题是，此理论可否用于产生真实的结果？

以下是扎根理论研究的一些例子。范菲列特（Van Vilet, 2008）使用扎根理论记录了曾有严重羞耻感受的成年人是如何恢复活力和重塑积极自我的。这个过程包括了诸如连接、重新聚焦、接受、理解和抵抗等因素。对他们的扎根理论模型的描述如图 13.2 所示。博伊德和戈姆利（Boyd & Gumley, 2007）使用扎根理论去了解被害妄想症患者的感受，以及这些信念是如何影响他们的行为的。核心的体验类型是恐惧和脆弱，这包括困惑、不确定性以及自我受到攻击。这些过程导致个体忙于使用安全系统，而妄想行为正是一种核心的防御系统。施罗、瓦德金斯和奥拉夫森（Schraw, Wadkins, & Olafson, 2007）记录了大学生学业拖延的过程。拖延有着积极（认知效率和高峰体验）和消极（害怕失败和延迟）的维度。拖延在不同情境中（如，指示不明、有最后期限、缺乏动机）发挥作用时，会使用相应的认知及情感应对机制，这些机制影响学生的生活和学习质量。

扎根理论研究中的数据收集 扎根理论研究允许使用任何数据收集方法，但最常见的方法是访谈，其次是观察。数据收集和分析贯穿着整个扎根理论研究过程。

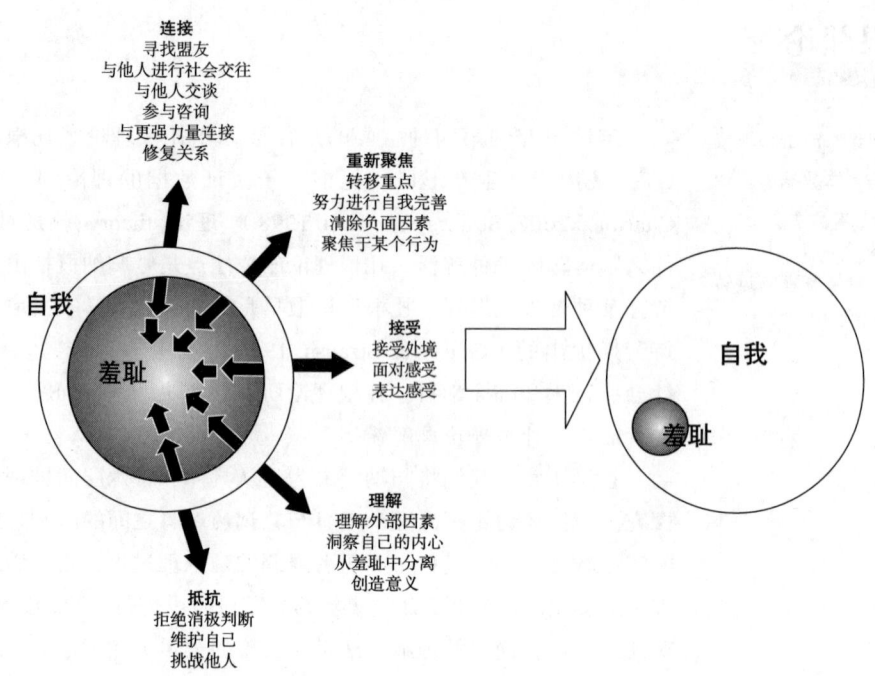

图 13.2 重塑自我的扎根理论模型。从自我往外的箭头代表自我的五种主要子过程具有的扩张和强化力量。向内的箭头代表它们对来自核心自我的羞耻所起的收缩和外化作用。（资料来源：Van Vilet, 2008）。

理论敏感性：研究者能有效地理解要收集哪些类型的数据，及已收集数据的哪些方面对形成理论有重要作用。

开放式编码：扎根理论研究中数据分析的第一个阶段；这是最具有探索性的阶段。

主轴编码：扎根理论研究中数据分析的第二个阶段；关注点是让概念变得更抽象，并将其按顺序整合入理论中。

选择性编码：扎根理论研究中数据分析的第三个阶段，也是最后的阶段，理论会在此阶段形成。

理论性饱和：当数据中不再产生与扎根理论相关的新信息，且扎根理论已被充分地验证之后，即出现理论性饱和。

这是个持续的过程，因为研究者必须进入"理论生成器"和"理论家"模式，这需要创造技能、描述技能以及实证数据的应用。用扎根理论的术语来讲，在收集和分析数据的过程中，研究者需要有**理论敏感性**（theoretical sensitivity）。这意味着在形成扎根理论时，研究者必须要敏感地意识到哪些数据重要，并利用这一意识，明确构建理论还需要哪些类型的数据。

扎根理论数据分析和报告书写 扎根理论依赖于一个三阶段的数据分析过程，它包含了三个步骤。在第一个阶段，即**开放式编码**（open coding）阶段，阅读转录的数据（转录的现场记录、访谈、开放式问卷），用一个或几个词语标注出材料中那些重要的观点和概念。在第二个阶段，即**主轴编码**（axial coding）阶段，确定哪些概念是最重要的，并按照一种现象产生另一种现象的顺序把这些概念排列起来。在第三个阶段，即**选择性编码**（selective coding）阶段，研究者对现象的解释工作进行收尾。你关注的是解释中的主要观点（称作"故事情节"），并且完成"扎根理论"的最后步骤。在图 13.2 中，我们用示意图对一种扎根理论进行了描述。在图 13.3 中，我们描绘了另外一种。用扎根理论的术语来讲，当**理论性饱和**（theoretical saturation）出现时，扎根理论的过程（包括收集和分析数据、描绘理论的可视化模型）也就"完成"了。当额外数据中不再产生新概念，理论不仅为数据赋予了意义，还得到了很好的验证时，就达成了理论性饱和。

最终的报告应如任何一种研究报告一样，包括对研究主题和程序的详细描述。应呈现和定义数据中所发现的概念，并提供示例以澄清每个概念，通常要求引用参与者话语，以作为证据及使报告清晰。最重要的是，报告必须要对扎根理论作清晰

图 13.3
治疗中的患者的扎根理论模型。（资料来源：Ward, 2005）

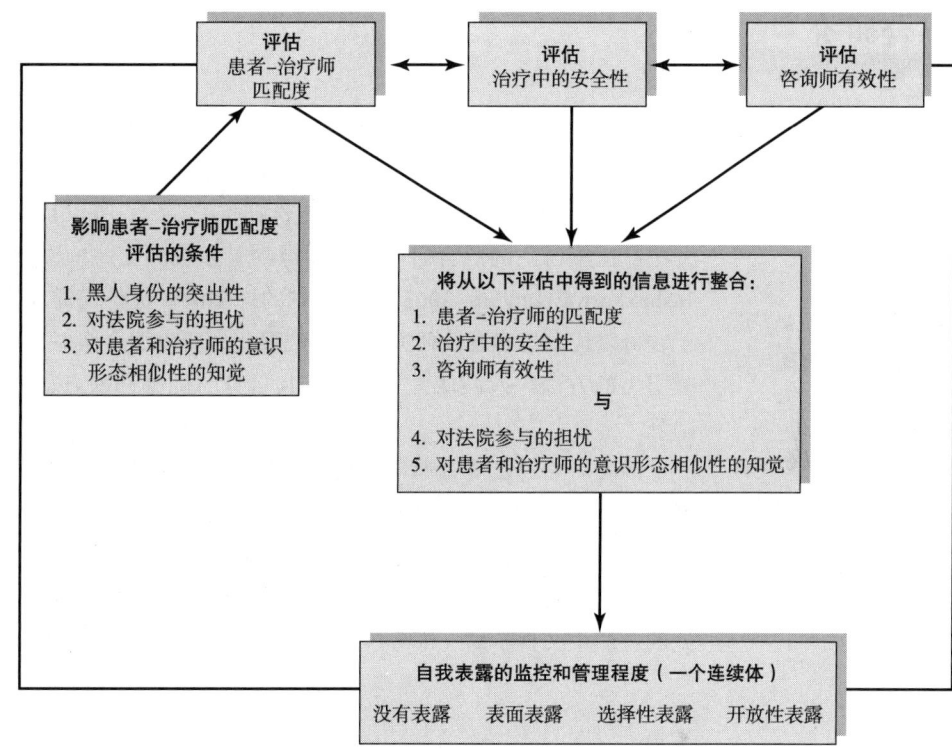

的描述。对从数据中形成的扎根理论模型进行可视化的描绘（如图 13.2 中所示的模型）是一个重要部分。

在图 13.3 中，我们提供了对沃德（Ward, 2005）发展的扎根理论的描绘。沃德关注非洲裔美国患者与社区精神卫生机构的治疗师接触的体验及互动。正如图中所示，患者在持续地进行评估。他们会评估患者—治疗师的匹配情况（受图中所示的三种因素所影响），他们会评估自己在治疗中的个人安全，他们还会评估治疗的持续效果。这些信息被患者的认知系统所整合，而这种整合调节过程会影响患者在治疗过程中的自我表露。建立这样的模型是科学的一个重要部分，不管是通过扎根理论还是其他方法去实现。扎根理论为这种初始的理论构建过程提供了一种方式。但是，请记住，为改进模型并证明模型是正确的，证明其也能够被运用到原始研究参与者之外的个体身上，则必须用新数据对扎根理论模型进行检验（和必要的修订）。

思考题 13.2 定性研究主要有四种方法，各种方法的特征是什么？各种定性方法可分别用来探究什么样的主题？为什么？

混合研究

如之前定义的那样，混合研究是将定量和定性数据或技术综合或混合在同一项研究中或紧密联系的一组研究中的研究方法。混合研究是第三种主要研究方法，也是最新的方法（在定量研究和定性研究之后），所以目前还是发展程度最低的方法。这里讨论的混合研究近年才得到了系统和正式的发展（Johnson et al., 2007; Tashakkori & Teddlie, 2003）。尽管它的许多潜在优势仍需在实践中得以发挥，但由于它可以让定量和定性研究同时得到强化，所以混合法对于研究者来说是一种很有吸引力的方法。人们认为混合法有其自身的优势和缺点，表 13.4 列出了其中的一部分。

混合研究的支持者通常会坚持兼容性论点并且追随实用主义哲学。这里的**兼容性论点**（compatibility thesis）认为定量和定性方法是互补的，可在同一项研究中进行有效运用。也就是说，定量和定性研究方法能够一起用于某个研究，以解答某个研究问题或者相关的系列研究问题。**实用主义**（pragmatism）哲学（是第 1 章中讨论的自然主义哲学的一部分）认为，如果混合法能在实践中起作用或产生理想结果，

兼容性论点：定量、定性研究方法及理念可以结合在一起的观点。

实用主义：一种哲学流派，将有效性作为评判研究和实践初步正确和有用的标准。

表 13.4　混合研究的优势和缺点

优势：
- 能够提供多种证据来源
- 能够减少某项发现的替代性解释
- 有助于在某项研究中保证多种效度
- 能够从不同方面说明某种现象
- 能够提供更完整、更深入、更复杂和更全面的解释
- 既能提供一个主位视角（即内部视角），也能提供一个客位视角（即客观局外人视角）
- 能够发现中介机制和调节因素，以供后期检验
- 能够有助于理论联系实际（即一般到具体）
- 通过系统地融入另一种方法来弥补单一方法的弱点
- 能提供更强的推论
- 能阐明在单纯的定量研究中可能忽略的主观含义
- 能用于核查一项研究的执行情况（包括它对于参与者的意义）
- 能用于核查测量工具的操作情况和意义
- 能在同一项研究中提供丰富、详细的主观数据和客观的定量数据
- 能够为理论/假设检验研究增加一个探索性维度，或为探索研究增加理论/假设维度

缺点：
- 要求一名研究者同时具备定量和定性研究的技能，或者需要使用一个混合研究小组
- 会更耗时间，成本也更高
- 因为它是一种新的研究方法，许多设计、执行和分析的程序尚需进一步开发

它就得到了实证检验。按照这种哲学观点，在实践中对定量和定性方法进行组合或混合是否合理就属于"实证性问题"。

混合设计

时间顺序：混合法设计矩阵使用的两个维度中的一个；它的水平是同时和相继。

范式重要性：混合法设计矩阵使用的两个维度中的一个；它的水平是平等地位和主导地位。

混合法（mixed methods; MM）研究设计可以以许多不同的设计因素为基础。不过在构建混合设计时，可以从我们在这里所呈现的一种相对简单的设计类型起步。我们的设计体系根据两个维度来对设计进行分类。第一个维度是**时间顺序**（time order），它有两个水平：同时（定量和定性部分几乎在同一时间进行）和相继（定量和定性部分相继地进行）。第二个维度是**范式重要性**（paradigm emphasis），它也有两个水平：平等地位（定量和定性方法有同样的重要性）和主导地位（主要强调一种方法）。

时间顺序和范式重要性这两个维度产生了一个如图 13.4 所示的 2×2 设计矩阵。这个设计矩阵包含了 9 种具体的设计。

为了理解这些设计，你必须先理解相关的符号。以下就是这些符号的说明：

- QUAN 和 quan 都代表定量研究。
- QUAL 和 qual 都代表定性研究。
- 大写字母表示较高的优先级、权重或重要性。
- 小写字母表示较低的优先级、权重或重要性。
- 加号（+）表示定量和定性部分同时进行（比如，数据收集）。
- 箭头（→）代表定量和定性部分相继进行（比如，数据收集）。

现在我们将使用这些符号。这里有一个设计：qual → QUAN。根据这些符号，你可以看出这是一种定量研究占主导地位并相继进行的混合设计。整个研究将主要以定量研究为重点，定性部分出现在定量部分或阶段之前。研究者也许会使用这种

图 13.4
混合法设计矩阵

范式重要性	时间顺序	
	同时	相继
平等地位	QUAL+QUAN	QUAL→QUAN
		QUAN→QUAL
主导地位	QUAL+quan	QUAL→quan
		qual→QUAN
		QUAN→qual
	QUAN+qual	quan→QUAL

设计来探索雇员从某个组织离职的相关因素。以探索阶段从离职雇员身上总结出的因素和相关的人员流动研究文献为基础，研究者可以设计一份结构化问卷来预测组织中的人员流动情况。接着，在第二个阶段，研究者可以从雇员中挑选一个随机样本（如果组织不是很大，可以包括所有的雇员），并要求参与者样本完成问卷。接下来，组织行为学研究者可以通过核查问卷是否准确地预测了后六个月的人员流动情况，来检验这份工具的预测效度。在这个例子中，定量部分是研究的主体部分，而定性部分是支持部分。此外，因为它是一个相继设计，所以定性部分先发生。

在图13.4中还有8种设计，这已经远远超出了记忆范围。但是，要使用这张图只需要回答两个问题:(1)为了最好地实现研究目标，应该侧重于使用某种范式，还是应该给予两个范式相同的权重？（2）应该同时（即大约在同一时间）进行研究的各阶段还是相继地进行？回答了这两个问题之后，再看图13.4中合适的单元格，并确定哪种设计最符合你的研究需求。

在决定如何规划研究中的定量和定性部分时，你需要思考三个关键问题。第一，你必须确定哪种类型的定量和定性数据能最好地解决你的研究问题。第二，将定量和定性方法混合或组合起来时，选择的方法应尽量优势互补且不在同一方面有缺陷。做到第二点能使你的设计具有逻辑性，而不只是随意地将定量和定性元素放在一起。第三，始终要记住，不能以混合研究为借口依赖弱定量或弱定性研究方法。

最后，请记住，不要受限于这里所提供的混合设计。我们提供的设计是为了引导你入门。你完全可以在最能满足需求的混合研究设计中适当加入其他特征。无论何时，你的目标总是解答你的研究问题，并设计一项能帮助你很好地做到这一点的研究。我们在这里只能讨论一小部分。《混合研究手册》第二版（Handbook of Mixed Methods Research, Tashakkori & Teddlie, 2010）提供了更多有关混合法设计、抽样策略、效度策略等的信息，是非常好的资源。不过，如果你构想了一个混合设计来解答研究问题，并很好地执行了定性和定量两个部分，那么你的第一次混合研究就算成功了。然而，在开展研究的过程中，必须使用定量、定性和混合研究的效度策略，而且还必须在某一时刻将定量和定性的研究结果整合起来，这样你的研究才能叫做混合研究。

思考题 13.3 | 什么是混合研究？它的基本设计是什么？

本章小结

本书的绝大部分内容关注的都是定量研究。但是，本章解释了定性研究和混合研究。表13.1总结了三种主要方法之间的区别。然而，用最简单的话来讲，定量研究依赖于定量数据，定性研究依赖于定性数据，而混合研究依赖于定量和定性两种数据。表13.2总结了巴顿的12条定性研究特征。定性研究中的主要效度类型是描述效度（研究者所做说明的事实准确性）、解释效度（研究者表达参与者主观观点和含义的准确程度）和理论效度（发展出的理论或解释与数据的吻合程度）。定性研究与定量研究对内部效度有不同的看法。定性研究只对局部因果关系或称表意因果关系感兴趣。定量研究关注于普遍的、定律性的或称定律的因果关系。科学的传统目的和主要目的是理解定律因果关系。谈到外部效度，定性研究通常不关注推广。当他们提到推广时，定性研究者建议进行自然类推——当研究报告的读者按照研究中的人群与其他人群的相似性对结果进行了推广时，自然类推就发生了。表13.3展示了应该用于定性研究的效度策略，它们能帮助研究者保证各种类型的效度，并产生一项强定性研究，而不是一项弱的或是有缺陷的定性研究。

我们接下来讨论了四种主要的定性研究方法。首先，现象学是一种定性研究法，研究者试图理解和描述一位或多位研究参与者对某种现象的主观体验，如爱人死亡。最常用的数据收集方法是深度访谈。第二，人种学是一种重在探索和描述人类群体文化的定性研究方法，它的侧重点也可以是描述文化场景。对人种学家来讲，重要的是理解和描绘主位（也就是局内人）视角和客位（也就是客观局外人）视角。人种学访谈和参与性观察是人种学研究中的常用数据收集方法。第三，使用案例研究这种定性研究方法时，研究者对一个或多个个案进行详细描述及说明。三种个案研究设计分别是：内在案例研究（只关注具体案例）、工具性案例研究（关注理解个案之外的更多内容）以及集体性个案或称比较个案研究（关注对多个个案进行比较）。第四，扎根理论是产生和发展扎根于特定数据的某种理论的一种研究方法。当我们对某个主题或过程知之甚少时，这种方法能够帮助我们发现新的信息。

本章也讲述了混合研究。混合研究是在同一项研究中结合定量和定性数据或方法的研究类型。混合研究的主要优势是，它能在一项研究中，将定量和定性研究的优势结合起来，并（通过组合）尽可能减少这二者的缺陷。混合研究的主要缺点是：执行更难（你对定量和定性研究都必须要精通），且成本更高。表13.4总结了混合研究的其他优点和缺点。本章还提供了一个2×2的混合研究设计矩阵。

重要术语和概念

主轴编码	数据三角测定	现场记录
个案	描述效度	实地研究
个案研究	主位视角	看门人
集体性个案研究	本质	入乡随俗
比较个案研究	种族中心	扎根理论
兼容性论点	人种学	整体论
跨个案分析	客位视角	表意因果关系
文化	拓展实地研究	工具性个案研究

解释效度
内在个案研究
研究者三角测定
生命世界
低推理描述语
方法三角测定
混合研究
自然类推
反面案例抽样
定律因果关系
规范
开放式编码

范式重要性
参与者反馈
参与性观察
模式匹配
同行评议
现象学
实用主义
定性研究
反应效应
反思
研究者偏差
侦探研究者

选择性编码
共享信念
共享价值观
重要陈述
理论推广
理论性饱和
理论敏感性
理论效度
理论
理论三角测定
时间顺序

章节测验

问题答案见附录。

1. 下面哪一项是定性研究的特征？
   a. 对构念的操作性测量
   b. 对环境的敏感性
   c. 将结论推广到总体的重要性
   d. 先验的假设

2. 下面哪一项是定性研究的特征？
   a. 与参与者间的人际距离
   b. 对变量的控制
   c. 统计分析
   d. 亲身接触及洞察

3. 现象学研究主要使用的数据收集方法是：
   a. 深度访谈
   b. 参与性观察
   c. 对标准化测验的分析
   d. 多种方法

4. 人种学的学科起源是：
   a. 心理学
   b. 教育学
   c. 人类学
   d. 哲学

5. 扎根理论研究的目的是：
   a. 描述文化特征
   b. 通过归纳生成理论
   c. 描述一个或多个个体对某种现象的体验
   d. 深入描述一个或多个个案

6. 关于这个设计：QUAL → QUAN，正确的说法是：
   a. 这是一项地位平等且同时进行的混合研究设计
   b. 这是一项地位平等且相继进行的混合研究设计
   c. 这是一项有主导地位且同时进行的混合研究设计
   d. 这是一项有主导地位且相继进行的混合研究设计

提高练习

1. 一位研究者想了解为什么在田纳西州、阿拉巴马州和佐治亚州的几个乡村教堂里，人们愿意将摆弄蛇作为教会活动的一部分。

    你将如何研究这种现象？（提示：运用定性和/或混合研究的观点和概念。）

2. 找到一篇已发表的定性或混合研究的期刊文章，并回答以下问题：

    a. 研究内容是什么？
    b. 研究者使用的定性研究方法是什么？举出一些细节来说明。
    c. 总结研究结果。
    d. 你对这篇研究论文的个人评价是什么？
    e. 这篇论文的主要优点有哪些？
    f. 这篇论文的主要缺点有哪些？
    g. 接下来开展一项什么样的追踪研究比较好？（提示：一项排除了你所确认的缺陷的研究或许是一项好的追踪研究。）

第六编 分析和解释数据

第 14 章

描述统计

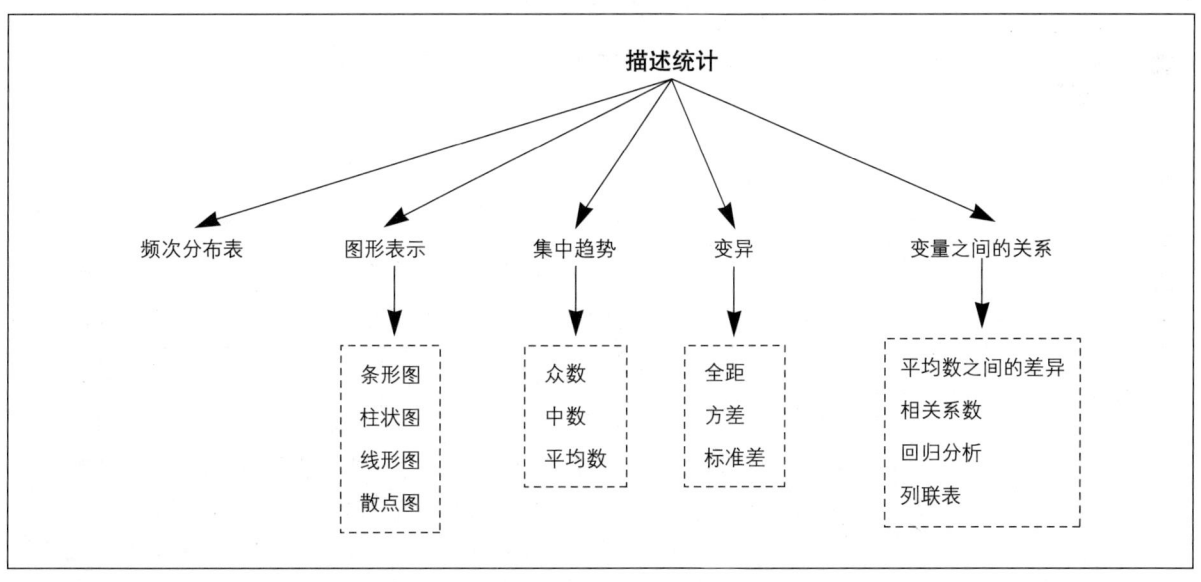

在本章开头的插文中，我们将说明如果没有正确操作，统计分析是怎么骗人的。我们的例子基于一个真实案例，它与所谓的性别歧视有关，发生在几十年前的加利福尼亚大学伯克利分校。这个案例详细发表在《科学》杂志上（Bickel, 1975）。下面的数据显示的是，在一所假想的大学里，某心理系研究生院录取的男性和女性情况。花点时间看看专栏 14.1 中的数据。可以看到在申请该系研究生的男性中，有 55% 的申请者最终被录取，而女性中只有 45% 的申请者被最终录取了。让我们假设他们的资质完全一样。如果这是事实，我们就可以推断这里出现了性别歧视，因为男性的录取率远高于女性。

专栏 14.1

	申请人数	录取人数	录取比例
男性	180	99	55
女性	100	45	45

现在，假设心理系有两个不同的研究生项目，共有 280 名申请者；每位学生要么申请临床心理学的博士项目，要么申请实验心理学的博士项目。研究者决定将两项目的数据分开，就得到了专栏 14.2 中的两张表。你在这张表里看到了什么？现在我们看到，在这两个学位项目中，女性（不是男性）的录取率都更高！如果真的存在歧视，那也是女性申请者更受欢迎。到底发生了什么？

专栏 14.2

	临床心理学项目				实验心理学项目		
	申请人数	录取人数	录取比例		申请人数	录取人数	录取比例
男性	60	9	15%	男性	120	90	75%
女性	60	12	20%	女性	40	32	80%

整体数据（专栏 14.1）提出了一种结论，但是当对数据进行更加细致的分析（"分解"数据）时，却得出了一个完全不同的结论。为什么以同样的数据为基础的两种展示方式能得出截然相反的结论呢？答案是，出现了一种称为辛普森悖论的统计学现象。它出现的原因在于，女性倾向于申请更难被录取的项目，但是男性倾向于申请容易进的项目。整体数据（专栏 14.1）显示的是一个结论，而分开的数据（专栏 14.2）产生的是另一个相反、但却更准确的结论。这个故事要告诉你的是，你在检查和解释描述性数据时，要保持谨慎，要以多种方式批判性地进行数据分析，直到你能够得到最有把握的结论。

引 言

本章的开篇故事揭示了聪明的数据统计分析在心理学研究中的重要性。在开展一项研究的过程中，研究者收集了所关注的变量的数据，然后将数据输入诸如 SPSS 或 SAS 之类的统计软件程序。统计软件使得定量数据分析的过程变得比过去容易得多，因为程序完成了所有的计算。对开展研究的心理学家来说，统计数据是

图 14.1

统计领域的主要划分

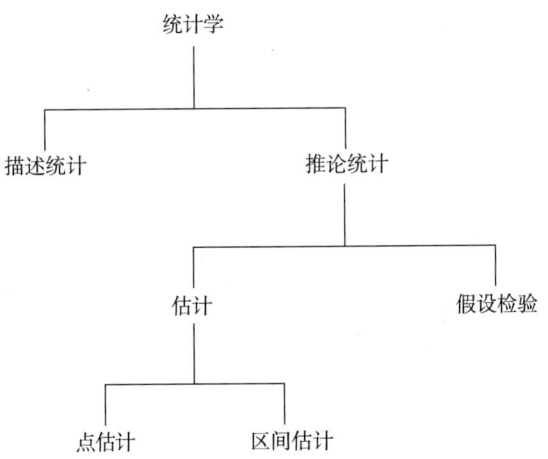

帮助他们理解研究结果并能在他们面对不确定性时帮其做出决定的工具。

统计学领域能够分成两个大类，分别是描述统计和推论统计。**描述统计**（descriptive statistics）的目标是，描述或总结研究数据。这有助于了解某组数据的意义，也让其他人更容易理解数据的关键特征。**推论统计**（inferential statistics）的目标是，透过这些直接的数据，以样本数据为基础推断出总体的特征。正如你在图14.1中所看到的，推论统计可以分为估计和假设检验，估计又可以分为点估计和区间估计。

描述统计：专注于描述、总结或解释数据集的一类统计分析。

推论统计：基于样本数据，对总体进行推论的一类统计分析。

在这一章中，我们将说明描述性统计分析；在第 15 章中，我们要讲解推断性统计分析。我们假设读者都没有这方面的基础知识，所以两章都是按人人都能读懂的标准来写的。我们的讨论只需要很少的数学背景知识，所以不要担心！我们的重点在于向你展示选择何种统计步骤来理解数据，以及如何解释和报告结果。

描述统计

数据集：一组数据，行是"个案"，列是"变量"。

开始进行描述统计时应有一组数据（被称为**数据集** [data set]）。研究者使用描述统计来了解和总结数据集的关键量化特征。例如，也许你会计算实验组和控制组在一项实验中的平均分数。或者，如果你开展了一项调查，也许你就想知道各个答案的频次分布情况。也许你还想使用图表形象地展示某些结果。在下一章，也就是推论统计部分，你将学习如何确定实验组和控制组之间的平均数差异以及其他可观察到的结果是否存在统计显著性。在这一章中我们关注的是，利用你现有的任何数据集，说明如何对这些数据的关键特征进行总结。描述统计中的关键问题是：我应该如何展示数据的重要特征？其中一种方式应该是提供一份记录所有原始数据的打印资料，但是这种方式的效率太低了。我们可以用更好的展示方式！

我们在表 14.1 中提供了一个数据集，本章会在多处用到它。我们把这个数据集称作"大学毕业生数据集"。我们假设这些数据来自于你最近开展的一项调查研究，这项研究以 25 名应届大学毕业生为参与者。在收集数据的问卷中，你询问了参与者有关起薪、本科 GPA、大学专业（你只调查了三种专业）、性别、入学时的 SAT 分数以及大学期间的缺勤天数等问题。这项调查研究的目标是为了确定哪些变量可以预测心理学、哲学和商科专业学生的起薪。

现在，请花一点时间认真看看表 14.1 中的数据集。请注意它包含了四个定量变量（薪酬、GPA、SAT 分数、在校期中的缺勤天数）以及两个类别变量（大学专业和性别）。这个数据集是按照标准格式设置的，各行表示个案，各列表示变量。得到数据的时候，可以将这些数据输入 Excel 等电子表格里（可用于 SPSS 之类的统计程序），或者直接将数据输入 SPSS 中的"电子表格"。在这一章和下一章中的

表 14.1

以 25 名应届大学毕业生为参与者的非实验研究中的假想数据集

个体	薪酬	GPA	专业	性别	SAT	缺勤天数
1	24000	2.5	1	0	1110	36
2	25000	2.5	1	0	1100	26
3	27500	3.0	1	0	1300	31
4	28500	2.4	2	1	1100	18
5	30500	3.0	2	0	1150	26
6	30500	2.9	2	1	1130	18
7	31000	3.1	1	0	1180	16
8	31000	3.3	1	0	1160	11
9	31500	2.9	2	0	1170	25
10	32000	3.6	1	0	1250	12
11	32000	2.6	1	1	1230	26
12	32500	3.1	2	0	1130	21
13	32500	3.2	2	1	1200	17
14	32500	3.0	3	1	1150	14
15	33000	3.7	1	0	1260	29
16	33500	3.1	2	1	1170	21
17	33500	2.7	2	1	1140	22
18	34500	3.0	3	0	1240	14
19	35500	3.1	3	0	1330	16
20	36500	3.5	2	1	1220	0
21	37500	3.4	3	1	1150	4
22	38500	3.2	2	0	1270	10
23	38500	3.0	3	1	1300	0
24	40500	3.3	3	1	1280	5
25	41500	3.5	3	1	1330	2

注：类别变量"专业"中，1=心理学，2=哲学，3=商科。类别变量"性别"中，0=男，1=女。

绝大多数分析中，我们都会用到常用统计程序 SPSS。大多数大学的计算机房都能够使用 SPSS 或其他统计程序。

频次分布表

频次分布表：显示每一种数值的频次的数据排列方法。

频次分布表是用来表示某个变量的数据值的一种基本方式。**频次分布表**（frequency distribution）是对数据值的一种系统性排列，即对每个数值进行排序并提供它们的频次。通常，频次分布表还包含各频次对应的百分比。第 1 列表示变量的每个数值，第 2 列表示各数值的出现频次，第 3 列表示相应的百分比。

请看表 14.2。表中所示为起薪这个变量在大学毕业生数据集中的频次分布。第 1 列中，最低薪酬是 24000 美元，最高薪酬是 41500 美元。第 2 列展示了频次。在应届大学毕业生样本中，最普遍的薪酬是 32500 美元，因为 25 名大学生中，有 3 名都是这个起薪。第 3 列显示了百分比的分布。在 25 个人中，有 4% 的人的起薪为 24000 美元，8% 的人的起薪为 32000 美元。

表 14.2

起薪的频次分布表

（1）起薪	（2）频次	（3）百分比
24000.00	1	4.0
25000.00	1	4.0
27500.00	1	4.0
28500.00	1	4.0
30500.00	2	8.0
31000.00	2	8.0
31500.00	1	4.0
32000.00	2	8.0
32500.00	3	12.0
33000.00	1	4.0
33500.00	2	8.0
34500.00	1	4.0
35500.00	1	4.0
36500.00	1	4.0
37500.00	1	4.0
38500.00	2	8.0
40500.00	1	4.0
41500.00	1	4.0
	N=25	100.0%

注：第 2 列显示了"频次分布"，第 3 列显示了"百分比分布"。

统计图

统计图是数据的图形表示。统计图可用于一个变量，也可用于多个变量。尽管在发表的研究中，统计图并不常用，但还是有一些研究者喜欢用图示来帮他们展示数据的本质。例如，项目评估者通常会在他们的报告中加入统计图，因为他们的客户通常希望看到数据的图形表示。

条形图

条形图：用垂直的条形表示类别变量的数据值的图。

条形图（bar graph）是一种简单的统计图，它用垂直的条形来表示数据。条形图可用于类别变量。在图 14.2 中，你可以看到大学专业的条形图，大学专业是从大学毕业生数据集中提取的类别变量。请注意，横轴显示了变量的三个类别，纵轴表示的是各类别的频次。这些条形就是数据集中三个专业各自的频次。在这些应届大学毕业生中，有 8 人是心理学专业的，10 人是哲学专业的，还有 7 人是商科的。如果你愿意，你能够轻松地将这些数值转化为百分比，即有 32% 的学生是心理学专业的（8 除以 25），40% 的学生是哲学专业的（10 除以 25），28% 的是商科的（7 除以 25）。

直方图

直方图：描述一个定量变量的频次及分布的统计图。

条形图用于类别变量，直方图则用于定量变量。**直方图**（histogram）是一种以

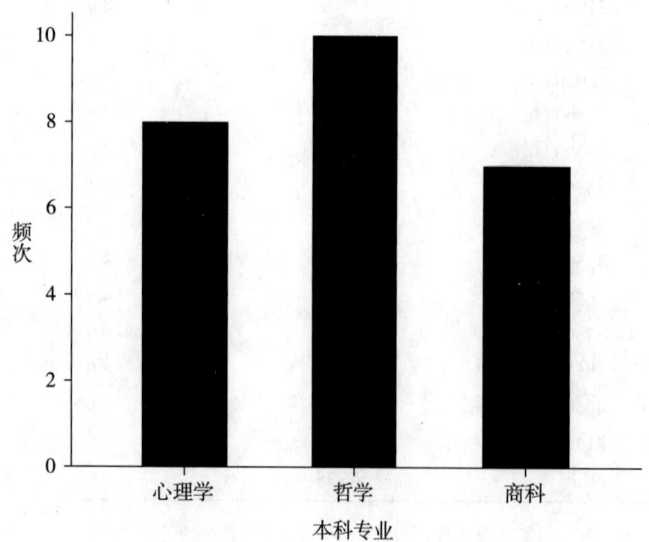

图 14.2
本科专业的条形图

图 14.3
起薪的直方图

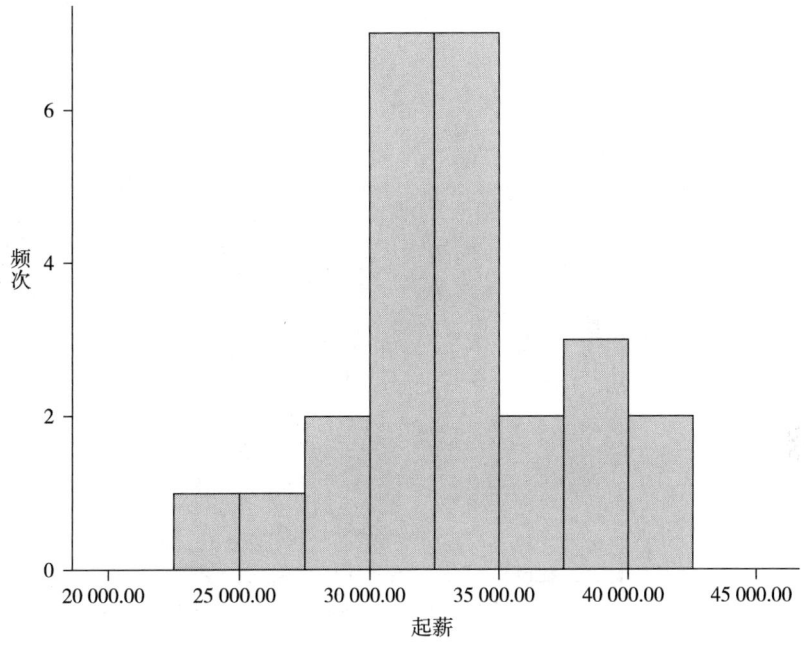

条形表示频次分布的图示。它的优势在于相对于频次分布表,能更清晰地显示数值频次分布的形状。从图 14.3 中,你会看到起薪(来自于大学毕业生数据集)的直方图。请注意,与条形图不同,直方图中的条形间没有间隙。

线形图

线形图:使用一段或多段线条的统计图。

绘制线形图是描绘定量变量分布的一种有效方法。**线形图**(line graph)是用一段或多段线条来表示的图示。在图 14.4 中,你可以看到起薪的线形图。线形图也可用于直观地展示或辅助解释实验(以及其他研究类型)中的交互作用。

假设你开展了一项实验,用以检验某个新设计的社会技能训练计划是否有效。你使用了前后测控制组设计(即你将参与者随机分配到处理组和控制组中,在处理组接受社会技能训练之前和之后,分别对两组的表现进行了测量)。因变量是参与者表现出适宜的社会互动行为的次数,分别在前测和后测阶段对此进行了测量。自变量是训练(训练与未接受训练)。从实验中得到的数据列在了表 14.3 中。

图 14.5 呈现了这个假想实验的部分结果。我们使用了线形图来说明研究中发生了什么。从这个线形图中你可以看到,两组在开始时展示出适宜技能的次数都较低。就是说,在实验开始时,每位参与者的因变量分数都比较低。研究结束时,也就是处理组接受了社会技能训练后,我们看到了一个截然不同的结果:处理组参与者的分数高于控制组参与者的分数。这个图示说明,处理组表现出适宜社会技能的次数出现了增长,而控制组则没有出现增长或增长很少。总之,这个线形图应该是你所希望看到的那种,因为它说明你的处理似乎是有效的。实际上,还应该再加一

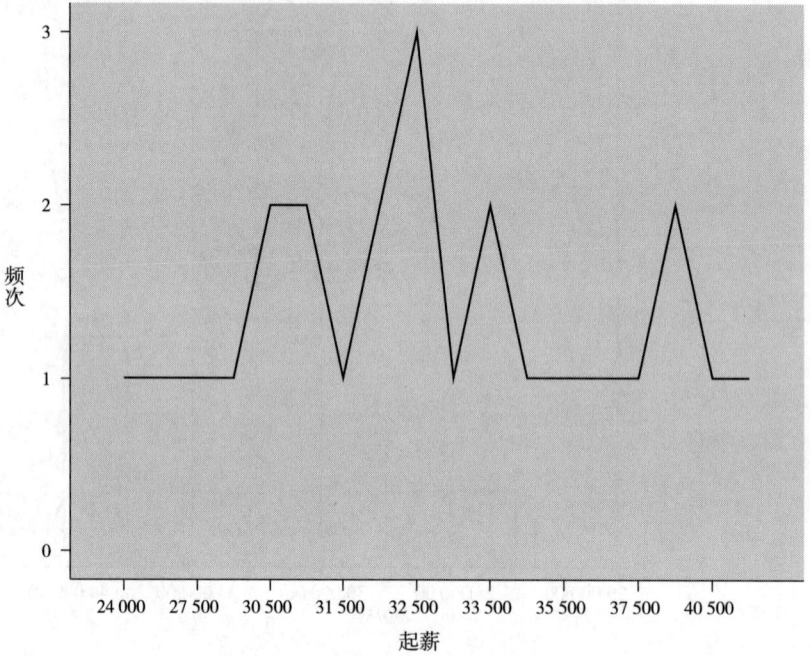

图 14.4
起薪的线形图

表 14.3
实验研究"检验社会技能训练效果"的假想数据集

个体	前测分数	处理条件	后测分数
1	3	1	4
2	4	1	4
3	2	1	3
4	1	1	2
5	1	1	2
6	0	1	0
7	2	1	2
8	4	1	4
9	4	1	4
10	3	1	4
11	2	1	3
12	5	1	5
13	3	1	3
14	3	1	3
15	2	2	4
16	3	2	5
17	1	2	2
18	2	2	4
19	1	2	2
20	2	2	4

个体	前测分数	处理条件	后测分数
21	2	2	3
22	3	2	5
23	5	2	6
24	2	2	4
25	4	2	2
26	4	2	5
27	2	2	4
28	5	2	6

注：前测 = 在实验开始时出现适宜社交互动行为的数量，后测 = 在实验干预后出现适宜社交互动行为的数量，处理条件 = 1 表示接受了社会技能训练，2 表示没有接受社会技能训练。

图 14.5
研究社会技能训练效果的前后测控制组设计的结果线形图

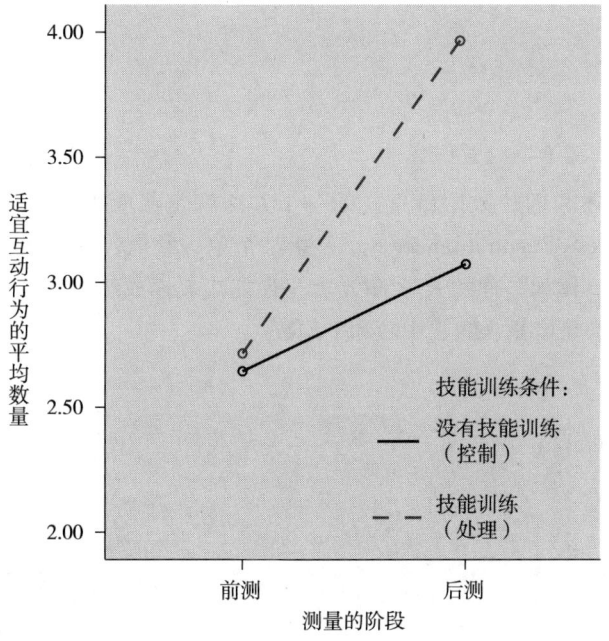

个步骤。你还必须确定结果是否具有统计显著性。我们将在下一章向你说明该如何获得这部分信息。

散点图

散点图：对两个定量变量之间关系的一种图形描绘。

散点图（scatterplot）是用于描绘两个定量变量之间关系的一种统计图。按照惯例，我们总是把因变量放在纵轴上，而把自变量或预测变量放在横轴上。图中的点代表了数据集里的各个个案（也就是参与者）。

在图 14.6 中，你能看到 GPA 和起薪这两个定量变量的散点图。按照研究中约定俗成的习惯，我们把自变量（预测变量）放在了横轴，把因变量放在了纵轴。你在这个散点图中可以看到，GPA 和起薪之间呈现出正相关，因为 GPA 增加时，起薪随之增加。当变量间存在一种正相关时，数据值的分布趋向是从图的左下部开始并在右上部结束的。

图 14.7 中的散点图显示了大学时期的缺勤天数与毕业后的起薪之间的关系。在这张散点图中，你能看到缺勤的天数与起薪之间呈负相关，因为随着缺勤天数的增加，起薪在降低。当变量间存在着负相关时，数据值的分布趋向是从图的左上部开始并在右下部结束的。

思考题 14.1 什么是描述统计？有哪些技术（到目前为止讨论过的）可用于描述变量？什么时候可使用这些技术？

集中趋势量度

集中趋势量度：代表一个定量变量的典型值的数值。

描述和理解数据最重要的一个方法就是获取集中趋势量度。**集中趋势量度**（measures of central tendency）是指某个单一数值，它被认为是某个定量变量最典型的值。比如，你的大学 GPA 就是最能代表你成绩好坏的典型值。最常见的三种集中趋势量度是众数、中数和平均数。

图 14.6
大学 GPA 与起薪的散点图

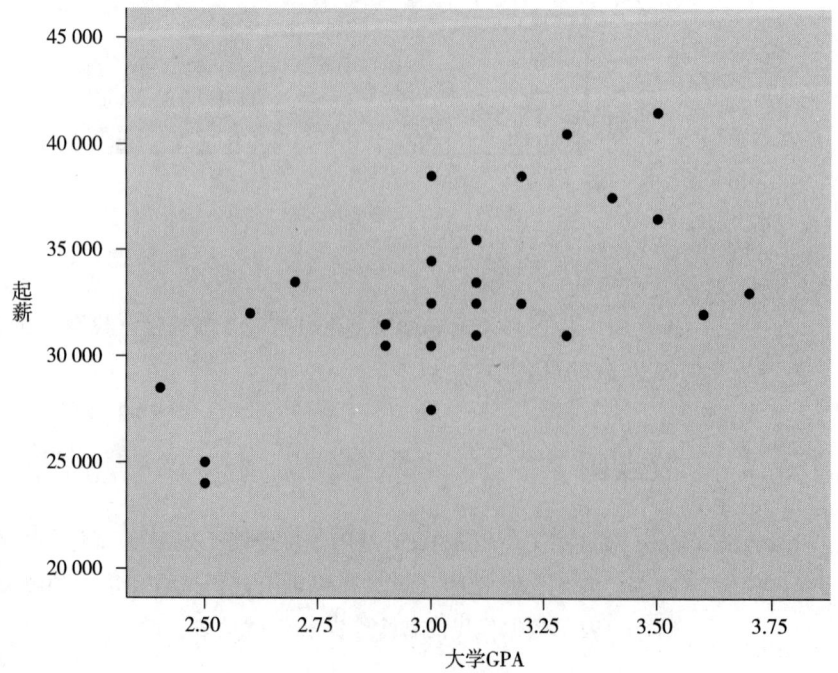

图 14.7
一种负相关关系的描绘

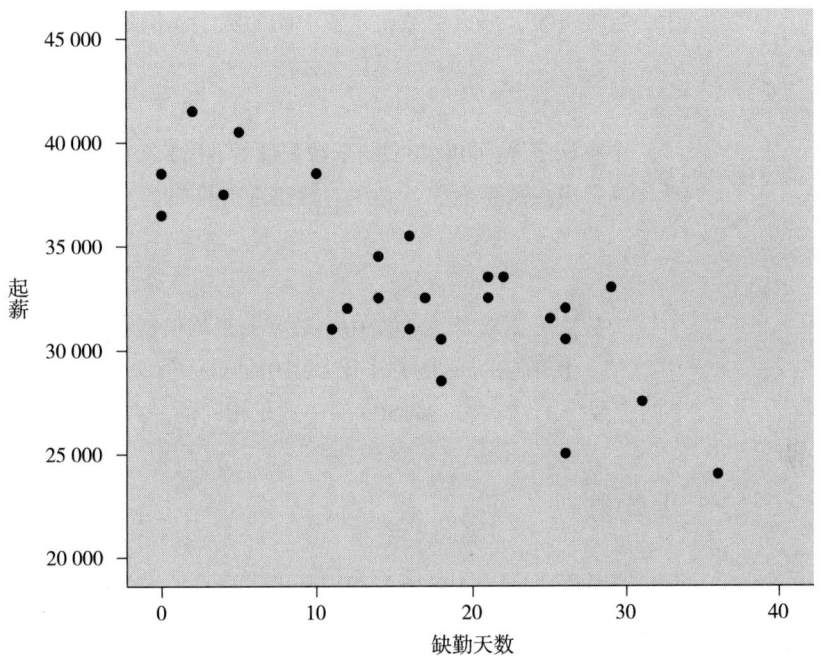

众　数

众数：出现次数最多的数字。

众数是最基础最粗浅的集中趋势量度。**众数**（mode）是指某个变量中出现频率最高的数字。例如，看下面这组数字：

0、2、3、4、5、5、5、7、8、8、9、10

这组数字的众数是 5，因为 5 是出现次数最多的数字，它总共出现了 3 次。如果出现次数最多的数字有两个，那么你就需要将两个都报告出来，并指出这个变量的数据是双峰的。

作为练习，请判断下面这组数字的众数：

1、2、2、5、5、7、10、10、10

如果你的答案是 10，那么你就答对了。请注意，在这个例子中，众数并不是显示数据集中趋势的好指标。如果数据是正态分布的，那么绝大多数人都会落在数值分布的中间部分，此时众数所起的作用就要比在这个例子中所起的作用好得多。在实践中，心理学研究者很少使用众数。

中　数

中数：一组已排序数字的中点。

中数（median）是指一组按照升序或降序排列的数值的中点。如果数组中数字中个数是奇数，那么中数就是正中间的数字。例如，在下面这组数字中：

1、2、3、4、5

中数就是3。如果数字的个数是偶数，中数就是两个中心数字的平均值。（记住，在你确定中点数字之前，必须对数组进行排序）。例如，在下面这组数字中：

1、2、3、4

中数就是2.5，因为两个中心数字的平均值就是2.5（即2和3的平均值是2.5）。中数有一个有趣的属性：它不受数组中的最大值和最小值影响。比如，1、2、3、4、5的中数与1、2、3、4、500的中数是相同的。在这两种情况下，中数都是3！

平均数

平均数：即算术平均数。

平均数（mean）是研究者用来指代算术平均值的。你已经知道平均数（也就是平均值）是怎么算的了。1、2、3的平均值是2，对吗？在你计算平均数时，实际上你是这样做的：(1+2+3)/3。心理学家有时会用 $\overline{X}$（读作 X 耙）表示平均数，下面是计算平均数的公式：

$$\text{平均数} = \frac{\Sigma X}{n}$$

这个公式很简单，只要你注意，"X"代表你正在使用的变量，"n"代表你拥有的数值的数量，而"Σ"是一个求和符号（它的意思是将跟随其后的所有数字加在一起）。在这个简单的例子中，变量有三个值：1、2、3，这个公式应用如下：

$$\text{平均数} = \frac{\Sigma X}{n} = \frac{1+2+3}{3} = \frac{6}{3} = 2$$

心理学家经常要计算各组的平均数，用来进行比较，比如处理组和控制组的平均表现水平。再看一下图14.5。图中有四个点，每点都是一个组平均数。这四点分别是控制组和处理组在前、后测中的平均数。我们将它们绘成图，以帮助你解释实验的结果。这些结果表示处理是起作用的：在前测时，处理组和控制组的平均数都低；但在干预之后，控制组的平均数几乎没有变化，处理组的平均数却比控制组的平均数高出很多。

离中趋势量度

在上一节中，我们了解了集中趋势量度，它透露的是关于变量典型情况的信息。但是，了解数据值的离散情况（即它们之间的差异大小）同样很重要。也就是说，

离中趋势量度：表示一个定量变量的数据离散情况或变异大小的数值。

你想知道数据有多大的变异。**离中趋势量度**（measure of variability）是一个数值指标，它提供了有关变量数据离散情况或变异大小的信息。

如果一个变量的所有数据值都是相同的，那么就没有变异。例如，在这些数字中就没有变异：

4、4、4、4、4、4、4、4、4

而在下面这些数字之间存在着变异：

1、2、3、3、4、4、4、6、8、10

数字越不同，变异就越大。现在，让我们来检测一下你对变异的理解。下面哪组数据具有最大的变异？

第一组数据：44、45、45、45、46、46、47、47、48、49
第二组数据：34、37、45、51、58、60、77、88、90、98

如你所见，第二组数据的变异比第一组大。有时，当一组数据几乎没有变异时，我们就说这些分数是同质的。当数据的变异很大时，我们就说这些分数是异质的。

现在，我们向你介绍心理学家检测数据时可能用到的三种离中趋势量度。它们分别是：全距、方差和标准差。

全 距

全距：最高值减去最低值的结果。

全距是最简单也是最粗浅的变异量度。**全距**（range）就是一组数字中的最高值（即最大值）减去最低值（即最小值）的结果。公式如下：

$$全距 = H - L$$

在这个公式中，H 指的是最高值，L 指的是最低值。

例如，在前面呈现的第一组数据中，全距等于 5（49 减 44）。现在，请算一下前面列出的第二组数据的全距。如果你算出的全距是 64，那么说明你算对了。最高值是 98，最低值是 34，所以这两个数值之间的差是 64。全距是表示变异性的一个粗浅指标，因为它只考虑了两个数字（最高值和最低值）。现在我们介绍心理学研究者们更常用的其他离中趋势量度。

方差和标准差

最常用的两种离中趋势量度是方差和标准差。因为它们考虑的是某个变量的所有数据值，所以也就优于全距。它们都能提供信息，说明数据值在变量平均值周围的离散和变异。

方差：各数据值偏离其平均数的距离的平方和的平均数。

标准差：方差的平方根。

方差（variance）指的是各数据值与平均数之差的平方和的平均值。方差之所以受欢迎，是因为它具有良好的数学属性。为了让方差变成更有意义的单位，你可以求出**标准差**（standard deviation）。要想得到标准差，可以将方差进行开方（也就是说，你需要将方差值输入你的计算器，然后按下平方根键）。标准差（也就是方差的平方根）是数据值与平均数之间的平均距离的近似指标。（如果你的平均数是 5，标准差是 2，那么数据值就大多处于 5 以上或以下大约 2 个单位的位置。）方差和标准差越大，说明数据越离散；它们越小，说明数据越集中。

在表 14.4 中，我们向你展示了如何计算方差和标准差。我们想要得到 2、4、6、

表 14.4

计算方差和标准差

	(1)	(2)	(3)	(4)
	(X)	$(\overline{X})^*$	$(X - \overline{X})$	$(X - \overline{X})^2$
	2	6	−4	16
	4	6	−2	4
	6	6	0	0
	8	6	2	4
	10	6	4	16
	30		0	40
和	$\sum X$			$\sum (X - \overline{X})^2$

步骤：

（1）在 X 列中输入你的数据值。

（2）计算第 1 列中各数值的平均数，将这个值放在第 2 列中。在我们的例子中，平均数是 6。

$$\overline{X} = \frac{30}{5} = 6$$

（3）用第 1 列的值减去第 2 列的值，将得数放在第 3 列中。

（4）取第 3 列中的值的平方（也就是让每个数乘以自身），然后将得数放在第 4 列。

（注：你可以忽略第 3 列中的负号，因为两个负数相乘会得到一个正数。）

（5）将正确的数值插入下面这个计算方差的公式中：

$$方差 = \frac{\sum (X - \overline{X})^2}{n}$$

其中

$\sum (X - \overline{X})^2$ 是第 4 列中的数字的和，n 是数字的个数。在这个例子中，方差 $= \frac{\sum (X - \overline{X})^2}{n} = \frac{40}{5} = 8$

（6）标准差是方差的平方根（$SD = \sqrt{方差}$）。在这个例子中，方差是 8（见第 5 步），标准差是 2.83（即 8 的平方根 = 2.83）。

8 和 10 这组数字的方差和标准差。如表 14.4 所示,这五个数字的方差是 8,标准差是 2.83。换句话说,这些数字与平均数的平均距离的平方单位是 8;而采用标准单位时,这些数字偏离平均数的平均距离大致就是 2.83。如果这些数字更离散,那它们的方差和标准差就会更大;如果这些数字更集中,那它们的方差和标准差就会更小。

正态分布:遵循 68%、95% 和 99.7% 规则的一种理论分布。

68%、95% 和 99.7% 规则:陈述在正态分布中分别落在平均数上下 1 个、2 个和 3 个标准差之内的个案百分比的规则。

标准差和正态曲线   如果数据完全是正态分布的,那它们的标准差就具有额外的含义。仔细看图 14.8 中的标准正态分布,你会看到正态曲线或**正态分布**(normal distribution)呈钟形:中间部分最高,然后分别向左右两边逐渐降低。如果数据完全是正态分布的,那么就能运用"**68%、95% 和 99.7% 规则**(68, 95, 99.7 percent rule)"。这个规则说的是,有 68% 的个案会落在平均数上下一个标准差之内,有 95% 的个案会落在上下两个标准差之内,99.7% 的个案会落在上下三个标准差之内。事实上,这个规则说的是一种近似情况,因为更精确的百分比是 68.26%、95.44% 和 99.74%。但这个规则更容易记住,而且它与实际数值也非常接近。

在实践中应记住,实际数据不可能与此处描述的正态分布完全匹配,样本数据是不可能完全符合正态分布的,因为我们所描述的这种情况也可称作理论正态分布。理论正态分布是研究者在报告其数据的正态分布程度时所用的参照标准。正态分布在更高等的统计课程中也有许多应用。

***Z* 分数**:一种被转化为以标准差为单位的分数。

***Z* 分数**   这一节最后再介绍一个概念。研究者有时会将他们获得的数据转化为一种称作 *Z* 分数(*z*-scores)的标准分数。这些分数是由最初的"原始分数"转换成的,是新的"标准化的"变量值,该组数值的平均数为 0,标准差为 1。这种做法较方便,因为可以按照与平均数的距离来解释数据。如果某个数据值是 +1.00,

图 14.8
正态分布曲线下的区域

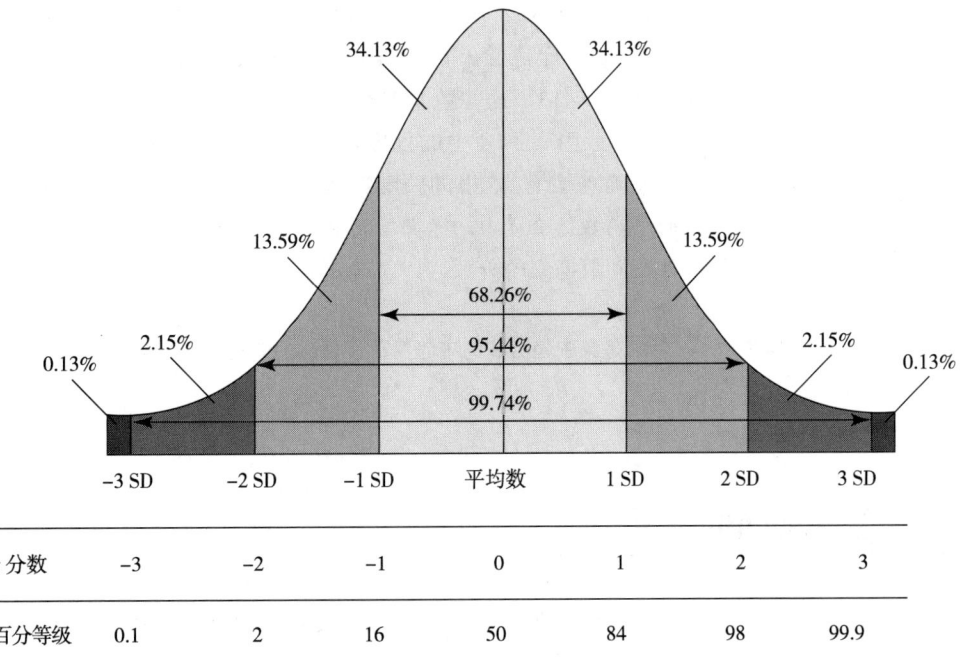

z 分数	-3	-2	-1	0	1	2	3
百分等级	0.1	2	16	50	84	98	99.9

就表示这个数值在高于平均数一个标准差的位置；+2.00 表示这个数值在高于平均数两个标准差的位置；–1.5 表示这个数值在低于平均数一个半标准差的位置，以此类推。前面图 14.8 表示的是将"标准单位"或"Z 分数"应用在正态曲线上。

用以下公式，可以很容易地将你的数据标准化：

$$Z \text{ 分数} = \frac{\text{原始分数} - \text{平均数}}{\text{标准差}} = \frac{X - \overline{X}}{SD}$$

应用这个公式转化 Z 分数时，需要有要转化的原始分数，还要算出原始分数的平均数和标准差。以表 14.4 中使用的分数集为例：2、4、6、8、10，这五个数字的平均数是 6，标准差是（我们在表格中已列出）2.83。因此，我们可以将这五个数字中的任何一个或所有数字都转化为 Z 分数。下面将最后一个数字 10 转化为 Z 分数：

$$Z \text{ 分数} = \frac{\text{原始分数} - \text{平均数}}{\text{标准差}} = \frac{10 - 6}{2.83} = \frac{4}{2.83} = 1.413$$

因此，数字 10 对应的 Z 分数是 1.41，表示 10 这个数值在高于变量平均数 1.41 个标准差的位置。下面将第一个数字 2 转化为 Z 分数：

$$Z \text{ 分数} = \frac{\text{原始分数} - \text{平均数}}{\text{标准差}} = \frac{2 - 6}{2.83} = \frac{-4}{2.83} = -1.413$$

因此，数字 2 在低于平均数 1.41 个标准差的位置，负号表示这个数值低于平均数。

在我们定义 Z 分数时，任何一组 Z 分数的平均数都是 0，标准差都是 1，你可以对此进行检验。以下是数据集中五个数字的 Z 分数：–1.413、–0.707、0、+0.707、+1.413，这些数字的平均值是 0。接着再检验一下这些数字的标准差是否等于 1，运用表 14.4 中的程序计算这组 Z 分数的标准差。经检验后发现，它们的标准差确实是 1。这里的关键点在于，你可以把任何一组数字转化为 Z 分数，Z 分数的平均数总会是 0，标准差总会是 1。获得 Z 分数，有助于心理学家比较不同变量和不同数据集的分数，以及确定某个数值高于或低于平均数的位置有多远。

思考题 14.2 | 什么是集中趋势和离中趋势？度量它们的指标有哪些？这些指标各自的优势和缺点是什么？

考察变量之间的关系

心理学家很少对某个单独的变量感兴趣，他们通常关注的是自变量与因变量之间是否存在联系。他们使用自变量（或预测变量）来"解释"因变量（或结果变量）的"变异"。科学的首要目标是确定哪些自变量预测或引起了因变量变化。这样，实践者就能运用这些知识来改变世界，比如使用新的心理治疗技术减少心理疾病，或预测哪些人群将来有出现异常的"风险"，从而可以进行早期干预。

在最后一节里，我们要描述几种方法，这些方法都是用于考察两个或多个变量之间的关系的。大多数心理学研究的因变量都是定量变量（比如，反应时间、成绩水平和神经激活水平）。因此，这里提到的大多数关系指数都是用于定量因变量的。我们将说明一种例外情况，在这种情况下会有一个类别因变量和一个类别自变量（或预测变量）。

组平均值之间的非标准化差异和标准化差异

你有一个定量因变量和一个类别自变量，要想证明它们之间有联系，就要计算类别自变量各组的因变量平均值，并对这些平均数进行比较，然后就可以获得初步证据了。考察两平均数相减后的差值大小是确定两平均数之间差异幅度的最直接、也是最简单的方式。由数据的自然单位所决定的两个平均数之间的差异，称作**平均数之间的非标准化差异**（unstandardized difference between means）。

平均数之间的非标准化差异：以变量的自然单位表示的两个平均数之间的差异。

例如，在我们的大学毕业生数据集中，男性大学生起薪的平均数（即平均值）是 34791.67 美元，女性大学生的平均起薪是 31269.23 美元。那么这两个平均数的非标准化差异便是 3522.44 美元，即用 34791.67 美元减去 31269.23 美元。这在我们看来是可观的差异。另一种陈述方式是，我们的数据显示"性别与起薪之间存在着相当大的关系"。我们将在下一章讲述如何确定平均数之间是否存在"统计显著性"差异。这里先讲述如何获取数据的描述性信息。

为更好地确定组平均数之间的差异情况，常将平均数之间的差异转化为标准化的度量。**科恩 d 值**（Cohen's d）作为标准化量数，经常用于度量组平均数的差异。科恩 d 值是研究者使用的多种效应量指标之一，**效应量指标**（effect size indicator）是变量间关系强度或幅度的标准化度量。后面还会讲述其他的效应量指标；这里重点解释如何获取科恩 d 值，其公式如下：

科恩 d 值：以标准差单位表示的两个平均数之间的差异。

效应量指标：表示平均数之间差异的强度或幅度的指数。

$$d = \frac{\text{平均数差异}}{\text{标准差}} = \frac{M_1 - M_2}{SD}$$

其中，

M_1 是第一组的平均数

M_2 是第二组的平均数

SD 是两组中任意一组的标准差（通常是实验组的标准差，也有一些研究者更倾向于使用两组的合并标准差）

科恩将效应量 $d = .2$ 定义为"小"，效应量 $d = .5$ 定义为"中"，效应量 $d = .8$ 定义为"大",这是解释 d 值含义的简易方法。刚开始时,可先按科恩的 .2、.5、.8 标准解释科恩 d 值大小,随着经验的积累,可根据其他信息调整解释,比如已发表的相同主题的研究所提供的差异大小。

要比较大学生数据集中男性和女性的平均收入,先要算出科恩 d 值。性别是一个类别自变量或预测变量,起薪是一个定量因变量。男性的平均起薪是 34791.67 美元,女性的平均起薪是 31269.23 美元。这两个平均数之间的非标准化差异是 3522.44 美元。使用统计程序(如 SPSS),我们能得到女性起薪的标准差是 4008.40 美元。现在我们得到了科恩 d 值计算公式所需的三部分信息。我们有了两组的平均数,有了被选为比较组(即女性)的标准差。将这三部分信息代入公式中:

$$d = \frac{M_1 - M_2}{SD} = \frac{\$34\,791.67 - \$31\,269.23}{\$4\,008.40} = \frac{\$3\,522.44}{\$4\,008.40} = .88$$

科恩 d 值是 .88,表明男性的平均起薪比女性平均起薪高 .88 个标准差。使用科恩的标准进行解释时,可以认为这两个平均数之间存在"大"的差异。然而,科恩并不希望研究者盲目地套用他的标准。在一些研究中,较小的科恩 d 值也意味着一个大的或重要的效应。在这个例子中,.88 代表男性和女性薪酬之间存在着明显的标准差异。要想再做一例练习,可以翻到专栏 14.3,看看我们是如何利用科恩 d 值来解释图 14.5 中所标注的平均数和理解社会技能训练效果的。

相关系数

相关系数:显示两个定量变量之间线性关系的强度和方向的指数。

当你的因变量和自变量都是定量变量的时候,你需要获得一个相关系数或者回归系数。在这一节内容中,我们将说明相关系数的概念。从定义上来看,**相关系数**(correlation coefficient)是指表示两变量之间的线性关系的强度和方向的一种数值指数,它在 –1.00 到 +1.00 之间变动。系数中数字的绝对大小表示的是相关的强度,符号(正号或负号)表示的是二者关系的方向。两个终端值,–1.00 和 +1.00,表示"完全"相关,它们是可能出现的最强相关;0 表示完全没有相关。因此,当相关系数从 0 向任何一端移动时,都说明相关在增强,换言之,相关系数越接近 0,相关关系就越弱,如图 14.9 所示。

下面我们快速测验一下你的理解程度。"+.20 和 +.70 哪一个相关更强?"后者更强,因为 +.70 距离 0 更远。"–.20 和 –.70 哪一个相关更强?"还是后者更强,因为 –.70 距离 0 更远。接着是一个有小陷阱的题,"+.50 和 –.70 哪一个相关更强?"答案还是后者更强,因为 –.70 距离 0 更远。在判断两个相关系数的相对强度时,要忽略它们的符号,然后确定哪个数字离 0 更远,也就是说要比较数字的绝对值(即如果数字前的符号是负号,就变为正号),看绝对值哪个更大。

负相关:两个变量的值往相反方向移动的相关关系。

你一定想知道,带负号的相关系数与带正号的相关系数之间有什么不同。这个问题关系到变量关系的方向。当符号是负号时,表示**负相关**(negative

专栏 14.3

在前后测控制组实验研究设计中使用科恩 d 值

在本章前文中，我们描述了研究者随机分配参与者到处理组和控制组的实验。自变量的水平就是处理条件和控制条件，实施处理的目的是提高参与者的社会技能。社会技能这个因变量的操作定义是，在1个小时的观察环节中，参与者表现出适宜互动行为的次数。在前测和后测（即处理组被施与处理之后）中，都对处理组和控制组进行了因变量的测量。

图14.5以线形图的方式描绘了处理组和控制组的前测平均成绩和后测平均成绩。看着这张线形图时，你会觉得处理似乎生效了，因为在干预之后，处理组的社会技能提高幅度大于控制组。也就是说，在前测时，两组的平均数是相似的，这说明随机分配做得很好；但是在处理之后，两组的平均数变得不一样了。从表面上看起来，似乎处理组在经过社会技能训练之后表现好多了，而控制组则仅有很小的变化。

现在，我们来演示一下如何计算两个前测平均数和两个后测平均数的科恩 d 值。首先，使用统计软件包 SPSS 来进行我们的计算，得到的结果是：实验组在前测时的社会技能平均成绩（M_1）是 2.71，控制组在前测时的社会技能平均成绩（M_2）是 2.64，控制组的标准差（SD）是 1.39。利用这些信息，你可以得到如下的科恩 d 值：

$$d = \frac{M_1 - M_2}{SD} = \frac{2.71 - 2.64}{1.39} = \frac{0.07}{1.39} = .05$$

第二步，使用 SPSS 处理后测数据，我们得到实验组在后测时的社会技能平均成绩（M_1）是 4.00，控制组在后测时的社会技能平均成绩（M_2）是 3.07，控制组的标准差（SD）是 1.27。利用这些信息，你可以得到如下的科恩 d 值：

$$d = \frac{M_1 - M_2}{SD} = \frac{4.00 - 3.07}{1.27} = \frac{0.93}{1.27} = .73$$

这些数据显示，两个前测平均数之间的差异非常小。科恩 d 值所度量的标准化平均差异只有 .05，表示处理组的平均数仅比控制组平均数大 .05 个标准差。科恩定义 .2 为小的差异，而 .05 比 .2 还小得多，这支持了我们之前的观察结果，即两个组在前测时的平均数几乎没有差异。相反地，后测的科恩 d 值是 .73，表明实验组的平均数比控制组平均数要大 .73 个标准差单位。按照科恩的标准，.73 是一个相对较大的差异（实验组平均数高于控制组平均数大约 .73 个标准差）。

上面所示结果似乎能说明社会技能训练是有效果的，但我们还不能充分相信这个实验结果。最大的问题是，我们观察到的两个平均数之间的差异，可能仅是由于数据的随机或概率性波动产生的。在下一章的推论统计中，我们将检查这种差异是否具有统计显著性。如果它确实具有统计显著性，那么我们就能推断两个后测平均数（根据前测时的微小差异做修正）之间的差异是真实的（也就是说，不仅含有一种随机波动，更有由于处理造成的真正差异）。在这里，我们只能认为，根据对数据的描述性分析，实验处理在提高参与者的社会技能方面看起来是成功的。

正相关：两个变量的值往相同方向移动的相关关系。

correlation）（这意味着两个变量的值往相反方向移动）；相反地，符号是正号时，表示**正相关**（positive correlation）（这意味着两个变量的值往相同方向移动）。图 14.10 展示了一些强度和方向不同的相关关系。

这里有一个负相关的例子：考生在考试之前的晚上参加聚会的时间越长，他们的测验分数就可能越低。这种相关就是负性的，因为随着参加聚会的时间增加，测验分数就会降低（即它们会朝着相反方向移动）。与此对应的正相关例子是，学生为准备某项测验所花费的学习时间越多，他们的测验分数就会越高。这种相关就是正性的，因为随着学习时间增加，测验分数也趋于增加（它们朝着相同方向移动）。

总之，存在负相关关系的两个变量会朝着相反方向移动，存在正相关关系的两个变量会朝着相同方向移动。这里有个测试题：“教育与收入之间是正相关还是负相关？”这是正相关，因为这两个变量往同一方向移动：当受教育的年限增加时，收入也会增加。另一个测试题：“咖啡因摄入量与瞌睡程度是正相关还是负相关？”这是负相关，因为当摄入的咖啡因增加时，人们通常会变得不那么困。

绘制散点图可以让你通过目测就能确定两变量关系的方向。仔细观察图 14.6，可以看到大学 GPA 和起薪的散点图。这张散点图显示，随着大学 GPA 的增加，起薪也随之增加。在这个例子中，二者的相关系数是 +.61，表示一种中等强度的正相关关系。现在再看看图 14.7，你可以看到大学期间缺勤天数与起薪的散点图：大学期间缺勤天数越多，起薪就越低。在这个例子中，相关系数是 −.81，代表了一种强负相关。

还有一种方法可以用来理解相关关系概念，我们可以利用一个定义公式，用它来计算一个小数据集的相关系数。想要知道具体怎么做，请参照专栏 14.4。

在这一节中，我们已经解释了皮尔逊相关系数，但还有一点你需要牢记：只有数据呈线性相关时，皮尔逊相关系数才适用。图 14.10 中描绘的所有关系都是线

图 14.9
相关系数的强度和方向

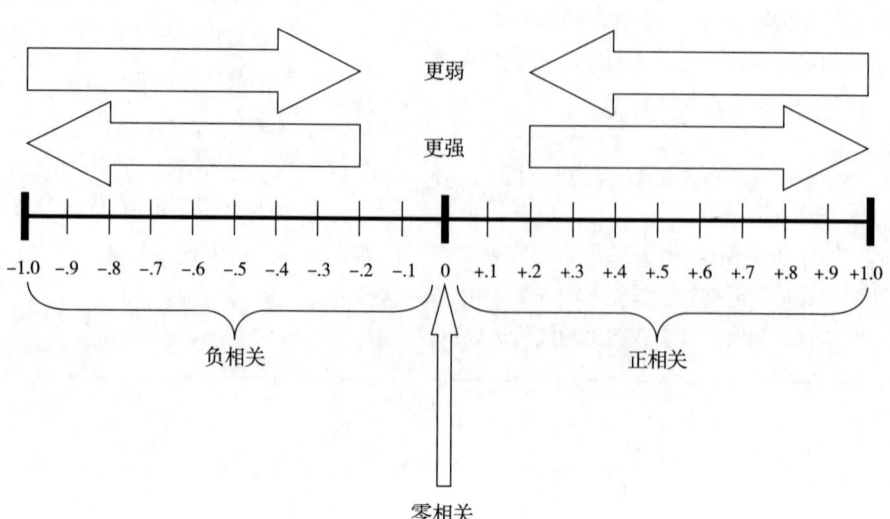

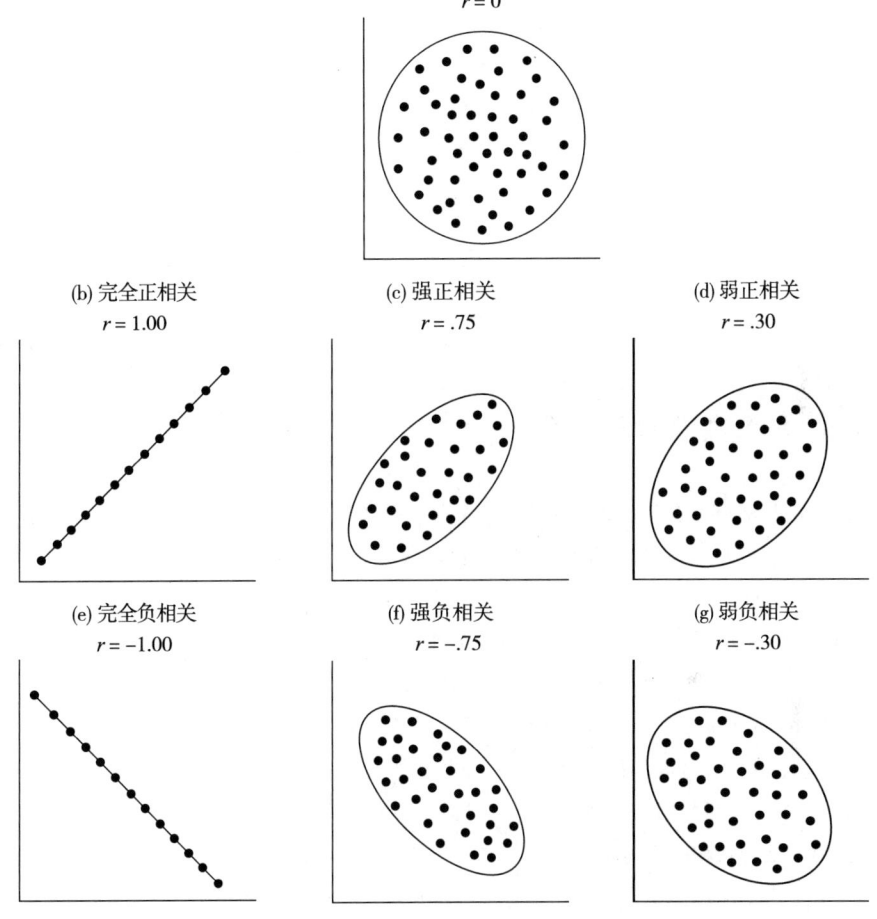

图 14.10
不同强度和方向的相关

曲线关系：两个定量变量之间的非线性（曲线型的）关系。

曲线回归：能精确对曲线关系建模的回归分析。

性关系。而图 14.11 中展示的则是**曲线关系**（curvilinear relationship）（即曲线型的关系）。如果计算某个曲线关系中的皮尔逊相关系数，通常会显示这些变量之间不存在关系，而实际上它们是相关的。如果这样，你就会对变量之间的关系得出错误的结论。

如果两个变量存在着曲线关系，那么就需要使用**曲线回归**（curvilinear regression）技术（见 Pedhazur, 1997, pp. 520–535）。这种技术能将数据与最合适的统计模型拟合，并能显示出关系的强度。

偏相关系数 在某些心理学领域中，有些问题有时难以用实验来解决，而偏相关技术常被用来解决此类问题。这些领域包括人格心理学、社会心理学和发展心理学等。在使用偏相关技术时，需要有一个完善且有力的理论，因为研究者必须知道他需要控制哪些变量。例如，在应用社会心理学中，研究者也许想研究人们在观看暴力行为（通过电视、电影或其他媒体）和玩暴力游戏等活动上所花费的时间与其做

图 14.11
曲线关系

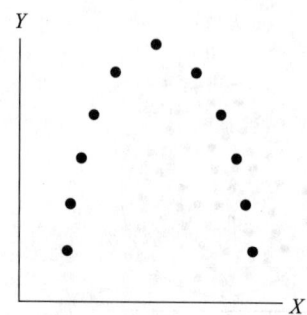

专栏 14.4

如何计算皮尔逊相关系数

前面已经讲述了如何获取 Z 分数，并指出 Z 分数能显示一个数值与变量平均数的距离。例如，Z 分数为 +2.00 说明，这个分数比平均数大了两个标准差；而 Z 分数为 -2.00 说明，这个分数比平均数小两个标准差。使用以下公式计算相关系数之前，需要将自变量（X）和因变量（Y）的数据值转化为 Z 分数。这样公式就一目了然了，只需要将这些分数相乘、再将积相加，然后除以个案的总数。用和除以 n，你就可以得到 Z 分数积的平均值。

公式如下：

$$r = \frac{Z\text{分数交叉乘积的和}}{\text{个案总数}} = \frac{\Sigma(Z_x Z_y)}{n}$$

Σ 表示求它右侧项目的和
Z_x 是 X 即自变量数据值的 Z 分数
Z_y 是 Y 即因变量数据值的 Z 分数
n 是个案的总数

在正相关的情况下，有些个案的 X 和 Y 值都低，而有些个案的 X 和 Y 值都高（参见图"a"），这种模式使公式的分子部分为正值，表示正向的关系。在负相关的情况下，有些个案具有低 X 值和高 Y 值，而有些个案具有高 X 值和低 Y 值（参见图"b"），这种模式使公式的分子部分为负值，表示负向的关系。这两种情况如图所示：

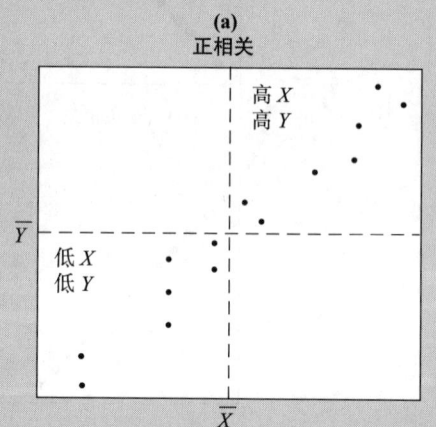

(a) 正相关

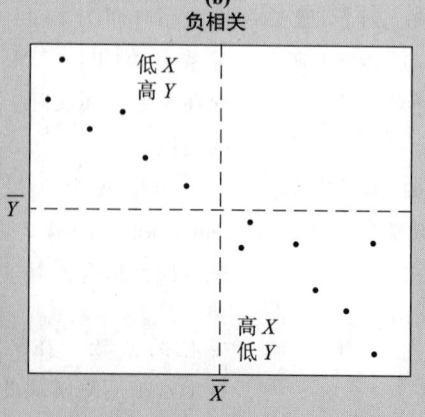

(b) 负相关

尽管研究者已经不再手动计算相关系数（因为他们会使用诸如 SPSS 之类的计算机程序），但通过

专栏 14.4（续）

计算相关系数能更好地理解这个数值是如何产生的。以下表格显示如何通过上述公式计算 X 和 Y 这两个变量间的相关系数。这里的 X 变量与之前计算 Z 分数时使用的 X 变量相同，我们使用了一个与之有强相关的 Y 变量。在本章结尾部分，我们安排了一道练习题，可以通过上述步骤计算出相关系数。这里使用如下数据。用于学习的时间（小时）（即 X 变量）为：2、4、6、8、10。测验等级的数据为（即 Y 变量）：50、73、86、86、98。

步骤 1. 将 X 和 Y 变量的分数转化为 Z 分数。在介绍 Z 分数时，我们已计算出 X 变量的 Z 分数是：-1.413、-.707、0、.707、1.413。用同样方法，得到 Y 变量的 Z 分数是：-1.750、-.343、.453、.453、1.187。

步骤 2. 计算这些 Z 分数的交叉乘积之和（即 $\sum Z_x Z_y$）。一个三列程序能很好地完成这个步骤：

变量 X 的 Z 分数 Z_x	变量 Y 的 Z 分数 Z_y	Z 分数的交叉乘积 $Z_x Z_y$
-1.413 ← × →	-1.750 = →	+2.473
-.707	-.343	+.243
0	+.453	0
+.707	+.453	+.320
+1.413	+1.187	+1.677
		$\sum Z_x Z_y$ = 4.713

↑ 这是公式中所需要的和

步骤 3. 用第三列的和（即 $\sum Z_x Z_y$）除以个案的总数（即 n）

$$r = \frac{\sum(Z_x Z_y)}{n} = \frac{4.713}{5} = .943$$

学习时数（X）与测验分数等级（Y）之间的相关是 +.943，因此，这两个变量有着非常强的相关关系。当学习时间增加时，测验分数等级也随之提高。

出攻击行为的数量之间的关系。在这种情况下，研究者要控制诸如人格类型、学校年级以及是否暴露在家庭或邻里的暴力环境中等变量，以确保观察暴力与表现出暴力之间的关系并不是这些因素造成的。这种类型的非实验研究是以班杜拉及其同事的经典实验研究为基础的。他们的实验显示，在目睹成年人榜样做出攻击行为之后，儿童出现了攻击行为（Bandura, Ross, & Ross, 1963）。

偏相关系数：在控制了一个或更多变量之后，两个定量变量之间的相关系数。

偏相关系数（partial correlation coefficient）的值表示在控制了一个或更多其他变量的影响后，所要研究的两个变量间关系的强度和方向。与皮尔逊相关系数类似，偏相关系数的范围在 -1.00 到 +1.00 之间，0 代表没有关系，符号表示关系的方向（参见图 14.9）。二者之间的关键区别在于：偏相关系数显示的是控制了其他变量之后两个变量之间的关系。由于研究者都会使用统计程序计算偏相关系数，因此，本节就不提供相关计算公式了。但是，如果你想知道如何计算偏相关系数（或下一节要讨论的回归系数），我们向你推荐两本很棒的书（见 Cohen, Cohen, West, & Aiken, 2003; Pedhazur, 1997）。

在偏相关技术中得到的相关系数之所以被称作"偏"相关系数，是因为此技

回归分析：使用一个或更多定量型的自变量去解释或预测一个单独的定量型因变量的值。

简单回归：含一个因变量和一个自变量的回归分析。

多元回归：含一个因变量和两个或多个自变量的回归分析。

回归方程：定义一条回归线的方程。

回归线：根据回归方程绘出的"吻合最佳"的直线。

用统计手段控制了其他变量，在统计上消除或"排除"了它们的影响。尽管这种统计控制技术有用，但效果并不完美。本书中你需要记住的一个最重要的观点就是：在心理学研究中，消除混淆变量影响的最佳方法（到目前为止）是将参与者随机分配到各个组中，并进行实验研究。

回归分析

当所有的变量都是定量变量时，通常适合使用一种称为回归分析的技术。[1] **回归分析**（regression analysis）是一套统计程序，它能在一个或多个自变量或预测变量的数值基础上，解释或预测因变量的值。两种主要的回归分析是：**简单回归**（simple regression），即只有一个自变量或预测变量；**多元回归**（multiple regression），即存在两个或多个自变量或预测变量。

回归分析的基本思想是获得**回归方程**（regression equation），由这个方程定义出与数据中观察到的模式最为吻合的**回归线**（regression line）。尽管回归分析也能用于曲线数据，但是在本书中，我们只讨论线性关系。图14.12中显示的是在大学GPA和起薪的散点图中插入的回归线。

也许你还记得，在高中几何课程中提到过，一条直线最重要的两个特征就是斜率和Y轴截距。斜率表示了直线的陡峭程度，而Y轴截距表示直线会与Y轴（即纵轴）在哪个位置交叉。回归线的回归方程有两个组成部分，如下所示：

$$\hat{Y} = b_0 + b_1 X_1$$

其中，

$\hat{Y}$（读作Y帽）是因变量的预测值

b_0是Y轴截距

b_1是斜率（被称为回归系数）

X_1是唯一自变量

我们在这里讲解图14.12中所示回归线的回归方程。因变量（Y）是起薪，自变量或预测变量（X_1）是GPA。只有极少数的研究者会手动计算回归方程，一般研究者会使用SPSS或SAS之类的统计程序（我们也是这样做的）。这个回归方程如下：

$$\hat{Y} = \$9405.55 + \$7687.48\,(X)$$

y轴截距（y-intercept）是指回归线与Y轴交叉的那个点。在我们的回归方程中，

y轴截距：回归线与Y轴（纵轴）交叉的点。

---

[1] 尽管回归分析也能用于类别自变量，但我们倾向于将回归视为当自变量均为定量变量时的一般线性模型的特例。方差分析是当自变量均为类别变量时的一般线性模型的特例，协方差分析是当自变量既有类别变量又有定量变量时的一般线性模型的特例。在上述所有情况中，因变量都是定量变量。

图 14.12
显示 GPA 和起薪之间关系的回归线

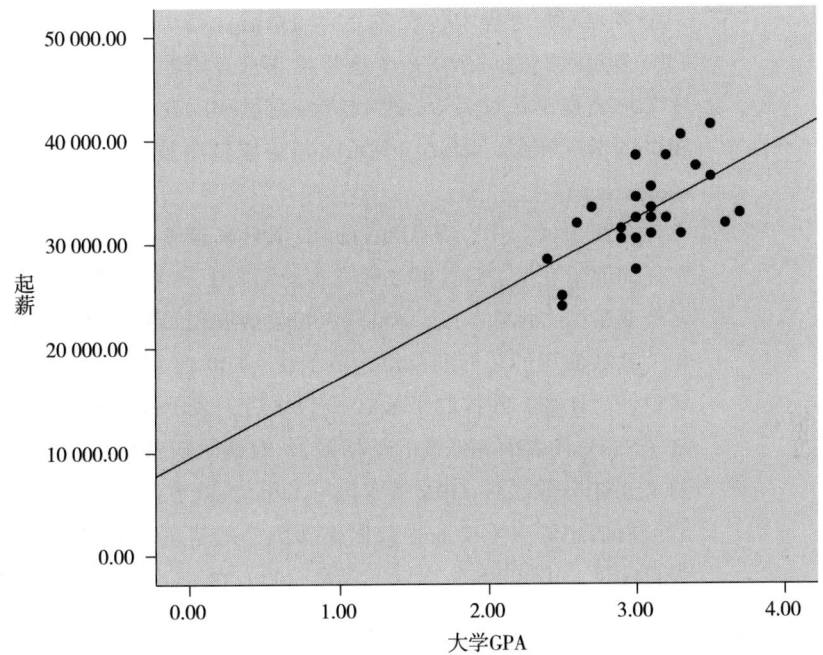

y 轴截距是 9405.55 美元。因此，图 14.12 中的回归线正好与 y 轴上的 9405.55 美元相交，表示当某个人的 GPA 为 0（即平均等级为 F）时的起薪预测值。

回归系数：斜率或 X 变化一个单位时 Y 产生的变化。

回归系数（regression coefficient）是指在自变量（X）产生一个单位的变化时，对因变量（Y）会出现的变化的预测。在我们所举的例子中，回归系数即斜率是 7687.48 美元。这个回归系数表示，GPA 每增加一个单位时，起薪平均会增加 7687.48 美元（或者 GPA 每降低一个单位，起薪就减少 7687.48 美元）。比如，可预测某个 GPA 为 3（即 B）的学生的起薪比 GPA 为 2（即 C）的学生的起薪多 7687.48 美元。我们用的是传统的等级标准（A=4、B=3、C=2、D=1、F=0）。

回归方程用于预测特定自变量值所对应的因变量值。例如，让我们来预测一下 GPA 为 3（即平均成绩为 B）的大学生的起薪：

$\hat{Y}$ = \$9405.55 + \$7687.48 × 3.00   我们代入了 GPA = 3.00

$\hat{Y}$ = \$9405.55 + \$23062.44   我们用 \$7687.48 乘以 3.00

$\hat{Y}$ = \$32467.99   我们将 \$9405.55 与 \$23062.44 相加

该生的起薪预测值是 32467.99 美元。作为练习，你可以使用这个方程来计算某个平均成绩为 C（即 GPA 值为 2）的学生的起薪。只需要将 2 代入方程并进行运算。请注意，等级为 C 的人和等级为 B 的人在起薪上的差异正好等于回归系数（即 \$32467.99 − \$24780.51 = \$7687.48）。这证实了我们的讲解，回归系数显示的是自变量每变化一个单位所对应的因变量变化。

多元回归与简单回归类似，只是它使用的是两个或多个自变量或预测变量。

偏回归系数：多元回归方程中的回归系数。

一个多元回归方程中包含多个回归系数，每个自变量对应一个回归系数。简单回归与多元回归之间存在一个重要且非常有用的区别：多元回归系数显示的是方程中其他自变量被控制后，所研究自变量和因变量之间的关系。这与前面讲述的偏相关的情况相似，因此，多元回归系数自然被称作**偏回归系数**（partial regression coefficient）。

在简单回归中，我们通过回归系数来检验的关系类似于皮尔逊相关，并没有对任何混淆变量进行控制；而在多元回归中，考察的关系与偏相关相似，有一个或多个变量被"排除"或"控制"。相关系数和回归系数的实际数值之间的区别在于，相关系数使用的是标准单位，范围在 –1.00 到 +1.00 之间，而回归系数使用的是自然单位。比如，在控制了 SAT 分数之后，表示起薪和 GPA 之间关系的偏相关系数是 +.559（代表中等强度的正相关），而偏回归系数是 5488.71 美元（也就是说在控制了 SAT 分数之后，GPA 每变化一个单位，就可预期产生 5488.71 美元的收入变化）。

以假想的大学毕业生数据集为例，把起薪设为因变量，GPA 和高中时的 SAT 为自变量，用 SPSS 生成以下多元回归方程：

$$\hat{Y} = -\$2617.28 + \$5488.71(X_1) + \$17.79(X_2)$$

X_1 是 GPA，X_2 是高中时的 SAT 分数

以上回归方程中，第一个偏回归系数是 5488.71 美元，表示在控制 SAT 分数的情况下，GPA 每增加一个单位，起薪就会增加 5488.71 美元。第二个偏回归系数是 17.79 美元，表示在控制 GPA 分数的情况下，SAT 每增加一个单位，起薪就会增加 17.79 美元。根据这个方程来看，获得好的 SAT 和 GPA 成绩都很重要！[2]

使用多元回归方程预测起薪，需代入 GPA 和 SAT 的值，才能解出 $\hat{Y}$。以一个 SAT 分数为 1100 且等级为 B 的学生为例，预测她的起薪：

$\hat{Y} = -\$2617.28 + \$5488.71 \times 3 + \$17.79 \times 1100$

   代入 GPA = 3 和 SAT = 1100

$\hat{Y} = -\$2617.28 + \$16466.13 + \$17.79 \times 1100$

   用 $5488.71 乘以 3

$\hat{Y} = -\$2\,617.28 + \$16466.13 + \$19\,569.00$

   用 $17.79 乘以 1100

$\hat{Y} = \$38652.41$

   将三个数字加起来

---

[2] 如果你想确定多元回归中的哪个变量与起薪联系最强（在控制方程中其他变量的情况下），就找到 SPSS 输出结果中每个变量的"部分相关"值，各自进行平方后，选出其中的最大值，这个指数被称作半偏相关系数的平方。这个数值表示由自变量独立解释的因变量方差的大小。哪个变量能解释的方差越大说明哪个变量越重要。

该生的预测起薪是 38652.41 美元。你可以在方程中代入任何有效 GPA 和 SAT 值，算出相应的预测起薪。

列联表

列联表：用于检查类别变量之间关系的表格。

在因变量和自变量都是类别变量时的基本分析技术是建立一张列联表（也称为交叉表）。**列联表**（contingency table）是由两个或多个类别变量交叉形成的表格，它在各个单元格里展示信息。我们这里说的二维列联表只包含两个变量，行代表其中一个变量的类别，列代表另一个变量的类别。根据需要，可将各种类型的信息填入列联表的各个单元格中，比如单元格频次、单元格百分比、行百分比和列百分比。在表 14.5（a）中可看到包含单元格频次的列联表；在图 14.5（b）中可看到包含列百分比的列联表。注意例子中所用的数据（就像我们的其他例子一样）都是假想的，构建该数据集是为了让例子显得更有启发性和更易懂。

在表 14.5（a）显示的列联表中，你能看到列变量是性别（即男性和女性）。行变量是人格类型。具有 A 型人格的人更可能急躁、好胜心强、易怒、成就高、同时处理多个任务和有紧迫感。具有 B 型人格的人更可能善于合作、好胜心弱、较放松、更有耐心、更容易满足和好相处。研究问题是"性别与人格类型之间是否存在相关"。表 14.5（a）的单元格包含的是单元格频次。通过观察表 14.5（a），你认为性别和人格类型之间存在某种关系吗？也就是说，性别能预测人格类型吗？不看表 14.5（b），你认为女性是否比男性更倾向于 A 型人格？

尽管报告单元格频次很重要，但仅仅通过单元格频次非常难以确定两个变量有何种联系。在表 14.5（b）中，我们计算了男性和女性的列百分比。要得到列百分比，可以用单元格频次除以整列的频次（接着移动小数点，得到百分数）。例如，在第 1 列的第一个单元格中有 2972 名女性，而女性总数为 4893 名，那这个单元格的列百分比就是 2972 除以 4893，即 .607，或写成 60.7%（百分数形式）。另一个单元格中的女性数量为 1921，因此，其百分比是 39.3%。注意这列的两个百分比加在一起是 100%。在表格中，我们还计算了男性的列百分比。

比率：具有特定特征的人在群体中所占的百分比。

观察表 14.5（b），确定性别与人格类型是否相关。通过将原始数字转化为列百分比，我们得到了组**比率**（rates）。正确解读这张表格的方法是比较各列的信息。按照这种方法，你可以看到 60.7% 的女性是 A 型人格，而 71.7% 的男性是 A 型人格。也就是，男性具有 A 型人格的比率高于女性。现在再看看 B 型人格，女性具有 B 型人格的比率是 39.3%，男性则是 28.3%，女性具有 B 型人格的比率高于男性。这是假想数据显示出的两个变量之间的关系。

一般情况下，我们建议用预测变量作为列变量，而用因变量作为行变量，然后计算列百分比并比较各行中的单元格比率。表 14.5（b）就使用了这种方法。为了正确地解读一张列联表，需记住以下两个原则：

表 14.5

人格类型与性别的列联表

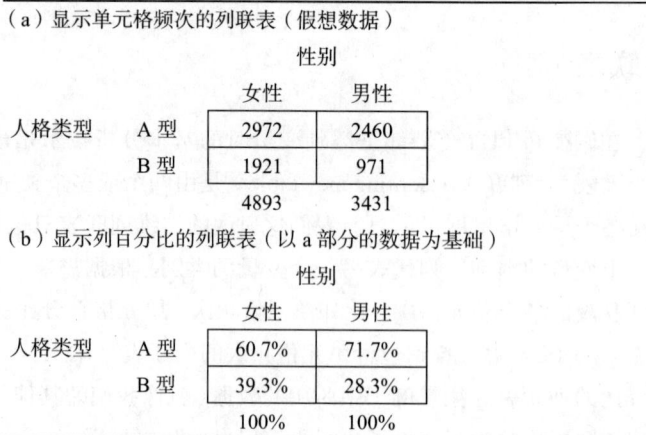

(a) 显示单元格频次的列联表（假想数据）

		性别	
		女性	男性
人格类型	A 型	2972	2460
	B 型	1921	971
		4893	3431

(b) 显示列百分比的列联表（以 a 部分的数据为基础）

		性别	
		女性	男性
人格类型	A 型	60.7%	71.7%
	B 型	39.3%	28.3%
		100%	100%

- 如果是沿着列计算百分比的，就比较各行中的单元格比率；
- 如果是按照行计算百分比的，就比较各列中的单元格比率。

这两条原则应该比较实用，因为比率经常会出现在新闻报道中，也应用于某些类型的研究（比如，流行病学研究）中，现在你该知道获得比率及进行比较的方法了。对于更高级的研究，可以通过增加其他（第三个）自变量或预测变量来拓宽列联表的使用范围。为此，需要在该新增变量的每个类别内建一张双向表格。这部分内容留待高级数据分析课程讲解。

思考题 14.3 描述变量之间的关系的技术有哪些？每种技术在什么情况下使用？

本章小结

描述统计的目的是描述和总结数据集的特征。本章的许多程序都是以表 14.1 提供的数据集为例进行演示的。这组数据包括四个定量变量（起薪、GPA、SAT 分数和大学期间的缺勤天数）和两个类别变量（大学专业和性别）。通常一次只总结一个变量，但多变量的描述分析也是很重要的。本章所讨论的描述程序包括频次分布表、统计图（条形图、直方图、线形图和散点图）、集中趋势量度（平均数、中数、众数）、离中趋势量度（全距、方差、标准差），以及两个或多个变量之间关系的分析（两个平均数之间的非标准化差异、效应量指标、相关系数、偏相关系数、简单回归和多元回归、列联表）。当自变量是类别变量而因变量是定量型变量时，可对组平均数进行比较以确定这些变量间的关系；当自变量和因变量都是类别变量时，可使用列联表来考查它们之间的关系；当自变量和因变量都是定量型变量的，可将数据标注在散点图中，并计算相关系数或对其进行回归分析。

重要术语和概念

68%、95% 和 99.7% 规则	线形图	比率
条形图	平均数	回归分析
科恩 d 值	集中趋势量度	回归系数
列联表	离中趋势量度	回归方程
相关系数	中数	回归线
曲线回归	众数	散点图
曲线关系	多元回归	简单回归
数据集	负相关	标准差
描述统计	正态分布	平均数之间的非标准化差异
效应量指标	偏相关系数	方差
频次分布表	偏回归系数	y 轴截距
直方图	正相关	Z 分数
推论统计	全距	

章节测验

问题答案见附录。

1. 下面有一组分数：18、11、12、10、9，其中数是多少？
   a. 10
   b. 11
   c. 18
   d. 12
2. 标准差是：
   a. 一种采用平方单位的离中趋势量度
   b. 一种集中趋势量度
   c. 方差的平方根
   d. 上述答案都对
3. 在正态分布中，99.7% 的分数都落在哪个 Z 分数区间？
   a. −1 ~ +1
   b. −2 ~ +2
   c. −3 ~ +3
   d. 0 ~ +3
4. 在正态曲线中，平均数、中数和中数是
   a. 相同的
   b. 不同的
   c. 平均数大于众数
   d. 平均数小于众数
5. 使用简单回归时，回归系数能告诉你：
   a. 变量的平均数
   b. 回归线与 X 轴交叉的点
   c. 自变量每变化一个单位所对应的因变量变化
   d. 因变量每变化一个单位所对应的自变量变化
6. 在画单一变量的频次图时，哪一个轴表示频次？
   a. X 轴即横轴

b. Y 轴即纵轴
7. 列联表是：
   a. 单一变量的频次分布表
   b. 一张由两个或多个类别变量交叉而成，在单元格里展现信息的表格
   c. 一张包含了相关系数的表格
   d. 表示两个变量的正态曲线

提高练习

1. 以下数据集的标准差是多少？
   这是你所需要的信息：

   $$方差 = \frac{\Sigma(X - \overline{X})^2}{n}$$

   注：标准差是方差的平方根

X
1
3
1
2
2
3

   a. 1.67
   b. .67
   c. .82
   d. .89

2. 假设我们正在根据受教育年限和训练前的能力倾向测验分数来预测某项训练的后测分数。相关的回归方程如下：

   $\hat{Y} = 25 + 0.5X_1 + 10X_2$，

   其中 X_1 = 受教育年限，X_2 = 能力倾向测验分数

   如果某个人的受教育年限为 10 年，能力倾向测验分数为 5，请预测其训练后分数是多少？
   a. 25
   b. 50
   c. 35
   d. 80

3. 将一组数字转化为 Z 分数后，这组新数字的平均数为 0，标准差为 1。请将下面这组分数转化为 Z 分数：1、2、21、22、48、59、91、100，然后检验以上定理。

第 15 章

推 论 统 计

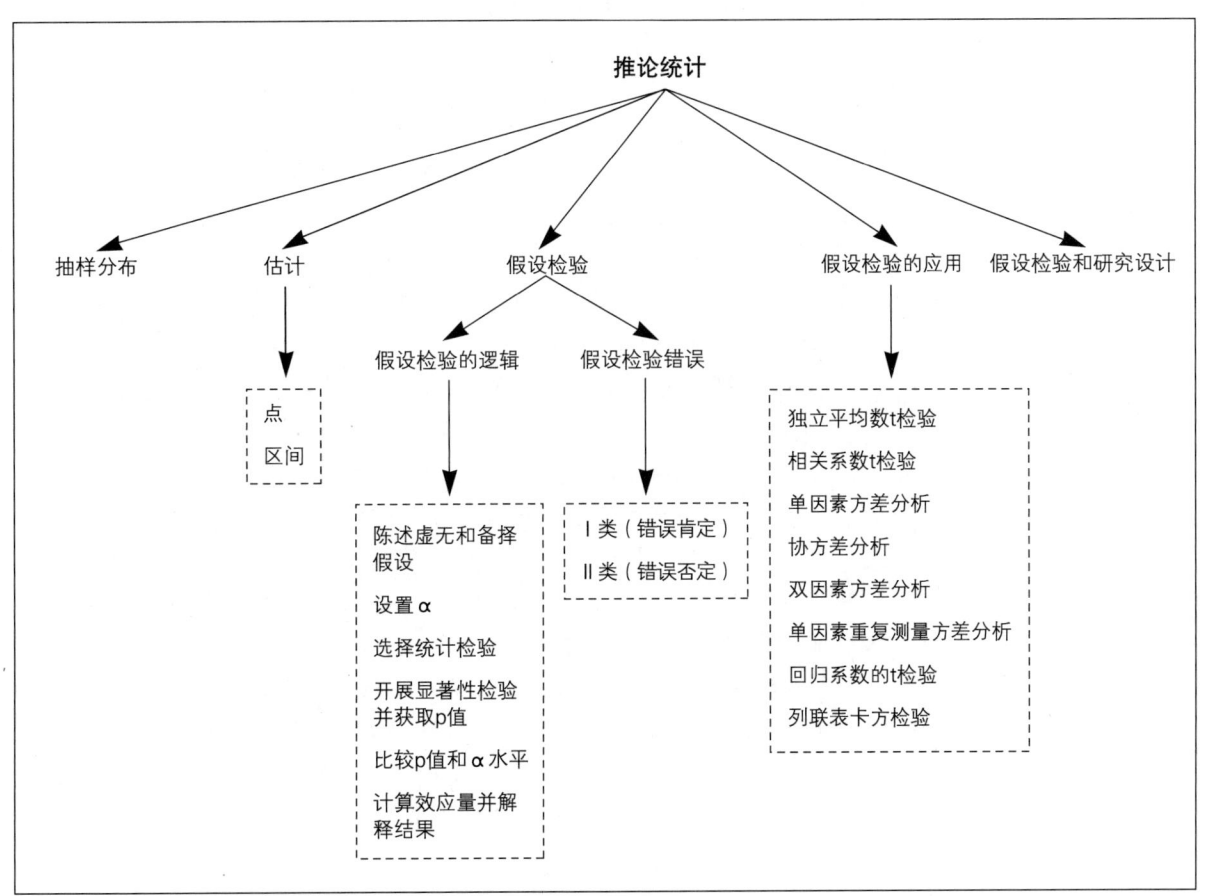

40岁的赫伯特是一个正处于恢复期的瘾君子。1967年，他作为海军陆战队员驻扎在越南，从那时起他就开始吸毒，他开始了长达25年的吸毒史，而且吸的都是最流行的

毒品。20世纪70年代,当他回到家乡时,他"开始吸食大麻,一个富有战斗性的人只吸食天然草本类毒品。然后我去跳迪斯科。我又吸了整整十年的可卡因。这在当时很时髦,因为它非常昂贵。"当快克(一种精炼可卡因)出现在毒品市场上时,赫伯特就换掉了可卡因,并把他的公寓变成了一个吸食快克毒品的窝点,最终导致自己穷困潦倒。在他到达凤凰之家一个住院戒毒治疗中心之前,他只能睡在废弃的汽车或流浪汉收容所里(Hurley, 1989)。赫伯特的吸毒经历与成千上万沉沦在药物滥用中的美国人相似。

由于毒品对社会有着毁灭性危害,所以人们一直试图寻找使人容易滥用药物的原因以及有效的治疗手段。虽然看起来似乎每个人都同样容易染上药物滥用,但实际上存在着许多的变数。如果能找出吸毒的风险因素,就可以直接对存在滥用药物风险的人进行帮助。打击药物滥用的最佳途径就是进行有效预防。

申克是一位关注预防的研究者。她对这个领域的关注始于一次非常偶然的事件,当时她还是蒙特利尔康科迪亚大学的一名研究生。她设计了一项药物研究,需要使用40只左右的大鼠。因为没有足够的资金购买大鼠,她做了一件所有聪明的研究生都会做的事:向别人讨要。另一名研究生正好完成了一项有关大鼠的研究,他研究的是大鼠从断奶到九个星期大这段时期内的社会交往对它们产生的影响。由于他不再需要这些大鼠,所以就让申克在她的药物研究中使用。出乎意料的是,这些大鼠并没有表现出预期的药物效应。申克推测这是因为这些大鼠曾经生活在丰富的社会环境中(地洞、管道、实验者的大量触摸、与其他大鼠接触等等),而不是孤独地被圈养在了无生趣的方形铁丝笼里。所以她决定开展一项研究来调查环境因素在吸毒行为中所起的作用。

为了调查环境对药物滥用的影响,申克、拉塞尔和戈尔曼等人(Schenk. Lacelle, Gorman & Amit, 1987)开始圈养大鼠,有些大鼠独自占用一个笼子,有些则是四只共处一个笼子,时间共持续了六个星期。接着他们将导管插入大鼠的颈静脉,训练它们通过按压杠杆来获得浓度为1.0mg/kg的可卡因注射液。在大鼠习得通过按压杠杆来获得可卡因之后,研究者分别在三种不同的可卡因浓度条件下对两组大鼠的行为进行了观察,以确定它们在三个小时的测试时间里按压杠杆的次数。第一种条件下,大鼠每次按压杠杆就会被注射1.0mg/kg的可卡因;第二种条件是0.5mg/kg;第三种条件是0.1mg/kg。

完成研究后,申克获得了实验数据,即两种圈养条件(一只大鼠单独一个笼、四只大鼠一个笼)下的大鼠为得到各种浓度的可卡因而按压杠杆的次数。她必须以某种方式来处理这些数据,以解答她的研究问题——大鼠的饲养环境类型是否会影响到它们滥用可卡因的程度。她的处理方式是对数据进行统计分析。结果显示,单独饲养的大鼠比饲养于丰富环境中的大鼠滥用可卡因的可能性更大。

引 言

上一章,我们讲解了描述统计,它被用于描述和总结一组数据的数字特征。在推论统计中，研究者试图了解数据之外的内容。正如图 14.1 所示，推论统计的两个主要分支是估计和假设检验。估计的目标是估算出总体参数的值，假设检验的目标是检验有关总体参数的假设。

样本：从总体中选出的一组个案。

总体：作为推论范围的整个群体。

统计量：基于样本数据的数字指标。

参数：一个总体的数字特征。

在推论统计中，研究者用**样本**（sample）数据来推论**总体**（population）。如果你的平均数或相关系数等数字指标是用样本数据计算出来的，那这些指标就称作**统计量**（statistic）。如果你的数字指标（比如平均数或相关系数）是用整个总体的数据计算出来的，那它们就称作总体**参数**（parameter）。推论统计的目标是为了了解总体参数。但是，通常无法收集总体中所有个体的数据，所以研究者必须使用样本数据来了解总体。推论统计是以随机抽样作为假定前提的，所产生的样本遵循概率法则，研究者可以凭样本对总体参数做出可靠的推论。研究者使用不同的符号来表示统计量和参数。例如，如果你计算了某个样本的平均年收入，该平均数就记为 $\overline{X}$；但是如果你计算的是整个总体的平均数，那么它就记为希腊字母 μ（mu，读做"缪"）。研究者使用这样的符号来区分有关样本和总体的信息。有趣的是，我们习惯用罗马字母代表样本统计量，用希腊字母代表总体参数。这也许就是为什么有些学生会说"统计学就像希腊文一样难懂"！表 15.1 列举了推论统计中的几个常用符号。

抽样分布

抽样分布：一个统计量的值的理论概率分布，是按照一定的样本容量从一个总体中抽取出所有的可能样本而产生的抽样分布。

平均数抽样分布：按照一定的样本容量从一个总体中抽取的所有可能样本的平均数的理论概率分布。

推论统计依靠"抽样分布"对基于样本数据的总体参数作概率陈述。你不一定必须自己来构建抽样分布，但理解这个概念会有帮助。**抽样分布**（sampling distribution）是样本统计量所有数值的理论概率分布，它是由从总体中抽取的一定容量的所有可能样本构建的。

为了更加形象具体地解释这个概念，我们来讲讲**平均数抽样分布**（sampling

表 15.1

样本统计量及其所对应总体参数的常用符号

数字指标	样本统计量	总体参数
平均数	$\overline{X}$	μ（mu）
标准差	SD	σ（sigma）
方差	SD^2	$σ^2$（sigma 平方）
相关系数	r	ρ（rho）
比例	p	π（pi）
回归系数	b	β（beta）*

*β 另有两个常见用法，一个表示样本数据的标准化回归系数，另一个是 1–β，表示的是显著性检验的统计效力。不要将它们与总体回归系数相混淆。

distribution of the mean）是如何生成的：从总体中抽取一个随机样本，计算并记录这个样本的平均数。接着，抽取另一个随机样本，计算并记录第二个样本的平均数。重复这个过程无穷多次或直到特定容量（比如，包含 30 个人）的所有可能样本的平均数都被记录下来，然后把所有样本的平均数展示出来。用线形图表示所有的样本平均数，这样就可以描述平均数抽样分布了。图 15.1 是一张平均数抽样分布的图。在我们假想的平均数抽样分布中，平均值是 76000 美元，标准误是 10000 美元。

图 15.1 是由无穷个随机样本的平均收入（即 $\bar{X}$）组成的。请注意图中抽样分布的两个关键特征。第一，在我们的平均数抽样分布中，所有样本平均数的平均值等于总体平均数（即 μ）的真值。这发生在当我们用随机抽样这种"无偏差"抽样程序抽取样本参与者的时候。在这个例子中，所有样本平均数的平均值是 76000 美元，这也是整个总体平均收入的真值。

第二，请注意，某个特定样本的平均收入的样本值（即 $\bar{X}$）极少会正好等于总体平均数（即 μ）。样本的平均数围绕总体平均数上下波动。而且，你可以看到这些样本平均数呈正态分布，这表示绝大多数的样本平均数与总体平均数非常接近，与总体平均数的值相差很多的样本平均数仅占极少数。因为平均数抽样分布是一个正态分布，所以样本平均数也满足"68%、95% 和 99.7% 规则"（在上一章定义过）。也就是说，在平均数抽样分布中，有 68% 的样本平均数与总体平均数真值的距离在一个标准差之内，95% 落在总体平均数真值上下两个标准差的范围之内，99.7% 落在上下三个标准差的距离之内。但是，我们并不使用上句中的术语"标准差"，而是用术语**标准误**（standard error）来指代抽样分布的标准差。标准误是一种特殊类型的标准差；它是抽样分布的标准差。现在让我们再来看一看图 15.1。既然总体平均数是 76000 美元，标准误是 10000 美元，那么你可以看到 68% 的样本平均数落在 66000 美元至 86000 美元之间（即 76000 美元减去或加上一个标准误，也就是 10000 美元），95% 落在 56000 美元至 96000 美元之间（即 76000 美元减去或加

标准误：抽样分布的标准差。

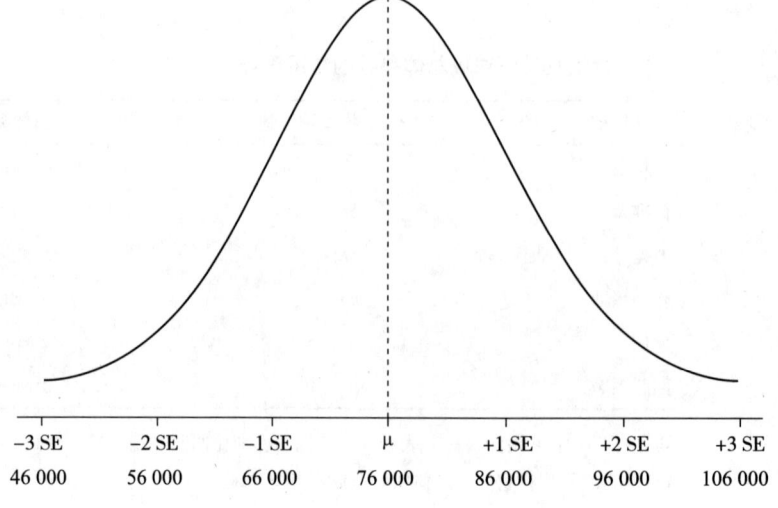

图 15.1
假想的收入变量的平均数抽样分布。SE 代表标准误。

上两个标准误，也就是 20000 美元），99.7% 落在 46000 美元至 106000 美元之间（即 76000 美元减去或加上三个标准误，也就是 30000 美元）。

虽然我们在例子中构建的是样本平均数的抽样分布，但实际上可以构建任何样本统计量的抽样分布。例如，你可以有相关系数的抽样分布和回归系数的抽样分布。在稍后讨论的假设检验中，研究者会依赖"检验统计量"的抽样分布。**检验统计量**（test statistic）指的也是样本统计量（如平均数之间的差异、相关系数、回归系数），但会被转化为遵循已知抽样分布的统计量，以方便研究者获取概率值和进行假设检验。一些常用于检验统计量的抽样分布包括 Z 分布、t 分布、F 分布和卡方（即 χ^2）分布。

检验统计量：一种遵循已知抽样分布、并被用于显著性检验的统计量。

幸运的是，你永远不必自己去构建抽样分布！在实践中，你只需要挑选一个样本，然后用于分析数据的计算机程序包就会为你估计适当的抽样分布。这里的重点在于，诸如平均数、百分比、相关系数和检验统计量等样本统计量的值会以一种已知的、概率性的方式分布在总体参数真值周围。这也使得实证性研究的声明总是概率性的（也就是声明什么可能是真的），而不是确定的或绝对的。

估 计

估计：推论统计的一个分支，侧重于取得对总体参数的估计值。

估计是推论统计的两种主要类型之一。在做出**估计**（estimation）时，你的目标是回答以下问题："基于随机样本，总体参数的估计值是什么？"

凭样本数据可以得到两种形式的"估计值"。第一，你可以使用样本中的各种统计量的值去估计总体的值，如平均数。例如，要估计某个总体的平均收入，就要计算样本中参与者的平均收入（比如，也许是 50000 美元），并将它作为你对总体平均数（即总体中所有人的平均收入）的最佳猜测。这被称作点估计，因为你是用样本中的一个数字来估计总体中你所关注的那个数字（点）的。在**点估计**（point estimation）中，研究者用某个样本统计量的值估计总体参数值。

点估计：用某个样本统计量的值作为对某个总体参数值的估计值。

前面我们已经讨论过抽样分布，不同样本的样本统计量（比如平均数）有波动，且样本统计量的值很少恰恰等于总体参数的值。由于样本统计量的本质具有这种概率性，研究者更偏好使用区间估计。在做出**区间估计**（interval estimation）时，研究者会在点估计值周围设置一个置信区间。例如，如果样本参与者的平均收入是 49000 美元，研究者可以用统计程序（如 SPSS 或者 SAS）获得一个围绕 49000 美元这个样本平均数的区间估计（也被称为置信区间）。也许"95% 的置信区间"是"44000 ~ 54000 美元"。

区间估计：围绕一个点估计值设置一个数字范围的方法。

置信区间：从样本数据中推论出来的一个区间估计，有一定概率包含总体参数真值。

置信区间（confidence interval）是指从样本中推断出来的一个数字范围，它有一定概率或几率包含总体的真值。当研究者使用概率为 95% 的置信区间时，说明他有 95% 的把握认定这个区间包含了总体参数，因为这个置信区间有 95% 的机会捕捉到或包含了总体参数的真值，图 15.2 展示了它的原理。请注意，图中 20 个置信区间中，有 19 个（即 95%）都包含了总体平均数的真值，但是剩下 1 个（即 5%）未包含这一总体参数的真值。通过这幅图，我们知道研究者是对构建置信区间的长期过程有信心，而不是对单一区间有信心。

我们刚才谈到，95% 的置信区间有 95% 的机会包含总体真值。如果研究者使用 99% 的置信区间，那么这个区间将有 99% 的机会包含总体真值；使用 68% 的置信区间就会有 68% 的机会包含总体真值。可能你会问，为什么不干脆用 99% 的置

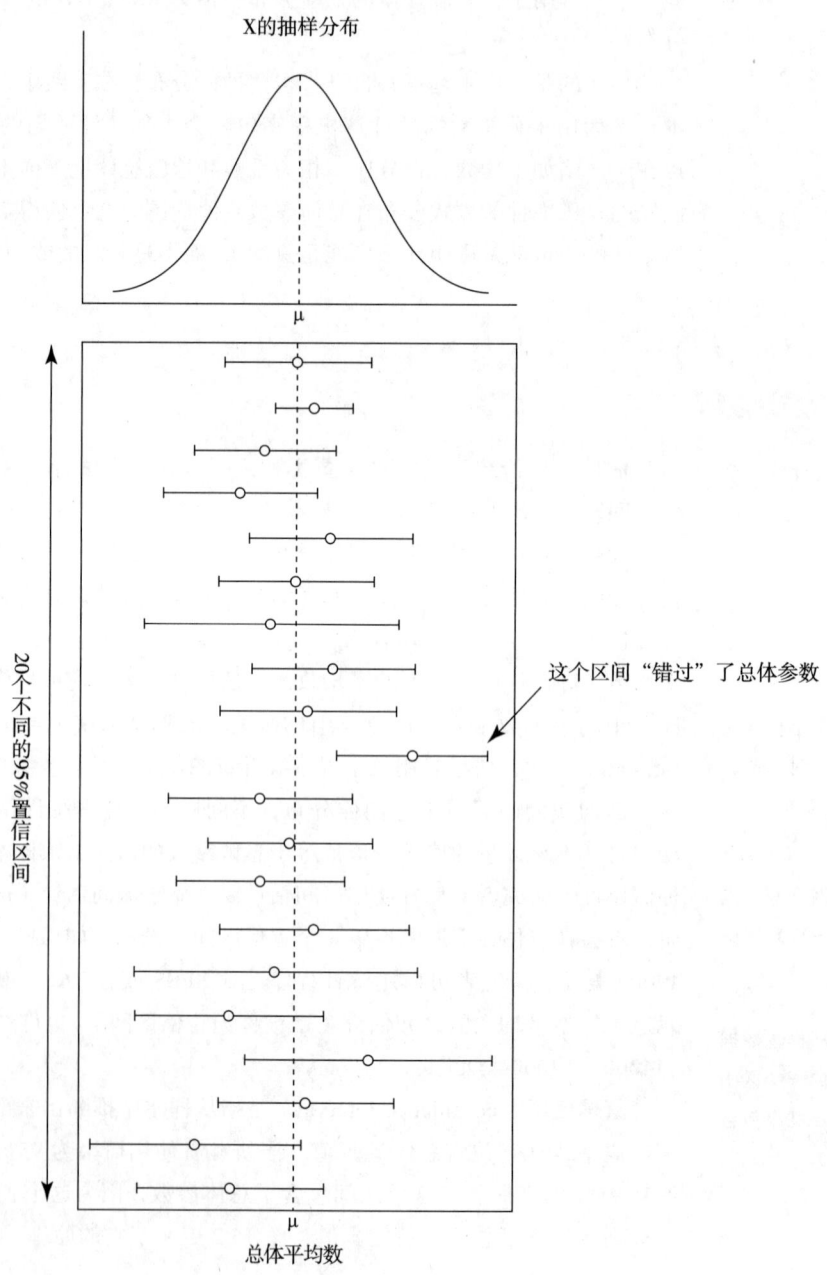

图 15.2
平均数抽样分布和 20 个样本的 95% 置信区间的展示

信区间呢？使用这个置信区间，研究者不是会更有信心吗？答案是，信心的增加（比如，从 95% 的置信区间变为 99% 的置信区间）一定是伴随着相应的代价的。对同一组数据，99% 区间一定比 95% 区间宽（也就是精确度会低一些）。这也是 95% 区间在研究中更受欢迎的原因，它进行了合理的折衷。

我们这里以上一章出现的大学生数据集（参见表 14.1）作为具体的例子，计算变量"起薪"的置信区间。起薪的样本平均数是 32960.00 美元，利用这些数据计算出以下几种置信区间：

- 99% 的置信区间：30533.85 美元～35386.15 美元（宽度是 4852.60 美元）
- 95% 的置信区间：31169.71 美元～34750.29 美元（宽度是 3580.58 美元）
- 90% 的置信区间：31475.93 美元～34444.70 美元（宽度是 2968.77 美元）
- 68% 的置信区间：32079.13 美元～33840.87 美元（宽度是 161.74 美元）

如上所示，当我们降低置信水平，置信区间就会变窄。这里有一个权衡：如果你想使用一个更为精确的置信区间（即一个窄的区间），那对这个区间能包含总体参数的信心就一定会减弱。在这个例子中，我们不知道总体平均数是多少，因为我们只有一个样本可供使用。你可以使用上述区间做出置信水平不同的声明。例如，我们有 95% 的信心认为 31169.71 美元～34750.29 美元的区间会包含总体平均数真值。但是请记住，我们只对长期的过程有信心，也就是说 95% 的置信区间会在 95% 的时间里包含总体参数真值。

你还需要知道另外一个会影响置信区间宽度的因素，即样本容量。样本容量越大，置信区间就越精确（也就是越窄）。所以，如果你需要一个精确的（即窄的）置信区间，那就请确保你的研究招收了大量参与者。

思考题 15.1 什么是统计估计？估计的两种类型是什么？

假设检验

假设检验：通过观察事实并与假设比较来检验的过程；是一种推论统计，侧重于拒绝虚无假设的条件。

虚无假设：通常假定总体中不存在平均数差异或任何关系的假设。

假设检验（hypothesis testing）是推论统计的分支，它关心的是样本数据能在多大程度上支持虚无假设，以及什么情况下可以拒绝虚无假设。在做估计时，研究者对总体参数没有明确的假设，而假设检验则不同，研究者会提出虚无假设和备择假设，然后使用数据来确定应取何种假设。**虚无假设**（null hypothesis）是一种有关总体参数的陈述，它通常陈述的是总体中的自变量和因变量没有什么关系。[1] 备

---

[1] 我们只关注"零"虚无假设，也就是假定平均数之间没有差异或变量之间不存在任何关系的假设。零虚无假设是目前最常被检验的虚无假设，但是，并不一定需要检验"零差异"的虚无假设。想获得与此话题有关的更多信息，请阅读科恩或汤姆森的相关著作（Cohen, 1994; Thompson, 2006）。

备择假设：与虚无假设在逻辑上相反的假设。

择假设（alternative hypothesis）在逻辑上是与虚无假设相反的（即陈述的是总体中自变量与因变量存在联系）。

可以认为虚无假设是研究者希望"推翻"的假设，因为当你拒绝了这种假设，你就可以推论某种关系或模式在这个世界上是存在的。科学的主要目标是确定自然界中的关系和模式（尤其是因果关系）。假设检验有时被称作"虚无假设的显著性检验"（null hypothesis significance testing; NHST），因为直接接受检验的是虚无假设而不是备择假设。尽管在假设检验中我们会直接对虚无假设进行检验，但是由于备择假设在逻辑上与虚无假设正好是相反的，所以对虚无假设的检验结果在逻辑上决定了对备择假设应做的决策。如果虚无假设被拒绝了，那么说明数据支持了备择假设，并且可以宣称发现了世界上存在的某种模式。

为了更加具体地解释虚无假设和备择假设的概念，表 15.2 列举了一些有关虚无假设、备择假设和研究问题的例子，请仔细阅读并加以思考。这张表格还展示了，在统计假设中，我们是如何使用希腊字母来表示总体参数的。虚无假设和备择假设都是以总体参数来书写的，因为在推论统计中，研究者关注的是总体（而不是样本）。在本章后面的内容中，我们会检验表 15.2 中所示的虚无假设。

表 15.2

推论统计中的虚无假设和备择假设的例子

研究问题	虚无假设（H_0）的语言描述	H_0 假设的符号描述	备择假设（H_1）的语言描述	H_1 假设的符号描述
调查研究实例：				
男性的起薪高，还是女性的起薪高？	男性和女性的总体平均数没有不同。	$H_0:$ $\mu_M = \mu_F$	男性和女性的总体平均数不同。	$H_1:$ $\mu_M \neq \mu_F$
GPA（X）与起薪（Y）相关吗？	在总体中，GPA 和起薪之间的相关等于零。	$H_0:$ $\rho_{XY} = 0$	在总体中，GPA 和起薪之间的相关不等于零。	$H_1:$ $\rho_{XY} \neq 0$
心理学专业、哲学专业和商科专业的起薪会不同吗？	心理学、哲学和商科专业的学生的平均起薪是相同的。	$H_0:$ $\mu_{Psy} = \mu_{Phil} = \mu_{Bus}$	至少有两个总体平均数是不同的。	$H_1:$ 并不全部相等
实验研究实例：				
与不接受处理的控制组参与者相比，实验性训练计划参与者在参加完社会技能训练后会有更好的技能表现吗？	在控制了前测差异之后，接受处理和未接受处理的这两个假设总体在技能表现方面并无差异。	$H_0:$ $\mu_{Train} = \mu_{No\,Train}$	两个总体平均数是不同的。	$H_1:$ $\mu_{Train} \neq \mu_{No\,Train}$
参与健康项目会让参与者的体重降低吗？	假设接受处理的总体在前测与后测中体重并无差异。	$H_0:$ $\mu_{Pretest} = \mu_{Posttest}$	前测和后测时的总体平均数是不同的。	$H_1:$ $\mu_{Pretest} \neq \mu_{Posttest}$

根据假设检验的逻辑，先假设效应不存在，或自变量和因变量之间没有真实关系，然后确定数据能否合理地拒绝虚无假设。评估虚无假设的证据是数据。尽管研究者陈述的是能通过假设检验进行验证的虚无假设，但研究者最终希望的是拒绝虚无假设，接受备择假设。这个过程似乎有点背道而驰的意味（即检验希望能拒绝的假设），不过这正是假设检验的工作原理，因为我们只能直接检验虚无假设。对备择假设的陈述是以逻辑为基础的，如果虚无假设很可能不是真的，那么就能从逻辑上推断出备择假设很可能是真的。

以下例子使用了表 14.1 所提供的数据中的性别和起薪这两个变量，假设这是从总体中随机挑选出来的样本的数据。在这个例子中，我们关注的是应届男性毕业生和应届女性毕业生这两个总体中，哪个性别的起薪更高。以下就是相应的虚无假设和备择假设：

虚无假设：$H_0 : \mu_M = \mu_F$

备择假设：$H_1 : \mu_M \neq \mu_F$

当你有一个随机样本，并且希望进行假设检验时，你总是能够知道样本平均数是否有差异（只需要计算这些平均数，看看它们是否有差异），但是关键问题在于，平均数之间的差异是否大到足够拒绝虚无假设，并推断这些差异并不只是随机产生的。假设检验的目的是，以样本数据为基础获取总体参数的结论。上面那个虚无假设指出男性总体和女性总体的平均起薪相等，备择假设则指出男性和女性的起薪总体平均数是不相等的（即它们是不同的）。

下面是根据表 14.1 所提供的数据集计算出来的样本平均数：

- 男性的平均起薪（$\overline{X}_M$）是 34791.67 美元。
- 女性的平均起薪（$\overline{X}_F$）是 31269.23 美元。

在样本数据中，男性的薪酬高于女性。但是在我们讨论抽样分布时，你已经了解到，由于随机变异，样本统计量的值（比如平均数和相关系数）是随样本不同而变化的。在假设检验中，我们就是要努力确定，是否可以将样本平均数之间的差异视作随机变异（即"偶然性"）；或者差异已足够大，大到可以推断这种差异不是由随机变异产生的。如果你推断这种差异不是随机差异，那么你也就能推断数据所来自的总体之间存在着一种真正或真实的差异。

你要学会如何确定是否拒绝虚无假设并接受备择假设。在陈述了虚无假设和备择假设之后，必须要决定 α 水平。研究者常将 **α 水平**（alpha level）（也称作**显著性水平** [level of significance]）设置为很小的值（通常为 .05）。在 α 水平的这个点上，研究者能得出拒绝虚无假设的结论，因为如果虚无假设成立，那么所观察到的样本统计量的值出现的概率就会非常小。研究者在分析数据之前要设置好 α 水平。习惯上将 α 水平设为 .05，在这种情况下，错误地拒绝虚无假设的可能性不会超过 5%。也就是说，推断总体中存在某种关系，而实际上根本不存在这种关系的可能性不会

α 水平：一个能让研究者拒绝虚无假设并接受备择假设的临界点。

显著性水平：α 水平的另一个名称。

超过 5%。我们将这种错误标记为"I 类"错误，这是研究者希望避免的一种错误。

接着，需要将数据输入 SPSS 或 SAS 等统计程序，并选择合适的统计检验。（你一定会很高兴可以不用自己手动进行数学计算！）在对两组人的平均数进行比较时，我们最常用的统计检验是**独立样本 t 检验**（independent samples t test）。它之所以叫 t 检验是因为它是以 t 分布作为抽样分布的。t 分布作为 t 检验的抽样分布，是以虚无假设为真作为假设前提的。正如图 15.3 所示，t 分布看起来很像正态曲线，只是比正态曲线更平、离散度更高一些。与正态曲线一样，t 分布的平均数为零，是对称的，曲线中间更高，曲线的左右两个尾端都代表小概率事件。在这张图中，我们设定 α 水平为 .05，并标注了抽样分布中的小概率区域（称作**拒绝域** [critical region]）。如果平均数之间的真实差异等于零，那么抽样分布中拒绝域所占的 5% 的面积就代表小概率。如果虚无假设是真，那么样本统计量的值只有 5% 会落在抽样分布的两尾端（参见图 15.3），而另外 95% 的值会落在这个抽样分布的非拒绝域中。这一点很重要，因为如果样本统计量的值落在了拒绝域，那它就是一个小概率事件，因此你能够拒绝虚无假设。一般来讲，t 统计值大于 +2.00 或者小于 −2.00 是小概率事件。统计程序可以确定你的 t 检验统计值。

相比 t 检验统计值，研究者使用另一种更方便的指标，称为**概率值**（probability value）（或称 **p 值** [p value]）。p 值是一个处于 0 ~ 1 之间的值，它代表了抽样分布中检验统计值处及其外端区域所占的面积比例。p 值越接近 0，检验结果显示虚无假设为真的可能性就越小。因此，一个非常小的 p 值可以作为拒绝虚无假设的证据。一个非常小的 p 值意味着，如果虚无假设为真，你的样本统计量的值就是一个小概率事件。拒绝虚无假设的那个临界点取决于为研究所选择的 α 水平。

以上信息可归纳为假设检验决策的关键规则：如果 p 值小于（或等于）α 水平，就拒绝虚无假设并初步接受备择假设。你必须牢记该规则。如果 α 水平定为 .05，这条规则就有更具体的表述方式：如果 p 值小于（或等于）.05，就拒绝虚无假设并初步接受备择假设。当研究者拒绝了虚无假设时，他们就有把握宣称他们的研究发现具有**统计显著性**（statistically significant），这意味着发现的结果（比如，两个

独立样本 t 检验：使用 t 概率分布来检验两个平均数之间差异的显著性检验。

拒绝域：是虚无假设抽样分布中的区域，统计观察值落在这个区域是一个小概率事件。

概率值：如果虚无假设为真，观察到的统计量值（或更偏向尾端的值）出现的可能性。

p 值：概率值的简称。

统计显著性：即"如果虚无假设为真，被观察到的某个结果就几乎不可能出现"这一结论。

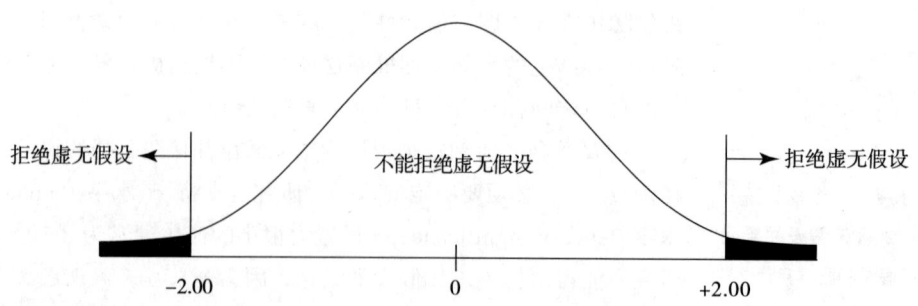

图 15.3
两个平均数差异的检验统计值的 t 分布。拒绝域用黑色标注，位于 t 分布的尾端。t 分布是一组随样本容量变化的曲线。呈现在这里的这条展示的是典型形状、拒绝域和非拒绝域。

平均数之间的观察到的差异）很有可能是一种真实存在的关系（即不是偶然出现的）。在推论统计中，我们做的是概率性声明。我们从不做绝对声明。

现在，我们利用**独立样本 t 检验**（independent samples t test）来完成对有关应届男女毕业生起薪的虚无假设的检验。按照惯例，我们将 α 水平设置为 .05。我们将数据输入统计程序 SPSS，运行独立样本 t 检验，然后发现我们的检验统计量在 t 分布中的值是 2.18。更重要的是，p 值等于 .04，这个 p 值（.04）小于 α 水平（.05），所以我们拒绝了虚无假设并初步地接受了备择假设。样本平均数（34791.67 美元和 31269.23 美元）之间的差异具有统计显著性，我们推断样本平均数之间所观察到的差异并不只是偶然产生的。我们推断这两个总体平均数是不同的。

在拒绝虚无假设并接受备择假设时，所能声明的全部内容也就是总体平均数是不相同的。注意，虚无假设假定的是总体平均数完全相同，所以虚无假设被拒绝时，你就可以推断总体平均数不相同，并且这个结果具有统计显著性。人们经常还需要确定研究发现是否具有实际显著性。**实际显著性**（practical significance）（也称做**临床显著性** [clinical significance]）是研究者做的一种主观但经过深思熟虑的结论，用来判断对实际决策（比如，是否继续系列研究、制定政策、给出临床建议等）而言，平均数差异或观察到的关系是否"大或强到举足轻重"。

研究者常常使用**效应量指标**（effect size indicators）来协助做实际显著性的判断。效应量指标是对某种关系的强度或级别的度量，用于衡量平均数之间存在多大的效应或差异。效应量指标有许多种，比如科恩 d 值、偏 η^2、ω^2 以及由一个或多个自变量解释的方差。在本章，我们会接触到其中的几种。比如，两个起薪平均数分别是 34791.67 美元和 31269.23 美元，它们的科恩 d 值是 .88，按照上一章提及的科恩标准，这属于大效应。男性的平均数比女性平均数多 .88 个标准差。**偏 η^2**（partial eta squared）表示有多少因变量方差完全是由自变量或预测变量来解释的。在例子中，η^2 是 .17，因此，有 17% 的起薪方差是由性别这一预测变量来解释的。

刚完成的有关性别和收入的例子是一个调查研究的例子。在实验研究中，假设检验的使用更为普遍。现在，使用上一章表 14.3 所示数据集中的部分数据来演示一下假设检验的逻辑。在这个例子中，研究者开展了一项实验来验证某个新的社会技能训练计划的效果，以确定这项计划是否能改善实验组参与者的社会技能。自变量是训练（社会技能训练条件和无训练控制条件）。因变量是实验者观察期间参与者表现出适宜的社会互动行为的次数。我们暂且假设研究者使用的是后测控制组设计。也就是说，研究者将参与者随机地分配到实验（训练）组和控制（无训练）组中，对实验组参与者给予训练，然后测量两组的因变量（出现适宜的社会互动行为的次数）成绩。此数据显示在表 14.3 的"处理条件"和"后测分数"两列里。在这个例子中先忽略"前测分数"这列数据，我们在稍后的例子中会用到它们。

在后测中（也就是在对实验组施与处理而没有对控制组施与处理后），实验组参与者出现适宜的社会互动行为的平均次数是 4.00，而控制组参与者的相应平均次数是 3.07。从表面上看，处理是成功的，因为与控制组参与者相比，接受了社会

实际显著性：当一条具有统计显著性的结果看来大到有重要意义时，所做的声明。

临床显著性：实际显著性的一种类型。

效应量指标：表示关系幅度或强度的一种指标。

偏 η^2：表示因变量中有多少方差完全是由一个单独的类别自变量解释的。

技能训练的参与者表现出了更多适宜的互动行为。但是，实验研究要回答的问题是，两组之间的差异是否比所预期的仅由偶然性产生的差异大。我们想知道平均数（4.00 和 3.07）之间的差异是否具有统计显著性。

按照惯例，将 α 水平设置为 .05，将数据输入统计程序 SPSS，运行独立样本 t 检验，然后发现我们的检验统计量在 t 分布中的值是 1.87。更重要的是，p 值等于 .07，p 值（.07）大于 α 水平（.05），所以不能拒绝虚无假设。实验组和控制组的平均数差异不具有统计显著性，因此我们不需要计算效应量指标。我们可以推断，在我们的实验研究数据中，观察到的两组平均数差异很有可能只是一种偶然（即随机）变异。但我们不能推断这两个总体平均数会如虚无假设中所说的那样是相同的。如果一项结果不具有统计显著性，并不能说明数据是支持虚无假设的。你只能说"不能拒绝虚无假设"，并转而进行新的实验。

定向备择假设

在统计检验中，研究者有时会以定向形式而不是非定向形式陈述一项备择假设。这就是说，研究者要检验的是一个总体平均数大于（或小于）另一个总体平均数的假设。**非定向备择假设**（nondirectional alternative hypothesis）是指包含不等号（≠）的备择假设，而**定向备择假设**（directional alternative hypothesis）是指包含大于号（>）或小于号（<）的备择假设。

例如，在前面的例子中，研究者为我们的检验程序设置了下面这种传统的假设：

虚无假设：$H_0: \mu_{Training} = \mu_{No\ Training}$

备择假设：$H_1: \mu_{Training} \neq \mu_{No\ Training}$

研究者检验了虚无假设，它假定两个总体平均数相等，并使用了非定向备择假设，它假定两个平均数不相等。

在前面的例子中，研究者还可以使用以下这组假设：

虚无假设：$H_0: \mu_{Training} \leq \mu_{No\ Training}$

备择假设：$H_1: \mu_{Training} > \mu_{No\ Training}$

你可以看到，备择假设陈述的是接受技能训练的总体平均数大于控制组的总体平均数。换句话说，这是一项定向假设。虚无假设也随之发生了变化，以使这两个假设涵盖了所有可能的结果。虚无假设中仍然有一个等于符号（即，符号"≤"代表着小于或等于）。

研究者还可以陈述这一组假设：

虚无假设：$H_0: \mu_{Training} \geq \mu_{No\ Training}$

备择假设：$H_1: \mu_{Training} < \mu_{No\ Training}$

非定向备择假设：包含"不等号"（≠）的备择假设。

定向备择假设：包含"小于号"（<）或"大于号"（>）的备择假设。

这也是一个定向备择假设。但是，这次备择假设陈述的是，接受技能训练的总体平均数要小于控制组的总体平均数。

定向备择假设的使用是存在争议的。尽管使用定向备择假设能让假设检验的**统计效力**（statistical power）稍微增加（也就是研究者在虚无假设为假时拒绝它的可能性会稍微增加），但这种检验灵敏度的增加会产生一个严重的弊端。如果研究者使用了定向备择假设，并且发现存在大的反向差异，那他也无法推断总体中存在着这种关系。这是定向假设检验的原则——即使你发现了一个大的差异，你也只能推断这种差异是不具有统计显著性的，如果它与你所假设的方向是相反的。这个推论似乎违背了科学研究的一条主要原则，即开展科学研究是为了能够发现自然世界是如何运转的。而显著性检验中的定向备择假设则会抑制科学研究的发现功能。

由于使用定向备择假设存在这个主要弊端，所以绝大多数的研究者都在统计检验中使用非定向备择假设，就如我们前面进行的 t 检验一样。即使研究者的"研究假设"或以理论为基础做出的实际预期是定向的（预期一个组的数值更大），他也会使用非定向备择假设。事实上，如果研究者在统计假设检验程序中使用了定向备择假设，那他就需要说明这一点；如果研究者没有说明所使用的备择假设类型，读者就会默认研究者使用的是非定向备择假设。

统计效力：虚无假设为假而被拒绝的概率。

假设检验的逻辑综述

假设检验是一项系统性的活动。每次当你进行假设检验时，你都要按照表 15.3 中总结的步骤执行。在假设检验中，或许最重要的是两条决策规则：

- 规则 1：如果 p 值（由计算机输出，基于实证性研究结果）小于或等于 α 水平（研究者通常选择 .05 的水平），那么就拒绝虚无假设并初步接受备择假设。你可推断研究结果是具有统计显著性的（即观察到的关系或平均数之间的差异不只是由于随机波动产生的）。
- 规则 2：如果 p 值大于 α 水平，那么研究者就不能拒绝虚无假设。研究者只能声明"不能拒绝"虚无假设，并推断研究结果不具有统计显著性。

由于这两条规则是假设检验的核心，如果记好了这两条规则，本章中其他的内容就好懂多了。现在回顾一下表 15.3 中所总结的假设检验的六个步骤，这些步骤组成了**假设检验的逻辑**（logic of hypothesis testing）（也称作显著性检验的逻辑）。

假设检验的逻辑：显著性检验过程中的六个步骤。

假设检验错误

因为推论统计中使用的是样本，而不是完整的总体，所以假设检验有时会提供错误的答案。假设检验在指导研究者进行决策时依靠的是抽样分布，最终的决定反映了概率法则。通常由此做出的决策是正确的，但有时也会产生错误。表 15.4 展

表 15.3
假设检验的步骤与决策规则

步骤 1：陈述虚无假设和备择假设。
步骤 2：设置 α 水平（即显著性水平）。（心理学家通常将 α 水平设为 .05）。
步骤 3：选择所使用的统计检验（比如，t 检验、方差分析或回归分析）。
步骤 4：进行统计检验并获得 p 值。
步骤 5：比较 p 值与 α 水平（即显著性水平），并应用决策规则 1 或决策规则 2。

决策规则 1：
如果： p 值 ≤ α 水平 *
那么： 拒绝虚无假设并初步接受备择假设。
结论： 研究结果具有统计显著性。

决策规则 2：
如果： p 值 > α 水平
那么： 不能拒绝虚无假设
结论： 研究结果不具有统计显著性。

步骤 6：计算效应量，解释研究结果，判断结果的实际显著性。

* 当 p = α 水平时，该怎么办？这个问题存在一些争议。我们建议按照已故的科恩的习惯，将 .00 至 .05 的 p 值视作小到可以拒绝虚无假设，而 .051 至 1.00 则未小到可以拒绝虚无假设。例如，按照科恩的规则，.0504 四舍五入约等于 .05，具有统计显著性，而 .0505 约等于 .051，不具有统计显著性。

示了假设检验的四种可能结果。

从表 15.4 的顶部可以看到自然界存在的两种可能状况：虚无假设是真或者是假。表格的两行显示了研究者能做的两种可能决定：能拒绝虚无假设或不能拒绝虚无假设。这两个维度交叉产生了假设检验的可能结果。我们最关心的是可能出现的两类错误，分别被称作 I 类错误和 II 类错误。

I 类错误：拒绝了真的虚无假设。

当虚无假设为真却遭到拒绝时，产生的是 I 类错误（type I error）。如果虚无假设为真（即自变量和因变量是没有联系的），你就不希望拒绝它，如果你拒绝了，你就犯了 I 类错误。I 类错误被称作"弃真错误"，因为研究者错误地推断世界上（也就是，在总体中）存在着某种关系。研究者对统计显著性做出了错误的声明。这里我们打一个比方。在医学界，虚无假设陈述的是"病人很健康"，备择假设说的是病人并不健康（也就是生病了）。如果一个没有生病的人被医生诊断为患有某种疾病时，就出现了假阳性错误。此时，医生将一个健康的人误诊为病人（尽管医生认为自己做出了正确的判断）。

II 类错误：没有拒绝假的虚无假设。

当虚无假设为假，但研究者却没能拒绝时，产生的是 II 类错误（type II error）。如果虚无假设为假，你应该拒绝它。这种类型的错误称作"存伪错误"，因为研究者错误地推断总体中不存在某种关系，而实际上这种关系是存在的。研究者本应声称研究结果有统计显著性，但却推断结果无统计显著性，从而错误地声称缺乏统计

表 15.4

统计假设检验的四种可能结果

		虚无假设的实际状态	
		虚无假设为真	虚无假设为假
研究者的决策	拒绝虚无假设	I 类错误（弃真错误）	正确决定
	没有拒绝虚无假设	正确决定	II 类错误（存伪错误）

显著性。继续用医学的例子进行类比。当患有某种疾病的患者被医生诊断为没有生病时，就出现了假阴性的错误。此时，医生误认为患者是健康的（尽管医生认为自己做出了正确的判断）。

研究者希望避免 I 类错误和 II 类错误。不过长期以来，我们更加关心如何避免 I 类错误。使用更严格的 α 水平，就能少犯 I 类错误。如果你使用 .05 的 α 水平，就有 5% 的机会发生假阳性（I 类）错误。如果你使用更严格的 .01 的 α 水平，最多有 1% 的机会发生 I 类错误。

也许有人会想："为了少犯一些 I 类错误，为何不使用更严格的 α 水平呢？"问题是，在使用更严格的 α 水平的同时，II 类错误的可能性就增加了，这不是你想要的结果。权衡得失，通常建议使用 .05 的 α 水平，而不是 .01 和 .001 的 α 水平，除非具体到你的研究中，你有非常充分的理由需要尽量减小 I 类错误的风险。好消息是，有一种方法可以减少产生 II 类错误的可能性，而且不会增加产生 I 类错误的可能性，那就是增加研究参与者的数量。使用的参与者越多，产生的 II 类错误就会越少。

在第 5 章和第 9 章中，我们讲述了如何为你的研究确定所需的样本容量。

思考题 15.2 什么是统计"假设检验"？什么时候会用到它？它的逻辑是什么？

假设检验的应用

本章的这一节将展示一些非常有实践意义的内容。我们将展示如何使用几种不同的统计分析技术，你可以用它们对本书所讨论的绝大多数实验和调查研究中的数据进行分析。我们已经讨论了用独立样本 t 检验来比较两个组的平均数。本节涉及的所有例子各不相同，但它们都有一个重要的共同点，在所有案例中我们都会使用表 15.3 所展示的假设检验逻辑。在每个案例中，我们都会表述虚无假设和备择假设，将 α 水平设为 .05，获取 p 值，并确定所发现的关系是否具有统计显著性。同时，我们还会在每个例子中提供一个效应量指标，以确定关系的强度。

总之，我们会按照表 15.3 总结的假设检验六个步骤逐步执行。现在以及在学习下文时，你都应该依次回顾这些步骤，并让自己确信我们是在再三地重复相同的过程。当你在研究报告中写下显著性检验结果时，你必须告诉读者各项检验所使用的 α 水平。如果你在所有检验中使用同一种标准水平（这是惯例），那你只需要在数据分析部分的开头做一次如下声明：所有统计检验均使用 .05 的 α 水平。这也是我们对以下所有显著性检验的声明。

相关系数 t 检验

相关系数表明了两个定量变量关系的强度和方向。在上一章，我们用应届大学毕业生的数据集（表 14.1）考察了 GPA 和起薪之间的相关关系，我们发现它们的相关是 .61，表示样本数据存在中等强度的正相关。散点图也显示了中等强度的正相关（图 14.6）。我们知道样本数据中存在这种关系，不过关键在于，这种观察到的关系是否大到让我们可以拒绝虚无假设，并确定这并不只是随机产生的。假设检验的目标是基于样本数据得到有关总体参数（即总体中的相关）的结论。现在我们就来确定当 GPA 与起薪之间的相关系数是 .61 时，这个相关应该视为总体中真实存在的关系，还是应视为一种随机变异。

相关系数 t 检验：用于确定某个相关系数是否具有统计显著性的统计检验。

相关系数 t 检验（t test for correlation coefficients）是一种统计检验，用于确定观察到的某个相关系数是否具有统计显著性。之所以称它为相关系数"t 检验"，是因为这种检验所使用的统计量遵循 t 分布。因此，SPSS 会使用合适的 t 分布作为抽样分布，并检验虚无假设"作为数据来源的总体中不存在相关关系"。

以下是在检验相关系数的统计显著性时用到的虚无假设和备择假设：

虚无假设：$H_0: \rho_{GPA-SS} = 0$
备择假设：$H_1: \rho_{GPA-SS} \neq 0$

回忆一下，ρ 是希腊字母"rho"，读作"柔"，它指代的是总体相关系数。虚无假设假定，总体中的 GPA 和起薪之间没有相关，而备择假设假定二者之间有相关。在所有的显著性检验中我们都将 α 水平设为 .05，达到这个点时，如果虚无假设为真，我们就会认为样本统计量的值是不常见的。

将数据输入 SPSS，运行相关系数 t 检验。t 统计值为 3.69，而且更重要的是，p 值为 .001。由于 p 值小于 α 水平，根据表 15.3 中的规则 1，可以拒绝虚无假设并初步接受备择假设。GPA 和起薪之间的相关具有统计显著性。我们相信，在样本数据来自的总体中，变量之间存在一种真实的关系。

按照 APA 格式，研究者可以按照如下方式记录下这项结果：

GPA 和起薪之间的中等强度相关具有统计显著性，$r(23) = .61$，$p = .001$。

自由度：是"自由变化"的值的数目，计算推论统计中使用的统计量时会用到它。

括号中的数字是显著性检验中的**自由度**（degrees of freedom）（df）。自由度是由 SPSS 程序输出的。对相关系数来说，自由度是参与者的总数减去 2（即 $n - 2$）。我们有 25 个个案，所以自由度是 23（即 25 - 2 = 23）。第一个等号之后的数字是相关系数，第二个等号之后的数字是 p 值。

因为相关是正向的，所以我们推断，当 GPA 上升时，应届大学毕业生的起薪也会随之上升。有趣的是，可以将相关系数视作效应量指标，因为它是对关系的一种标准化度量，而且 .61 的相关代表着中等强度的关系。通过计算相关系数的平方值，你可以得到另一个效应量指标，该指标表示有多少因变量方差是由自变量或预测变量来解释的。在这个例子中，.61 的平方（即 .61×.61）等于 .37。将 .37 转化为百分数，你可以看到起薪中有 37% 的方差是由 GPA 来解释的。这代表着一种强相关，研究者可以推断这种关系除了具有统计显著性，还具有实际显著性。

然而，我们还未能确定有无其他变量可以解释起薪，所以我们希望控制那些变量，这样我们才能推断出 GPA 很重要。使用例子中的数据集，我们可以通过计算偏相关系数来控制数据集中的其他定量变量，得到 GPA 和起薪之间的相关。

单因素方差分析

单因素方差分析：当你有一个定量因变量和一个类别自变量时所使用的统计检验。

ANOVA：方差分析的缩写。

单因素方差分析（one-way analysis of variance）（缩写为单因素 ANOVA）在显著性检验中，用于比较两个或多个组的平均数。具体地说，单因素方差分析用于含有一个定量因变量和一个类别自变量或预测变量的情况。（双因素方差分析用于有两个类别自变量的情况，三因素方差分析用于有三个类别自变量的情况，以此类推。）方差分析中使用的检验统计量遵循的是 F 分布，而不是我们在之前的检验中所使用的 t 分布。F 分布通常是一种偏向右侧的概率分布。

我们再次使用表 14.1 中的应届大学毕业生数据集中的数据。起薪作为因变量，大学专业作为类别自变量或预测变量。大学专业的三种水平是：1 = 心理学，2 = 哲学，3 = 商科。研究的问题是，心理学、哲学和商科三个专业的学生的起薪是否存在具有统计显著性的差异。

以下是考虑使用的统计假设：

虚无假设：$H_0: \mu_{Psych} = \mu_{Phil} = \mu_{Bus}$

备择假设：H_1：并不全部相等

虚无假设假定心理学、哲学和商科三个专业的应届大学毕业生总体平均起薪是相同的。备择假设讲的是，这三个总体平均数并不完全相同，至少有两个平均数是与另一个不同的。备择假设并未说明是哪两个平均数与另一个不同。

使用 SPSS 程序得到 F 值等于 11.05。当平均数之间没有差异时，F 值通常是 1.00 左右，所以你能看到这个 F 值看上去似乎很大。因为 F 分布是偏向右侧的，这个 11.05 的值落在了 F 分布的右尾端。当计算出的检验统计量的值落在抽样分布的极右端时，p 值会很小。我们的 p 值等于 .00048，确实很小。因为 p 值（.00048）小

于 α 水平（.05），所以我们拒绝了虚无假设并初步接受备择假设（也就是说，我们运用了表 15.3 中的规则 1），并推断出大学专业和起薪之间的关系具有统计显著性。效应量指标 η^2 是 .50，这意味着 50% 的起薪方差可以由大学专业来解释。因为这个效应量指标较大，所以可以推断这种关系的强度大。

如果对三个或多个平均数进行方差分析，结果拒绝了虚无假设，那么你就应该知道至少有两个平均数是不同的。但是，你并不知道究竟哪些平均数之间存在显著差异。我们的结论是，至少有两个大学专业对应的平均数是存在显著性差异的，而到底哪些平均数之间的差异是显著的需要通过后续检验来确定。我们将在下一节说明如何进行这种后续检验。

按照 APA 格式，你可以按照如下方式记录这些结果：

用单因素方差分析来确定大学专业与起薪之间的关系是否存在统计显著性。结果显著，$F(2, 22) = 11.05$，$p < .001$，$\eta^2 = .50$。以 η^2 评估，关系的强度很大，大学专业能够解释起薪方差的 50%。

需要记录的所有信息都能在 SPSS 输出的结果中找到。括号中的第一个数字（即 2）是组间自由度，是用组数减去 1。我们的自变量（大学专业）有三个组，所以自由度等于 3 减去 1，也就是 2。括号中的第二个数字是误差自由度，即研究中的参与者数减去组数。我们有 25 个参与者和三个组，所以自由度等于 25 减去 3，也就是 22。注意我们报告的是 $p < .001$，而不是确切的 p 值。按照 APA 指南，研究者应该在文章中报告确切的 p 值，但 p 值大于 .05 或小于 .001 的情况除外。其他情况下，我们都要在书面记录中报告确切的 p 值。

方差分析的事后检验

单因素方差分析能告诉研究者，类别自变量或预测变量与定量因变量之间的关系是否存在统计显著性。如果你的类别变量只有两个水平，那么统计显著性结果就是可以解释的，你只需要看哪个平均数更大，就可以推断这个平均数显著地大于另一个平均数。如果你有三个或更多个平均数，那么当单因素方差分析中出现了具有统计显著性的结果时，就必须要继续开展**事后检验**（post hoc tests），以确定哪些平均数之间的差异是显著的。大学专业与起薪是显著相关的，然而大学专业有三个水平，所以我们需要开展事后检验以确定到底哪些平均数之间存在显著性差异。

事后检验：是单因素方差分析的后续检验，当类别自变量有三种或更多水平时使用，用于确定哪些平均数之间的差异具有统计显著性。

可能你认为只要对每对平均数分别进行独立样本 t 检验，就可以确定哪些平均数之间的差异是具有统计显著性的。不幸的是，不能这样进行多次 t 检验，因为这会增加 I 类错误（即错误肯定或假阳性）出现的概率。SPSS 中有许多事后检验可以控制这个问题，并为研究者提供调整后（即校正后）的 p 值。广受欢迎的事后检验包括土耳其（Turkey）检验、纽曼–库尔斯（Newman–Keuls）检验、西达克（Sidak）检验、以及邦费罗尼（Bonferroni）检验，研究者可以从 SPSS 的菜单中挑选自己想用的检验。上面提到的所有检验都不错，但它们提供的 p 值会稍有不同。现在我们将使用邦费罗尼事后检验程序。

以下是前面单因素方差分析中的三种大学专业的样本平均收入：

- 心理学专业应届大学毕业生的平均起薪是 29437.50 美元。
- 哲学专业应届大学毕业生的平均起薪是 32800.00 美元。
- 商科专业应届大学毕业生的平均起薪是 37214.29 美元。

我们已经从单因素方差分析中得知，这些平均数中至少有两个之间的差异具有统计显著性。事后检验要解决的问题是：到底是哪些平均数之间的差异具有统计显著性？我们必须通过检验来确认统计显著性，因为观察到的平均数差异可能是随机产生的。

首先，我们要检查心理学和哲学专业之间的平均数差异是否具有显著性。邦费罗尼法校正的 p 值（从 SPSS 输出结果中获得）是 .11，我们选择的 α 水平是 .05，p 值（.11）大于 α 水平（.05），因此适用规则 2。我们无法拒绝虚无假设（总体平均数是相同的），所以我们推断从两个平均数之间观察到的差异不具有统计显著性。我们无法指出心理学或哲学中哪个总体平均数会更大。当我们不能拒绝虚无假设时，我们也就不能推断总体平均数是正好相同的。

接着，我们来检查心理学和商科专业之间的平均数差异是否具有显著性。邦费罗尼法校正的 p 值（从 SPSS 输出结果中获得）是 .0003，我们选择的 α 水平是 .05，p 值（.0003）小于 α 水平（.05），因此适用规则 1。我们拒绝了虚无假设（总体平均数是相同的），进而可以推断两个平均数之间的差异具有统计显著性。我们有把握推断，商科专业学生总体的平均起薪高于心理学专业学生。科恩 d 值为 2.25，这是一个相当大的数值。商科专业比心理学专业的平均数高 2.25 个标准差。如果得到这样的结果，那么就能够推断结果不但具有统计显著性，而且还具有实际显著性。

第三，检查哲学和商科专业之间的平均数差异是否具有显著性。邦费罗尼法校正的 p 值是 .03，我们选择的 α 水平是 .05，p 值（.03）小于 α 水平（.05），因此适用规则 1。我们拒绝了虚无假设，并推断两个平均数之间的差异具有统计显著性。我们有把握推断，商科专业学生总体的平均起薪高于哲学专业学生。两个平均数之间的差异为 4414.29 美元，科恩 d 值为 1.5，这是一个相当大的数值。商科专业的平均数比哲学专业的平均数高出 1.5 个标准差。如果得到这样的结果，就可以推断结果不但具有统计显著性，还具有实际显著性。

按照 APA 的格式，研究者可以按照如下方式记录结果：

> 研究者进行了后续检验，确定了哪些平均数之间具有显著差异性。使用邦费罗尼法校正后的 p 值检验可避免 I 类错误率增高。心理学毕业生的起薪（M = 29437.50 美元，SD = 3458.30 美元）与商科毕业生的起薪（M = 37214.29 美元，SD = 3251.37 美元）之间的差异具有统计显著性（$p < .001$）。哲学毕业生的起薪（M = 32800.00 美元，SD = 2945.81）与商科毕业生的起薪（M =

37214.29 美元，SD = 3251.37 美元）之间的差异也具有统计显著性（p = .03）。心理学毕业生和哲学毕业生的起薪之间的差异不具有显著性（p > .05）。

协方差分析

协方差分析（analysis of covariance; ANCOVA）适用于有一个定量因变量且同时有类别自变量和定量自变量的情况。在本节所讨论的例子中，我们有一个类别自变量和一个被称为"协变量"的定量自变量。协方差可视为方差分析的延展，因为与方差分析类似，协方差分析中也有一个或多个类别自变量，但与方差分析不同的是，协方差分析中还会加入一个或多个协变量。

如果你能够在方差分析模型中，加入一个与因变量强相关的协变量，那么就可以增加类别自变量的检验灵敏度（即统计效力）。这意味着，在检验类别自变量的效应时，II 类错误的发生率会更低。

协方差分析是一种统计检验，适用于包含前测且有多于一个组的实验设计，比如前后测控制组设计和不相等比较组设计，也可以用于加入前测的因素设计。协方差分析中使用的检验统计量遵循 F 概率分布，与方差分析中的情况相同。

现在，我们将通过重新分析社会技能训练实验的数据来演示协方差分析。在之前的分析中，实验组和控制组之间没有发现显著差异。在那个例子中，我们没有纳入前测数据，仅用独立样本 t 检验对技能训练组和控制组的后测平均数是否具有显著差异进行了检验，我们发现 p 值为 .07，这个值大于 .05 的 α 水平，所以无法拒绝虚无假设。我们也可以用方差分析来比较两组的后测平均数，它得出了一个等效且同样不具有显著性的 p 值（.07）。所以，我们只能推断处理是没有效果的。

现在我们加入前测数据，并对这一假想的前后测控制组设计中的所有数据进行适当的分析。表 14.3 提供了 28 个参与者的数据。在忽略前测数据时的虚无假设为：技能训练组和控制组的总体后测平均数是相同的。而在协方差分析中，虚无假设的表述略有不同：在根据前测差异进行校正后，两组的后测平均数是相同的。以下就是将在协方差分析中检验的假设：

虚无假设：H_0：$\mu_{ADJ\text{-Skills Training}} = \mu_{ADJ\text{-No Training}}$

备择假设：H_1：$\mu_{ADJ\text{-Skills Training}} \neq \mu_{ADJ\text{-No Training}}$

这些假设只有一个新特征：插入的 "ADJ" 表示我们现在检验的是根据前测差异进行了校正之后的平均数，而不是未经校正的平均数。

使用 SPSS 计算机程序获取结果。[2] 在协方差分析中，用于表示两组平均数差异的检验统计量遵循 F 分布。我们得到的 F 值是 8.38，更重要的是 p 值为 .008。根

协方差分析：是一种统计检验，适用于有一个定量因变量，且同时有类别自变量和定量自变量（定量自变量被称作"协变量"）的情况。

ANCOVA：协方差分析的缩写。

---

[2] 我们首先检查了类别自变量和协变量之间的交互作用，确保我们没有违背斜率同质性假设。因为这个 p 值大于 .05，我们没有违背假设，因此，我们忽略了交互作用项，应用了标准的协方差分析。

据此 p 值，我们应该用规则 1。因为 p 值（.008）小于 α 水平（.05），所以我们拒绝了虚无假设，初步接受了备择假设，并推断技能训练组和控制组的平均数差异具有统计显著性。前面我们计算出两组平均数的科恩 d 值（参见专栏 14.3）等于 .73，这是一个比较大的数值。当我们应用协方差分析时，我们也让 SPSS 报告了偏 η^2，它等于 .251，将该比例（.251）转化为百分比（25.1%），我们推断技能表现中有 25% 的方差是由实验处理来解释的，这是一个不容忽视的结果。我们由此得出结论，社会技能训练提高了参与者在社会技能测试中的成绩，这种效果具有实际显著性。

按照 APA 格式，你可以用如下方式记录结果：

> 根据处理组和实验组的前测平均数进行校正之后，研究者应用单因素协方差分析确定了两组的后测平均数差异是否具有统计显著性。校正后，技能训练组平均数（$M = 3.97$, $SE = .21$）和控制组平均数（$M = 3.10$, $SE = .21$）之间的差异具有统计显著性，$F(1, 25) = 8.38$, $p = .008$, $\eta^2 = .25$。以 η^2 来评估，这种关系具有中等强度，社会技能表现中有 25% 的方差可由处理变量解释。

在这个例子和之前的一个例子中，我们都分析了来自社会技能实验的数据。当分析没有纳入前测时，得到的 p 值为 .07，不能拒绝虚无假设。而在纳入前测后，协方差分析得到的 p 值为 .008，因此可以拒绝虚无假设。这证明了前面提到的一个观点：在检验平均数差异时，协方差分析通常会更加灵敏（即具有更高的统计效力）。在这个例子中，我们推断平均数具有显著性差异（基于协方差分析的结果），而在我们之前的检验中，导致我们未能拒绝虚无假设的原因是出现了 II 类错误。这也是我们之所以建议在实验设计中加入前测的一个原因。我们在第 8 章中列举了在设计中加入前测的几个理由。

双因素方差分析

双因素方差分析：一种统计检验，适用于有一个定量因变量和两个类别自变量的情况。

双因素方差分析（two-way analysis of variance）（也称作双因素 ANOVA）适用于包含一个定量因变量和两个类别自变量的情况。我们将用表 15.5 中的假想数据集来讲解双因素方差分析。这些数据来自于另一个检验技能训练项目效果的实验，这些新数据包含了性别变量，因而这次我们有了两个类别自变量：处理条件（技能训练和控制）和性别（男性和女性）。我们在第 8 章解释过，因素实验设计中至少包含两个自变量（至少有一个会被操纵），并且参与者会被随机分配到各个组（至少是一个自变量的各水平上）。在我们的实验中，训练变量是操纵变量，而性别变量显然是不受实验者操纵的。由于操纵的是训练自变量，所以将参与者随机分配到组成该变量的各组中，因此相比不受控制的性别变量，我们能从处理变量上得出更强的因果关系结论。

我们在第 8 章提到，在包含两个自变量的因素设计实验中，你需要检验每个自变量的主效应以及变量之间的交互作用。主效应是指某个自变量独立产生的效应，

表 15.5
性别与社会技能训练变量后测因素设计的假想数据集

参与者	后测分数	处理条件	性别
1	2	1	1
2	4	1	1
3	3	1	1
4	1	1	1
5	2	1	1
6	0	1	1
7	2	1	1
8	4	1	2
9	4	1	2
10	4	1	2
11	3	1	2
12	5	1	2
13	2	1	2
14	2	1	2
15	8	2	1
16	6	2	1
17	6	2	1
18	6	2	1
19	4	2	1
20	5	2	1
21	3	2	1
22	4	2	2
23	6	2	2
24	3	2	2
25	4	2	2
26	3	2	2
27	3	2	2
28	5	2	2

注：因变量是后测中测量到的适宜社会交互行为的数量；被操纵的自变量是技能训练（1＝处理，2＝控制）；未操纵的自变量是性别（1＝男性，2＝女性）。

而交互作用出现在其中一个自变量的效应随另一个自变量的不同水平而变化时。

为了节省篇幅（也为了减少你的阅读量），我们将用语言表述虚无假设，而不再将它们写出来。针对处理条件的虚无假设是，接受技能训练和未接受训练的参与者所对应的总体平均数是相同的。针对性别的虚无假设是，男性和女性的总体平均数是相同的。最后，针对交互作用的虚无假设是，在总体中处理条件和性别之间不存在交互作用。

下面是实证结果：

- 处理条件主效应：$F = 15.51$；$p = .001$
- 性别主效应：$F = .021$；$p = .885$
- 交互作用：$F = 7.68$；$p = .011$

α 水平为 .05 时，处理条件主效应具有统计显著性，性别主效应没有统计显著性，处理与性别的交互作用具有统计显著性。

当交互作用具有统计显著性时，原则上应关注对交互作用的解释而不是主效应。为了方便解释这个具有统计显著性的交互作用，我们在图 15.4 中画出了组均值图。图 15.4 中所示的交互作用表明，技能训练项目对男性的作用大于对女性的作用。后续的显著性检验进一步证实了这种观察结果。

以下是按 APA 格式呈现的结果：

> 用 2×2 方差分析对技能训练效应和性别效应进行了评估。分析发现：技能训练主效应具有统计显著性，$F(1, 24) = 15.51$，$p = .001$，$\eta^2 = .393$；处理和性别之间的交互作用具有统计显著性，$F(1, 24) = 12.89$，$p = .01$，$\eta^2 = .242$；性别主效应不显著，$p > .05$。对交互作用图的考察表明，训练项目对男性的作用大于对女性的作用。控制组男性的平均成绩为 2.14，技能训练条件下男性的平均成绩为 5.43，二者之间的非标准化差异为 3.29，科恩 d 值为 2.69。

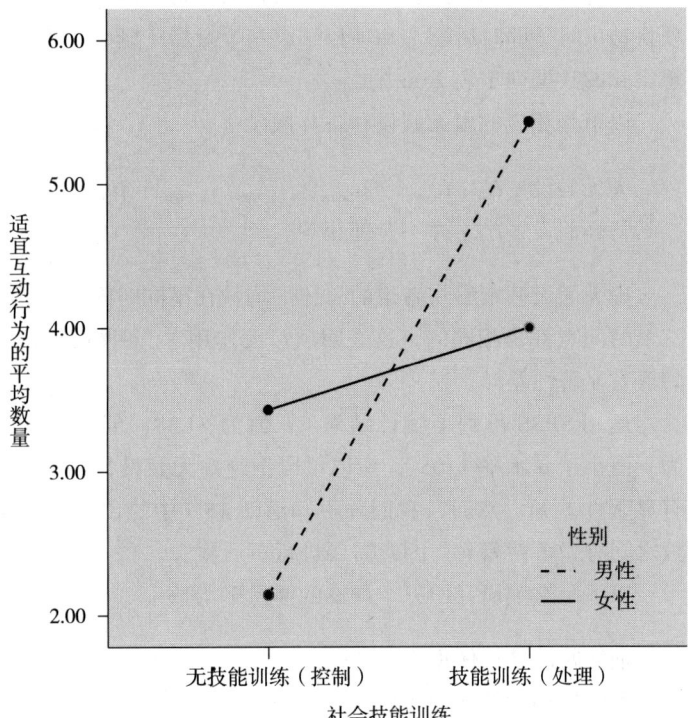

图 15.4
技能训练因素实验的交互作用图

这种差异很大，并具有统计显著性（$p < .001$）。控制组女性的平均成绩为 3.43，处理条件下女性的平均成绩为 4.00，二者之间的非标准化差异为 .57，科恩 d 值为 .63，这个差异不具有统计显著性（$p > .05$）。我们推断，技能训练处理对男性的效果强于对女性的效果。

在观察图 15.4 的交互作用时，你可能还会发现其他一些希望进行统计显著性检验的特征。这很好，但在比较每组平均数时，你都需要得到 p 值并确定这种差异是否具有统计显著性。如果差异不具有统计显著性，那你看见的很可能只是偶然变异，只声称观察到差异是没有根据的。

单因素重复测量方差分析

单因素重复测量方差分析：一种统计检验，适用于有一个定量因变量和一个重复测量自变量的情况。

单因素重复测量方差分析（one-way repeated measures analysis of variance）（简称单因素重复测量 ANOVA）适用于包含一个定量因变量和一个参与者内自变量的情况。参与者内自变量是指同一组参与者接受不止一次的测量。这种分析程序适用于第 8 章中讨论过的重复测量设计和单组前后测设计（以及这些设计的几种变式）。

我们将用来自于某项单组前后测设计的一组数据来讲解这种分析，所使用的设计包含了两次后测而非常用的一次后测。我们将这两次后测分别称为即时后测和延时后测。在我们的假想实验中，处理条件是一项健康项目，其设计意图在于通过实施为期一个月的结构化饮食项目，让参与者的体重降低。在为期一个月的项目中，参与者与研究者见面四次。所有参与者的体重（因变量）会在项目开始时（前测）、项目结束时（即时后测）和项目结束一个月后（延时后测）分别进行测量。这个假想实验的数据列于表 15.6 中。

以下是相应的虚无假设和备择假设：

虚无假设：H_0：$\mu_{Pretest} = \mu_{Immediate\ Posttest}$（即时后测）$= \mu_{Delayed\ Posttest}$（延时后测）

备择假设：H_1：并不全部相等

虚无假设假定参与者组的总体平均数在不同时间都是相等的（即人们的体重在三个时间点都是相同的，这表明项目无作用）。备择假设假定至少有两个平均数之间具有显著性差异。

运用 SPSS 得到了统计结果。F 值为 24.38，但更重要的是 p 值小于 .001。因为 p 值小于 α 水平（.05），所以可以拒绝虚无假设，并推断出至少有两个平均数具有显著性差异。然而，我们并不知道图 15.5 中绘出的三个平均数中，哪两个平均数之间有显著性差异，因此需要进行事后检验。

以下是这项研究中三个样本的体重平均数：

- 前测时的平均体重为 214.9 磅。
- 即时后测时的平均体重为 211.4 磅。

- 延时后测时的平均体重为 210.3 磅。

根据对三个平均数的观察，这个项目似乎是成功的，因为平均来看，它减轻了参与者的体重。即时后测表明项目是成功的（它比前测时轻），延时后测表明项目的效果在一个月以后仍然在持续。我们再来看一下对这些观察结果的事后检验。首

表 15.6

包含即时后测和延时后测的单组前后测设计假想数据

参与者	前测	即时后测	延时后测
1	222	223	222
2	156	154	153
3	142	139	138
4	225	221	220
5	159	153	155
6	275	270	269
7	301	297	294
8	268	261	258
9	212	210	209
10	189	186	185

注：参与者内自变量是时间（前测、即时后测、延时后测），因变量是体重。

图 15.5
包含即时后测和延时后测的单组前后测设计的平均数

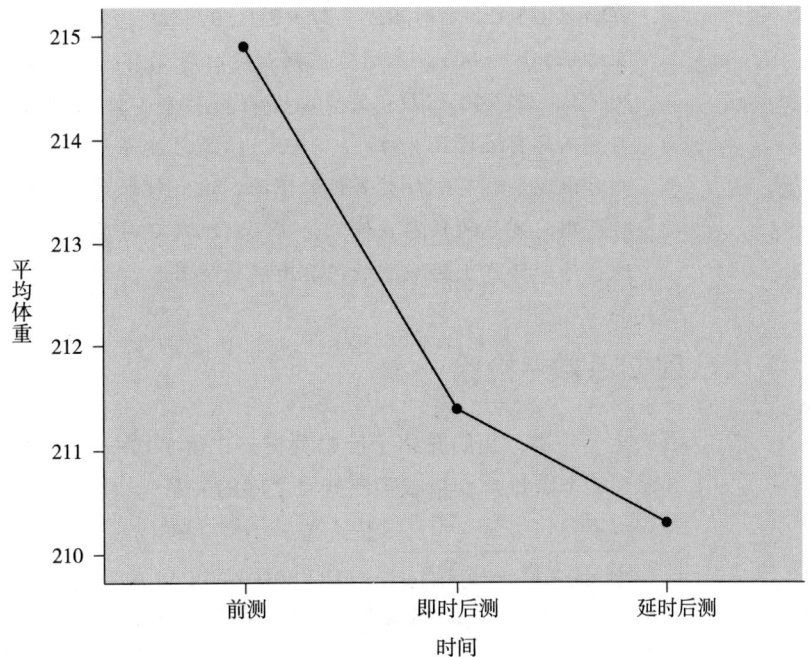

先，参与者在前测和即时后测中的平均体重差异为 214.9 – 211.4 = 3.5 磅。针对这个差异做的显著性检验显示，经邦费罗尼法校正后的 p 值为 .003。因为 .003 小于 α 水平（.05），所以我们得出结论，参与者在前测和即时后测时的体重差异具有统计显著性。第二，参与者在前测和延时后测中的体重差异为 4.6 磅，该差异在经邦费罗尼法校正后得到 p 值 .001。因为 .001 小于 α 水平（.05），所以我们断定参与者在前测和延时后测时的体重差异具有统计显著性。第三，参与者在即时后测和延时后测中的体重差异为 1.1，该差异经邦费罗尼法校正后得到 p 值 .095。因为 .095 大于 α 水平（.05），所以参与者在即时后测和延时后测时的体重差异不具有统计显著性。

我们还对这三组比较的效应量进行了度量。前测与即时后测间差异的科恩 d 值为 .06，这表明体重降低幅度小。前测与延时后测间差异的科恩 d 值为 .08，同样表明体重降低幅度小。即时后测与延时后测间差异的科恩 d 值为 .02，仍然表明体重降低幅度小。我们推断，减重计划产生了具有统计显著性的体重下降，但下降的幅度较小。

以下是按 APA 格式呈现的结果：

> 研究者进行了单因素重复测量方差分析，以体重为因变量，时间（前测、即时后测、延时后测）为参与者内自变量。时间的主效应具有统计显著性，$F(2, 18) = 24.38$, $p < .001$。为了解释这项主效应，我们进行了三项事后检验，得到了经由邦费罗尼法校正后对应的 p 值。首先，前测（$M = 214.90$, $SD = 54.35$）和即时后测（$M = 211.40$, $SD = 53.79$）的体重差异具有统计显著性，$p = .003$，表明从前测到即时后测有一个显著的变化。第二，前测（$M = 214.90$, $SD = 54.35$）和延时后测（$M = 210.30$, $SD = 52.88$）的体重差异同样具有统计显著性，$p = .001$，表明从前测到延时后测有一个显著的变化。第三，即时后测（$M = 211.40$, $SD = 53.79$）和延时后测（$M = 210.30$, $SD = 52.88$）的体重差异不具有统计显著性，$p > .05$。结果总体显示，在即时后测时，体重相对前测时出现了具有统计显著性的下降，这一效果持续至延时后测阶段。前测与即时后测间差异的科恩 d 值仅为 .06，前测与延时后测间差异的科恩 d 值仅为 .08。这项计划所产生的减重效果具有统计显著性，但效应量相对较小。

回归系数 t 检验

在上一章，我们介绍了回归分析。在简单回归中，研究者分析了一个定量因变量和一个定量自变量或预测变量之间的关系。[3] 在多元回归中，研究者分析了一

---

3 尽管回归分析可用于类别自变量，但我们偏好将它用于定量自变量，将 ANOVA 用于类别自变量，而将 ANCOVA 用于既有类别又有定量自变量的情况。所有这些分析技术都是一般线性模型（GLM）的"特例"。

回归系数 t 检验：用于确定一个回归系数是否具有统计显著性的统计检验。

个定量因变量和两个或多个定量自变量或预测变量之间的关系。**回归系数 t 检验**（t test for regression coefficients）使用 t 分布来检验回归分析中所得回归系数的显著性。回归系数表示了自变量与因变量之间的关系（在控制了回归方程中其他自变量的影响之后）。

现在，我们将再次使用上一章中的多元回归方程，并检验两个回归系数的统计显著性。回归方程如下：

$$\hat{Y} = -\$2617.28 + \$5488.71(X_1) + \$17.79(X_2)$$

其中：

$\hat{Y}$ 是起薪的预测值，
X_1 是大学 GPA，
X_2 是高中时的 SAT 分数，
−$2617.28 是 Y 轴截距，
$5488.71 是 X_1 的回归系数值。它表示的是 GPA 与起薪之间的关系（在控制了 SAT 分数的影响之后），最后
$17.79 是 X_2 的回归系数值。它表示的是高中 SAT 与起薪之间的关系（在控制了 GPA 的影响之后）。

我们的目标是看看这两个回归系数是否具有统计显著性。研究者必须先对从数据中得到的回归系数的统计显著性进行检验，才能合理地解释它的意义。这是因为从样本数据中发现的回归系数也许只是出于偶然因素（即抽样误差）。如果一个回归系数具有统计显著性，研究者就能推断总体中很有可能存在某种真实的关系，并接下来解释在样本数据中观察到的回归系数。

我们的第一个研究问题与第一个回归系数（5488.71 美元）有关：

研究问题 1：GPA 和起薪之间的关系（在控制了 SAT 的影响之后）具有统计显著性吗？

以下是这个研究问题的统计假设：

虚无假设：$H_0: \beta_{YX1.X2} = 0$
备择假设：$H_1: \beta_{YX1.X2} \neq 0$

虚无假设说的是，总体的回归系数等于零（即总体中不存在任何关系）。备择假设说的是，总体回归系数不等于零（即总体中存在某种关系）。

半偏相关系数平方：由一个单独的定量自变量独立解释的因变量方差的量。

使用 SPSS 发现 t 值为 3.16，p 值为 .005。p 值（.005）小于 α 水平（.05），因此，我们拒绝了虚无假设，初步接受了备择假设，并推断这个回归系数所表示的关系具有统计显著性。适合回归系数的效应量指标叫作**半偏相关系数平方**（semi-partial correlation squared）（标记为 sr^2）；它等于 .169，表示起薪中 16.9% 的方差是

由 GPA 独立解释的，由此推断出存在于 GPA 和起薪之间的关系具有统计显著性和实际显著性。

我们的第二个研究问题与第二个回归系数（$17.79）有关：

> 研究问题 2：SAT 和起薪之间的关系（在控制了 GPA 的影响之后）具有统计显著性吗？

以下是这个研究问题的统计假设：

虚无假设：$H_0: \beta_{YX2.X1} = 0$
备择假设：$H_1: \beta_{YX2.X1} \neq 0$

使用 SPSS 发现 t 值为 3.88，p 值为 .001。p 值（.001）小于 α 水平（.05），因此，拒绝虚无假设，初步接受备择假设，并推断第二个回归系数所表示的关系具有统计显著性。效应量指标半偏相关系数平方等于 .255，表示起薪中 25.5% 的方差是由 SAT 分数独立解释的。我们推断存在于 SAT 和起薪之间的关系具有统计显著性和实际显著性。

我们已经发现这两个预测变量都对起薪起着重要的预测作用，也许你想比较两个预测变量的相对重要性（也就是，哪一个更重要？）。因为在起薪的方差中 GPA 独立解释的占 16.9%，而 SAT 解释的占 25.5%，我们推断 SAT 在预测大学毕业生起薪时比 GPA 更重要。

下面是按 APA 格式书写的关于回归分析结果的简要报告：

> 研究者进行了多元回归分析以确定 SAT 分数和大学 GPA 能在多大程度上预测应届大学毕业生的起薪。包含两个预测变量的整体模型具有统计显著性，$F(2, 22) = 18.49$，$p < .001$。整体模型的多元相关系数平方（R^2）是 .63，表明起薪中有 63% 的方差是由这两个预测变量来解释的。GPA（β = .435，p = .005）和 SAT（β = .535，p = .001）能显著地预测起薪。大学 SAT 独立解释了起薪中 25.5% 的方差（sr^2 = .255），GPA 独立解释了起薪中 16.9% 的方差（sr^2 = .169）。我们推断这两个预测变量都重要，但是 SAT 是比 GPA 更强的预测变量。

在报告中，我们没有使用普通的（即非标准化的）回归系数（即 GPA 的 $5488.71，SAT 的 $17.79，标记为"b"），而是按照惯例使用了以希腊字母 β 表示的标准化回归系数。这些值都可以在 SPSS 输出的结果中找到。当一个回归方程有多个预测变量时，结果通常以表格的形式呈现。

列联表卡方检验

列联表卡方检验：用于确定在列联表中观察到的某种关系是否具有统计显著性的统计检验。

列联表卡方检验（chi-square test for contingency tables）用于确定从列联表中观察到的某种关系是否具有统计显著性。在上一章，我们提到列联表适用于研究两个或多个类别变量之间的关系。我们也演示了"如何解读一张列联表"。关键是，如果你希望在表中看到某种关系，你就需要将其中的信息正确地转化为百分比。我们为你提供下面两条原则：

- 如果是沿着列计算百分比的，就比较各行的单元格；
- 如果是沿着行计算百分比的，就比较各列的单元格。

现在，我们用前一章中大学生数据集（表 14.1）中的类别变量——性别和大学专业——来构建一张列联表。我们的研究问题是，性别是否与大学所学专业相关。通过 SPSS 统计程序构建的 2×2 列联表见表 15.7。现在，先花点时间仔细查看一下表 15.7 的内容，并选取合适的规则确定表中是否存在某种关系。表中的百分数是沿着列计算的，所以需要比较处于同一行的各个单元格。的确，这里似乎存在着某种关系。先看第一行，你会发现有 53.8% 的女性选择了心理学专业，而男性只有 8.3%。女性选择心理学专业的可能性是男性的六倍多（53.8/8.3 = 6.5）（即女性选择心理学专业的概率远高于男性）。再来看第二行，有 30.8% 的女性选择了哲学专业，却有 50% 的男性选择了哲学专业。男性选择哲学专业的可能性是女性的 1.5 倍多（50.0/30.8 = 1.6）。再看第三行，你会发现男性选择商科专业的可能性是女性的 2.5 倍多（41.7/15.4 = 2.7）。显然，在样本数据中，性别变量与大学专业似乎存在着某种关联。但是你要理直气壮地解释这些结果，就必须解决以下关键问题："这种观察到的关系具有统计显著性吗？"

虚无假设假定，在随机样本数据所来自的总体中，性别和大学所学专业之间不存在任何关系。备择假设假定二者之间存在着关系。用于列联表的概率分布是卡方（χ^2）分布。我们的列联表计算出来的检验统计值是 6.16，p 值为 .046。p 值（.046）小于 α 水平（.05），因此我们推断这种关系具有统计显著性。我们使用称作克瑞玛

表 15.7

性别与大学专业的列联表

			性别		合计
			女性	男性	
大学专业	心理学	计数	7	1	8
		性别内 %	53.8%	8.3%	32.0%
	哲学	计数	4	6	10
		性别内 %	30.8%	50.0%	40.0%
	商科	计数	2	5	7
		性别内 %	15.4%	41.7%	28.0%
合计		计数	13	12	25
		性别内 %	100.0%	100.0%	100.0%

V 值（Cramer's V）的效应量指标来确定关系的强度。可以像解释相关系数的大小一样来解释这种效应量指标的大小。这里克瑞玛 V 值为 .496，表明性别和大学专业之间的关系具有中等强度。我们推断性别和大学专业之间的关系具有统计显著性和实际显著性。

以下是按照 APA 格式书写的卡方分析结果的简要报告：

> 研究者进行了双因素列联表分析以确定性别和大学所学专业是否存在关联，结果发现这些变量之间具有显著相关，皮尔逊 χ^2（2, $N = 25$）= 6.16, p = .046，克瑞玛 V 值 = .50。根据克瑞玛 V 值，我们推断这种关系具有中等强度。

其他显著性检验

你已经学了很多！我们还可以讨论其他显著性检验，不过它们的逻辑与你现在所了解的假设检验的逻辑是相同的。表 15.3 对此逻辑进行了总结。每当你想确定某种关系或平均数之间的差异是否具有统计显著性时，都可以使用这个逻辑。关键的步骤是获取 p 值并确定它是小于（或等于）还是大于 α 水平。如果是前一种情况，研究结果就具有统计显著性，研究者就可以推断自己很有可能观察到了某种真实存在的关系。如果是后一种情况，研究结果便不具有统计显著性，研究者推断自己很有可能只是观察到了某种偶然变异。记住，你需要获取效应量指标，以帮助确定显著性结果的效应或关系的强度。

思考题 15.3 | 目前已讨论过的统计检验有哪些？这些统计检验之间的区别是什么（在变量类型方面）？

假设检验和研究设计

我们已经使用假想的调查研究和实验研究数据演示了虚无假设显著性检验。在下面的列表中，"IV"代表自变量或预测变量，"DV"代表因变量。我们已经演示了下述统计检验：

- 独立样本 t 检验（适用于一个类别 IV 和一个定量 DV）
- 相关系数 t 检验（适用于一个定量 IV 和一个定量 DV）
- 单因素方差分析（适用于一个类别 IV 和一个定量 DV）
- 方差分析事后检验（适用于有三个或更多水平的一个或多个类别 IV，和一个定量 DV）
- 协方差分析（适用于既有定量 IV 也有类别 IV 以及一个定量 DV 的情况）
- 双因素方差分析（适用于两个类别 IV 和一个定量 DV）
- 单因素重复测量方差分析（它与常规方差分析类似，除了 IV 是一个参与者内

变量，而不是参与者间变量）
- 回归系数 t 检验（适用于一个或更多定量 IV 和一个定量 DV）
- 列联表卡方检验（当所有的变量均为类别变量时适用）

我们在所有检验中使用的逻辑都相同，这在表 15.3 中已有总结。当你在课程布置的研究文章中阅读到具有统计显著性的发现时，你就知道它们所使用的逻辑了。

在之前各章中，我们讲解了几种实验研究设计，我们希望你知道每种设计应使用何种统计检验。本章已经展示了适用于下述实验研究设计的显著性检验：

表 15.8

适用于弱实验研究设计的统计分析

设计	分析程序
单组后测设计	描述统计和相关统计
单组前后测设计	配对 t 检验，或单因素重复测量方差分析
不相等组后测设计（两个组）	独立 t 检验，或单因素方差分析
不相等组后测设计（多于两个组）	单因素方差分析（按需进行后续检验）

表 15.9

适用于强实验研究设计的统计分析

设计	分析程序
（a）参与者间设计	
后测控制组设计（两个组）	独立样本 t 检验，或单因素方差分析
后测控制组设计（多于两个组）	单因素方差分析（按需进行事后检验）
前后测控制组设计（两个组）	单因素协方差分析，或混合模型方差分析
前后测控制组设计（多于两个组）	单因素协方差分析（按需进行事后检验）或混合模型方差分析（按需进行事后检验）
参与者间因素设计（两个自变量，无前测）	双因素方差分析（按需进行事后检验）
参与者间因素设计（两个自变量，有前测）	双因素协方差分析（按需进行事后检验）
（b）参与者内设计	
参与者内后测设计（两种条件）	配对 t 检验，或单因素重复测量方差分析
参与者内后测设计（多于两种条件）	单因素重复测量方差分析（按需进行事后检验）
参与者内因素设计（两个参与者内自变量）	双因素重复测量方差分析（按需进行事后检验）
（c）基于混合模型的因素设计	
基于混合模型的因素设计	双因素混合模型方差分析（按需进行事后检验）

表 15.10

适用于准实验研究设计的统计分析

设计	分析程序
不相等比较组设计（两个组）	单因素协方差分析，校正信度协方差分析，或混合模型方差分析
不相等比较组设计（多于两个组）	单因素协方差分析（按需进行事后检验），校正信度协方差分析（按需进行事后检验），或混合模型方差分析（按需进行事后检验）
间断时间序列设计	有 50 个或更多点的长序列，用自回归积分滑动平均（ARIMA）模型；对于短的序列，参见其他著作（Bloom，2003；Crosbie，1993；Tryon，1982）
回归间断点设计	对校正后分数的协方差分析（Shadish，Cook & Campbell，2002）

- 后测控制组设计
- 前后测控制组设计
- 因素设计
- 单组前后测设计

在表 15.8、15.9 和 15.10 中，我们列出了三种主要的实验研究设计以及各自的适用统计程序。这有助于你把设计和分析的概念联系在一起。

本章小结

本章向读者介绍了推论统计，它是一个基于样本数据推断出总体参数的统计学分支。推论统计的理论建立在抽样分布概念的基础之上。抽样分布是一个理论概率分布，如果你从一个总体中抽取一定样本容量的所有可能的样本，并计算出每个样本的样本统计量（例如，平均数、标准差或相关系数）的数值，就可以得到该样本的理论概率分布。这样会得到大量的值，但是你会看到这些值围绕着总体参数真值而变化，并且遵循一种已知的分布形式（比如正态曲线）。实际上，永远不必亲自操作这个过程，只要选择一个研究样本，就可以使用统计包估算出分析所需要的抽样分布的值。

推论统计领域有两个主要分支，分别是估计（即使用样本数据值估计总体数据值）和假设检验（即确定你所观察到的结果出现的可能性有多大，比如，两组的总体平均数之间不存在差异而样本中的两组平均数之间却存在差异的情况）。本章深入地讲解了假设检验的逻辑（表 15.3 中展示了总结出的六个关键步骤）。假设检验中最重要的思想可能是：当 p 值（基于样本数据）小于 α 水平时，可以拒绝虚无假设（即总体中不存在任何关系的假设）。心理学家通常将 α 水平（也称为显著性水平）设置为 .05，因此，如果 p 值小于（或等于）.05，研究者就可以拒绝虚无假设（即没有关系）并接受备择假设（即总体中存在某种关系）。如果 p 值大于 .05，研究者就"不能拒绝"虚无假设。

本章演示了如何在下述各种统计检验中使用假设检验的逻辑：

1. 独立样本 t 检验——适用于有一个定量因变量和一个只有两个水平的类别自变量的情况
2. 相关系数 t 检验——适用于自变量和因变量都是定量变量的情况
3. 单因素方差分析——适用于有一个定量因变量和一个类别自变量（有两个或多个水平）的情况
4. 单因素方差分析的事后检验——适用于当类别自变量有三个或多个水平，并且需要知道哪一对组平均数具有显著差异的情况
5. 协方差分析——适用于有一个定量因变量且自变量既有类别变量也有定量变量时。在常规的协方差分析中，你可以有一个定量因变量、一个类别自变量和一个定量自变量（被称作协变量）
6. 双因素方差分析——适用于有一个定量因变量和两个类别自变量的情况
7. 单因素重复测量方差分析——适用于有一个定量因变量且唯一自变量是重复测量变量（也称为参与者内或对象内变量）的情况
8. 回归系数 t 检验——适用于有一个定量因变量和一个或多个定量自变量的情况（见本章脚注 3）
9. 列联表卡方检验——适用于所有变量均为类别变量的情况

对这些统计分析的理解可以归纳为：所有的检验都遵循假设检验的六个步骤。因此，请确保自己理解并记住了那六个步骤（即表 15.3 中的内容）和步骤中出现的概念（即虚无假设、备择假设、α 水平和 p 值）。表 15.8 至表 15.10 列出了对先前各章中讨论过的研究设计适用的统计检验。

重要术语和概念

α 水平	效应量指标	单因素方差分析（ANOVA）
备择假设	估计	单因素重复测量方差分析
协方差分析（ANCOVA）	假设检验	参数
列联表卡方检验	独立样本 t 检验	偏 η^2
临床显著性	区间估计	点估计
置信区间	显著性水平	总体
拒绝域	假设检验的逻辑	事后检验
自由度	非定向备择假设	实际显著性
定向备择假设	虚无假设	概率值

p 值	标准误	回归系数 t 检验
样本	统计量	检验统计量
抽样分布	统计效力	双因素方差分析
平均数抽样分布	统计显著性	I 类错误
半偏相关系数平方	相关系数 t 检验	II 类错误

章节测验

问题答案见附录。

1. 方差分析中（如在其他任何一个假设检验程序一样）的虚无假设和备择假设指的是
   a. 样本统计量
   b. 总体参数
   c. 抽样参数
   d. 上述答案均不正确

2. 将人们随机地分配到研究的两个组中，并用一种方法来测量注意力，哪种统计检验可以确定这两组在该项注意力测量方面是否存在差异？
   a. 双因素方差分析
   b. 单因素方差分析
   c. 独立样本 t 检验
   d. 简单回归
   e. b 和 c 都正确

3. 在标准双因素方差分析中，最少要进行多少次显著性检验？
   a. 3
   b. 2
   c. 1
   d. 4

4. 在假设检验中，"如果虚无假设为真，观察到的统计量值（或更偏向尾端的值）出现的可能性"称做 _____，而"研究者用于决定何时拒绝虚无假设的临界点"称做 _____。
   a. α 水平、p 值
   b. p 值、α 水平
   c. 概率值、显著性水平
   d. b 和 c 都正确，因为它们使用的术语具有相同的含义

5. 如果你已经进行了统计分析，而且你的结果说明你能够拒绝虚无假设，但事实上这并不正确，那么你：
   a. 犯了 I 类错误
   b. 犯了计算错误
   c. 犯了 II 类错误
   d. 使用了错误的统计检验
   e. 陈述了错误的假设

6. 心理学家最常使用的显著性水平是多少？
   a. .5
   b. .1
   c. .01
   d. .05

提高练习

1. 下面的数据来自于一项假想的实验。实验中的自变量 A 是关于统计的先前知识（A_1 = 有先前知识，A_2 = 没有先前知识），自变量 B 是性别（B_1 = 女性，B_2 = 男性）。二十名男性被随机分配到自变量 A 的两个条件中，二十名女性亦被随机分配到自变量 A 的两个条件中。下面的表格显示的是组均值，每个单元格中的参与者数量都是十名。请用以下数据中的组均值作图。假设平均数中的任何差异（无论是主效应还是交互作用）都具有统计显著性。

	B_1	B_2	
A_1	8	6	7
A_2	2	4	3
	5	5	

   a. 结果中出现了主效应吗？如果有，出现了什么主效应？
   b. 自变量 A 和 B 之间存在双向交互作用吗？如果有，这种交互意作用味着什么？（即，请解释这种交互作用）。

2. 在下述每种情况中，应该使用哪种统计分析程序？假设你的自变量是参与者间自变量。
   a. 你有一个定量因变量和一个类别自变量
   b. 你有一个定量因变量和两个类别自变量
   c. 你有一个定量因变量和三个类别自变量
   d. 你有一个定量因变量和一个类别自变量以及一个定量自变量，即协变量
   e. 你有一个定量因变量（DV）和一个定量自变量

第七编 撰写研究报告

第 16 章

研究报告的展示和发表

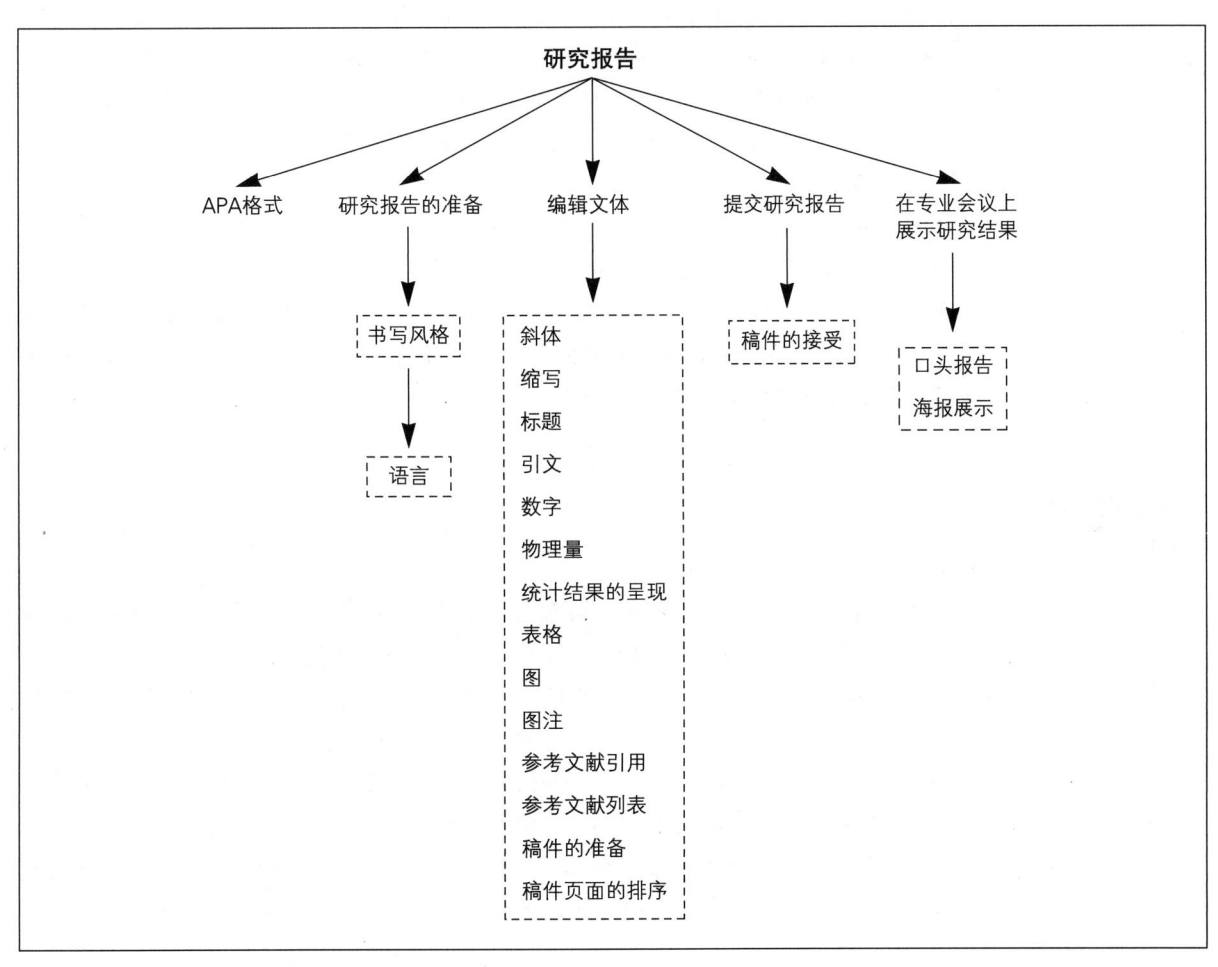

引 言

我们已经在本书的各章中呈现了研究过程所涉及的所有步骤，并详细讨论了每个步骤的细节。做这种深入全面的展示是为了让你能够正确地开展科学研究。然而，作为科学工作者，你不但有责任开展一项设计完善、执行完美的研究，还有责任与科学圈里的其他人交流研究结果。你的研究也许解答了一个意义非凡的研究问题，但除非这些结果能被公布于众，否则其价值总是有限的。交流结果的主要途径就是通过专业期刊。在心理学领域，美国心理协会（APS）发行的期刊有四种，美国心理学会（APA）的期刊项目则包括 58 种期刊和一本杂志。表 16.1 重点列出了其中的多种期刊，从中可以看出这些期刊覆盖了许多不同的领域。研究者在任何感兴趣的领域都可找到相应期刊，并在其中发表该领域的研究。还有其他一些期刊也可以发表心理学研究的结果。为了便于清楚地交流研究结果，APA 出版了一本手册（American Psychological Association, 2010），对作者在准备研究报告时应该遵循的标准格式做出了规定。因为许多期刊都要求他们的作者按照 APA 手册中规定的文体来准备原稿，所以我们在这里呈现的也是这种研究报告的写作格式。

在准备研究报告之前，你必须问问自己，这项研究是否重要到值得发表。其他人对它感兴趣吗？更重要的是，它会影响他们的工作吗？一条普遍的原则是，你永远不要开展一项连你自己都认为不会发表的研究。如果你认为这项研究有意义，你就必须确定它的设计是否完善。例如，你必须问自己是否已经加入了消除竞争假设影响所需的各种控制措施。如果你能在研究设计质量和结果显著性方面让自己满意，那么你就有理由继续准备研究报告。

APA 格式

研究报告的结构非常简单，通常与开展研究时的步骤对应。为了说明研究报告的功能和格式，后面几页复制了一篇已在《变态心理学期刊》（Journal of Abnormal Psychology）上发表的文章，用的是文章投稿时所要求的格式。[1] 这份研究报告的各节还附有对本节应包含内容的说明，这些说明可能包括了一些建议，其内容可能并未在研究报告中体现，因为任何一项研究都无法包含出版手册（American Psychological Association, 2010）中列出的所有元素。

在通读研究报告的各节内容，以及着手书写自己的报告时，你都应该记住研究报告的目的。主要目标是尽可能精确地报告你做了什么，包括陈述调查问题、调查

---

[1] "Sadder and less accurate? False memory for negative material in depression" by J. Joormann, B. A. Teachman and I. H. Gotlib, 2009, *Journal of Abnormal Psychology*, 118, 412–417. Copyright by the American Psychological Association.

表 16.1
美国心理学会和美国心理协会的期刊

期刊名称	覆盖领域
美国心理学会期刊	
《美国心理学家》	包含档案文献和关注心理学最新话题的文章、与心理学的科学和实践相关的话题,以及心理学对公共政策的贡献
《行为神经科学》	包含与行为神经科学相关的解剖学、化学、内分泌学、遗传学、药学、生理学的原创研究
《临床医生研究摘要:行为科学简报》	提供每月评论,并推荐近 100 种期刊中最相关的文章
《发展心理学》	发表与人类毕生发展相关的文章
《情绪》	发表与情绪过程的所有方面有关的文章
《实验与临床心理药理学》	发表整合药理学与行为的研究
《健康心理学》	致力于深入了解行为原则与生理健康或疾病之间的关系
《变态心理学期刊》	发表与变态行为的决定因素、理论和相关变量有关的文章
《应用心理学期刊》	发表除临床心理学和应用实验心理学或人因心理学以外,其他任何心理学应用领域的文章
《比较心理学期刊》	包含与不同物种的进化、发育、生态、控制和功能重要性相关的行为研究
《咨询与临床心理学期刊》	包含各种与诊断和治疗所有人群异常行为的技术的发展、有效性和使用相关的研究
《咨询心理学期刊》	包含与咨询的评估、应用和理论问题相关的文章
《教育心理学期刊》	发表诸如学习和认知等教育主题相关的研究和理论性文章
《实验心理学期刊:动物行为过程》	发表有关动物行为的实验和理论性研究
《实验心理学期刊:应用》	关注把实践导向性问题和心理学理论联系起来的研究
《实验心理学期刊:基础》	发表所有实验心理学家感兴趣的综合类文章
《实验心理学期刊:人类知觉与行为》	关注对身体行为的知觉、计划和控制,以及相关认知过程
《实验心理学期刊:学习、记忆和认知》	包含对所有认知过程的原创研究
《家庭心理学期刊》	关注家庭系统和过程的研究,以及诸如婚姻和家庭虐待等问题
《人格与社会心理学期刊》	包含人格和社会心理学所有领域的文章
《神经心理学》	发表对大脑与人类认知、情绪和行为功能之间关系的研究
《专业心理学:研究与实践》	关注心理学的实践
《心理评估》	发表有关评估技术的文章
《心理学公报》	发表对科学心理学中的实质性问题进行评估和综述的文章
《心理学方法》	致力于发展和传播用于收集、分析、理解和解释心理学数据的方法
《心理学评论》	发表对心理学有理论贡献的文章
《心理学与老化》	发表与成人发展和衰老的生理和行为方面有关的文章
《成瘾行为心理学》	发表有关酗酒、药物使用和误用、进食障碍、烟草和尼古丁成瘾及其他强迫性行为的文章
《心理学,公共政策及法律》	关注心理学作为科学,与公共政策和法律问题之间的联系
《康复心理学》	发表关注康复中心理和行为方面的文章
美国心理协会期刊	
《心理科学》	APS 的旗舰研究期刊——发表心理学各个领域的相关文章
《心理科学最新动向》	包含心理学所有领域及其应用的综述
《公共利益心理科学》	发表对一些议题的决定性评估,心理科学可藉此为社会提供信息和提升社会福祉
《心理科学展望》	发表理论陈述、文献综述、视角或观点、研究展示和奖学金项目

问题的方法、调查结果，以及任何可能已经得到的结论。有没有什么标准可以确定自己是否已经清晰而明确地报告了研究呢？也许最重要的标准是可重复性。如果其他调查者能够通过阅读你的研究报告精确地重复了你的研究，那就表明你的报告很可能写得清楚而且完整。

下面这份研究报告样例就是按照 APA 出版手册中写明的指南来准备的。这一类研究报告可以提交给诸如《咨询和临床心理学期刊》(*Journal of Consulting and Clinical Psychology*) 或是《行为治疗》(*Behavior Therapy*) 之类的期刊。

研究报告的准备

在前一节中，我们举例说明了研究报告的写作方式，只有这样做才能将它提交给心理学期刊以期发表。虽然旁注中讨论了报告的基本组成部分，但仍然有许多样式规则是必须要考虑的。

《APA 出版手册》中提出了在 APA 期刊和其他许多非 APA 期刊发表稿件时作者们应该遵守的格式要求。这些明确的格式要求经过了多次改变，反映了心理学用语的逐步成熟。因此可以说，它们是随着心理学的发展在演化。最早的一组要求是一份只有 7 页的作者指南，发表在《心理学公报》(*Psychological Bulletin*) 1929 年 2 月刊上。它在 1944 年被一份 32 页的文档替代。到了 1952 年，该文档被扩充到了 60 页，并被命名为《出版手册》。1957、1967、1974、1983、1994 和 2001 年又相继制定了更新的版本。目前的 2010 年版对如何准备研究报告文稿的信息进行了更新。

2001 年版《出版手册》发布之后，出版界发生了许多变化，因而 2010 年版的《出版手册》不但反映了出版的新标准，还反映了信息传播方面的新做法，从博客、个人在网上发表的信息到发表于在线数据库中的文章。2010 年版的《出版手册》出现的另一项变化是强调了准备研究报告时应该遵循的普遍原则，这是因为《出版手册》在心理学以外的领域中也得到了广泛应用。

在下面的小节中，我们将总结在准备研究报告时最常用到的格式要求。受篇幅所限，我们不会呈现所有的格式要求，那些在此书中未讲解的要求应通过查询《出版手册》来了解。这里所呈现的内容应该足以帮助你准备课程中所要求的研究报告了。

书写风格

如果你已经明确所开展的研究足够重要，就可以开始准备一份研究报告了，你必须以一种能够与读者清楚交流的方式准备研究报告。写出好文章是一种技能，也是一门艺术，要求你认真地思考呈现方式和使用的语言。它通常是一个不断发展的

Running head: FALSE MEMORY IN DEPRESSION 1

Sadder and Less Accurate?
False Memory for Negative Material in Depression

Jutta Joormann
University of Miami
Bethany A. Teachman
University of Virginia
Ian H. Gotlib
Stanford University

Author Note

Jutta Joormann, Department of Psychology, University of Miami; Bethany A. Teachman, Department of Psychology, S...

This research was ... MH59259 to Ian H. G... thank Lindsey Sherde... Storbeck and Gerald C...

Correspondence c... Department of Psycho... mann@psy.miami.edu

---

FALSE MEMORY IN DEPRESSION 2

Abstract

Previous research has demonstrated that induced sad mood is associated with increased accuracy of recall in certain memory tasks; the effects of clinical depression, however, are likely to be quite different. We used the Deese-Roediger-McDermott (DRM) paradigm to examine the impact of clinical depression on erroneous recall of neutral and/or emotional stimuli. Specifically, we presented DRM lists that were highly associated with negative, neutral, or positive lures and compared participants diagnosed with Major Depressive Disorder (MDD) and nondepressed control (CTL) participants on the accuracy of their recall of presented material and their false recall of never-presented lures. Compared with CTL participants, MDD participants recalled fewer words that had been previously presented but were more likely to falsely recall negative lures; there were no differences between MDD and CTL participants in false recall of positive or neutral lures. These findings indicate that depression is associated with false memories of negative material.

Keywords: depression, memory, cognition, emotion, bias

FALSE MEMORY IN DEPRESSION   3

Sadder and Less Accurate? False Memory for Negative
Material in Depression

Mood states and emotions affect memory in various ways. Mood-induction studies, for example, have demonstrated that negative affect is associated with increased accuracy in retrieval (Storbeck & Clore, 2005), while positive mood states are associated with decreases in processing capacity (Mackie & Worth, 1989) and reduced processing motivation (Wegener & Petty, 1994), resulting in less accurate recall (Ruder & Bless, 2003). At the same time, research on mood-congruency suggests that affective states increase the accessibility of mood-congruent material (Bower, 1981). Understanding this complex interaction of mood and memory is important given its critical role in emotion regulation and emotional disorders.

Individual differences in mood-congruent memory and in the accessibility of mood-incongruent material have been proposed to predict the ability to regulate negative mood states (Joormann & Siemer, 2004; Joormann, Siemer, & Gotlib, 2007). Indeed, depression, by definition a disorder characterized by difficulty regulating negative mood states, is associated with two distinct but related memory impairments.

First, difficulties in cognitive control (i.e., focal attention to relevant stimuli and inhibition of irrelevant material) result in memory deficits for non-emotional material (Burt, Zembar, & Niederehe, 1995; Hertel, 2004). In a series of studies, Hertel and her collaborators (Hertel, ...) depression-related imp... found primarily in fre... attention is not well c... ory deficits, depressed... pressed people in stru... situations (Hertel, 200... opportunity to rumina... that might explain wh... depressed group. Unco...

FALSE MEMORY IN DEPRESSION   4

Thus, performance deficits in free recall in depression likely do not reflect a generalized deficit, but might be due instead to depression-related deficits in cognitive control.

Second, negative affect associated with depressive disorders makes mood-congruent material more accessible and mood-incongruent material less accessible, a finding that is consistent with predictions from schema and network theories of emotion (see Mathews & MacLeod, 2005). Indeed, biased memory for negative, relative to positive, information represents perhaps the most robust cognitive finding associated with major depression (Blaney, 1986; Matt, Vazquez, & Campbell, 1992). In a meta-analysis of studies assessing recall performance, Matt and colleagues found that people with major depression remember 10% more negative than positive words. Nondepressed control participants, in contrast, demonstrated a memory bias for positive information in 20 of 25 studies. Importantly, the effects of mood on memory may help explain why depressed people are caught in a vicious cycle of increasingly negative mood and enhanced accessibility of negative material that maintains or exacerbates negative affect and hinders emotion regulation. This process is likely to be different in non-clinical samples, in which negative mood frequently leads to enhanced recall of mood-*incongruent* material, a finding commonly interpreted as stemming from efforts to repair negative mood (Parrott & Sabini, 1990; Rusting & DeHart, 2000).

FALSE MEMORY IN DEPRESSION 5

Previous studies of mood and memory have focused almost exclusively on the number of items that are correctly recalled. It is important to recognize, however, that there are different errors of memory: people can forget stimuli that they have seen, and they can 'remember' items that they have not seen. This latter error, often termed a 'commission error' or 'false memory,' has rarely been investigated in depression. Interestingly, results of research examining mood and memory in non-clinical samples and findings from studies of mood-congruent biases in depressed samples lead to different predictions regarding the production of false memories in MDD. If negative affect is generally associated with more careful processing and greater accuracy than is positive affect (e.g., Ruder & Bless, 2003),

FALSE MEMORY IN DEPRESSION 6

In fact, unlike false recall in other paradigms, participants typically recall the critical lures with a high degree of confidence and state that they recalled the word because they actually remember seeing or hearing it, and not just because it seemed familiar (see Roediger & McDermott, 1995; 2000).

To date, few researchers have examined individual differences in DRM performance and the effects of emotional states on DRM recall. Storbeck and Clore (2005) recently demonstrated that non-clinical individuals in a negative mood state were less likely to recall critical lures than were participants who had undergone a positive mood induction, a finding consistent with predictions of greater accuracy due to item-specific processing in sad moods. It is important to note, however, that Storbeck and Clore used only one negative list and that their sample was unselected, so presumably did not have chronic activation of negative material. In the only published study to examine false memory in a diagnosed depressed sample, Moritz, Glaescher, and Brassen (2005) used a variant of the DRM design and reported a non-significant trend that depression was associated with an increased production of false memory for negative material. These findings are intriguing, but difficult to interpret because Moritz et al. presented only four lists in total (only one of which was depression-relevant) and tested recognition rather than recall. This is important because memory biases in depression have been found most consistently in free recall tasks (Hertel, 2000). Moreover, because their lists were not part of the original set of DRM lists, it is difficult to compare their findings to other studies using the DRM task. All of these factors have been shown to influence the size of DRM effects (see Roediger et al., 2001), and may explain Moritz et al.'s non-significant trend.

In the current study, we used a classic DRM paradigm and analyzed recall separately for lists that were associated with positive, negative, and neutral lures.

FALSE MEMORY IN DEPRESSION 7

We hypothesized that, given their chronic activation of negative material, depressed participants would 'recall' more negative, but not more positive or neutral, critical lures than would nondepressed control participants

Method

Participants

Participants were solicited from two outpatient psychiatry clinics and through advertisements posted within the community. We excluded individuals if they were not fluent in English, were not between 18 and 60 years of age, or if they reported severe head trauma or learning disabilities, psychotic symptoms, bipolar disorder, or alcohol or substance abuse within the past six months. Trained interviewers administered the Structured Clinical Interview for the DSM-IV (First, Spitzer, Gibbon, & Williams, 1996) to eligible individuals during their first study session. Interrater reliability was high: k = .93 for the MDD diagnosis, and .92 for the "nonpsychiatric control" diagnosis (i.e.,

Participants were criteria for MDD.

FALSE MEMORY IN DEPRESSION 8

current diagnosis and no history of any Axis I disorder. Participants also completed the Beck Depression Inventory-II (BDI; Beck, Steer, & Brown, 1996), a 21-item, self-report measure of the severity of depressive symptoms and the 22-item Ruminative Response Scale (RRS, Nolen-Hoeksema & Morrow, 1991) to examine how participants tend to respond to sad feelings and symptoms of dysphoria. Fifty-two individuals (25 currently diagnosed with MDD, 27 never-disordered controls) participated in this study.

Materials

We presented 40 lists, each containing 15 words. Thirty-five of the 40 lists were taken from McDermott and Watson (2001). We added to this the happy list and the sad list used by Storbeck and Clore (2005) and created three additional lists using valence, arousal, frequency, and association norms. To assess false memory separately for neutral, negative, and positive lures, we compared valence ratings for critical lures from these lists to the Affective Norms of English words (ANEW; Bradley & Lang, 1999), which lists valence and arousal ratings for over 1000 English adjectives, verbs, and nouns on 9-point scales (1: not at all arousing/very negative to 9: very arousing/very positive). Because 11 of the 40 critical lures are not included in the ANEW, we obtained ratings from 12 undergraduate and graduate students using scales that were identical to the ANEW (full details on the ratings and lists may be obtained from the first author).

FALSE MEMORY IN DEPRESSION   9

Of the 40 lures associated with the lists, we identified 3 as positive, 3 as negative, and 34 as neutral. Combining ANEW ratings with our ratings, the positive lures had an average valence rating of $M = 7.67$ ($SD = 0.55$) and an average arousal rating of $M = 5.43$ ($SD = 0.96$); the negative lures had an average valence rating of $M = 2.87$ ($SD = 2.18$) and an average arousal rating of $M = 4.43$ ($SD = 0.26$). The remaining (neutral) lures had an average valence rating of $M = 5.20$ ($SD = 1.46$) and an arousal rating of $M = 4.63$ ($SD = 1.33$). As expected, the three types of critical lures differed significantly in their valence ratings, $F(2,37) = 7.91$, $p < .01$, but importantly, did not differ in arousal, word frequency, or average word length, all $Fs < 1$, ns.

Design and Procedure

The false recall paradigm was modeled after Storbeck and Clore (2005). All words were presented in the same order, with the first word of each list being most strongly associated with the critical lure, and associative strength decreasing throughout the list. The sequence of the lists was randomized for each participant. The words were presented for 250 ms each with a 32-ms inter-stimulus-interval.

Participants were tested individually within a week after their initial diagnostic interview. They read instructions on a computer screen telling them to remember as many words as poss[...]
They were further info[...]
list, and that they wou[...]
they could remember. [...]

> 程序：在程序部分，应准确报告知读者研究的执行情况，从参与者与实验者开始接触时起，到他们的接触结束时止。因此，这一部分会按步骤描绘参与者和实验者在研究中做了什么。这部分应该包括呈现给参与者的任何指导语或刺激条件和要求他们做出的反应，以及研究中用到的控制技术（比如随机化或平衡法）。也就是说，要准确说明研究者和参与者做了什么，是如何做的。在阅读完程序后，读者应能理解研究者所使用的研究设计，以及这些设计是如何用于解答研究问题的。

FALSE MEMORY IN DEPRESSION   10

instructions, we cautioned participants not to guess during the recall task. All participants began with the 'King' list as a practice trial. After each list, a tone signaled the start of the memory test. Participants were given a booklet to write down the words they recalled. After 45 s another tone signaled the end of the recall period and the start of the presentation of the next list. This procedure was repeated for all 40 lists.

Results

Participant Characteristics

Demographic and clinical characteristics of the two groups of participants are presented in Table 1. The two groups did not differ significantly in age, $t(50) < 1$, or education, $t(46) = 1.41$, $p > .05$; as expected, MDD participants had significantly higher BDI

> 结果：结果部分的目的是总结收集到的数据和对这些数据的分析。所有 APA 的期刊都希望研究者至少报告一下假设检验结果和效应量及置信区间。报告推断检验（比如，t 检验、F 检验和卡方度量）时，要包含检验统计量的值、自由度、概率值、效应量以及效应的方向。应报告确切的概率值（p 值）。要有充分的描述统计量（如，平均数、标准差），以确保读者理解报告中提到的效应。在说明一种具有统计显著性效应的方向（基于各种原因，无显著性的效应不要求详细说明）时，你需要选择哪种呈现方式能最清晰而经济地达到你的目的。如果变量在三个组之间的主效应是显著的，也许最好的方式是将每组的平均分数放在报告正文中。而如果某种复杂的交互作用具有显著性，最好是用一张图或一张表格的形式来总结数据，然后将图或表放在研究报告结尾处的单独一页中。如果你确实使用了图或表格（这是你必须决定的一件事），就一定要在正文中告诉读者，它描述的是什么数据，然后对呈现的数据进行充分的解释，以保证读者能够正确地解读它们。在报告平均数时，一定要加入相应的变异量指标，比如标准差或均方差。在书写结果部分时，有几项内容是不应该写在其中的。除非开展的是单一个案研究，否则不用包括参与者个体的数据。也不用包括统计公式，除非你所使用的统计检验是新的、独特的或在某个方面是非标准或不常见的。

FALSE MEMORY IN DEPRESSION 11

scores than did CTL participants, $t(50) = 16.23$, $p < .01$. MDD participants also had higher scores on the RRS, $t(50) = 9.35$, $p < .01$. Five participants in the MDD group were diagnosed with current comorbid anxiety disorders (1 with current and lifetime Social Anxiety Disorder (SAD) and Post Traumatic Stress Disorder (PTSD), 2 participants with current and lifetime SAD and lifetime PTSD, and 1 participant with current and lifetime PTSD, 1 participant was diagnosed with lifetime PTSD but no current comorbid condition). No other current or lifetime comorbid diagnoses were observed in our sample.

Accurate Recall of Presented Words

To examine whether the MDD and CTL participants differed in their recall of words from the lists, we first examined the mean percentages of correctly recalled words per list (see Ta...
(ANOVA) examining c...
factor and valence of ...
tor. This analysis yiel...
$\eta^2 = .14$, and valence, ...
significant interaction ...
Although MDD partici...
than did CTL particip...
itive: $t(50) = 3.15$, p ...
ference was most pro...
indicating that the de...
depressed counterpar...
CTL participants reca...
from the positive, $t(2$...

FALSE MEMORY IN DEPRESSION 12

$d = 1.05$, lists, which did not differ from each other, $t(26) < 1$, ns. In contrast, MDD participants recalled significantly fewer words from the positive, $t(24) = 4.25$, $p < .05$, $d = .87$, and negative, $t(24) = 6.14$, $p < .05$, $d = 1.25$, lists than they did from the neutral lists; they did not differ in their recall for words from positive and negative lists, $t(24) = 1.40$, $p > .05$, $d = .29$.

Mean Error Production

To investigate group differences in the number of errors on the memory test, we examined whether MDD and CTL participants differed in the average number of words per list they falsely recalled, excluding the critical lures (see Table 1). The group by valence ANOVA conducted on the mean number of errors per list type (excluding lures) yielded only a main effect of valence, $F(2,100) = 169.11$, $p < .01$, $\eta^2 = .77$. Participants made more errors on the neutral lists than they did on the positive, $t(51) = 15.88$, $p < .01$, $d = 4.45$, and negative, $t(51) = 17.14$, $p < .01$, $d = 4.80$, lists, which did not differ from each other, $t(51) = 1.08$, $p > .05$, $d = .22$.

Critical lures

Finally, and most importantly, to examine false recall of the critical lures, we conducted a two-way (group by valence) ANOVA on the probability of recalling critical lures. Neither the main effect of group, $F(1,50) = 1.89$, nor the main effect of valence, $F(2,100) = 1.94$, was significant, both $ps > .05$. The critical interaction of group and valence, however, was significant, $F(2,100) = 3.47$, $p < .05$, $\eta^2 = .06$ (see Figure 1). Follow-up tests indicated that the MDD and the CTL participants did not differ in their probability of recalling positive, $t(50) < 1$, or neutral, $t(50) = 1.36$, lures, both $ps > .05$; as predicted, however, the MDD participants falsely recalled a significantly greater number of critical lures from the negative lists than did the CTL participants, $t(50) = 2.20$, $p < .05$, $d = .63$.[1]

FALSE MEMORY IN DEPRESSION 13

Discussion

The present study was designed to investigate whether clinical depression is associated with increased false recall of neutral and/or emotional material. Compared to control participants, depressed participants falsely recalled a higher proportion of negative lures. Importantly, no group differences were obtained for recall of positive and neutral lures, indicating that the higher propensity for false recall in depression does not reflect a general deficit, but instead, is specific to the processing of negative material. Depressed participants also demonstrated less accurate recall than did their nondepressed counterparts for previously presented items, especially those from the positive lists. Thus, even though depressed participants exhibited a general deficit in recall, consistent with prior literature (e.g. Burt et al., 1995), they were also more likely to recall negative lures that had not been presented to them.

Our findings have important clinical and theoretical implications. If depressed people are more prone than are their nondepressed counterparts to produce false memories for negative material, the impact of memory on emotion dysregulation in this disorder is likely to be even more powerful than had been postulated. In fact, the present findings suggest that the effects of clinically significant depression are quite different from those reported that induced lures, participants dia negative affect, exhibit

> 讨论：在研究报告中，讨论部分的目的是解释并评估研究得到的结果，对结果和研究假设之间的关系进行重点强调。讨论应以陈述研究假设是否得到支持开始，然后再对结果进行解释，告诉读者这些结果意味着什么。为此，应该尽可能把研究发现与前人研究的结果整合起来。解释中应包括对可能存在的偏差、内部效度威胁、其他局限和缺点的考虑。一般来讲，讨论应解答以下问题：（1）这项研究有什么贡献？（2）研究是如何帮助解决研究问题的？（3）从这项研究中，能得到什么结论和理论启示？

> 在讨论缺点时，只需讨论那些可能显著影响了所得到结果的缺点。你应该接受负性的结果，并提供相应的事后解释。尽量不要试图将负性结果归因于方法学的缺陷（除非确实有充足和正当的理由证明为什么这种缺陷的确会造成负性结果，这种情况偶尔会发生）。

FALSE MEMORY IN DEPRESSION 14

How can we explain this difference between induced negative mood and MDD in accuracy of 'recall?' The primary theoretical account of false memories is the activation-monitoring framework proposed by Roediger et al. (2001). Through spreading activation, semantic activation processes during encoding of a list can bring to mind items that are related to the list but that were not presented. Indeed, the stronger the initial activation, the higher the probability for false recall. The activation of these items, however, is not sufficient to lead to false memory. A second process, monitoring, can affect the false memory effect by selecting items at recall that the participant does not remember seeing even though they seem familiar. Thus, the activation-monitoring framework proposes that the probability of false recall is a function of the strength of activation of never-presented but related items and the monitoring process at retrieval. Storbeck and Clore (2005) added a variant of the DRM paradigm to their study that allowed them to investigate whether mood influences accessibility of lures at encoding or monitoring at recall. They concluded that critical lures were less likely to be accessible in the negative mood group than in the positive mood group, but that mood state did not affect monitoring at retrieval.

Unlike transient negative mood, however, depression may have unique effects at both the activation and monitoring phases. Specifically, depression may be associated with increased activation of negative lures at encoding because of its more chronic

FALSE MEMORY IN DEPRESSION   15

accessibility of negative material and/or with reduced monitoring at retrieval. To examine this issue systematically, it will be important in future research to assess these processes, in a single study, in depressed and nondepressed participants and in nondepressed individuals who are put in a negative mood state. With respect to effects at retrieval, recent studies suggest that the monitoring process is closely related to working memory and that poor working memory is associated with increased recollection of critical lures (e.g., Peters, Jelicic, Verbeek, & Merckelbach, 2007). Importantly, previous studies have identified depression-associated deficits in working memory and cognitive control (Joormann & Gotlib, 2008), suggesting that reduced monitoring in depression is likely. If it was only monitoring that was deficient, however, depressed participants would be expected to have a greater overall number of false memories than would control pa...
negative material sugg...
impairment in monitor...
accessibility of negativ...

Consistent with th...
mood is associated wi...
over-general and abst...
ciated with deficits in...
between people in a n...
fore, also be due to in...
Future research is cle...
memory in depressio...

We should note tw...
to use as many of the...

FALSE MEMORY IN DEPRESSION   16

the task in order that our findings could readily be compared to other DRM studies, we used three positive, three negative and 34 neural lists. The relatively small number of positive and negative lists was also due to the inherent difficulties in constructing novel, high-quality DRM lists. Although this design choice somewhat limits direct comparison of false recall of neutral versus emotional lures, our main hypotheses focused on between-group comparisons of the original DRM neutral and emotional material, making this limitation less critical. As a related point, the lists were not constructed to be matched on valence, arousal, and word frequency, although, importantly, the critical lures from these lists did meet these criteria. Second, it should be kept in mind that the MDD and CTL participants likely differed on other characteristics, such as personality/temperament. For example, previous studies have demonstrated that individual differences in neuroticism are associated with biases in memory (Chan, Goodwin, & Harmer, 2007; Ruiz-Callabero & Bermudez, 1995). Thus, while we took care to recruit clinically depressed participants with few comorbid conditions, future research is needed to investigate whether group differences in personality or temperament may have contributed to the current results.

Taken together, the current findings suggest a 'double whammy' for memory biases in depression: depressed people recall more negative and less positive information from an event than actually occurred and simultaneously 'recall' negative information that did not occur. Increased accessibility of negative material and deficits in cognitive control may thus affect the use and effectiveness of mood regulation strategies by increasing ruminative responses to negative affect and by enhancing difficulties in using mood-incongruent memories to repair mood. Examining the treatment implications of altering the increased accessibility of negative material and subsequent impairment in monitoring will be critical next steps to try to break depression's vicious cycle of increasingly harmful cognition and negative mood.

References

American Psychiatric Association. (1994). *Diagnostic and statistical manual of mental disorders (4th ed.)*. Washington, DC: Author.

Beck, A. T. (1976). *Cognitive therapy and the emotional disorders*. New York: International Universities Press.

Beck, A. T., Steer, R. A., & Brown, G. K. (1996). *Manual for the Beck Depression Inventory-II*. San Antonio, TX: Psychological Corporation.

Blaney, P. H. (1986). Affect and memory: A review. *Psychological Bulletin, 99*, 229–246.

Bower, G. H. (1981). Mood and memory. *American Psychologist, 36*, 129–148.

Bradley, M. M., & Lang, P. J. (1999). *Affective norms for English words (ANEW): Technical Manual and Affective Ratings*. Gainesville, FL: The Center for Research in Psychophysiology.

Burt, D. B., Zembar, M. ... A meta-analysis of ... *Bulletin, 117*, 285–

Chan, S., Goodwin, G., ... students have neg... *37*, 1281–1291.

First, M. B., Spitzer, R. ... *Interview for DSM*... DC: American Psy...

Hertel, P. T. (2000). Th... memory. In D. L. M... *in research and th*...

Hertel, P. T. (2004). Memory for emotional and nonemotional events in depression: A question of habit? In D. Reisberg & P. Hertel (Eds.), *Memory and emotion* (pp. 186–216). New York: Oxford University Press.

Joormann, J., & Gotlib, I. H. (2008). Updating the contents of working memory in depression: Interference from irrelevant negative material. *Journal of Abnormal Psychology, 117*, 206–213.

Joormann, J., & Siemer, M. (2004). Memory accessibility, mood regulation and dysphoria: Difficulties in repairing sad mood with happy memories? *Journal of Abnormal Psychology, 113*, 179–188.

Joormann, J., Siemer, M., & Gotlib, I. H. (2007). Mood regulation in depression: Differential effects of distraction and recall of happy memories on sad mood. *Journal of Abnormal Psychology, 116*, 484–490.

Jou, J., & Foreman, J. (2007). Transfer of learning in avoiding false memory: The roles of warning, immediate feedback, and incentive. *The Quarterly Journal of Experimental Psychology, 60*, 877–896

Mackie, D. M., & Worth, L. T. (1989). Processing deficits and the mediation of positive affect in persuasion. *Journal of Personality and Social Psychology, 57*, 27–40.

Mathews, A., & MacLeod, C. (2005). Cognitive vulnerability to emotional disorders. *Annual Review of Clinical Psychology, 1*, 167–195.

Matt, G. E., Vazquez, C., & Campbell, W. K., (1992). Mood-congruent recall of affectively toned stimuli: A meta-analytic review. *Clinical Psychology Review, 12*, 227–255.

McDermott, K., & Watson, J. (2001). The rise and fall of false recall: The impact of presentation duration. *Journal of Memory and Language, 45*, 160–176.

参考文献：如你所想，参考文献的目的是为文中所引用过的所有文献提供准确而完整的清单。文中引用过的所有参考文献都必须列出，按字母顺序，并采用悬挂缩进格式，也就是要求每条文献的第一行左对齐，后面的行要缩进。

FALSE MEMORY IN DEPRESSION   19

Moritz, S., Glaescher, J., & Brassen, S. (2005). Investigation of mood-congruent false and true memory recognition in depression. *Depression and Anxiety, 21*, 9–17.

Parrott, W. G., & Sabini, J. (1990). Mood and memory under natural conditions: Evidence for mood incongruent recall. *Journal of Personality & Social Psychology, 59*, 321–336.

Peters, J. V., Jelicic, M., Verbeek, H., & Merckelbach, H. (2007). Poor working memory predicts false memories. *European Journal of Cognitive Psychology, 19*, 231–232.

Roediger, H. L., III, & McDermott, K. B. (2000). Tricks of memory. *Current Directions in Psychological Science, 9*, 123–127.

Roediger, H.L., III, & McDermott, K. (1995). Creating false memories: Remembering words not presented in lists. *Journal of Experimental Psychology: Learning, Memory, and Cognition, 21*, 803–814.

Roediger, L., III, Watson, J., McDermott, K., & Gallo, D. (2001). Factors that determine false recall: A multiple regression analysis. *Psychonomic Bulletin & Review, 8*, 385–407.

Ruder, M., & Bless, H. (2003). Mood and the reliance on the ease of retrieval heuristic. *Journal of Personality and Social Psychology, 85*, 20–32.

Ruiz-Caballero, J., & Bermúdez, J. (1995). Neuroticism, mood, and retrieval of negative personal memories.

Rusting, C. L., & DeHa... mood: Consequenc... *Psychology, 78*(4)...

Storbeck, J., & Clore, ... memory. Mood an...

Watkins, E. (2008). Co... *Bulletin, 134*, 163...

Wegener, D. T., & Petty... The hedonic conti... *66*, 1034–1048.

FALSE MEMORY IN DEPRESSION   20

Footnote

[1]This group difference remained significant when we excluded MDD participants diagnosed with a current comorbid condition, $t(45) = 2.14$, $p < .05$. False recall was not significantly correlated with measures of rumination (RRS) or BDI scores.

脚注：脚注的编号是连续的，是阿拉伯数字上标。按照脚注在报告正文中出现的顺序排序。绝大多数脚注都是内容脚注，所包含的材料对正文中信息加以补充。脚注也可用于对版权许可表示感谢。脚注出现在它所讨论的内容所在的页面底部。你也可以将脚注放在参考文献之后的单独一页上。当脚注放在单独一页时，需要将"脚注"一词用大写和小写字母写在该页顶部居中位置。每一条脚注的第一行要缩进五个空格即半英寸，而脚注的上标数字应该出现在脚注句首的前面。脚注出现的顺序应该与它们在正文中被提到的顺序相同。

Table 1

Characteristics of participants, proportion of correctly recalled words, and mean error rates

	Group	
	MDD	CTL
N (N female)	25 (14)	27 (19)
Age	32.56 (8.33)	31.29 (10.69)
Years of education	15.42 (2.53)	16.22 (2.26)
% Caucasian	65	66
% income <$50,000	77	70
BDI	27.48 (11.48)	1.19 (1.99)
RRS	56.97 (12.51)	31.13 (6.80)
Recall: % Corre...		
Recall: % Corre... Negative		
Recall: % Corre...		
Mean Errors P...		
Mean Errors N...		
Mean Errors N...		

Note. Standard deviat... Disorder; CTL = Contr...

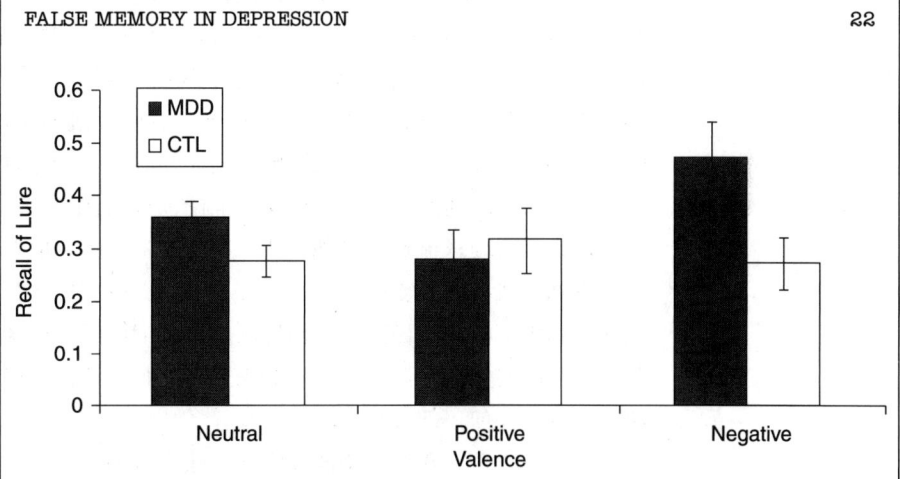

FIGURE 1

Probability of recalling critical neutral, positive, or negative lures in the DRM task in participants with Major Depressive Disorder (MDD) and control participants (CTL). Error bars represent one standard error.

过程，要求作者付出持续的努力。

不过，我们为不擅长写作的学生推荐了一本好书，即由斯特伦克和怀特（Strunk & White）所编写的《风格的要素》(The Elements of Style)，这是一本短小精炼的经典书籍。为了学习推理和清晰地写作，我们推荐阅读盖奇（Gage）的《推理的形态》(The Shape of Reason, Gage)。如果在准备研究方面需要更多帮助，可以阅读 R·罗斯诺和 M·罗斯诺的《撰写心理学论文》(Writing Papers in Psychology, Rosnow & Rosnow, 1992)，这是一个不错的选择。赫尔特（Hult）的《社会科学的研究和写作》(Research and Writing in the Social Sciences)也是一本很好的参考书籍。另外，若干年前，哈洛在《比较和生理心理学期刊》(Journal of Comparative and Physiological Psychology)上针对研究报告的内容和风格发表了一篇非常幽默的评论（即《准备心理学期刊文章的基本原则》[Fundamental Principles for Preparing Psychology Journal Articles, Harlow]——译者注）。现在，我们将提供一些普遍原则，《APA 出版手册》(2010 年版)对它们进行了详细的说明。

为了清晰地表达研究报告的精髓，你必须有序地呈现自己的观点。从开头到结尾，报告中涉及的词语、概念及主题发展都必须具备连续性。要实现这种连续性，你可以通过标点符号的使用来显示观点之间的关系，也可以通过使用过渡词，如那么、接下来、因此和但是等。但是，有些过渡词（比如，虽然 [while] 和既然 [since]）会让人产生困惑，应该谨慎使用。"既然"通常会被错误地用于应该出现"因为（because）"的地方。科学写作要求准确，应该有限制地且正确地使用这些过渡词。

研究报告要求流畅精炼地表达。要保证流畅性，应避免模棱两可，也不要插入意想不到的或不断改变的主题、时态、人称，所有这些都使读者迷惑。时态一致可以使表达更流畅。要做到表达精炼则应该用词简练，避免冗余、赘言、俗语、闪烁其词、过度使用被动语态、曲折的表达、蹩脚的议论，以及对诸如参与者或程序等研究报告的任何一部分写得过于详细。

在写作方面，我们希望能提出一些建议帮助你提高。一些人存在难以提笔的问题。他们坐在电脑前，或者拿着一支笔和一沓纸，却写不出一个字。在这种情况下，你可以使用下述两种方法中的一种。R·罗斯诺和 M·罗斯诺（Rosnow & Rosnow, 1992）建议，可以从自己感觉最容易写的那部分入手，例如，也许你认为最容易写的是方法部分，因为你已经知道所有相关的细节，例如，研究参与者的特征，以及在测试中所遵循的程序。一旦你已经开始下笔写了，也许你就会发现其余部分也不是那么难写，如前言。另一种技巧是，即使你根本不喜欢自己写的东西，也可以逼迫自己开始写某个部分。这种方法的好处在于，让一些内容切实地落在了纸面上，给了你可以思考和修改的东西。它也逼迫你从起点向前走，这可能会让你的思路变得流畅起来。要使用这种技巧，你必须接受这样一个事实：你的第一份草稿就是那样。你应该不太可能认为第一份草稿就会是定稿。相反，你应该先写出第一份草稿，然后修改它。这个过程应该不断持续，直到你对最后的作品感到满意为止。

在完成了最后的作品之后，你应该把它放在一边搁置几天，然后再来读它。几天后再次阅读时，你应该会发现另外一些要修改的地方，因为时间的流逝能让你更客观地看待这篇论文，并确定需要完善的部分。

在准备研究报告时，一定要避免剽窃。剽窃意味着你盗用了他人的观点或成果，并把它们假装为自己的。在研究报告的某几个部分，尤其是在前言中，你必须借用其他人的工作成果，当你要这样做时，请确保注明他人的贡献。

语　言

用于表达研究结果的语言绝不应带有贬低性和偏见。APA《出版手册》提供了三条指南：具体性、对标签的敏感性，以及感谢参与。为了实现无偏见表达这个目标，要遵守以上三点。

具体性　在提到某个人或某群人时，你应该选用准确、清楚、无偏见的词汇。在犹豫不决时，宁可写得过于具体也不要流于简略。比如，如果你正在描述年龄组，较好的方式是提供一个具体的年龄范围（比如，8岁至12岁），而不是一个大类别（比如，12岁以下）。高危人群这个范围太宽了，更可取的说法是确定风险及所涉及的人群（比如，有受性虐待风险的儿童）。类似地，当男性和女性作为社会群体出现时，使用性别（gender）一词要比性（sex）更好，因为性可能与性行为混淆。

标签　在任何研究中，都必须尊重参与者的喜好，应该按照他们喜欢的称谓来称呼他们。这意味要尽可能地避免给他们贴标签，避免将参与者像物体那样分类（比如，年长者）或是把参与者与他们的状态等同起来（抑郁者或中风患者）。避免出现此类标签的一种方法是使用形容词形式，比如同性恋的人或中风的病人。另一个选择是以个体为核心词，加以描述性短语（比如，诊断为抑郁症的个体）。同样地，在表示一个组比另一个组更好，或者在把一个组作为判断另一个组的标准时，也要保持敏感。例如，将抑郁的个体和正常人作对比是不恰当的，这样有侮辱抑郁人群的嫌疑。更恰当的方式是对比抑郁和非抑郁个体。

参与　在书写有关参与者的内容时，应该持有一种感谢参与者参与的态度，并遵循你所在领域的传统。尽管我们认可并已经使用过一些具体的描述性词汇，如儿童或妇女来提供关于研究参与者的具体信息，但大多数的研究还是使用：参与者或被试这一总称。在讨论参与者的活动时，要使用主动语态来感谢他们所做的一切。例如，陈述"参与者完成了MMPI"而不是"对参与者施测了MMPI。"通过使用主动语态，作者表达了对人们自愿并积极参与研究的感谢。

具体问题　所有研究报告的书写都要避免传达出贬低的态度和带有偏见性的假设。牢牢记住这一点，并特别留意下述问题：

性别　在描述参与者时，应该避免性别身份或性别角色不明确的形式。避免用他来指代两种性别，避免用暗含"男性"之意的"*man*"或"*mankind*"统指人。可改用"*people*"、"*individuals*"或"*persons*"等词，这些词不会导致含义缺失或表述不清晰。

性取向　使用性取向这个词，而不用性偏好这个词，因为一个人的性取向不是自己选择的，尽管性伴侣的性别可能是由自己选择的。这意味着词语同性恋应该被男同性恋、女同性恋、男双性恋和女双性恋等能指代相应性别身份者的词语所取代。

种族和族群身份　在提到种族和族群时，必须记住有些名称可能已经过时，还可能是负性的。因此，对参与者偏好的名称保持敏感是很重要的，如黑人和非裔美国人都是可以接受的词语，但是研究参与者也许偏好这两个词中的某一个。一般来讲，你应该使用更具体而不是更简略的词语来表示参与者的种族和族群身份。在描述参与者的族群名称时，准确性或说具体性显得尤为重要，因为可接受的名称也许会取决于这个人来自哪里（比如，拉美裔、拉丁裔、墨西哥裔）。如果使用了专有名词来表示某个种族或族群（比如，白人或黑人），首字母一定要大写。

残疾　在描述身体残疾的个体时，重要的是将他们中的每个人作为一个整体来看待，这意味你应该避免用表示其身体条件的语言来指代他们。这时最重要的原则是，确保你没有将注意力都放在这些人的残疾部分，而是使用"以人为重"的语言，如，不要使用诸如抑郁者、中风患者或脑损伤者等描述词表示研究参与者，把他们称为"有抑郁症状的个体"或"有大脑损伤的人"更恰当一些。总之，不能将研究参与者仅仅看做是有缺陷的人。

年龄　关于年龄，要遵守的一般规则是具体描述参与者的年龄，并避免用开放式的定义，如超过65岁。年龄小于12岁的个体可以被称作男孩和女孩，年龄在13至17岁之间的个体可以被称作年轻男性和年轻女性，或青少年男性和青少年女性。年龄在18岁及以上的人应该被称作男性和女性。老年人是一个可接受的词语，而上了年纪的人和年长者则不被接受。

　　这一节所讨论的问题重点在于，如何确保研究报告中不出现带有偏见的表达。前述出版手册也指出，应避免历史方面和解释上的不准确性。要防止为了避免语言偏见而歪曲过去的观点。这意味着应该保留过去稿件中的原话，并添加对旧用语的评论。

编辑文体

　　编辑文体指的是出版者为了确保能清晰一致地呈现出版材料而使用的规则或指南。这些规则明确了如何构建研究报告中所包括的许多要素，如表格、图示，以及标点和缩写的规范使用等。在这里我们列举并讨论了其中的一些规则。如果你对此处未提及的文体规则有任何疑问，请查询《出版手册》，它列出了许多其他的规则和指南。

斜体 一般的规则是，不要频繁使用斜体。如果你想确定什么情况下适合使用斜体，可以查阅《出版手册》。

缩写 谨慎使用缩写。一般来讲，只使用约定俗成且读者应当熟悉的缩写（比如 IQ）。如果可以节省相当的篇幅并避免繁琐重复，也可使用缩写。在任何情况下，拉丁字母缩写：*cf.*（比较）、*e.g.*（例如）、*etc.*（等等）、*i.e.*（即）、*viz.*（也就是）和 *vs.*（与……相对，违反）都只能用在带有括号的内容里。这条规则的特例是拉丁字母缩写 *et al.*，它可以被用于稿件正文中。时间单位"秒"缩写是"s"而不是"sec"。天、周、月、年等时间单位不缩写。还有许多其他缩写可在研究报告中使用。要了解这些，可以查阅《出版手册》（2010 年版）。

标题 标题的作用是列出稿件的大纲，并表明各话题的重要性。在稿件中，可使用的标题有五个不同的级别，它们自上而下的等级如下：（一级）居中主标题，加粗，大写和小写字母；（二级）左侧对齐标题，加粗，大写和小写字母；（三级）缩进侧标题，加粗、小写的段落标题，以句点结尾；（四级）缩进、加粗、斜体的小写段落标题，以句点结尾；（五级）缩进、斜体的小写段落标题，以句点结尾。在段落标题（即三、四和五级）下，段落内正文的开头与标题在同一行。记住，并不是每一份稿件中都会用到所有的标题，但是稿件的每个主要部分都是以最高级别（一级）的标题开头的。同时，在任一部分，你应该至少有两个小节标题。如果你不能用到至少两个小节标题，那么就避免使用小节标题。

如果你需要四个等级的标题，那么就按照如下方法来使用一级、二级、三级和四级标题：

Experiment1

Method

    Procedure.

        Mode of stimulus presentation.

需要多少级标题，取决于稿件的复杂性和长度。如果你只需要一个等级，那么就使用一级标题。如果需要两个等级，就使用一级和二级标题，以此类推。

引文 少于 40 个单词的引文应该插入正文中，并放在双引号里。等于或多于 40 个单词的引文应该自成一段，不需要引号。任何情况下都要包含引文的作者、年份和具体的页码。

数字 在正文中表达数字的一般规则是，使用单词来表示位于句首或小于 10 的数字，使用数字符号来表示所有其他数字。关于这条规则有几个例外，如日期、时间和年龄应该用数字表示。可通过查阅 APA《出版手册》来了解这些例外情况。在陈述数字时，要遵守的第二条规则是，使用阿拉伯数字而不是罗马数字。

物理量 所有物理量的表述都要使用公制单位。如果某个测量结果是用非公制单位表示的，那么就一定要在其后附上圆括号，标注出它的公制换算值。

统计结果的呈现 在正文中呈现统计检验结果时，要为读者提供足够的信息供其确认这些结果的意义。尽管判断信息是否充分要视所选择的统计检验和分析程序而定，但是在报告推论统计时，这一般意味着要在报告中包含检验的大小或数值、自由度、概率水平、效应的方向和相应的效应量或置信区间。例如，t 检验和 F 检验应该按照下述方式进行报告：

$$t(36) = 4.52, p = .04, d = .54, 95\% \text{ CI } [0.29, 0.95]$$
$$F(3, 52) = 17.35, p = .02, \text{est } \omega^2 = .06$$

像 t 检验和 F 检验这类常见的统计检验不需要提到引用源，正文中也不需要包含其计算公式。只有当使用的统计检验是新的、罕见的，或者对于稿件来说必不可少时，才需要包含引用源和公式，例如文章关注的是某种特定的统计检验时。

在报告统计检验结果之后，必须包含平均数、标准差等描述性统计数据，以阐明显著效应的意义及说明该效应的方向。

表格 表格的刊印成本昂贵，所以只有在它们能比一大段文字讨论更经济清楚地传达和总结数据的时候才使用。表格应该被看做是对正文的信息补充。尽管每张表格本身都应该是明白易懂的，但它也应该是正文的组成部分。作为补充，在正文中只需讨论表格的重点内容。如果你决定使用表格，就按照它们在正文中出现的顺序用阿拉伯数字对其编号。

在准备表格时，你可以参考前面样稿的形式。每张表格都应该有一个简短的标题，能够清晰描述它所包含的数据。标题和"表"这个字以及表的编号要位于表格的顶部，与表格左侧边缘对齐。表格中，各行和各列数据都应该有一个标题，尽可能简短地说明该行或该列中包含的数据。

《出版手册》中提供了在构建表格时与标题使用相关的其他细节。在决定表格内容是以单倍行距还是双倍行距呈现时，你应该考虑表格的可读性。在表示表格中的数值时，要让每个数值具有所需的小数位数，以表示测量的精确性；同时要用一字连接符表示缺失数据。

表格可用于呈现许多不同类型的数据。《出版手册》讨论了大量不同类型的表格，并给出了其中许多表格的实例。如果在希望构建自己的表格时需要帮助，你可以查阅《出版手册》。

在撰写稿件时，你应该在正文的某处提及表格。要说明表格中呈现了什么数据，并对数据进行简短的讨论。在提到某个表格时，要明确它的名称，比如表格 3 中的数据这样的表达方法。不要使用如下的这种说明：上面的表格或第 12 页的表格。

在你做完一张表格之后，使用下面的检查表进行核查，确保你已经遵循了《出版手册》中列出的具体规定。

- 这张表格是必要的吗？
- 这张表格要包含在稿件的印刷版中，还是也可以放在某个在线附件中？很多时候更恰当的做法是，将数据放在某个附件中并告知读者在哪里可以获取。
- 那些呈现了同类数据的表格是以一致的方式呈现的吗？
- 标题是简短并且具备解释功能的吗？
- 每列都有对应的列标题吗？
- 对表格中的所有缩写、任何特殊斜体内容、破折号、加粗内容和特殊符号进行解释了吗？
- 按以下顺序：（1）一般注释（2）特殊注释和（3）概率注释，你的注释顺序恰当吗？
- 所有的垂直标尺（线）都隐藏了吗？
- 所有主要的点估计都包含了置信区间吗？所有表格都使用了相同置信水平吗？
- 是否正确地说明了所有统计显著性检验的概率水平？
- 复制有版权的表格时声明出处了吗？从版权所有者那儿获得复制许可了吗？
- 在正文中你是否提到了这张表格？

图 图指的是除表格之外的任何图示，可能是图表、曲线图、照片、画或任何其他类型的描绘。尽管表格更适用于表示定量信息，但图能让人对结果的模式有一个整体印象，不过它要求读者自己进行数值估计。但是，有时图能比表格更有效地表达某种概念，比如描述交互作用的时候。如果你正在考虑使用一张图，那么请注意如下问题：

- 这张图能够明显地提高读者对稿件内容的理解程度吗？
- 用图能最有效地呈现信息吗？
- 哪种类型的图能最有效地传达信息？

如果你认为图不能明显地提高读者对稿件内容的理解程度，但可以丰富对它的理解，那么你可以将图放在在线补充材料档案库中。通常来讲，只有在必须说明某些复杂的理论阐述、某项实验中的参与者流动情况，或者表示从某种复杂交互作用中得到的实证结果时，才会在一份稿件中加入图。

在设计图时，目标应该是简单、清楚、连续和有信息价值。这意味着任何图都应该对正文有补充作用，并且只呈现易于阅读和理解的基本事实，图中的所有元素都要有清楚的标注和解释。在构建一张图时，如果使用误差线和置信区间，记住一定要对二者做明确区分。

图例和图题 任何一张图中都要包括图例和图题。图例用于说明图中的符号,所以是图的一个组成部分。所有图例都应该放在图中。

图题既是对图的说明,也是图的标题。它应该是直接位于图下方的一个简短的描述性词组。这个描述性词组应该是解释这张图的。在这些描述之后,应该是一些有助于澄清图的含义所需的补充信息,比如对符号、误差线或概率值的说明。

图的准备 一般原则是,所有的图都应该由计算机用专业作图软件生成。尽管不同出版商的要求可能有所不同,但都要确保所用分辨率可以生成高品质的图像。通常来讲,字号应该不小于 8 号,不大于 14 号。在准备用诸如电生理学、放射学和其他生物学数据做图时,会因为这些数据的复杂性及缺乏呈现这些数据的惯例而受到挑战,但主要准则仍是确保能够清晰而完整地呈现图。在完成之后,你可以使用下面的检查表进行核对,以帮助你确保图能够实现有效交流,并且遵守了 APA 文体及格式的惯例。

- 这张图是有必要的吗?
- 它是以一种清晰、简单、不包含累赘信息的方式呈现的吗?
- 标题描述内容了吗?
- 清楚地标注了图的所有元素吗?
- 所有图都在稿件中提到了吗?
- 所采用的分辨率是否便于进行准确的复制?

参考文献引用 在研究报告正文中,尤其是在前言部分,应引用对你产生影响的研究者和能表明该项研究必要性的研究,从而把你的研究置于先前研究的背景之下。在引用时,你需要表明所使用观点的出处和原创者信息。为了做到这一点,你必须避免剽窃,即声称他人观点是自己的。这意味着对任何影响你思想的他人观点的转述、引用或描述都需要声明出处。在引用其他资源时,必须要提供所引资源的作者姓名、发表年份、页码或段落编号(针对无页码材料)。引用少于 40 个单词的资源应该直接放在双引号里,插入稿件正文中。如下所示:

> 琼斯(Jones, 2010, p. 275)已经指出:"处理缺失数据的方法是……",这与其他人的建议是一致的。

超过 40 个单词的引用应该用一个引用段,即在正文中另起一行并多缩进半英寸来显示。对于这种缩进的引用段落,不需要引号。如下所示:

> 富含碳水化合物的饮食对中枢 5-羟色胺的合成有影响。相对其他大型中性氨基酸,富含碳水化合物的饮食会提高色氨酸的比例,从而使更多的色氨酸通过了血脑屏障,并用于合成中枢 5-羟色胺。(Neuro, 1999, p. 547)

如果你引用的材料未标记页码,则需要提供作者、年份以及它所出现的段落编号（比如，第四自然段）。在线材料可能出现这种情况。

如果你正在转述某些材料或使用他人的观点，那么你必须提供作者姓名和资源的年份。另外，《APA出版手册》鼓励你提供页码或段落编号，以助于读者定位相关材料。但这只是一个建议，并不是硬性的文体规定。

在稿件正文中引用参考文献时，APA格式使用的是作者–日期的引用方法，需要将作者的姓和出版日期插入到合适的位置，如下所示：

多（Doe, 1999）调查了……

或

研究者已经证明（Doe, 2002）……

或

一种正向的关系已经被证实（Doe, 2002）。

有了这些信息，读者就可以在参考文献列表中找到与这项资源有关的完整信息。涉及同一个作者的多条引用是按照年代顺序安排的：

多（Doe, 1997, 1999, 2001, 2002）

涉及不同作者的多条引用按照字母顺序排列，如下所示：

几项研究（Doe, 2003; Kelly, 2002; Mills, 2002）已经揭示……

如果某条引用包含的作者多于两位，但少于六位，那么在第一次引用参考文献时应列出所有作者。在后续的引用中，则可以只包含第一位作者的姓，其后加"等"（et al.）这个词以及文章发表的年份。如果某条引用有六个及以上的作者，那么每次引用中都只用到第一位作者的姓，其后加"等"（人）。

如果你遇到了从其他类型的资源中引用参考文献的情况，如没有署名作者的文献、几个作者的姓相同，或者是通过个人交流得到的信息，则应该查询《APA出版手册》。

参考文献列表　　研究报告中的所有引用都必须准确而完整地出现在参考文献列表中，以使读者可以查找这些成果。这意味着每个条目都应该包括作者的姓名、发表的年份、题目、出版数据以及其他识别这项参考资料所需的信息。所有的参考文献都要按照字母顺序排列，两倍行距，悬挂式缩进，并在单独一页的顶部居中呈现以大写和小写字母书写的参考文献一词。

期刊、书籍和书中章节作为参考文献时，一般格式如下所示：

Canned, I. B., & Rad, U. B. (2002). Moderating violence in a peaceful society. *Journal of Violence and Peace Making*, 32, 231–234.

Wind, C. (2001). *Why children hurt*. New York: Academic Publishers.

Good, I. M. (2003). Moral development in violent children. In A. Writer and N. Author (Eds.), *The anatomy of violent children* (pp. 134–187). Washington, DC: Killer Books.

目前，电子出版已成为常态。虽然它提升了出版过程的效率，并促进了研究成果的共享，但是它也在建立引用此类材料的具体方法方面制造了一些困惑或困难。另外，我们有时很难确定某篇文章的在线版本是最终版还是修改中的在线版，因此电子出版所带来的困难被复杂化了。作为一条普遍的原则，APA《出版手册》的建议是：在引用在线材料时，可将其视为一项固定媒体资源，用同样的方式引用，接着尽可能地添加更多的电子检索信息，以保证其他人也能找到被引用的资源。

与互联网信息有关的一个事实是，它们很可能会被移动、删除或调整，从而出现损坏或失效的地址。为了解决这个问题，学术资料的出版商们已经开始使用数字对象标识（digital object identifiers; DOI）系统。DOI 系统提供了一种持久的方式，标识和管理数字网络中的信息。这个系统通过在诸如 CrossRef 这样的代理商上注册来运行，并提供了两项核心功能。第一个功能是为每份已出版的稿件分配一个特有标识和一个对应的路线选择系统，无论对应的稿件存储在哪里，系统都能帮助读者找到它的内容。第二个功能是提供链接机制，允许读者通过点击链接访问每份被参考的稿件。

为了使用这个系统，出版商为每篇已发表的文章分配了一个 DOI。一旦配置了 DOI，你就能用它来链接到文章的内容。一份稿件的 DOI 通常位于电子期刊文章的首页，以及 APA 期刊第一页的版权声明之后。《出版手册》建议，当你引用参考文献时，要按照如下方式将 DOI 标识符包含在内：

Hammerstein, J. R. (2010). The effectiveness of fatigue in predicting depression relapse. *Journal of Significant Depression Research*, 104, 225–267. doi:10.1087/15836542880

如果你所参考的文献发表在 DOI 使用之前，你自然无法将它包含在参考文献内。如果你正在参考一篇在加入 DOI 之前发表的在线文章，那么就按照如下方式提供参考资源的主页网址：

Hammerstein, J. R. (2005). The effectiveness of fatigue in predicting depression relapse. *Journal of Significant Depression Research*, 8, 22–50. Retrieved from http://jaba.lib.edu.au/articles.html.

参考文献列表还可以包括许多其他条目，比如书籍的章节、手册、专题著作、杂志文章和多种来自互联网的信息。如果你参考了此处未提及的资源，或者你遇到的资源形式与此处提到的有异，不确定在列表中该使用何种格式，那么你应该查阅 APA《出版手册》。

准备用于提交的稿件 你应该使用统一的字体及字号提供一份可读的稿件，并使出版商能够估算它的长度。《APA 出版手册》建议使用 12 号的 Times New Roman 字体。在准备文本时，所有的材料内容都要采用两倍行距，包括题目、各级标题、脚注、作者注、参考文献和图的标题。除了表格或图中内容外，任何地方都不要使用单倍行距或 1.5 倍行距。每页的顶部、底部和两侧的边缘空白都至少保留 1 英寸；仅让页面左侧对齐，右侧边缘不对齐。

稿件页面的排序 稿件的页面应该按照如下方式排序：

1. 题目页。这是包含了题目、作者姓名、单位名称、页首短题和作者注的单独一页（编号为第 1 页）。
2. 摘要。这是单独的一页，编号为第 2 页。
3. 稿件正文。正文从第 3 页开始，一直持续到讨论部分结束，这些页面连续编号。
4. 参考文献。参考文献开始于单独的一页。
5. 脚注。脚注也开始于新的一页，除非它们已经出现在提到它们的正文页底部。
6. 表格。在单独的一页上开始。
7. 图。在单独的一页上开始。

提交拟发表的研究报告

如果你已经进行了一个独立的研究项目，并且完成了研究报告（除了你为了这门课程而准备的实验报告）的准备，那么现在，你必须决定是否将它提交给某份期刊以期发表。我们已经在前面的章节中提到过，如果你认为某项研究不具有发表的潜在价值，就不应该开始这项研究。但是，即使在开始时你相信自己所开展的研究是具有发表价值的，你也可能在研究结束并准备完研究报告后改变主意。因此，到了这个阶段，你必须做出最后的决定：是否要将稿件提交给某份期刊。这个最终决定的依据是你对研究意义及研究质量的判断。通常，在提交之前让同事阅读一下并让其对文章进行评价是很有价值的。同事会提供一个新的视角，并且能够更严格、更客观地评估文章的价值和潜在问题。

如果你和同事都认为应该提交这份稿件，那你就必须选择将文章提交给哪份期刊。不同期刊在提交文稿的接受率和发表文章的类型上都有所不同。从表 16.1 中，你能看到每份期刊所专注的学科领域有所不同。你必须选择一份期刊，该刊所刊登的文章所涉主题领域与你的研究领域相似。在做这个选择时，你还必须确定自己的稿件对相关领域的贡献是否足以使其发表在某种最有声望的期刊上。在心理学领域，人们普遍认为 APA 和 APS 的期刊是最有声望的期刊，也是标准最严苛的期刊。这些期刊一般只接受投稿稿件的 15%。

一旦你选择好了合适的期刊，就要按照要求将相应数量的稿件副本寄给期刊编辑，并附信说明你提交的是拟发表在该期刊上的稿件。投稿信应向期刊编辑提供以下方面的相关信息：（1）这份稿件是否已经在某个学术会议上展示过；（2）其他与此稿件紧密相关的文章是否已经被发表或者被提交给了其他期刊；（3）文章的题目和长度，表格和图的数目；（4）关于对人类参与者或动物的处理符合 APA 伦理标准的声明。如果你希望进行盲审，你应该在投稿信中提出这个要求。最后，你须留下自己的电话号码、传真号码、电子邮件地址和联系地址，以方便进一步的联络。不管期刊编辑是通过电子邮件还是普通邮件收到了你的稿件，他都会给这份稿件一个编号，通常还会在 48 小时之内给作者发一份回执。

到了这个时候，稿件的处理就不在你的控制之中了，而是由期刊编辑来把握了。期刊编辑通常会将稿件发送给几个熟知相关研究主题的人，然后他们会评审你的稿件，并给出是否接受稿件的意见。他们的意见会被返回到期刊编辑那里，编辑会据此做出最后的决定。这个决定可以是拒绝、接受，或按照建议修改后接受。最后一种是正常的接受形式。整个过程通常会持续两到三个月。

如果你的稿件被直接接受了，你应该要好好庆祝一下，因为这是一种非常罕见的情况。如果你得到的回复是暂时接受，也就是要按照建议修改后再被接受，那你就需要评估这些建议，并尽量遵从这些建议。在修改完成之后，你必须再次提交稿件，期刊编辑将重新评价这份修改稿。编辑也许会选择在这个时候正式接受这份稿件，也可能会把它寄出去进行再次评审，或者要求作者进行其他的修改。如果你被拒绝，请好好评估审稿人的意见，看看他们拒绝这份稿件的理由。如果你同意审稿人意见，你也许会重新评估这份稿件，并确认它确实没有发表的价值。或者，也许你并不认可审稿人的意见，而是相信自己的稿件值得发表。在这种情况下，你应该找到另一份关注你所研究主题和领域的期刊，然后重复之前的过程。如你所知，努力让文章得到发表是一个耗时的过程，涉及大量的工作，需要同行的批准和建议。许多研究从未发表。尽管上面列出的程序有其自身的缺陷，但为了确保只发表高品质的研究，它可能是目前为止所建立起来的最佳程序。

稿件的接受

在文章被接受之后，期刊编辑会寄给通讯作者两份表格：一份版权移交表，用于将发表文章的版权移交给期刊；一份作者认证表，证明作者对发表文章的内容负责，并认可文章作者的署名顺序。

已被接受的稿件还要经过期刊编辑和文字编辑的再次编辑，以更正任何错误，确保它符合 APA 的文体要求，或者使表达更加明确。稿件经编辑加工之后，寄回作者处进行审阅。作者必须对文章中的任何改动进行审查，确认稿件的意义或内容没有改变。通常会要求作者在 48 小时内审阅完毕并寄回稿件。

在你寄回编辑过的稿件版本之后，就要开始排版了。接下来排版人员会寄给你稿件和两份排版后的校样。你需要阅读这些校样并确认它们与编辑过的稿件版本是一致的。到了这个阶段，你就不能对稿件的内容进行任何改动了。可以进行的改动局限于纠正制作错误和更新完善参考文献、引文或地址。原始的校样和稿件应在48小时内被寄回制作编辑处。一旦你将校样寄回，你就完成了自己在发表过程中的职责。接下来你只需等待，直到看到稿件发表，这通常要花费四至六个月的时间。

在专业会议上展示研究结果

研究的终极目标是通过在学术期刊上发表研究的书面报告来交流研究结果。然而，很多时候，一项研究的结果是在某个年度会议上展示的。这些会议包括 APA 和 APS 组织的全国性会议、各心理学会（比如东南部心理学会，即 SEPA）召开的地区性会议，以及各种各样的国际会议。同时，许多学院和大学都会主持召开面向本科生的会议。贯穿这些会议的共同主线是：所有会议的主要活动都是展示心理学家所开展的各项研究。通常这些会议都会发出征求研究报告的启事。希望展示其发现的研究者需要向指定联系人提交一份自己的书面研究报告，或者一份报告摘要，这个联系人会将收到的稿件发出去接受评审。挑选出的审稿人在评审完稿件之后，会建议接受或拒绝这份稿件。如果稿件被接受了，它就会被放在会议计划中，而提交稿件的研究者就有责任参加这次会议，并在会议上展示他的研究结果。这种展示可以采取口头报告的形式，也可以是海报展示。

口头报告

如果你被安排在某个专业会议上对你的研究进行口头报告，那么请确保自己阅读并遵守你所收到的指导意见，因为在规定的时间内你能够报告的内容会受到一些限制。通常情况下，那些研究领域相似的研究者所做的口头报告会被集中安排在同一个环节中，这个环节一般会持续一个小时左右。每个人有 15 分钟的时间进行口头报告，并回答别人提出的问题。因为必须留出提问时间，所以你须确保自己的展示不超过 12 分钟，而且，由于你只有 12 分钟呈现你的研究结果，所以口头报告的准备与拟发表的书面报告的准备不同。以下是如何准备这种口头报告的一些建议：

- 重点讲一到两个点。通过将每个环节与主题相连，不断地提醒听众中心主题是什么。换句话说，告诉听众你打算说什么，然后说出来。
- 省略研究设计的绝大多数细节，因为听众也许难以消化这么多。
- 关注下述要点：
  1. 陈述你研究了什么
  2. 陈述你为什么要研究它
  3. 陈述你是如何对它展开研究的——对你的研究设计进行概括性描述
  4. 陈述你发现了什么

5. 陈述研究结果的意义

- 不要念你的报告，因为这样会让人觉得乏味。相反，像与听众聊天一样地与他们交谈。这意味着你必须充分了解自己的课题并进行预演。准备一些笔记以帮助你用聊天的语气发言，这比念准备好的文档效果更好。
- 如果你的报告中包含了视听材料的展示，确保离得较远的人们也能看到并理解这些内容。
- 在他人面前练习，确保你能在规定的时间内完成，而且衔接流畅。
- 充分的准备可以使你的报告向听众呈现最多的信息量，并能让你最大程度地感到自信，对于第一次报告而言尤其如此。

海报展示

如果你被安排在某个专业会议上对研究进行海报展示，那你就应该仔细地阅读收到的注意事项，因为不同学会有不同的具体要求，比如海报的尺寸以及建议的字号大小。海报展示即用海报的形式，在会议讨论相应主题的环节，由许多研究者同时展示各自的研究。这意味着你需要准备一份关于研究的视觉表现材料，并将它制成海报，供大家察看和阅读。在将海报放置好之后，在海报展示环节中，你需要待在自己的海报旁，这通常会持续一个小时。记住重要的一点：带上一定数量的研究报告书面副本，将它们发给对你的研究感兴趣的人。这样安排的好处在于，你可以与经过并阅读了你的海报且对你的研究产生了兴趣的人进行讨论，而他们也可以带走一份你的研究报告副本。通过这种方式，你就可能找到兴趣相似的人。经过这些交谈，你也许能够形成一些新的研究设想，甚至会遇到一些可以与你在后继研究项目中合作的人。

以下是在准备你的海报时可以参考的一些小建议：

- 海报的布局很重要，应该自然地展示从前言到结果及结论的各部分。图 16.1 呈现了一种可行的布局。
- 在准备海报时，使用一种便于阅读的字体，比如新罗马体。不要试图让页面变得花里胡哨的，因为这样通常会降低可读性。
- 使用的字号要足够大，大到能从距离三米左右的地方看到。24 号或以上的字号应该足够了。
- 使用尽可能少的词汇来阐述你的观点。
- 最理想的情况是，能在一张大的海报板上呈现海报的各个部分。但是如果条件不允许，那么请将你的各页海报置于颜色醒目的背衬板上。确保带上大头针，将你的海报固定到提供的公告牌上。

在将你的海报固定到提供的公告牌上之后，放松下来，与希望讨论的人愉快地交谈。记住，是你进行了这项研究，所以你对它了解最多，并且是关于这项研究的专家。

图 16.1
海报展示的模板

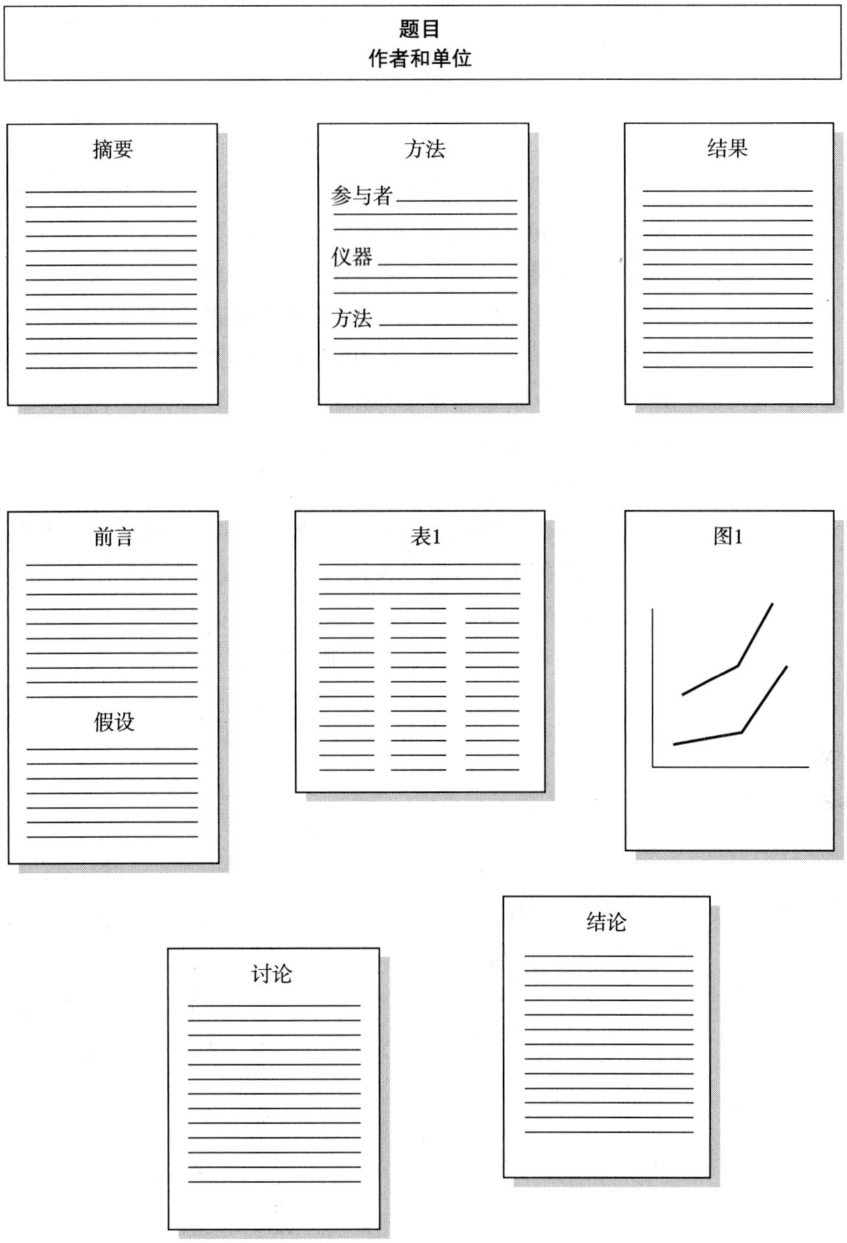

| 题目 |
| 作者和单位 |

| 摘要 | 方法 参与者 仪器 方法 | 结果 |

| 前言 假设 | 表1 | 图1 |

| 讨论 | 结论 |

本章小结

在一项研究结束之后，作者有责任与科学界的其他人交流研究的结果。交流的主要机制是通过专业期刊。为了清楚地交流研究结果，APA 出版了一本手册，给出了作者在准备报告时需要参照的标准格式。这本手册详细地说明了研究报告的每个具体部分，并对每部分应当包含的材料类型给出了指导和建议。研究报告的主要部分是：题目；摘要；前言；方法部分，包含对参与者、所用全部材料或仪器、收集数据所使用的程序的描述；结果部分；讨论部分以及参考文献。

在准备研究报告时，有许多文体要求需要遵守。书写风格应能清楚地表达研究报告的精华，通常来说，这意味着表达必须流畅而经济。使用的语言不应该带任何偏见，这意味着选择的词汇必须意义具体，通常不能带有标签。提及参与者时一定要表达感谢其参与之意。在描述一个人的性别身份、性取向、种族或族群身份、残疾状况或年龄时，要避免不经意中传达出贬低的态度和带有偏见性的假设。

《APA 出版手册》指定了一种编辑风格，它是一组规则或指南，确保出版材料能得到清楚一致的呈现。这些规则包括：何时使用斜体和缩写；如何使用各级标题；如何呈现数字、物理量结果以及统计结果；何时使用引文、表格和图；如何建构表格和图；如何呈现参考文献列表。总之，手册中的规则和指南详细规定了研究报告的整个构建过程。

除了在专业期刊上发表研究成果，研究者还经常在专业会议上报告他们的研究结果。这些报告要么是口头报告，要么是海报展示。口头报告通常较短，应当只关注几个点，以免听众被设计或统计分析的细节弄得头昏脑胀。海报的内容应该让人能从稍远处轻易地阅读，而海报的布局应该自然地展示前言到结论的各部分。

重要术语和概念

摘要	脚注	程序
设备、材料、度量和工具	前言	参考文献
作者注	方法	结果
作者姓名和单位名称	页码	页首短题
讨论	参与者	题目

附 录

章节测验答案

第1章

1. a 2. b 3. b 4. b 5. d

第2章

1. a 2. c 3. a 4. d 5. a 6. b

第3章

1. a 2. e 3. d 4. e 5. b

第4章

1. b 2. a 3. c 4. e 5. b

第5章

1. a 2. a 3. c 4. d 5. d 6. b

第6章

1. e 2. b 3. b 4. d 5. b 6. a

第7章

1. a 2. d 3. a 4. e 5. c

第8章

1. b 2. e 3. d 4. a 5. e

第9章

1. b 2. a 3. d 4. b 5. e

第10章

1. c 2. b 3. c 4. c 5. b

第11章

1. a 2. d 3. b 4. c 5. d

第12章

1. d 2. b 3. a 4. d 5. d

第13章

1. b 2. d 3. a 4. c 5. b 6. b

第14章

1. b 2. c 3. c 4. a 5. c 6. b 7. b

第15章

1. b 2. e 3. a 4. b 5. a 6. d

参考文献

Ackermann, R. J. (1989). "The new experimentalism." *British Journal for the Philosophy of Science, 40*, 185–190.

Adair, J. G., Dushenko, T. W., & Lindsay, R. C. L. (1985). Ethical regulations and their impact on research practice. *American Psychologist, 40*, 59–72.

Adair, J. G., & Spinner, B. (1981). Subjects' access to cognitive processes: Demand characteristics and verbal report. *Journal for the Theory of Social Behavior, 11*, 31–52.

Adams-Price, C., Henley, T., & Hale, M. (1998). Phenomenology and the meaning of aging for young and old adults. *International Journal of Aging & Human Development, 47*, 263–277.

Aebi, M., Metzke, C., & Steinhausen, H. (2009). Prediction of major affective disorders in adolescents by self-report measures. *Journal of Affective Disorders, 115*(1), 140–149.

Alaggia, R., & Millington, G. (2008). Male child sexual abuse: A phenomenology of betrayal. *Clinical Social Work Journal, 36*, 265–275.

Allen, K. E., Hart, B., Buell, J. S., Harris, F. R., & Wolf, M. M. (1964). Effects of social reinforcement on isolate behavior of a nursery school child. *Child Development, 35*, 511–518.

Altemeyer, R. A. (1971). Subject pool pollution and the postexperimental interview. *Journal of Experimental Research in Personality, 5*, 79–84.

American Psychological Association. (1953). *Ethical standards of psychologists*. Washington, DC: Author.

American Psychological Association. (2002). *Ethical principles of psychologists and code of conduct*. Washington, DC: Author.

American Psychological Association. (2010). *Publication Manual of the American Psychological Association* (6th ed.). Washington, DC: Author.

Anastasi, A., & Urbina, S. (1997). *Psychological testing*. Upper Saddle River, NJ: Prentice Hall.

Anderson, R. E., Franckowiak, S., Christmas, C., Walston, J., & Crespo, C. (2001). Obesity and reports of no leisure time activity among older Americans: Results from the third national health and nutrition examination survey. *Educational Gerontology, 27*, 297–306.

Anderson, T., & Kanuka, H. (2003). *E-research: Methods, strategies, and issues*. Boston: Houghton Mifflin.

Aronson, E. (1966). Avoidance of inter-subject communication. *Psychological Reports, 19*, 238.

Aronson, E., & Carlsmith, J. M. (1968). Experimentation in social psychology. In G. Lindzey & E. Aronson (Eds.), *The handbook of social psychology* (2nd ed.). Reading, MA: Addison-Wesley.

Ayer, A. J. (Ed.). (1959). *Logical positivism*. New York: Free Press.

Baldwin, E. (1993). The case for animal research in psychology. *Journal of Social Issues, 49*, 121–131.

Baltes, P. B., Reese, H. W., & Nesselroade, J. R. (1977). *Life-span developmental psychology: Introduction to research*. Monterey, CA: Wadsworth Publishing Co.

Bandura, A., Ross, D., & Ross, S. A. (1966). Imitation of film-mediated aggressive models. *Journal of Abnormal and Social Psychology, 66*(1), 3–11.

Bannister, D. (1966). Psychology as an exercise in paradox. *Bulletin of British Psychological Society, 19*, 21–26.

Barber, T. X., & Silver, M. J. (1968). Fact, fiction, and the experimenter bias effect. *Psychological Bulletin Monograph, 70*, 1–29.

Barlow, D. H., Nock, M. K., & Hersen, M. 2008. *Single case experimental designs: Strategies for studying behavior change* (3rd ed.). Boston, MA: Allyn and Bacon.

Beck, A. T., Ward, C. H., Mendelson, M., Mock, J., & Erbaugh, J. (1961). An inventory for measuring depression. *Archives of General Psychiatry, 4*, 561–571.

Beckman, L., & Bishop, B. R. (1970). Deception in psychological research: A reply to Seeman. *American Psychologist, 25*, 878–880.

Beharry, P., & Crozier, S. (2008). Using phenomenology to understand experiences of racism for second-generation South Asian women. *Canadian Journal of Counselling, 42,* 262–277.

Berg, B. L. (1998). *Qualitative research methods for the social sciences.* Boston: Allyn & Bacon.

Berscheid, E., Baron, R. S., Dermer, M., & Libman, M. (1973). Anticipating informed consent: An empirical approach. *American Psychologist, 28,* 913–925.

Bickel, P. J. (1975). Sex bias in graduate admissions: Data from Berkeley. *Science, 187,* 398–404.

Bijou, S. W., Peterson, R. F., Harris, F. R., Allen, K. E., & Johnston, M. S. (1969). Methodology for experimental studies of young children in natural settings. *Psychological Record, 19,* 177–210.

Birnbaum, M. H. (2001). *Introduction to behavioral research in the Internet.* Upper Saddle River, NJ: Prentice Hall.

Blascovich, J., Spencer, S. J., Quinn, D., & Steele, C. (2001). African Americans and high blood pressure: The role of stereotype threat. *Psychological Science, 12,* 225–229.

Bloom, H. S. (2003). Using 'short' interrupted time-series analysis to measure the impacts of whole-school reforms. *Evaluation Review, 27,* 3–49.

Bonevac, D. (1999). *Simple logic.* Fort Worth, TX: Harcourt Brace.

Booth-LaForce, C. & Oxford, M. L. (2008). Trajectories of social withdrawal from grades 1 to 6: Prediction from early parenting, attachment, and temperament. *Developmental Psychology, 44,* 1298–1313.

Boring, E. G. (1954). The nature and history of experimental control. *American Journal of Psychology, 67,* 573–589.

Boris, M., & Mandel, F. S. (1994). Foods and additives are common causes of the attention deficit hyperactive disorder in children. *Annals of Allergy, 72,* 462–468.

Box, G. E. P., & Jenkins, G. M. (1970). *Time-series analysis: Forecasting and control.* San Francisco, CA: Holden-Day.

Boyd, T., & Gumley, A. (2007). An experiential perspective on persecutory paranoia: A grounded theory construction. *Psychology and Psychotherapy: Theory, Research and Practice, 80,* 1–22.

Brace, I. (2004). *Questionnaire design: How to plan, structure, and write survey material for effective market research.* London: Kogan Page.

Bracht, G. H., & Glass, G. V. (1968). The external validity of experiments. *American Educational Research Journal, 5,* 437–474.

Bradburn, N., Sudman, S., & Wansink, B. (2004). *Asking questions: The definitive guide to questionnaire design—for market research, political polls, and social and health questionnaires.* San Francisco, CA: Jossey-Bass.

Bradley, A. W. (1978). Self-serving bias in the attribution process: A reexamination of the fact or fiction question. *Journal of Personality and Social Psychology, 36,* 56–71.

Brady, J. V. (1958). Ulcers in "executive monkeys." *Scientific American, 199,* 95–100.

Brainard, J. (2000, December, 8). As U.S. releases new rules on scientific fraud, scholars debate how much and why it occurs. *The Chronicle of Higher Education, 47*(15), p. A26.

Bridgman, P. W. (1927). *The logic of modern physics.* New York: Macmillan.

Bryant, A., & Charmaz, K. (Eds.) (2007). *The Sage handbook of grounded theory.* Los Angeles: Sage.

Camic, P. M., Rhodes, J. E., & Yardley, L. (2003). *Qualitative research in psychology: Expanding perspectives in methodology and design.* Washington, DC: American Psychological Association.

Campbell, D. T. (1966). Pattern matching as an essential in distal knowing. In K. R. Hammond (Ed.), *The psychology of Egon Brunswik* (pp. 81–106). Austin, TX: Holt, Rinehart, and Winston.

Campbell, D. T. (1969). Prospective: Artifact and control. In R. Rosenthal & R. L. Rosnow (Eds.), *Artifact in behavioral research.* New York: Academic Press.

Campbell, D. T. (1986). Relabeling internal and external validity for applied social scientists. In W. M. K. Trochim (Ed.), Advances in quasi-experimental design and analysis (pp. 66–77). *New Directions for Program Evaluation, 31.* San Francisco, CA: Jossey-Bass.

Campbell, D. T. (1988). Definitional versus multiple operationalism. In E. S. Overman (Ed.), *Methodology and epistemology for social science: Selected papers.* Chicago: University of Chicago Press.

Campbell, D. T., & Kenny, D. A. (1999). *A primer on regression artifacts.* New York: Guilford.

Campbell, D. T., & Stanley, J. C. (1963). *Experimental and quasi-experimental designs for research.* Chicago: Rand McNally.

Campbell, K. E., & Jackson, T. T. (1979). The role of and need for replication research in social psychology. *Replications in Social Psychology, 1,* 3–14.

Caporaso, T. A., & Ross, L. L., Jr. (1973). *Quasi-experimental approaches: Testing theory and evaluating policy.* Evanston: Northwestern University Press.

Carlopia, J., Adair, J. G., Lindsay, R. C. L., & Spinner, B. (1983). Avoiding artifact in the search for bias: The importance of assessing subjects' perceptions of the experiment. *Journal of Personality and Social Psychology, 44*, 693–701.

Carlston, D. E., & Cohen, J. L. (1980). A closer examination of subject roles. *Journal of Personality and Social Psychology, 38*, 857–870.

Carter, D. (2005). Living in virtual communities: An ethnography of human relationships in cyberspace. *Information, Communication, & Society, 8*(2), 148–167.

Centers for Disease Control and Prevention. (2001). *Helicobacter pylori and peptic ulcer disease.* Retrieved December 4, 2001, from http://www.cdc.gov/ulcer/history.htm

Chalmers, A. F. (1999). *What is this thing called science?* (3rd ed.). Indianapolis, IN: Hackett.

Chouinard, R., & Roy, N. (2008). Changes in high-school students' competence beliefs, utility value and achievement goals in mathematics. *British Journal of Educational Psychology, 78*, 31–50.

Christensen, L. (1977). The negative subject: Myth, reality or a prior experimental experience effect. *Journal of Personality and Social Psychology, 35*, 392–400.

Christensen, L. (1981). Positive self-presentation: A parsimonious explanation of subject motives. *The Psychological Record, 31*, 553–571.

Christensen, L. (1988). Deception in psychological research: When is its use justified? *Personality and Social Psychology Bulletin, 14*, 664–675.

Christensen, L., Krietsch, K., White, B., & Stagner, B. (1985). The impact of diet on mood disturbance. *Journal of Abnormal Psychology, 94*, 565–579.

Cochran, W. G., & Cox, G. M. (1957). *Experimental designs.* New York: Wiley.

Cohen, J. (1992). A power primer. *Psychological Bulletin, 112*, 155–159.

Cohen, J. (1994). The earth is round ($p < .05$). *American Psychologist, 49*, 997–1003.

Cohen, J., Cohen, P., West, S. G., & Aiken, L. S. (2003). *Applied multiple regression/correlation analysis for the behavioral sciences.* Mahwah, NJ: Lawrence Erlbaum.

Conrad, H. S., & Jones, H. E. (1940). A second study of familial resemblances in intelligence. *39th yearbook of the National Society for the Study of Education* (pp. 97–141). Chicago: University of Chicago Press.

Converse, J. M., & Presser, S. (1986). *Survey questions: Handcrafting the standardized questionnaire.* Newbury Park, CA: Sage.

Converse, P., & Traugott, M. (1986). Assessing the accuracy of polls and surveys. *Science, 234*, 1094–1098.

Cook, T. D., & Campbell, D. T. (1979). *Quasi-experimentation: Design and analysis for field settings.* Chicago: Rand McNally.

Copi, I. M., & Cohen, C. (2005). *Introduction to logic* (12th ed.). Upper Saddle River, NJ: Pearson.

Cowley, G. (2002, September 16). The science of happiness. *Newsweek, 140*(12) 46–48.

Creswell, J. W. (1998). *Qualitative inquiry and research design.* Thousand Oaks, CA: Sage.

Cronbach, L. J. (1990). *Essentials of psychological testing.* New York: Harper & Row.

Crosbie, J. (1993). Interrupted time-series analysis with brief single-subject data. *Journal of Consulting and Clinical Psychology, 61*, 966–974.

Davidson, R. (1986). Source of funding and outcome of clinical trials. *Journal of General Internal Medicine, 1*, 155–158.

Denisco, R. A., Chandler, R. K., & Compton, W. M. (2008). Addressing the intersecting problems of opioid misuse and chronic pain treatment. *Experimental and Clinical Psychopharmacology, 16*, 417–428.

Denzin, N. K., & Lincoln, Y. S. (Eds.). (1994). *Handbook of qualitative research.* Thousand Oaks, CA: Sage.

DePaulo, B. M., Dull, W. R., Greenberg, J. M., & Swaim, G. W. (1989). Are shy people reluctant to ask for help? *Journal of Personality and Social Psychology, 56*, 834–844.

Diener, E., & Crandall, R. (1978). *Ethics in social and behavioral research.* Chicago: University of Chicago Press.

Dillman, D. A. (2007). *Mail and internet surveys: The tailored design method.* Hoboken, NJ: Wiley.

Dorfman, D. D. (1978). The Cyril Burt question: New findings. *Science, 201*, 1177–1186.

Ebbinghaus, H. (1913). *Memory, a contribution to experimental psychology.* 1885. Translated by H. A. Ruger & C. E. Bussenius. New York: Teachers College, Columbia University.

Ellen, R. F. (1984). *Ethnographic research.* New York: Academic Press.

Ellickson, P. L. (1989). *Limiting nonresponse in longitudinal research: Three strategies for school-based studies* (Rand Note N-2912-CHF). Santa Monica, CA: Rand Corporation.

Ellickson, P. L., & Hawes, J. A. (1989). An assessment of active versus passive methods for obtaining parental consent. *Evaluation Review, 13,* 45–55.

Erdfelder, E., Faul, F., & Buchner, A. (1996). GPOWER: A general power analysis program. *Behavior Research Methods, Instruments, & Computers, 28,* 1–11.

Ericsson, K. A., & Simon, H. A. (1980). Verbal reports as data. *Psychological Review, 87,* 215–251.

Festinger, L. (1957). *A theory of cognitive dissonance.* Evanston, IL: Row, Peterson.

Festinger, L., & Carlsmith, J. M. (1959). Cognitive consequences of forced compliance. *Journal of Abnormal and Social Psychology, 58,* 203–211.

Feyerabend, P. K. (1975). *Against method: Outline of an anarchistic theory of knowledge.* London: New Left Books.

Fields, D. L. (2002). *Taking the measure of work: A guide to validated scales for organizational research and diagnosis.* Thousand Oaks, CA: Sage.

Fillenbaum, S. (1966). Prior deception and subsequent experimental performance: The faithful subject. *Journal of Personality and Social Psychology, 4,* 532–537.

Fisher, C. B., & Fyrberg, D. (1994). Participant partners: College students with the costs and benefits of deception research. *American Psychologist, 49,* 417–427.

Fisher, R. A. (1935). *The design of experiments* (1st ed.). London: Oliver and Boyd.

Fochtman, D. (2008). Phenomenology in pediatric cancer nursing research. *Journal of Pediatric Oncology Nursing, 25*(4), 185–192.

Folkman, S. (2000). Privacy and confidentiality. In B. D. Sales & S. Folkman (Eds.), *Ethics in Research with Human Participants.* Washington, DC: American Psychological Association.

Fortuyn, H., Lappenschaar, G., Nienhuis, F., Furer, J., Hodiamont, P., Rijnders, C., et al. (2009). Psychotic symptoms in narcolepsy: Phenomenology and a comparison with schizophrenia. *General Hospital Psychiatry, 31*(2), 146–154.

Foster, J. D., & Campbell, W. K. (2007). Are there such things as "Narcissists" in social psychology? A taxometric analysis of the Narcissistic Personality Inventory. *Personality and Individual Differences, 43,* 1321–1332.

Fuller, R. L., Luck, S. J., McMahon, R. P., & Gold, J. M. (2005). Working memory consolidation is abnormally slow in schizophrenia. *Journal of Abnormal Psychology, 114,* 279–290.

Gadlin, H., & Ingle, G. (1975). Through the one-way mirror: The limits of experimental self-reflection. *American Psychologist, 30,* 1003–1009.

Gallup, G. G., & Suarez, S. D. (1985). Alternatives to the use of animals in psychological research. *American Psychologist, 40,* 1104–1111.

Garcia, A., Freeman, J., Himle, M., Berman, N., Ogata, A., Ng, J., et al. (2009). Phenomenology of early childhood onset obsessive compulsive disorder. *Journal of Psychopathology and Behavioral Assessment, 31*(2), 104–111.

Gardner, G. T. (1978). Effects of federal human subjects regulations on data obtained in environmental stressor research. *Journal of Personality and Social Psychology, 36,* 628–634.

Gathercole, S. E., & Willis, C. S. (1992). Phonological memory and vocabulary development during the early school years: A longitudinal study. *Developmental Psychology, 28,* 887–898.

Gazzaniga, M. S., Ivry, R. B., & Mangun, G. R. (2002). *Cognitive neuroscience: The biology of the mind* (2nd ed.). New York: W. W. Norton & Co.

Gholson, B., & Barker, P. (1985). Kuhn, Lakatos, and Laudan: Applications in the history of physics and psychology. *American Psychologist, 7,* 755–769.

Gilbert, G. M. (1951). Stereotype persistence and change among college students. *Journal of Abnormal and Social Psychology, 46,* 245–254.

Gilgun, J. F., Daly, K., & Handel, G. (Eds.). (1992). *Qualitative methods in family research.* Thousand Oaks, CA: Sage.

Glaser, B. G., & Strauss, A. L., (1967). *The discovery of grounded theory: Strategies for qualitative research.* New York: Aldine De Gruyter.

Glass, G. V., Willson, V. L., & Gottman, J. M. (1975). *Design and analysis of time series.* Boulder, CO: Laboratory of Educational Research Press.

Gold, R. (1958). Roles in sociological field observations. *Social Forces, 36,* 217–223.

Gottman, J. M., & Glass, G. V. (1978). Analysis of interrupted time-series experiments. In T. R. Kratochwill (Ed.), *Single subject research: Strategies for evaluating change.* New York: Academic Press.

Gottman, J. M., & McFall, R. M. (1972). Self-monitoring effects in a program for potential high school dropouts: A time-series analysis. *Journal of Consulting and Clinical Psychology, 39,* 273–281.

Gray, M. (2004, October). Philosophical Inquiry in Nursing: An Argument for Radical Empiricism as a Philosophical

Framework for the Phenomenology of Addiction. *Qualitative Health Research, 14*(8), 1151–1164.

Groves, R. M., & Kahn, R. L. (1979). *Surveys by telephone: A national comparison with personal interviews.* New York: Academic Press.

Gubrium, J. F., & Sankar, A. (Eds.). (1993). *Qualitative methods in aging research.* Thousand Oaks, CA: Sage.

Guest, A. M. (2007). Cultural meanings and motivations for sport: A comparative case study of soccer teams in the Unites States and Malawi. *Online Journal of Sport Psychology, 9*(1), 1–19.

Gunsalus, C. K. (1993). Institutional structure to ensure research integrity. *Academic Medicine, 68*(9 Suppl.), 533–538.

Haber, E. (1996). Industry and the university. *Nature Biotechnology, 14,* 441–442.

Hainer, C. (1999, February 17). Face it: Your features reveal inner truths. *USA Today,* p. 9D.

Hall, R. V., & Fox, R. W. (1977). Changing-criterion designs: An alternative applied behavior analysis procedure. In C. C. Etzel, G. M. LeBlanc, & D. M. Baer (Eds.), *New developments in behavioral research: Theory, method, and application* (in honor of Sidney W. Bijou). Hillsdale, NJ: Lawrence Erlbaum Associates.

Hanson, R., & Morton-Bourgon, K. (2009, March). The accuracy of recidivism risk assessments for sexual offenders: A meta-analysis of 118 prediction studies. *Psychological Assessment, 21*(1), 1–21.

Hare-Mustin, R. T., & Marecek, J. (Eds.). (1990). *Making a difference: Psychology and the construction of gender.* New Haven: Yale University Press.

Hartmann, D. P., & Hall, R. V. (1976). A discussion of the changing criterion design. *Journal of Applied Behavior Analysis, 9,* 527–532.

Hashtroudi, S., Parker, E. S., DeLisi, L. E., & Wyatt, R. J. (1983). On elaboration and alcohol. *Journal of Verbal Learning and Verbal Behavior, 22,* 164–173.

Heidbreder, E. (1933). *Seven Psychologies.* New York: The Century Co.

Heinsman, D. T., & Shadish, W. R. (1996). Assignment methods in experimentation: When do nonrandomized experiments approximate answers from randomized experiments. *Psychological Methods, 1,* 154–169.

Henry, G. T. (1990). *Practical sampling.* Thousand Oaks, CA: Sage.

Hermelin, E., Lievens, F., & Robertson, I. (2007, December). The validity of assessment centres for the prediction of supervisory performance ratings: A meta-analysis. *International Journal of Selection and Assessment, 15*(4), 405–411.

Hertel, P. T. (1998). The relationship between rumination and impaired memory in dysphoric moods. *Journal of Abstract Psychology, 107,* 166–172.

Hertel, P. T., & Rude, S. S. (1991). Depressive deficits in memory: Focusing attention improves subsequent recall. *Journal of Experimental Psychology: General, 120,* 301–309.

Hilgartner, S. (1990). Research fraud, misconduct, and the IRB. *IRB: A Review of Human Subjects Research, 12,* 1–4.

Hippocrates. (1931). Aphorisms. In *Hippocrates* (W. H. S. Jones, Trans.). (pp. 128–129). Cambridge, MA: Harvard University Press.

Hogan, J. D. (1994). G. Stanley Hall and company: Observations on the first 100 APA Presidents. *Annals of the New York Academy of Sciences, 727,* 133–138.

Holden, C. (1987). NIMH finds a case of "serious misconduct." *Science, 235,* 1566–1567.

Holder, A. R. (1993). Research records and subpoenas: A continuing issue. *IRB: A Review of Human Subjects Research, 15,* 6–7.

Holmes, D. S. (1973). Effectiveness of debriefing after a stress-producing deception. *Journal of Research in Personality, 7,* 127–138.

Holmes, D. S. (1976a). Debriefing after psychological experiments: I. Effectiveness of postdeception dehoaxing. *American Psychologist, 31,* 858–867.

Holmes, D. S. (1976b). Debriefing after psychological experiments: II. Effectiveness of postexperimental desensitizing. *American Psychologist, 31,* 868–875.

Holmes, D. S., & Bennett, D. H. (1974). Experiments to answer questions raised by the use of deception in psychological research: I. Role playing as an alternative to deception; II. Effectiveness of debriefing after a deception; III. Effect of informed consent on deception. *Journal of Personality and Social Psychology, 29,* 358–367.

Hull, G. A., & Zacher, J. (2007). Enacting identities: An ethnography of a job training program. *Identity: An International Journal of Theory and Research, 7*(1), 71–102.

Humphreys, L. (1970). *Tearoom trade.* Chicago: Aldine.

Hurley, D. (1989, July/August). Cycles of craving. *Psychology Today,* 54–58.

Institute of Laboratory Animal Research, Commission on Life Sciences, National Research Council. (1996).

Guide for the care and use of laboratory animals. Washington, DC: The National Academy Press.

Ishige, N., & Hayashi, N. (2005). Occupation and social experience: Factors influencing attitude towards people with schizophrenia. *Psychiatry and Clinical Neurosciences, 59*, 89–95.

Johnson, R. B., Onwuegbuzie, A. J., & Turner, L. A. (2007). Toward a definition of mixed methods research. *Journal of Mixed Methods Research, 1*(2), 112–133.

Johnson, R. F. Q. (1976). The experimenter attributes effect: A methodological analysis. *Psychological Record, 26*, 67–78.

Jones, J. H. (1981). *Bad blood: The Tuskegee syphilis experiment.* New York: Free Press.

Kalton, G. (1983). *Introduction to survey sampling.* Thousand Oaks, CA: Sage.

Karlins, M, Coffman, T. L., & Walters, G. (1969). On the fading of social stereotypes: Studies in three generations of college students. *Journal of Personality and Social Psychology, 13*, 1–16.

Kassin, S. M., & Kiechel, K. L. (1996). The social psychology of false confessions: Compliance, internalization, and confabulation. *Psychological Science, 7*(3), 125–128.

Katz, D., & Braly, K. (1933). Racial stereotypes of one hundred college students. *Journal of Abnormal Psychology, 28*, 280–290.

Katz, J. (1992). Psychophysiological contributions to phantom limbs. *Canadian Journal of Psychiatry, 37*, 282–298.

Kaye, B. K., & Johnson, T. J. (1999). Research methodology: Taming the cyber frontier. *Social Science Computer Review, 17*, 323–337.

Kazdin, A. E. (1978). Methodological and interpretive problems of single-case experimental designs. *Journal of Consulting and Clinical Psychology, 46*, 629–642.

Kazdin, A. E. (1980). *Research design in clinical psychology.* New York: Harper & Row.

Kazdin, A. E. (1992). *Methodological issues and strategies in clinical research.* Washington, DC: American Psychological Association.

Keller, E. F. (1984). Feminism and science. In S. Harding & J. F. O'Barr (Eds.), *Sex and scientific inquiry.* Chicago: University of Chicago Press.

Kelman, H. C. (1967). Human use of human subjects. *Psychological Bulletin, 67*, 1–11.

Kelman, H. C. (1968). *A time to speak.* San Francisco, CA: Jossey-Bass.

Kelman, H. C. (1972). The rights of the subject in social research: An analysis in terms of relative power and legitimacy. *American Psychologist, 27*, 989–1016.

Kennedy, J. L., & Uphoff, H. F. (1939). Experiments on the nature of extrasensory perception: III. The recording error criticism of extra-chance scores. *Journal of Parapsychology, 3*, 226–245.

Keppel, G., & Zedeck, S. (1989). *Data analysis for research designs: Analysis of variance and multiple regression/correlation approaches.* New York: W. H. Freeman.

Kerlinger, F., & Lee, H. (2000). *Foundations of behavioral research* (4th ed.). Fort Worth, TX: Harcourt College Pub.

Kerlinger, F. N. (1973). *Foundations of behavioral research.* New York: Holt, Rinehart and Winston.

Key, B. W. (1980). *The clam-plate orgy and other subliminal techniques for manipulating your behavior.* Englewood Cliffs, NJ: Prentice-Hall.

Kihlstrom, J. F. (1995). On the validity of psychology experiments. *APS Observer* (9), 10–11.

Kimmel, A. J. (1991). Predictable biases in the ethical decision making of American psychologists. *American Psychologist, 46*, 786–788.

Kimmel, A. J. (1996). *Ethical issues in behavioral research.* Cambridge, MA: Blackwell Publishers.

Kimmel, A. J. (1998). In defense of deception. *American Psychologists, 53*, 803–805.

King, B. J. (2004). Towards an ethnography of African great apes. *Social Anthropology, 12*(2), 195–207.

Kish, L. (1995). *Survey sampling.* Hoboken, NJ: Wiley.

Knight, J. A. (1984). Exploring the compromise of ethical principles in science. *Perspectives in Biology and Medicine, 27*, 432–441.

Krantz, J. H., Ballard, J., & Scher, J. (1997). Comparing the results of laboratory and World-Wide Web samples on the determinants of female attractiveness. *Behavioral Research Methods, Instruments, & Computers, 29*, 264–269.

Kratochwill, T. R. (1978). Foundations of time-series research. In T. R. Kratochwill (Ed.), *Single subject research: Strategies for evaluating change.* New York: Academic Press.

Kraut, R., Mukopadhyay, T., Szczypula, J., Kiesler, S., & Scherlis, W. (1998). Communication in information: Alternative uses of the Internet in households. In *Proceedings of the CHI 98* (pp. 368–383). New York: ACM.

Kraut, R., Patterson, M., Lundmark, V., Kiesler, S., Mukopadhyay, T., & Scherlis, W. (1998). A social technology that reduces social involvement and psychological well-being? *American Psychologist, 53,* 1017–1031.

Kuhn, T. S. (1962). *The structure of scientific revolutions.* Cambridge, MA: Harvard University Press.

Lakatos, I. (1970). Falsification and the methodology of scientific research programs. In I. Lakatos & A. Musgrave (Eds.), *Criticism and the growth of knowledge* (pp. 91–196). Cambridge, England: Cambridge University Press.

Lana, R. E. (1969). Pretest sensitization. In R. Rosenthal & R. L. Rosnow (Eds.), *Artifact in behavioral research.* New York: Academic Press.

Larsson, B., & Sund, A. M. (2008). Prevalence, course, incidence, and 1-year prediction of deliberate self-harm and suicide attempts in early Norwegian school adolescents. *Suicide and Life-Threatening Behavior, 38,* 152–165.

Latané, B. (1981). The psychology of social impact. *American Psychologist, 36,* 343–356.

Laudan, L. (1977). *Progress and its problems.* Berkeley: University of California Press.

Lawler, E. E., III, & Hackman, J. R. (1969). Impact of employee participation in the development of pay incentive plans: A field experiment. *Journal of Applied Psychology, 53,* 467–471.

Leak, G. K. (1981). Student perception of coercion and value from participation in psychological research. *Teaching of Psychology, 8,* 147–149.

Leake, M., & Lesik, S. A. (2007). Do remedial English programs impact first-year success in college? An illustration of the regression-discontinuity design. *International Journal of Research and Method in Education, 30,* 89–99.

Leffert, N., Benson, P. L., Scales, P. C., Sharma, A. R., Drake, D. R., & Blyth, D. A. (1998). Development assets: Measurement and prediction of risk behaviors among adolescents. *Applied Developmental Science, 2,* 209–230.

Leikin, S. (1993). Minors' assent, consent, or dissent to medical research. *IRB: A review of human subjects research, 15,* 1–7.

Leitenberg, H. (1973). The use of single-case methodology in psychotherapy research. *Journal of Abnormal Psychology, 82,* 87–101.

Lethbridge, R., & Allen, N. (2008, October). Mood induced cognitive and emotional reactivity, life stress, and the prediction of depressive relapse. *Behaviour Research and Therapy, 46,* 1142–1150.

Levine, J. M. (2000). Groups: Group processes. In A. Kazdin (Ed.), *Encyclopedia of psychology.* Washington, DC & New York: American Psychological Association and Oxford University Press.

Likert, R. (1932). A technique for the measurement of attitudes. *Archives of Psychology, 22*(140), 1–55.

Llieva, J., Baron, S., & Healey, N. M. (2002). Online surveys in marketing research: Pros and cons. *International Journal of Marketing Research, 44,* 361–375.

Lockard, R. B. (1968). The albino rat: A defensible choice or a bad habit? *American Psychologist, 23,* 734–742.

Logue, A. W., & Anderson, Y. D. (2001). Higher-education administrators: When the future does not make a difference. *Psychological Science, 12,* 276–281.

Lysaker, P. H., Davis, L. W., Jones, A. M., & Beattie, N. L. (2007). Relationship and technique in the long-term integrative psychotherapy of schizophrenia: A single case study. *Counselling & Psychotherapy Research, 7*(2), 79–85.

Maddox, T. (1997) *Tests: A comprehensive reference for assessment in psychology, education, and business.* Austin, TX: Pro Ed.

Mahoney, C. R., Taylor, H. A., Kanarek, R. B., & Samuel. P. (2005). Effect of breakfast composition on cognitive processes in elementary school children. *Physiology and Behavior, 85,* 635–645.

Marquart, J. W. (1983). *Cooptation of the kept: Maintaining control in a southern penitentiary.* Unpublished doctoral dissertation, Texas A&M University, Texas.

Marques, J. F. (1998). Raiders of the lost reference: Helping your students do a literature search. *APS Observer, 11,* 30–35.

Martinson, B. C., Anderson, M. S., & de Vries, R. (2005). Scientists behaving badly. *Nature, 420,* 739–740.

Marx, M. H. (1963). *Theories in contemporary psychology.* New York: Macmillan.

Masling, J. (1966). Role-related behavior of the subject and psychologist and its effects upon psychological data. *Nebraska Symposium on Motivation, 14,* 67–103.

Mathiasen, R. E. (2005). Moral development in fraternity members: A case study. *College Student Journal, 39,* 242–252.

Maxwell, J. A. (1992). Understanding and validity in qualitative research. *Harvard Educational Review, 62,* 279–299.

Maxwell, J. A. (2005). *Qualitative research design: An interactive approach.* Thousand Oaks, CA: Sage.

Maxwell, S. E., & Delaney, H. D. (2004). *Designing experiments and analyzing data: A model comparison perspective.* Mahwah, NJ: Lawrence Erlbaum.

McFall, R. M. (1970). Effects of self-monitoring on normal smoking behavior. *Journal of Consulting and Clinical Psychology, 35,* 135–142.

McGuigan, F. J. (1963). The experimenter: A neglected stimulus object. *Psychological Bulletin, 60,* 421–428.

McKelvie, S. (1978). Graphic rating scales: how many categories? *British Journal of Psychology, 69,* 185–202.

McLoughlin, J. A., & Nall, M. (1988). Teacher opinion of the role of food allergy on school behavior and achievement. *Annals of Allergy, 61,* 89–91.

Mellgren, R. L., Seybert, J. A., & Dyck, D. G. (1978). The order of continuous, partial and nonreward trials and resistance to extinction. *Learning and Motivation, 9,* 359–371.

Messick, S. (1995). Validity of psychological assessment: Validation of inferences from persons' responses and performances as scientific inquiry into score meaning. *American Psychologist, 50,* 741–749.

Meyer, R. G., & Osborne, Y. V. H. (1982). *Case studies in abnormal behavior.* Boston: Allyn and Bacon.

Miles, M. B., & Huberman, A. M. (1994). *Qualitative data analysis: An expanded sourcebook.* Thousand Oaks, CA: Sage.

Milgram, S. (1964a). Group pressure and action against a person. *Journal of Personality and Social Psychology, 69,* 137–143.

Milgram, S. (1964b). Issues in the study of obedience: A reply to Baumrind. *American Psychologist, 19,* 848–852.

Miller, A. G. (1972). Role playing: An alternative to deception? A review of the evidence. *American Psychologist, 27,* 623–636.

Miller, D. C. (1991). *Handbook of Research Design and Social Measurement.* Newbury Park, CA: Sage.

Miller, E. (1999). Positivism and clinical psychology. *Clinical Psychology and Psychotherapy, 6,* 1–6.

Mills, J. (1976). A procedure for explaining experiments involving deception. *Personality and Social Psychology Bulletin, 2,* 3–13.

Monster experiment. (2001, June 11). *Mobile Register,* p. 2A.

Moskowitz, J. T., & Wrubel, J. (2005). Coping with HIV as a chronic illness: A longitudinal analysis of illness appraisals. *Psychology & Health, 20,* 509–531.

Murphy, D. (2009). Client-centered therapy for severe childhood abuse: A case study. *Counseling & Psychotherapy Research, 9*(1), 3–10.

Musch, J., & Reips, U. (2000). A brief history of Web experimenting. In M. H. Birnbaum (Ed.), *Psychology experiments on the Internet.* New York: Academic Press.

Nederhof, A. J. (1985). A comparison of European and North American response patterns in mail surveys. *Journal of the Market Research Society, 27,* 55–63.

Neergaard, L. (1999, May 16). Sex and medicine: Prescribing drugs based on gender. *Mobile Register,* pp. 6A–7A.

Newburger, C. (2001). Home computers and Internet use in the United States: August 2000. *Current Population Reports,* U.S. Census Bureau, U.S. Department of Commerce. Retrieved November 23, 2002, from www.census.gov/prod/2001pubs/p23-207.pdf

Newton, L, Rosen, A., Tennant, C., Hobbs, C., Lapsley, H. M., & Tribe, K. (2000). Deinstitutionalisation for long-term mental illness: An ethnographic study. *Australian and New Zealand Journal of Psychiatry, 34,* 484–490.

Nezu, A. M. (1986). Efficacy of a social problem-solving therapy approach for unipolar depression. *Journal of Consulting and Clinical Psychology, 54,* 196–202.

Nicks, S. D., Korn, J. H., & Mainieri, T. (1997). The rise and fall of deception in social psychology and personality research, 1921–1994. *Ethics & Behavior, 7,* 69–77.

Nolen-Hoeksema, S., & Morrow, J. (1991). A prospective study of depression and posttraumatic stress symptoms after a natural disaster: The 1989 Loma Prieta earthquake. *Journal of Personality and Social Psychology, 61,* 321–336.

Nosek, B. A., Banaji, M. R. & Greenwald, A. G. (2002). E-research: Ethics, security, design, and control in psychological research on the Internet. *Journal of Social Issues, 58,* 161–176.

Nunnally, J. (1978). *Psychometric theory.* New York: McGraw-Hill.

Office for Protection from Research Risks [OPRR]. (2001, December 13). Protection of human subjects: Title 45, Code of federal regulations *45* (Part 46). Washington, DC: U.S. Government Printing Office.

Office for Protection from Research Risks, Protection of Human Subjects, National Commission for the Protection of Human Subjects of Biomedical and Behavioral Research. (1979). *The Belmont Report: Ethical principles and guidelines for the protection of human subjects of research* (pp. 887–809). Washington, DC: U.S. Government Printing Office.

Olsen, L., Bottorff, J. L., Raina, P., & Frankish, C. J. (2008). An ethnography of low-income mothers' safeguarding efforts. *Journal of Safety Research, 39*, 609–616.

Orne, M. T. (1962). On the social psychology of the psychological experiment: With particular reference to demand characteristics and their implications. *American Psychologist, 17*, 776–783.

Orne, M. T. (1973). Communication by the total experimental situations: Why is it important, how is it evaluated, and its significance for the ecological validity of findings. In P. Pliner, L. Kramer, & T. Alloway (Eds.), *Communication and affect*. New York: Academic Press.

Ortmann, A., & Hertwig, R. (1997). Is deception acceptable? *American Psychologist, 52*, 746–747.

Osgood, C. E., Suci, G. J., & Tannenbaum, P. J. (1957). *The measurement of meaning*. Urbana, IL: University of Illinois Press.

OSTP (2005). *Federal Policy on Research Misconduct*. Retrieved September 2005 from www.ostp.gov/html/001207_3.html

Pampel, F. C., & Aguilar, J. (2008). Changes in smoking, 1976–2002: A time-series analysis. *Youth and Society, 39*, 453–479.

Pappworth, M. H. (1967). *Human guinea pigs: Experimentation on man*. Boston: Beacon Press.

Pasternak, D., & Cary, P. (1995, September 18). Tales from the crypt: Medical horror stories from a trove of secret cold-war documents. *U.S. News & World Report*, pp. 70, 77.

Patton, M. Q. (1990). *Qualitative evaluation and research methods*. Thousand Oaks, CA: Sage.

Patton, M. Q. (2002). *Qualitative research and evaluation methods*. Thousand Oaks, CA: Sage.

Pavlov, I. P. (1928). *Lecture on conditioned reflexes* (W. H. Gantt, Trans.). New York: International.

Pedhazur, E. J. (1997). *Multiple regression in behavioral research: Explanation and prediction*. Fort Worth, TX: Harcourt Brace.

Peters, T. J., & Eachus, J. I. (2008). Achievind equal probability of selection under various random sampling strategies. *Paediatric and Perinatal Epidemiology, 9*, 219–224.

Pettigrew, R. F., Christ, O., Wagner, U., Meertens, R. W., van Dick, R., & Zick, A. (2008). Relative deprivation and intergroup prejudice. *Journal of Social Issues, 64*, 385–401.

Pfungst, O. (1965). *Clever Hans (the horse of Mr. Von Osten): A contribution to experimental, animal, and human psychology* (C. L. Rahn, Trans.). New York: Holt, Rinehart and Winston (Originally published 1911).

Philogene, G. (2001). Stereotype fissure: Katz and Braly revisited. *Social Science Information, 40*, 411–432.

Picou, J. S. (1996). Compelled disclosure of scholarly research: Some comments on high stakes litigation. *Law and Contemporary Problems, 59*, 149–157.

Pihl, R. D., Zacchia, C., & Zeichner, A. (1981). Follow-up analysis of the use of deception and aversive contingencies in psychological experiments. *Psychological Reports, 48*, 927–930.

Plous, S. (1996). Attitudes toward the use of animals in psychological research and education: Results from a national survey of psychologists. *American Psychologist, 51*, 1167–1180.

Polanyi, M. (1963). The potential theory of absorption. *Science, 141*, 1010–1013.

Polanyi, M., & Sen, A. (2009). *The tacit dimension*. Chicago: University of Chicago Press.

Popper, K. R. (1968). *The logic of scientific discovery*. London: Hutchinson and Co.

Posner, M. I., & Raichle, M. E. (1994). *Images of the mind*. New York: W. H. Freeman & Co.

Potera, C. (1998). Trapped in the web. *Psychology Today, 31*, 66–72.

Proctor, R. W., & Capaldi, E. J. (2001). Improving the science education of psychology students: Better teaching of methodology. *Teaching of Psychology, 28*, 173–181.

Regan, P. C., & Llamas, V. (2002). Customer service as a function of shopper's attire. *Psychological Reports, 90*, 203–204.

Reips, U. (2000). The Web experiment method: Advantages, disadvantages, and solutions. In M. H. Birnbaum (Ed.). *Psychology experiments on the Internet*. New York: Academic Press.

Resnick, J. H., & Schwartz, T. (1973). Ethical standards as an independent variable in psychological research. *American Psychologist, 28*, 134–139.

Rich, C. L. (1977). Is random digit dialing really necessary? *Journal of Marketing Research, 14*, 300–305.

Richards, M., Hardy, R., & Wadsworth, M. (1997). The effects of divorce and separation on mental health in a national UK birth cohort. *Psychological Medicine, 27*, 1121–1128.

Riemen, D. J. (1986). The essential structure of a caring interaction: Doing phenomenology. In P. M. Munhall & C. J. Oiler (Eds.), *Nursing research: A qualitative perspective*. Norwalk, CT: Appleton Century Crofts.

Rindskopf, D. (1992). The importance of theory in selection modeling: Incorrect assumptions mean biased results. In H. Chen & P. H. Rossi (Eds.), *Using theory to improve program and policy evaluations* (pp. 179–191). New York: Greenwood Press.

Ring, K., Wallston, K., & Corey, M. (1970). Mode of debriefing as a factor affecting reaction to a Milgram type obedience experiment: An ethical inquiry. *Representative Research in Social Psychology, 1*, 67–88.

Roberson, M. T., & Sundstrom, E. (1990). Questionnaire design, return rates, and response favorableness in an employee attitude questionnaire. *Journal of Applied Psychology, 75*, 354–357.

Robinson, J. P., Shaver, P. R., & Wrightsman, L. S. (1991). *Measures of personality and social psychological attitudes*. New York: Academic.

Roccatagliata, G. (1986). *A history of ancient psychiatry*. Westport, CT: Greenwood Press.

Rogers, T. F. (1976). Interviews by telephone and in person: Quality of responses and field performance. *Public Opinion Quarterly, 40*, 51–65.

Rosenberg, M. J. (1969). The conditions and consequences of evaluation apprehension. In R. Rosenthal & R. L. Rosnow (Eds.), *Artifact in behavioral research*. New York: Academic Press.

Rosenthal, R. (1966). *Experimenter effects in behavioral research*. New York: Appleton-Century-Crofts.

Rosenthal, R. (1978). How often are our numbers wrong? *American Psychologist, 33*, 1005–1007.

Rosnow, R. L. (1997). Hedgehogs, foxes and the evolving social contract in science: Ethical challenges and methodological opportunities. *Psychological Methods, 2*, 345–356.

Rosnow, R. L. (2002). The nature and role of demand characteristics in scientific inquiry. *Prevention & Treatment, 5*, Article ID 37.

Rosnow, R. L., & Rosenthal, R. (1998). *Beginning behavioral research*. Upper Saddle River, NJ: Prentice-Hall, Inc.

Rosnow, R. L., & Rosnow, M. (1992). *Writing papers in psychology* (2nd ed.). New York: Wiley.

Rugg, E. A. (1975). *Ethical judgments of social research involving experimental deception*. Unpublished doctoral dissertation, George Peabody College for Teachers, Nashville, TN.

Sales, B. D., & Folkman, S. (2000). *Ethics in research with human participants*. Washington, DC: American Psychological Association.

Sanders, G. S., & Simmons, W. L. (1983). Use of hypnosis to enhance eyewitness accuracy: Does it work? *Journal of Applied Psychology, 68*, 70–77.

Schenk, S., Lacelle, G., Gorman, K., & Amit, Z. (1987). Cocaine self-administration in rats influenced by environmental conditions: Implications for the etiology of drug abuse. *Neuroscience Letters, 81*, 227–231.

Schoenthaler, S. J. (1983). The Los Angeles probation department diet–behavior program: An empirical analysis of six institutional settings. *International Journal of Biosocial Research, 5*, 88–98.

Scholtz, J. A. (1973). Defense styles in suicide attempters. *Journal of Consulting and Clinical Psychology, 41*, 70–73.

Schouten, J. W., & McAlexander, J. H. (1995). Subcultures of consumption: An ethnography of the new bikers. *Journal of Consumer Research, 22*, 43–61.

Schraw, G., Wadkins, T., & Olafson, L. (2007). Doing the things we do: A grounded theory of academic procrastination. *Journal of Educational Psychology, 99*(1), 12–25.

Schuman, H., & Presser, H. (1996). *Questions and answers in attitude surveys: Experiments on question form, wording, and content*. Thousand Oaks, CA: Sage.

Sears, R. R., Whiting, J. W. M., Nowlis, V., & Sears, P. S. (1953). Some child-rearing antecedents of aggression and dependence in young children. *Genetic Psychology Monographs, 47*, 135–234.

Seashore, S. E., & Katz, D. (1982). Obituary: Rensis Likert (1903–1981). *American Psychologist, 37*, 851–853.

Seeman, J. (1969). Deception in psychological research. *American Psychologist, 24*, 1025–1028.

Seligman, M. E. P. (2002). *Authentic happiness: Using the new positive psychology to realize your potential for lasting fulfillment*. New York: Free Press.

Selltiz, C., Jahoda, M., Deutsch, M., & Cook, S. W. (1959). *Research methods in social relations*. New York: Holt.

Severson, H. H., & Ary, D. V. (1983). Sampling bias due to consent procedures with adolescents. *Addictive Behaviors, 8*, 433–437.

Shadish, W. R., Cook, T. D., & Campbell, D. T. (2002). *Experimental and quasi-experimental designs for generalized causal inference*. Boston, NY: Houghton Mifflin.

Shadish, W. R., & Reis, J. (1984). A review of studies of the effectiveness of programs to improve pregnancy outcome. *Evaluation Review, 8*, 747–776.

Shannon, D. M., Johnson, T. E., Searcy, S., and Lott, A. (2002). Using electronic surveys: Advice from survey professionals. *Practical Assessment, Research and Evaluation, 8.* Retrieved September 10, 2002, from http://ericae.net/pare/getvn.asp?v=8&n=1

Sharpe, D., Adair, J. G., & Roese, N. J. (1992). Twenty years of deception research: A decline in subjects' trust? *Personality and Social Psychology Bulletin, 18,* 585–590.

Shepherd, R. M., & Edelmann, R. J. (2007). Social phobia and the self medication hypothesis: A case study approach. *Conselling Psychology Quarterly, 20,* 295–307.

Sherer, M. R., & Schreibman, L. (2005). Individual behavioral profiles and predictors of treatment effectiveness for children with autism. *Journal of Consulting and Clinical Psychology, 73,* 525–538.

Shoham, A. (2004). Flow experiences and image making: An online chat-room ethnography. *Psychology & Marketing, 21,* 855–882.

Sidowski, J. B., & Lockard, R. B. (1966). Some preliminary considerations in research. In J. B. Sidowski (Ed.), *Experimental methods and instrumentation in psychology.* New York: McGraw-Hill.

Sieber, J. E. (1983). Deception in social research: III. The nature and limits of debriefing. *IRB: A Review of Human Subjects Research, 5*(3), 1–4.

Sieber, J. E., & Stanley, B. (1988). Ethical and professional dimensions of socially sensitive research. *American Psychologist, 43,* 49–55.

Sieber, J. E., Iannuzzo, R., & Rodriguez, B. (1995). Deception methods in psychology: Have they changed in 23 years? *Ethics and Behavior, 5,* 67–85.

Silverman, D. (1993). *Interpreting qualitative data: Methods for analyzing talk, text, and interaction.* Thousand Oaks, CA: Sage.

Skinner, B. F. (1953). *Science and human behavior.* New York: Macmillan.

Skinner, B. F. (1956). A case history in scientific method. *American Psychologist, 11,* 221–223.

Smith, J. A. (Ed.). (2008). *Qualitative psychology: A practical guide to research methods.* Los Angeles: Sage.

Smith, S. S., & Richardson, D. (1983). Amelioration of deception and harm in psychological research: The important role of debriefing. *Journal of Personality and Social Psychology, 44,* 1075–1082.

Smith, T. E., Sells, S. P., & Clevenger, T. (1994). Ethnographic content analysis of couple and therapist perceptions in a reflecting team setting. *Journal of Marital and Family Therapy, 20,* 267–286.

Smucker, B., S., Earleywine, M., & Gordis, E. B. (2005). Alcohol consumption moderates the link between cannabis use and cannabis dependence in an Internet survey. *Psychology of Addictive Behaviors, 19,* 212–216.

Society for Research in Child Development. (2003). *Ethical standards for research with children.* Retrieved March 12, 2003, from http://www.sred.org/about.html#standards

Soliday, E., & Stanton, A. L. (1995). Deceived versus nondeceived participants' perceptions of scientific and applied psychology. *Ethics & Behavior, 5,* 87–104.

Solomon, D. J. (2001). Conducting Web-based surveys. *Practical Assessment, Research and Evaluation, 7*(19) [Online]. Retrieved September 10, 2002, from http://ericae.net/pare/getvn.asp?v=7&n=19

Stake, R. E. (1995). *The art of case study research.* Thousand Oaks, CA: Sage.

Stevens, S. S. (1946). On the theory of scales of measurement. *Science, 103,* 677–680.

Strauss, A., & Corbin, J. (1998). *Basics of qualitative research: Techniques and procedures for developing grounded theory.* Thousand Oaks, CA: Sage.

Stulemeijer, M., van der Werf, S., Borm, G. F., & Vos, P. E. (2008). Early prediction of favourable recovery 6 months after mild traumatic brain injury. *Journal of Neurology, Neurosurgery & Psychiatry, 79,* 936–942.

Sutcliffe, J. P. (1972). On the role of "instructions to the subject" in psychological experiments. *American Psychologist, 27,* 755–758.

Svanborg, C., Rosso, M. S., Lützen, K., Bäärnhielm, S., & Wistedt, A. A. (2008). Barriers in the help-seeking process: A multiple-case study of early-onset dysthymia in Sweden. *Nordic Journal of Psychiatry, 62*(8), 346–353.

Taffel, C. (1955). Anxiety and the conditioning of verbal behavior. *Journal of Abnormal and Social Psychology, 51,* 496–501.

Tashakkori, A., & Teddlie, C. (Eds.) (2003). *Handbook of mixed methods in social and behavioral research.* Thousand Oaks, CA: Sage.

Teddlie, C., & Tashakkori, A. (2009). *Foundations of mixed methods research: Integrating quantitative and qualitative techniques in the social and behavioral sciences.* Thousand Oaks, CA: Sage.

Tedeschi, J. T., Schlenker, B. R., & Bonoma, T. V. (1971). Cognitive dissonance: Private ratiocination or public spectacle. *American Psychologist, 26,* 685–695.

Terror at rush hour. (2005, July 18). Terror at rush hour. *Newsweek,* pp. 29–36.

Tesch, F. E. (1977). Debriefing research participants: Though this be method there is madness to it. *Journal of Personality and Social Psychology, 35,* 217–224.

Thayer, H. S. (Ed.). (1953). *Newton's philosophy of nature: Selections from his writings.* New York: Hafner.

Thomas, L., & Chambers, K. (1989, September). Phenomenology of life satisfaction among elderly men: Quantitative and qualitative views. *Psychology and Aging, 4*(3), 284–289.

Thompson, B. (2006) *Foundations of behavioral statistics: An insight based approach.* New York, NY: Guilford.

Thorkildsen, R. A. (2005). *Fundamentals of measurement in applied research.* Boston: Pearson.

Thorne, S. B., & Himelstein, P. (1984). The role of suggestion in the perception of satanic messages in rock-and-roll recordings. *Journal of Psychology, 116,* 245–248.

Trochim, W. M. K. (2001). *The research methods knowledge base.* Cincinnati, OH: Atomic Dog.

Trochim, W. M. K., & Donnelly, J. P. (2008). *The research methods knowledge base.* Mason, OH: Cengage Learning.

Tryon, W. W. (1982). A simplified time-series analysis for evaluating treatment interventions. *Journal of Applied Behavior Analysis, 15,* 423–429.

Tunnell, G. B. (1977). Three dimensions of naturalness: An expanded definition of field research. *Psychological Bulletin, 84,* 426–437.

Turner, L. A., & Johnson, R. B. (2003). A model of mastery motivation for at-risk preschoolers. *Journal of Educational Psychology, 95,* 495–505.

U.S. Department of Agriculture. (1989, August 21). Animal welfare: Final rules. *Federal register.*

U.S. Department of Agriculture. (1990, July 16). Animal welfare: Guinea pigs, hamsters and rabbits. *Federal Register.*

U.S. Department of Agriculture. (1991, February 15). Animal welfare: Standards; final rule. *Federal Register.*

Underwood, B. J. (1959). Verbal learning in the educative process. *Harvard Educational Review, 29,* 107–117.

Unger, R., & Crawford, M. (1992). *Women and gender.* New York: McGraw-Hill.

Van Houten, R. Van Houten, J., & Malenfant, J. E. L. (2007). Impact of a comprehensive safety program on bicycle helmet use among middle-school children. *Journal of Applied Behavior Analysis, 40,* 239–247.

Van Vilet, K. J. (2008). Shame and resilience in adulthood: A grounded theory study. *Journal of Counseling Psychology, 55,* 233–245.

Vernon, H. M., Bedford, T., & Wyatt, S. (1924). *Two studies of rest pauses in industry* (Medical Research Council, Industrial Fatigue Research Board Report No. 25.) London: His Majesty's Stationery Office.

Vokey, J. R., & Read, D. (1985). Subliminal messages: Between the devil and the media. *American Psychologist, 40,* 1231–1239.

Wagner, R. K., Torgesen, J. K., Laughon, P., Simmons, K., & Rashotte, C. A. (1993). Development of young readers' phonological processing abilities. *Journal of Educational Psychology, 85,* 83–103.

Wahl, K., Salkovskis, P., & Cotter, I. (2008). 'I wash until it feels right' the phenomenology of stopping criteria in obsessive-compulsive washing. *Journal of Anxiety Disorders, 22,* 143–161.

Wainberg, M. L., González, M. A., McKinnon, K., Elkington, K. S., Pinto, D., Mann, C. G., Mattos, P. E. (2007). Targeted ethnography as a critical step to inform cultural adaptations of HIV prevention interventions for adults with severe mental illness. *Social Science & Medicine, 65,* 296–308.

Walker, H. M., & Buckley, N. K. (1968). The use of positive reinforcement in conditioning attending behavior. *Journal of Applied Behavior Analysis, 1,* 245–250.

Walster, E. (1964). The temporal sequence of post-decision processes. In L. Festinger (Ed.), *Conflict, decision, and dissonance.* Stanford: Stanford University Press.

Walters (2008). An ethnography of a children's renal unit: Experiences of children and young people with long-term renal illness. *Journal of Clinical Nursing, 17,* 3103–3114.

Ward, E. C. (2005). Keeping it real: A grounded theory study of African American clients engaging in counseling at a community mental health agency. *Journal of Community Psychology, 52,* 471–481.

Webb, E. J., Campbell, D. T., Schwartz, R. D., & Sechrest, L. (1966). *Unobstructive measures: Nonreactive research in the social sciences.* Chicago: Rand McNally.

Whewell, W. (1967). *The philosophy of the inductive sciences* (Vol. 2). New York: Johnson Reprint. (Original work published 1847).

Whisman, M. A. (2007). Marital distress and DSM-IV psychiatric disorders in a population-based national survey. *Journal of Abnormal Psychology, 116,* 638–643.

Whitley, R., Harris, M., & Drake, R. E. (2008). Safety and security in small-scale recovery housing for people with severe mental illness: An inner-city case study. *Psychiatric Services, 59,* 165–169.

Willig, C., & Stainton-Rogers, W. (Eds.) (2008). *The Sage handbook of qualitative research in psychology.* Los Angeles: Sage.

Wilson, T. D. (1994). The proper protocol: Validity and completeness of verbal reports. *American Psychological Society, 5,* 249–252.

Wilson, V. L. (1981). Time and the external validity of experiments. *Evaluation and Program Planning, 4,* 229–238.

Wittorf, A., Wiedemann, G., Buchkremer, G., & Klingberg, S. (2008, February). Prediction of community outcome in schizophrenia 1 year after discharge from inpatient treatment. *European Archives of Psychiatry and Clinical Neuroscience, 258*(1), 48–58.

Woodworth, R. S., & Sheehan, M. R. (1964). *Contemporary schools of psychology* (3rd ed.). New York: Ronald Press.

Wundt, W. (1902). *Outlines of psychology* (Trans., 2nd ed.). Oxford: Engelmann.

Yeo, R. (2003). *Defining science: William Whewell, natural knowledge and public debate in early Victorian Britain.* Cambridge, UK: Cambridge University Press.

Young, K. S. (1996). Psychology of computer use: XL. Addictive use of the Internet: A case that breaks the stereotype. *Psychological Reports, 79,* 899–902.

Zimney, G. H. (1961). *Method in experimental psychology.* New York: Ronald Press.

图书在版编目（CIP）数据

研究方法、设计与分析：第11版/（美）克里斯滕森，（美）约翰逊，（美）特纳 著；赵迎春 译. -- 北京：商务印书馆，2015（2023.3重印）

ISBN 978-7-100-11052-5

Ⅰ.①研… Ⅱ.①克… ②约… ③特… ④赵… Ⅲ.①实验心理学—研究方法 Ⅳ.① B84-3

中国版本图书馆 CIP 数据核字（2015）第 018846 号

版权所有。未经出版人事先书面许可，对本出版物的任何部分不得以任何方式或途径复制或传播，包括但不限于复印、录制、录音，或通过任何数据库、信息或可检索的系统。

本授权中文简体字翻译版由 Pearson Education 公司和商务印书馆合作出版。此版本经授权仅限在中华人民共和国境内（不包括香港特别行政区、澳门特别行政区和台湾地区）销售。

版权 ©2018 由 Pearson Education 公司与商务印书馆所有。

本书封底贴有 Pearson Education 公司防伪标签，无标签者不得销售。

权利保留，侵权必究。

研究方法、设计与分析（第11版）

〔美〕拉里·克里斯滕森　伯克·约翰逊　莉萨·特纳　著
赵迎春　译
刘　力　陆　瑜　策划
谢呈秋　特约编审
王伟平　刘雅　裴萌　责任编辑

商　务　印　书　馆　出　版
（北京王府井大街36号　邮政编码100710）
商　务　印　书　馆　发　行
人卫印务（北京）有限公司印刷
ISBN 978-7-100-11052-5

2018 年 1 月第 1 版　　开本 850×1092　1/16
2023 年 3 月第 3 次印刷　印张 29.25

定价：98.00 元